Sascha Hoch, Michael Rüttinger, Stephan Beeler,
Kurt Schall, Ralf Stute

KLETTERSTEIG-ATLAS DEUTSCHLAND

Alle lohnenden Klettersteige - von leicht bis extrem schwierig - sowie interessante gesicherte Steige

1. Auflage September 2010

SCHALL-VERLAG
www.schall-verlag.at

Garmisch-Classic
Bild: STEFAN HERBKE . Grafik: MOUNTAIN-MANAGEMENT.COM
KLETTERPARADIES ALPSPITZE
Müsliprotz, Nodlwand, Alpspitz-Ferrata, Mauerläufersteig – Klettergärten- und steige, hochalpine Touren sowie Sportklettern, hier ist alles möglich! Mehr Informationen auf zugspitze.de

Sascha Hoch, Michael Rüttinger, Stephan Beeler, Kurt Schall, Ralf Stute

KLETTERSTEIG-ATLAS DEUTSCHLAND

Unser Dank gilt den zahlreichen Personen, die an diesem Führer direkt oder indirekt mitgewirkt haben:

Texte: Sascha Hoch, Michael Rüttinger, Stephan Beeler, Kurt Schall, Ralf Stute, Jochen Schaumburg, Josef Stadler, Christian Brauer, Heiko Wessels, Timo Nieland, Walter Möhrle, Stephan Rankl, Anja Beeler

Tourenbegleitung: Nicola Rüttinger, Anja Stute, Wolfgang Stute, Anita Kumar, Timo Nieland, Julian Strobel, Sandra Kurz, Anja Beeler, Markus Feyerer, Josef Stadler, Barbara Schweiger, Tom Robok, Manfred Kostner, Nicolai Hoch, Solvejg Hoch, Thomas Löwinger, Sylvi Löwinger, Frank Jahn, Tina-Marie Jahn, Ulrich Dahmen, Marion und Wolfgang Schmidt, Verena und Heiko Widak, Adrian Bollheimer, Karola und Wolfgang Pluschke

Projekt-Umsetzung, Toposkizzen (nach Vorlagen der Autoren)**:** Kurt Schall
Kartengrafik, Gebiets-Übersichten: Thomas Vogelmann
Lektorat: Dr. Ulrich Dahmen, Nicola Rüttinger, Kurt Schall

Bildmaterial: Sascha Hoch, Michael Rüttinger, Stephan Beeler, Kurt Schall, Ralf Stute, Jochen Schaumburg, Josef Stadler, Manfred Kostner, Jochen Schaumburg, Timo Nieland, Mandy Garbukas, Sebastian Kloetzl, Marco Novellino, Lars Kronige, Thomas Schmidt, Guido Kosch, Walter Möhrle, Uwe Frauendienst, Jens-Uwe Tiedtke, Oliver Gobin, Heiko Wessels, Bergbahnen Hindelang Oberjoch, Alexander Keck Schmid und Keck Fotografie, Jörg Zitzmann, Fotostudio Thomas Filke, Reinhard Drescher, Anja Beeler, Markus Feyerer, Sebastian Buchwieser.
Umschlagbild: „Hochthron-Klettersteig" (A-g-12; Foto: S. Hoch).

1. Auflage September 2010
ISBN-13: 978-3-900533-59-5
ISBN-10: 3-900533-59-8 EAN: 9783900533595

Schall-Verlag GmbH., A - 2534 Alland, Buchberggasse 413
home: www.schall-verlag.at email: schall-verlag@aon.at

KOMPASS
Natur entdecken und erleben
Wander- und Radtouren-Atlas + im Doppelpack
Alle Wanderungen zum Ausdrucken und Mitnehmen
KOMPASS
Großer Wander-Atlas
Wandern in Deutschland
180 Erlebnistouren
KOMPASS
Großer Radtouren-Atlas
Radtouren in Deutschland
180 Erlebnistouren
www.kompass.at
© OÖ.Tourismus/Röbl

Inhalt u. Klettersteig-Übersicht

📖 = Seite; **R.Zl.** = Routen-Zahl; **Schw.** = Schwierigkeitsgrad(e) des Klettersteiges (schwierigste Stelle, von A (leicht) bis E (extrem schwierig) - siehe dazu auch Seite 15-17; **Hm** = Höhenunterschied des Klettersteiges; **Kl.Zt.** = Kletterzeit in Stunden (St.) bzw. Minuten (M.); **Zust.** = Zustiegszeit in Stunden (St.) bzw. Minuten (M.); **Fun** = Schönheit / Spass- und Genussfaktor (Art der Steiganlage, Abwechslung, interessante Passagen wie Seilbrücken, Hängebrücken, originelle Stellen, Aussicht, usw.) des Klettersteiges; 1-4 Sterne; **Sich.** = Zustand der Sicherungen (z.B. durchg. Stahlseil, Tritt- und Griffhilfen; 1-4 Sterne); **Eign.** = Anfänger-Eignung (ja, bedingt (bed.), nein); **Anf.** = durchschnittliche Gesamtanforderung des Klettersteiges inkl. Kondition (Gesamt-Höhenunterschied inkl. Zu- und Abstieg), Armkraft, Technik (Steigtechnik, Tritthilfen), Mut /Psyche (Anforderung an die Moral, Ausgesetztheit, „Mutproben"), Bergerfahrung (Trittsicherheit, alpines Gelände, brüchiges Gestein, Klettererfahrung) **blau** = leicht, **blau/rot** = mäßig, **rot** = mittel, **rot/schwarz** = hoch, **schwarz** = extrem; siehe dazu auch Seite 18; **KS** od. **Klstg.** = Klettersteig.

Steigkategorien: **schwarz** = „klassischer" Klettersteig; **grün** = gesicherte Steige / Wege; **rot** = hochalpine Klettersteige, alpines Gelände oder Kletterstellen ab FT 2. Siehe dazu auch Seite 19 u. 20.

📖	R.Zl.	Klettersteig	Schw.	Hm	Kl.Zt.	Zust.	Fun	Sich.	Eign.	Anf.
43		**A BAYERN**								
45	**A-a**	**Allgäuer Alpen**								
46	A-a-1	**Nagelfluhkette-Überschr.W**	C/D	335	2,5 St.	2 St.	★★	☆☆☆	ja	● ● (blau/rot)
49	A-a-2	**Hochgratsteig**	B	255	45 M.	2 St.	★★	☆☆☆	ja	● ● (blau/rot)
51	A-a-3	**Nagelfluhkette-Überschr. O**	B/C	95	6 St.	1 St.	★★	☆☆☆	nein	● ● (blau/rot)
53	A-a-4	**Stuibensteig**	A/B	330	6 St.	gesamt	★★	☆☆	bed.	● ● (blau/rot)
55	A-a-5	**Steineberg-Klettersteig**	B/C	95	30 M.	1 St.	★★★	☆☆☆☆	ja	● ● (blau/rot)
57	A-a-6	**Burgberger Hörnle**	A/B	640	3,5 St.	gesamt	★	☆☆☆	ja	● (blau)
58	A-a-7	**Sorgschrofensteig**	A/B	150	1 St.	1,5-2 St.	★★	☆☆☆	ja	● ● (blau/rot)
60	A-a-8	**Salewa Klettersteig**	C	290	1-3 St.	20 M.	★★★	☆☆☆	bed.	● (rot)
65	A-a-9	**Besler Klettersteig**	A/B	20	15 M.	1-1,5 St.	★★	☆☆☆	ja	● (blau)
66	A-a-10	**Rubihorn-Steig**	A/B	70	15 M.	3 St.	★★	☆☆☆	bed.	● ● (blau/rot)
68	A-a-11	**Geißalphornsteig**	B/C	255	45 M.	1,5 St.	★★★	☆☆☆	nein	● ● (blau/rot)
71	A-a-12	**Gr. Gund/Gundköpfe**	A/B	410	2,5 St.	10 M.	★★	☆☆☆	ja	● ● (blau/rot)

📖	R.Zl.	Klettersteig	Schw.	Hm	Kl.Zt.	Zust.	Fun	Sich.	Eign.	Anf.
75	A-a-14	**Übungs-Klstg. Höfatsblick**	D	10	12 M.	1 M.	★★	☆☆☆☆	ja	●●
76	A-a-15	**Gleitweg**	A/B	1100	5 St.	gesamt	★★	☆☆☆	ja	●●
78	A-a-16	**Laufbacher Eck-Weg**	A/B,1	350	6,5 St.	gesamt	★★	☆☆	bed.	●●
79	A-a-17	**Hindelanger Klettersteig**	B/C	500	4 St.	15 M.	★★★★	☆☆☆	bed.	●
82	A-a-18	**Kl. Daumen Steig**	B,1	200	30 M.	2,5 St.	★★	☆☆☆	bed.	●
85	A-a-19	**Hohe Gänge**	C,1+	70	30 M.	3,5 St.	★★★	☆☆☆	nein	●
88	A-a-20	**Rotspitze**	B	1165	5,5 St.	gesamt	★	☆☆	nein	●●
90	A-a-21	**Imberger Horn Steig**	A	400	3,5 St.	gesamt	★★	☆☆☆	ja	●
91	A-a-22	**Geißhornsteig**	B/C,1+	250	1 St.	2,5 St.	★★	☆☆☆	nein	●
94	A-a-23	**Rauhhornsteig**	C,2	30	15 M.	3 St.	★★★★	☆	nein	●●
96	A-a-24	**Wiedemerkopf Klstg.**	C,2	285	45 M.	3 St.	★★★	☆☆☆	nein	●
100	A-a-25	**Kreuzspitze Klettersteig**	B/C	145	30 M.	4 St.	★★	☆☆☆	nein	●
103	A-a-26	**Zweiländer Klettersteig**	D	250	1,5 St.	40 M.	★★★	☆☆☆☆	nein	●
106	A-a-27	**Walser Steig**	B/C	20	30 M.	15 M.	★★★★	☆☆☆☆	ja	●●
108	A-a-29	**Heilbronner Weg**	B	285	2,5 St.	4 St.	★★★	☆☆☆	bed.	●●
111	A-a-30	**Hohes Licht Steig**	B	220	30 M.	4 St.	★★	☆☆☆	bed.	●●
113	A-a-31	**Bacherloch**	B	1180	6 St.	gesamt	★★	☆☆☆	ja	●●
114	A-a-32	**Gottesackerwand-Steig**	A	765	7 St.	gesamt	★★	☆☆☆	ja	●
115	A-a-33	**Heidenkopf-Steig**	A/B	700	4 St.	gesamt	★★	☆☆☆	ja	●
116	A-a-34	**Mindelheimer Klettersteig**	C	420	3-4 St.	3 St.	★★★★	☆☆☆	ja	●
118	A-a-99	**Linkerskopf**	B/C,2	1555	9 St.	gesamt	★	☆	nein	●●
119	**A-b**	**Wetterstein**								
119	A-b-1	**Riffelweg**	B	1400	7 St.	gesamt	★★	☆☆☆	bed.	●●
121	A-b-2	**Stangensteig**	A	550	4,5 St.	gesamt	★★★	☆☆☆	ja	●
122	A-b-3	**Höllental-Klettersteig**	C	600	3 St.	5,5 St.	★★★★	☆☆☆☆	nein	●●
126	A-b-4	**Brunntalgratsteig**	B/C,2	700	2,5 St.	7,5 St.	★★	☆☆	nein	●
129	A-b-5	**Alpspitz-Ferrata**	B	550	1,5 St.	15 M.	★★★	☆☆☆☆	ja	●●
133	A-b-6	**Mathaisenkar Kletterstg.**	B/C,1+	200	45 M.	2,5 St.	★★	☆☆	nein	●●
135	A-b-7	**Nordwandsteig/Schöngänge**	B	100	2,5-3 St.	15 M.	★★★	☆☆☆	ja	●●
138	A-b-8	**Mauerläufersteig**	D/E	250	2-2,5 St.	30 M.	★★★★	☆☆☆	nein	●●
142	A-b-9	**Längenfeldsteig**	A	450	2 St.	gesamt	★	☆☆☆	ja	●
143	A-b-10	**Hupfleitenjoch**	A/B	980	6 St.	gesamt	★★★	☆☆☆	ja	●●
144	A-b-11	**Hermann-von-Barth-Weg**	B	1650	9 St.	gesamt	★★	☆☆☆	nein	●
146	A-b-12	**Obere Wettersteinspitze**	A,1	1370	7,5 St.	gesamt	★★★	☆☆	bed.	●●
147	A-b-99	**Jubiläumsgrat**	D,3-	1150	9 St.	gesamt	★★★	☆	nein	●
150	**A-c**	**Ammergauer Alpen**								
150	A-c-1	**Gelbe Wand Steig**	A/B	870	2 St.	gesamt	★★	☆☆☆	ja	●●
151	A-c-2	**Branderschrofensteig**	A/B	80	1 St.	gesamt	★★★	☆☆☆	ja	●
153	A-c-3	**Säulingsteig**	A/B	330	45 M.	1,5 St.	★★	☆☆	ja	●●
155	A-c-4	**Hochplattensteig**	B/C,1-	80	1 St.	2,5 St.	★★	☆☆	nein	●
158	A-c-5	**Schellschlichtsteig**	B,1+	490	1 St.	2 St.	★★	☆☆☆	nein	●●

📖	R.Zl.	Klettersteig	Schw.	Hm	Kl.Zt.	Zust.	Fun	Sich.	Eign.	Anf.
162	A-c-7	**Kofelsteig**	B	130	30 M.	1-1,5 St.	★★	☆☆☆	ja	🔵🔴
164	A-c-8	**Sonnenberggrat-Steig**	A/B	765	5,5 St.	gesamt	★★	☆☆	bed.	🔵
166	A-c-9	**Teufelsstättkopf-Steig**	A/B	885	5 St.	gesamt	★★	☆☆☆	ja	🔵
167	A-c-10	**Ettaler Manndlsteig**	B	60	30 M.	45 M.	★★★	☆☆☆	ja	🔵🔴
170	**A-d**	**Karwendel**								
170	A-d-1	**Lindenkopf-Steig**	A/B	580	3,5-4 St.	gesamt	★★	☆☆☆	ja	🔵
171	A-d-2	**Karwendelsteig**	A/B	1310	6,5 St.	gesamt	★★★	☆☆☆	bed.	🔵🔴
174	A-d-3	**Karwendelspitz-Normalweg**	A/B	145	45 M.	gesamt	★★	☆☆☆	ja	🔵
175	A-d-4	**Karwendelspitz-Klettersteig**	C,2	85	30 M.	15 M.	★★	☆☆☆	nein	🔵🔴
178	A-d-5	**Mittenwalder Höhenweg**	B	1715	9 St.	gesamt	★★★	☆☆	nein	🔴
180	A-d-6	**Heinrich-Noe-Steig**	A/B	1355	7,5 St.	gesamt	★★	☆☆☆	bed.	🔵🔴
182	A-d-7	**Predigtstuhlsteig**	B	980	6-6,5 St.	gesamt	★★	☆☆☆	ja	🔵🔴
184	A-d-8	**Gjaidsteig**	A/B	880	12 St.	gesamt	★★	☆☆	nein	🔴
185	A-d-9	**Leutaschklamm**	A	120	2 St.	gesamt	★★★★	☆☆☆	ja	🔵
187	A-d-10	**Lakaiensteig**	A/B	755	6 St.	gesamt	★★	☆☆☆	ja	🔵🔴
189	**A-e**	**Bayerische Voralpen**								
189	A-e-1	**Heimgarten-Überschreitung**	A/B	1100	5,5-6 St.	gesamt	★★★	☆☆☆	ja	🔵🔴
191	A-e-2	**Benediktenwandsteig**	B	530	5,5 St.	gesamt	★★★	☆☆	bed.	🔵🔴
193	A-e-3	**Roßstein-gesich. W-Anstieg**	A/B	110	30 M.	1,5-2 St.	★★	☆☆☆	ja	🔵🔴
196	A-e-4	**Hirschberghaus-Winterweg**	A	780	3,5-4 St.	gesamt	★★	☆☆☆	ja	🔵
198	A-e-5	**Wolfsschluchtsteig**	B	350	0,5-1 St.	1,5 St.	★★	☆☆☆	ja	🔵🔴
191	A-e-6	**Blauberg-Steig**	A/B	1220	6,5 St.	gesamt	★★★	☆☆	bed.	🔵🔴
202	A-e-7	**Risserkogel-Umrundung**	A/B	180	1,5 St.	2 St.	★★	☆☆☆	ja	🔵🔴
205	A-e-8	**Schinderkarsteig**	B/C	280	1 St.	1,5 St.	★★	☆☆	ja	🔵🔴
208	A-e-9	**Brecherspitz Westgrat**	A/B	580	3,5 St.	gesamt	★★	☆☆☆	ja	🔵
209	A-e-10	**Aiplspitz Westgrat**	A/B	660	3,5-4 St.	gesamt	★★	☆☆☆	ja	🔵
211	A-e-11	**Erzherzog-Johann-Klause**	A/B	170	5 St.	gesamt	★★★	☆☆☆	ja	🔵
213	A-e-12	**Dr. Julius-Mayr-Weg**	B	150	45 M.	2-3 St.	★★★	☆☆☆☆	ja	🔵🔴
216	**A-f**	**Chiemgauer Alpen**								
216	A-f-1	**Wasserwand-Klettersteig**	B	80	15 M.	1,5 St.	★★	☆☆☆	ja	🔵🔴
218	A-f-2	**Kampenwand-Klettersteig**	B	20	20 M.	2-2,5 St.	★★	☆☆☆	ja	🔵🔴
221	**A-g**	**Berchtesgadener Alpen**								
221	A-g-1	**Pidinger Klettersteig**	D	730	3,5 St.	1,5 St.	★★★★	☆☆☆☆	nein	🔴⚫
226	A-g-2	**Steinerner Jäger**	A,1+	1105	4,5-5 St.	gesamt	★★	☆☆	ja	🔵🔴
227	A-g-3	**Mittelstaufensteig**	B	440	2 St.	2,5 St.	★★	☆☆☆	bed.	🔴
229	A-g-4	**Zwieselsteig**	A/B	1280	9-9,5 St.	gesamt	★	☆☆☆	bed.	🔵🔴
230	A-g-5	**Weißbachschlucht**	A	80	2 St.	gesamt	★★★	☆☆☆	ja	🔵
231	A-g-6	**Reibwand Klettersteig**	B	260	1-1,5 St.	15 M.	★★	☆☆☆	ja	🔵🔴
233	A-g-7	**Müllnerhornsteig**	A/B	700	5,5-6 St.	gesamt	★	☆☆☆	ja	🔵🔴
234	A-g-8	**Dötzenkopf - gesich. Steig**	A	595	2,5-3 St.	gesamt	★★	☆☆☆	ja	🔵
235	A-g-9	**Waxriessteig**	A/B	1105	2,5-3 St.	gesamt	★★	☆☆☆	ja	🔵

🕮	R.Zl.	Klettersteig	Schw.	Hm	Kl.Zt.	Zust.	Fun	Sich.	Eign.	Anf.
334		**C RHEINLAND-PFALZ**								
336	**C-a**	**Moseltal**								
336	C-a-1	**Mehring-Rioler Klettersteig**	A	150	30 M.	30 M.	★★	☆☆☆	ja	🔵
338	C-a-2	**Kletterw. Erdener Treppchen**	A/B	110	45 M.	gesamt	★★	☆☆☆	ja	🔵
339	C-a-3	**Collis Steilpfad**	B	90	20 M.	20 M.	★★★	☆☆☆☆	ja	🔵🔴
341	C-a-4	**Calmont Klettersteig**	A/B	50	1 St.	30 M.	★★★	☆☆☆	ja	🔵
343	C-a-5	**Sieben Fußfälle"Klettersteig"**	A	180	1 St.	gesamt	★	☆☆	ja	🔵
344	**C-b**	**Mittelrheintal**								
344	C-b-1	**Mittelrhein-Klstg. Boppard**	B/C	220	1 St.	10 M.	★★★★	☆☆☆☆	ja	🔵🔴
347	C-b-2	**Oelsberg Klettersteig**	A/B	175	1,5 St.	gesamt	★★	☆☆☆	ja	🔵
348	**C-c**	**Westerwald**								
348	C-c-1	**Hölderstein Klettersteig**	A/B	50	15 M.	30 M.	★★	☆☆☆☆	ja	🔵
350		**D HESSEN**								
351	**D-a**	**Odenwald**								
351	D-a-1	**Starkenburger Steig**	C	45	15-30 M.	5 M.	★★★	☆☆☆	ja	🔵🔴
354	D-a-2	**Heubach Klettersteig**	C	45	15-20 M.	5 M.	★★★	☆☆☆☆	ja	🔵🔴
358		**E NORDRHEIN-WESTFALEN**								
359	**E-a**	**Ruhrgebiet**								
359	E-a-1	**Klettermax**	B	2	20 M.	5 M.	★★★	☆☆☆	ja	🔵🔴
360	E-a-2	**Klettersteig Monte Thysso**	D-E	10	45 M.	10 M.	★★★★	☆☆☆☆	nein	🔴⚫
364		**F THÜRINGEN**								
365	**F-a**	**Thüringer Wald**								
365	F-a-1	**Ernst-Hartwig-Klettersteig**	C/D	20	30 M.	5 M.	★★★	☆☆☆☆	bed.	🔴
368		**G SACHSEN**								
370	**G-a**	**Erzgebirge**								
370	G-a-1	**DAV-Klettersteig "Artist"**	C	25	10 M.	10 M.	★★★	☆☆☆☆	ja	🔵🔴
374	G-a-2	**DAV-Klettersteig "Gratweg"**	C	20	10 M.	10 M.	★★★	☆☆☆☆	ja	🔵🔴
375	G-a-3	**DAV-Kletterstg. "Gipfelweg"**	C/D	10	10 M.	10 M.	★★	☆☆☆☆	ja	🔵🔴
377	G-a-4	**DAV-Klettersteig "Bergweg"**	B/C	10	5 M.	10 M.	★★	☆☆☆☆	ja	🔵🔴
378	G-a-5	**DAV-Klstg. "Yeti's Weg"**	D/E	20	15 M.	15 M.	★★★	☆☆☆☆	nein	🔴
381	**G-b**	**Elbsandsteingebirge**								
381	G-b-1	**Häntzschelstiege**	C	110	30 M.	2 St.	★★★★	☆☆☆	bed.	🔵🔴
384	G-b-2	**Zwillingsstiege**	C	60	15 M.	1,5-2 St.	★★★	☆☆	nein	🔴
387	G-b-3	**Rotkehlchenstiege**	A/B	280	3 St.	gesamt	★	☆☆☆	ja	🔵
388	G-b-4	**Zurückestiege**	A	330	3-3,5 St.	gesamt	★	☆☆☆	ja	🔵
389	G-b-5	**Starke Stiege**	B	40	15 M.	1,5 St.	★★	☆☆	nein	🔵
391	G-b-6	**Lehnsteig**	A	335	2,5-3 St.	gesamt	★	☆☆☆	ja	🔵
392	G-b-7	**Wilde Hölle**	B	340	4,5 St.	gesamt	★★	☆☆☆	ja	🔵
393	G-b-8	**Jägersteig**	B	210	2-2,5 St.	gesamt	★	☆☆☆	ja	🔵
394	G-b-9	**Wildschützensteig**	A/B	210	2 St.	gesamt	★★	☆☆☆	ja	🔵
395	G-b-10	**Schrammsteingratweg**	A/B	230	2 St.	gesamt	★★	☆☆☆	ja	🔵

📖	R.Zl.	Klettersteig	Schw.	Hm	Kl.Zt.	Zust.	Fun	Sich.	Eign.	Anf.
397	G-b-12	Mittelwinkel	A/B	210	2-2,5 St.	gesamt	★★	☆☆☆	ja	🔵
398	G-b-13	Hinteres Raubschloss	B/C	90	20 M.	40 M.	★★★	☆☆☆	ja	🔵🔴
400	G-b-14	Ottendorfer Raubschloss	A/B	70	30 M.	15 M.	★★	☆☆☆	ja	🔵
401	G-b-15	Lilienstein Überschreitung	A	165	1,5 St.	gesamt	★	☆☆☆	ja	🔵
402	G-b-16	Gamringsteig	A	60	45 M.	gesamt	★★	☆☆☆	ja	🔵
403	G-b-17	Nadelöhr	B	110	15 M.	10 M.	★★	☆☆☆	ja	🔵
405	G-b-18	Klammweg	A	160	50 M.	gesamt	★★★	☆☆☆	ja	🔵
406	G-b-19	Falkenschlucht	B	90	45 M.	gesamt	★★★	☆☆	bed.	🔵🔴
407	G-b-20	Alte Steiganlage	A/B	90	45 M.	gesamt	★★	☆☆☆	ja	🔵
408	G-b-21	Gohrisch Oststeig	A/B	90	45 M.	gesamt	★★	☆☆☆	ja	🔵
409	G-b-22	Papststein	A	90	30 M.	gesamt	★★	☆☆☆	ja	🔵
410	G-b-23	Sachsenstein	B/C	25	10 M.	10 M.	★★	☆☆	ja	🔵🔴
412	G-b-24	Johanniswacht	A	70	40 M.	gesamt	★★	☆☆☆	ja	🔵
413	G-b-25	Hockstein	A	190	1,5 St.	gesamt	★★	☆☆☆	ja	🔵
413	G-b-99	Rübezahl-Stiege	C/D	335	2,5-3 St.	gesamt	★	☆	nein	🔴
415	G-c	Zittauer Gebirge								
415	G-c-1	Nonnensteig	C/D	95	1 St.	20 M.	★★★★	☆☆☆	nein	🔵🔴
418	G-c-2	Alpiner Grat	C/D	65	30 M.	30 M.	★★★★	☆☆☆	bed.	🔴
421	G-d	Dresden								
421	G-d-1	Sachsenstiege	E	45	30 M.	5 M.	★★★★	☆☆☆☆	nein	🔴⚫
424	G-d-2	K. u. G. Löwinger-Steig	D	70	30 M.	5 M.	★★★★	☆☆☆☆	bed.	🔴

Vorwort von Eugen E. Hüsler

Deutschland ein Klettersteigland? Da schaut der Oberbayer, an den Wochenenden regelmäßig in »seinen« Alpen unterwegs, etwas skeptisch. Er kennt den »Pidinger« und die Alpspitz-Ferrata, die historischen Routen an der Zugspitze, ein paar Eisenwege im Allgäu und im Berchtesgadener Land - aber gesicherte Steige in Hessen oder in Rheinland-Pfalz? Da denkt man doch eher an Bankentürme, Karneval und Weinberge als an alpinistisches Tun.
Wer so tickt, der hat Recht, liegt aber trotzdem falsch. Ein Blick auf die aktuelle Climberszene macht es deutlich: Der Kletterer von heute braucht keine Alpen, keine großen Berge - und der Klettersteigler auch nicht (mehr). Da reicht eine Mauer, zwanzig oder dreißig Meter hoch, entsprechend aufgerüstet, und die kann zur Not auch künstlich sein.

In Duisburg, mitten im Ruhrgebiet, wurde eine ehemalige Zeche zur Via ferrata umfunktioniert, und ein bekanntes Sportgeschäft in München hat sich gleich einen Klettersteig ins Stammhaus bauen lassen, fast in Sichtweite von Viktualienmarkt und Rathaus. Ab und an kommen sich echte und »falsche« Kletterer sogar ganz nahe: in Klettergärten, die auch mit Trainings-Klettersteigen aufwarten.

Natürlich finden sich die meisten Klettersteige Deutschlands in den Bayrischen Alpen, doch auch in Sachsen, deren »Schweiz« zwar nicht mit hohen Gipfeln und Gletschern aufwarten kann, werden Klettersteigler fündig; rund vierzig Routen beschreibt dieser Führer, von der Nostalgieroute bis zum knackig modernen Sportklettersteig.
Eine besondere Pointe am Rand (auch geographisch): Die schwierigste Route liegt weder hier (Bayern) noch dort (Sachsen), sondern fernab der großen Berge, in Baden-Württemberg! Oder gebührt die »Krone« etwa doch dem »Mauerläufersteig«, der jüngsten Kreation der Zugspitzbahnen?

Die ganz großen Ziele finden die KlettersteiglerInnen natürlich im Süden, jenseits der bayrischen Alpengrenze: in Österreich, in den Dolomiten, seit neuestem auch in der Schweiz. Kennen lernen kann man Klettersteiggehen, diese ganz besondere (und besonders reizvolle) Art der Fortbewegung im Steilfels auch fernab von Zugspitze, Dachstein, Marmolada und Monte Casale. Und wer einmal Feuer gefangen hat, wird leicht süchtig (ich kann's bestätigen), und von einer Sucht wieder wegzukommen ist extrem schwierig. Doch wer möchte das schon als Klettersteigler?

Eugen E. Hüsler

Vorwort der Autoren

Als erster detaillierter Führer über alle derzeit bekannten Klettersteige und lohnenden gesicherten Steige in Deutschland umfasst dieser Führer selbst sonst vernachlässigte Gebiete wie Hessen, Nordrhein-Westfalen und Rheinland-Pfalz. Und ja - auch im „Flachland“ gibt's wirkliche Klettersteig-Herausforderungen!

Nahezu 180 Touren haben wir für diesen Führer zusammen getragen. Natürlich sind nicht alles „ausgewachsene“ Klettersteige - ebenso wenig wie jeder Leser dieses Führers ein Klettersteig-Profi sein muss.

Deutsche Klettersteige sind facettenreicher als erwartet: Steinbruchklettersteige (Odenwald), historisch einzigartige gesicherte Wege (Sachsen), hochalpine Unternehmen (Zugspitze), gesicherte Familiensteige (Bayerische Voralpen), extrem schwere Sportklettersteige (Dresden und Weinheim), anspruchsvolle Allroundtouren (Berchtesgaden) und lange gesicherte Wanderungen (Allgäu).

So ist alles vertreten - von leicht bis schwierig, von lang bis kurz, von den Alpen bis ins Flachland. Anhand der detaillierten Beschreibungen und Klassifizierungen, Topos und Übersichtskarten kann jeder seine Tourenplanung nach seinen individuellen Vorlieben leicht und bequem erstellen.

Wir hoffen, jedem Leser mit dem „Klettersteig-Atlas Deutschland" (nach "Österreich", "Italien West" und "Italien Dolomiten") wie immer einen ausführlichen und stets zuverlässigen Klettersteig-Führer aus dem Schall-Verlag in die Hand gegeben zu haben und wünschen viel Spaß, stets eine gute Rückkehr und viel Erfolg bei den nächsten Touren.

Michael Rüttinger, Sascha Hoch
www.klettersteig.de

Alle Daten in diesem Klettersteig-Atlas wurden sorgfältig und gewissenhaft recherchiert. Sollte Ihnen beim Begehen von Klettersteigen aus diesem Führer eine Veränderung des Zustandes eines Steigs auffallen (z.B. neue Routenführung oder Sperre), informieren Sie uns bitte per Mail unter **info@klettersteig.de** bzw. auch unter **schall-verlag@aon.at** (Schall-Verlag GmbH).

Zu den Autoren

Sascha Hoch (68er Jahrgang) arbeitet in München und lebt mit seiner Familie (3 Kinder) in Übersee a. Chiemsee. Durch die gemeinsame Leidenschaft mit seinem Vater, hat er schon Mitte der 70er begonnen, Klettersteige zu gehen. Seitdem versucht er gerade im oberen Schwierigkeitsbereich seine Sammlung zu vervollständigen, wobei seine Vorliebe bei den klassischen, alpinen Klettersteigen liegt.
Jedoch wäre ohne den Rückhalt der Familie das Begehen von ca. 100 Touren pro Jahr für die Buchprojekte nicht möglich, womit seine Frau Ines einen großen Anteil am Gelingen hatte.

Michael Rüttinger (74er Jahrgang) arbeitet als Geschäftsführer eines EDV-Systemhauses in Nürnberg. Er betreut die Webseite von klettersteig.de.
Er liebt das Relaxen am Meer genauso wie das Wandern in den Bergen. Seine Freude für Klettersteige hat er in den Berchtesgadener Alpen entdeckt und hat seitdem viele Steige in Deutschland, Österreich und Italien bestiegen. Er bevorzugt sowohl sportliche wie auch klassische Klettersteige in den mittleren Schwierigkeitsbereichen.

Zu den Autoren

Stephan Beeler (73er Jahrgang) ist gebürtiger Schweizer und von Beruf Kulturingenieur. Mittlerweile lebt er mit seiner Frau Anja, die seine Leidenschaft für die Berge teilt, in der Nähe von Nürnberg. Nach etlichen Jahren ergebnisloser Suche nach dem perfekten Hobby stieß er 2003 an der Rigi auf einen seilgesicherten Felspfad und entdeckte dort die wundervolle Welt der Klettersteige, derer er sich seither sehr intensiv widmet. Im Frühling bevorzugt er die kurzen, kräfteraubenden Steige in Frankreich. Im Sommer unternimmt er lange, ausgedehnte Bergtouren in den Dolomiten und den Julischen Alpen.

Kurt Schall (59er-Jahrgang) ist Inhaber und Geschäftsführer des Schall-Verlages mit Wohn- und Firmensitz in Alland nahe Wien. Ist seit dem 15. Lebensjahr mit dem Extremklettern und Bergsteigen verbunden, wobei ihm sehr bald schwierigste Touren in den Ost- und Westalpen gelangen (u.a. die Nordwände von Eiger, Matterhorn u. Grandes Jorasses sowie extreme Touren von den Dolomiten bis zu den Wiener Hausbergen, darunter auch etliche Erstbegehungen). Ab 1982 folgten aufgrund seiner umfangreichen Erfahrung als Bergführer und Schilehrer die ersten Schitouren- u. Kletterführer. Mittlerweile Autor (bzw. Co-Autor) und Verleger zahlreicher Kletter-, Klettersteig- und Schitourenführer. Er konzentrierte sich ab 1994 ganz auf das Verlagsgeschäft, wobei der Schall-Verlag heute zu den renommiertesten Bergverlagen zählt, welcher auch durch die Herausgabe von Alpin-Dokumentationen und Abenteuerbüchern mit prominenten Autoren auf sich aufmerksam gemacht hat.

Ralf Stute (76er-Jahrgang). Als Ralf am 8.8.88 mit seinem Vater zum ersten Mal einen Klettersteig machte, konnte er nicht ahnen, dass er von nun an mit dem Virus 'Via Ferrata' infiziert sein sollte. Mit der Besteigung der Alpspitze an diesem ehrwürdigen Tag wurde die Faszination für den Bergsport und speziell für die Eisenwege bei ihm geweckt.
Mittlerweile hat der Erlanger - großteils in Begleitung seiner Frau Anja - mehr als 500 Klettersteige im gesamten Alpenraum bestiegen. Seine Begehungen und Impressionen präsentiert der Bergsportbegeisterte seit Anfang 1996 im Internet auf dem eigens gegründeten Klettersteig-Portal via-ferrata.de.

***Co-Autor:* Jochen Schaumburg** (72er-Jahrgang) arbeitet in Stuttgart und wohnt in Rechberghausen bei Göppingen. 1995 führte ihn die Hochzeitsreise ins Berchtesgadener Land, dabei haben er und seine Frau ihre Liebe zu den Bergen entdeckt. Bis zur ersten „richtigen“ Bergtour dauerte es allerdings noch zwei Jahre, und da die Ansprüche mit jeder Tour wuchsen, wurde im Folgejahr der erste mittelschwere Klettersteig begangen. Seitdem begeht er (oft mit seiner Frau) am liebsten einfache bis mittelschwere Klettersteige. Trotz der weiten Anfahrt begeht er ca. 20 Touren pro Jahr im gesamten deutschen Alpenraum bis zum Alpenhauptkamm, seine Hausberge sind die Allgäuer Alpen.

***Co-Autor:* Sepp Stadler** (60er Jahrgang) lebt mit seiner Familie südlich von München und war ursprünglich auf Höhenwegen und Gletschern unterwegs. Durch Sascha Hoch entdeckte er seine Leidenschaft für Klettersteige. Neben zahlreichen gemeinsamen Steigen in Italien, die ihn bis zum Gran Sasso führten, erkundete er zuletzt für dieses Buch viele gesicherte Steige in den bayerischen Alpen.

Zum Gebrauch des Führers

BESCHREIBUNGSKOPF

Die in diesem Führer vorgestellten Klettersteige sind alphanumerisch geordnet, d.h. der Großbuchstabe (z.B. **A** **Bayern**) bezeichnet das Deutsche Bundesland, der Kleinbuchstabe (z.B. **b** **Wetterstein**) die Gebirgsgruppe. Die Klettersteige sind innerhalb der Gebirgsgruppe fortlaufend durchnummeriert (z.B. **A-b-8** **Mauerläufersteig**).

SYMBOL-LEISTE

Piktogramm-Kurzinformation zur Schnellübersicht der wichtigsten Daten zum Klettersteig. Siehe dazu unter „Symbole, Piktogramme, Zeichen“ Seite 22.

SCHWIERIGKEIT

Detailinformation über die zu erwartenden Schwierigkeiten und Anforderungen nach der „Österr. Buchstabenskala“. Siehe dazu unter „Schwierigkeitsbewertung“ Seite 15-17.

GESAMTANFORDERUNG

5 Stufen von niedrig bis extrem. Ergibt sich aus dem Durchschnittswert des Anforderungsprofils (bestehend aus Kondition, Armkraft, Technik, Mut/Psyche und Bergerfahrung). Siehe dazu unter „Gesamtanforderung und Anforderungsprofil“ Seite 18.

BESONDERE GEFAHREN

Kurzinformation über besondere Gefahren im Verlauf des Steiges bzw. Zu- und Abstiegs.

BESTE JAHRESZEIT

Für jeden Klettersteig sind Monate (von - bis) angegeben, in denen man im Normalfall günstige Bedingungen vorfindet (Durchschnittswerte!).

ZEITEN / HÖHENUNTERSCHIEDE

Genaue Angaben über die Wandhöhe (Steiglänge) vom Einstieg bis zum Ausstieg sowie gesamter Höhenunterschied der Unternehmung (inkl. Zustieg). Die Zeitangaben sind Durchschnittswerte und gehen von einer bequemen Durchführung (ohne Pausen!) aus.

EXPOSITION

Ausrichtung der Wand, durch welche der Klettersteig verläuft (nach Himmelsrichtungen).

SICHERUNGEN

Zustand sowie die Bauart der Sicherungen (z.B. durchgehendes Stahlseil, Tritt- und Griffstifte, Bügel, Klammern, Ketten, Hängebrücken, Einseilbrücken, usw.). Die Qualität der Sicherungen ist in 4 Stufen unterteilt (von super bis schlecht). Genaue Definitionen siehe unter „Symbole, Piktogramme, Zeichen“ Seite 22.

FUNFAKTOR (Gesamtschönheit)

Attraktivität und Schönheit des Klettersteiges. Ist natürlich eine sehr subjektive (persönliche) Wertung von uns, soll aber charakterliche Eigenschaften (z.B. Felsbeschaffenheit, brüchiges Gestein, viel oder wenig Geh- bzw. Schrofengelände, Länge der Sicherungen im Verhältnis zum Zu-/Abstieg od. im Verlauf des Steiges) und originelle Bauarten (Hängebrücken, Seilbrücken, Leitern, Überhänge, abwechslungsreiche Passagen, usw.), sowie auch die landschaftlichen Reize hervorheben. Der „Funfaktor“ ist in 4 Stufen unterteilt (von super bis naja). Genaue Definitionen siehe unter „Symbole, Piktogramme, Zeichen“ Seite 22.

FLUCHT / ABBRUCHMÖGLICHKEIT

Gute bzw. angelegte Fluchtmöglichkeiten bzw. Notausstiege im Verlauf des Steiges.

ORIENTIERUNG

Einfache Orientierung (z.B. gute Zu- und Abstiegs-Markierung, Hinweistafeln, usw.) bzw. Kurzangaben zu „kritischen“ Passagen, die erhöhte Aufmerksamkeit erfordern.

Zum Gebrauch des Führers

KINDER / JUGENDLICHE / ANFÄNGER

Die subjektiven Faktoren bei Kindern und Jugendlichen (wie Geschicklichkeit, Talent, Größe, Kraft, Kondition, Mut, Selbstüberschätzung, Ehrgeiz, usw.) sind wesentlich ausgeprägter und empfindsamer als bei Erwachsenen. Deshalb sollten Eltern oder Führungspersonen höchste Umsicht und Verantwortungsbewußtsein zeigen und Kinder schrittweise an die Anforderungen eines Klettersteiges heranführen.
Kinder und Jugendliche sollten angeseilt und gesichert werden wie beim "richtigen" Klettern. Das gilt für ungeübte und/oder übergewichtige Kinder stellenweise bereits auf leichten Klettersteigen. Bei Absturzgefahr muss eine Brust-Sitzgurt-Kombination verwendet werden. Bitte beherzigen Sie: Eltern ohne Klettererfahrung und Beherrschung der nötigen Sicherungstechnik müssen auf Klettersteige verzichten, wenn sie die Verantwortung für Kinder tragen.

AUSRÜSTUNG

Hier wird auch die zusätzliche Ausrüstung - wie z.B. Taschenlampe - aufgelistet, da von der generellen Mitnahme der notwendigen Schutzausrüstung ausgegangen wird.
Näheres zur Ausrüstung siehe Seite 25-28.

ERRICHTUNG / BETREUUNG

Angaben über das Baujahr des Klettersteiges (soweit eruierbar) und Organisationen (Vereine, Gemeinden, Bergsteigerschulen, private Betreiber, usw.), welche die Steige erhalten und betreuen. Diese sind sehr dankbar für Hinweise über ev. Beschädigungen der Steiganlagen.
Bei den hier angegebenen Telefonnummern der Sektionen ist zu bedenken, dass die einzelnen Sektionen von DAV etc. oftmals nur wenige Stunden pro Woche (!) erreichbar sind. In vielen Fällen hilft es mehr, sich per eMail mit der Sektion in Verbindung zu setzen. Bei den deutschen Telefonnummern muss beachtet werden, dass vom Ausland Festnetz u. Handyanschlüsse ohne vorherige Null gewählt werden. Die Internationale Vorwahl für Deutschland ist die 0049. Beispiel: Im Führer angegebene Nummer 0221-123456 muss wie folgt gewählt werden: 0049 – 221 – 123456.

KARTEN

Hier sind die für diese Berggruppe am besten geeigneten Kartenblätter (z.B. Kompass) angeführt.

GPS-DATEN

Die bei uns verwendeten GPS-Daten für Einstieg und Parkplatz sind im dezimalen Format (WGS84, hddd.ddddd°) angegeben. Die meisten GPS-Programme können über Einstellungen auf dieses Format umgestellt werden. Wer dennoch in seinem Programm oder Navigationsgerät ein anderes Format (z.B. Stunden, Minuten, Sekunden) verwenden muss, kann auf www.klettersteig.de unter „Informationen / GPS-Infos“ die gewünschten Daten umrechnen lassen.

TALORT / INFO

Zur Erleichterung von Kontakten mit den Verkehrsvereinen (meist nur wochentags besetzt) findet man hier meist auch deren E-Mail-Adressen (siehe Erläuterungen unter „Errichtung / Betreuung“).

AUSGANGSPUNKT

Jener Ort, von dem aus man zu Fuß weggeht. Der Ausgangspunkt kann ein Parkplatz sein, für Benützer öffentlicher Verkehrsmittel auch eine Bahnstation oder Bushaltestelle, natürlich auch die Bergstation einer Seilbahn oder eines Sesselliftes.

Zum Gebrauch des Führers

STÜTZPUNKT(E)

Als **Stützpunkt** gelten Schutzhütten oder (Berg-)Gasthäuser, die oft den Aufstieg zu einem Gipfel in angenehmer Weise aufteilen. Bei jeder Schutzhütte finden Sie die Angabe der üblichen Bewirtschaftungszeit. Diese Zeiten können sich aber oftmals ändern. Daher bitte unbedingt bei den betreuenden Vereinen, Sektionen u. Gemeinden vorher erkundigen bzw. auch im Internet abrufen. In der Regel kann auch der zuständige Verkehrsverein mit entsprechenden Angaben dienen.

CHARAKTERISTIK

Die Klettersteige werden hier kurz charakterisiert. Allgemeine Angaben über Anforderungen, Kombinationsmöglichkeiten, Gefahren und Zustand der Klettersteige.

ANREISE

Die Anreise erfolgt heute überwiegend mit dem eigenen Fahrzeug. Wir haben deshalb die Beschreibung der Anreise mit der jeweiligen Ausfahrt von der Autobahn oder einem allgemein bekannten größeren Ort begonnen.
Öffentliche Verkehrsmittel: Wer es mit einem "Urlaub vom Auto" versuchen möchte, findet oft eine gute Gelegenheit. Die Talorte vieler Klettersteige können mit öffentlichen Verkehrsmitteln erreicht werden.
Auskünfte über die Fahrpläne lokaler Verkehrsverbindungen erhält man über die zuständigen Tourismusverbände.

ANSTIEGSSKIZZEN (TOPOS)

Bei den farbigen Anstiegsskizzen der Klettersteige wurde größtes Augenmerk auf Übersichtlichkeit und Genauigkeit gelegt. Dadurch soll vor allem für weniger Geübte eine bessere Übersicht und bessere Einschätzbarkeit der Anforderungen erreicht werden.
Zusätzliche Informationen, die aus einem Topo nicht oder nur schwer hervorgehen würden, sind in der Beschreibung des Routenverlaufes angeführt.

KARTENAUSSCHNITTE

In den Kartenausschnitten der Kompass-Karten ist der jeweilige Zustieg bzw. Abstieg (blau) und der Verlauf des Klettersteiges (rot) eingezeichnet sowie die alphanumerische Routenzahl vermerkt.

Schwierigkeitsbewertung

Bisher gibt es noch keine einheitliche internationale bzw. europäische Schwierigkeitsbewertung für Klettersteige. Verbreitet und bewährt haben sich im deutschsprachigen Raum in den vergangenen Jahren vor allem die von Kurt Schall entwickelte „**Österreichische Buchstabenskala**“ od. auch “**Schall-Skala**” (von A bis F inkl. Zwischenstufen, also insgesamt 11 Stufen, siehe dazu Seite 15-17) sowie die „**Deutsche Klettersteigskala**“ (K1 bis K6 nach Eugen Hüsler, bzw. KS1 bis KS6 nach Paul Werner, also insgesamt je 6 Stufen).

Die **Buchstabenskala** hat dabei neben präziseren Bewertungsmöglichkeiten (zusätzliche Zwischenstufen wie A/B, B/C, usw.) auch den Vorteil, bei topografischen Anstiegsskizzen (wie sie in diesem Klettersteigatlas vorhanden sind) eine Stellen- bzw. Passagebewertung anwenden zu können. Dies mag dem professionellen Klettersteigfan vielleicht nicht ganz notwendig erscheinen, weniger routinierte und geübte Klettersteiggeher können aber dadurch einen wesentlich besseren Überblick über die zu erwartenden Anforderungen des Klettersteiges erhalten.

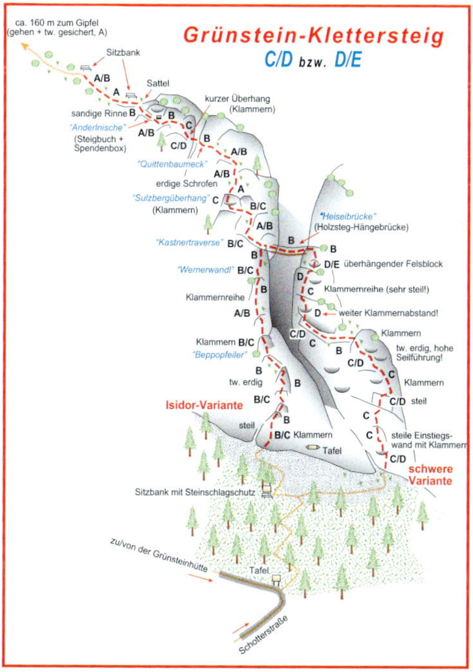

Denn es ist ja ein großer Unterschied, ob z.B. nur eine kurze Passage in der Hauptschwierigkeit (z.B. D bzw. K5 bzw. KS5) zu bewältigen ist, oder gleich mehrere Stellen bzw. mehrere hundert Meter in diesem Schwierigkeitsbereich.

Vor allem bei den neuen „Sportklettersteigen“, die teilweise schon sehr an die körperlichen und psychischen Grenzen mancher Klettersteiggeher heran reichen, macht **ein gutes Topo** mit (Einzel-) Stellenbewertungen durchaus Sinn.

Dazu ist eine möglichst genaue Definition der jeweiligen Schwierigkeitsstufe notwendig, wobei versucht wurde, die Schwierigkeitsangaben mit einem möglichst einheitlichen Bewertungssystem in Einklang zu bringen. Wichtig ist vor allem eine verlässliche, lineare Bewertung aller in diesem Führer vorgestellten Klettersteige und gesicherten Steige.

Zusätzlich sind aber auch noch viele andere **subjektive und objektive Faktoren** wie Länge des Klettersteiges bzw. des Zu- und Abstiegs, alpines Gelände und Gefahren, Exposition (Wandausrichtung, z.B. nord- oder südseitig), Wetterlage, Nässe, Vereisung, körperliche Verfassung (Kondition, Trainingszustand, Psyche, Mut, Armkraft), Bergerfahrung (z.B. im alpinen Gelände mit brüchigem Fels od. Schnee/Eis bzw. Trittsicherheit in ungesicherten Passagen), Höhenlage (manche Steige in diesem Band führen an die 3000er-Marke), Klettererfahrung (vor allem bei sehr schwierigen Steigen von Vorteil - Steigtechnik!), Ausrüstungszustand (zweckmäßige Bergschuhe und Kleidung, optimal abgestimmtes Klettersteigset inkl. Brust-/Sitzgurt, Helm und Klettersteighandschuhe) und nicht zuletzt auch eine gut eingeübte Sicherungstechnik (optimales Handling mit dem Klettersteigset) zu berücksichtigen.

Aus diesem Grund gibt es im vorliegenden Führer zusätzlich auch eine eigene Bewertung der **Gesamtanforderung** (siehe dazu bei „Gesamtanforderung und Anforderungsprofil“ Seite 18).

Vergleichstabelle der verschiedenen europäischen Schwierigkeitsskalen und Bewertungen von Klettersteigen

Österreich nach Kurt Schall (Schall-Skala)	Deutschland nach Eugen Hüsler (Hüsler-Skala)	Deutschland nach Paul Werner (Rother-Verlag)	Deutschland klettersteig.de Skala	Italien	Frankreich	Farbskala + verb. Bezeichnung
A	K1 leicht	KS1	1-1,5	F facile	F facile	leicht
A/B			2			
B	K2 mittel	KS2	2,5	MD media difficoltà	PD peu difficile	mäßig schwierig
B/C	K3 ziemlich schwierig	KS3	3			
C			3,5	D difficile	D difficile	schwierig
C/D	K4 schwierig	KS4	4			
D			4,5	MD molto difficile	TD très difficile	sehr schwierig
D/E	K5 sehr schwierig	KS5	5			
E	K6 extrem schwierig	KS6	5,5	ED estrema difficoltà	ED extrêment difficile	extrem schwierig
E/F			6			
F	Neuer Schwierigkeitsgrad, der bisher nur einmal erreicht wurde (siehe "Klettersteig-Atlas Österreich", Tour B/c/1 - Panorama-Klettersteig Bürgeralm)!					

Beispiele für die jeweilige Schwierigkeitsstufe:

KS-Grad	**Deutschland**	**Österreich**	**Italien**
A	Hirschberghaus - Winterweg	Drei-Schwestern-Steig	Hinteres Schöneck
A/B	Rinnkenndlsteig	Eggersteig	Lagazuoi-Tunnel
B	Alpspitz-Ferrata	Preinerwand-Steig	Via ferrata Tofana di Dentro
B/C	Boppard Mittelrhein-Klettersteig	Ari-Schübel-Weg	Alta via Bepi Zac
C	Höllental-Klettersteig	Drachenwand-Kletterst.	Alpinisteig (Sexten)

SCHWIERIGKEITSBEWERTUNG VON KLETTERSTEIGEN:

A/B, B/C, C/D, D/E, E/F = zusätzliche ÜBERGANGS- bzw. ZWISCHENSTUFEN

A leicht (K1 bzw. KS1) Einfache, gesicherte Steige. Angelehnte (längere) oder senkrechte (kurze) Leitern, Geländer und Eisenklammern meist in nicht sehr steilem Gelände. Einzelne Stellen können bereits ausgesetzt sein, sind aber einfach zu begehen (z.B. Felsbänder). Das Gelände ist auch ohne Sicherungen leicht zu begehen (Ausnahme: Leitern über kleine Wandstufen) und weist gute Tritte und Griffe auf. Im Allgemeinen für trittsichere, schwindelfreie Bergwanderer noch keine Klettersteig-Selbstsicherung erforderlich. Für Kinder/Jugendliche bzw. Anfänger meist sehr gut geeignet.

B mäßig schwierig (K2 bzw. KS2) Bereits etwas steileres Felsgelände mit teilweise kleintrittigen, ausgesetzten Passagen. Senkrechte längere Leitern, Eisenklammern, Trittstifte oder Ketten. Manche Passagen können bereits anstrengend und etwas Kraft raubend sein. Auch routiniertere Berggeher verwenden hier bereits eine Selbstsicherung. Für Anfänger und Kinder/Jugendliche unbedingt ein Klettersteigset und auf längeren Steigen zusätzlich ein kurzes Sicherungsseil.

C schwierig (K3-K4 bzw. KS3-KS4) Steiles bis sehr steiles Felsgelände. Großteils kleintrittige Passagen, die fast immer ausgesetzt sind. Senkrechte bis leicht überhängende Leitern, Eisenklammern und Trittstifte, die auch manchmal weiter auseinander liegen können (ev. für kleinere Leute und Kinder problematisch). Oft senkrechte nur mit einem Stahlseil gesicherte Abschnitte, Einseil- oder Zweiseilbrücken, Hängebrücken. Teilweise bereits sehr Kraft raubend. Längere Anstiege in diesem Schwierigkeitsgrad zählen bereits zu den großen Klettersteig-Unternehmen. Anfängern und Jugendlichen nur mehr mit zusätzlicher Seilsicherung durch einen erfahrenen Vorsteiger zu empfehlen. Klettersteigset ist selbstverständlich.

D sehr schwierig (K4-K5 bzw. KS4-KS5) Senkrechtes, oft auch überhängendes Felsgelände. Eisenklammern und Trittstifte liegen oft weit auseinander. Meist sehr ausgesetzter und steiler Fels, der oft nur mit einem Stahlseil gesichert ist. Bereits hohe Anforderungen an die Steigtechnik (kleine Tritte, Reibungsplatten) und Psyche („Mutproben"). Längere senkrechte bis überhängende Passagen, wobei bereits ein gehöriges Maß an Armkraft sowie ein guter gesamtkörperlicher Trainingszustand erforderlich sind. Klettererfahrung von Vorteil (Steigtechnik, natürliche Griffe und Tritte zur Fortbewegung, ökonomischer Bewegungsablauf, usw.). Auch für sehr erfahrene Klettersteiggeher ist ein Klettersteigset obligat (ev. sogar zusätzlich Kletterschuhe mit profilloser Sohle). Für Anfänger, Kinder und Ungeübte nicht mehr geeignet.

E extrem schwierig (K6 bzw. KS6) Meist überhängendes Felsgelände. Extreme Anforderungen an Armkraft (Kraftausdauer und Maximalkraft), Steigtechnik, Geschicklichkeit, Mut und Moral! Nur für erfahrene Klettersteig-Profis! Bei längeren Steigen dieser Schwierigkeit ist ein optimaler Trainingszustand erforderlich! Zusätzlich zum Klettersteigset eine kurze Bandschlinge mit Karabiner (zur Armentlastung und Fixierung bzw. zum Umhängen der Sicherung) sehr zu empfehlen. Sonst alle Angaben im erhöhten Maß wie unter „D" beschrieben.

F Bisher vermutl. weltweit erst einmal erreichter Schwierigkeitsgrad, welcher zusätzlich wie bei „E" beschrieben Sportkletterkenntnisse (ab FT 7) voraussetzt!

FELSTECHNISCHER (FT) SCHWIERIGKEITSGRAD (nach UIAA):

1 = leicht Geringe Schwierigkeiten. Die einfachste Form der Kletterei, wobei die Hände bereits zur Unterstützung des Gleichgewichtes erforderlich sind. Trittsicherheit und Schwindelfreiheit notwendig. Kinder und Ungeübte sollten bereits mit einem Seil gesichert werden.

2 = mäßig schwierig Mäßige Schwierigkeiten. Hier beginnt die eigentliche Form der Kletterei. Absolute Trittsicherheit und ein Grundmaß an Klettergewandtheit erforderlich. Viele Passagen bereits sehr ausgesetzt. Auch Geübte gehen hier oft schon im Seilschaftsverband.

Im vorliegenden Führer wird max. der 1. und 2. FT Schwierigkeitsgrad (von insges. 12 Graden) berührt.

Gesamtanforderung und Anforderungsprofil

In diesem Führer wird auch eine Gesamtanforderung (5 Stufen von niedrig bis extrem) des Klettersteiges angegeben, welche sich als **Durchschnittswert der einzelnen Kriterien des Anforderungsprofiles** ergibt. Die Kombination gibt in Verbindung mit dem Schwierigkeitsgrad (A bis E) sowie der Sicherungs- (Sich.) und Schönheitsbewertung (Fun) einen präzisen Überblick über die Anforderungen des Klettersteiges.
Da es bei vielen Klettersteigen aufgrund der unterschiedlichsten Kriterien schwierig ist, eine vergleichbare Gesamtanforderung mit einem einzigen Symbol zu charakterisieren, haben wir zusätzlich ein „Anforderungsprofil" entwickelt, welches Details der einzelnen Kriterien aufzeigt.
Das **Anforderungsprofil** setzt sich aus 5 wichtigen Beurteilungskriterien zusammen, welche jeweils max. 5 Punkte (von niedrig bis extrem) erreichen können:
Kondition: Länge des Klettersteiges bzw. des Zu- und Abstiegs (gesamter Höhenunterschied) sowie Höhenlage (z.B. Tallage oder nahe der 3000er-Grenze).
Armkraft: Kraft raubende Passagen, Anforderung an Kraftausdauer und Maximalkraft (vor allem bei den „Sportklettersteigen" relevant!).
Technik: Anforderung an die Klettertechnik (Nützen vorhandener Tritte und Griffe zur Fortbewegung, ökonomischer Bewegungsablauf) und Sicherungstechnik (problematisches „Umhängen" der Selbstsicherung, ungünstiger Stahlseil-Verlauf), vorhandene bzw. nicht vorhandene Tritt- oder Griffhilfen wie Bügel, Klammern oder Stahlstifte.
Mut, Psyche: Moralische Komponente wie „Mutproben" (Überhänge, spezielle Seil- oder Hängebrücken, überhängende Leitern), lang anhaltende Schwierigkeiten, längere Abstände zwischen den Stahlseil-Verankerungen, ungesicherte Passagen (auch im alpinen Gelände), Ausgesetztheit, ungesicherte Kletterstellen, vorhandene Fluchtmöglichkeiten.
Bergerfahrung: Alpines Gelände, Schnee, Gletscher, Orientierungsvermögen, Trittsicherheit im alpinen Gelände, Beherrschung der alpinen Sicherungstechniken, Klettersteig-Erfahrung.

Die **Gesamtanforderung** (max. 25 Punkte = 5 x 5) kann beispielsweise bei einem „Sportklettersteig" in Talnähe durchaus „nur" **mittel** sein, wenn die Kriterien „Kondition" und „Bergerfahrung" max. 1 Punkt (niedrig) erreichen (wenig Zustieg, kein alpines Gelände), aber die Kriterien „Armkraft", „Technik" und „Mut, Psyche" tw. bereits 4 Punkte (hoch). Der Durchschnittswert ergibt dann z. B. 2,6 (insg. 13 Punkte : 5 = 2,6) - Gesamtanforderung: Mittel.

Niedrig (blau) 5 - 7 Punkte
Keine besonderere Klettersteig-Erfahrung, Kondition od. Bergerfahrung notwendig. Für Anfänger sehr gut geeignet.

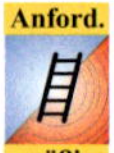

Mäßig (blau / rot) 8 - 11 Punkte
Grundlegende Klettersteig-Erfahrung, Kondition und Bergerfahrung notwendig. Für Anfänger nur bedingt geeignet.

Mittel (rot) 12 - 16 Punkte
Klettersteig-Erfahrung, Kondition, Armkraft und/od. Bergerfahrung erforderlich. Für Anfänger nicht geeignet, nur für Geübte!

Hoch (rot / schwarz) 17 - 21 Punkte
Umfangreiche Klettersteig-Erfahrung, Kondition, Mut, Kraft und/oder Bergerfahrung erforderlich. Nur für sehr Geübte geeignet.

Extrem (schwarz) 22 - 25 Punkte
Sehr viel Klettersteig-Erfahrung, Kondition, Mut, Technik, Kraft und/oder Bergerfahrung erforderlich. Nur mehr für „Profis" geeignet!

Beispiel 1
Brunntalgratsteig (A-b-4)

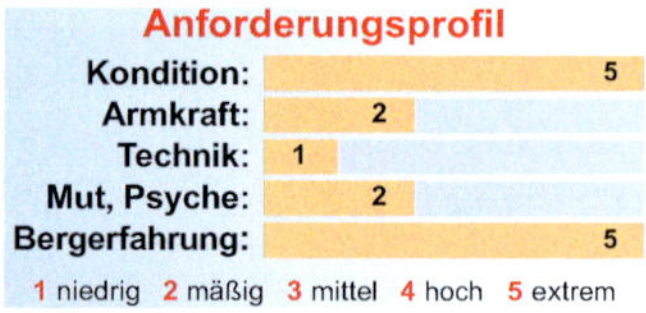

Insg. 15 Punkte von 25 = Anford.: mittel

Beispiel 2
Klettersteig Monte Thysso (E-a-2)

Insg. 18 Punkte von 25 = Anford.: hoch

Was ist ein Klettersteig?

Um die Unterschiede zwischen "klassischen" Klettersteigen und "nur" gesicherten Steigen (Wanderungen) transparenter zu machen, wurden die Steige in 4 Kategorien aufgeteilt (keine Schwierigkeitsbewertung!). So kann man sich beim Planen sofort informieren, ob ein Steig für den jeweiligen Geher interessant ist. Auf der anderen Seite wollten wir auch die Grenze zu Steigen aufzeigen, die in einigen, teilweise älteren Führern, immer noch als "Klettersteig" genannt sind, sich aber bei der Begehung vor Ort als überdimensionierte Herausforderung oder sogar als nicht mehr vorhanden entpuppten.

Folgende 4 Steigkategorien werden unterschieden:

"Klassischer" Klettersteig (schwarz in der Klettersteig-Übersicht).
Alle Schwierigkeitsgrade, klar ersichtlicher Sicherungsverlauf, machbare Zu- und Abstiege etc.
Beschreibung: Umfassend; ab KS-Grad B/C mit Topo (wenn möglich).
Beispiele: *Pidinger Klettersteig, Hochthron Klettersteig*.

Gesicherte Steige / Wege (grün in der Klettersteig-Übersicht).
Nur bis max. Schwierigkeit B; kurze, leichte Sicherungen bei meist langen Wanderungen; oftmals kein durchgehender Sicherungsverlauf, sondern sporadisch auf große Länge einzelne, leichte Sicherungen.
Beschreibung: Umfassend; kein detaillierter Steigverlauf, tw. ohne Symbolleiste.
Beispiele: *Weissbachklamm, Thomas-Eder-Steig*.

Hochalpine "Klettersteige" (rot in der Klettersteig-Übersicht).
Die Rahmenbedingungen dieser Touren sind durch Gletscherquerungen, Kletterstellen bis FT 3 etc. so hoch, dass die wenigen Sicherungen in den Hintergrund treten; für die meisten Klettersteiggeher nicht zu empfehlende Touren.
Beschreibung: So kurz wie nötig; ohne Topo und Karten.
Beispiele: *Jubiläumsgrat*.

"No-Go"-Steige (nicht in der Klettersteig-Übersicht enthalten).
Steige, die verfallen, abgebaut oder auch gesperrt sind.
Beschreibung: Keine; tabellarische Auflistung am Ende des Führers.
Beispiele: *Heilige Stiege, Himmelsleiter*.

Natürlich sind die Grenzen oftmals fließend, und der ein oder andere Steig hätte durchaus anders behandelt werden können. Es wurde so objektiv wie möglich versucht, die richtige Kategorie zu wählen.
Warum verfallene Steige überhaupt erwähnen? Zum einen, um in dem Führer doch alle Steige aufzulisten und der Diskussion zu entgehen, man hätte welche "übersehen"; und zum anderen wollten wir anderen Begehern die Enttäuschung ersparen, lange Anfahrten auf sich zu nehmen und aufgrund alter Informationen unverrichteter Dinge wieder abzuziehen.

Alle „No-Go"-Steige wurden vor Ort in Augenschein genommen. Sollte sich am Zustand etwas ändern, wird dies in den nächsten Auflagen berücksichtigt. Aktuelle Steigzustände erfahren Sie auch unter www.klettersteig.de.

Klettersteigtypen

Neben den Schwierigkeitsgraden macht es auch Sinn, die Klettersteige in verschiedene Typen zu unterteilen:

1. Unterscheidung nach Lage / Anforderung:

Alpinklettersteig
Leichte bis mittelschwere Klettersteige in alpiner (bis hochalpiner) Umgebung. Oftmals müssen auch Gehstrecken ungesichert gemeistert werden, der Begeher wird mit allgemeinen alpinen Gefahren konfrontiert. Meist handelt es sich um Tagestouren.
In diesem Buch die meisten der Klettersteige. Die meisten gesicherten Wanderungen liegen eher noch unter dieser Höhenlage.
Beispiele: *Höllentalsteig (Zugspitze), Watzmann-Überschreitung.*

Sportklettersteig
Mittelschwere bis extrem schwere Klettersteige, die meist einen sehr sportlichen Charakter aufweisen. An den Begeher werden hohe Anforderungen an Technik und Kraft gestellt. Meist in Talnähe ohne lange An- und Abstiege, zudem oft von kürzerer Dauer.
Beispiele: *Sachsenstiege, Jakobswand.*

Alpiner Sportklettersteig
Diese vereinen beide Anforderungen der obigen Typen und sollten nur von erfahrenen Klettersteiggehern angegangen werden (allerdings im behandelten Gebiet eher selten).
Beispiel: In diesem Führer keine.

Fun-Klettersteig
Eine in neuester Zeit immer beliebtere Spielart der "Klettersteige". Ausgestattet mit verschiedenen Brücken (Seilbrücken) und sonstigen Spielereien, steht nicht mehr der eigentliche Steig am Berg im Vordergrund, sondern eine möglichst große Abwechslung. Meist in Talnähe und kurz (aber schwer!).
Beispiele: In diesem Führer keine.

2. Unterscheidung nach Sicherungstyp:

Ostalpiner-Typ
Es gibt nur ein Sicherungsseil, das auch gleichzeitig zum Festhalten dient. Bügel etc. sind meist nur als Tritthilfen gedacht. In diesem Führer alle Steige!

Französischer Typ
Die Sicherung erfolgt ausschließlich an einem extra verlaufenden Stahlseil, das leicht durchhängt und so Querbelastungen des Karabiners vermeidet.
Zum Festhalten findet man entweder ein zweites straffes Seil, oder lange Bügelreihen (oftmals in 2 Lagen: Eine Bügelreihe zum Festhalten, eine als Tritthilfe).
Einige dieser Steige weisen somit nur noch ein Minimum an Felskontakt auf. Diese Sicherungsart wird bei den neueren Steigen immer häufiger angewendet, was den Steigen einen völlig eigenen Charakter gibt. Meist werden Funklettersteig und Französischer Typ kombiniert.
Beispiele: In diesem Führer keine Steige!

Abkürzungen

Abst.	Abstieg
Abzw.	Abzweigung
a.d.	an der
Allg.	Allgemeines(n)
allg.	allgemein
Anf.	Anforderung
Aufschr.	Aufschrift(en)
Aufst.	Aufstieg
Ausk.	Auskunft
AV	Alpenverein
Bew.	Bewirtschaftung
bew.	bewirtschaftet
bez.	bezeichnet
Bhf.	Bahnhof
bzw.	beziehungsweise
ca.	zirka
DAV	Deutscher Alpenv.
Dir.	Direkte(r,s)
dzt.	derzeit
ehem.	ehemalig(e)
ev.	eventuell
Expos.	Exposition
Fstr.	Forststraße
FT	felstechnische Schwierigkeit
ganzj.	ganzjährig
geschl.	geschlossen
ges.	gesichert
geöff.	geöffnet
Ghf./Gh.	Gasthof, Gasthaus
Gr.	Große(r,s)
gr.	große(r,s)
Hm	Höhenmeter
Info	Information
inkl.	inklusive
insges.	insgesamt
kl.	klein(es,e,er)
Kl.Zt.	Kletterzeit
km	Kilometer
Komb.	Kombination
kompl.	komplett
KS	Klettersteig
li	links
m	Meter
mark.	markiert
Mark.	Markierung
Min.	Minute(n)
mittl.	mittlere(r,s)
mögl.	möglich
N	Norden
NO	Nordosten
nördl.	nördlich
Nr.	Nummer
NW	Nordwesten
O	Osten
ob.	obere(r,s)
od.	oder
orogr.	orografisch
östl.	östlich
P.	Parkplatz
Pass.	Passage
Pkt.	Punkt
Pl.	Platz
re	rechts
Ri.	Richtung
R.Zl.	Routenzahl
S	Süden
S.	Seite
s.	siehe
Schw.	Schwierigkeit
seilg.	seilgesichert
Sekt.	Sektion
Sich.	Sicherung(en)
SO	Südosten
So.	Sonntag
sog.	sogenannt(e,r,s)
Std.	Stunde(n)
Str.	Straße
südl.	südlich
SW	Südwesten
Tel.	Telefon
TI	Touristeninformation
TVB	Tourismusverband
tw.	teilweise
u.a.	unter anderem
unbed.	unbedeutend
urspr.	ursprünglich
usw.	und so weiter
Var.	Variante(n)
Verb.	Verbindung
verbl.	verblasst(e)
verd.	verdeckt
verm.	vermutlich
W	Westen
westl.	westlich
z.B.	zum Beispiel
z.T.	zum Teil
Zt.	Zeit
Zuf.	Zufahrt
Zust.	Zustieg
zw.	zwischen
zzgl.	zuzüglich

Symbole, Piktogramme, Zeichen

Steig – 2,5 Std. Zeitaufwand für den Klettersteig (in Std. od. Min.)

Steig – 100 Hm Höhenmeter (Hm)-Differenz des Klettersteiges

Zustieg – 20 Min. Zeitaufwand für den Zustieg zum Klettersteig (in Std. od. Min.)

Abstieg – 1 Std. Zeitaufwand für den Abstieg (in Std. od. Min.)

Fun ★★★★ super – **Toller Klettersteig!** Sehr schöne Anlage des Steiges mit tw. sehr originellen Stellen (z.B. Seil- od. Hängebrücken, Überhänge, überh. Leitern) und/od. landschaftlichen Reizen; kaum brüchiger Fels

Fun ★★★ schön – **Schöner Klettersteig**. Klassische Steiganlage mit allem was dazu gehört. Nicht immer festes Gestein, aber keine gefährlichen Passagen.

Fun ★★ mäßig – **Mäßig schöner Klettersteig**. Teilweise brüchiges oder erdig-schrofiges bzw. auch alpines Gelände. Ev. nur kurze, gesicherte Passagen, wenig spektakulär, meist viel Gehgelände (Trittsicherheit!)

Fun ★ naja – **Wenig schöner Klettersteig**. Oft brüchiges, grasig-schrofiges und auch gefährliches Gelände mit erheblicher Steinschlaggefahr!

Sich. ☆☆☆☆ super – **Sehr gut gesicherter Klettersteig!** Fast immer durchgehende Stahlseil-Sicherung, auch im leichten (Geh-)Gelände

Sich. ☆☆☆ gut – **Gut gesicherter Klettersteig**. Schwierige Passagen mit Stahlseil, Leitern od. Geländer, im leichteren (Geh-)Gelände ungesichert

Sich. ☆☆ mäßig – **Mäßig gesicherter Klettersteig**. Nur wenige Drahtseile und /od. Leitern bzw. Bügel od. Klammern ohne Stahlseil-Sicherung!

Sich. ☆ schlecht – **Schlecht gesicherter Klettersteig!** Kaum Drahtod. Stahlseile bzw. tw. im desolaten Zustand. Kletter-Erfahrung erforderlich!

Expos. – N Wandausrichtung (Exposition) des Klettersteiges

B bis D – **Schwierigkeit des Klettersteiges** (von - bis) nach der Österr. Schwierigkeitsskala (von **A** = leicht bis **E** = extrem schwierig)

sehr schwierig – **Schwierigkeit des Klettersteiges** (schwierigste Stellen) nach der intern. Farbskala (**blau** = leicht bis **schwarz** = extrem schwierig)

Histor. – Steig Klettersteig mit kriegshistorischem Hintergrund

Anford. mäßig / Anford. hoch – **Gesamtanforderung des Klettersteiges** (5 Stufen: niedrig, mäßig, mittel, hoch, extrem), welche sich als Durchschnittswert aus dem Anforderungsprofil (bestehend aus Kondition, Armkraft, Technik, Mut/Psyche und Bergerfahrung) ergibt

Topos (Anstiegsskizzen)

- Routenverlauf des Klettersteiges
- Routenverlauf von Varianten oder Nebenrouten
- verdeckter Routenverlauf
- Zustieg, Abstieg, Gehgelände, Verbindung
- Kamin
- Platte(n)
- Überhang
- Riss
- Nische, Höhle
- Felsblöcke
- Verschneidung
- Schrofen, grasig
- Baum, Wald
- senkr. Wand
- Leiter(n)
- Klammern (Bügel)
- Geröll
- Schrofen, grasig
- Schneefeld Gletscher

Kartenausschnitte

- Parkplatz, Ausgangspunkt(e)
- Zustieg, Abstieg
- Kletter-Steig
- (Weg)-Variante
- Seilbahn, Lift, Schrägaufzug
- gesicherter Klettersteig
- Berggipfel
- Hütte, Gasthof, Bergstation
- Haltestelle (Bus)

Vorbereitung /Planung / Training

Eine gewissenhafte Tourplanung verringert jegliches Risiko beträchtlich. Prüfen Sie deshalb gewissenhaft, ob Sie über genügend Kondition, Können und Informationen über den geplanten Klettersteig verfügen.
Informieren Sie sich vor der Begehung einer Route bei dem örtlich zuständigen Alpenverein, einer auf dem Weg befindlichen Hütte und bei www.klettersteig.de (Kommentare zum Steig) über den Zustand des Steiges.

Vorbereitungs-Tipps für Touren:

- Bei Tourenbeginn immer alle Akkus aufgeladen haben, nicht mit halbvollen Geräten starten, egal wie kurz die Tour werden soll.
- Möglichst 2 Handys dabei haben (eines an, eines aus). Geht eines kaputt oder wird der Akku leer, hat man einen Ersatz dabei. Praktisch ist auch ein Handyladegerät fürs Auto.
- Geeignete Mittel für eine Notnächtigung parat halten. Man muss sich nur mal aufgrund mangelnder Beschilderung verlaufen, schon kann man in die Nacht kommen. Windfeste/regenfeste Jacke, Rettungsdecke aus Verbandspäckchen sind hier das Minimum!
- Ein GPS-Gerät und ein Kompass helfen im weglosen Gelände bei der Orientierung. So kann man der Rettung ggfs. auch genaue Koordinaten nennen.
- Möglichst immer eine detaillierte 1:25'er Wanderkarte besorgen. Auf den gröberen 1:50'er Karten sind die Wege nicht immer 100%ig korrekt eingezeichnet oder es fehlen kleinere Wege/Pfade. Neuere Kompass-Karten haben z.B. GPS-Angaben, so dass man anhand des eigenen GPS-Gerätes seine Position auf der Karte ermitteln kann.
- Immer vor Beginn der Tour Freunde oder Familie informieren, welche Tour man macht und wie viel Zeit man dafür einplant. Nach Beendigung der Tour meldet man sich wieder zurück. So kann von außerhalb schnell Hilfe alarmiert werden, wenn man selbst dazu nicht mehr in der Lage sein sollte. Dazu muss man denjenigen auch instruieren, an wen genau er sich zwecks Hilfe wenden sollte (abhängig vom Gebiet in dem man sich befindet). Sicher ist es sinnvoll, etwas Pufferzeit für die Rückkehr zu vereinbaren, damit nicht bei jeder Verspätung sofort die Bergrettung alarmiert wird.
- Gerade bei Solo-Touren sind diese Verhaltensregeln besonders wichtig!

Training

Kondition: Beginnen Sie jede Klettersteig-Saison bewusst mit kurzen Klettersteigen und steigern Sie allmählich die Anforderungen. Wenn Sie nicht nahe bei den Bergen wohnen, trainieren Sie vor einem Bergurlaub vor allem Ihre Ausdauer durch Radfahren, Laufen, Schwimmen und/oder andere geeignete Sportarten. Das gilt in besonderem Maße für ältere Klettersteiggeher als Schutz vor Herzschäden durch plötzliche Überforderung.

Alpines Können: Bereits auf leichten, gesicherten Steigen ist ein mehr oder weniger großes Maß an Trittsicherheit und Schwindelfreiheit erforderlich. "Trittsicherheit" bedeutet, dass man auch auf Geröll, Felsen und im schrofigen, unwegsamen Gelände sicher gehen kann. Bis weit in den Sommer hinein gilt das in höheren Lagen (vor allem schattenseitig) auch für Schneefelder. "Schwindelfreiheit" heißt, dass man ohne Verkrampfung oder gar spürbare Angst den Tiefblick etwa an steilen Hängen und in Felswänden ertragen kann. Wenn Sie keine Gelegenheit haben, Trittsicherheit und Schwindelfreiheit durch fortlaufende Übung zu erwerben, kommen Sie durch den Besuch eines Grundkurses einer Bergsteigerschule wesentlich schneller zum Ziel.

Wetter

Auf jeden Fall muss man sich vor Tourbeginn über das zu erwartende Wetter erkundigen. Gerade bei längeren Touren in höheren Regionen kann ein Wetterumschwung schnell und unerwartet kommen. Ein Gewitter am Klettersteig kann lebensgefährlich werden!

Für den deutschsprachigen Bereich gibt es im Internet viele Wetterportale, bei denen man sich über spezifische Regionen informieren kann. Auf der Seite des DAV (www.alpenverein.de) gibt es einen Bereich „Bergwetter" mit Wetterkarte und Alpenwetterbericht.

Der **DAV-Alpenwetterbericht** kann auch telefonisch abgefragt werden: 09001-295070 (gebührenpflichtig, Stand 2010).

Zahlreiche Webcams liefern zudem einen besonderen Blick auf die gewünschte (Berg-) Region. Viele zielgerichtete Webcams findet man unter www.klettersteig.de oder unter www.bergruf.de/bergcam.

Bekleidung am Klettersteig

Das Thema Bekleidung könnte sicherlich ein ganzes Buch füllen. Es wird deshalb hier nur kurz auf die verschiedenen Kleidungsstücke eingegangen, die am Klettersteig sinnvoll sein können. Eine detailliertere Auflistung findet sich auf www.klettersteig.de.

Shirts: Es gibt Kurz- und Langarmshirts. Hier sollte man darauf achten, dass es sich um spezielle Funktionsshirts handelt (aus Kunststoff, nicht aus Baumwolle). Diese trocknen wesentlich schneller und ermöglichen einen korrekten Feuchtigkeitstransport von innen nach außen.

Softshell / Fleece: Eine Jacke, die wärmt und optional winddicht ist. Sie wird bei Bedarf über das Shirt gezogen.

Hardshell: Eine sehr leichte aber wasserdichte Jacke. In Kombination mit der Softshell schützt sie vor Wasser und Kälte.

Tourenhose: Auch hier gibt es spezielle Tourenhosen, die sich stark von einer normalen Jeans oder Wanderhose unterscheiden. Sie sind meist aus speziellem, strapazierfähigem und/oder dehnbarem Material gefertigt.

Strümpfe: Es gibt von einigen Herstellern spezielle Wandersocken (Trekkingsocken). Diese sind aus unterschiedlichen Materialien hergestellt und sorgen für guten Sitz und ausgeglichene Körperwärme im Schuh.

Rucksäcke: Ein Rucksack sollte der Länge der Tour angepasst sein. In ihm müssen die unterschiedlichsten Dinge Platz finden. Wichtige Aspekte für die Wahl des Rucksacks sind ein ausreichendes Fassungsvermögen, spezielle Rückenform für bessere Belüftung, sowie Hüftflossen für einen zusätzlichen Halt des Gewichts an der Hüfte.
Empfehlenswertes Rucksackzubehör: Trinkblase für bequeme Flüssigkeitszufuhr und Raincover zum Schutz des Rucksackinhaltes bei Regen.

Wanderschuhe: Es gibt gerade für Klettersteige von einigen Herstellern besondere Fabrikate, die im Bereich der vorderen Zehen spezielle Kletterbereiche haben (eine durchgehende gummierte Trittfläche). Dies hilft auch auf kleinen Tritten, einen sicheren Halt zu bewahren. Die Schuhe sollten der Situation angemessen sein (keine Sandalen am Klettersteig). Bei Hochtouren sollten steigeisenfeste Schuhe verwendet werden.

Zubehör

Laufstöcke helfen auf abschüssigen Strecken und entlasten bei langen Touren. Man kann sie bei Nichtgebrauch (z.B. am Steig) zusammenschieben und im oder am Rucksack verstauen.
Eine Lampe (Taschenlampe oder Helmlampe) sollte grundsätzlich immer für Notfälle dabei sein. Man braucht sie zusätzlich bei Begehungen von Tunneln oder wenn man am Rückweg in die Nacht kommt. Auch eine Nächtigung im Biwak wird ohne Lampe sicher ungemütlich.
Bei hochalpinen Touren oder Touren mit Restschnee können Steigeisen oder zumindest Grödeln zusammen mit einem leichten Eispickel eine zusätzliche Sicherheit geben. Dazu benötigt man aber auch kompatible Schuhe. Im höheren Schnee kann man zusätzlich Gamaschen verwenden.

Klettersteigausrüstung

Hier wird nur die absolut notwendige Klettersteig-Ausrüstung angeführt, die für eine sichere Durchsteigung der Klettersteiges erforderlich ist.

Selbstverständlich ist es jedem selbst überlassen, die persönliche Sicherheit in diesem Bereich zu erhöhen bzw. zu ergänzen (z.B. zusätzliches Sicherungsseil, Klettersteighandschuhe, kurze Bandschlinge mit Karabiner für Kurzfixierung, Klettersteigschuhe, Kletterschuhe ohne Profilsohle für bessere Reibung am Fels, usw.).

Klettersteigset / inkl. Bremse

Unter einem Klettersteigset versteht man die Möglichkeit einer sog. „überschlagenden Selbstsicherung", wobei zwei Seil- bzw. Bandstücke mit je einem Klettersteig-Karabiner zum abwechselnden Einhängen in das Stahlseil dienen.
Man unterscheidet zwischen einem Y-System und einem V-System (älter, sicherungstechnisch nicht mehr empfohlen). Zum Handling siehe Seite 32.

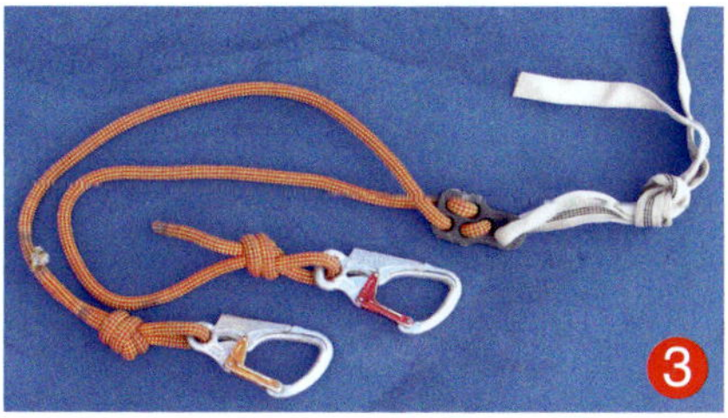

1 Set mit Jet-Lock-Karabinern und Drehspiel an der Bremse (Y-System).

2 KS-Set mit Gummibändern anstelle der "starren" Bandschlingen und einer Knebelbremse (Y-System).

3 Altes V-System, ohne eingenähte Karabiner und Bandschlinge.

Wir empfehlen die fast überall im Sportfachhandel angebotenen kompletten Klettersteig-Sets, bestehend aus zwei Seil- oder Bandschlingenstücken mit je einem Klettersteig-

Karabiner (inkl. Verschluss-Sicherung!) und integrierter Klettersteigbremse (Fangstoß-Reduzierung). Neuester Schrei sind Sets mit Gummizug (automatische Distanzanpassung zum Stahlseil), integrierter Kurzfixierung (bei sehr schweren Stellen od. Querungen zum Ausrasten sehr vorteilhaft!) bzw. sogar mit einem eingebauten Drehelement, womit Krangeldrehungen der Seilstücke verhindert werden.

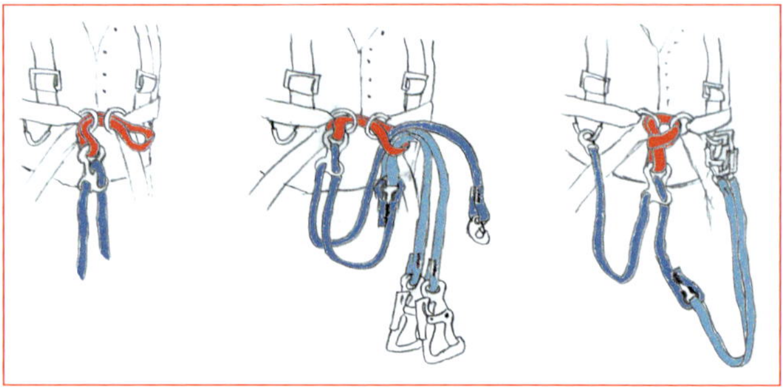

Einhängen des KS-Sets mittels angenähter Bandschlaufe

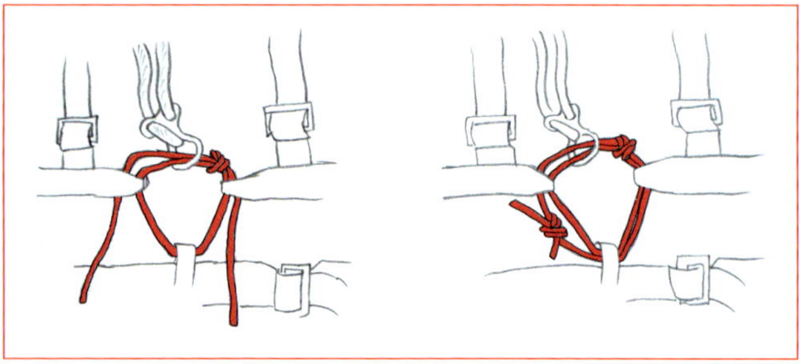

Einhängen des KS-Sets mittels separatem Seilstück

Da Knoten oftmals mangels Wissen die Schwachstelle darstellen, sind Sets mit eingenähten Bandschlingen zum Befestigen vorzuziehen. Wichtig ist in diesem Zusammenhang auf jeden Fall vor dem Einstieg einen Partnercheck vorzunehmen, wo besonders auf folgende Punkte geachtet wird:

- Gurt richtig angelegt (Zurückfädeln der Schlaufen etc.).
- KS-Set richtig eingebunden.
- Bremse funktionsfähig (problemloses Durchlaufen des Seils).
- Helm.

Aufgrund der enormen Fallsturzkräfte ist ein Gehen auf dem Kletterstieg nur mit einem entsprechenden Fangstoßdämpfer (= Klettersteigbremse) anzuraten. Diese nehmen mittels eines kontrollierten Seildurchlaufs die Fangstoßkräfte auf und mildern diese. Neuere Modelle berücksichtigen auch das unterschiedliche Gewicht des Gehers und können so auch für leichtere Personen (Kinder) rechtzeitig ansprechen.

Karabiner

Da der Karabiner auf einer mittellangen Tour schnell bis zu 200-mal in die Hand genommen und geöffnet wird, sollte man sich hier genau überlegen, für welchen Typ man sich entscheidet.

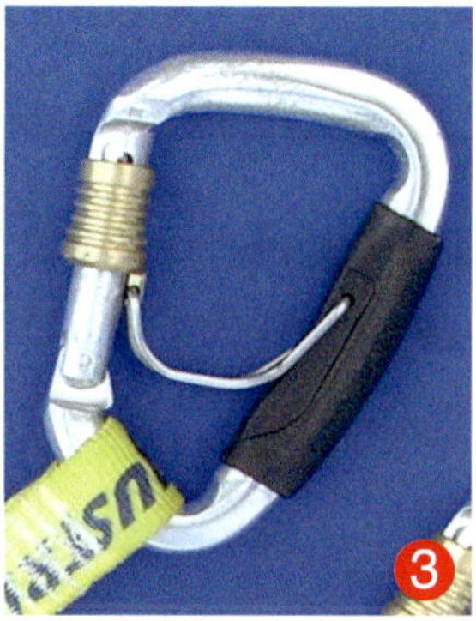

Verschiedene gängige Karabinertypen (von links nach rechts):
1 Jet-Lock-System (wird beim Greifen mit dem Handballen entriegelt), 2 Karabiner mit Schiebearretierung, 3 Karabiner mit Schiebearretierung (wird durch das Drücken des mittleren kleinen Bügels heruntergeschoben)

Gurte

Weiters notwendig sind ein Hüftgurt bzw. eine Brust/-Sitzgurt-Kombination (Kombigurt), in welche das Klettersteigset eingebunden wird (ideal sind Set-Modelle mit integrierter Kurzschlinge, welche mit einem „Ankerstich" in den Hüftgurt bzw. in die Verbindungsschlinge der Brust/Sitzgurt-Kombination eingebunden wird).

Anfängern oder weniger geübten Klettersteiggehern empfehlen wir eher eine Brust/Sitzgurt-Kombination, um bei einem ev. Sturz die Gefahr durch Rückwärtskippen des Oberkörpers zu reduzieren (vor allem beim Tragen größerer Rucksäcke gegeben!).

Helm

Ein Kletterhelm gehört ebenso zur Standard-Ausrüstung, wobei sich vor allem die modernen, sehr leichten und normgeprüften Modelle bewährt haben.

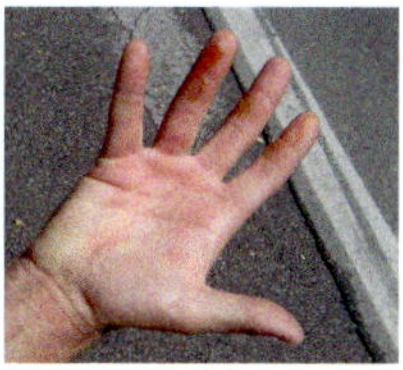

Klettersteighandschuhe

Eine Verletzung der Hand durch aufgespleißte Stahlseile kann in einem sehr schweren Steig zu einem Notfall führen! Insofern kann das Tragen von Handschuhen nur wärmstens empfohlen werden.

Gleichzeitig beugen die Handschuhe auch der Blasenbildung vor. Beim Kauf sollte man darauf achten, dass die Handschuhe nicht zu eng sind, auch bei Nässe immer noch greifen sollen (Leder etc.) und nur das letzte Fingerglied freilassen.

Schuhe

Bei den Schuhen gibt es mittlerweile die verschiedensten Spezialmodelle für Klettersteige. Grundlegend sind mittelfeste Bergschuhe mit Profilgummisohle absolut ausreichend. Ob man sich nun für spezielle Klettersteigschuhe (etwas kleinere Passform, flexibler, profillose Schuhspitze für besseren Halt auf kleinen Tritten), (Reibungs-) Kletterschuhe (sehr enge Passform, weiches Oberleder, profillose Sohle für optimalen Halt auf Reibungstritten - allerdings für Zu- und Abstieg sowie bei Nässe und erdig-grasigem Gelände ungeeignet und daher ein zweites Paar Bergschuhe notwendig!) oder für die klassischen Bergschuhe (bequeme und stabile Passform, aber etwas „steifer“, Profilgummisohle, meist wasserdicht - zum Gehen im Geröll und Schnee bei Zu- und Abstieg ideal) entscheidet, liegt ganz im persönlichen Einschätzungsvermögen des Klettersteiggehers.

Grundlegendes zum Kauf:

- Nur Ausrüstungsgegenstände kaufen (Helme, Gurte etc.), die die entsprechenden Normen erfüllen (z.B. EN 12275 für Karabiner).
- Am Anfang der Saison die Ausrüstung checken und gegebenenfalls austauschen (für die grundsätzliche Haltbarkeit am besten beim Hersteller oder im Fachhandel nachfragen). Auch bei Nichtbenutzen unterliegen die textilen Teile und Helme einem Alterungsprozess.
- Gurte etc. im Geschäft probieren.

Für Produktvergleiche oder detailliertere Angaben können Sie sich auch unter www.klettersteig.de informieren. Ebenso wird auf einschlägige Literatur, z.B. von Pit Schubert, hingewiesen.

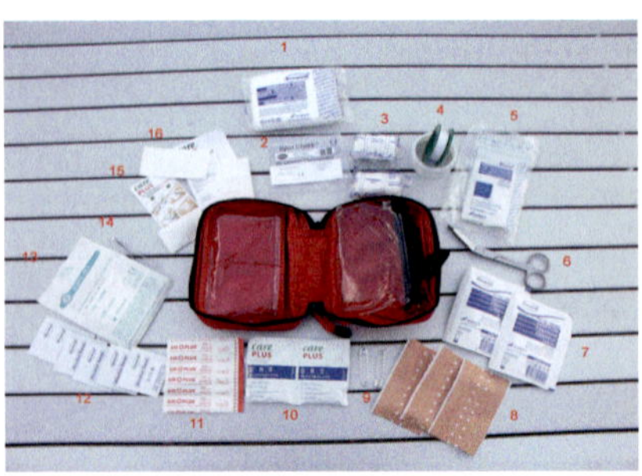

Rucksack-Apotheke

Als Grundlage können die Basis-1.Hilfe Pakete diverser Hersteller dienen, wie z.B. das Deuter First Aid Kit M. Diese sind recht handlich und passen eigentlich in jeden Rucksack. Die Tasche sollte aus schmutz- und wasserabweisendem Material bestehen und teilbare Fächer haben. Von Vorteil wäre auch ein teilweise wassergeschützter Innenbereich (siehe im Bild die Klarsichtfächer).

Gefahren am Klettersteig

Wer im Gebirge unterwegs ist, setzt sich zahlreichen Einflüssen aus, die teilweise bei falscher Beurteilung und mangelhafter Vorbereitung fatale Folgen haben können.

Klimatische Einflüsse / Wetter

Nach Wetterstürzen können Vermurungen die Schwierigkeiten erhöhen oder einen Klettersteig sogar ungangbar werden lassen. Dichter Nebel kann die Orientierung stark erschweren. Gewitter können insbesondere auf Gipfeln, Höhenrücken und Graten sowie bei der Benützung von Stahlseilen und Eisengeländern eine erhebliche Gefahrenquelle bedeuten. Eine Anpassung der angegebenen Schwierigkeit an die momentanen Gegebenheiten muss der Benützer natürlich selbst vornehmen.

Hierfür gibt es zahlreiche Infoquellen, anhand derer man sich vorab über die aktuellen Wetterbedingungen und ihre vermutliche Entwicklung informieren kann (siehe Seite 24).

Schnee

In größerer Höhe finden wir - insbesondere beim Queren von Schluchten und Rinnen - bis in den Sommer hinein Schneefelder vor (auf ihr Konto - und nicht auf irgendwelche Kletterabstürze - geht ein großer Teil aller Alpinunfälle!).
Man sollte daher gegebenenfalls Leichtsteigeisen etc. zur Mitnahme einplanen. Zudem sollte man beachten, dass gerade in den Morgenstunden oder in langer Schattenlage viele Schneefelder beinhart gefroren sind und somit ein Queren ohne Hilfsmittel schwerer ist.

Höhe nahe 3000 m

Auch wenn es viele nicht glauben wollen: Ab einer Höhe von 2500 m kann man höhenkrank werden. Dies gilt besonders für Bergsteiger, deren normaler Wohnort nur wenige 100 m über dem Meeresspiegel liegt. Man sollte sich deshalb auf einer längeren Urlaubstour langsam in größere Höhen vortasten. Erste Symptome können Müdigkeit, erhöhter Puls und Kopfweh sein. Dies kann schnell dazu führen, dass man falsche Entscheidungen trifft, kaum noch Reserven hat, mangelnde Trittsicherheit aufweist usw. Sollte man diese Anzeichen verspüren, wäre eventuell ein rascher Abstieg und Abbruch der Tour anzuraten. Ein Ignorieren kann im schlimmsten Fall sogar in unseren Breiten zu einem Lungenödem führen.
Meist hilft es aber, von Beginn an langsamer zu steigen und sich nicht zu verausgaben. Diese Mehrzeit ist natürlich rechtzeitig einzukalkulieren. Da in diesem Führer keine Touren über 3000 m gehen, wird dieses Problem nicht weiter erörtert.

Nässe

Klettersteige werden wie "normale Klettertouren" bei Nässe noch um einige Grade schwerer. Neben der Rutschigkeit auf nassen Steinen, Gräsern und Felsen kommt noch das nasse Stahlseil dazu. Dies führt dazu, dass man trotz Handschuhen keine Haftung mehr am Seil hat und bei senkrechten Passagen einen enormen Mehraufwand an Kraft aufbringen muss. Zudem bilden sich im Laufe der Zeit unter den Handschuhen Blasen durch die Feuchtigkeit, die im weiteren Verlauf das Zupacken immer schmerzhafter machen. Tipp: Kein Klettersteig läuft weg, ... man kann ihn auch später noch einmal versuchen!

Steinschlag

Der wohl größte Feind aller Bergsteiger und oft nicht zu beeinflussen. Hierbei hilft nur, auf Gefahrenquellen rechtzeitig zu achten (voraussteigende Klettersteigler, Begehung von Rinnen etc.) und einen Helm IMMER zu tragen.

Zeckengefahr

Eine Tierart, die wiederholt auf den Touren angetroffen wurde, führt dazu, sich kurz mit ihr auseinander zu setzen: Zecken!

Vor allem Gebüsch ist der Wohnort der Zecken, die auf Kletter warten, um sich in ihrer Haut fest zubeißen und Blut zu saugen. Dabei können sie in erster Linie zwei verschiedene Arten von Krankheitserregern, die sie in sich tragen, nach dem Stich an ihr Opfer weitergeben: das FSME-Virus und Bakterien vom Stamm der Borrelien.

Wer sich Borrelien eingefangen hat und durch diese Infektion erkrankt, erkennt dies daran, dass sich nach einigen Wochen die von der Zecke gestochene Hautstelle in immer größerem Umfang rötet. Dies ist der Zeitpunkt, zum Arzt zu gehen und sich mit einem Antibiotikum behandeln zu lassen, sonst droht nach weiteren Wochen oder Monaten ein Befall weiterer Organge, in erster Linie der Gelenke und dann des Nervensystems.

Bester vorgbeugender Schutz ist das Tragen von langen Hosen und nach der Klettertour das Absuchen der Haut auf Zeckenbefall. Wenn die Zecke innerhalb von 12 Stunden entfernt wird, erfolgt in der Regel keine Übertragung von Borrelien auf den Menschen

Die Erreger der FSME (Frühsommer-Meningo-Encephalitis = Hirnhaut- und Hirnentzündung) kommen in Zecken der meisten Landkreisen ganz Süddeutschlands ebenso vor wie im südlichen Thüringen und vereinzelt auch im Elbsandsteingebirge.

Aber zum Glück sind lange nicht alle Zecken in diesen Gegenden Träger des FSME-Virus. Doch Vorsicht: ist man einmal mit FSME-Erregern an gesteckt und erkrankt, ist eine spezifische Behandlung nicht möglich. Einzig wirksamer Schutz gegen diese heimtückische Erkrankung des Nervensystems ist die vorbeugende Impfung, die dreimal innerhalb von 9-12 Monaten durchgeführt werden muss. Um den Impfschutz dann nicht zu verlieren, müssen sich unter Fünfzigjährige dann alle 5 Jahre, über Fünfzigjährige alle 3 Jahre mit jeweils einer weiteren Spritze erneut impfen lassen. Die Impfung ist gut verträglich und unbedenklich.

Dr. Martin Metz, Facharzt für Allgemeinmedizin

Sicherungen auf Steigen

Korrodierte Stahlseile findet man zwar selten, aber immer noch!

Oftmals lassen lose Sicherungen, angerostete Seile und ähnliche "Schrott"-ansammlungen böse Unfälle befürchten. Allerdings rühren nicht einmal 1% aller KS-Unfälle von mangelhaften Sicherungen her. Dennoch sollte man stets ein wachsames Auge haben und sich bei wirklich schlechten Sicherungen auch vor einer Umkehr nicht abhalten lassen.

Gerade in einsameren Gegenden, wo der Klettersteig auch keine so große wirtschaftliche Bedeutung hat, muss man eher mit vernachlässigten Sicherungen rechnen. Zwar ist der oftmalige Hinweis auf den Einstiegsschildern, die Seile auf ihre Festigkeit zu prüfen, Blödsinn (wer kann schon um eine Felsecke schauen und den weiteren Verlauf einer Sicherung einsehen) und auch juristisch bedenklich, allerdings hilft einem das im Unglücksfall auch nicht weiter.

Gefahren am Klettersteig

Gerade die neueren Steige sind meist vorbildlich, nach neuestem Stand der Technik abgesichert und tadellos in Schuss. Aber auch viele ältere Steige erfahren auf Grund des derzeitigen Booms an Begehungen eine Erneuerung ihres Zustandes.
Steige, deren Sicherungen beim Zeitpunkt unserer Begehung zu schlecht waren und daher mit gutem Gewissen nicht als gangbar empfohlen werden konnten, werden am Ende der Steigbeschreibungen tabellarisch aufgelistet.

Gefahr durch andere Bergsteiger

Natürlich ist es immer angenehm, eine Begleitung auf Klettersteigen zu haben bzw. sich mit Gleichgesinnten ab und zu mal austauschen zu können. Allerdings darf man andere Tourengeher auch als mögliche Gefahrenquelle nicht unterschätzen.
Gerade durch zu starke Frequentierung kann es in der Hochsaison an bestimmten Steigen, z.B. durch Seilbahnnähe, schon am Einstieg zu Staus kommen. Dies führt schnell zu Drängeleien, gefährlichen Überholmanövern oder unüberlegtem und hastigem Steigen. Zudem bleiben Freude und Begeisterung rasch auf der Strecke, wenn man die doppelte Zeit am Steig benötigt. Zu viele Klettersteigler in Zeitnot neigen sicherlich dazu, den nötigen Sicherheitsabstand zu unterschreiten (Mitreißen anderer Personen im Sturzfall) und stellen für die nachfolgenden Personen ein enormes Steinschlagrisiko dar. Auch schlecht ausgerüstete und unerfahrene Kletterer können in Streßsituationen falsch reagieren und eine Gefahrenquelle für sich und andere darstellen.
Der beste Rat ist, neben einer wohlüberlegten Planung, sich nie stressen zu lassen und vor allen Dingen keinen Druck auf andere Bergkameraden auszuüben. Es empfiehlt sich auch, stark frequentierte Steige in der Hochsaison zu meiden oder azyklisch zu begehen (sehr früh oder nicht am Wochenende ...).

Verhalten bei Unfällen

Trotz aller Vorsicht kann es im Gebirge zu einem Unfall kommen. Versuchen Sie ruhig zu bleiben und leisten Sie nach Bedarf Erste Hilfe. Muss die Bergrettung alarmiert werden, gilt:

Alpines Notsignal: 6 Zeichen pro Minute, nach jeweils 1 Minute Pause wiederholen. Möglich sind akustische (Rufen, Trillerpfeife) oder optische (Taschenlampe, Leuchtpatronen) Signale.

Meist ist die Herbeiholung durch das eigene **Handy** schneller. In Deutschland ist die allgemeine Notrufnummer **112**. Trotzdem muss man im Gebirge und gerade bei langen, einsamen Touren stets damit rechnen, außerhalb eines Netzempfangs zu sein.
Wenn Ihr Handy aufgrund des Geländes (z.B. in einer Schlucht) nicht funktioniert, versuchen Sie, einen exponierten Punkt (z.B. einen Höhenrücken, eine Kuppe) zu erreichen.

Wenn Sie keine Hilfe herbeirufen können, muss die nächste Rettungsstelle aufgesucht werden (Hütte, Tal). Grundregel: Ein Verletzter darf nicht allein zurückgelassen werden. Auf Klettersteigen sind Sie zumeist nicht allein unterwegs und finden rasch einen Helfer. Ein verlässlicher Bergkamerad übernimmt dann die Verständigung der Bergrettung.

Hubschraubereinweisung: Yes (Arme nach oben) = wir brauchen Hilfe; No (ein Arm oben, einer unten) = wir brauchen keine Hilfe. Für die Landung braucht der Hubschrauberpilot Ihre Mithilfe. Mit erhobenen Händen ("Yes-Stellung"), in der Hand ein gut sichtbares Kleidungsstück (damit der Pilot die Windrichtung erkennen kann) mit dem Rücken zum Wind auf dem Landeplatz stehen. Nötig ist eine Landefläche von etwa 25x25 m, davon eben (für das Aufsetzen) etwa 4x4 m. Nähern Sie sich einem Hubschrauber nur von vorne und gebückt.

Je nach dem verwendeten Sicherungssystem, muss man bei der Verwendung der Sicherungskarabiner aufpassen. Es befinden sich hierbei zwei Systeme auf dem Markt:

1. V-System

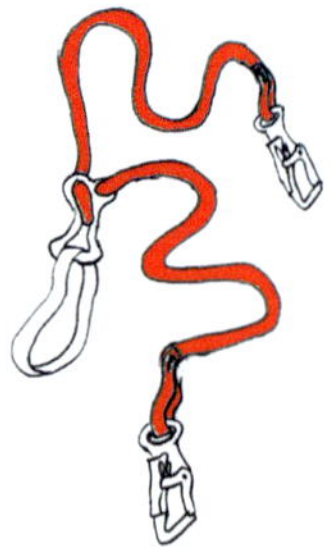

- Sicherungstechnisch veraltert.
- Immer nur ein Karabiner darf im Stahlseil mitlaufen, da sich sonst die Bremswirkung aufhebt.
- Beim Umhaken wird zuerst der nicht benutzte Karabiner vom Gurt genommen und hinter der Verankerung eingehakt. Danach der andere Karabiner wieder im Gurt eigehängt.
- Bei ungünstigen Sturzbelastungen kann es zum Karabinerbruch kommen, den dann kein 2. Karabiner auffangen kann (keine Redundanz!).

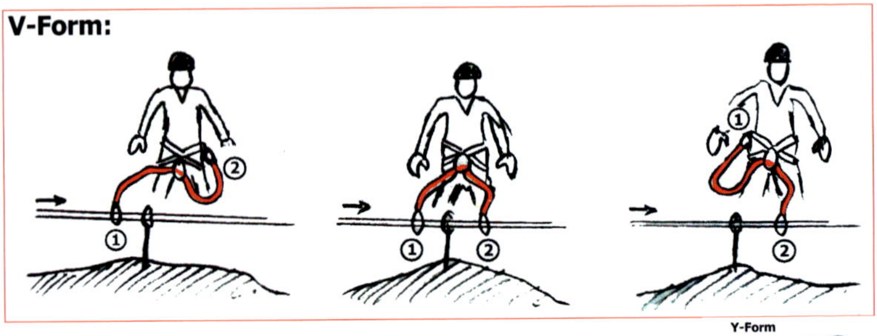

2. Y-System

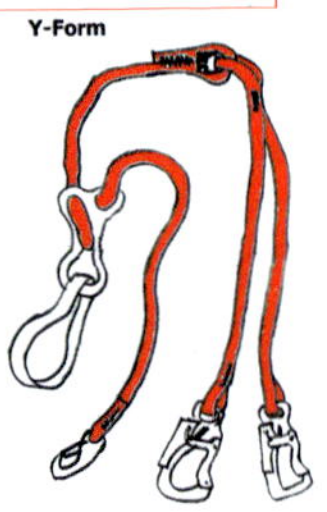

- Sicherungstechnisch neuer und gängige Praxis.
- Beide Karabiner können / sollten im Stahlseil mitlaufen.
- Beim Umhaken wird zuerst der eine, dann der andere Karabiner hinter der Verankerung am Stahlseil eingehakt.
- Bei einem Sturz mit anschließendem eventuellen Karabinerbruch gibt der 2. Karabiner die nötige Redundanz.

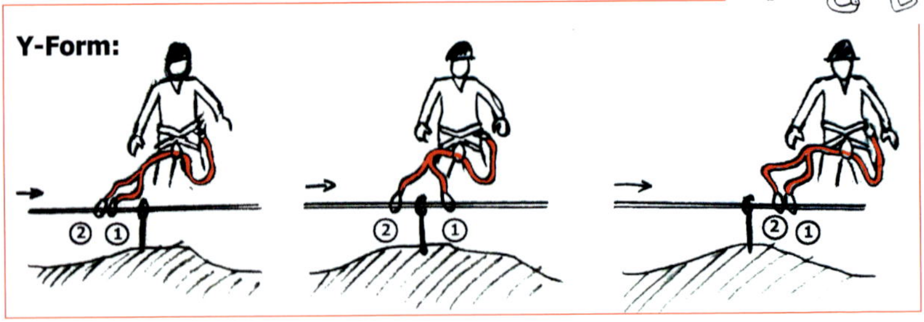

Da das Umhängen der einzig mögliche kritische Punkt in der Sicherungskette ist, muss hier darauf geachtet werden, dass man stets durch einen Karabiner immer noch gesichert ist. Gerade bei schweren Steigen und Übermüdung kann es beim Umhängen hektisch werden. Macht man hier einen Fehler, indem man falsch einhängt, oder ausrutscht, kann der immer noch eingehängte Karabiner die nötige Sicherheit geben.

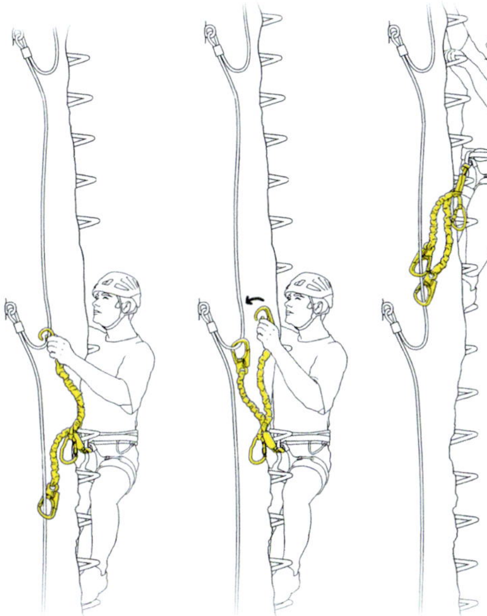

Sichern am Klettersteig mit Y-Form

PETZL

Rasten mit Klettersteig-Karabiner an der kurzen Schlaufe

Abbildungen mit freundlicher Genehmigung der Fa. Petzl

Zu kurzer Abstand zum Vorsteigenden **Mitreissgefahr!!!**

Y-Form

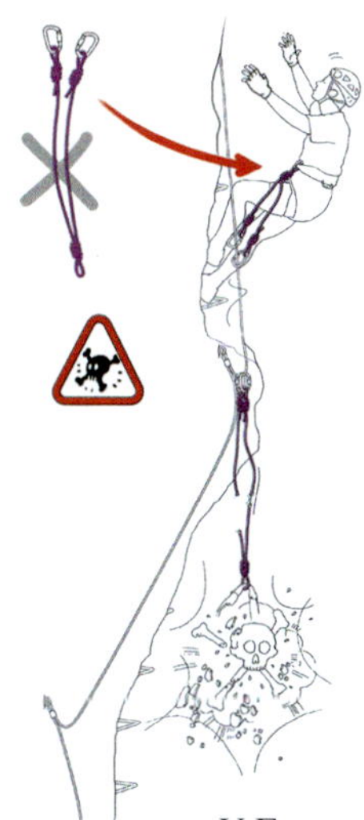

V-Form

Ein weiterer häufiger Fehler ist das zu dichte Gehen hintereinander. Während senkrechter Passagen würde so ein

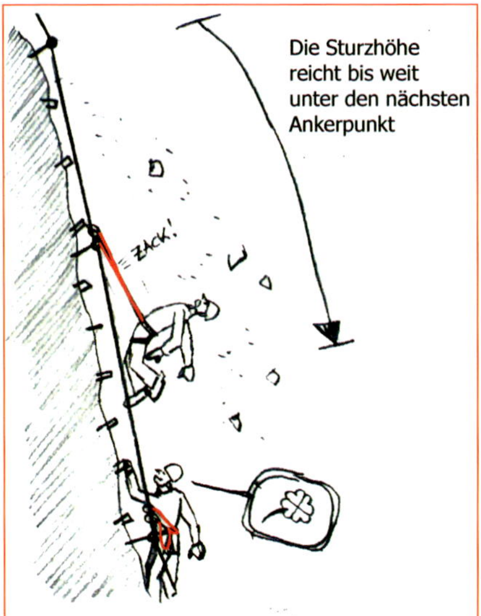

Stürzender die Nachfolgenden unweigerlich mitreißen. Zwar geht ein Sturz immer nur bis zur nächsten Sicherungsverankerung, jedoch sind auf Grund der enormen Sturzkräfte meist schwere Verletzungen die Folge.
Anders als beim freien Klettern darf aus diesem Grund ein Sturz nie als Möglichkeit einkalkuliert werden, sondern gehört unter allen Umständen vermieden!
Skizze: Man wartet deutlich unterhalb der nächsten Sicherung, um einem Mitreißen zu entgehen.

Natürlich ist es selbstverständlich, dass man nur an sicheren Stellen überholt, bzw. auch deutlich schnellere Geher rechtzeitig und ohne Gefahr überholen lässt.

Bei schweren Klettersteigen bzw. schwächeren Gehern kann eine zusätzliche Seilsicherung durch ein weiteres Kletterseil ratsam sein. Allerdings sollte dies nur durch Personen durchgeführt werden, die mit den entsprechenden Sicherungstechniken vertraut sind!

Ein besonderes Augenmerk verdient das Thema "**Kinder am Klettersteig**":
Kinder werden sicherlich ihren Spaß auf Klettersteigen haben. Vorausgesetzt, man überfordert sie nicht und ist selber den Anforderungen gewachsen! Hier nimmt die Eltern niemand aus der Pflicht der "Garantenstellung". Einfach ausgedrückt: Die Aufsichtspflicht von Erfahreneren (= Eltern) gegenüber Unerfahreneren (= Kinder).
Ob ein Kind für einen Klettersteig geeignet ist, können und wollen die Autoren nicht beantworten. Abgesehen davon, dass nicht Alter, sondern eher Kraft, Größe und Kondition entscheidend sind, ist es eher von entscheidender Bedeutung, dass der Erwachsene den Anforderungen mühelos gewachsen ist. Muss er doch im Notfall nicht nur für sich sorgen. Gerade zu Beginn sollte man hier auch nur Steige wählen, die man selber gut kennt, um die Situation stets im Blick zu haben. Man sollte auch bedenken, dass Kinder schneller ermüden und so rasch die Lust am Steig verlieren.
Natürlich gehören Kinder ebenso ausgerüstet und gesichert wie ein Erwachsener. Einzig bei der Verwendung von einem Brustgurt entfällt hier die Diskussion, da auf Grund der kindlichen Anatomie ein Burstgurt (oder Kinderkombigurt) Pflicht ist! Mittlerweile bieten viele Hersteller Kindergurte und Helme etc. an, die teilweise durch pfiffige Designs auffallen.
Ebenfalls ist eine zusätzliche Sicherung durch ein Seil ratsam (Erfahrung im Umgang vorausgesetzt).

Im Grunde wird in allen Fragen der Sicherung und Sicherheit auf die hervorragenden Schriften von Pit Schubert hingewiesen, der alle diese Themen ausgiebig behandelt.

Technik und Taktik auf Klettersteigen

Das Booklet "Via Ferrata - Technik und Taktik auf Klettersteigen" bildet die Begleitbroschüre zum gleichnamigen Seminar der Alpenverein-Bergsteigerschule. Aber: Auch ohne Seminar eine sehr nützliche Lektüre! Format A5, 146 Seiten, Farbdruck. Bestellung: **www.alpenverein.at/shop**

Wege ins Freie.

Grundregeln zur Minimierung des Risikos auf Klettersteigen

Von Walter Würtl, Alpenverein-Bergsteigerschule
(Karikaturen: Georg Sojer)

Das Begehen von Klettersteigen erlebt einen Boom wie nie zuvor. Kein Wunder, hat doch die Faszination Klettersteig zahlreiche reizvolle Facetten. Anspruchsvolle körperliche Betätigung, geringer Ausrüstungsaufwand, spannende psychische Herausforderung, einfache Erlernbarkeit und relativ geringes Gesamtrisiko sind nur einige Aspekte des Wanderns in der Vertikalen. Doch Achtung: bei unzureichender Vorbereitung, mangelhafter Ausrüstung oder falschem Verhalten besteht Absturz- und somit Lebensgefahr! Befolgt man aber die 8 elementaren Grundregeln, wird nicht nur das Unfallrisiko gesenkt, sondern auch das Erlebnis und der Genuss gesteigert.

1. Umfassende Planung

Klettersteige sind von der Planung her gesehen durchaus vergleichbar mit anspruchsvollen Bergtouren. Dementsprechend gilt es die Hauptaspekte: Tourenziel (Schwierigkeit, Länge), Gruppe, Wettergefahren und Verhältnisse detailliert zu behandeln. Ein Planungsformular erleichtert dies enorm (siehe Seite 36).

Tourenziel

Klettersteig / Berg	▸							
	☐ bekannt	☐ unbekannt	☐ offen	☐ gesperrt				
Zustieg	☐ bekannt	☐ unbekannt						
Schwierigkeit	☐ Wanderweg - leicht	☐ Bergweg - mittel	☐ Bergweg - schwierig					
Ausgangspunkt	▸							
Abstieg	☐ bekannt	☐ unbekannt						
Schwierigkeit	☐ Wanderweg - leicht	☐ Bergweg - mittel	☐ Bergweg - schwierig					
Topo	☐ ja (Kopie mitnehmen)	☐ nein						
Kletterschwierigkeit	☐ A	☐ B	☐ C	☐ D	☐ E			
Schlüsselstelle(n)	▸							
Ausweichmöglichkeit	▸							
Anforderungsprofil	Kondition	☐ niedrig	☐ mäßig	☐ mittel	☐ hoch	☐ sehr hoch		
	Armkraft	☐ niedrig	☐ mäßig	☐ mittel	☐ hoch	☐ sehr hoch		
	Technik	☐ niedrig	☐ mäßig	☐ mittel	☐ hoch	☐ sehr hoch		
	Mut + Psyche	☐ niedrig	☐ mäßig	☐ mittel	☐ hoch	☐ sehr hoch		
	Bergerfahrung	☐ niedrig	☐ mäßig	☐ mittel	☐ hoch	☐ sehr hoch		
Exposition	☐ N	☐ NO	☐ O	☐ SO	☐ S	☐ SW	☐ W	☐ NW
Länge	Höhenunterschied ▸ m	Kletterstrecke ▸ m						
Zeit	Zustieg ▸	Kletterzeit ▸	Abstieg ▸	GESAMT ▸				

Gruppe

Teilnehmer	Zahl ▸	☐ bekannt	☐ gemischt	☐ unbekannt
Eigenkönnen	☐ Anfänger	☐ Fortgeschrittene	☐ Experten	
Motivation	☐ ehrgeizig	☐ besonnen	☐ zurückhaltend	
Ausrüstung	☐ Klettersteigset	☐ Helm	☐ Gurt ☐ Handschuhe	
	☐ EH-Paket	☐ Mobiltelefon ☐ Biwaksack		☐ Stirnlampe
	☐ Pickel	☐ Steigeisen	Andere ▸	
	☐ Essen	☐ Trinken	☐ Bekleidung	

Wetter

Gewitterneigung	☐ gering	☐ mittel	☐ hoch		
Gewittergefahr	☐ Vormittag	☐ früher Nachmittag	☐ später Nachmittag	☐ Abend	
Bewölkung	☐ sonnig	☐ wechselnd bewölkt	☐ stark bewölkt	☐ Nebel	
Niederschlag	☐ Schneefall	☐ Regen	☐ schwach	☐ mittel	☐ stark
Sicht	☐ perfekt	☐ eingeschränkt	☐ sehr schlecht		
Wind	☐ windstill	☐ schwach, mäßig	☐ stark, Sturm		
Temperatur am Steig	▸ °C				

Verhältnisse

Verhältnisse	☐ trocken	☐ nass	☐ Schnee(felder)
Zustand des Steigs	☐ bekannt	☐ unbekannt	
Besondere Gefahren?	▸		

2. Das Ziel ist den persönlichen Voraussetzungen anpassen!

Probleme am Klettersteig ergeben sich nicht selten aus dem Umstand, dass die Schwierigkeit der Steiganlage weit jenseits dessen liegt, was das persönliche Können hergibt. Aufgrund der Tatsache, dass viele Klettersteige große Anforderungen an Kraft, Kondition, Technik, Mut und Bergerfahrung stellen, kommt es immer wieder vor, dass Klettersteiggeher ermüden oder aufgrund von körperlicher Schwäche stürzen. Dies ist insofern problematisch, da man sich an den Bauelementen der Steiganlage (Stifte, Klammern, Verankerungen etc.) leicht verletzen kann. Zusätzlich verschärft wird die Verletzungsproblematik durch die Sicherung mit dem Klettersteigset am Drahtseil. Aufgrund der engen Verbindung wird man zumeist unkontrolliert gegen den Fels oder hervorstehende Metallteile geschleudert. Besonders Einsteiger sollten darauf achten, dass sie sich nur schrittweise an immer schwierigere Klettersteige heranwagen.

Der Schwierigkeitsgrad bzw. die Anforderungen eines Klettersteigs sind im vorliegenden Führer sehr übersichtlich und detailliert dargestellt. Über das Anforderungsprofil bzw. über die von Kurt Schall entwickelte fünfteilige Buchstabenskala („Schall-Skala"), welche sich in Österreich durchgesetzt hat, kann man sehr gut ein Ziel aussuchen, das den eigenen Fähigkeiten bestens entspricht. Näheres im Kapitel Schwierigkeitsbewertung (Seite 20).

3. Vollständige, normgerechte Ausrüstung mitnehmen und verwenden!

Die Klettersteigausrüstung besteht neben dem modernen Klettersteigset in Y-Form mit Fangstoßdämpfer und selbsttätig schließenden Klettersteigkarabinern aus einem Klettergurt (Hüftgurt, Hüft-Brustgurt-Kombination oder Kombigurt) und einem Helm. Die Verbindung zwischen Gurt und Klettersteigset erfolgt mittels Einbindeschlaufe und Ankerstich.
Zusätzlich sollte auch eine Notfallausrüstung mitgeführt werden die aus einem Erste-Hilfe-Paket und einem Mobiltelefon besteht. Bei längeren Klettersteigen sind zusätzlich ein Biwaksack und eine Stirnlampe mitzunehmen.
Handschuhe mit gutem Gripp erleichtern das Festhalten am Stahlseil und verhindern, dass man Blasen bekommt oder sich an beschadigten Seilen verletzt.
Da manche Klettersteige auch ins vergletscherte Hochgebirge führen, muss man sich stets überlegen, ob man spezielle Ausrüstungsgegenstände (z.B. Steigeisen oder Pickel) benötigt. Die Wahl der Schuhe hängt vom Klettersteig ab.
Unter dem Punkt Ausrüstung werden zu jedem Klettersteig individuelle Empfehlungen gegeben, die unbedingt berücksichtigt werden sollen.

Leider ist ein vollständig ausgerüsteter Klettersteiggeher noch immer eher Ausnahme als die Regel, und deshalb ist es auch nicht weiter verwunderlich, dass es immer wieder zu schweren Unfällen kommt, die daher rühren, dass die Ausrüstung unvollständig, schadhaft oder nicht normgerecht ist bzw. falsch verwendet wird. Ist man sich der besonderen Sturzsituation am Klettersteig bewusst und denkt man an die dabei auftretenden Kräfte, ist die Verwendung der richtigen Ausrüstung nur die logische Konsequenz. Bei einem Sturz aus 5 Meter Höhe entstehen Kräfte von rund 40 kN (4 Tonnen!), ohne modernen Fangstoßdämpfer sind diese Kräfte so groß, dass Karabiner brechen und Seil- bzw. Bandverbindungen reißen würden.

Häufig ist zu beobachten, dass vor allem mit zunehmender Länge eines Klettersteigs die konsequente Sicherung oder das Tragen des Helmes vernachlässigt werden. Besonders erfahrene Klettersteiggeher neigen dazu, im Gebrauch der Sicherungsmittel „nachlässig“ zu werden, was ein beträchtliches Risiko darstellt.

4. Besondere Aufmerksamkeit dem Faktor Wetter (Blitz) widmen!

Wie bei allen Bergsportdisziplinen spielen auch bei Klettersteigtouren das Wetter und die daraus resultierenden Gefahren eine große Rolle. Besonders gefährlich sind Gewitter, da diese nicht nur Abkühlung, Nässe, Vereisung oder Schnee bringen können, sondern insbesondere auch Blitzschlag. Da man eigentlich an einem überdimensionalen „Blitzableiter“ klettert, der noch dazu sehr exponiert liegt, ist diese Gefahr besonders hoch.
Falls es doch einmal passieren sollte, dass man am Klettersteig von einem Gewitter überrascht wird, muss man alles unternehmen, um einen möglichst geschützten Platz zu finden. Dies geht natürlich nur, wenn man rechtzeitig reagiert und nicht bis zuletzt hofft, dass sich die schwarzen Wolken schon verziehen werden. Insgesamt ist es günstiger, sich an stabilen Einzelpunkten (z.B. Klammern) zu sichern, die nicht mit dem laufenden Drahtseil verbunden sind. Auch sollte man sich möglichst von Wasserläufen fernhalten. Unbedingt sollte es gelingen, ausgesetzte Grate und Gipfelregionen zu verlassen, bevor das Gewitter beginnt.
Nicht zu unterschätzen ist auch Regen oder schlimmer noch Schneefall, da dies sehr rasch zum extremen Ansteigen der Kletterschwierigkeit und damit zur Erhöhung des Sturzrisikos führt.
Durch gewissenhafte Planung lassen sich die Wettergefahren jedoch weitgehend in den Griff bekommen, da die Wetterdienste sowohl Front- als auch Wärmegewitter recht zuverlässig vorhersagen können.
Zu den Wettergefahren gehören aber auch Hitze oder direkte Sonneneinstrahlung, die das Leistungsvermögen rasch sinken lassen. Ein früher Aufbruch, genügend Wasser und schützende Kleidung können dies jedoch verhindern.

5. Kein blindes Vertrauen in die Steiganlage!

Durch mechanische Einflüsse wie Steinschlag, Schneedruck, Lawinen, Eis, Wasser oder Blitzschlag bzw. durch Frostsprengung und Korrosion kommt es mit der Zeit zur Beschädigung der Steiganlage. Normalerweise werden Klettersteige regelmäßig gewartet und die schadhaften Bauelemente ausgetauscht oder der Klettersteig gesperrt. Dennoch kann es passieren, dass sich eine Verankerung lockert oder ein Seil löst. Daher ist zu empfehlen, sich nicht „blind" auf die Steiganlage zu verlassen, sondern „so gut es geht" vorausschauend zu klettern. Herabhängende, gebrochene oder durchgescheuerte Seile sowie lockere und beschädigte Verankerungen sind als Gefahrenhinweise zu verstehen und die Steiganlage darf nicht mehr oder nur unter größter Vorsicht begangen werden.
Ein besonderes Problem an Klettersteigen geht von „Isolierbändern" bzw. „Schrumpfschläuchen" aus, die zum Schutz vor abstehenden Drahtlitzen angebracht werden. Ein Problem ist dies deshalb, da sich unter den Abdeckungen die Feuchtigkeit länger halten kann und so die Seile schneller durchrosten.
Aufmerksamkeit muss man auch den Seilenden widmen, da es immer wieder vorkommt, dass diese lose sind. Auch die Befestigung mit nur einer einzelnen Seilklemme ist als nicht ausreichend zu betrachten.

6. Partnercheck am Einstieg!

Hat man sich am Einstieg für das Klettern vorbereitet und aufgewärmt, wird vor dem Start noch ein Partnercheck durchgeführt. Dabei prüfen die Kletterpartner gegenseitig folgende Punkte:

- Ist der Gurt richtig angelegt (nicht verdreht), sind die Gurtschlaufen zurückgefädelt und ist ggf. die Verbindung zwischen Brust- und Hüftgurt richtig geknüpft?
- Ist das Klettersteigset richtig mit dem Gurt verbunden? Die Verbindung zwischen Klettersteigset und Gurt wird mittels Ankerstich durchgeführt.
- Kann das Klettersteigset richtig funktionieren – die Reißnaht sich öffnen bzw. das Bremsseil frei einlaufen?
- Ist der Helm am Kopf?

Durchgeführt wird der Partnercheck nicht nur durch Hinschauen, sondern auch indem man mit den Händen hingreift und zieht, um wirklich kontrollieren zu können, ob alles stimmt und fest sitzt. Beim Partnercheck überprüft man auch noch gemeinsam den Zeitplan. Hat man schon am Einstieg große Verspätung, ist es mitunter klüger, auf den Klettersteig zu verzichten und ein anderes Mal wieder zu kommen.
Beim Anlegen der Ausrüstung sollte darauf geachtet werden, dass dies rechtzeitig passiert. Die Steinschlaggefahr ist natürlich nicht erst am Einstieg zu beachten, sondern unter Umständen schon beim Zustieg wesentlich früher.

7. Ausreichende Abstände einhalten!

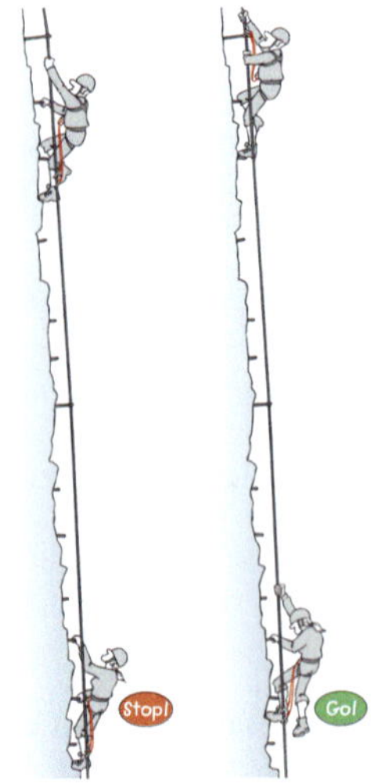

Leider in der Praxis kaum umgesetzt, sollte sich standardmäßig am Klettersteig pro Sicherungssegment (= Abstand zwischen zwei Verankerungen) immer nur ein Kletterer bewegen. Zusätzlich sollte im steilen Gelände ein Mindestabstand von einem weiteren Segment eingehalten werden. Ein stürzender Kletterer fällt ja unter die Verankerung und kann so eine zu nahe aufgerückte Person verletzen bzw. zum Absturz bringen. Gerade beim Überholen langsamerer Kletterer muss man sehr vorsichtig agieren.

8. Klare Kommunikation und Rücksichtnahme auf andere Kletterer!

Um sicher am Klettersteig unterwegs sein zu können, ist es wichtig klar mit anderen Kletterern zu kommunizieren. Dies betrifft taktische Maßnahmen - wie z.B. dass man Schlüsselstellen einzeln klettert - ebenso wie das Thema Überholen.
Da es immer vorkommt, dass jemand schneller klettert, ist es notwendig, sich gut darüber zu verständigen, wo bzw. wie man aneinander vorüber geht. Dies sollte natürlich nur an günstigen Stellen (die breit genug sind) erfolgen. Auch ist beim Überholen auf eine permanente Sicherung beider Kletterer zu achten.

Das Klettersteiggehen ist eine faszinierende und außergewöhnlich vielseitige Möglichkeit die alpine Bergwelt zu erleben. Bei sorgfältiger Herangehensweise und mit etwas „Knowhow" bzw. bei Berücksichtigung der 8 elementaren Grundregeln kann das Gesamtrisiko deutlich gesenkt und der Spaß an der Betätigung gesteigert werden. Viel Vergnügen auf Klettersteigen und viel Erfolg mit dem Gebrauch dieses Führers wünscht jedenfalls die Alpenverein-Bergsteigerschule!

Ausbildung und Führung in Top-Qualität
Tel +43 (0)512 59547 34, alpenverein-bergsteigerschule.at
www.alpenverein-bergsteigerschule.at
GEWINNSPIEL
ÖAV Oesterreichischer Alpenverein
wege ins
alpenverein
bergsteigerschule

Gebiets-Hitliste Klettersteigatlas Deutschland

Bayern / Südwest:	**Schwerster:**	Mauerläufersteig
	Die Schönsten:	Hindelanger Klettersteig
		Klettersteig Wiedemerkopf
		Höllental Klettersteig
		Alpspitz Ferrata
		Julius-Mayr-Weg
	Teamtipp:	Hindelanger Klettersteig
	Gurkensteig der Region:	Klammspitze-Steig
Bayern / Südost:	**Schwerster:**	Pidinger Klettersteig
	Die Schönsten:	Pidinger Klettersteig
		Berchtesgadener Hochthronsteig
		Wagendrischlhorn Klettersteig
		Schustersteig
	Teamtipp:	Watzmann-Überschreitung
	Gurkensteig der Region:	Dötzenkopf
Bayern / Nord:	**Schwerster:**	Höhenglücksteig
	Die Schönsten:	Oberlandsteig blau
		Höhenglücksteig
		Via Ferrata Bambini
	Teamtipp:	Oberlandsteige
	Gurkensteig der Region:	Jägersteig
Thüringen / Sachsen:	**Schwerster:**	Sachsenstiege
	Die Schönsten:	Häntzschelstiege
		Nonnensteig
		Alpingrat
		DAV Steige
		Löwinger Steig
	Teamtipp:	Zittauer Steige
	Gurkensteig der Region:	Himmelsleiter
Restl. Bundesländer:	**Schwerste:**	DAV-Klettersteig, Jacobswand, Karola-Variante
	Die Schönsten:	Boppard Klettersteig
		DAV-Klettersteig Heubach
		DAV-Klettersteig Jakobswand
	Teamtipp:	Boppard Klettersteig
	Gurkensteig der Region:	Sieben Fußfälle

Bayern

Freistaat Bayern

- **Hauptstadt**: München
- **Fläche:** 70.551 km2
- **Einwohner:** 12.494.781
- **Steige:** 120
- **Bevölkerungsdichte:** 177 E/km2
- **Steigdichte:** 1,7 Steige/1000 km2

Mit 120 Steigen ist Bayern Spitzenreiter in diesem Führer!

Bayern liegt in Süddeutschland und grenzt an die Bundesländer Baden-Württemberg, Hessen, Thüringen und Sachsen, sowie an die Staaten Österreich und Tschechien. Es umfasst die Landschaften der Bayerischen Alpen im Süden, das Alpenvorland bis zur Donau mit drei großen Seen, das ostbayerische Mittelgebirge und die Stufenlandschaft der Schwäbischen und Fränkischen Alb. In Bayern liegt mit der Zugspitze (2962 m) auch der höchste Berg Deutschlands.

Klettersteige:

In folgenden Gebieten findet man Klettersteige:

a) Allgäuer Alpen
b) Wetterstein
c) Ammergauer Alpen
d) Karwendel
e) Bayerische Voralpen
f) Chiemgauer Alpen
g) Berchtesgadener Alpen
h) Altmühltal
i) Hersbrucker Alb
j) Fränkische Schweiz
k) Böhmerwald / Fichtelgebirge
l) Fränkische Platte
m) München

Klein-Kairo an der Isar

Gerade im Süden findet man viele anspruchsvolle Steige mit teils alpinem Charakter. Im Norden Bayerns sind die Steige dagegen naturbedingt kürzer und wesentlich sportlicher angelegt. Neben "richtigen" Klettersteigen findet man aber auch viele gesicherte Bergtouren.

Bayern - Talorte

A-a Allgäu

Bad Hindelang: www.bad-hindelang.de; Tel. 08324-8920; Gästeinfo Hinterstein: www.hinterstein.de; Tel. 08324-8118; info@hinterstein.de
Balderschwang: www.balderschwang.de; Tel. 08328-1056, info@balderschwang.de
Immenstadt: www.immenstadt.de; Tel. 08323-914176; info@immenstadt.de
Oberstaufen: www.oberstaufen.de; Tel. 08386 93 000; info@oberstaufen.de
Oberstdorf: www.oberstdorf.de; Tel. 08322-7000; Fax: 08322-700236; info@oberstdorf.de
Sonthofen: www.sonthofen.de; Tel. 08321- 615291; gaesteinfo@sonthofen.de

A-b Wetterstein

Garmisch-Partenkirchen: www.gapa.de; Tel. 08821-180700; tourist-info@-gapa.de
Mittenwald: www.mittenwald.de; Tel. 08823-33981; touristinfo@markt-mittenwald.de

A-c Ammergauer Alpen

Füssen: www.stadt-fuessen.de; Tel. 08362-93850; tourismus@fuessen.de
Garmisch-Partenkirchen: www.gapa.de; Tel. 08821-180700; tourist-info@-gapa.de
Oberammergau: www.ammergauer-alpen.de; Tel. 08822-922740; info@oberammergau.de
Unterammergau: www.unterammergau.de; Tel. 08822-6400; info@unterammergau.de

A-f Chiemgauer Alpen

Aschau im Chiemgau: www.aschau.de; Tel. 08052-904937; info@aschau.de
Nußdorf am Inn: www.nussdorf.de; Tel. 08034-907920; verkehrsamt@nussdorf.de

A-g Berchtesgadener Alpen

Bad Reichenhall: www.bad-reichenhall.com; Tel. 08651-6060; info@bad-reichenhall.com
Berchtesgaden: www.berchtesgaden.de; Tel +49-6852-9445300; info.kurhaus@berchtesgaden.de
Marktschellenberg: www.marktschellenberg.de; Tel. 08650-988830; touristinfo-@marktschellenberg.de
Schneizlreuth: www.schneizlreuth.de; Tel. 08665-7489
Schönau am Königssee: www.schoenau.com; Tel. 08652-1760; tourismus@-koenigssee.com

A-h Altmühltal

Eichstätt: www.eichstaett.info; Tel. 08421-6001400

A-i Hersbrucker Alb

Hersbruck: www.hersbruck.de; Tel. 09151-7350

Bayern - Talorte

A-j Fränkische Schweiz

Bad Staffelstein: www.bad-staffelstein.de; Tel. 09573-33120
Plech: www.plech.de; Tel. 09244-98520

A-k Böhmerwald / Fichtelgebirge

Marktredwitz: www.marktredwitz.de; Tel. 09231-501128; touristinfo@marktredwitz.de

A-l Fränkische Platte

Erlenbach am Main: www.stadt-erlenbach.de; www.frankenrotwein.de; www.-churfranken.de; www.klingenberg-main.de
Karlstadt am Main: www.karlstadt.de; Tel. 09353-906688

A-m München

München: www.muenchen.de; tourismus@muenchen.de

a Allgäuer Alpen

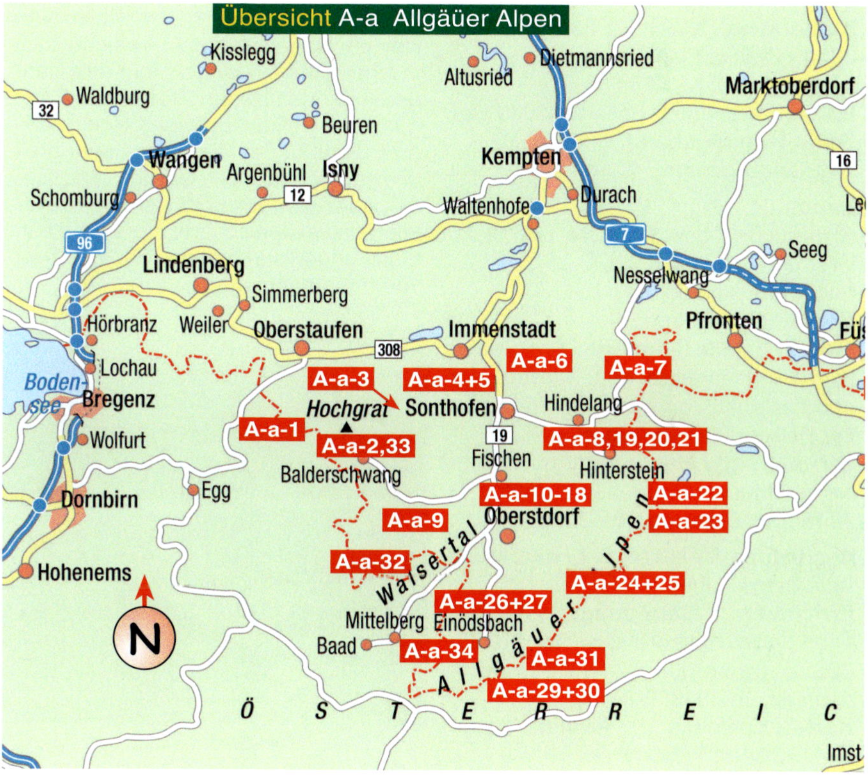

A-a-1 Nagelfluhkette-Überschreitung West B, C/D

mäßig schwierig
schwierig

Steig	Steig	Zustieg	Abstieg	Expos.	Fun	Sich.	Anford.
2,5 Std.	335 Hm	2 Std.	2 Std.	N	★★ mäßig	☆☆☆ gut	mäßig

Schwierigkeit:: mäßig schwierig bis schwierig; meist A/B und FT 1, am Hochhäderich B, eine Stelle C/D (kann umgangen werden)
Gesamtanforderung: mäßig
Bes. Gefahren: keine
Beste Jahreszeit: Frühjahr - Herbst

Zeiten / Höhenunterschiede:
Zustieg: 2 Std. / 735 Hm
Klettersteig: 2,5 Std. / 335 Hm (inkl. 385 m Zwischenabstiege)
Abstieg: 2 Std. / 695 Hm
Höhenunterschied gesamt: 1070 Hm
Zeitaufwand gesamt: 6,5 Std.
Weglänge gesamt: 22 km

Exposition: Nord
Sicherungen: gute Stahlseile, eine Stahlleiter und Stahlbügel
Funfaktor: mäßig
Gestein: Nagelfluh
Flucht- / Abbruchmögl.: Am Seelekopf kann abgebrochen werden. Vor den Falkenköpfen kann man frühzeitig zur Falkenhütte absteigen
Orientierung / Markierung: gute Wegweiser, Markierungen ausreichend
Anfänger-Eignung: ja

Ausrüstung: Klettersteigset, Helm, mittelfeste Bergschuhe
Errichtung / Betreuung: Hochgratbahn (www.hochgrat.de; Tel. 08386-8222); Irmbergbahn (www.irmberg-bahn.de; Tel. 08386-8112)
Karte: Kompass 3 "Allgäuer Alpen Kleinwalsertal" (1:50')

Anforderungsprofil

Kondition:	3
Armkraft:	2
Technik:	1
Mut, Psyche:	2
Bergerfahrung:	2

1 niedrig 2 mäßig 3 mittel 4 hoch 5 extrem

Charakteristik: Westlich des Hochgrates gibt es eine ganze Reihe von kleinen Nagelfluhgipfeln, welche sich in einer schönen langen Tour miteinander verbinden lassen: Seelekopf, Eineguntkopf, Falkenköpfe und Hochhäderich. Zwar ist der Weg meist sehr breit und gut gangbar, doch tauchen zwischendrin ganz plötzlich ungesicherte Kraxeleien und seilgesicherte Passagen auf. Ganz ungewohnt gehen wir diese Tour von oben nach unten.

Das Staufnerhaus

a Allgäuer Alpen *Hochhäderich, 1566 m*

Talort: Oberstaufen. **Ausgangspunkt:** Parkplatz Hochgratbahn (870 m).
GPS Parkplatz: N47.50979 E10.05852

Stützpunkte: **Staufnerhaus** (1634 m, 86 Schlafplätze; www.staufner-haus.de; Tel. 08386-8255); **Bergrestaurant Hochgratbahn** (www.hochgrat.de; Tel. 08386-8332); **Falkenhütte** (1439 m; www.falkenhuette.de; info@falkenhuette.de; Tel. 08386-8113); **Berggasthaus Hochhäderich** (1550 m; Tel. +43-664-1611423); **Alpengasthof Hörmoos** (1280 m; www.hoermoos.de; info@hoermoos.de; Tel. 08386-8129).

Anreise: Man fährt von Oberstaufen in Richtung Steibis und von dort weiter zur Talstation der Hochgratbahn. Hier parkt man das Auto auf dem riesigen gebührenpflichtigen Parkplatz.

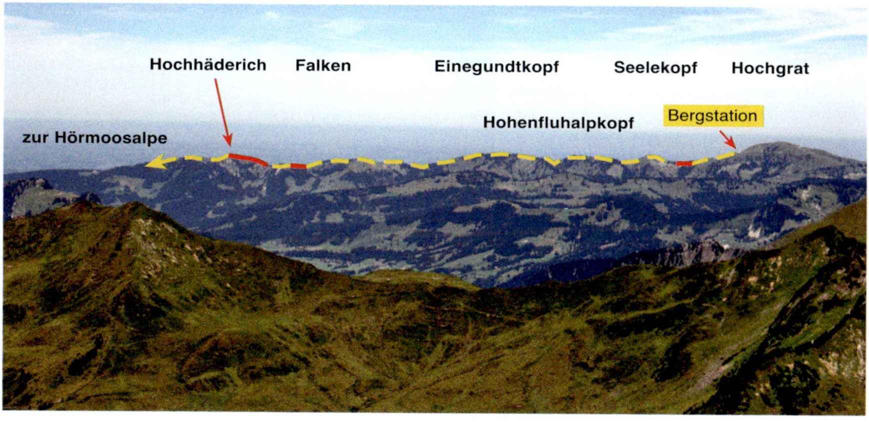

Zustieg: 2 Std. Nun steigt man zum Staufnerhaus auf, wobei man diesen Aufstieg auch mit der Luftseilbahn einsparen kann. So verkürzt sich die Aufstiegszeit um 1,5 Std. Ab dem Staufnerhaus steigt man auf den Grat hoch und wandert auf diesem westwärts. *GPS Einstieg: N47.49010 E10.06513*

Steigverlauf: Der Einstieg besteht aus einer zwei Meter hohen Stahlleiter, die man absteigt (B). Beim folgenden Aufstieg auf den Seelekopf sind zwei seilgesicherte Passagen zu überwinden (B). Nun folgt man weiter dem Grat. Lange kommen keine Sicherungen mehr, doch eine Passage vor dem Hoheguntkopf ist leichte Kletterei (FT 1). Der Aufstieg auf die Falkenköpfe ist abenteuerlich, aber nicht mit Seilsicherungen ausgestattet. Auf dem Gipfel steigt man über Stahlbügel auf die betonierte Gipfelkanzel, wobei man diese Passage fast nicht zur Kenntnis nimmt. Nach dem Zwischenabstieg folgt der Hochhäderich, der nun sehr gut mit Seilsicherungen ausgestattet ist. An einem Waldrand teilt sich der Weg. Folgt man dem oberen Weg, gelangt man an eine schwierige seilgesicherte Passage, die über Wurzeln abgestiegen werden muss (C/D). Folgt man dem unteren Weg, umgeht man diese Stelle. Kurz danach vereinigen sich die beiden Wege. Der folgende Aufstieg auf den Hochhäderich wartet mit vielen, aber leichten seilgesicherten Passagen auf (A/B und B).

Abstieg: 2 Std. Vom Gipfelkreuz steigt man zum Gasthaus Hochhäderich ab und wandert auf breiter Straße weiter nach Westen. Hinter einer Kurve geht rechts ein Weg ab, der talwärts zum Hörmoos führt. Ab dort wandert man auf breiter Asphaltstraße weiter zu Tal. Bald verzweigt sich der Wanderweg ein weiteres Mal. Geradeaus gelangt man zur Station der Irmberghornbahn, mit der man den Abstieg verkürzen kann. Nach rechts steigt man in ein kleines Tal ab, und steigt gegenüber zur Eineneckalpe auf. Ab dort geht der Weg erst sanft den Berghang entlang führend zurück Richtung Hochgratbahn. Gegen Ende wird der Abstieg auf breiter Kiesstraße sehr steil. Schließlich gelangt man so zur Talstation der Hochgratbahn.

Anspruchsvoller Zwischenabstieg vor dem Hochäderich

■ **Klettersteige zu verbinden:** Hochgratsteig (A-a-2), Nagelfluhkette-Überschreitung Ost (A-a-3)

A-a-2 **Hochgratsteig** B

mäßig schwierig

Steig	Steig	Zustieg	Abstieg	Expos.	Fun	Sich.	Anford.
					★★	☆☆☆	
45 Min.	255 Hm	2 Std.	2-2,5 Std.	N	mäßig	gut	mäßig

Schwierigkeit: mäßig schwierig; durchgehend A/B und B
Gesamtanforderung: mäßig
Bes. Gefahren: keine
Beste Jahreszeit: Frühjahr - Herbst

Zeiten / Höhenunterschiede:
Zustieg: 2 Std. / 710 Hm
Klettersteig: 45 Min. / 255 Hm
Abstieg: 2 - 2,5 Std. / 965 Hm
Höhenunterschied gesamt: 965 Hm
Zeitaufwand gesamt: 5 Std.
Weglänge gesamt: 11 km

Exposition: Nord
Sicherungen: gute Ketten und Stahlseile, Holztreppen und Stahltritte
Funfaktor: mittel
Gestein: Nagelfluh
Flucht- / Abbruchmögl.: keine
Orientierung / Markierung: gut
Anfänger-Eignung: ja

Ausrüstung: Klettersteigset, Helm, mittelfeste Bergschuhe
Errichtung / Betreuung: Hochgratbahn (www.hochgrat.de; Tel. 08386-8222)
Karte: Kompass 3 "Allgäuer Alpen Kleinwalsertal" (1:50')
Kartenausschnitt siehe Seite 47

Talort: Oberstaufen.

Ausgangspunkt: Parkplatz Hochgratbahn (870 m). *GPS Parkplatz: N47.50979 E10.05852*

Stützpunkt: **Staufnerhaus** (1634 m; 86 Schlafplätze; www.staufner-haus.-de; Tel. 08386-8255); **Bergrestaurant Hochgratbahn** (www.hochgrat.de; Tel. 08386-8332).

Anforderungsprofil

Kondition:	3
Armkraft:	2
Technik:	1
Mut, Psyche:	2
Bergerfahrung:	2

1 niedrig 2 mäßig 3 mittel 4 hoch 5 extrem

Charakteristik: Im Mai ist die ganze Welt der Hochalpen oft noch in einen weißen Mantel gehüllt, was vor allem die Schitourengeher freut. Auf der Suche nach Stahlseilen ist man dann auf tiefere Regionen angewiesen oder auf die Steige an der Nagelfluhkette. Hierbei sticht der Hochgrat als schöne Tour heraus, die man vom Tal bis auf den Gipfel in Angriff nehmen kann.
Auch wenn der Steig nicht gerade lang ist und auch keine großen Kletterfähigkeiten verlangt, so kann man sich doch an den eindrücklichen, gestuften Nagelfluhbändern erfreuen und sich fragen, wie diese wohl entstanden sind. Die Aussicht auf dem Hochgrat ist dann - wie für solche Molassegipfel üblich - sehr schön und weitreichend.

Der Hochgrat von Steibis aus gesehen

a Allgäuer Alpen Hochgrat, 1834 m

Anreise: Man fährt von Oberstaufen in Richtung Steibis und von dort weiter zur Talstation der Hochgratbahn. Hier parkt man das Auto auf dem riesigen gebührenpflichtigen Parkplatz.

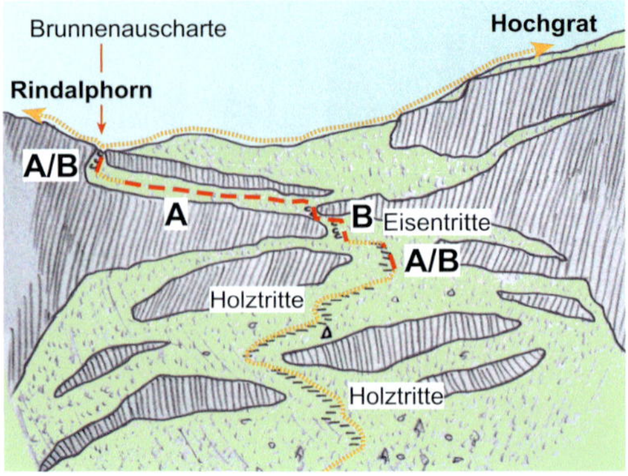

Zustieg: 2 Std. Erst wandert man ostwärts das Tal hinein. Kurz nach der Kapelle St. Rochus geht rechts ein Weg hoch, der zur Gratvorsässalpe führt. Man wandert gemütlich ansteigend an dieser Alp vorbei und gelangt in einen kleinen Kessel, wo zuoberst ringsum die Bänder der Nagelfluhkette erscheinen. Der Weg leitet den Wanderer zuverlässig an die Seilsicherungen. *GPS Einstieg: N47.49846 E10.09006*

Steigverlauf: Eine erste Stelle ist mit Ketten und Stahltritten gesichert (A/B). Dann führen zwei weitere Stufen an Seilen und über Stahltritte (B) auf ein Band, welchem man nun leicht gegen links folgt (A). Mittels einer kleinen seilgesicherten Stufe (A/B) gelangt man auf die Brunnenauscharte. Von hier steigt man auf breitem Wanderweg aufwärts zum Hochgrat.

Abstieg zur Hochgratbahn, im Hintergrund der Seelenkopf und der Eineguntkopf

Abstieg: 2 - 2,5 Std. Auf der Westseite steigt man zur Bergstation der Hochgratbahn ab. Wenn man sich dabei rechts hält, kann man sich nahe des Grates bewegen, wobei die Klettersteigsicherungen wie eine Art Geländer wirken (A). Nun kann man wahlweise die Bahn nehmen oder zum Staufnerhaus absteigen und von dort weiter zur Oberen Lauchalpe und schließlich zur Talstation wandern.

■ **Hinweise:** Nagelfluh ist ein Konglomeratgestein, das sich aus ehemaligen Flussablagerungen gebildet hat, indem Kiesel mit Kalk zu einem betonartigen Gestein verbunden wurden. Bei der Alpenfaltung drückten die gefalteten Schichten an einem Ende von oben auf die noch waagerecht liegenden Nagelfluhplatten, womit sich diese - wie eine Eisscholle - auf der Gegenseite hoben und schräg aufrichteten.

■ **Klettersteige zu verbinden:** Nagelfluhkette-Überschreitung West (A-a-1), Nagelfluhkette-Überschreitung Ost (A-a-3)

A-a-3 Nagelfluhkette-Überschreitung Ost A/B, B/C

leicht
mäßig
schwierig

Steig	Steig	Zustieg	Abstieg	Expos.	Fun	Sich.	Anford.
6 Std.	95 Hm	1 Std.	30 Min.	O	mäßig	gut	mäßig

Schwierigkeit: leicht; durchgehend A/B, am Steineberg einige Stellen B/C, die jedoch umgangen werden können
Gesamtanforderung: mäßig
Bes. Gefahren: bei Nässe rutschig
Beste Jahreszeit: Frühjahr - Herbst

Zeiten / Höhenunterschiede:
Zustieg: 1 Std. / 115 Hm
Klettersteig: 6 Std. / 95 Hm
Abstieg: 30 Min. / 210 Hm
Höhenunterschied gesamt: 1240 Hm (inkl. 985 Hm Zwischenabstiege)
Zeitaufwand gesamt: 7,5 Std.
Weglänge gesamt: 12 km

Exposition: Ost
Sicherungen: gute Stahlseile, einige Stahltritte, 17 m lange Stahlleiter
Funfaktor: mäßig
Gestein: Nagelfluh
Flucht- / Abbruchmögl.: Zwischenabstiege vor und nach dem Stuiben, an der Gündlesscharte und an der Brunnenauscharte (*Hochgratsteig*, A-a-2)
Orientierung / Markierung: sehr gut
Anfänger-Eignung: nein, sehr lang und viele Höhenmeter

Ausrüstung: Klettersteigset, Helm, mittelfeste Bergschuhe
Errichtung / Betreuung: DAV Allgäu-Immenstadt (www.dav-allgaeu-immenstadt.de; Tel. 08321-26776)
Karte: Kompass 3 "Allgäuer Alpen Kleinwalsertal" (1:50')

Anforderungsprofil

Kondition:	4
Armkraft:	1
Technik:	1
Mut, Psyche:	2
Bergerfahrung:	2

1 niedrig 2 mäßig 3 mittel 4 hoch 5 extrem

Charakteristik: Neun Gipfel in einer Reihe gilt es auf dieser Tour zu erklimmen. In Anbetracht der vielen Höhenmeter zwischen den Gipfeln muss man sich den Aufstieg auf den Mittagberg mit dem Sessellift erleichtern, doch die Überschreitung des Steinebergs, des Stuibens und des Sedererstuibens bieten dann doch etwas Klettersteig-Feeling. Beim Bärenkopf, Buralpkopf, Gündleskopf, Rindalphorn und Hochgrat dominieren dann weitläufige Auf- und Abstiege. Links ein grasiger Hang, rechts der Abgrund, wie es für Nagelfluhberge typisch ist.

Auf dem Rindalphorn, hinten der Hochgrat

a Allgäuer Alpen Hochgrat, 1834 m

Talort: Immenstadt. **Ausgangspunkt:** Bergstation Mittagberg (1451 m).
GPS Parkplatz: N47.55464 E10.21893

Stützpunkt: **Gasthaus Gipfelwirt**, **Mittagberg** (1451 m; Tel. 08323-3555); **Rasthaus am Mittag, Mittelstation** (1080 m; Tel. 08323-8790); **Staufnerhaus** (1634 m; www.staufner-haus.de; Tel. 083-86-8255); **Bergrestaurant Hochgratbahn** (www.-hochgrat.de; Tel. 08386-8332).

Zwischenabstieg nach dem Steineberg

Anreise: In Immenstadt folgt man den touristischen Wegweisern, die zur Mittagbergseilbahn führen. Dort gibt es Parkplätze für 120 Autos.

Zustieg: **1 Std.** Mit dem Sessellift fährt man hoch zum Mittagberg und folgt dem Weg Nr. 41 bis zum Bärenkopf. Nun wandert man westwärts zum Steineberg, wo die ersten Sicherungen beginnen (1565 m).
GPS Einstieg: N47.52877 E10.19310

Steigverlauf: Den Steineberg besteigt man über den Klettersteig (B/C) oder über den *Normalweg* (A-a-5) und steigt westwärts auf dem Grat ab. Dabei sind einige gesicherte Passagen zu begehen (A/B). Der nächste Gipfel ist der Stuiben, der ebenfalls gesichert begehbar ist (A/B, A-a-4). Dann folgt der Sedererstuiben, wo der Grat wieder mit Seilsicherungen ausgestattet ist (A/B). Jetzt folgt ein munteres, aber beschwerliches Gipfelsammeln. Rauf zum Buralpkopf, rüber zum Gündleskopf, runter zur Gündlesscharte, rauf zum Rindalphorn, runter zur Brunnenauscharte und rauf zum Hochgrat. Und dies alles ohne Sicherungen, aber auf teilweise breiten, mit Holzstufen versehenen Wegen.

Abstieg: **30 Min.** Hingegen hat es im Abstieg zur Hochgratbahn Sicherungen, solange man sich rechts am Abgrund hält und dort über die Felsen absteigt. Nun fährt man mit der Hochgratbahn zu Tal und fährt mit dem öffentlichen Verkehr zurück nach Immenstadt.

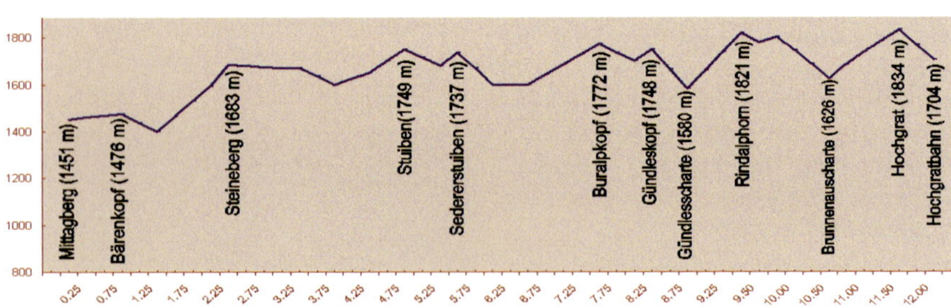

■ **Tipps:** Die Tour kann auch in der Gegenrichtung begangen werden, wobei man die Klettersteigpassagen im Abstieg macht.

■ **Hinweise:** Von der Talstation der Hochgratbahn verkehrt ein Bus nach Oberstaufen, zwischen Oberstaufen und Immenstadt verkehrt die Eisenbahn (www.-oberallgaeu.org).

■ **Klettersteige zu verbinden:** Stuibensteig (A-a-4), Steineberg Klettersteig (A-a-5)

Stuiben, 1749 m

A-a-4 Stuibensteig A/B 330 Hm

Der Stuiben stellt einen von vielen Gipfeln innerhalb der Nagelfluh-Kette-Überschreitung Ost dar. Man kann ihn aber auch alleine begehen, indem man ihn von Immenstadt her durch das Steigbachtal in Angriff nimmt. Da die Sicherungen an diesem Berg recht spärlich sind, empfiehlt es sich - gemäß dieser Beschreibung - zuvor den *Steineberg* (A-a-5) zu überschreiten. Die Besteigung des Stuiben ist eine runde Tour, gut im Frühjahr machbar und vor allem für Einsteiger gut geeignet.

Beste Jahreszeit: Frühjahr und Herbst.
Zeitaufwand / Weglänge gesamt: 6 Std. / 330 Hm / 14 km
Besondere Gefahren: Rutschgefahr bei Nässe.
Karten: Kompass 3 "Allgäuer Alpen Kleinwalsertal" (1:50')
Talort / Ausgangspunkt: Immenstadt / Bergstation Mittagberg (1451 m) / *GPS: N47.55464 E10.21893*
Stützpunkt: **Gasthaus Gipfelwirt Mittagberg** (1451 m; Tel. 08323-3555); **Rasthaus am Mittag** (Mittelstation; 1080 m; Tel. 08323-8790)

Leichteste Art von Klettersteig

Anreise: In Immenstadt folgt man den touristischen Wegweisern, die zur Talstation der Mittagbergbahn führen. Dort gibt es einen Parkplatz für ca. 120 Autos.

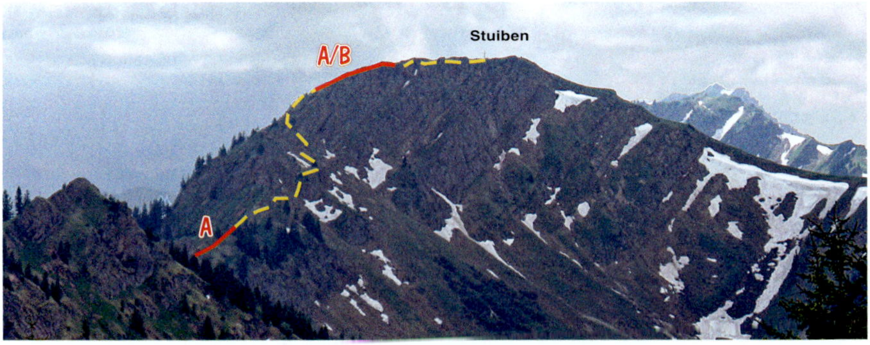

Gesamter Wegverlauf: **Zustieg:** 2 Std.; 190 Hm (30 Hm Zwischenaufstieg). Mit dem Sessellift fährt man hoch zum Mittagberg und folgt anschließend dem Weg Nr. 41 zum *Steineberg* (A-a-5). Oben auf dem Steineberg folgt man dem Grat westwärts und begeht dabei einige seilgesicherte Passagen, bis man schliesslich zu einer Verzweigung gelangt. Dort geht man nun nach links und folgt dem Grat.

Steigverlauf: 30 Min.; 140 Hm. Die ersten Sicherungen erscheinen wie ein Geländer (A). Danach führt der Steig über gestufte Felsen hoch, wobei sich der Weg trennt und später wieder zusammenführt. Es spielt hier jedoch keine Rolle, welchen Weg man nimmt. Nach den gestuften Felsen findet man sich auf der Südseite des Stuiben wieder, wo entlang einer schräggestellten Nagelfluhplatte Stahlseile angebracht sind. Diese steigt man hoch (A/B), passiert ein kurzes ungesichertes Stück Weg und nimmt den Schlussanstieg auf ebenfalls schrägen Platten in Angriff (A/B). Nun sind es noch 50 gemütliche Meter zum Gipfel.

GPS: N47.51761 E10.16779

Abstieg: 2,5 Std.; 990 Hm. Am wenigsten Höhenmeter verrichtet man, wenn man den gleichen Weg wieder zurückgeht. Wir schlagen hier aber den Abstieg durch das Steigbachtal vor. Dazu wandert man vom Stuiben westwärts hinunter zum Sattel und nimmt dort den breiten Weg zur Gundalpe. Man geht links an der Alp vorbei und steigt auf wildem Weg zur Hinteren Krumbachalpe ab. Von da geht der Weg sehr idyllisch durch Wälder, bis man auf einen Forstweg trifft. Ab hier gibts nur noch eine Parole: Der Straße folgen, bis man in Immenstadt eintrifft. Über die Holzbrücke beim großen Geschiebesammler gelangt man zur Talstation der Mittagbergbahn.

A-a-5 Steineberg Klettersteig *B/C*

mäßig schwierig

Steig	Steig	Zustieg	Abstieg	Expos.	Fun	Sich.	Anford.
30 Min.	95 Hm	1 Std.	1 Std.	O	★★★ schön	☆☆☆☆ super	mäßig

Schwierigkeit: mäßig schwierig; verschiedene Schwierigkeiten von A bis B/C, Schlüsselstelle zu Beginn des Grats
Gesamtanforderung: mäßig
Bes. Gefahren: bei Nässe rutschig
Beste Jahreszeit: Frühjahr - Herbst

Zeiten / Höhenunterschiede:
Zustieg: 1 Std. / 115 Hm
Klettersteig: 30 Min. / 95 Hm
Abstieg: 1 Std. / 210 Hm
Höhenunterschied gesamt: 210 Hm
Zeitaufwand gesamt: 2,5 Std.
Weglänge gesamt: 5 km

Exposition: Ost
Sicherungen: sehr gute Stahlseile, einige Stahltritte, 17 m lange Stahlleiter
Funfaktor: schön
Gestein: Nagelfluh
Flucht- / Abbruchmögl.: vor der Leiter kann die Tour gegen rechts abgehend auf dem Normalweg abgeschlossen werden
Orientierung / Markierung: vorbildliche Wegweisung
Anfänger-Eignung: ja

Ausrüstung: Klettersteigset, Helm, mittelfeste Bergschuhe
Errichtung / Betreuung: DAV Allgäu-Immenstadt (www.dav-allgaeu-immenstadt.de; Tel. 08321-26776; info@dav-allgaeu-immenstadt.de)
Karte: Kompass 3 "Allgäuer Alpen Kleinwalsertal" (1:50'), siehe S. 54

Anforderungsprofil

Kondition:	1
Armkraft:	2
Technik:	1
Mut, Psyche:	3
Bergerfahrung:	2

1 niedrig 2 mäßig 3 mittel 4 hoch 5 extrem

Charakteristik: Wer den *Steineberg Klettersteig* kennt, denkt ganz zuerst an die lange Stahlleiter, welche auf den Gipfel führt. Mit 17 m Höhe erfordert diese an sich leichte Klettersteigpassage ein ziemliches Maß an Überwindung. Der Steig besteht jedoch nicht nur aus der Leiter.
Unterhalb davon befinden sich noch vier weitere Stahlseile, welche zusammen mit der Leiter eine Begehung in der "Direttissima" ermöglichen. Den Abstieg hingegen kann man ganz gemütlich auf breitem Weg machen.

Auf der Stahlleiter

a Allgäuer Alpen Steineberg, 1660 m

Talort: Immenstadt.

Ausgangspunkt: Bergstation Mittagberg (1451 m).

GPS Parkplatz: N47-55464 E10.21893

Stützpunkte: **Gasthaus Gipfelwirt Mittagberg** (1451 m; Tel. 08323-3555); **Rasthaus am Mittag; Mittelstation**, 1080 m; Tel. 08323-8790).

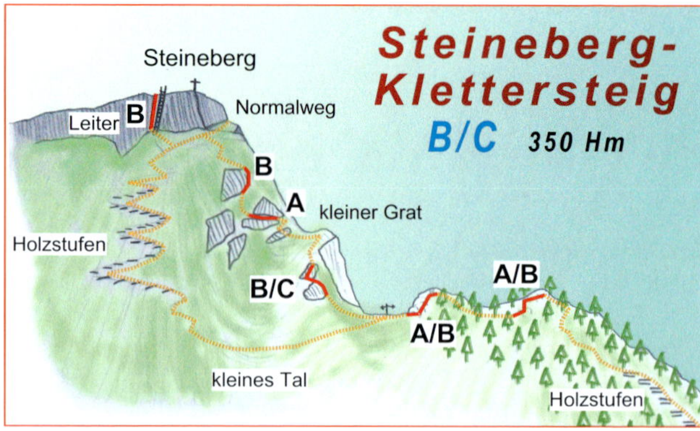

Anreise: Erst einmal in Immenstadt angekommen folgt man den touristischen Wegweisern, die zur Talstation der Mittagbergbahn führen. Dort gibt es einen Parkplatz für ca. 120 Autos.

Zustieg: 1 Std. Mit dem Sessellift fährt man hoch zum Mittagberg und folgt anschließend dem Weg Nr. 41, bis man nach 15 Minuten zum Bärenkopf gelangt. Der Steineberg ist von hier schon deutlich sichtbar. Man braucht nur dem Weg weiter zu folgen und gelangt nach einem gemütlichen Anstieg durch einen Tannenwald auf den sanften Rücken, der sich vom Steineberg ostwärts zieht. *GPS Einstieg: N47.52877 E10.19310*

Blick ostwärts Richtung Zustieg

Steigverlauf: Noch immer auf dem Rücken stößt man auf erste Sicherungen (A/B) und steigt kurz darauf über weitere Sicherungen (A/B) zu einem kleinen Sattel ab. Hier ignoriert man den breiten Weg und nimmt den schmalen Weg, der auf dem Grat weiterverläuft (Wegweiser beachten). Kurz darauf gelangt man zur Schlüsselstelle (B/C) und gewinnt über diese einen kleinen Grat. Nun in eine Senke absteigen und gegenüber nochmals über gesicherte Stellen (Seile, Tritte, A und B) zum Band aufsteigen, das sich unter dem Gipfel um den ganzen Berg zieht. Auf dem Band läuft man nach links und gelangt zur 17 m hohen Leiter (B/C). Diese erklimmt man und steht schon auf dem Gipfel.

Abstieg: 1 Std. Man geht ein Stück weiter gegen Westen und trifft nach wenigen Minuten auf den Abzweiger. Hier steigt man auf das Band ab und läuft auf diesem wieder zurück nach Osten. Bei der Leiter kreuzt man den Steig und wandert dann in engen Kehren abwärts zum kleinen Sattel, wo sich der Weg teilt. Ab hier ist der Rückweg vom Zustieg her bekannt.

■ **Klettersteige zu verbinden:** Nagelfluhkette-Überschreitung Ost (A-a-3), Stuibensteig (A-a-4)

Burgberger Hörnle (Kreuzel-Spitz), 1496 m

A-a-6 Burgberger Hörnle A/B 5 Hm

Wer nicht mit der Privatbahn des Bayerischen Rundfunks auf das Grüntenmassiv gelangen will, kann von Burgberg aus den Aufstieg wagen. Dabei handelt es sich um eine gemütliche kurze Tour für Wanderfreunde, die auf den letzten Metern noch eine kleine Klettersteig-Einlage bietet.

Beste Jahreszeit: Juni - Oktober.
Zeitaufwand / Weglänge gesamt: 3,5 Std. / 640 Hm / 4,5 km
Besondere Gefahren: keine.
Karten: Kompass 3 "Allgäuer Alpen - Kleinwalsertal" (1:50')
Talort / Ausgangspunkt: Sonthofen / Parkplatz am Ortsrand von Burgberg (830 m) / *GPS: N47.53923 E10.29387*
Stützpunkt: **Grüntenhaus** (www.gruentenhaus.de; Tel. 08321-3372).
Anreise: Von Sonthofen über die östliche Alpenstraße und dann über die Grüntenstraße nach Burgberg. Dort ostwärts Richtung Alpe Topfen. Parkplätze am Ortsrand rechts im Wald (3,7 km; Navi-Anzeige: "An der Halde").

Gesamter Wegverlauf: **Zustieg:** 1,5 - 2 Std.; 630 Hm. Vom Parkplatz in das Tal entlang des Wurstbachs aufsteigen (Hinweistafeln "Grüntenhaus"). Oberhalb der Stuhlwand zweigen unbezeichnete Pfadspuren direkt Richtung Gipfel nach oben ab. Wer den Weg verpasst, steigt alternativ weiter Richtung Grüntenhaus und zweigt dann von dort Richtung Gipfel ab (ca. 1,3 km länger). Beide Wege treffen etwas unterhalb des gesicherten Steiges aufeinander.
Steigverlauf: 10 Min.; 5 Hm. Über den kurzen gesichterten Steig (A/B) mit kleinem Gegenanstieg einfach und problemlos in wenigen Minuten zum Gipfel. *GPS: N 47.54711 E10.30225*
Abstieg: 1,5 Std.; 640 Hm. Auf selbem Weg zurück. Alternativ über das Grüntenhaus und von dort hinab über die Obere Schwandalpe und Kehralpe zurück auf die Straße Richtung Burgberg (ca. 3,4 km länger).

Hinweise, Tipps: Alternativ kann man auch mit der Grüntenbahn auf den benachbarten Grüntengipfel hoch fahren (www.gruentenseilbahn.de; nur donnerstags; Reservierung notwendig!). Von dort geht es mit nur 200 Hm Differenz zum Burgberger Hörnle (ca. 1 Std.).

Das letzte Stück zum Gipfel

A-a-7 Sorgschrofensteig *A/B*

leicht

Steig	Steig	Zustieg	Abstieg	Expos.	Fun	Sich.	Anford.
1 Std.	150 Hm	1,5-2 Std.	1,5 Std.	SO	★★ mäßig	☆☆☆ gut	mäßig

Schwierigkeit: leicht; mehrere gesicherte Stellen im Bereich der Gipfel und im Abstieg
Gesamtanforderung: mäßig
Bes. Gefahren: keine
Beste Jahreszeit: Juni - Oktober

Zeiten / Höhenunterschiede:
Zustieg: 1,5 - 2 Std. / 500 Hm
Klettersteig: 1 Std. / 150 Hm
Abstieg: 1,5 Std. / 490 Hm
Höhenunterschied gesamt: 650 Hm
Zeitaufwand gesamt: 4 - 4,5 Std.
Weglänge gesamt: 8,3 km

Exposition: Süd / Ost
Sicherungen: Stahseile
Funfaktor: mäßig
Gestein: Kalk
Flucht- / Abbruchmögl.: keine
Orientierung / Markierung: Weg beschildert, Wegweiser
Anfänger-Eignung: ja

Ausrüstung: Klettersteigset, Helm, mittelfeste Bergschuhe
Errichtung / Betreuung: DAV Oy-Allgäu (www.dav-oy.de; Tel. 08366-1317; info@dav-oy.de)
Karte: Kompass 3 "Allgäuer Alpen - Kleinwalsertal" (1:50')

Anforderungsprofil

Kondition:	2
Armkraft:	1
Technik:	2
Mut, Psyche:	2
Bergerfahrung:	2

1 niedrig 2 mäßig 3 mittel 4 hoch 5 extrem

Charakteristik: Der einfache Steig auf den Zinken und den Sorgschrofen ist eine interessante Halbtagestour mit guter Aussicht.

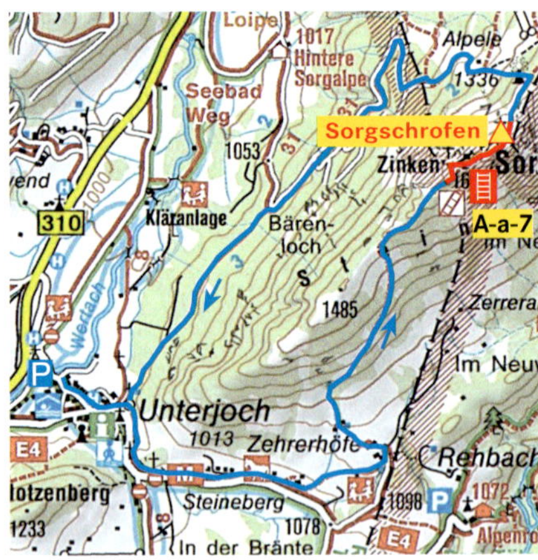

Talort: Sonthofen. **Ausgangspunkt:** Parkplatz am Ortseingang von Unterjoch (1020 m). *GPS Parkplatz: N47.54600 E10.42538*

Stützpunkt: keine.

Anreise: Von der A7 Ausfahrt "Oy-Mittelberg" auf der B310/B309 Richtung Wertach und weiter bis nach Unterjoch (ca. 15 km).

Zustieg: 1,5 - 2 Std. Vom Parkplatz zur Kirche, Wegweiser Richtung "Sorgschrofen über Zehrerhöfe". Dort weiter ein kurzes Stück Wirtschaftsweg, dann an einem Bächlein entlang und durch Wald bis zu einem Grashang. Diesen in

Serpentinen aufwärts und über felsiges Gelände (mit kleinen Gegenanstiegen) zu einer Wegverzweigung (500 Hm; 1,5 Std.).

GPS Einstieg: N47.55457 E10.45113

Steigverlauf: Dort links Richtung Zinken-Gipfel. Nach ein paar Metern beginnt die Drahtseilsicherung (A), die weiter oben durch einen Felsspalt auf die andere Gratseite und von dort auf den Zinken-Gipfel führt (überall gut gestuft). Danach zurück zur Wegverzweigung. Nun gibt es zwei Möglichkeiten: geradeaus durch einen ganz schmalen Felsspalt oder diesen rechts auf dem Normalweg umgehen.
Weiter auf teilweise recht schmalem Steig und in ausgesetztem Gelände in Auf und Ab bis vor den Sorgschrofen-Gipfel. Nun ein kurzes Stück gesichert (A) hinab bis unterhalb des Sorgschrofen und wieder gesichert (A/B) recht steil zum Gipfel. Vom Gipfel ein Stück weiter auf dem Grat und hinab in eine Rinne (150 Hm; 1 Std.).

Abstieg: 1,5 Std. Weiter hinab bis zu einem Sendemast. Dort links halten, die Wegweiser ("Unterjoch über die Sorgalpen") sind unterhalb schon sichtbar, der Weg führt aber oberhalb der Sorgalpen entlang bis zurück nach Unterjoch und zum Parkplatz (490 Hm; 1,5 Std.).

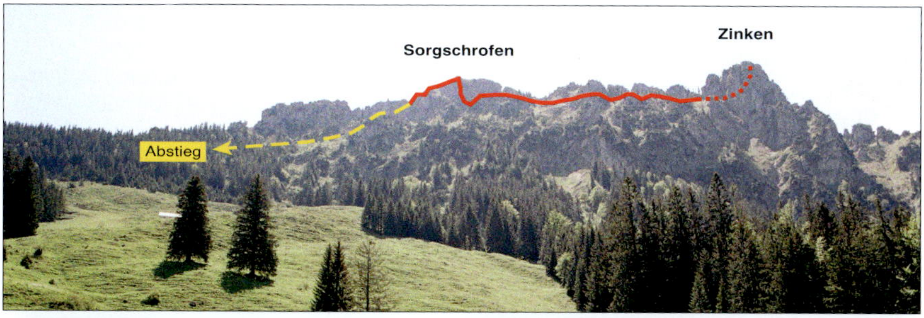

Aufstieg zum Zinken

Aufstieg zum Sorgschrofen

■ **Hinweise:** Der Steig ist bei Nässe besonders unangenehm und rutschig. Der Parkplatz in Unterjoch ist gebührenpflichtig, ansonsten gilt im gesamten Ort Parkscheibenregelung mit höchstens einer Stunde Parkdauer.

A-a-8 Salewa Klettersteig C

schwierig

Steig	Steig	Zustieg	Abstieg	Expos.	Fun	Sich.	Anford.
1-3 Std.	290 Hm	20 Min.	1-2,5 Std.	W-N	★★★ schön	☆☆☆ gut	mäßig

Schwierigkeit: schwierig; 1.Teil: großteils B, die Steilwand ("Bergführerplatte") kurz vor dem Ausstieg C; 2.Teil: "Schusterplatte" B/C, ansonsten A bis B; 3. Teil: durchwegs A bis A/B
Gesamtanforderung: mäßig
Bes. Gefahren: hohe Steinschlaggefahr im 1. Teil, bei Nässe heikel
Beste Jahreszeit: Juni - September

Zeiten / Höhenunterschiede:
Zustieg: 20 Min. / 200 Hm
Klettersteig: 1. Teil 1 - 1,5 Std. / 140 Hm, 2. Teil 30 - 40 Min. / 120 Hm im Abstieg, 3. Teil 1 Std. / 110 Hm; insgesamt 3 - 4 Std. / 290 Hm
Abstieg: 1 - 2,5 Std. / 300 - 990 Hm
Höhenunterschied gesamt: 490 Hm
Zeitaufwand gesamt: 4,5 - 6 Std.
Weglänge gesamt: 7,5 km

Exposition: West bis Nord
Sicherungen: gut; Stahlseil, Trittbügel
Funfaktor: schön (1. Teil) bis naja (3. Teil)
Gestein: Kalk
Flucht- / Abbruchmögl.: vom Iseler Gipfel (nach dem 1. Teil)
Orientierung / Markierung: gut
Anfänger-Eignung: nur bedingt (1. Teil tw. sehr fordernd)

Ausrüstung: Klettersteigset, Helm, mittelfeste Bergschuhe
Errichtung / Betreuung: Hindelanger Bergführerbüro (www.bergschulen.de)
Karte: Kompass 4 "Füssen - Ausserfern" (1:50')
Kartenausschnitt siehe Seite 62

Anforderungsprofil

Kondition:	2
Armkraft:	2
Technik:	2
Mut, Psyche:	3
Bergerfahrung:	2

1 niedrig 2 mäßig 3 mittel 4 hoch 5 extrem

Charakteristik: Der *Salewa-Klettersteig* besteht aus drei Teilen. Der 1. Teil ist am schönsten (aber auch anspruchvollsten), wurde bereits 2008 eröffnet und führt bis auf den Gipfel des Iselers.
Der 2. Teil wurde im Sommer 2009 eröffnet und leitet in einer großteils absteigenden Querung im tw. recht erdigen Gelände zur Iseler-Scharte. Von hier wird in den meisten Fällen wieder zum Iseler-Gipfel aufgestiegen und zur Bergstation abgestiegen.
Leider gewährt vor allem der 3. Teil kein sonderliches Klettersteig-Vergnügen mehr, da viele erdige Querungen und loses Gestein keinen geeigneten Routenverlauf bieten. Die Aussicht vom Kühgund ist allerdings gewaltig und mit Abstieg über den Kühgundrücken (tw. gesichert, A) und Rückweg über die schön gelegende Wiedhagalpe ergibt sich eine doch relativ große, ausgefüllte Tagesrunde.
Bei Nässe ist aufgrund der vielen erdigen Passagen vor allem vom 2. und 3. Teil abzuraten!

Talort: Bad Hindelang.

Ausgangspunkt: Talstation Iselerbahn in Oberjoch (1136 m, Parkplatz).
GPS: N47.5148609, E10.4106724

Salewa Klettersteig C

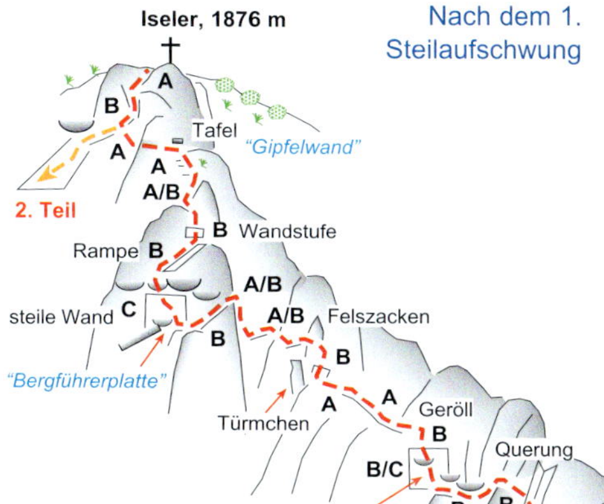
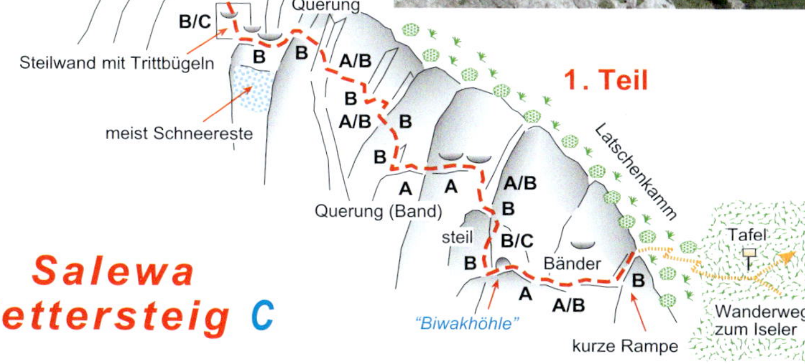

Nach dem 1. Steilaufschwung

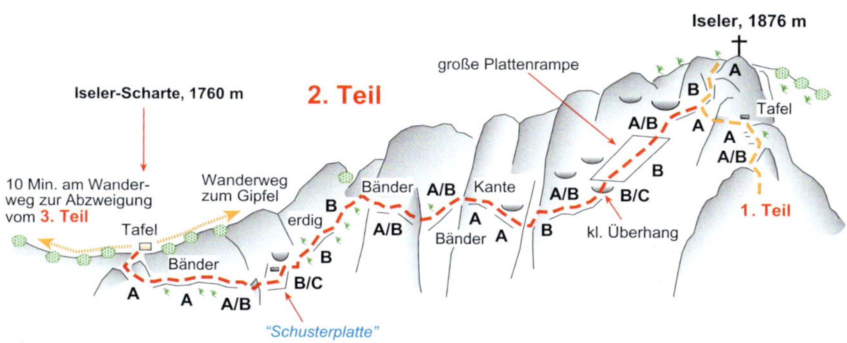

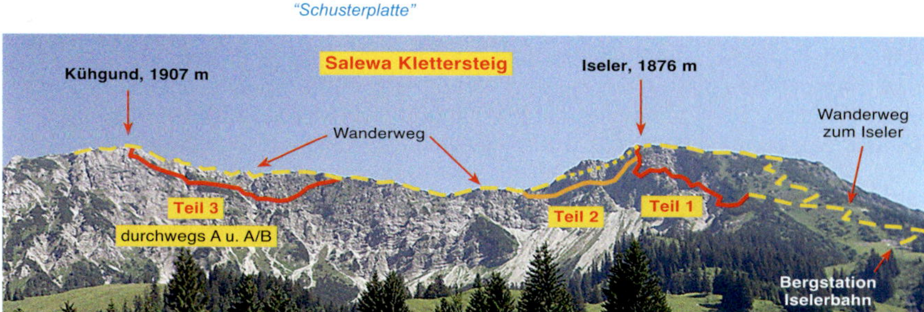

a Allgäuer Alpen *Iseler, 1876 m*

Stützpunkte: Meckatzer Sportsalp; **Iseler Platz Hütte**; **Zipfelsalpe** (1534 m); **Wiedhagalpe** (1425 m; www.wiedhagalpe-oberjoch.de; Tel. 08324-7123 oder 0172-8316150; info@beimvogt-oberjoch.de); **Gund Alpe** (1252 m; www.gundalpe-oberjoch.de; Tel. 08324-973730; mail@gundalpe.de).

Anreise: Von Bad Hindelang kommend über die B308 nach Oberjoch. Dort bei der Talstation Iselerbahn (1136 m) genügend Parkmöglichkeiten vorhanden.

Zustieg: 20 Min. Von der Bergstation (1560 m) der Iselerbahn dem Wanderweg in Richtung Iseler folgen. Nach 15 - 20 Min. (bei einer Rechtskehre des Wanderweges) weist ein deutlich erkennbares Schild zum nahen Einstieg des 1. Teils (1760 m). Alternativ kann man auch zu Fuß zur Bergstation aufsteigen (Mehraufwand: 425 Hm; ca. 1 Std.). *GPS Einstieg: N47.500617, E10.418267*

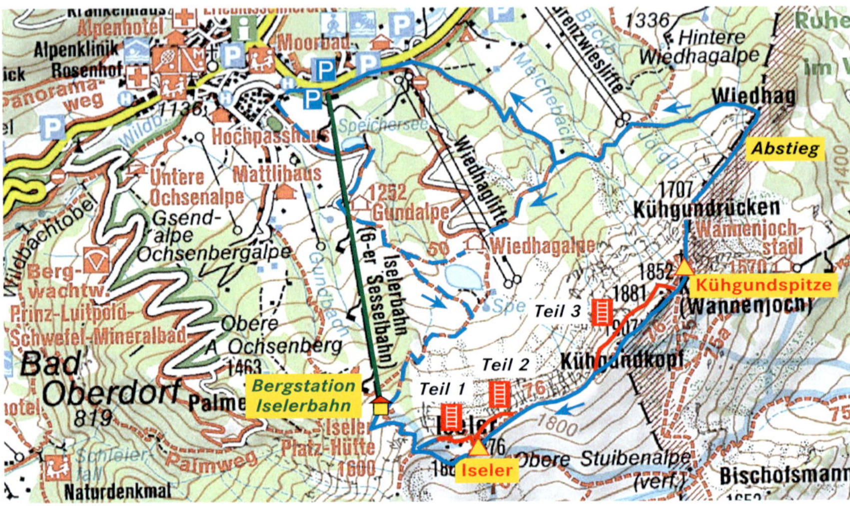

Steigverlauf: Der **1. Teil** (1 - 1,5 Std.; 140 Hm; Details siehe Topo) führt über zahlreiche Querungen und Aufschwünge tw. anspruchsvoll und abwechslungsreich, aber gut gesichert auf den Gipfel des Iseler (1876 m). Die „Bergführerplatte" (C; Notnummer 3) im oberen Teil stellt hierbei die schwerste Prüfung dar.
Kurz vor dem Gipfel zweigt der **2. Teil** ab (30 - 40 Min.; 120 Hm absteigende Querungen). Dieser führt (Details siehe Topo) zur Iseler-Scharte (1760 m).
Hier wird in den meisten Fällen wieder zum Iseler-Gipfel aufgestiegen, da der 3. Teil wenig interessantes Klettersteigvergnügen zu bieten hat und großteils durch erdig-brüchiges Schrofengelände führt.
Wer dennoch den **3. Teil** anhängen will, steigt von der Iseler-Scharte etwa 10 Min. über den sog. "Panoramaweg" auf in Richtung Kühgund bis zur Abzweigung des 3. Teils bei einer Hinweistafel. Von hier zunächst absteigend (durchwegs A) über Schrofenbänder zum sog. "Gemsband", dann querend und tw. ansteigend (A bis A/B) zum "Kanonenrohr". Der letzte Aufschwung wird über eine Rampe (A) und anschließend über kurze Felsstufen (A/B) überwunden. Der Ausstieg befindet sich nahe des höchsten Punktes beim sog. "Kühgundkopf" (1907 m).
Vom hier erreicht man in wenigen Minuten den Gipfel der Kühgundspitze (1852 m; in österr. Karten Wannenjoch genannt) mit einer grandiosen Aussicht.

Abstiege: 1 - 2,5 Std. a) Auf dem Normalweg (Weg 76) zurück zum Iseler (Panoramaweg) und hinunter zur Bergstation (1 Std.; 300 Hm; kurzer Gegenanstieg); **b)** nach Süden über die Zipfelsalpe (1534 m) nach Hinterstein (866 m; 2,5 Std.; 990 Hm). Für diese Variante müsste man mit dem zweiten Auto oder öffentlichen Bus zurück zur Talstation gelangen; **c)** nach Norden über den Kühgundrücken (tw. gesichert, A) und am Wanderweg zur Wiedhagalpe (1425 m) und gemütlich hinab zur Talstation (2,5 Std.; 720 Hm). Hierbei handelt es sich zum Teil um einen alten Schmugglerweg.

Die “Bergführerplatte” (Schlüsselstelle, C)

Tipps: Der Höhenweg vom Iseler-Gipfel hinüber zur Kühgundspitze ist landschaftlich sehr reizvoll. Der Abstieg via Kühgundspitze ist sehr empfehlenswert, und man umgeht somit das hohe Wanderer-Aufkommen im Bereich der Iselerbahn. Durch die tw. hohe Frequentierung des Steiges (1. Teil) ist vor allem an schönen Wochenenden und Feiertagen ein sehr früher Start (vor Bahnöffnung) anzuraten (hoher Steinschlag durch Vorausgehende und Staubildung).

Hinweise: Offizielle Regeln für diesen Klettersteig (gemäß Anschlag bei der Iselerbahn):
- Begehung des Klettersteiges nur vom 1. Juni bis 10. November (keine Begehungen außerhalb dieser Freigabe erlaubt!).
- Begehung nicht vor Sonnenaufgang und nach Sonnenuntergang bzw. Verlassen des Steiges spätestens 1 Stunde nach Ende des Bahnbetriebes.
- Keine Abstiege oder Aufstiege Richtung Wiedhag (auch Kar genannt).
- Nur offizielle Zustiege und Abstiege benutzen.
- Grundsätzlich den Steig gesichert mit der nötigen Ausrüstung begehen.

a Allgäuer Alpen Iseler, 1876 m

Teil 2 Salewa-Klettersteig (Plattenrampe)

Teil 2 Salewa-Klettersteig ("Schusterplatte")

Unterwegs im Teil 3 des Salewa-Klettersteiges

A-a-9 Besler Klettersteig A/B

leicht

Steig	Steig	Zustieg	Abstieg	Expos.	Fun	Sich.	Anford.
15 Min.	20 Hm	1-1,5 Std.	45 Min.	N	★★ mäßig	gut	niedrig

Schwierigkeit: leicht; diagonale Rinne A/B, nur kurz gesichert
Gesamtanforderung: niedrig
Bes. Gefahren: keine
Beste Jahreszeit: Juni - Oktober

Zeiten / Höhenunterschiede:
Zustieg: 1 - 1,5 Std. / 300 Hm
Klettersteig: 15 Min. / 20 Hm
Abstieg: 45 Min. / 320 Hm
Höhenunterschied gesamt: 320 Hm
Zeitaufwand gesamt: 2 - 2,5 Std.
Weglänge gesamt: 4 km

Exposition: Nord
Sicherungen: Stahlseil
Funfaktor: mäßig
Gestein: Kalk
Flucht- / Abbruchmögl.: keine
Orientierung / Markierung: gut
Anfänger-Eignung: ja

Ausrüstung: Klettersteigset, Helm, mittelfeste Bergschuhe
Errichtung / Betreuung: DAV Sektion Oberstdorf (www.alpenverein-oberstdorf.de; Tel. 08322-6907)
Karte: Kompass 3 "Allgäuer Alpen"

Anforderungsprofil

Kondition:	1
Armkraft:	1
Technik:	1
Mut, Psyche:	2
Bergerfahrung:	2

1 niedrig 2 mäßig 3 mittel 4 hoch 5 extrem

Charakteristik: Der Weg auf den Besler ist eine schöne Halbtagestour. Sie bietet einen (sehr) kurzen Klettersteig sowie eine tolle Aussicht vom Gipfel.

Talort: Oberstdorf.

Ausgangspunkt: Parkplatz südlich vom Riedbergpass (1380 m).
GPS Parkplatz: N47.43567 E10.17325

Anreise: Von Sonthofen nach Fischen. Dort westwärts nach Obermaiselstein und der Straße folgen bis zum Riedbergpass. Ca. 400 m nach dem Pass Abzweig des Wegs und Parkmöglichkeiten (8 km ab Fischen).

Zustieg: 1 - 1,5 Std. Auf einer Fahrstraße zuerst etwas bergab zur Schönbergalpe (1350 m) und dann entlang des Felsfußes bergan zum ausgeschilderten Einstieg unterhalb des Beslers (ca. 1 Std, 300 Hm).

Steigverlauf: Der kurze Steig (A/B) zieht sich durch eine Rinne diagonal nach rechts oben. Einige Stellen sind teilweise etwas ausgesetzt (15 Min.; 20 Hm).

Abstieg: 45 Min. Über den Normalweg vom Gipfel herunter und dann über den Zustiegsweg zurück zum Parkplatz (45 Min.; 320 Hm).

A-a-10 Rubihorn-Steig *A/B*

leicht

Steig	Steig	Zustieg	Abstieg	Expos.	Fun	Sich.	Anford.
15 Min.	70 Hm	2,5-3 Std.	2,5 Std.	O+W	★★ mäßig	☆☆☆ gut	mäßig

Schwierigkeit: leicht; meist A/B
Gesamtanforderung: mäßig
Bes. Gefahren: keine
Beste Jahreszeit: Juni - September

Zeiten / Höhenunterschiede:
Zustieg: 2,5 - 3 Std. / 1060 Hm
Klettersteig: 15 Min. / 70 Hm
Abstieg: 2,5 Std. / 1130 Hm
Höhenunterschied gesamt: 1130 Hm
Zeitaufwand gesamt: 5,5 Std.
Weglänge gesamt: 14 km

Exposition: Ost und West
Sicherungen: gute Stahlseile und -tritte
Funfaktor: mäßig
Gestein: Kalk
Flucht- / Abbruchmögl.: keine
Orientierung / Markierung: gute Wegweiser, Markierungen ausreichend
Anfänger-Eignung: bedingt, zu viele Höhenmeter

Ausrüstung: Klettersteigset, Helm, mittelfeste Bergschuhe
Errichtung / Betreuung: DAV Oberstdorf (www.alpenverein-oberstdorf.de; Tel. 08322-6907)
Karte: Kompass 3 "Allgäuer Alpen Kleinwalsertal" (1:50')
Kartenausschnitt siehe Seite 69

Anforderungsprofil

Kondition:	3
Armkraft:	1
Technik:	1
Mut, Psyche:	2
Bergerfahrung:	3

1 niedrig 2 mäßig 3 mittel 4 hoch 5 extrem

Charakteristik: Rund um das Nebelhorn hat es eine Vielzahl von gesicherten Gipfeln. Im Kontrast zum völlig mit Menschen überlaufenen Nebelhorn wird es einiges ruhiger, sobald man westwärts davon auf das Rubihorn steigt. Um den Menschenmassen gleich ganz auszuweichen, lässt man die Nebelhornbahn mal links liegen und steigt über die Gaisalpe hoch auf das Rubihorn, um dahinter gegen die Seealpe abzusteigen. Das ganze ist garniert mit einigen Sicherungsseilen, die aber vor allem der mentalen Unterstützung dienen.

Talort: Oberstdorf.

Ausgangspunkt: Talstation Nebelhornbahn (820 m).

GPS Parkplatz: N47.40609 E10.28616

Stützpunkt: Berggasthof Gaisalpe (1149 m; www.berggasthof-gaisalpe.de; Tel. 08326-7917).

Anreise: In Oberstdorf folgt man den Wegweisern zur Talstation der Nebelhornbahn. Dort gibt es ausreichend gebührenpflichtige Parkplätze.

Zustieg: 2,5 - 3 Std. Man folgt den Wegweisern zur Station Seealpe, wobei der Weg in die grobe Richtung der Sprungschanzen geht. Erst folgt man einer breiten Asphaltstraße, bis links ein Weg zur Gaisalpe weggeht. Dieser sanft ansteigende Weg wird auch Wallraffweg genannt. Oben auf der Gaisalpe steigt man auf Wanderwegen zum Unteren Gaisalpsee auf. Dort verzweigt sich der Weg wieder und man steigt in vielen Kehren nach rechts zum Rubihorn hoch. Kurz vor

der Scharte zwischen Rubihorn und Gaisalphorn beginnen die Sicherungen.
GPS Einstieg: N47.42346 E10.31571

Steigverlauf: Mittels Stahlseilen erreicht man leicht die Scharte (A/B). Dort hält man sich rechts und quert eine felsige Passage (A). Kurz darauf folgt eine felsige Rinne, die an Seilen und auf Metalltritten hochgeklettert wird (A/B). Das unterste Seil ist unten nicht verankert. Auf diese Weise erreicht man den Gipfel des Rubihorns.

Abstieg: 2,5 Std. Nun steigt man vom Rubihorn wieder auf dem gleichen Weg zur Scharte ab. Man bleibt auf dem Grat und klettert an Seilen und auf Stahltritten (A/B) auf einen kleinen Felskopf und steigt dahinter wieder ab. Nochmals steigt man einen Hügel hoch (A) und klettert hinten leicht (FT 1) auf eine Scharte ab. Nun steigt man rechts an Seilen (A/B) talwärts. Auf den engen Kehren folgen noch sechs weitere seilgesicherte Passagen (A/B), bis man das Rossbichl und später die Station Seealpe erreicht. Von dort nimmt man die Nebelhornbahn oder steigt zu Fuß nach Oberstdorf ab, wobei der Tobelweg eine schöne Alternative ist und auch ganz nahe an den Sprungschanzen vorbeiführt.

Gesicherte Passage auf dem Grat

■ **Tipps:** Warum nicht mal einen Hochseilgarten an den Türmen einer Sprungschanze begehen? Der Skywalk-Park bietet genau dieses Erlebnis, das jedoch nur mit einer Gruppe ab 6 Personen und auf Anmeldung hin möglich ist. Details auf www.oberstdorf.de.

■ **Klettersteige zu verbinden:** Gaisalphornsteig (A-a-11), Großer-Gund-Steig (A-a-12), Gängele (A-a-13), Übungsklettersteig Höfatsblick (A-a-14), Gleitweg (A-a-15), Laufbachereckweg (A-a-16), Hindelanger Klettersteig (A-a-17)

A-a-11 Gaißalphornsteig B/C

mäßig schwierig

Steig	Steig	Zustieg	Abstieg	Expos.	Fun	Sich.	Anford.
45 Min.	255 Hm	1,5 Std.	1-1,5 Std.	SW	★★★ schön	☆☆☆ gut	mäßig

Schwierigkeit: mäßig schwierig; meist B, Schlüsselstelle B/C
Gesamtanforderung: mäßig
Bes. Gefahren: keine
Beste Jahreszeit: Juni - September

Zeiten / Höhenunterschiede:
Zustieg: 1,5 Std. / 435 Hm
Klettersteig: 45 Min. / 255 Hm
Abstieg: 1 - 1,5 Std. / 170 Hm (150 Hm Gegenanstieg)
Höhenunterschied gesamt: 835 Hm
Zeitaufwand gesamt: 3,5 Std.
Weglänge gesamt: 6 km

Exposition: Südwest
Sicherungen: gute Stahlseile, ein Kletterseil, Stahlleiter
Funfaktor: schön
Gestein: Kalk
Flucht- / Abbruchmögl.: keine
Orientierung / Markierung: gute Wegweiser, Markierungen ausreichend
Anfänger-Eignung: nein, ausgesetzte ungesicherte Passagen

Ausrüstung: Klettersteigset, Helm, mittelfeste Bergschuhe
Errichtung / Betreuung: DAV Oberstdorf (www.alpenverein-oberstdorf.de; Tel. 08322-6907); Nebelhornbahn AG (www.nebelhorn.de; Tel. 08322-96000)
Karte: Kompass 3 "Allgäuer Alpen Kleinwalsertal" (1:50')

Anforderungsprofil

Kondition:	3
Armkraft:	2
Technik:	1
Mut, Psyche:	3
Bergerfahrung:	3

1 niedrig 2 mäßig 3 mittel 4 hoch 5 extrem

Charakteristik: Das Gaisalphorn ist nur einen Meter höher als das Rubihorn. Aber es gibt schon markante Unterschiede. Die Stahlleiter am Gaisalphorn ist wohl das auffälligste. Auch die Klettersteigpassagen sind einen Tick schwieriger. Anspruchsvoll wird der Steig jedoch durch einen ungesicherten Grat, der Schwindelfreiheit voraussetzt. Ansonsten ist der Steig kurz, lässt sich jedoch hervorragend mit den übrigen Steigen in der Umgebung kombinieren. Und bestechend sind vor allem die Tiefblicke auf Oberstdorf und der Blick zum Nebelhorn.

Talort: Oberstdorf.

Ausgangspunkt: Mittelstation Seealpe (1267 m).

Stützpunkt: **Nebelhorn-Marktrestaurant** (Station Höfatsblick).

Anreise: In Oberstdorf folgt man den Wegweisern zur Talstation der Nebelhornbahn. Dort gibt es ausreichend gebührenpflichtige Parkplätze.
GPS Parkplatz: N47.40609 E10.28616

Zustieg: **1,5 Std.** Mit der Nebelhornbahn fährt man zur Mittelstation Seealpe. Von dort wandert man auf gutem Weg gegen Nordwesten und steigt so durch Wälder und über Almen zum Rossbichl. Hier beginnt der Weg im Zick-Zack den steilen Hang hochzugehen. Schon bald gelangt man zum ersten Sicherungsseil.

Steigverlauf: Es geht weiter im Zick-Zack hoch, während sechs seilgesicherte Passagen (A/B) das Steigen erleichtern. Schließlich erreicht man eine Scharte, wo links der Weg zum Rubihorn führt. Man geht jedoch nach rechts und steigt ungesichert über einen ausgesetzten felsigen Grat. Dann folgt eine Stufe mit einem lose

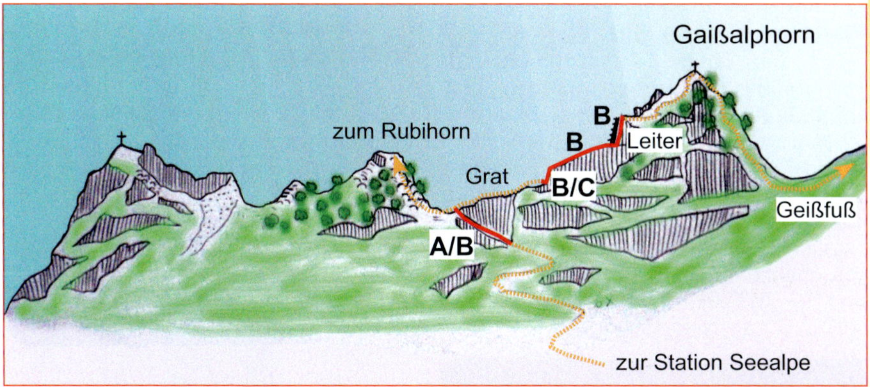

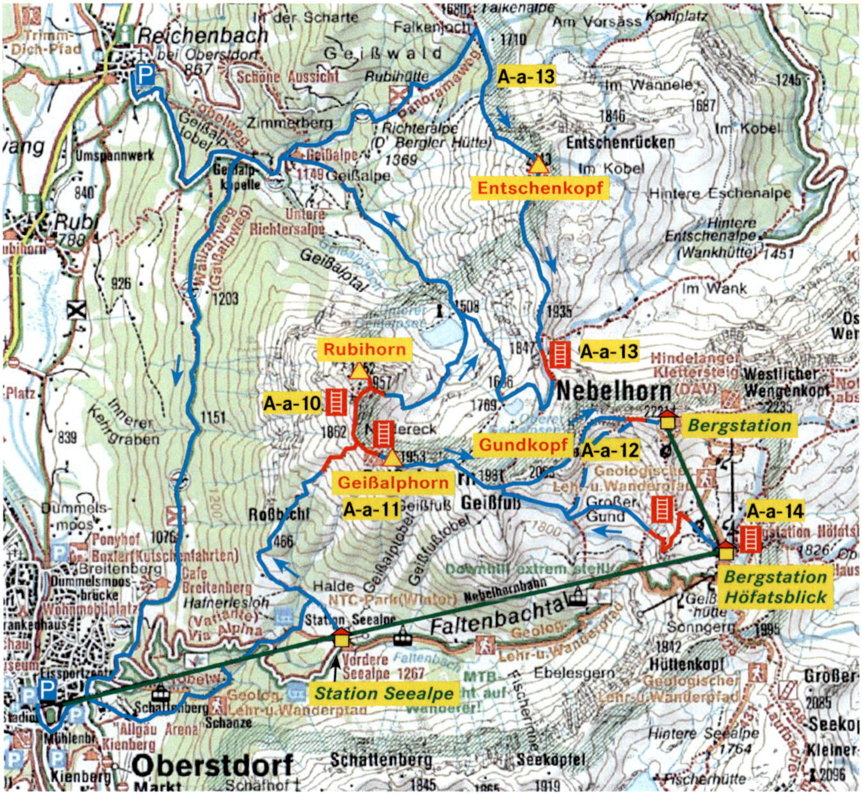

herunterhängenden Kletterseil (B/C). Da schwingt man sich hoch und folgt den Stahlseilen (das unterste ist unten nicht fixiert) über einen weiteren Grat bis zur 4 m hohen Leiter (B). Diese ist so nah an den Fels gebaut, dass man beim Hochsteigen gegen rechts abgedrängt wird (B). Die letzten Meter zum Gipfel sind ungesichert zu bewältigen.

Abstieg: 1 - 1,5 Std. Zum Abstieg geht man einige Meter zurück und steigt dann gegen rechts nördlich um den Gipfel herum. So steigt man auf einen Sattel ab und nimmt anschließend den Aufstieg zum Gaißfuß (1981 m) in Angriff. Jetzt steigt man gegen rechts ab und nähert sich der Mittelstation Höfatsblick. Kurz vor der Mittelstation ist der *Große-Gund-Steig* (A-a-12) zu überwinden.

■ **Klettersteige zu verbinden:** Rubihornsteig (A-a-10), Großer-Gund-Steig (A-a-12), Gängele (A-a-13), Übungsklettersteig Höfatsblick (A-a-14), Gleitweg (A-a-15), Laufbachereckweg (A-a-16), Hindelanger Klettersteig (A-a-17)

Am Gaisalphornsteig

A-a-12 Gr. Gund/Gundköpfe A/B

leicht

Steig	Steig	Zustieg	Abstieg	Expos.	Fun	Sich.	Anford.
2,5 Std.	410 Hm	10 Min.	1 Std.	W	★★ mäßig	☆☆☆ gut	mäßig

Schwierigkeit: leicht; größtenteils A/B, auf den Gundköpfen FT 1+
Gesamtanforderung: mäßig
Bes. Gefahren: keine
Beste Jahreszeit: Juni - September

Zeiten / Höhenunterschiede:
Zustieg: 10 Min. / 10 Hm
Klettersteig: 2,5 Std. / 410 Hm
Abstieg: 1 Std. / 200 Hm
Höhenunterschied gesamt: 420 Hm (130 Hm Gegenanstieg)
Zeitaufwand gesamt: 4 Std.
Weglänge gesamt: 6 km

Exposition: West
Sicherungen: gute Stahlseile, einige Stahltritte
Funfaktor: mäßig
Gestein: Kalk
Flucht- / Abbruchmögl.: die Gundköpfe können umgangen werden
Orientierung / Markierung: gute Wegweiser, Markierungen ausreichend
Anfänger-Eignung: ja, wenn die Gundköpfe umgangen werden

Ausrüstung: Klettersteigset, Helm, mittelfeste Bergschuhe
Errichtung / Betreuung: DAV Oberstdorf (www.alpenverein-oberstdorf.de; Tel. 08322-6907); Nebelhornbahn AG (www.nebelhorn.de; Tel. 08322-96000)
Karte: Kompass 3 "Allgäuer Alpen Kleinwalsertal" (1:50')
Kartenausschnitt siehe Seite 69

Anforderungsprofil

Kondition:	2
Armkraft:	1
Technik:	1
Mut, Psyche:	3
Bergerfahrung:	3

1 niedrig 2 mäßig 3 mittel 4 hoch 5 extrem

Charakteristik: Diese Tour ist eine Halbtagesrunde, die widersprüchlicher nicht sein könnte. Nach dem Start am Höfatsblick, wo ein Klettersteig (A-a-14) an der Betonwand klebt, steigt man auf guten Wegen und ausreichend gesichert über den Großen Gund ab. Dann geht es auf einem Höhenweg und mit schönem Panorama weiter zum Gaisfußsattel, wo dann die Überschreitung der Gundköpfe beginnt. Und gerade hier wird es ausgesprochen alpin: Keine Sicherungen, Einsamkeit, ausgesetzte Grate und faszinierende Tiefblicke zum Gaisalpsee. Hat man die Gundköpfe überstiegen, folgt der leichte Anstieg zum Nebelhorn, wo man plötzlich in der Touristenmasse schwimmt. Die Gundköpfe können auch umgangen werden.

Blick von den Gundköpfen zum Nebelhorn

a Allgäuer Alpen Nebelhorn, 2221 m

Talort: Oberstdorf.

Ausgangspunkt: Bergstation Höfatsblick (1929 m).

GPS Parkplatz: N47.40609 E10.28616

Stützpunkt: **Nebelhorn-Marktrestaurant** (Station Höfatsblick; Tel. 08322-9600512); **Gipfelhütte Nebelhorn** (Bergstation; Tel. 08322-96001725).

Anreise: In Oberstdorf folgt man den Wegweisern zur Nebelhornbahn. In der Nähe der Talstation gibt es viele Parkplätze. Ein Teil der Parkgebühr kann wieder bei der Nebelhornbahn eingelöst werden.

Zustieg: **10 Min.** Man fährt mit der Nebelhornbahn zur zweiten Zwischenstation, der Station Höfatsblick. Ab da geht man westwärts in Richtung des Gaisalphorns und gelangt so auf den Großen Gund, wo die Seile abwärts führen.

GPS Einstieg: N47.41452 E10.34222

Steigverlauf: In der felsigen Westwand des Großen Gunds führt nun der Weg im Zick-Zack rund 80 Höhenmeter abwärts. Dabei ist der ganze Weg mit Seilen gesichert und teilweise mit stählernen Tritten versehen (A/B). Am Fuß der Wand wird ein Bach überquert, worauf man den Hang sehr leicht quert (A). Eine Felsstufe stellt das Ende der gesicherten Passage dar (A/B). Nun wandert man gemütlich zum Geißfußsattel. Wer die Gundköpfe auslassen will, biegt schon vorher nach rechts zum Nebelhorn ab. Ab dem Geißfußsattel kraxelt man ungesichert (FT 1+) nach rechts über den Grat und steigt dann über grasiges Gelände auf den ersten Gipfel (FT 1). Anschließend steigt man etwas ab, übersteigt einen felsigen Grat und klettert ziemlich weglos über Schrofen auf den Hauptgipfel der Gundköpfe (FT 1). Auch der Abstieg ist Kletterei im 1. Grad, bis man schließlich wieder auf den Wanderweg gelangt, der noch mit zwei kleinen seilgesicherten Passagen aufwartet (A). Nur noch wenige Meter, und man erreicht den belebten Gipfel des Nebelhorns.

Abstieg: **1 Std.** Nun steigt man auf breitem Weg von der Nebelhorn-Gipfelstation zur Mittelstation Höfatsblick ab, wo man die Luftseilbahn nach Oberstdorf besteigt.

Beim Einstieg zu den Gundköpfen

Die letzte Sicherung vor dem Nebelhorn

■ **Klettersteige zu verbinden:** Rubihorn-Steig (A-a-10), Gaisalphornsteig (A-a-11), Gängele (A-a-13), Übungsklettersteig Höfatsblick (A-a-14), Gleitweg (A-a-15), Laufbachereckweg (A-a-16), Hindelanger Klettersteig (A-a-17)

A-a-13 Gängele A/B

leicht

Steig	Steig	Zustieg	Abstieg	Expos.	Fun	Sich.	Anford.
30 Min.	185 Hm	3 Std.	3 Std.	N	★★ mäßig	☆☆ mäßig	mäßig

Schwierigkeit: leicht; eine Stelle A und eine weitere A/B, Aufstieg zum Entschenkopf und Abstieg FT 1
Gesamtanforderung: mäßig
Bes. Gefahren: keine
Beste Jahreszeit: Juni - September

Zeiten / Höhenunterschiede:
Zustieg: 3 Std. / 995 Hm
Klettersteig: 30 Min. / 185 Hm
Abstieg: 3 Std. / 1145 Hm
Höhenunterschied gesamt: 1180 Hm
Zeitaufwand gesamt: 6 Std.
Weglänge gesamt: 12 km

Exposition: Nord
Sicherungen: etwas betagte Stahlseile, Ankerpunkte ausgerissen
Funfaktor: mäßig
Gestein: Kalk
Flucht- / Abbruchmögl.: keine
Orientierung / Markierung: gute Wegweiser, Markierungen ausreichend
Anfänger-Eignung: nein, wenig motivierend und zuviele Höhenmeter

Ausrüstung: Klettersteigset, Helm, mittelfeste Bergschuhe
Errichtung / Betreuung: DAV Oberstdorf (www.alpenverein-oberstdorf.de; Tel. 08322-6907)
Karte: Kompass 3 "Allgäuer Alpen - Kleinwalsertal" (1:50')

Kartenausschnitt siehe Seite 69

Anforderungsprofil

Kondition:	3
Armkraft:	1
Technik:	1
Mut, Psyche:	2
Bergerfahrung:	3

1 niedrig 2 mäßig 3 mittel 4 hoch 5 extrem

Charakteristik: Die beiden Gaisalpseen liegen in einem auffälligen Geländekessel, der durch das Rubihorn, das Gaisalphorn, die Gundköpfe, das Nebelhorn und den Entschenkopf gebildet wird. Während sich an den ersten drei Gipfeln sehr gut kraxeln lässt und das Nebelhorn für seine Aussicht berühmt ist, fristet der Entschenkopf ein Mauerblümchendasein. Aber auch dort gibt es leichte Kletterstellen und am *Gängele* sogar ein paar Stahlseile. Lohnen tun sich diese aber eher, wenn man den ganzen Grat bis zum Rubihorn begeht.

In den gesicherten Passagen des *Gängele*

a Allgäuer Alpen *Entschenkopf, 2043 m*

Talort: Oberstdorf.

Ausgangspunkt: Parkplatz Reichenbach (867 m).

GPS Parkplatz: N47.44235 E10.29593

Stützpunkt: **Berggasthof Gaisalpe** (1149 m; www.berggasthof-gaisalpe.de; Tel. 08326-7917).

Anreise: Ab Oberstdorf fährt man talauswärts Richtung Sonthofen, wobei man die Straße östlich der Iller nach Altstädten nimmt. Erst durchquert man Rubi, bevor man in Reichenbach ankommt. Dort biegt man in der Dorfmitte nach rechts ab und fährt auf einen Parkplatz oberhalb der Siedlung, der an einem Waldrand liegt. Dort haben ca. 40 Autos Platz.

Zustieg: **3 Std.** Nun wandert man gemütlich zur Gaisalpe, wobei man die Straße oder den Weg durch das Gaisalptobel wählen kann. Nach der Gaisalpe steigt man zum Unteren Gaisalpsee hoch und nimmt den linken Weg zum Oberen Gaisalpsee. Man steigt weiter, bis man zu einer Verzweigung gelangt. Dort ist das Gängele auf dem Wegweiser gut angeschrieben. Man quert den Hang nach links mit geringer Steigung und kommt zu einem Erdausbruch (1860 m).

GPS Einstieg: N47.42456 E10.33247

Steigverlauf: Dieser Rutschbereich lässt sich seilgesichert überqueren (A). Man steigt nun weiter auf einen grasigen Kopf, wechselt auf die Ostseite und steigt dort ab, bis man wieder an etwas betagten Seilen ankommt. Hier quert man nun durch Felsen zurück zum Grat (A/B) und steigt auf diesem ohne Sicherungen zum Gängele ab. Auf der Gegenseite wandert man durch teilweise felsiges Gelände zum Gipfel des Entschenkopfs (FT 1).

Abstieg: **3 Std.** Der Abstieg erfolgt über den Nordgrat des Entschenkopfs. Dabei ist viel schottrig-gerölliges Gelände zu überwinden. Eine kleinere Stufe wird ungesichert durch Felsen abgestiegen (FT 1). Auf diese Weise gelangt man zum Falkenjoch und dann über den Panoramaweg zurück zur Gaisalpe. Ab hier ist der Abstieg vom Zustieg her bekannt.

■ **Klettersteige zu verbinden:** Rubihornsteig (A-a-10), Gaisalphornsteig (A-a-11), Großer-Gund-Steig (A-a-12)

Mittelstation Höfatsblick, 1937 m

A-a-14 Übungsklettersteig Höfatsblick D 10 Hm

Wer schon davon geträumt hat, einen Klettersteig an einer Betonwand zu begehen, kann nun aufhören zu träumen. An der Seilbahnstation Höfatsblick gibt es einige Meter Stahlseil, die dazu einladen, diese Erfahrung zu machen. Eine nette, aber anspruchsvolle Erfahrung für zwischendurch, die sich nicht groß vom Klettern in der Halle abhebt. Jedenfalls sind einem die Blicke der vielen Zuschauer gewiss.

Beste Jahreszeit: Mai - Oktober.
Zeitaufwand / Weglänge gesamt: 12 Min. / 10 Hm / 20 m
Besondere Gefahren: keine.
Karten: Kompass 3 "Allgäuer Alpen - Kleinwalsertal" (1:50')
Talort / Ausgangspunkt: Oberstdorf / Mittelstation Höfatsblick der Nebelhornbahn (1929 m).
Stützpunkt: **Nebelhorn-Marktrestaurant** (Station Höfatsblick).
Anreise: Wie A-a-13.
Gesamter Wegverlauf: **Zustieg:** 1 Min. Man fährt mit der Nebelhornbahn zur zweiten Zwischenstation, der Station Höfatsblick. Man muss bloß aus der Station rausgehen, um direkt an die Kletterwand zu gelangen (1929 m).

Steigverlauf: Man geht die Kletterwand von der rechten Wand her an. Erst knapp über dem Boden nach rechts queren (C/D), dann gegen links hochsteigen, wobei die Tritte zuerst weit auseinander sind und man am Beton auf Reibung gehen muss (D). Nun steigt man zum höchsten Punkt (C/D) und quert in die linke Wand. Hier sind die Tritte erheblich kleiner, teilweise muss man wieder auf Reibung mit der Wand gehen (D). Der Abstieg erfolgt dann wieder auf größeren Tritten (C/D).

Abstieg: 1 Min. In die Station reingehen und die Bahn nach Oberstdorf nehmen.

■ **Hinweise:** Die Benützung der Nebelhornbahn muss oft nicht nur mit Geld, sondern auch mit viel Geduld erkauft werden. Eine Stunde Wartezeit an der Talstation ist keine Seltenheit.

■ **Klettersteige zu verbinden:** Rubihorn-Steig (A-a-10), Gaisalphornsteig (A-a-11), Großer-Gund-Steig (A-a-12), Gängele (A-a-13), Gleitweg (A-a-15), Laufbachereckweg (A-a-16), Hindelanger Klettersteig (A-a-17)

Im linken Wandteil des Übungssteiges

Mittelstation Höfatsblick, 1932 m

A-a-15 Gleitweg A/B 670 Hm (Abstieg)

Der *Gleitweg* ist eine etwas anstrengendere Abstiegsmöglichkeit vom Nebelhorn. Bis zum Seealpsee ist er familienfreundlich, danach enger und an ausgesetzten Stellen gesichert.

Beste Jahreszeit: Juni - Oktober.
Zeitaufwand / Weglänge gesamt: 5 Std. / 1100 Hm / 10 km
Besondere Gefahren: keine.
Karten: Kompass 3 "Allgäuer Alpen - Kleinwalsertal" (1:50')
Talort / Ausgangspunkt: Oberstdorf / Mittelstation Höfatsblick der Nebelhornbahn (1929 m) / *GPS: N47.40485 E10.28496*
Stützpunkt: Restaurants und Hütten im Bereich der Bergstation; **Oytalhaus** (www.oytalhaus.de; Tel. 08322-80381; Samstag geschlossen).
Anreise: Die Talstation der Nebelhornbahn ist im Ort ausreichend beschildert. Die Parkplätze sind zum Großteil gebührenpflichtig.
Gesamter Wegverlauf: **Zustieg:** 30 Min. zzgl. Bahnfahrt; 230 Hm Abstieg. Von der Mittelstation Höfatsblick gelangt man über das Edmund-Probst-Haus und den Weg Nr. 4 in ca. 30 Minuten abwärts zum Seealpsee. Oberhalb des Sees zweigt an einem Wegweiser der Gleitweg ab.
Steigverlauf: 3 Std.; 670 Hm Abstieg. Der Gleitweg führt dann oberhalb des Sees entlang Richtung Osten. Er macht dabei einen kleinen Umweg, dem man auch tunlichst folgen sollte. Der direkt Abstieg über die Seewände ist lebensgefährlich! Später geht es dann gemütlich entlang der Felswände bergab. Der Weg ist meist durchwegs breit und einfach gangbar. Einige etwas ausgesetztere Stellen sind mit Sicherungen (A) versehen. Im späteren Verlauf müssen auch einige etwas unwegsamere Strecken gequert werden (A/B). Der Gleitweg mündet auf die Fahrstraße, die zurück zum Parkplatz führt (3 Std.).
GPS: N47.39867 E10.34356
Abstieg: 1,5 Std.; 200 Hm. Auf der Straße hält man sich Richtung Westen zum Oytalhaus und dann weiter bis zurück zu den Parkplatzanlagen der Seilbahn (1,5 Std.).

Hinweise, Tipps: Auch als Familienausflug geeignet.
Wer den Gleitweg nicht gehen will, kehrt einfach beim Seealpsee wieder zurück und fährt mit der Seilbahn hinab. Im Oytalhaus kann man Tretroller für die Rückfahrt nach Oberstdorf ausleihen. Zeitersparnis ca. 1 Stunde.

Unterhalb des Seealpsees

a Allgäuer Alpen

Laufbacher Eck, 2178 m

A-a-16 Laufbacher Eck-Weg A/B,1 300 Hm

Der *Laufbacher Eck-Weg* ist ein Höhenweg mit einigen gesicherten Stellen.

Beste Jahreszeit: Juni - September.

Zeitaufwand / Weglänge gesamt: 6,5 Std. / 350 Hm; 1400 Hm Abstieg / 19,8 km

Besondere Gefahren: keine.

Karten: Kompass 3 "Allgäuer Alpen - Kleinwalsertal" (1:50')

Talort / Ausgangspunkt, Stützpunkt, Anreise: Wie A-a-15.

Gesamter Wegverlauf: **Zustieg:** 15 Min.; 50 Hm. Von der Bergstation am Edmund-Probst-Haus vorbei in die dahinterliegende Senke. Hier zweigt der Laufbacher Eck-Weg links ab, während der rechte Weg zum Seealpsee und *Gleitweg* (A-a-15) führt.

Steigverlauf: 2,5 Std.; 300 Hm. Die ersten kurzen Sicherungen befinden sich unterhalb des Kleinen Seekopfs (A). Die nächsten Sicherungen finden sich unterhalb des Lachenkopfs (A/B; teilweise Eisentritte) und münden in einem ca. 1 m breiten Felsband, welches durchgehend gesichert ist (A). Danach folgen noch einige weitere kurze Sicherungen (A bis A/B). Im Weiterweg zum Laufbacher Eck gibt es noch eine Stelle mit zwei Eisentritten in Verbindung mit einer kurzen ungesicherten Kletterstelle (FT 1). Nach ca. 2,5 Std. erreicht man den Sattel am Laufbacher Eck. Von dort Abstecher zum Gipfel in wenigen Minuten möglich. *GPS: N47.39336 E10.37191*

Abstieg: 3,5 Std.; 1400 Hm. Je nach Kondition und Laune kann man über den selben Weg zurück und mit der Bahn wieder hinab fahren, oder man wählt den Weiterweg Richtung Himmelecksattel und steigt dann von dort hinab zur Käseralm (ca. 1,5 Std.) und läuft auf dem Fahrweg durchs Oytal zurück bis zum Parkplatz (2 Std.) **Hinweise, Tipps:** Im Oytalhaus kann man Tretroller für die Rückfahrt nach Oberstdorf ausleihen. Zeitersparnis ca. 1 Std.

A-a-17 Hindelanger Klettersteig B/C

Steig	Steig	Zustieg	Abstieg	Expos.	Fun	Sich.	Anford.
4 Std.	500 Hm	15 Min.	3 Std.	alle	super	gut	mittel

Schwierigkeit: mäßig schwierig; Gratklettersteig; meist B bis B/C; einige Leitern, teilweise ungesicherte Stellen
Gesamtanforderung: mittel
Bes. Gefahren: keine
Beste Jahreszeit: Juli - September

Zeiten / Höhenunterschiede:
Zustieg: 15 Min. / 20 Hm
Klettersteig: 4 Std. / ca. 500 Hm Auf- und Abstiege
Abstieg: 3 Std. / 400 Hm
Höhenunterschied gesamt: 500 Hm
Zeitaufwand gesamt: 7 - 7,5 Std.
Weglänge gesamt: 8,4 km

Exposition: Gratsteig
Sicherungen: gut; Stahlseile und Leitern
Funfaktor: super
Gestein: Kalk
Flucht- / Abbruchmögl.: 4 Notabstiege (s. Übersicht)
Orientierung / Markierung: ungesicherte Stellen sind mit Farbmarkierungen versehen
Anfänger-Eignung: ja, bei entsprechender Kondition und Schwindelfreiheit

Ausrüstung: Klettersteigset, Helm, mittelfeste Bergschuhe
Errichtung / Betreuung: DAV Allgäu-Immenstadt (www.dav-allgaeu-immenstadt.de; Tel. 08321-26776; Nebelhornbahn AG (www.das-hoechste.de; Tel. 08322-96001510); Der Steig wurde am 15.08.1978 eingeweiht und 2003 modernisiert.
Karte: Kompass 3 "Allgäuer Alpen - Kleinwalsertal" (1:50')

Anforderungsprofil

Kondition:	4
Armkraft:	2
Technik:	3
Mut, Psyche:	4
Bergerfahrung:	2

1 niedrig 2 mäßig 3 mittel 4 hoch 5 extrem

Charakteristik: Der *Hindelanger Klettersteig* ist einer der schillerndsten Steige dieser Gegend. Er ist lang und leicht erreichbar und bietet zahlreiche Kletterstellen und eine wunderbare Aussicht. Eine tolle Tagestour, die man aber auch gerade aufgrund ihrer Länge nicht unterschätzen darf!

a Allgäuer Alpen *Großer Daumen, 2280 m*

Talort: Oberstdorf.

Ausgangspunkt: Gipfelstation der Nebelhorn Seilbahn (2221 m).

GPS Parkplatz: N47.40523 E10.28595

Stützpunkt: Nur im Bereich der Seilbahnstationen.

Anreise: Die Talstation der Nebelhornbahn ist im Ort ausreichend beschildert. Die Parkplätze sind zum Großteil gebührenpflichtig.

Zustieg: 15 Min. Von der Bergstation eine Treppe hinab und dann dem bereits sichtbaren Pfad Richtung Wengenkopf folgen (ausgeschildert).

GPS Einstieg: N47.42240 E10.34668

Steigverlauf: Der Hindelanger Klettersteig charakterisiert sich durch eine schier unendliche Abfolge von gesicherten Einzelstellen. Der Gratklettersteig führt über zahlreiche ausgesetzte Stellen, erklimmt unzählige Türmchen und führt durch diverse Scharten. Bis zum Erreichen des westlichen Wengenkopfes (ca. 30 Min.) sind die Schwierigkeiten eher mäßig (A/B bis B). Hier zweigt dann auch der erste Notabstieg hinunter auf den Rückweg ab. (Wählt man diesen, dauert die Gesamttour nur ca. 2 Stunden.) Im weiteren Verlauf steigen die Schwierigkeiten dann bis zu B/C an. Weiter Richtung östlicher Wengenkopf kommt man nach 30 Min. zum zweiten Notabstieg. Für den Rückweg ab hier wären ca. 1,5 Std. einzuplanen. Der Klettersteig führt nun weiter über den östlichen Wengenkopf hin zum dritten (unmarkierten) Notabstieg (ca. 1 Std.; Rückweg ab hier ca. 2,5 Std.). Nach weiteren 30 Min. erreicht man den vierten und letzten Notabstieg (ebenfalls unmarkiert; Rückweg ca. 2,5 - 3 Std.). Ein letztes Stück Klettersteig führt nun zum Gratkopf, wo auch der Rückweg später abzweigt. Von hier gelangt man in ca. 20 Min. auf den Gipfel des Großen Daumens. Die Tour lässt sich über die *Steige A-a-18/19* noch verlängern bis zum Breitenberg.

Abstieg: 3 Std. Vom Großen Daumen wieder etwas zurück bis zum Abzweig am Gratkopf. Dort nun hinunter entlang an den beiden Bergseen und über den gemütlichen Pfad bis hin zur Seilbahnstation Höfatsblick (ca. 3 Std.; 400 Hm).

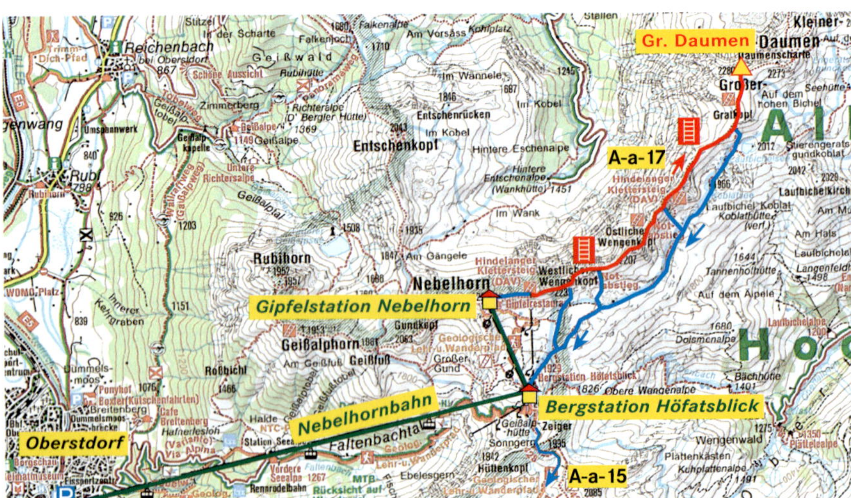

a Allgäuer Alpen *Großer Daumen, 2280 m*

Unterwegs am Hindelanger-Klettersteig

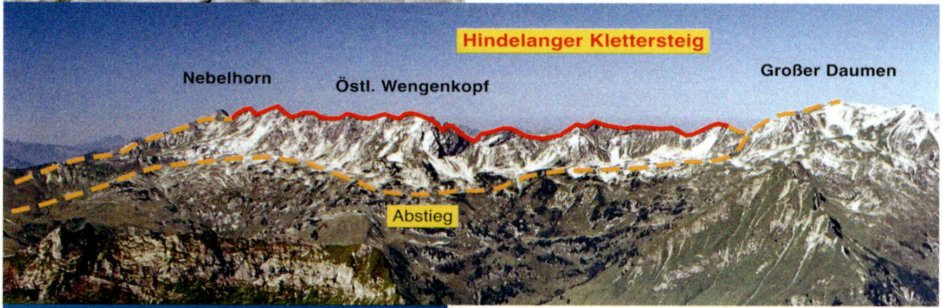

■ **Hinweise:** Der Steig ist lang und wer mit der Bahn zurückfahren will, sollte möglichst eine der ersten Bergfahrten erwischen. Bei der Begehung und bei Erreichen der Notabstiege immer auf die verbleibende Restzeit achten, damit man nicht die letzte Talfahrt verpasst!

■ **Klettersteige zu verbinden:** Kleiner-Daumen-Steig (A-a-18), Hohe Gänge (A-a-19)

A-a-18 Kl. Daumen Steig B,1

mäßig schwierig

Steig	Steig	Zustieg	Abstieg	Expos.	Fun	Sich.	Anford.
30 Min.	200 Hm	2,5 Std.	3 Std.	NW	mäßig	gut	mittel

Schwierigkeit: mäßig schwierig; einige Stellen ungesichert, teilweise Seilsicherungen A/B bis B
Gesamtanforderung: mittel
Bes. Gefahren: ungesicherte Stellen
Beste Jahreszeit: Juli - September

Zeiten / Höhenunterschiede:
Zustieg: 2,5 Std. / 400 Hm
Klettersteig: 30 Min. / 200 Hm Abstieg
Abstieg: 3 Std. / 1100 Hm
Höhenunterschied gesamt: 400 Hm
Zeitaufwand gesamt: 6 Std.
Weglänge gesamt: 14,6 km

Exposition: Nordwest
Sicherungen: gut; Stahlseile, teilweise etwas durchhängend
Funfaktor: mäßig
Gestein: Kalk
Flucht- / Abbruchmögl.: keine
Orientierung / Markierung: Wegweiser an Abzweigungen; rote Strich-Markierung
Anfänger-Eignung: bedingt; langer Weg

Ausrüstung: Klettersteigset, Helm, mittelfeste Bergschuhe, evtl. Taschenlampe, falls man in die Nacht kommt
Errichtung / Betreuung: DAV Allgäu-Immenstadt (www.dav-allgaeu-immenstadt.de; Tel. 08321-26776; info@dav-allgaeu-immenstadt.de)
Karte: Kompass 3 "Allgäuer Alpen - Kleinwalsertal" (1:50')

Kartenausschnitt siehe Seite 84

Anforderungsprofil

Kondition:	4
Armkraft:	2
Technik:	2
Mut, Psyche:	2
Bergerfahrung:	2

1 niedrig 2 mäßig 3 mittel 4 hoch 5 extrem

Charakteristik: Der Kleine Daumen ist mit den Hohen Gängen eigentlich ein Teilstück des Hindelanger Klettersteiges. Alle drei Steige können aber auch einzeln absolviert werden. Die Problematik liegt hier in der Gesamtweglänge. Deshalb empfiehlt sich für die gesamte Genusstour ein zweites Auto oder notfalls ein reserviertes Taxi.

Sicherungen im Abstieg

Talort: Oberstdorf.

Ausgangspunkt: Nebelhorn Bergstation Höfatsblick (1929 m).

GPS Parkplatz: N47.40523 E10.28595

Stützpunkt: Restaurants im Bereich der Nebelhornbahn Stationen; **Edmund-Probst-Haus** (Tel. 08322-4795).

Anreise: Die Talstation der Nebelhornbahn ist im Ort ausreichend beschildert. Die Parkplätze sind zum Großteil gebührenpflichtig.

Zustieg: **2,5 Std.** Von der Station Höfatsblick wandert man auf ausgeschildertem Weg Richtung "Großer Daumen". Man könnte alternativ auch über den *Hindelanger Klettersteig* (A-a-17) zusteigen, sollte dann aber einen Mehraufwand von ca. 1 Std. einplanen. Vom Großen Daumen weiter hinab in die Daumenscharte (insg. 3 Std.).

GPS Einstieg: N47.44678 E10.38613

Steigverlauf: Nach der Scharte ungesichert über einen Felsblock (alternativ links daran vorbei). Weitere ungesicherte Stellen (FT 1) und eine kurze Sicherung (A/B) folgen noch, bis man endlich den Gipfel erreicht hat. Etwas unterhalb führt der Weg dann durchgehend gesichert weiter abwärts (A/B bis B; 40 Hm). Danach folgen noch diverse ungesicherte Stellen, bis man die "Schneid" erreicht hat (ca. 30 Min.).

Abstieg: **3 Std.** Nun abwärts, beispielsweise über die mittlere und untere Haseneggalpe auf den Fahrweg, der nach Bruck führt (3 Std.). Alternativ kann man den Steig auch über die *Hohen Gänge* (A-a-19) zum Breitenberg fortführen und dann Richtung Bruck oder Hinterstein absteigen (ca. 4 Std.).

Alternativ auf selbem Weg zurück zur Nebelhornbahn und dort auf dem Edmund-Probst-Haus übernachten oder in ca. 2,5 - 3 Std. bis ins Tal absteigen.

■ **Tipps:** Wer zum Ausgangspunkt zurückkommen möchte, sollte mit der ersten Bahn auffahren und auf dem Rückweg am Edmund-Probst Haus übernachten. Die letzte Talfahrt dürften nur extrem konditionierte Bergsteiger noch erreichen.

■ **Klettersteige zu verbinden:** Hindelanger Klettersteig (A-a-17); Hohe Gänge (A-a-19)

a Allgäuer Alpen

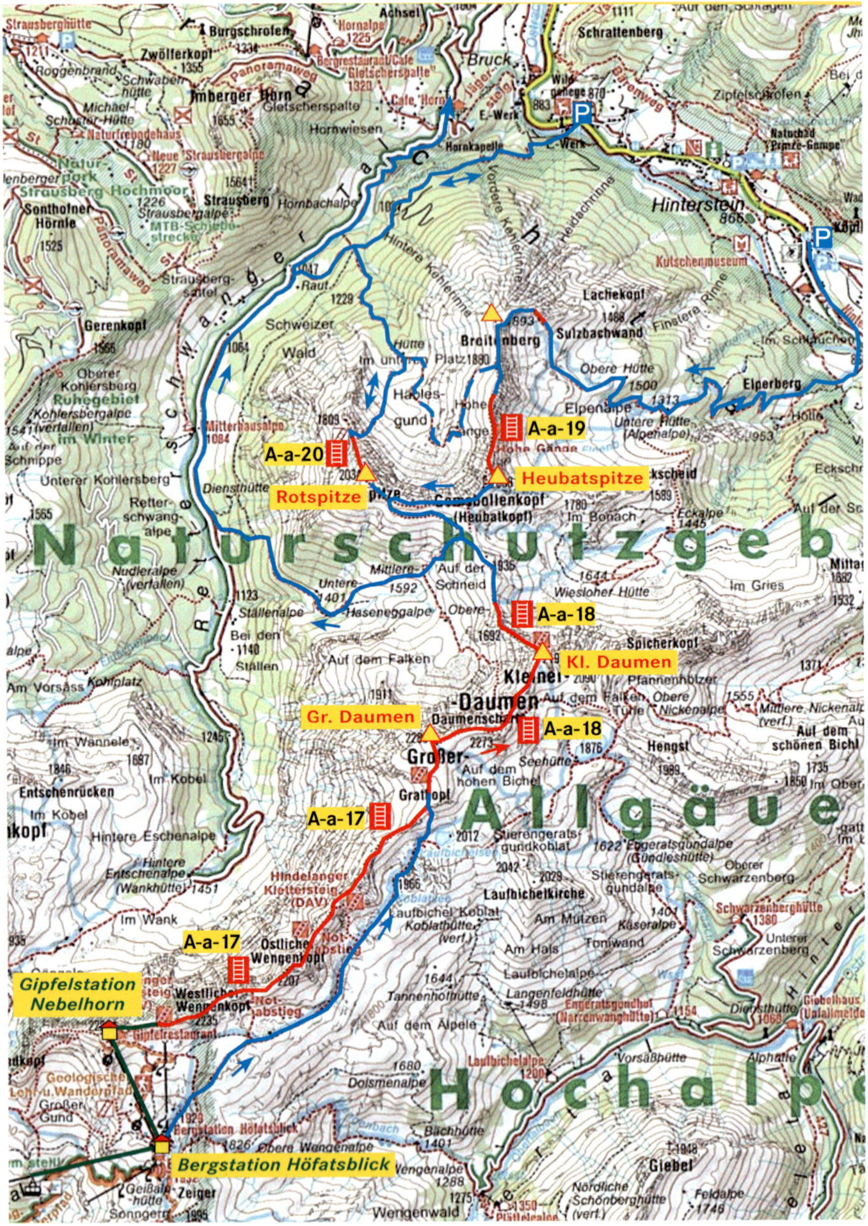

A-a-19 Hohe Gänge C,1+

schwierig

Steig	Steig	Zustieg	Abstieg	Expos.	Fun	Sich.	Anford.
30 Min.	70 Hm	3,5 Std.	3,5 Std.	W	★★★ schön	☆☆☆ gut	mittel

Schwierigkeit: schwierig; größtenteils im Bereich B bis C, einige Stellen A/B, auch einige Freikletterstellen FT 1 und 1+
Gesamtanforderung: mittel
Bes. Gefahren: keine
Beste Jahreszeit: Juni - Oktober

Zeiten / Höhenunterschiede:
Zustieg: 3,5 Std. / 1070 Hm
Klettersteig: 30 Min. / 70 Hm
Abstieg: 3,5 Std. / 1140 Hm
Höhenunterschied gesamt: 1180 Hm
Zeitaufwand gesamt: 7,5 Std.
Weglänge gesamt: 16 km

Exposition: West
Sicherungen: gutes Stahlseil, teilweise aufgespleißt, eine lange Stahlleiter
Funfaktor: schön
Gestein: Kalk
Flucht- / Abbruchmögl.: keine
Orientierung / Markierung: sehr gute Wegweiser, gute Markierungen
Anfänger-Eignung: nein, zu viele Höhenmeter

Ausrüstung: Klettersteigset, Helm, mittelfeste Bergschuhe
Errichtung / Betreuung: DAV Allgäu-Immenstadt (www.dav-allgaeu-immenstadt.de; Tel. 08321-26776; info@dav-allgaeu-immenstadt.de)
Karte: Kompass 3 "Allgäuer Alpen - Klcinwalsertal (1:50')
Kartenausschnitt siehe Seite 84

Anforderungsprofil

Kondition:	4
Armkraft:	3
Technik:	2
Mut, Psyche:	4
Bergerfahrung:	3

1 niedrig 2 mäßig 3 mittel 4 hoch 5 extrem

Charakteristik: Gratklettersteige sind immer etwas besonderes, weil es davon nicht allzu viele gibt.
Diesbezüglich ist der *Hindelanger Klettersteig* ja ein echter Klassiker. Was viele nicht wissen: Der Hindelanger ist länger als man denkt. Er zieht sich vom Nebelhorn bis zum Breitenberg. Das letzte Teilstück von der Heubatspitze über die *Hohen Gänge* fordert den Begeher ziemlich, was insbesondere auch an den ungesicherten Stellen liegt, die mit Vorsicht begangen werden wollen. Der Wermutstropfen sind die vielen leichtsinnigen Wanderer, die sich den Steig ohne jegliche Sicherung zumuten.

In der großen Felsstufe

a Allgäuer Alpen Heubatspitze, 2008 m

Talort: Bad Hindelang.

Ausgangspunkt: Hinterstein, Parkplatz am Dorfende (868 m).

GPS Parkplatz: N47.47451 E10.41616

Stützpunkt: Mitterhausalpe (1084 m).

Anreise: Man fährt aus dem Zentrum von Bad Hindelang südwärts nach Hinterstein. Dieses Dorf durchquert man vollständig und gelangt kurz nach der Bushaltestelle "Grüner Hut" zum Parkplatz für ca. 120 Autos.

Zustieg: 3,5 Std. Man geht zurück zum "Grünen Hut" und nimmt die Straße, die links zur Ostrach hinunterführt. Dieser folgt man etwa einen Kilometer taleinwärts (wenn man lieb fragt, nimmt einen der Busfahrer auch ein kurzes Stück mit). Dann überquert man die Ostrach über eine Holzbrücke und steigt dahinter auf einer schmalen Alpstraße in vielen Kehren durch Wald zur Älpenalpe (1313 m) auf. Bei der Hütte verzweigt sich der Weg. Man nimmt den rechten und steigt zur Oberen Älpenalpe (1500 m). Dann führt der Weg in einen weiten Kessel, wo man auf eine einsame gesicherte Passage (B) stößt. Der Weg führt weiter in engen Kehren steil aufwärts auf den Breitenberg (1893 m). Nun steigt man auf der Westseite des Breitenbergs ab und gelangt zu einem Sattel, wo sich der Weg wieder verzweigt. Nach links steigt man weiter auf dem Grat hoch, und nach 15 Minuten gelangt man zu einer Freikletterstelle FT 1+ (1940 m).

GPS Einstieg: N47.46291 E10.38223

Steigverlauf: Gleich dahinter geht's abwärts über sehr ausgesetzte Felsen (B/C). Schmale Simse gestatten es, die Füße gut hinstellen zu können. Ein grasiger Hang führt zu einer gerölligen Scharte, wo der Steig an der Gegenseite direkt eine gestufte Felswand hochführt. Diese Wand wartet im oberen Teil mit einem Überhang auf, der sich aber gut klettern lässt (C). Nach dieser Schlüsselstelle erreicht man einen Grat (A/B) und klettert darauf wenige Meter weiter zur langen Stahlleiter. Das Hochsteigen bereitet keine Probleme, doch der obere Ausstieg kann psychisch fordernd sein, da er bei Nässe sehr rutschig wird. Auf dem ausgesetzten Grat kraxelt man weiter zu einer Scharte, wo der kurze und ungesicherte Schlussanstieg zur Heubatspitze (auch Gemsbollenkopf genannt; 2008 m) beginnt.

Abstieg: **3,5 Std.** Ab dem Gipfel wandert man gegen rechts auf dem Grat bis zum bald erscheinenden Wegweiser. Von dort steigt man gegen links ab, erreicht so die Mittlere (1592 m) und die Untere Haseneggalpe (1401 m), bevor man ganz hinunter ins Retterschwanger Tal gelangt. Vorbei an der Mitterhausalpe (1084 m) erreicht man Raut, wo man gegen rechts einen angenehmeren Weg durch Sträucher und Wald nehmen kann. Ansonsten steigt man auf der Straße und später über den Jägersteig ab. Unabhängig von der Wahl kommt man zum Elektrizitätswerk, wo man wahlweise den Bus nach Hinterstein nimmt, den Daumen raushält oder die Strecke zum Auto zu Fuß geht.

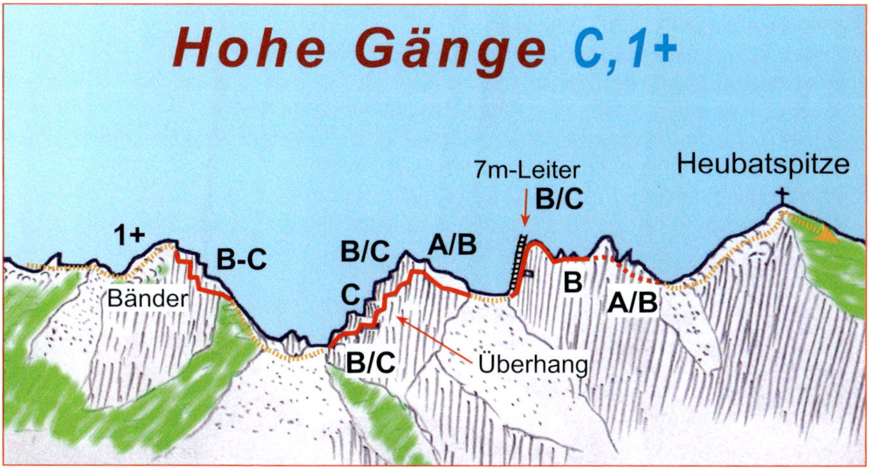

Vor den ersten Sicherungen

Die große Stahlleiter

■ **Tipps:** Anstelle des Abstiegs über die Haseneggalpe bietet sich die Überschreitung der *Rotspitze* (A-a-20) an. Die Abstiegsbeschreibung befindet sich bei diesem Steig.

■ **Klettersteige zu verbinden:** Hindelanger Klettersteig (A-a-17); Kleiner Daumen-Steig (A-a-18); Rotspitze (A-a-20)

a Allgäuer Alpen

Rotspitze, 2034 m

A-a-20 Rotspitze B 155 Hm

Der Zwilling zu den *Hohen Gängen* (A-a-19) auf die Heubatspitze befindet sich gleich gegenüber an der *Rotspitze*. Die beiden Zwillinge sind jedoch sehr ungleich. Als Klettersteig kann man das Steiglein auf die Rotspitze kaum bezeichnen, dazu sind die Sicherungen zu kurz und auch von zu schlechter Qualität. Als Klettersteig-Gipfelziel taugt der Weg kaum, dafür jedoch als halbwegs passable Abstiegsvariante der *Hohen Gänge*, wenn man diese vom Breitenberg her angeht.

Beste Jahreszeit: Juni - Oktober.
Zeitaufwand / Weglänge gesamt: 5,5 Std. / 1165 Hm / 11 km
Besondere Gefahren: keine.
Karten: Kompass 3 "Allgäuer Alpen - Kleinwalsertal (1:50')
Talort / Ausgangspunkt: Bad Hindelang / Parkplatz Elektrizitätswerk vor Hinterstein (870 m) / *GPS: N47.48400 E10.38949*
Stützpunkt: keiner.
Anreise: Man fährt aus dem Zentrum von Bad Hindelang südwärts nach Hinterstein. 200 Meter nach dem Weiler Bruck (erkennbar an der Holzbrücke) erreicht man einen Parkplatz für ca. 60 Autos.
Gesamter Wegverlauf: **Zustieg:** 2,5 Std.; 1010 Hm. Gegenüber des Parkplatzes überquert man die Brücke und steigt gegen rechts durch den Wald an (Wegweiser zur Rotspitze). Nach gut einer halben Stunde erreicht man eine Weggabelung, wo ein Weg nach links den Hang hoch zum Häblesgund führt. Sobald man diese Alp erreicht, hält man sich rechts und gelangt auf einen Weg, der erst sanft über die Alp, später steil im Zick-Zack gegen die Rotspitze hochführt. Am Schluss steigt man auf den Nordgrat der Rotspitze und hält sich dort links.

Steigverlauf: 30 Min.; 155 Hm. Bald darauf erreicht man die ersten Sicherungen (1880 m), an denen man sich festhalten kann, sofern dies nötig ist (A/B). Über gestufte Felsen geht es zu einer weiteren Sicherung (A), worauf zwei grasige Hänge folgen, die durch eine kurze Stufe (FT 1) getrennt sind. Oben am oberen Hang beginnen wieder gestufte Felsen mit der leichten Schlüsselstelle (B). Weitere Sicherungen (A) führen bergan und leiten schließlich auf einen breiten Sims, auf dem man nahe des Gipfels auf die Westflanke der Rotspitze wechselt. Hier trifft man auf den Aufstieg von der Heubatspitze her. Bis zum Gipfelkreuz sind es von da nur noch wenige Meter.
GPS: N47.46196 E10.36827
Abstieg: 2,5 Std.; 1165 Hm. Auf dem gleichen Weg zurück.

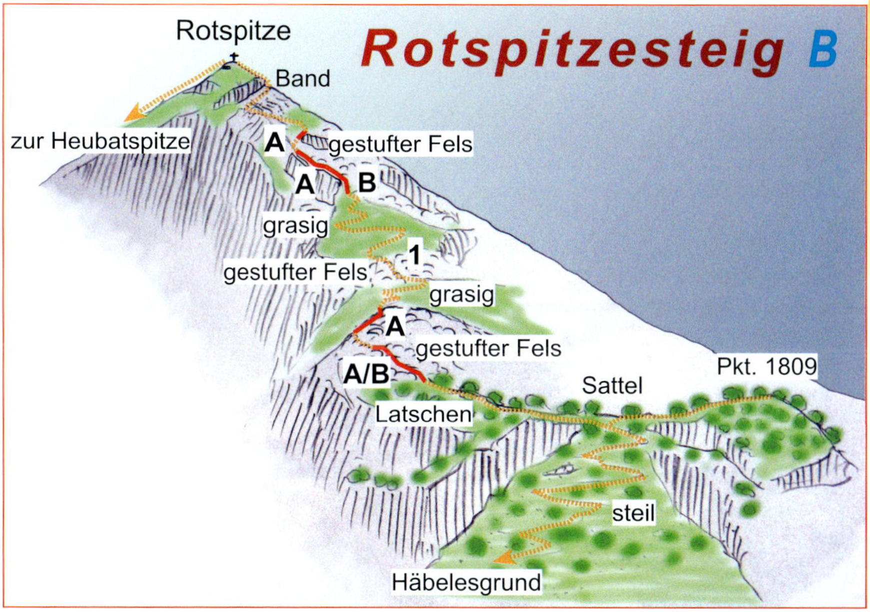
Rotspitzesteig B
Rotspitze
Band
zur Heubatspitze
A
gestufter Fels
A
B
grasig
1
gestufter Fels
grasig
A
gestufter Fels
A/B
Pkt. 1809
Sattel
Latschen
steil
Häbelesgrund

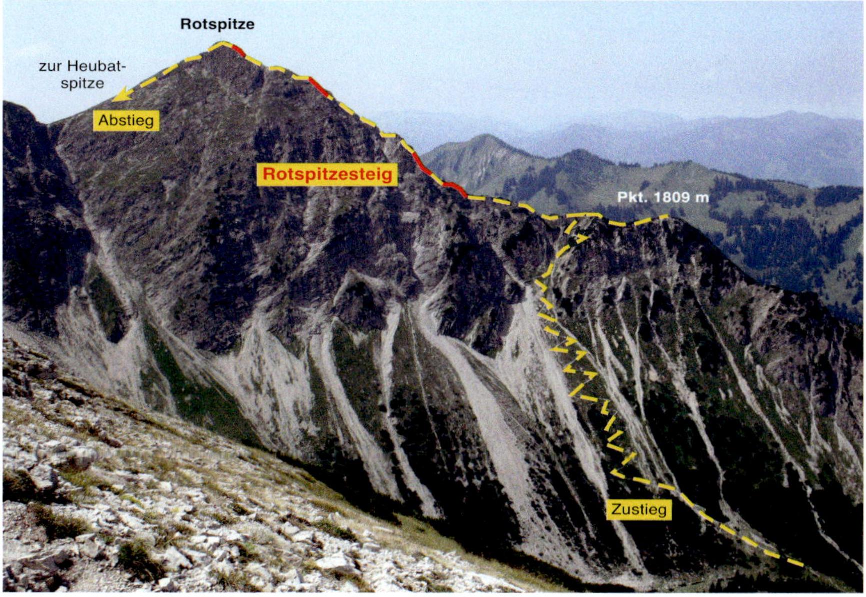
Rotspitze
zur Heubat-
spitze
Abstieg
Rotspitzesteig
Pkt. 1809 m
Zustieg

a Allgäuer Alpen

Imberger Horn, 1655 m

A-a-21 Imberger Horn Steig *A* *220 Hm*

Mit dieser Halbtagestour nimmt man einige Kletterstellen und zwei Gipfel mit. Sie eignet sich deshalb wunderbar zum Eingehen für größere Touren.

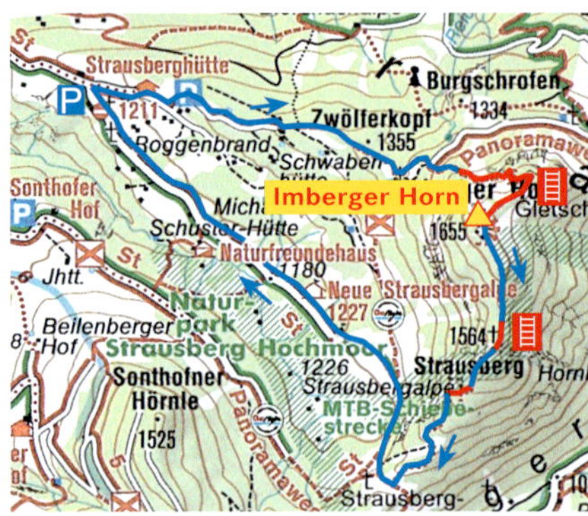

Beste Jahreszeit: Juni - Oktober.
Zeitaufwand / Weglänge gesamt: 3,5 Std. / 400 Hm / 4,8 km
Besondere Gefahren: keine.
Karten: Kompass 3 "Allgäuer Alpen - Kleinwalsertal" (1:50')
Talort / Ausgangspunkt: Sonthofen / Strausberghütte (1211 m) / *GPS: N47.49029 E10.33393*
Stützpunkt: **Strausberghütte** (www.-strausberghuette.de; Tel. 08321-9307); **Strausbergalpe** (Tel. 08321-83300); **Berggasthof Gletscherspalte** (www.gletscherspalte.de; Tel. 08324-651).
Anreise: Von Sonthofen Richtung Bad Hindelang. Nach Binswangen rechts abbiegen nach Imberg, dort Mautkarte am Automaten ziehen (3) und auf der Mautstraße zum Parkplatz unterhalb der Strausberghütte (6 km).
Gesamter Wegverlauf: **Zustieg:** 1 Std.; 180 Hm. An der Strausberghütte vorbei, danach links hoch und weiter auf den Panoramaweg, der von der Bergstation der Hornbahn herüberführt. Dort links und auf diesem ein kurzes Stück Richtung Bergstation, bis der Steig auf das Imberger Horn rechts abzweigt.
Steigverlauf: 1 Std.; 220 Hm. Im Aufstieg zum Imberger Horn kurzes gesichertes felsiges Wegstück (A). Vom Gipfel weiter Richtung Süden hinab zum Strausberg (1564 m), dort ganz kurzer Aufstieg zum Gipfel, der mit Drahtseilen gesichert ist (A). Vom Gipfel durch den unbewaldeten Südhang (im Sommer heiß!) zum Strausbergsattel (kurz A). *GPS: N47.4818 E10.3542*
Abstieg: 1,5 Std.; 400 Hm. Vom Strausbergsattel rechts Richtung Panoramaweg. Kurz danach links zur Neuen Strausbergalpe und weiter auf der Fahrstraße bis zum Parkplatz.

Hinweise, Tipps: Alternativ kann man auch von Bad Hindelang mit der Hornbahn bis zum Restaurant Gletscherspalte unterhalb des Imberger Horns fahren. Wegverlauf dann vom Restaurant über den Panoramaweg bis zum beschriebenen Einstieg. Im Abstieg dann nicht zur Neuen Strausbergalpe, sondern dem Panoramaweg zurück folgen.

A-a-22 Geißhornsteig B/C, 1+

mäßig schwierig

Steig	Steig	Zustieg	Abstieg	Expos.	Fun	Sich.	Anford.
1 Std.	250 Hm	2,5 Std.	2,5 Std.	W	★★ mäßig	☆☆☆ gut	mittel

Schwierigkeit: mäßig schwierig; zwei gesicherte Stellen B und B/C, ansonsten meist ungesichert FT 1 und 1+, Schlüsselstelle am Ausstieg
Gesamtanforderung: mittel
Bes. Gefahren: Steinschlag
Beste Jahreszeit: Juli - September

Zeiten / Höhenunterschiede:
Zustieg: 2,5 Std. / 1135 Hm
Klettersteig: 1 Std. / 250 Hm
Abstieg: 2,5 Std. / 1380 Hm
Höhenunterschied gesamt: 1380 Hm
Zeitaufwand gesamt: 6 Std.
Weglänge gesamt: 13 km

Exposition: West
Sicherungen: gute Stahlseile
Funfaktor: mäßig
Gestein: Kalk
Flucht- / Abbruchmögl.: keine
Orientierung / Markierung: gute Wegweiser, ausreichende Markierung
Anfänger-Eignung: nein, viele ungesicherte Passagen, viele Höhenmeter

Ausrüstung: Klettersteigset, Helm, mittelfeste Bergschuhe
Errichtung / Betreuung: DAV Allgäu-Immenstadt (www.dav-allgaeu-immenstadt.de; Tel. 08321-26776; info@dav-allgaeu-immenstadt.de)
Karte: Kompass 3 "Allgäuer Alpen - Kleinwalsertal" (1:50')

Kartenausschnitt siehe Seite 93

Anforderungsprofil

Kondition:	3
Armkraft:	3
Technik:	2
Mut, Psyche:	3
Bergerfahrung:	3

1 niedrig 2 mäßig 3 mittel 4 hoch 5 extrem

Charakteristik: Mächtig thront das Rauhhorn über Hinterstein, und in Anbetracht dieses gewaltigen Zackens könnte man leicht übersehen, dass sich links dahinter noch ein angenehmer Kletterberg mit einigen Seilsicherungen verbirgt. Der Aufstieg lässt sich mit einer schönen Einkehr in der urigen Willersalpe verbinden. Auf der Zirleseck dominiert das Ambiente von Alpweiden, und am Geißhorn selbst bewegt man sich ausschließlich im Fels. Ganz oben wird man mit einem wunderbaren Tiefblick auf den Vilsalpsee belohnt, und im Süden steht wiederum das Rauhhorn, welches man durchaus im Anschluss überschreiten kann (A-a-23).

Die Willersalpe

a Allgäuer Alpen Geißhorn, 2247 m

Die Schlüsselstelle

Talort: Bad Hindelang.

Ausgangspunkt: Parkplatz Hinterstein (866 m).

GPS Parkplatz: N47.47450 E10.41614

Stützpunkt: **Willersalpe** (1459 m, Mai-Oktober; 30 Lagerplätze; Tel. 0171-9939847).

Anreise: Man nimmt in Bad Hindelang die Straße nach Hinterstein, fährt durch das ganze Dorf und parkt am Ende auf dem gebührenpflichtigen Parkplatz für ca. 120 Autos.

Zustieg: **2,5 Std.** Gleich dahinter zieht sich der Wanderweg Nr. 423 an der Straße entlang gegen das Rauhhorn hoch (Wegweiser Willersalpe). Später wird der Weg immer enger, und teilweise steil ansteigend erreicht man das Alpplateau mit der Willersalpe (1459 m). Dahinter steigt man linkerhand auf breiten Wegspuren zum Zirleseck hoch (1872 m). Hat man dieses erreicht, steigt man gegen rechts auf dem Grat aufwärts (Weg Nr. 57). Dieser führt auf eine große Alpwiese und schließlich in die felsigen Ausläufer des Geißhorns. Über Schrofen, Geröll und Schotter kraxelt man zu einer Rinne hoch (FT 1), wo die Seilsicherungen beginnen (2000 m).

GPS Einstieg: N47.47235 E10.46758

Steigverlauf: Man steigt die Rinne hoch (B) und steigt flach auf einem Grat zum gestuften Felsvorbau, der in anregender Kraxelei (FT 1+) stetig aufwärts führt. Nach einer eher flacheren Passage wartet die Schlüsselstelle auf: Eine weitere Rinne mit guten Stahlseilen (B/C). Hat man diese überwunden, steht man bereits oben auf dem Gipfelgrat und wandert auf diesem recht leicht zum Gipfelkreuz des Geißhorns (2247 m).

Abstieg: **2,5 Std.** Nun steigt man südseitig auf dem Weg Nr. 56 zum Geißeckjoch ab (2088 m). Von dort nimmt man den Jubiläumsweg (Nr. 423), der ziemlich direkt zur Willersalpe absteigt. Ab hier kennt man den Weg zurück nach Hinterstein.

■ **Tipps:** Es empfiehlt sich sehr, beim Auf- oder Abstieg einen kleinen Zwischenhalt bei der Willersalpe einzulegen. Das Innere der Hütte ist sehr urig, und man sieht es den Alpleuten an, dass sie die Hütte mit richtig viel Herzblut führen. Die Güter des täglichen Bedarfs werden auf dem Rücken der Pferde zur Hütte transportiert.

■ **Klettersteige zu verbinden:** Rauhhornsteig (A-a-23)

Der Gipfel in Reichweite

a Allgäuer Alpen Geißhorn, 2247 m

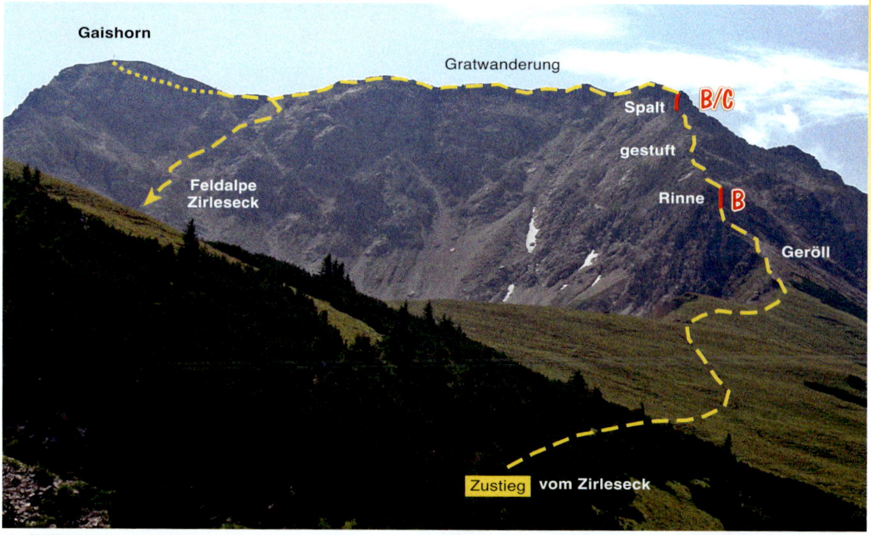

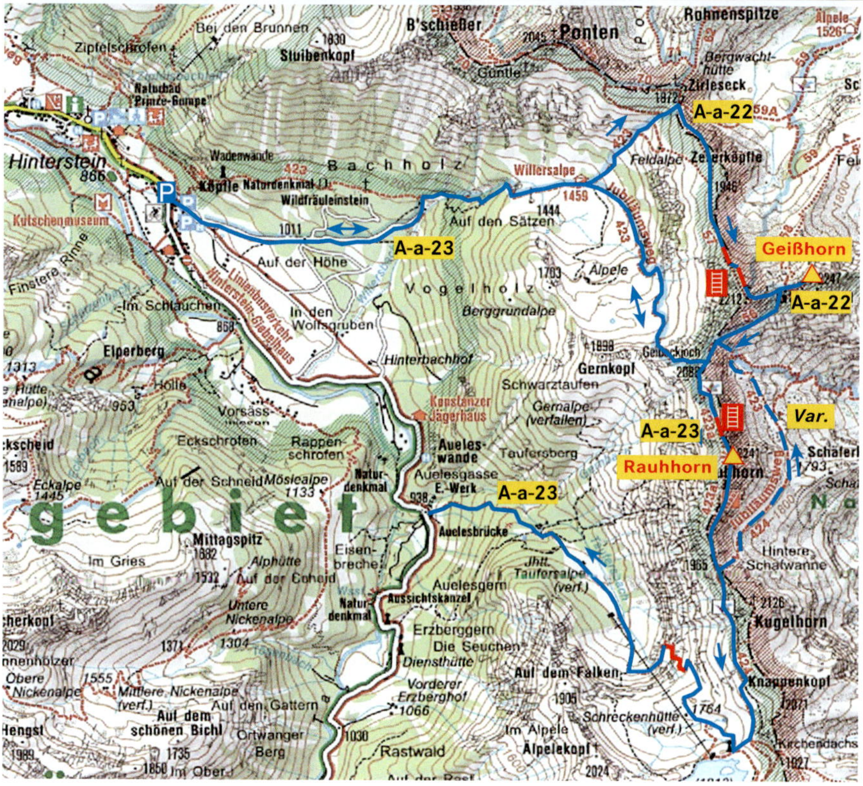

A-a-23 Rauhhornsteig C,2

schwierig

Steig	Steig	Zustieg	Abstieg	Expos.	Fun	Sich.	Anford.
15 Min.	30 Hm	3 Std.	3,5 Std.	N	★★★★ super	☆ schlecht	hoch

Schwierigkeit: schwierig; eine Passage C, sonst durchgehend FT 1, drei Stellen FT 2, eine davon sehr ausgesetzt
Gesamtanforderung: hoch
Bes. Gefahren: Steinschlag
Beste Jahreszeit: Juli - September

Zeiten / Höhenunterschiede:
Zustieg: 3 Std. / 1345 Hm
Klettersteig: 15 Min. / 30 Hm
Abstieg: 3,5 Std. / 1375 Hm
Höhenunterschied gesamt: 1375 Hm
Zeitaufwand gesamt: 6,5 - 7 Std.
Weglänge gesamt: 17 km

Exposition: Nord
Sicherungen: schlecht, nur ein Stahlseil
Funfaktor: super
Gestein: Kalk
Flucht- / Abbruchmögl.: keine
Orientierung / Markierung: gute Wegweiser, ausreichende Markierung
Anfänger-Eignung: nein, sehr alpine Unternehmung

Ausrüstung: Klettersteigset, Helm, mittelfeste Bergschuhe od. Kletterschuhe
Errichtung / Betreuung: DAV Allgäu-Immenstadt (www.dav-allgaeu-immenstadt.de; Tel. 08321-26776; info@dav-allgaeu-immenstadt.de)
Karte: Kompass 3 "Allgäuer Alpen - Kleinwalsertal" (1:50')
Kartenausschnitt siehe Seite 93

Anforderungsprofil

Kondition:	4
Armkraft:	3
Technik:	2
Mut, Psyche:	5
Bergerfahrung:	4

1 niedrig 2 mäßig 3 mittel 4 hoch 5 extrem

Charakteristik: Ob auf das Rauhhorn tatsächlich ein Klettersteig hochführt, war schon des öfteren Gegenstand hitziger Diskussionen. Tatsächlich befindet sich am ganzen Berg gerade mal ein Stahlseil, und dennoch kommt man hier mit Klettern nicht zu kurz. Das liegt vor allem daran, dass die gesamte Überschreitung eine sehr anspruchsvolle Kraxeltour mit ungesicherten Passagen im 2. Klettergrad darstellt. Die Tour ist somit nichts für den sicherungsverwöhnten Klettersteigler.
Hingegen für den Allrounder, der sich in allerlei Gelände sicher bewegt, ist der Steig eine absolute Genusstour.

Talort: Bad Hindelang.

Ausgangspunkt: Parkplatz Hinterstein (866 m).

GPS Parkplatz: N47.47450 E10.41614

Stützpunkt: **Willersalpe** (1459 m, Mai-Oktober; 30 Lagerplätze; Tel. 0171-9939847).

Anreise: Man nimmt in Bad Hindelang die Straße nach Hinterstein, fährt durch das ganze Dorf und parkt am Ende auf dem gebührenpflichtigen Parkplatz für ca. 120 Autos.

Zustieg: **3 Std.** Der Wanderweg Nr. 423 führt an der Straße entlang in Richtung Rauhhorn (Wegweiser Willersalpe). Auf stetig enger und steiler werdendem Weg erreicht man die Willersalpe (1459 m) . Man folgt dem Weg Nr. 423 weiterhin, auf den Sattel links des Rauhhorns zuhaltend. Hat man das Geißeckjoch erreicht (2088 m), steigt man rechts auf dem Grat über angenehm grasiges Gelände zum auffälligen Gipfelaufbau des Rauhhorns (2201 m).

GPS Einstieg: N47.45994 E10.46741

Steigverlauf: Die ersten Meter sind geröllig und leicht begehbar. Dann umgeht man einen ausgesetzten Felskopf, quetscht sich durch eine Spalte und steigt zu einer kleinen Scharte. Hier geht es nun ungesichert eine Wandstufe hoch (FT 2). Dieser folgt die Schlüsselstelle: eine weitere ungesicherte Wandstufe (FT 2). Über eine kleine Scharte und einen gerölligen Hang erreicht man die seilgesicherte Passage (erst C, dann A/B), welche im Vergleich zu den vorherigen Stellen leicht auf den Gipfel führt.

Abstieg: 3,5 Std. Nun folgt eine sehr ausgesetzte und felsige Gratwanderung. Der herumliegende Schotter macht diese Überschreitung sehr anspruchsvoll. Nach kurzer Zeit beginnt der Abstieg, in welchem man öfters leichte Felsen abklettern muss (FT 1). Kurz oberhalb eines auffälligen Felskamms befindet sich eine weitere schwierige ungesicherte Stelle (FT 2). Man steigt am Fuß des Kamms über eine Platte ab (unangenehm) und gelangt in den Sattel zwischen Rauhhorn und Kugelhorn (1965 m). Nun wandert man gemütlich zum Schrecksee (1813 m) und steigt von dort sehr steil zur Taufersalpe ab. Zwei Stellen sind dabei seilgesichert (A/B). Weiter geht es durch den Wald steil abwärts zum Elektrizitätswerk (938 m), wo man den Bus nach Hinterstein nehmen kann. Ansonsten kann man diese drei Kilometer auch zu Fuß machen.

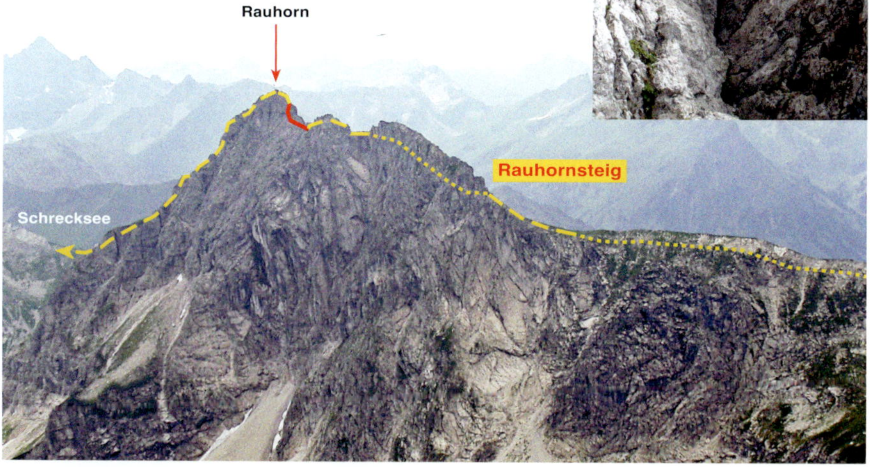

- **Hinweise:** Das Rauhhorn sollte man nur bei idealen Verhältnissen angehen. Bei Nässe und Nebel kann die Tour schnell gefährlich werden.
- **Klettersteige zu verbinden:** Geißhornsteig (A-a-22)

A-a-24 Wiedemerkopf Klettersteig C,2

schwierig

Steig	Steig	Zustieg	Abstieg	Expos.	Fun	Sich.	Anford.
45 Min.	285 Hm	3 Std.	3-3,5 Std.	W	★★★ schön	☆☆☆ gut	mittel

Schwierigkeit: schwierig; Schlüsselstelle zu Beginn C, danach ausgeglichen von A bis C, einige Freikletterstellen, eine davon FT 2
Gesamtanforderung: mittel
Bes. Gefahren: Steinschlag
Beste Jahreszeit: Juni - September

Zeiten / Höhenunterschiede:
Zustieg: 3 Std. / 810 Hm
Klettersteig: 45 Min. / 285 Hm
Abstieg: 3 - 3,5 Std. / 1095 Hm
Höhenunterschied gesamt: 1095 Hm
Zeitaufwand gesamt: 7 Std.
Weglänge gesamt: 16 km

Exposition: West
Sicherungen: gute Stahlseile, Stahltritte
Funfaktor: schön
Gestein: Kalk
Flucht- / Abbruchmögl.: keine
Orientierung / Markierung: gute Wegweiser, ausreichende Markierungen
Anfänger-Eignung: nein, zu viele Höhenmeter, Freikletterstellen FT 2

Ausrüstung: Klettersteigset, Helm, mittelfeste Bergschuhe od. Kletterschuhe
Errichtung / Betreuung: DAV Allgäu-Immenstadt (www.dav-allgaeu-immenstadt.de; Tel. 08321-26776; info@dav-allgaeu-immenstadt.de)
Karte: Kompass 3 "Allgäuer Alpen - Kleinwalsertal" (1:50')
Kartenausschnitt siehe Seite 99

Anforderungsprofil

Kondition:	3
Armkraft:	3
Technik:	2
Mut, Psyche:	3
Bergerfahrung:	4

1 niedrig 2 mäßig 3 mittel 4 hoch 5 extrem

Charakteristik: Ganz am Ende des Hintersteiner Tals befindet sich im Schatten des Großen Hochvogels ein kleiner, sehr lohnender Klettersteig.
Auch wenn der Steig auf den Wiedemerkopf nur gerade zu einem Drittel mit Seilen gesichert ist, lässt es sich hier doch sehr angeregt klettern.
Besonders in Gipfelnähe wird der Steig dann ordentlich alpin und wartet mit schönen Querungen, spannenden Tiefblicken zum Prinz-Luitpold-Haus und anspruchsvollen Freikletterstellen auf. Der Steig wäre ohne den Umstand, dass der Steig auch wieder abgestiegen werden muss, ein schöner Geheimtipp.

Das Prinz-Luitpold-Haus

Talort: Bad Hindelang.

Ausgangspunkt: Giebelhaus (1068 m).

GPS Parkplatz: N47.47446 E10.41620

Stützpunkt: **Prinz-Luitpold-Haus DAV** (1846 m; 296 Schlafplätze; www.prinz-luitpoldhaus.de; Tel. 08322-700154); **Bärgündelealpe** (1322 m; Mitte Mai - September; www.hirtenstube.de; Tel. 08321-83419); **Giebelhaus** (1068 m; www.giebelhaus.de; Tel. 08324-8146).

Anreise: Man fährt von Bad Hindelang nach Hinterstein und parkt beim großen Parkplatz am Dorfende. Dort nimmt man den Bus ins Hintersteiner Tal und fährt mit diesem bis zur Endstation am Giebelhaus.

Zustieg: **3 Std.** Links des Giebelhauses (1068 m) führt eine Asphaltstraße ins Bärgündeletal. Man folgt immer den Wegweisern zum Prinz-Luitpold-Haus. Vorbei an der Bärgündelealpe (1322 m) steigt man stetig und anstrengend hoch, immer das Prinz-Luitpold-Haus vor Augen. Etwa 20 m vor der DAV-Hütte (1846 m) geht rechts ein Weg ab, der zum Fernziel "Edmund-Probst-Haus" führt. Diesem folgt man jedoch nur 400 m, bis man an eine Verzweigung kommt, wo ein Wegweiser zum Wiedemerkopf leitet. Man steigt dann bis unter die ersten Felsen hoch (1880 m). *GPS Einstieg: N47.39123 E10.41409*

Steigverlauf: Der Einstieg ist ungesichert (FT 2) und führt direkt zur Schlüsselstelle in einer Verschneidung (C). Anschließend quert man auf einem grasigen Hang gegen links und steigt über eine Felsstufe (B/C), dann über gestufte Felsen (B) auf den großen Grashang, wo man sich auf gutem Weg dem Gipfel nähert.
Ziemlich weit oben kommt man in schottriges Gelände (FT 1+ und B) und quert auf einem Band sehr schön gegen links auf die Nordseite des Wiedemerkopfs. Durch einen Kamin (C) erreicht man eine geschotterte Stufe und steigt dort in eine Rinne auf (FT 2). Am Ende der Rinne führt eine Stufe (B/C) hoch zum Gipfelkreuz (2163 m). Hier ergibt sich ein fantastischer Tiefblick auf das Dach des Prinz-Luitpold-Hauses.

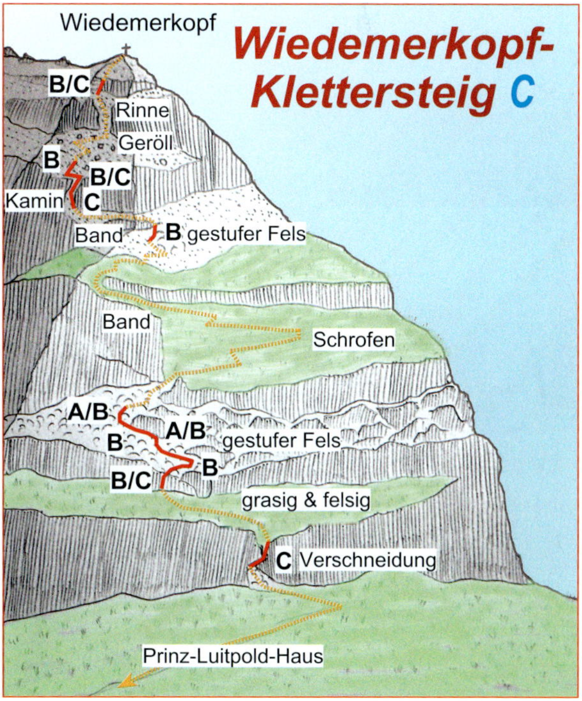

a Allgäuer Alpen Wiedemerkopf, 2163 m

Abstieg: 3 - 3,5 Std. Der Abstieg erfolgt auf demselben Weg. Man kann sich aber auch an der Verzweigung unterhalb des Wiedemerkopfs links halten und bis ans Ende des Bärgündeletals "Ins Gries" wandern. Hier hat es noch einige seilgesicherte Passagen (A). Von dort wandert man dann talauswärts und gelangt wieder auf die Asphaltstraße, die man vom Zustieg her kennt.

- **Hinweise:** Busfahrplan für die Strecke Hinterstein-Giebelhaus unter www.wechs.net (Register "Busverkehr")
- **Klettersteige zu verbinden:** Klettersteig Kreuzspitze (A-a-25)

Im oberen Teil des Steiges

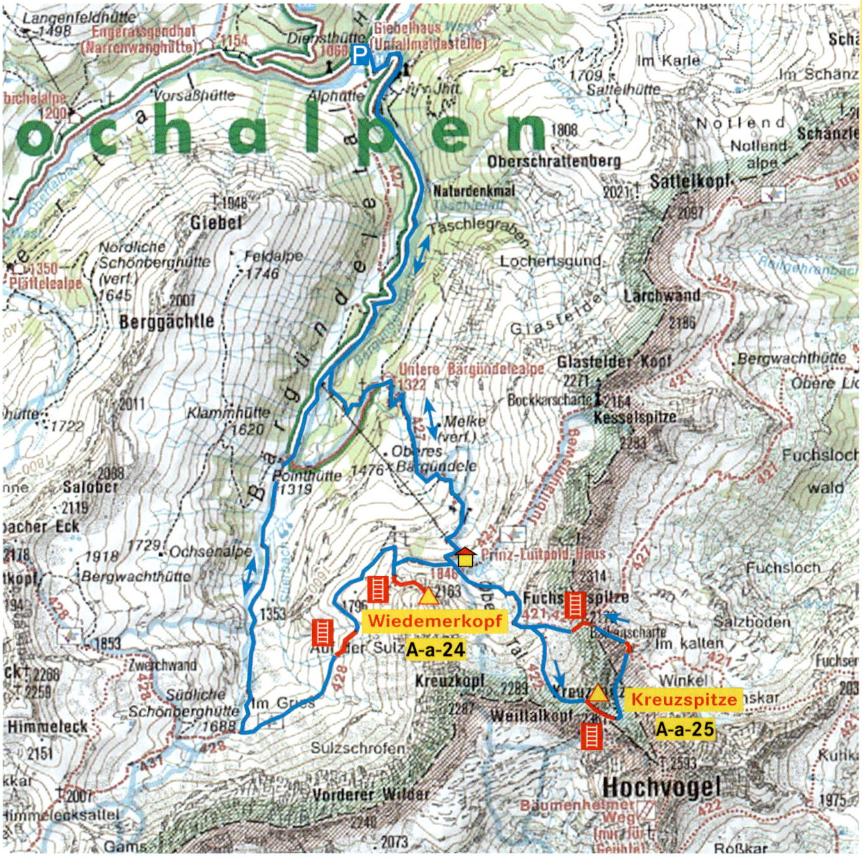
Langenfeldhütte
1498
Engeratsgundhof (Narrenwanghütte)
1154
Dietersbachhütte
1060
Giebelhaus (Unfallmeldestelle)
P
Vorsaßhütte
Alphütte
Im Karle
1709
Im Schänz
Sattelhütte
ochalpen
1808
Oberschrattenberg
Notlend
Notlend alpe
Schänzle
Sattelkopf
2021
2097
1948
Giebel
Naturdenkmal
Taschlegraben
Nördliche Schönberghütte (verf.) 1645
Feldalpe 1746
1350 Pfätteleaipe
2007
Berggächtle
Lochersgund
Lärchwand
2186
Glasfelder Kopf
2271
Untere Bärgündelealpe 1322
Bergwachthütte
2011
Klammhütte 1620
Bockkarscharte
2164
Kesselspitze
Melke (verf.)
1722
Oberes Bärgündele
Pointhütte 1476
1319
2088
Salober
2119
Fuchsloch
wald
Jubiläumsweg
Prinz-Luitpold-Haus
Fuchsloch
1729
Ochsenalpe
1918
Bergwachthütte
1846
2163
2314
Fuchsspitze
1796
Wiedemerkopf
1353
1853
Salzboden
Im kalten
A-a-24
Zwerchwand
Kreuzkopf
Südliche Schönberghütte 1688
Im Gries
2289
Winkel
Kreuzspitze
2287
Weittalkopf
A-a-25
2266
2259
Himmeleck
2151
Sulzschrofen
2593
Hochvogel
2007
Himmelecksattel
Vorderer Wilder
2240
Bäumenheimer Weg
2073
1975
Roßkar
Gams

A-a-25 Kreuzspitze Klettersteig B/C

Steig	Steig	Zustieg	Abstieg	Expos.	Fun	Sich.	Anford.
30 Min.	145 Hm	4 Std.	4 Std.	W	★★ mäßig	☆☆☆ gut	mittel

Schwierigkeit: mäßig schwierig; Aufstieg größtenteils B und B/C, Abstieg B/C, Balkenscharte A; Einstieg kurz FT 1+
Gesamtanforderung: mittel
Bes. Gefahren: Schneefeld
Beste Jahreszeit: Juni - September

Zeiten / Höhenunterschiede:
Zustieg: 4 Std. / 1150 Hm
Klettersteig: 30 Min. / 145 Hm
Abstieg: 4 Std. / 1300 Hm
Höhenunterschied gesamt: 1300 Hm
Zeitaufwand gesamt: 8,5 Std.
Weglänge gesamt: 15 km

Exposition: West
Sicherungen: gute Stahlseile, Stahltritte und -bügel, Stahltreppe
Funfaktor: mäßig
Gestein: Kalk / Dolomit
Flucht- / Abbruchmögl.: keine
Orientierung / Markierung: gute Wegweiser, ausreichende Markierungen
Anfänger-Eignung: nein, zu viele Höhenmeter, gefährliches Schneefeld

Ausrüstung: Klettersteigset, Helm, mittelfeste Bergschuhe, Steigeisen oder Grödel
Errichtung / Betreuung: DAV Allgäu-Immenstadt (www.dav-allgaeu-immenstadt.de; Tel. 08321-26776; info@dav-allgaeu-immenstadt.de)
Karte: Kompass 3 "Allgäuer Alpen - Kleinwalsertal" (1:50')
Kartenausschnitt siehe Seite 99

Anforderungsprofil

Kondition:	4
Armkraft:	3
Technik:	2
Mut, Psyche:	3
Bergerfahrung:	4

1 niedrig 2 mäßig 3 mittel 4 hoch 5 extrem

Charakteristik: Es ist schon ein ziemlich langer und beschwerlicher Weg auf die Kreuzspitze. Erst nach einer Busfahrt, einem Hatscher auf Asphalt, einem steilen Aufstieg zum Prinz-Luitpold-Haus und dem Zustieg durch einen Schotterkessel kommt man zu den ersten Seilen. Dabei entpuppt sich der Steig zudem als recht einfach und kurz, bietet aber eine hervorragende Ausgangsbasis für die Besteigung des Hochvogels. Und dort beginnen dann auch die Schauwerte: Dolomit. Ein Gefühl, als würde man sich in Südtirol befinden. Weniger dazu passt der Abstieg über das Schneefeld in der Kaltwinkelscharte, der nicht ungefährlich ist.

Talort, Ausgangspunkt, Anreise: Wie A-a-24.

Stützpunkt: **Prinz-Luitpold-Haus DAV** (1846 m; 296 Schlafplätze; www.-prinz-luitpoldhaus.de; Tel. 08322-700-154); **Bärgündelealpe** (1322 m; Mitte Mai - September; www.hirtenstube.de; Tel. 08321-83419); **Giebelhaus** (1068 m; www.giebelhaus.de).

Zustieg: **4 Std.** Links des Giebelhauses führt eine Asphaltstraße ins Bärgündeletal. Man folgt immer den Wegweisern zum Prinz-Luitpold-Haus. Vorbei an der Bärgündelealpe (1322 m) steigt man stetig und anstrengend hoch, immer das Prinz-Luitpold-Haus vor Augen. Hinter dem Prinz-Luitpold-Haus (1846 m) führt der Weg in einen weiten Geröllkessel. Bei einer Verzweigung nimmt man den rechten Weg und steigt in einem weiten Bogen zur Felswand unter der Kreuzspitze (2220 m). *GPS Einstieg: N47.38421 E10.43017*

Steigverlauf: Erst quert man ungesichert (FT 1+) bis zu den Seilen. Dort steigt man in ansprechender Schwierigkeit (B/C) in einer Verschneidung hoch, bis der Steig gegen rechts wegdreht. Dort geht es leichter weiter (A/B). Der Steig zieht wieder nach links hinauf in eine Scharte (B). Dort übersteigt man den Grat und quert auf der Ostseite gegen den Gipfel zu (A/B). Erstaunlicherweise gibt es an diesem Steig kein Gipfelerlebnis, denn der Steig führt plötzlich wieder durch felsig-gerölliges Terrain abwärts bis zu einer Stufe, die in mehreren Querungen abgestiegen wird (B/C). So erreicht man die Kaltwinkelscharte.

Abstieg: 4 Std. Direkt vor einem liegt der Hochvogel (2593 m). Man wendet sich jedoch nach links und steigt das Schneefeld ab, wobei man sehr vorsichtig darauf bedacht ist, nicht auszurutschen. Der Weg quert dann gegen links unter den Felsen hin zu einem kleinen Grat, der seilgesichert überstiegen wird (B/C). Wieder gilt es einen Hang zu queren, der zu einem weiteren kleinen Grat führt. Hat man diesen überstiegen, sind es nur noch wenige Meter zur Balkenscharte (2172 m). Diese steigt man auf komfortablen Stahltritten und Stahltreppen ab (A) und gelangt danach in Kehren wieder zur Verzweigung innerhalb des Geröllkessels oberhalb des Prinz-Luitpold-Hauses. Von hier ist der Abstieg mit dem Zustieg identisch.

Klettersteig Kreuzspitze B/C

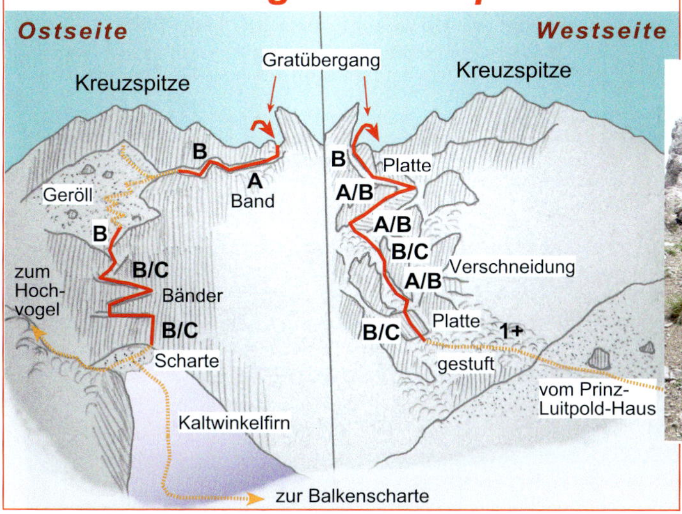

- **Hinweise:** Busfahrplan für die Strecke Hinterstein-Giebelhaus unter www.wechs.net (Register "Busverkehr").
- **Klettersteige zu verbinden:** Wiedemerkopf Klettersteig (A-a-24)

A-a-26 Zweiländer-Sportklettersteig D

sehr schwierig

Steig	Steig	Zustieg	Abstieg	Expos.	Fun	Sich.	Anford.
1,5 Std.	250 Hm	40 Min.	25 Min.	N	schön	super	mittel

Schwierigkeit: schwierig bis sehr schwierig; meist C, auch einige Stellen C/D und D, ziemlich anhaltend
Gesamtanforderung: mittel
Bes. Gefahren: im Juni oft noch Altschneereste, da nordseitig
Beste Jahreszeit: Juli - Oktober

Zeiten / Höhenunterschiede:
Zustieg: 40 Min. / 250 Hm Abstieg, 100 Hm Aufstieg
Klettersteig: 1,5 Std. / 250 Hm (600 m)
Abstieg: 25 Min. / 150 Hm Abstieg, 40 Hm Aufstieg
Höhenunterschied gesamt: 350 Hm
Zeitaufwand gesamt: 2,5 Std.
Weglänge gesamt: 3,5 km

Exposition: Nord
Sicherungen: super; durchgehendes Stahlseil, Klammern, eine Seilbrücke
Funfaktor: schön
Gestein: Kalk
Flucht- / Abbruchmögl.: keine
Orientierung / Markierung: beim Zustieg aufpassen
Anfänger-Eignung: nein

Ausrüstung: Klettersteigset, Helm, mittelfeste Bergschuhe od. Kletterschuhe
Errichtung / Betreuung: erbaut 2007 durch Bergschule Kleinwalsertal (www.-bergschule.at) und Fa. Mountainlike
Karte: Kompass 3 "Allgäuer Alpen - Kleinwalsertal" (1:50')
Kartenausschnitt siehe Seite 105

Anforderungsprofil

Kondition:	2
Armkraft:	4
Technik:	3
Mut, Psyche:	3
Bergerfahrung:	2

1 niedrig 2 mäßig 3 mittel 4 hoch 5 extrem

Charakteristik: Der Gipfel der Kanzelwand befindet sich genau an der Ländergrenze zwischen Österreich und Deutschland, und deshalb erhielt der neue Klettersteig auch seinen Namen. Der *Zweiländer-Sportklettersteig* ist mit Abstand die anspruchsvollste Klettersteig-Unternehmung in den Allgäuer Alpen und keineswegs zu vergleichen mit dem in der Nähe befindlichen *Mindelheimer Klettersteig*. Auch wenn zum Großteil die Wand "nur" gequert wird, ist die Kletterei oft sehr stark abdrängend und es bedarf daher eines guten Bizeps...

Kurz nach dem Einstieg

a Allgäuer Alpen Kanzelwand , 2059

Talort: Riezlern.

Ausgangspunkt: Bergstation Kanzelwand (Grundkopf), 1949 m.

GPS Parkplatz: N47.3560517, E10.183843

Stützpunkt: keiner.

Anreise: Das Kleinwalsertal ist nur über Oberstdorf von Deutschland aus zu erreichen. Von Fischen im Allgäu kommend biegt man kurz vor Oberstdorf am Kreisverkehr Richtung "Kleinwalsertal" rechts ab (B19). Danach folgt man der Straße über die österreichische Landesgrenze hinweg bis nach Riezlern (ca. 10 km ab Kreisverkehr). Mehrere große Parkplätze im Bereich der Talstation der Kanzelwandbahn.

Zustieg: **40 Min.** Von der Bergstation Richtung Kanzelwand ca. 150 m bergab in einen breiten Sattel und links (nordöstlich) auf dem Wanderweg weiter absteigen zum Grundsattel (10 Min.). Kurz danach rechts (östlich) dem Wanderweg Richtung Fiderepass-Hütte folgen - anfangs bergab, dann an der Talstation eines Sesselliftes vorbei. Nach etwa 10 Min. zweigt rechts ein mit leuchtend gelben Punkten markiertes Steiglein ab, welches bergauf zu den Wänden und zum Einstieg des Klettersteiges führt (10 - 15 Min.).

GPS Einstieg: N47.33779, E10.21066 **Steigverlauf:** siehe Topo.

Abstieg: **25 Min.** Vom Ende der Sicherungen in Kürze zum Gipfelkreuz der Kanzelwand und auf dem markierten Normalweg zurück zur Bergstation.

- **Tipps:** Für eine homogene Klettersteigrunde empfiehlt es sich, im Abstieg den *Erlebnis-Klettersteig „Walsersteig"* (A-a-27) mitzunehmen.
- **Klettersteige zu verbinden:** Erlebnis-Klettersteig "Walsersteig" (A-a-27)

Zweiländer-Sportklettersteig D

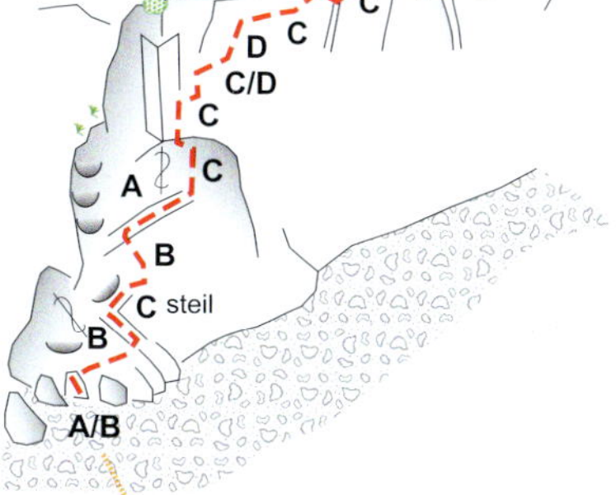

Die Seilbrücke;
unten: im schwierigen Teil

A-a-27 **Walsersteig** B/C

mäßig schwierig

Steig	Steig	Zustieg	Abstieg	Expos.	Fun	Sich.	Anford.
30 Min.	20 Hm	15 Min.	25 Min.	N	★★★★ super	☆☆☆☆ super	mäßig

Schwierigkeit: mäßig schwierig; meist B; einige abdrängende Stellen B/C; eine 15 m lange Seilbrücke
Gesamtanforderung: mäßig
Bes. Gefahren: keine
Beste Jahreszeit: Juni - Oktober

Zeiten / Höhenunterschiede:
Zustieg: 15 Min. / 90 Hm
Klettersteig: 30 Min. / 20 Hm
Abstieg: 25 Min. / 150 Hm Abstieg, 40 Hm Aufstieg
Höhenunterschied gesamt: 110 Hm
Zeitaufwand gesamt: 1 Std.
Weglänge gesamt: 4,7 km

Exposition: Nord
Sicherungen: super; Stahlseil und Bügel; eine 5-Seil-Brücke
Funfaktor: super
Gestein: Kalk
Flucht- / Abbruchmögl.: keine
Orientierung / Markierung: Einstieg direkt am Wegrand, rote Markierung
Anfänger-Eignung: ja

Ausrüstung: Klettersteigset, Helm, mittelfeste Bergschuhe od. Kletterschuhe
Errichtung / Betreuung: Kanzelwandbahn (www.das-hoechste.de; Tel. 08322-96002510)
Karte: Kompass 3 "Allgäuer Alpen - Kleinwalsertal" (1:50')

Kartenausschnitt siehe Seite 105

Anforderungsprofil

Kondition:	1
Armkraft:	3
Technik:	2
Mut, Psyche:	2
Bergerfahrung:	2

1 niedrig 2 mäßig 3 mittel 4 hoch 5 extrem

Charakteristik: Nach dem *Zweiländer-Sportklettersteig* hat die Kanzelwand mit dem *Walsersteig* nun einen weiteren, deutlich kürzeren Klettersteig bekommen. Dieser trumpft mit seiner Nähe zur Seilbahn, einer kurzen und knackigen Wegführung und einer Seilbrücke auf. Zudem ist der Steig sehr kurz, so dass die nichtkletternden Familienmitglieder problemlos mitkommen können.

Talort, Ausgangspunkt, Stützpunkt, Anreise: wie bei A-a-26.

Zustieg: 15 Min. Von der Bergstation (Gundkopf) folgt man dem Wegweiser Richtung Kanzelwand / Walsersteig (anfangs ca. 150 m bergab in einen breiten Sattel). Der Weg führt danach am Fuß des bereits gut erkennbaren Gipfels entlang aufwärts. Nach einer kleinen Felsreiße gelangt man zum gut erkennbaren Einstieg (90 Hm; 15 Min.).
GPS Einstieg: N47.33467 E10.20718

Steigverlauf: Der Steig schwingt sich zu Beginn in mittlerer Schwierigkeit (A bis A/B) den Fels hinauf und gelangt dann über ein paar Bügel (B) auf ein kleines Plateau. Weiter siehe Topo.

Abstieg: 25 Min. Vom Gipfel unmarkiert hinab auf den bereits sichtbaren Wanderweg. Dort rechts zur Scharte mit dem Wegweiser und dann vorbei am Einstieg und weiter bis zur bereits sichtbaren Bergstation.

Walserweg-Klettersteig B/C

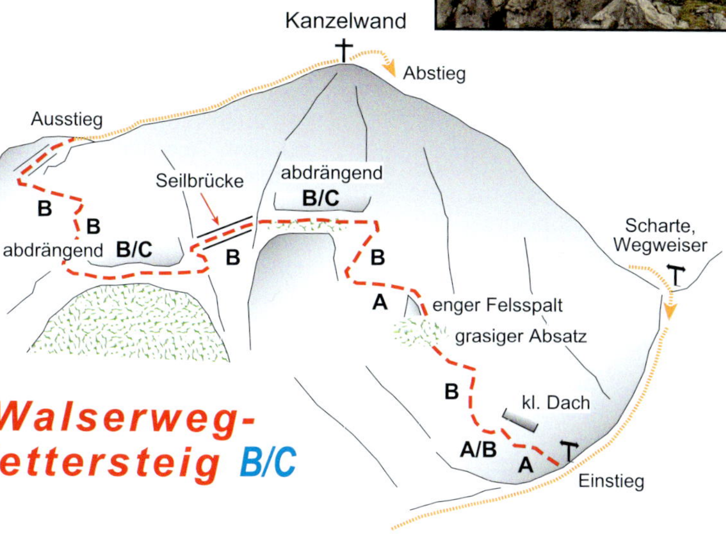

a Allgäuer Alpen *Steinschartenkopf, 2615 m*

A-a-29 Heilbronner Weg B

mäßig schwierig

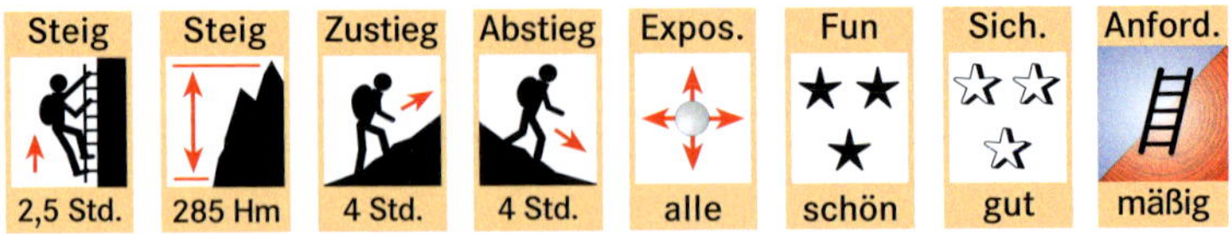

Schwierigkeit: mäßig schwierig; großteils A/B, einige Stellen B
Gesamtanforderung: mäßig
Bes. Gefahren: bei Nässe auf den Wanderpassagen sehr rutschig
Beste Jahreszeit: Juli - September

Zeiten / Höhenunterschiede:
Zustieg: 4 Std. / 1495 Hm
Klettersteig: 2,5 Std. / 285 Hm (75 Hm Zwischenabstiege)
Abstieg: 4 Std. / 1705 Hm
Höhenunterschied gesamt: 1780 Hm
Zeitaufwand gesamt: 10,5 Std.
Weglänge gesamt: 24 km

Exposition: alle Seiten
Sicherungen: gute Stahlseile, einige Stahltritte, eine Stahlbrücke und eine Stahlleiter
Funfaktor: schön
Gestein: Kalk
Flucht- / Abbruchmögl.: an der Socktalscharte (zum Waltenberger Haus)
Orientierung / Markierung: gut, einwandfreie Wegweiser
Anfänger-Eignung: bedingt, wenn auf den Hütten übernachtet wird. Sonst zuviele Höhenmeter

Ausrüstung: Klettersteigset, Helm, mittelfeste Bergschuhe
Errichtung / Betreuung: DAV Oberstdorf (www.alpenverein-oberstdorf.de; Tel. 08322-6907);
Karte: Kompass 3 "Allgäuer Alpen - Kleinwalsertal" (1:50')
Kartenausschnitt siehe Seite 110

Anforderungsprofil

Kondition:	4
Armkraft:	2
Technik:	1
Mut, Psyche:	2
Bergerfahrung:	2

1 niedrig 2 mäßig 3 mittel 4 hoch 5 extrem

Charakteristik: Der *Heilbronner Weg*. Ein großer Name in den Allgäuer Alpen. Selbst bei widrigen Wetterverhältnissen sind viele Leute auf diesem Steig garantiert, und man staunt nur, welch ein Trubel auf der Rappenseehütte herrscht, wo man bei dieser Tour meist eine Übernachtung einplant. Der Steig selbst entspricht nicht den klassischen Klettersteigen. Es ist eine Höhenwanderung mit einigen seilgesicherten Passagen, die bei Ungeübten sehr wohl ein Klettersteigset nützlich machen. Die Tour brilliert jedoch mit ihren Schauwerten über die gesamten Allgäuer und Lechtaler Alpen.
Diese Beschreibung beschränkt sich auf den Abschnitt zwischen Waltenberger Haus und Rappenseehütte, wo sich die Seilsicherungen befinden.

Talort: Oberstdorf.

Ausgangspunkt: Faistenoy, Talstation der Fellhornbahn (904 m).

GPS Parkplatz: N47.35272 E10.26684

Stützpunkt: **Hotel Birgsauer Hof** (946 m; www.birgsauer-hof.de; info@birgsauer-hof.de; Tel. 08322-96900); **Berggasthof Einödsbach** (1114 m; www.einoedsbach.de; info@einoedsbach.de; Tel. 08322-98454); **Waltenberger Haus** (2084 m; Mitte Juni bis Anfang Oktober; 71 Schlafplätze; Tel. 08322-700156); **Rappenseehütte** (2091 m; www.rappenseehuette.de; Juni bis Oktober; 304 Schlafplätze; Tel. 08322-700155); **Enzianhütte** (1804 m; www.enzianhuette-oberstdorf.de; Juni bis Oktober; 110 Schlafplätze; Tel. 0170-7931655); **Jausestation Petersalpe** (1296 m).

Anreise: Ab Oberstdorf folgt man den Wegweisern zur Fellhornbahn. Nach 11 km erreicht man Faistenoy, wo sich an der Talstation der Fellhornbahn Parkplätze für mehrere hundert Autos befinden.

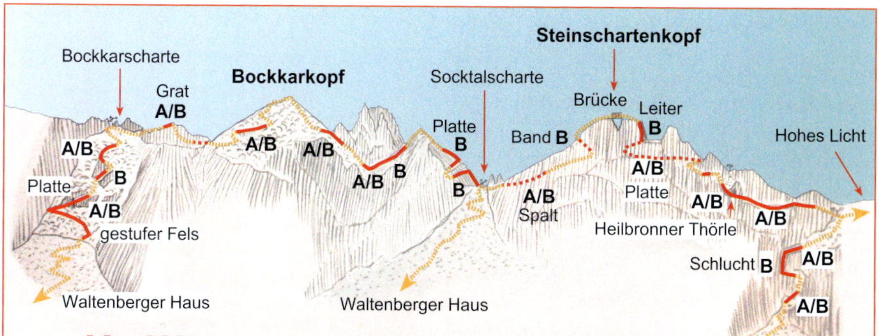

Heilbronner Weg B

■ **Hinweise:** Busfahrpläne unter www.-oberallgaeu.org

■ **Klettersteige zu verbinden:** Linkerskopf (A-a-99), Hohes Licht-Steig (A-a-30), Bacherloch (A-a-31)

a Allgäuer Alpen Steinschartenkopf, 2615 m

Zustieg: 4 Std. Der Zustieg erfolgt über Birgsau, Einödsbach (1114 m) und das *Bacherloch* (A-a-31) zum Waltenberger Haus (2084 m). Hier folgt man dem Wegweiser zur Bockkarscharte (2504 m), wobei man erst durch ein Geröllkar aufsteigt, bis man ca. 100 Hm unter der Scharte in felsiges Gelände gelangt (2400 m).

GPS Einstieg: N47.29504 E10.29095

Steigverlauf: Man steigt nun teilweise seilgesichert (A/B, einige Stellen B) über gestufte Felsen auf. Einige Stellen sind mit Stahltritten gangbar gemacht. So erreicht man die Bockkarscharte (2504 m) und wendet sich nun gegen rechts. Über einen seilgesicherten Grat (A/B) erreicht man eine kleine Scharte, wo der erste Hauptanstieg auf den Bockkarkopf beginnt (eine Stelle A/B). Nun steigt man auf der Nordseite ab und quert dabei unter einem wild gezackten Nebengipfel (A/B). Anschließend steigt man durch eine Felsrinne (B) auf eine Anhöhe und steigt über Platten (B) zur Socktalscharte ab (2579 m). Auf der Gegenseite geht man durch einen Spalt und steigt erst leicht (A/B), dann über einen Sims (B) auf den Steinschartenkopf (2615 m) auf. Auf dem Grat wird eine Spalte mittels einer Stahlbrücke überquert.

Abstieg: 4 Std. Der Abstieg beginnt mit einer 8 m langen Leiter (B), man steigt etwas auf der Südseite zurück und überquert weiter unten eine große Platte (A/B). Nun wechselt der Steig wieder auf die Nordseite und führt zu einer Verzweigung (A/B), wo man gegen links über den Grat zum Schochenalpsee absteigen kann. Wir gehen jedoch auf der Nordseite weiter abwärts und durch das Heilbronner Thörle, ein Felsloch (A/B). Weitere Seilsicherungen (A/B) führen schließlich zu einer Verzweigung, wo man geradeaus zum Gipfel des *Hohen Lichts* (2651 m; A-a-30) gelangt. Nun steigen wir gegen rechts durch eine Schlucht ab (B). Wo der Steig in schottriges Gelände übergeht, trifft man auf die letzte Seilsicherung (A/B). Nun führt der Weg erst über felsiges Gelände, später über Wiesen zur Rappenseehütte (2091 m). Von dort erfolgt der weitere lange Abstieg über die Enzianhütte 1780 m), über die Petersalpe (1296 m), über Einödsbach und Birgsau bis zum Parkplatz an der Fellhornbahn.

A-a-30 Hohes Licht-Steig B

mäßig schwierig

Steig	Steig	Zustieg	Abstieg	Expos.	Fun	Sich.	Anford.
30 Min.	220 Hm	4 Std.	4 Std.	NW	mäßig	gut	mäßig

Schwierigkeit: mäßig schwierig; großteils A/B, einige Stellen B
Gesamtanforderung: mäßig
Bes. Gefahren: bei Nässe Wanderpassagen sehr rutschig
Beste Jahreszeit: Juli - September

Zeiten / Höhenunterschiede:
Zustieg: 4 Std. / 1525 Hm
Klettersteig: 30 Min. / 220 Hm
Abstieg: 4 Std. / 1745 Hm
Höhenunterschied gesamt: 1745 Hm
Zeitaufwand gesamt: 8,5 Std.
Weglänge gesamt: 26 km

Exposition: Nordwest
Sicherungen: gute Stahlseile
Funfaktor: mäßig
Gestein: Kalk
Flucht- / Abbruchmögl.: keine
Orientierung / Markierung: gute Markierungen und Wegweiser
Anfänger-Eignung: bedingt, wenn auf den Hütten übernachtet wird. Sonst zuviele Höhenmeter

Ausrüstung: Klettersteigset, Helm, mittelfeste Bergschuhe
Errichtung / Betreuung, Karte: wie A-a-29
Kartenausschnitt siehe Seite 110

Anforderungsprofil

Kondition:	4
Armkraft:	2
Technik:	1
Mut, Psyche:	2
Bergerfahrung:	2

1 niedrig 2 mäßig 3 mittel 4 hoch 5 extrem

Charakteristik: Gleich vorweg: das *Hohe Licht* ist ein österreichischer Berg. Warum also die Erwähnung in diesem Führer? Das *Hohe Licht* und der *Heilbronner Weg* (A-a-29) gehören zusammen wie Zwillinge. Meist nimmt man das *Hohe Licht* noch eben kurz mit, wenn man über den *Heilbronner Weg* geht. Schwieriger ist es ja nicht, aber es bietet - abgesehen vom Krottenkopf - den höchsten Aussichtspunkt in der Bergkette des *Heilbronner Weges*.

Talort, Ausgangspunkt, Stützpunkt, Anreise: wie A-a-29.

Zustieg: **4 Std.** Der Zustieg erfolgt über Birgsau und Einödsbach (1114 m). In Einödsbach geht man das rechte Tal einwärts und folgt den Wegweisern zur Rappenseehütte. Dabei passiert man erst die Jausenstation Petersalpe (1296 m), anschließend die Enzianhütte (1780 m). Hat man nach langem Aufstieg die Rappenseehütte erreicht (2091 m), umgeht man diese rechts und wandert in ein kleines Tal, wel-

ches allmählich in einen felsigen Kessel übergeht. An der gegenüberliegenden Wand befindet sich der Einstieg (2430 m).

GPS Einstieg: N47.28223 E10.27584

Steigverlauf: Man steigt erst leicht über Geröll hoch (A/B) und klettert dann in einer Schlucht anregend hoch (B). Dann kommt eine Verzweigung, an welcher links der Heilbronner Weg abgeht. Wir steigen nach rechts auf einem Band ansteigend hoch, wobei einige Passagen seilgesichert sind (A/B). Eine Felsstufe wird ebenfalls seilgesichert überwunden (B), worauf man bereits auf dem großen felsigen Geröllplateau steht. Von da geht es ziemlich leicht zum Gipfelkreuz (2651 m).

Abstieg: **4 Std.** Abstieg auf demselben Weg.

- **Hinweise:** Busfahrpläne unter www.oberallgaeu.org
- **Klettersteige zu verbinden:** Linkerskopf (A-a-99), Heilbronner Weg (A-a-29), Bacherloch (A-a-31)

Waltenberger Haus, 2084 m

A-a-31 Bacherloch B 325 Hm

Wenn man vom *Bacherloch* hört, wird man sich wohl ein dunkles, schattiges und feuchtes Tal vorstellen. Und wie recht man doch damit hat. Die Vegetation spricht Bände, da es viele Pflanzen gibt, die an die Feuchtigkeit angepasst sind, und auch die Schneereste, die sich im September noch über dem Bacherlochbach wölben, sind ein deutliches Zeichen dafür, dass es in diesem Tal trotz geringer Höhe (unter 2000 m) eher kühl ist. Und die Steigsicherungen? Leicht, nicht allzu viele davon, eindrücklich auf einem breiten Sims verlaufend. Ein Genuss sind die letzten Meter hoch zum Waltenberger Haus.

Beste Jahreszeit: Juli - Oktober.
Zeitaufwand / Weglänge gesamt: 6 Std. / 1180 Hm / 18 km
Besondere Gefahren: Nässe.
Karten: Kompass 3 "Allgäuer Alpen - Kleinwalsertal" (1:50')
Talort / Ausgangspunkt, Stützpunkt, Anreise: wie A-a-29.
Gesamter Wegverlauf: **Zustieg:** 2,5 Std.; 855 Hm. Nun wandert man auf breitem Kiesweg nach Birgsau (diese Strecke kann auch mit dem Bus gefahren werden). Nach Birgsau folgt man der Straße links den Hang hoch nach Einödsbach. Ab diesem Weiler geht man nach links ins Tal hinein und folgt dem Bacherlochbach. Der Weg ist nicht zu verfehlen und führt nach einer Stunde zu den ersten Sicherungen (1760 m).
Steigverlauf: 45 Min.; 325 Hm.
Nachdem man eine breite Schotterrinne gequert hat, steigt man über eine Felsstufe hoch (B). Es geht ungesichert weiter zu einer breiten Felswand, in welcher sich der gesicherte Steig auf einem breiten Sims befindet (A). Am Schluss wird der Steig einen Tick schwerer, indem zwei Stahlstege zu überqueren sind (A/B). Nun gelangt man wieder auf Grashänge, über welche man noch eine halbe Stunde zum Waltenberger Haus aufsteigt. *GPS: N47.29537 E10.27372*
Abstieg: 2,5 - 3 Std.; 1180 Hm. Es geht auf dem gleichen Weg zurück.

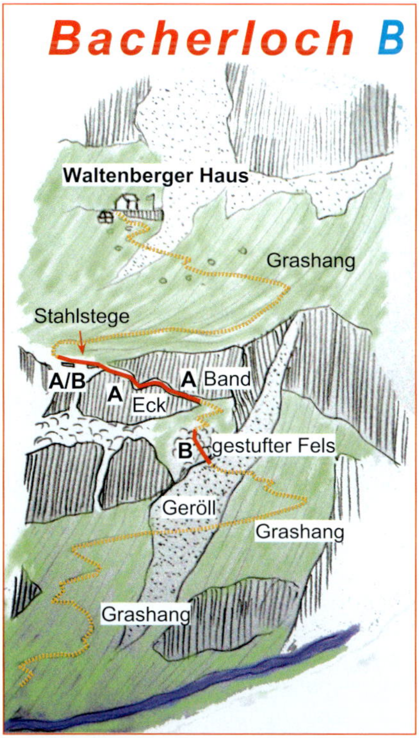

Untere Gottesackerwände, 1858 m

A-a-32 Gottesackerwand-Steig A *10 Hm*

Tagestour mit kurzer gesicherter Stelle, die sich zum Eingehen für größere Touren (z.B. Kanzelwand) lohnt.

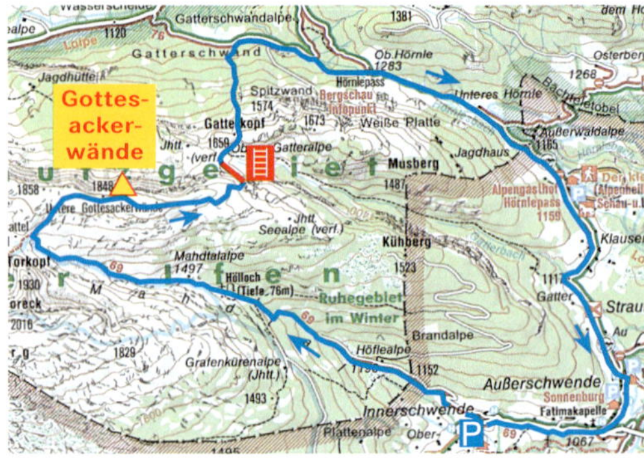

Beste Jahreszeit: Juni - Okt.
Zeitaufwand / Weglänge gesamt: 7 Std. / 765 Hm / 15 km
Besondere Gefahren: keine.
Karten: Kompass 3 "Allgäuer Alpen - Kleinwalsertal" (1:50')
Talort / Ausgangspunkt: Oberstdorf / Parkplatz Mahdtalhaus bei Riezlern (1070 m) / *GPS: N47.36808 E10.17481*
Stützpunkt: **Alpengasthof Hörnlepass** (1150 m).
Anreise: Vor Oberstdorf am Kreisverkehr rechts ins Kleinwalsertal abbiegen und nach Riezlern fahren. Vor dem Ort rechts Richtung "Schwende" und nach der Brücke links halten nach Innerschwende. Kleiner Parkplatz bei einer Bushaltestelle.
Gesamter Wegverlauf: **Zustieg:** 4 Std.; 765 Hm. Vom Parkplatz kurz zurück und dann auf Weg Nr. 69 links Richtung Mahdtal bis zum Windecksattel. Nun rechts die Gottesackerwände hinauf und auf deren Kamm entlang nach Osten Richtung Gattertal. **Steigverlauf:** 5 Min.; 10 Hm. Im Abstieg quert man eine leichte Felswand, die ca. 20 m lang gesichert ist und im letzten Teil ziemlich ausgesetzt ist (A). *GPS: N47.38613 E10.15157*

Ausgesetzte Stelle im Abstieg

Abstieg: 3 Std.; 690 Hm (130 Hm Gegenanstiege). Vom Gatterkopfsattel über den Gatterkopf bergab bis zur Fahrstraße. Dort auf Weg Nr. 76 nach rechts über den Hörnlepass und den Gasthof Hörnlepass zurück nach Außerschwende. Hier nun über die Zufahrtstraße wieder bis zum Parkplatz.
Hinweise, Tipps: In der Gatterscharte beschilderter Direktabstieg nach Außerschwende direkt durch das Gattertal, der aber aufgrund des Zustandes (knietiefer Schlamm, Pfad kaum erkennbar) nicht ratsam ist.

Heidenkopf, 1685 m

A-a-33 Heidenkopf-Steig A/B 40 Hm

Ein gesicherter Weg führt auf den Heidenkopf und den naheliegenden Siplingerkopf. Als Klettersteig sicher kein Ziel, aber als Nachmittagstour und zum Genuss der tollen Aussicht vor allem am Siplingerkopf lohnenswert.

Beste Jahreszeit: Juni - Oktober.
Zeitaufwand / Weglänge gesamt: 3,5 - 4 Std. / 700 Hm / 10 km
Besondere Gefahren: keine.
Karten: Kompass 3 "Allgäuer Alpen - Kleinwalsertal" (1:50').
Talort / Ausgangspunkt: Balderschwang / Parkplatz "Schelpenalpe" am südl. Ortsrand von Balderschwang (1020 m) / *GPS: N47.46321 E10.10191*
Stützpunkt: keiner.
Anreise: Von Fischen im Allgäu westwärts Richtung Obermaiselstein/Riedbergpass bis nach Balderschwang. In der Ortsmitte links abbiegen zum Parkplatz Schelpenalpe (17 km ab Fischen).
Gesamter Wegverlauf: **Zustieg:** 2 Std.; 660 Hm. Vom Parkplatz zurück in den Ort, dann ca. 500 m ostwärts entlang der Hauptstraße Richtung Riedbergpass. Nun links abbiegen (Wegweiser Siplingerkopf / Heidenkopf). Vorbei an der 2000 Jahre alten Eibe und den beiden Balderschwanger Alpen. Etwa 100 Hm danach zweigt der Pfad zum Heidenkopf ab. Einige Minuten später links halten Richtung Heidenkopf und hinauf bis zum Einstieg.
Steigverlauf: 15 Min.; 40 Hm. Der restliche Weg hinauf zum Gipfel ist mit mehreren kurzen Drahtseilsicherungen versehen (alle A/B). Nach einer ca. 8 m hohen Kletterstelle (A/B) Ausstieg zum Gipfel. *GPS: N47.4807 E10.11023*
Abstieg: 1,5 Std.; 700 Hm. Über den selben Weg zurück. Alternativ vom Gipfel mit Abstecher über den östlich liegenden Siplingerkopf (1746 m).

Hinweise, Tipps: Entlang des Wegs findet sich ein Naturdenkmal: Eine Eibe, deren Alter auf 2000 - 4000 Jahre geschätzt wird.

A-a-34 Mindelheimer Klettersteig C

Steig	Steig	Zustieg	Abstieg	Expos.	Fun	Sich.	Anford.
3-4 Std.	420 Hm	3 Std.	2 Std.	alle	★★★★ super	☆☆☆ gut	mittel

Schwierigkeit: schwierig; meist B bis B/C, Schlüsselstelle (Kamin) bei Mittelgipfel kurz C
Gesamtanforderung: mittel
Bes. Gefahren: ausgesetzte Lage bei Gewitter
Beste Jahreszeit: Juli - September

Zeiten / Höhenunterschiede:
Zustieg: 3 Std. / 1000 Hm
Klettersteig: 3 - 4 Std. / 420 Hm Auf- und Abstiege
Abstieg: 2 Std. / 970 Hm
Höhenunterschied gesamt: 1420 Hm
Zeitaufwand gesamt: 8 - 9 Std.
Weglänge gesamt: 14,8 km

Exposition: Nord, dann Südost
Sicherungen: gut; Stahlseile, Leitern, Klammern, Brücken
Funfaktor: super
Gestein: Kalk
Flucht- / Abbruchmögl.: keine
Orientierung / Markierung: gut
Anfänger-Eignung: ja

Ausrüstung: Klettersteigset, Helm, mittelfeste Bergschuhe
Errichtung / Betreuung: DAV Sektion Oberstdorf (www.alpenverein-oberstdorf.de; Tel. 08322-6907; info@alpenverein-oberstdorf.de); DAV Mindelheim (www.alpenverein-mindelheim.de; Tel. 08261-738073; info@alpenverein-mindelheim.de)
Karte: Kompass 3 "Allgäuer Alpen - Kleinwalsertal" (1:50')
Kartenausschnitt siehe Seite 118

Anforderungsprofil

Kondition:	4
Armkraft:	3
Technik:	3
Mut, Psyche:	3
Bergerfahrung:	3

1 niedrig 2 mäßig 3 mittel 4 hoch 5 extrem

Charakteristik: Der *Mindelheimer Klettersteig* ist ein Muss für jeden Klettersteigler. Der 1975 eröffnete Steig bietet ein schönes und anspruchsvolles Klettersteig-Abenteuer, zusammen mit einer wunderbaren Sicht auf die Allgäuer Alpen. Von Seilen über Stifte, Klammern und Leitern ist alles geboten, was das Klettersteigler-Herz höher schlagen lässt, ohne es dabei aber in Bedrängnis zu bringen.

Talort: Oberstdorf.

Ausgangspunkt: Gasthof Schwendle in Mittelberg (1178 m).

GPS Parkplatz: N47.32215 E10.16557

Stützpunkt: **Fiderepass-Hütte** (www.-fiderepasshuette.de; Tel. +43-5517-20626; info@fiderepasshuette.de; geöffnet ab Juni); **Mindelheimer Hütte** (www.mindelheimer-huette.de; Tel. 0171-6706673).

Anreise: Im Kreisverkehr am Ortseingang von Oberstdorf ins Kleinwalsertal abbiegen. Nun nach Österreich und an den Orten Riezlern und Hirschegg vorbei nach Mittelberg. Dort am Ortsende zweigt der Weg links ab zum Gasthof Schwendle (Wildentalstraße, beschildert; 17 km ab Oberstdorf).

Zustieg: 3 Std. Vom Gasthof Schwendle auf einem Fuhrweg Richtung Untere Wiesalpe und weiter bis zur Fluchtalpe (1 Std.). Nun zweigt der Weg Nr. 446 ab hinauf zur Fiderepasshütte (2067 m; 1,5 Std.). Von der Hütte geht es weiter hinauf über die Fiderescharte bis zum Abzweig des Klettersteigs (2196 m; 30 Min. ab Hütte). *GPS Einstieg: N47.31192 E10.21771*

Steigverlauf: Der erste Teil des Steiges führt an der Nordseite des 3. Schafalpenkopfes empor. Dabei geht es über leichte gesicherte Stellen (A/B bis B) und zwei Leitern (B) hinauf in die Scharte unterhalb des Gipfelaufbaus (Abzweig zum Gipfel FT 1+). Von der Scharte wieder abwärts über eine Leiter (B) und mittels einer Eisenbrücke über eine kleine, tiefe Spalte. Dann steigt man in eine weitere Scharte ab (B) und klettert über Felsstufen wieder empor (B).
Nun an einer ca. 15 m tiefen Felswand senkrecht über Eisenbügel (B/C) hinab. Der nun folgende Aufstieg zum Mittleren Schafalpenkopf (2302 m) ist der schwierigste Teil der Tour. Über einen kleinen Kamin (C) und eine Leiter (B/C) sowie eine Eisenbrücke (B) geht es hinauf bis zum plattigen Gipfel. Von dort nun über leichtes Gehgelände wieder hinab (kurze Sicherungen A/B) und im Anschluss nochmals leicht gesichert (A/B) hinauf zum 1. Schafalpenkopf (2104 m). Der Abstieg führt durch eine Rinne (B/C) die aber über ein Weglein umgangen werden kann. Nun noch über das Kemptner Köpfl (2191 m) zum Abzweig bei der Kemptner Scharte (2103 m).

Abstieg: 2 Std. Von der Kemptner Scharte bietet sich ein kleiner Abstieg zur Mindelheimer Hütte an (2013 m). Ansonsten über den Weg 441 hinab ins Tal zur Hinteren Wildenalpe und weiter zur Fluchtalpe. Dort über den Zustiegsweg zurück zum Auto.

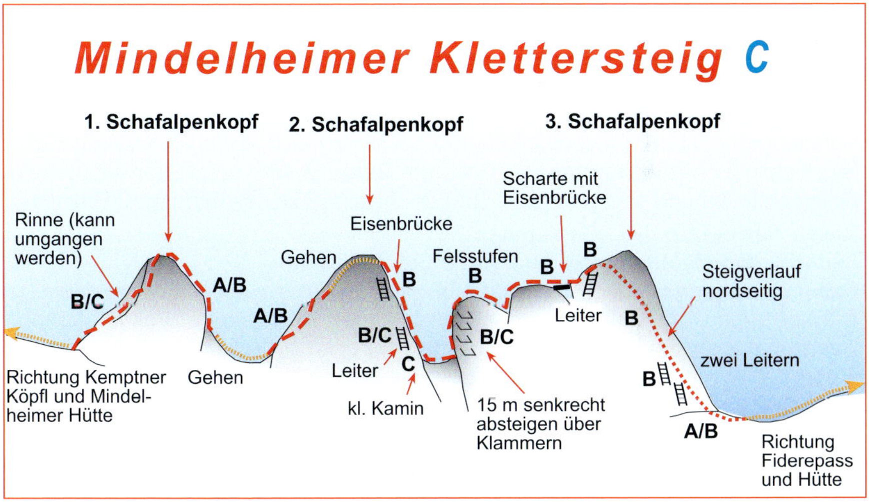

■ **Tipps:** Der Aufstieg zur Fiderepass-Hütte ist etwas einfacher als zur Mindelheimer Hütte. Deshalb wird der Steig üblicherweise in der beschriebenen Richtung begangen. Er kann aber auch problemlos in anderer Richtung begangen werden, was im Sommer oftmals zu anstrengendem Gegenverkehr am Steig führt. ■ **Hinweise:** Der Klettersteig wurde 2007 saniert.

***Linkerskopf**, 2459 m*

A-a-99 ***Linkerskopf*** *B/C, 2*

Die Besteigung des Linkerskopfs, der ursprünglich als „reguläre“ Tour A-a-28 in diesem Führer vorgesehen war, spricht den Klettersteigler kaum an. Dafür ist er für den Botaniker hochinteressant. Der Steig ist weder mit Wegweisern ausgeschildert noch ist er markiert. Im oberen Teil finden sich keine Wegspuren mehr. Die Wegfindung ist schwierig. Der Grat zum Gipfel ist ausgesetzt, verfügt über FT 2-Kletterstellen und erfordert hohe Bergerfahrung. Keine Begehung bei Nässe.

Beste Jahreszeit: Juli - September.
Zeitaufwand / Höhenmeter gesamt: 9 Std. / 1555 Hm
Talort / Ausgangspunkt: Oberstdorf / Faistenoy, Talstation der Fellhornbahn.
Anreise: Von Oberstdorf zur gut ausgeschilderten Talstation der Fellhornbahn.
Gesamter Wegverlauf: Erst wandert man auf breiter Straße über Birgsau nach Einödsbach. Von dort führt der Weg über die Petersalpe zur Enzianhütte. Ab hier ist der Weg nur noch schwer erkennbar und teilweise schwierig zu finden. Der Trampelpfad startet hinter der Enzianhütte und führt in einer Stunde zum Kühboden, einem Vorgipfel. Ab da steigt man sehr ausgesetzt und schwierig über den Nordgrat, während im Schlussteil ein kurzes Seilstück auf den Gipfel leitet.

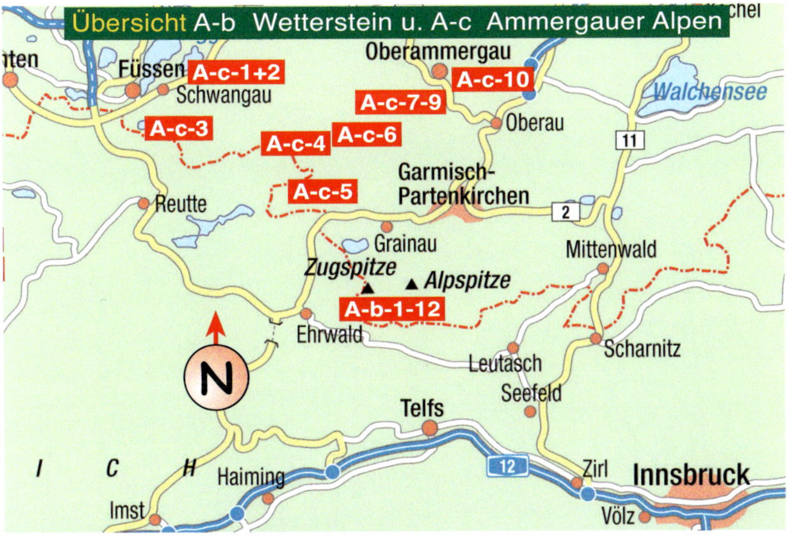

***Riffelscharte**, 2161 m*

A-b-1 **Riffelweg** *B* *200 Hm Abstieg*

Neben dem ausgetretenen Weg zur Zugspitze durch das Höllental bietet sich der *Riffelweg* als stille, gesicherte Alternative zum Eibsee an.

Beste Jahreszeit: Ende Juni - Anfang/Mitte Oktober.

Zeitaufwand / Weglänge gesamt: 7 Std. / 1400 Hm / 14 km

Besondere Gefahren: Bei Nebel und Schnee in der oberen Hälfte problematisch.

Karten: Kompass 5 "Wettersteingebirge - Zugspitzgebiet" (1:50'), Kompass 07 "Werdenfelser Land mit Zugspitze" (1:25'), AV 4/2 „Wetterstein- und Mieminger Gebirge / Mitte“ (1:25'). Karte siehe Seite 120.

Talort / Ausgangspunkt: Garmisch-Partenkirchen / Hammersbach (753 m; gebührenpflichtig) / *GPS: N47.468391, E11.040648*

Stützpunkt: **Höllentalklamm-Eingangshütte** (1054 m); **Höllentalangerhütte** (1387 m; bewirtschaftet Ende Mai bis Mitte Oktober; Tel.: 08821-8811).

Anreise: Von Garmisch-Partenkirchen (Zentrum) der guten Beschilderung nach Hammersbach folgen (zuerst B23 in Richtung Westen, dann in die Schmölzstraße [später Zugspitzstraße] links abbiegen); großer, nicht zu übersehender Parkplatz (gebührenpflichtig!).

Gesamter Wegverlauf: **Zustieg:** 4 Std.; 1400 Hm. Der Aufstieg zur Höllentalangerhütte (1387 m) beginnt in Hammersbach (753 m) auf einem guten Weg (Weg EH / 831 A) zur Höllentalklamm-Eingangshütte (1054 m). Nach etwa 1 km Klammweg erreicht man wieder das Tageslicht und steigt auf steilem Weg zur Höllentalangerhütte weiter (Weg H1; 1387 m). Nun in den Talgrund des Höllentals und am Abzweig Zugspitze-Riffelscharte (ca. 1650 m) nach rechts. Schlecht bezeichnet, felsig und latschendurchsetzt steigt man steil hinauf, passiert eine gesicherte Rinne (A/B) und steht auf einer Wiese unter dem Riffelkar. Rechts

b Wetterstein

zweigt einmal ein kleiner Steig ab („Schafsteig“ zum Waxenstein), man hält sich aber links, geht durch Geröll zur oberen Karmulde und erreicht unter dem Riffelkopf die gleichnamige Scharte (2161 m). Gipfelmöglichkeiten: Riffeltorkopf (2230 m) und südliche Riffelspitze (2263 m; beide je 15 - 20 Min.).

Steigverlauf: 30 Min.; 200 Hm Abstieg. Zunächst ein Abstieg von der Riffelscharte um die Nordseite des Riffeltorkopfes herum, dann leicht gesichert (B) bergauf. Über Felsplatten - mit Drahtseilen und Klammern im oberen Teil (B) gesichert - steigt man ins Schuttkar unter der Scharte hinab.

Abstieg: 2,5 Std.; 1200 Hm. Auf dem alten Riffelschartenweg (Weg H4) die Riffelreiße hinab und durch Latschen und Lärchen in gemäßigten Serpentinen zur Station Riffelriss (1639 m). Man kann man auch zu Fuß zum Eibsee absteigen (1 Std. zusätzlich).

Hinweise, Tipps: Man kann die Tour auch anders herum gehen. Zudem kürzt man das Ganze enorm ab, indem man von der Station Riffelriss zur Riffelscharte aufsteigt und auch wieder absteigt. Nach den versicherten Stellen kann man eine herrliche Geröllabfahrt (ca. 500 Hm) hinunter Richtung Eibsee nehmen (deutliche Spuren und z.T. Markierungspfosten). Die Höllentalklamm ist nicht ganzjährig begehbar; geöffnet ungefähr ab Juni bis Mitte / Ende Oktober. Telefonische Info unter 08821-8895. Die Höllentalklamm ist auch nachts geöffnet; tagsüber kostet die Klamm Eintritt: 3 Euro / 1 Euro für AV-Mitglieder (Stand 2009).

Stangensteig, *1250 m*

A-b-2 Stangensteig A 250 Hm

Der *Stangensteig* entstand bereits im Jahre 1845 und diente als Transportweg für den Erzabbau. Beeindruckend ist heute die hohe Brücke, die sich quer über die Höllentalklamm spannt. Der Steig bietet sich als Alternative zum Normalweg durch die Höllentalklamm an.

Die spektakuläre Brücke

Beste Jahreszeit: Juni - Oktober.

Zeitaufwand / Weglänge gesamt: 4 - 4,5 Std. / 550 Hm / 8 km

Besondere Gefahren: Im Frühjahr teilweise unbegehbar durch gefährliche Schneefelder bzw. Lawinenkegel.

Karten: Kompass 5 "Wettersteingebirge - Zugspitzgebiet" (1:50'), Kompass 07 "Werdenfelser Land mit Zugspitze" (1:25'), AV 4/2 „Wetterstein- und Mieminger Gebirge / Mitte“ (1:25')

Talort / Ausgangspunkt: Garmisch-Partenkirchen / Parkplatz Hammersbach (753 m).
GPS: N47.468391, E11.040648

Stützpunkt: **Höllentalklamm-Eingangshütte** (1054 m); **Höllentalangerhütte** (1387 m; bewirtschaftet Ende Mai bis Mitte Oktober; Tel.: 08821-8811).

Anreise: Von Garmisch-Partenkirchen (Zentrum) der guten Beschilderung nach Hammersbach folgen (zuerst B23 in Richtung Westen, dann in die Schmölzstraße [später Zugspitzstraße] links abbiegen); großer, nicht zu übersehender Parkplatz (gebührenpflichtig!).

Gesamter Wegverlauf: **Zustieg:** 1 Std.; 300 Hm. Der Aufstieg von Hammersbach führt auf bequemen Weg bis kurz vor die Höllentalklamm-Eingangshütte (Weg EH / 831 A; 1054 m). Gut beschildert zweigt der *Stangensteig* nach rechts ab.
Steigverlauf: 1 - 1,5 Std.; 250 Hm. Zuerst über einen Schotterweg, dann in Serpentinen durch den Wald gemäßigt hinauf bis zu einem Wegweiser, wo man sich links hält. An einer Schutthalde und an alten Stollen (früher Erzabbau) vorbei zur ersten Seilsicherung (A). Kurz darauf überquert man die Klamm über die ca. 75 m hohe Eisenbrücke. Nach der Brücke in Serpentinen zur nächsten Seilsicherung (A). Nun ist die Zielhöhe erreicht und es geht zunächst eben weiter zur letzten Sicherung (A). Ab hier im felsigen Gelände bergab (teilweise Holztreppen) bis zum Hammersbach, den man über eine Brücke überquert.
GPS: N47.450631, E11.041475
Abstieg: 2 Std.; 500 Hm. Auf gleichem Weg, oder durch die Höllentalklamm zurück. Es empfiehlt sich auch einen kurzen Abstecher zur Höllentalangerhütte zu machen (20 Min.).

Hinweise, Tipps: Die Höllentalklamm ist nicht ganzjährig begehbar; geöffnet ungefähr ab Juni bis Mitte / Ende Oktober. Telefonische Info unter 08821-8895. Die Höllentalklamm ist auch nachts geöffnet; tagsüber kostet die Klamm Eintritt: 3 Euro / 1 Euro für AV-Mitglieder (Stand 2009).

A-b-3 Höllental-Klettersteig C

schwierig

Steig	Steig	Zustieg	Abstieg	Expos.	Fun	Sich.	Anford.
3 Std.	600 Hm	5,5 Std.	1 Min.	N	super	super	hoch

Schwierigkeit: schwierig; Brett/Leiter-Abschnitt maximal B, oberer Höllental-Steig meistens B, einige Stellen C, Schlüsselstelle ist die Randkluft des Höllentalferners
Gesamtanforderung: hoch
Bes. Gefahren: Steinschlag, Gletscher, Randkluft
Beste Jahreszeit: Juli - September

Zeiten / Höhenunterschiede:
Zustieg: 5,5 Std. / 1600 Hm
Klettersteig: 3 Std. / 600 Hm
Abstieg: 1 Min. (Seilbahn) / 0 Hm
Höhenunterschied gesamt: 2200 Hm
Zeitaufwand gesamt: 8,5 Std.
Weglänge gesamt: 10,2 km

Exposition: Nord
Sicherungen: sehr gut; dickes Stahlseil, Klammern, Bügel, Randkluft nur provisorisch gesichert (meist nur loses Stahlseil)
Funfaktor: super
Gestein: Kalk
Flucht- / Abbruchmögl.: nur Weg über die Riffelscharte und über *Riffelweg* (A-b-1) zum Eibsee (Einstieg unterhalb des Brett/Leiter-Abschnitts)
Orientierung / Markierung: sehr gut (Wegweiser, rote Punkte usw.)
Anfänger-Eignung: nein
Ausrüstung: Klettersteigset, Helm, mittelfeste Bergschuhe od. Kletterschuhe, Steigeisen oder Grödeln
Errichtung / Betreuung: DAV GAP (www.alpenverein-ga-pa.de; Tel. 08821-2701)
Karte: Kompass 5 "Wettersteingebirge - Zugspitzgebiet" (1:50'), Kompass 07 "Werdenfelser Land mit Zugspitze" (1:25'), AV 4/2 „Wetterstein- und Mieminger Gebirge / Mitte“ (1:25')
Kartenausschnitt siehe Seite 120

Anforderungsprofil

Kondition:	5
Armkraft:	3
Technik:	2
Mut, Psyche:	3
Bergerfahrung:	4

1 niedrig 2 mäßig 3 mittel 4 hoch 5 extrem

Charakteristik: Schon als höchster Berg Deutschlands übt die Zugspitze eine enorme Anziehungskraft auf den normalen Bergsteiger aus. Um so fordernder ist es für einen Klettersteigler, die Besteigung dieses Gipfels durch das Höllental zu versuchen. Meist unternimmt man dieses 2200 Hm-Mammutprogramm mit einer Übernachtung auf der Höllentalangerhütte. Belohnt wird man mit einer abwechslungsreichen Bergtour, die neben Gletscher- und Klettersteigpassagen auch enorme Landschaftseindrücke bietet. Zuletzt gerät man auf dem „Dach Deutschlands“ nach dem langen Zustieg unvermutet in den Massentrubel der Bahntouristen. Insgesamt eine zwar in technischer Hinsicht leichte, aber konditionell sehr fordernde Tour, die ein hohes Maß an Bergerfahrung voraussetzt.

b Wetterstein *Zugspitze, 2964 m*

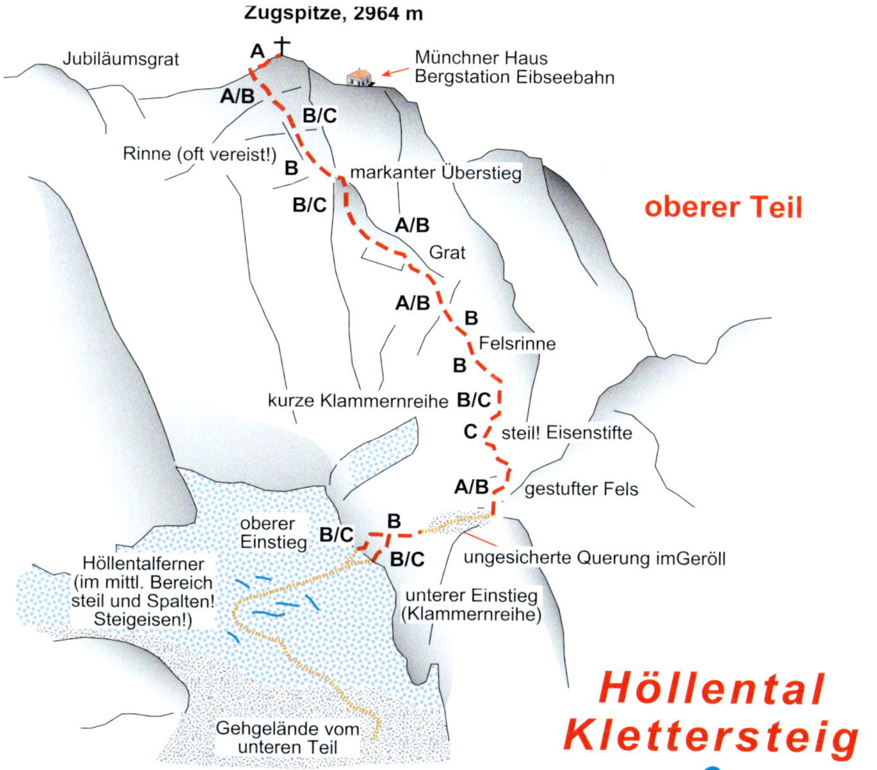

Höllental Klettersteig
C

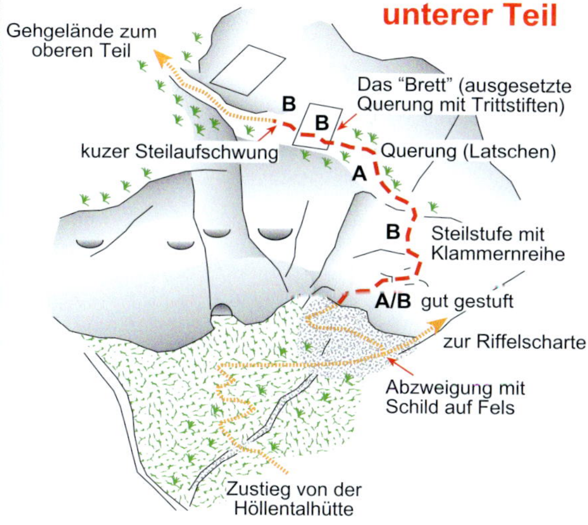

b Wetterstein *Zugspitze, 2964 m*

Talort: Garmisch-Partenkirchen.
Ausgangspunkt: Parkplatz in Hammersbach (750 m).
GPS Parkplatz: N47.468391, E11.040648
Stützpunkt: **Höllentalklamm-Eingangshütte** (1054 m); **Höllentalangerhütte** (1387 m; bew. Ende Mai bis Mitte Oktober; Tel.: 08821-8811); **Münchener Haus** (2964 m; bewirtschaftet Mai bis September; Tel.: 08821-2901).
Anreise: Von Garmisch-Partenkirchen (Zentrum) der guten Beschilderung nach Hammersbach folgen (zuerst B23 in Richtung Westen, dann in die Schmölzstraße [später Zugspitzstraße] links abbiegen); großer, nicht zu übersehender Parkplatz (gebührenpflichtig!).
Zustieg: **5,5 Std.** Von Hammersbach durch die beeindruckende Höllentalklamm zur Höllentalangerhütte (Wege EH / H1 / H3 / 831 A; 1387 m; 2 - 2,5 Std.). Von dort weiter über den Höllentalanger, den bekannten Brett/Leiter-Klettersteig (B; 1 Std.; KS-Teil 130 Hm) und ein mühsames Geröllfeld zum spaltenreichen (!) Höllentalferner (2450 m). Diesen quert man bis zur Randspalte (2 Std.).
GPS Einstieg: N47.423799 E10.990657 (Einstieg Kluft)
Steigverlauf: Hier erfolgt der Einstieg in den Klettersteig - je nach Größe der Randkluft - entweder über den oberen oder unteren versicherten Teil. Der obere versicherte Teil leitet über Drahtseile (evtl. locker und Haken herausgerissen) versichert eine Stufe (5 m; B/C) empor bevor man nordwärts die Wand luftig quert (B) und nach wenigen Metern auf den unteren Teil des Einstiegs (lange Klammernreihe B/C) stößt. Man quert die Felsen zu einer kleinen gerölligen Terrasse und steigt dann gesichert (A/B) aufwärts zu einem kleinen Einschnitt (steil; Stifte; C). Eine Klammern-Passage (B/C) führt weiter empor (1 Std.). Es geht nun mäßig steiler durch einen kleinen Einschnitt (B) und über plattiges, sehr gut gangbares Gelände (A/B) dem bereits sichtbaren Gipfelbereich der Zugspitze entgegen (1 Std.). Erste Blicke auf den beeindruckenden Riffelkamm sowie nach Westen hinunter zum Eibsee werden nun freigegeben. Eine steile, geröllige Rinne leitet zu einem markanten Überstieg und einer weiteren Rinne (B; Altschneereste) bis zum Grat. Während es nun links auf dem *Jubiläumsgrat* weitergeht (A-b-99; Tafel), erreicht man nach rechts rasch den Gipfel (A; Holzstufen; 1 Std.).

Großer Andrang an der "Leiter"

Abstieg: 1 Min. Die „gesündeste" Möglichkeit (knieschonend!) ist die Fahrt mit der Bayerischen Zugspitzbahn zurück nach Hammersbach. Lohnenswert wäre aber auch der Abstieg über den österreichischen *Westgrat-Klettersteig* (B; „Stopselzieher") und die Wiener-Neustädter-Hütte (2213 m) zum Eibsee.

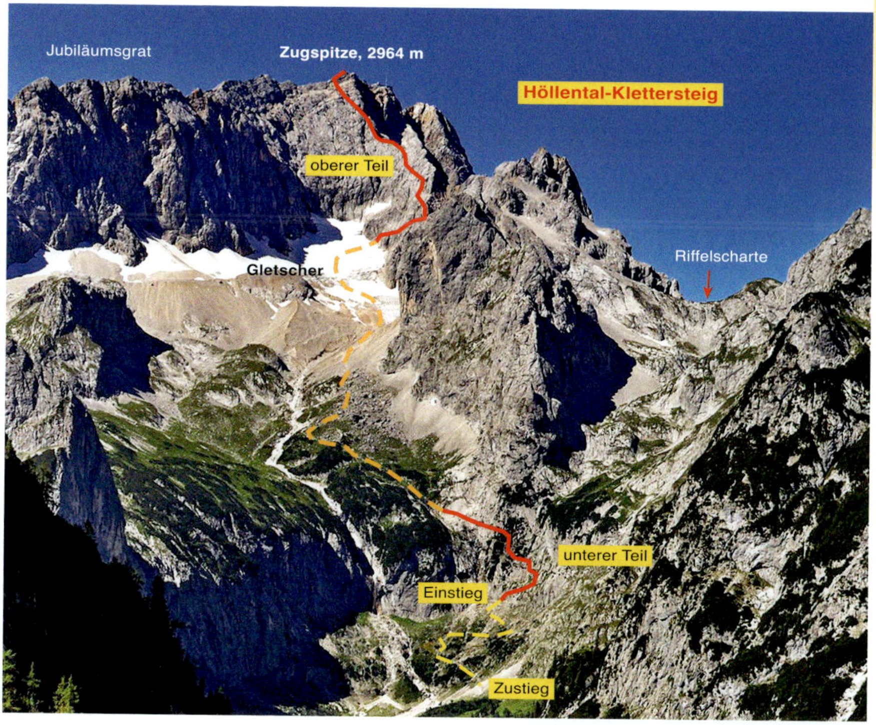

■ **Hinweise:** Die Höllentalklamm ist nicht ganzjährig begehbar; geöffnet ungefähr ab Juni bis Mitte / Ende Oktober.
Telefonische Info unter 08821-8895. Die Höllentalklamm ist auch nachts geöffnet; tagsüber kostet die Klamm Eintritt: 3 Euro / 1 Euro für AV-Mitglieder (Stand 2009). Der Wetterbericht und die Ratschläge auf der Höllentalangerhütte sind unbedingt zu beachten!
Ausweichen kann man über den *Stangensteig* (A-b-2; ca. 30 Min. zusätzlich).

■ **Klettersteige zu verbinden:** Riffelweg (A-b-1), Klettersteig Brunntalgrat (A-b-4), Jubiläumsgrat (A-b-99)

Luftige Querung im Schlussteil

b Wetterstein *Innere Höllentalspitze, 2741 m*

A-b-4 Brunntalgratsteig B/C,2

mäßig schwierig

Steig	Steig	Zustieg	Abstieg	Expos.	Fun	Sich.	Anford.
2,5 Std.	700 Hm	7,5 Std.	8-8,5 Std.	O	★★ mäßig	☆☆ mäßig	mittel

Schwierigkeit: mäßig schwierig; großteils B, eine Stelle B/C, etliche ungesicherte Kletterstellen FT 1-2
Gesamtanforderung: mittel
Bes. Gefahren: Steinschlag, Orientierung teils problematisch
Beste Jahreszeit: Juli - September

Zeiten / Höhenunterschiede:
Zustieg: 7,5 Std. / 1350 Hm
Klettersteig: 2,5 Std. / 700 Hm
Abstieg: 8 - 8,5 Std. / 2040 Hm
Höhenunterschied gesamt: 2040 Hm
Zeitaufwand gesamt: 18 - 19 Std.
Weglänge gesamt: 38 km

Exposition: Ost
Sicherungen: mäßig, ein paar Drahtseile, Klammern
Funfaktor: mäßig
Gestein: Kalk
Flucht- / Abbruchmögl.: keine
Orientierung / Markierung: mäßig
Anfänger-Eignung: nein, wegen der sehr langen Gehzeiten und hohen konditionellen Anforderungen

Ausrüstung: Klettersteigset, Helm, mittelfeste Bergschuhe od. Kletterschuhe
Errichtung / Betreuung: DAV GAP (www.alpenverein-ga-pa.de; Tel. 08821-2701)
Karte: Kompass 5 "Wettersteingebirge - Zugspitzgebiet" (1:50'), Kompass 07 "Werdenfelser Land mit Zugspitze" (1:25'), AV 4/2 „Wetterstein- und Mieminger Gebirge / Mitte" (1:25')
Kartenausschnitt siehe Seite 128

Anforderungsprofil

Kondition:	5
Armkraft:	2
Technik:	1
Mut, Psyche:	2
Bergerfahrung:	5

1 niedrig 2 mäßig 3 mittel 4 hoch 5 extrem

Charakteristik: Selten wird diese Tour als eigenständiges Unternehmen gewählt, sondern dient meist als Notabstieg vom *Jubiläumsgrat*. Er erfordert eine gute Orientierung und ein wenig Klettergeschick, da (ähnlich wie beim *Jubiläumsgrat*) nur das Notwendigste gesichert ist und viele ungesicherte Kletterpassagen am Grat zu meistern sind. Aufgrund des extrem langen Zustiegs ist diese Tour besser mit einer Übernachtung auf der Knorrhütte oder auf der Reintalangerhütte zu meistern.

Steilere Querung im oberen Bereich

b Wetterstein Innere Höllentalspitze, 2741 m

Talort: Garmisch-Partenkirchen.

Ausgangspunkt: Garmisch-Partenkirchen (705 m).

GPS Parkplatz: N47.482356, E11.117189

Stützpunkt: **Bockhütte** (1052 m), **Reintalangerhütte** (1370 m; Tel. 08821-2903), **Knorrhütte** (2052 m; Tel. 08821-2905).

Anreise: Von München kommend auf der A95 Richtung Garmisch-Partenkirchen, im Ort dann bis zum Skistadion (Parkplatz).

Zustieg: **7,5 Std.** Der schöne, aber lange Zustieg zur Knorrhütte beginnt an der Partnachklamm und geht zunächst zur Bockhütte (1052 m; kleine Speisen und Getränke). Von dort zur ehemaligen "Blauen Gumpe" (existiert nach einem Murenabgang nicht mehr) und weiter zur Reintalangerhütte (Weg 801; 1370 m; 5 Std.). Am linken Partnachufer weiter taleinwärts, dann etwas steiler ins Brunntal und am nördlichen Ende des Tals wieder steiler zur Knorrhütte hinauf (2052 m; 2,5 Std.). *GPS Einstieg: N47.411278, E11.013305*

Steigverlauf: Nach der Knorrhütte noch kurz in Richtung Zugspitze aufsteigen bis ein Steig nach rechts abzweigt, mit Blickrichtung zu einem markanten Felssporn. Dort schräg nach rechts empor in eine Rinne, die auf ein grasdurchsetztes Stück führt. Rechts in eine Schuttrinne (B/C) zum Grat. Die folgenden Sicherungen führen teils auf dem Grat (B; FT 2) in eine Scharte. Aus dieser westwärts zum *Jubiläumsgrat* (A-b-99), oder ostwärts zum Gipfel (2741 m).

Abstieg: **8 - 8,5 Std.** Wie Aufstieg.

Hinweise: Tour alleine lohnt wegen des langen Zustiegs in der Regel nicht; Partnachklamm: Täglich geöffnet (Sommer: 8:00 - 18:00 Uhr, Winter: 9:00 - 17:00 Uhr; Gebühr!).

Klettersteige zu verbinden: Jubiläumsgrat (A-b-99)

A-b-5 Alpspitz-Ferrata B

mäßig schwierig

Steig	Steig	Zustieg	Abstieg	Expos.	Fun	Sich.	Anford.
1,5 Std.	550 Hm	15 Min.	2,5 Std.	N	★★★ schön	☆☆☆☆ super	mäßig

Schwierigkeit: mäßig schwierig; meist A bis A/B - wenige Stellen B
Gesamtanforderung: mäßig
Bes. Gefahren: großer Andrang
Beste Jahreszeit: Juli - September

Zeiten / Höhenunterschiede:
Zustieg: 15 Min. / 50 Hm
Klettersteig: 1,5 Std. / 550 Hm
Abstieg: 2,5 Std. / 600 Hm
Höhenunterschied gesamt: 600 Hm
Zeitaufwand gesamt: 3,5 - 4 Std.
Weglänge gesamt: 4,5 km

Exposition: Nord
Sicherungen: sehr gut, dickes Stahlseil, viele Klammern und Stifte
Funfaktor: schön
Gestein: Kalk
Flucht- / Abbruchmögl.: im oberen Teil Ausstieg gen Grieskarscharte mit Umgehung des Alpspitz-Gipfels möglich
Orientierung / Markierung: sehr gut, Stellen ohne Drahtseilsicherungen im Nebel manchmal schwierig auszumachen, da viele Steigspuren
Anfänger-Eignung: ja

Ausrüstung: Klettersteigset, Helm, mittelfeste Bergschuhe od. Kletterschuhe
Errichtung / Betreuung: Bayerische Zugspitzbahn (www.zugspitze.de)
Karte: Kompass 5 "Wettersteingebirge - Zugspitzgebiet" (1:50'), Kompass 07 "Werdenfelser Land mit Zugspitze" (1:25'), AV 4/2 „Wetterstein- und Mieminger Gebirge / Mitte“ (1:25')
Kartenausschnitt siehe Seite 132

Anforderungsprofil

Kondition:	2
Armkraft:	1
Technik:	1
Mut, Psyche:	2
Bergerfahrung:	2

1 niedrig 2 mäßig 3 mittel 4 hoch 5 extrem

Charakteristik: Wohl zu Recht einer der bekanntesten Eisenwege im Zugspitzgebiet. Allerdings ist gerade diese Tour teils stark „übersichert“, und die Seilbahnnähe sorgt dafür, dass es an schönen Tagen ziemlich voll wird. Wählt man allerdings einen frühen Start, kann man diesen Steig auch Anfängern wärmstens ans Herz legen.

Klammernreihe im unteren Teil

b Wetterstein Alpspitze, 2628 m

Talort: Garmisch-Partenkirchen.

Ausgangspunkt: Bergstation Osterfelderkopf (2033 m).

GPS Parkplatz: N47.471502, E11.062009 **Stützpunkt:** keiner.

Anreise: Von Garmisch-Partenkirchen der Bundesstraße Richtung Fernpass folgen. Am westlichen Ortsende kurz hinter der US-Kaserne der Beschilderung zur Alpspitzbahn folgen.

Zustieg: 15 Min. Von der Bergstation der Osterfelderkopfbahn (2030 m) folgt man dem gut ausgeschilderten Wanderweg in südlicher Richtung (Ausschilderung „Alpspitz-Ferrata"). Durch einen kurzen gesicherten Durchstieg erreicht man eine Weggabelung. Geradeaus geht es weiter zum *Nordwandsteig* (A-b-7), man folgt jedoch dem Wegweiser nach rechts Richtung *Alpspitz-Ferrata* (2060 m).

GPS Einstieg: N47.434217, E11.049742

Steigverlauf: Schon zu Beginn kann man sehr gut das erste Wegdrittel der Ferrata überblicken, wobei die lange Klammernreihe besonders ins Auge sticht. Zuerst beginnt man aber mit der steilen Einstiegsstelle (B; Stifte) und steigt leicht links haltend über teilweise gesicherte Passagen mit einzelnen Klammern (A/B) und einer ersten längeren Bügel-Leiter (4 m; B) empor, bis man bei der fotogensten Stelle der Alpspitz-Ferrata steht: einer gut 8 m hohen "Leiter" (B; Bügel). Leichter erreicht man schließlich die "Stoaröslscharte" (Steinröschenscharte) und ein markantes Plateau mit dem Steigbuch (2180 m; 20 Min.), von dem man bereits einen ersten Blick gen Osten hinüber zu den Waxensteinen oder hinunter ins Höllental genießen kann. Der weitere Wegverlauf ist nun mit Blick gen Süden gut einsehbar. Über gute, teils üppig gesicherte Geröllpfade (A) gewinnt man schnell weiter an Höhe. Das Gelände wird dann etwas steiler, und über leicht aufsteigende querende Passagen, die mit Stiften bestens abgesichert sind (A/B), erreicht man eine Kammstufe (A/B; 40 Min.). Später kommt nach leichter Kletterei (A) die Abzweigung „Alpspitze / Jubiläumsgrat" (2540 m; 15 Min.). Man folgt links der Markierung „Alpspitze", um den letzten, wiederum etwas steileren Schlussanstieg in Angriff zu nehmen (geradeaus würde der Weg versichert [A/B] weiter Richtung Grieskarscharte und Jubiläumsgrat führen). Kurz vor dem Gipfel heißt es nochmals zupakken (B; viele Klammern), bevor man mit den letzten Drahtseilsicherungen (A) das Gipfelkreuz der Alpspitze erreicht (2628 m).

Im oberen Teil der Alpspitz-Ferrata

Abstieg: 2,5 Std. a) Der schnellste Abstieg führt über den Aufstiegsweg (*Alpspitz-Ferrata*), ist aber nicht zu empfehlen, da man dem Aufstiegsstrom (im Sommer sehr viele Bergsteiger) entgegensteigt und dies zu Stauungen im Steig führt (1,5 Std.); **b)** die klassische Runde ist der unschwierige Abstieg über den Ostgrat (A/B) bzw. die Ostschulter und den *Nordwandsteig* (A-b-7; 2 Std.).

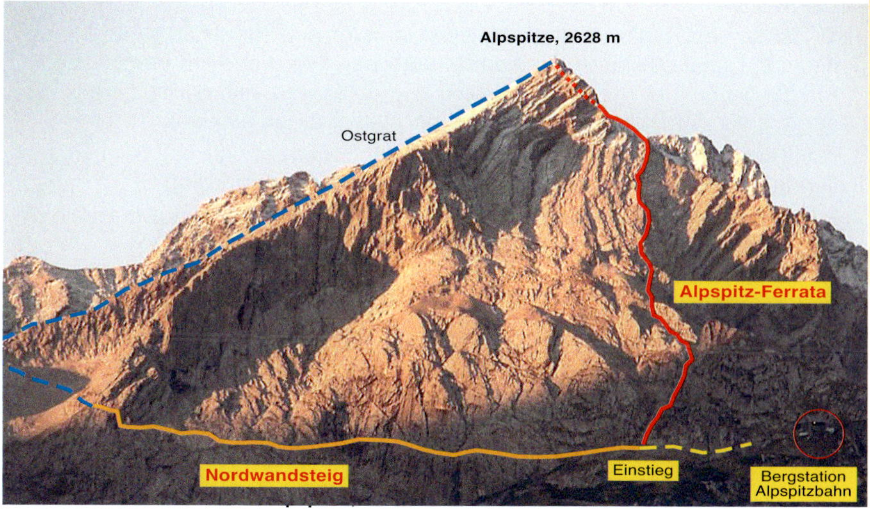

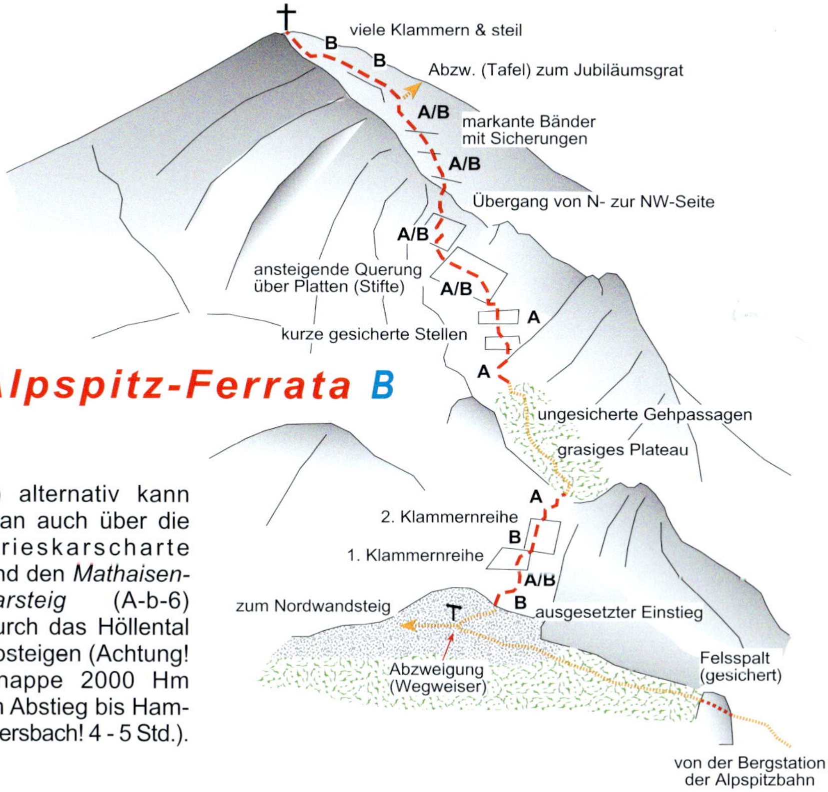

Alpspitz-Ferrata B

c) alternativ kann man auch über die Grieskarscharte und den *Mathaisen-karsteig* (A-b-6) durch das Höllental absteigen (Achtung! Knappe 2000 Hm im Abstieg bis Hammersbach! 4 - 5 Std.).

b Wetterstein *Alpspitze, 2628 m*

■ **Tipps:** Sehr schön ist die Tour, wenn man mit einer der letzten Bergbahnen hochfährt, fast alleine in der Ferrata unterwegs ist und dann gemütlich zum Ausgangspunkt absteigt, wohingegen sich die Masse antizyklisch bereits wieder in einer der letzten Talfahrten mit der Alpspitzbahn befindet.

■ **Hinweise:** Im Sommer und speziell in der Ferienzeit (Juli und August) sehr überlaufen (sehr früher oder sehr später Start der Tour ratsam!).

■ **Klettersteige zu verbinden:** Mathaisenkarsteig (A-b-6), Nordwandsteig (A-b-7), Mauerläufersteig (A-b-8), Jubiläumsgrat (A-b-99)

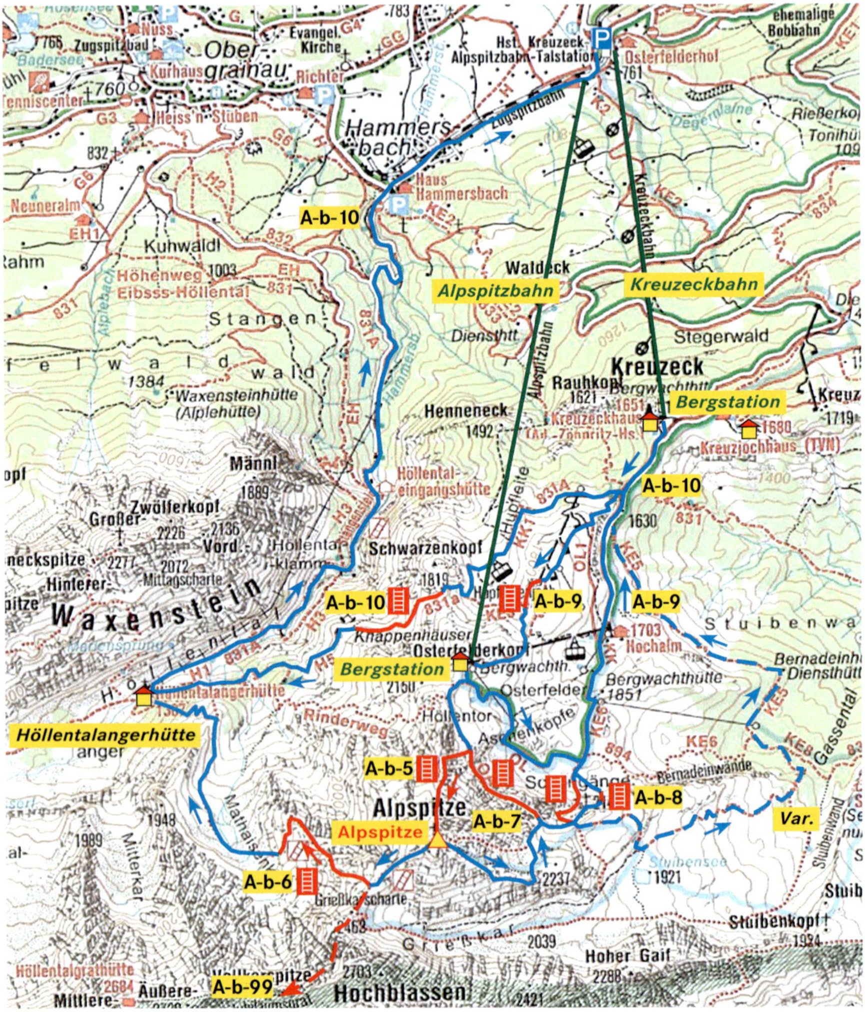

A-b-6 Mathaisenkar Klettersteig B/C, 1+

mäßig schwierig

Steig	Steig	Zustieg	Abstieg	Expos.	Fun	Sich.	Anford.
45 Min.	200 Hm	2,5 Std.	4,5-5 Std.	W	★★	☆☆	mäßig
					mäßig	mäßig	

Schwierigkeit: mäßig schwierig; meist B, eine Passage B/C, teils aber auch FT 1+
Gesamtanforderung: mittel
Bes. Gefahren: Steinschlag, nicht bei schlechter Sicht
Beste Jahreszeit: August - September

Zeiten / Höhenunterschiede:
Zustieg: 2,5 Std. / 600 Hm (im Aufstieg) und 200 Hm (im Abstieg)
Klettersteig: 45 Min. / 200 Hm
Abstieg: 4,5 - 5 Std. / 1500 Hm
Höhenunterschied gesamt: 1500 Hm
Zeitaufwand gesamt: 8 Std.
Weglänge gesamt: 9 km

Exposition: West
Sicherungen: mäßig; teils locker durchhängendes, verrostetes Stahlseil, Klammern
Funfaktor: mäßig
Gestein: Kalk
Flucht- / Abbruchmögl.: keine
Orientierung / Markierung: im Mathaisenkar bei Nebel schwierige Orientierung, auf Steinmännchen achten
Anfänger-Eignung: nein, da von der Kondition her sehr anspruchsvoll in alpinem Gelände

Ausrüstung: Klettersteigset, Helm, mittelfeste Bergschuhe od. Kletterschuhe
Errichtung / Betreuung / Karte: wie A-b-5

Kartenausschnitt siehe Seite 132

Anforderungsprofil

Kondition:	4
Armkraft:	2
Technik:	1
Mut, Psyche:	3
Bergerfahrung:	3

1 niedrig 2 mäßig 3 mittel 4 hoch 5 extrem

Charakteristik: Anspruchsvoller alpiner Steig, der von der Alpspitze meist im Abstieg über die Grieskarscharte ins Mathaisenkar hinunter zur Höllentalangerhütte begangen wird. Im Vergleich zu den Klettersteigen auf der "Vorderseite" der Alpspitze ist man hier meist ruhig und abseits des Seilbahntrubels unterwegs. Mit etwas Glück kann man im Mathaisenkar auch Gemsen beobachten und natürlich den Blick auf die Zugspitze genießen, die vielleicht sogar schon das nächste Bergziel ist.

Querung im oberen Teil

Talort, Ausgangspunkt, Anreise: Wie A-b-5.

Stützpunkt: **Höllentalangerhütte** (1387 m; bewirtschaftet Ende Mai bis Mitte Oktober; Tel.: 08821-8811).

Zustieg: **2,5 Std.** Über die *Alpspitz-Ferrata* (A-b-5) erreicht man am schnellsten den Gipfel der Alpspitze (2628 m; 1,5 Std.). Nun über den Südwestgrat hinab (30 Min.), der teils gesichert (bis max. B) und teils sehr luftig ungesichert (FT 1+) zu klettern ist. Hier bekommt man schon einen ersten Vorgeschmack auf das, was den ambitionierten Klettersteigler am Jubiläumsgrat erwarten würde. In der Grieskarscharte (2463 m; Einstieg) zweigt nach rechts (Hinweistafel am Fels) der weitere Weg durchs Mathaisenkar ab.

GPS Einstieg: N47.42628 E11.04137

Steigverlauf: Durch eine langgezogene Rinne (A/B) steigt man die ersten Meter ab (Vorsicht: Keinen Steinschlag auslösen!), bevor der Wegverlauf einen Knick nach links macht und man über steile Platten (B; Klammern) quert und dann in einem leichten Rechtsknick in einer Rinne (B) weiter absteigt. Danach hält sich der Weg wieder nach links und quert zunächt wenig ausgesetzt (A/B), bis eine Felsecke mit einem Trittstift luftig (B/C) umklettert wird und man danach einige Meter um eine markante Felsnase absteigt (B). Jetzt weiter steil, aber gut versichert (B) über abschüssige Platten talwärts, bevor man einen grasigen Gratrücken erreicht. Hier in steilen Serpentinen bergab, bis eine letzte Steilstufe in einer ausgewaschenen Rinne (A/B; Klammern) aus dem steileren Bereich des Mathaisenkars hinausführt.

Abstieg: **4,5 - 5 Std.** Im weiteren Wegverlauf immer den teils schwachen Wegmarkierungen und Steinmännchen folgen. Im breiteren Auslauf bei einem großen Steinblock links halten und dann dem teils mühsamen Weg durch latschendurchzogenes Gelände zur Höllentalangerhütte (1387 m; 2 - 2,5 Std.) folgen. Von der Höllentalangerhütte talwärts entweder **a)** durch die Höllentalklamm oder **b)** über den *Stangensteig* (A-b-2; beide je 1,5 Std.) gut ausgeschildert nach Hammersbach. Von dort entlang der Bahnlinie der Zahnradbahn zurück zum Ausgangspunkt (20 Min.).

■ **Tipps:** Der Aufstieg von der Höllentalangerhütte durch das Mathaisenkar wäre ungleich beschwerlicher und anstrengender.

■ **Klettersteige zu verbinden:** Riffelweg (A-b-1), Stangensteig (A-b-2), Höllentalsteig (A-b-3), Alpspitz-Ferrata (A-b-5), Nordwandsteig (A-b-7), Mauerläufersteig (A-b-8), Längenfeldsteig (A-b-9)

A-b-7 Nordwandsteig / Schöngänge B

mäßig schwierig

Steig	Steig	Zustieg	Abstieg	Expos.	Fun	Sich.	Anford.
2,5-3 Std.	100 Hm	15 Min.	30 Min.	N	schön	gut	mäßig

Schwierigkeit: mäßig schwierig; wenig schwierige Klettersteigpassagen, auch für Anfänger und Kinder gut geeignet
Gesamtanforderung: mäßig
Bes. Gefahren: Orientierung bei Nebel nach dem *Nordwandsteig* schwierig
Beste Jahreszeit: Juli - September

Zeiten / Höhenunterschiede:
Zustieg: 15 Min. / 30 Hm
Klettersteig: 2,5 - 3 Std. / 100 Hm (*Nordwandsteig* im Aufstieg) und 130 Hm (*Schöngänge* im Abstieg)
Abstieg: 30 Min. / 130 Hm
Höhenunterschied gesamt: 130 Hm
Zeitaufwand gesamt: 4 Std.
Weglänge gesamt: 3 km

Exposition: Nord
Sicherungen: gut; Drahtseile, Klammern, Leitern
Funfaktor: schön
Gestein: Kalk
Flucht- / Abbruchmögl.: keine
Orientierung / Markierung: gute Ausschilderung ab Bergstation Osterfelderkopf
Anfänger-Eignung: hervorragend für Anfänger geeignet aufgrund des kurzen Zustiegs ab Bergstation und guter Sicherungen

Ausrüstung: Klettersteigset, Helm, mittelfeste Bergschuhe od. Kletterschuhe, Taschenlampe für die beiden dunklen Tunnel zu Beginn des Nordwandsteigs
Errichtung / Betr., Karte: wie A-b-5

Kartenausschnitt siehe Seite 132

Anforderungsprofil

Kondition:	2
Armkraft:	1
Technik:	1
Mut, Psyche:	1
Bergerfahrung:	3

1 niedrig 2 mäßig 3 mittel 4 hoch 5 extrem

Charakteristik: Normalerweise wird der *Nordwandsteig* als Zustiegs- oder Abstiegsweg von der Alpspitze genommen. Die Tour führt einen über den *Nordwandsteig* im Aufstieg zum alternativen Gipfelziel, dem Bernadeinkopf (2143 m). Dunkle Stollen, kleine Kamine und in den Steilfels geschlagene Quergänge sowie die ein oder andere pfiffige Klettersteig-Passage bieten hier kurzweilige Abwechslung. Als Abstieg wählt man die "Schöngänge", die ebenfalls mit etlichen gesicherten Stellen aufwarten und somit eine gelungene und nicht allzu schwierige Runde im "Nordfels" der Alpspitze bieten.

b Wetterstein *Bernadeinkopf, 2143 m*

Talort, Ausgangspunkt, Anreise: wie A-b-5.

Stützpunkt: unterwegs keiner.

Zustieg: 15 Min. Von der Bergstation Osterfeldkopf der Alpspitzbahn folgt man dem gut ausgeschilderten Wanderweg (Weg OA) in südlicher Richtung (Ausschilderung „Alpspitze über Nordwandsteig"). Durch einen kurzen gesicherten Durchstieg erreicht man eine Weggabelung. Rechts hinauf geht es zur *Alpspitz-Ferrata* (A-b-5), man folgt aber geradeaus dem Weg, der in die Nordflanke der Alpspitze führt (2055 m).

GPS Einstieg: N47.429480, E11.053962

Steigverlauf: Die ersten Sicherungen (A) beginnen bei einem kleinen Unterstand mit Holzdach. Nach zwei längeren Tunnels (Taschenlampe!) geht es mit Drahtseilen versichert leicht ansteigend in die Nordwand. Über ein paar Treppenstufen gelangt man zu einer ersten Klammernpassage mit anschließender Leiter. Der weitere Weg ist schön in den Fels geschlagen, und bei allen steileren Passagen dient ein straff gespanntes Drahtseil als Sicherung oder Haltepunkt (max. A/B; teils auch Klammern). Schließlich erreicht man eine ausgeprägte Rinne (A/B). Über eine weitere Querung gelangt man zuletzt zu einer längeren Leiter (B; Umgehung mit Klammern möglich; ebenfalls B; gute Ausweichstelle). Über diese Steilstufe hinweg ist man quasi aus der Nordwand ausgestiegen und erreicht nach wenigen Minuten die Weggabelung in der Ostflanke der Alpspitze (2190 m; 1 Std.). Rechts kann man über die Ostschulter (viel Geröll) den Gipfel der Alpspitze erreichen (2620 m; 1 Std.), sonst folgt man links den Trittspuren und Steinmännchen zu den *Schöngängen* und zum Bernadeinkopf (2143 m). In einem grasbewachsenen kleinen Sattel ca. 50 m unterhalb des Gipfels vom Bernadeinkopf führen linksseitig Sicherungen (B) hinunter - dies ist der Abstiegsweg über die *Schöngänge* zurück zur Alpspitzbahn (2033 m). Nach einer langgezogenen Rinne (im oberen Bereich B; einige Bügel) windet sich der Wegverlauf leicht nach rechts, und über glatte Platten (Vorsicht: teilweise unangenehm mit Geröll garniert) klettert man zum Wandfuß hinab (teils FT 1 und A).

Abstieg: 30 Min. Vom Ausstieg der *Schöngänge* auf breitem Wanderweg durch ein markantes "Felsentor" bergauf zurück zur Bergstation der Alpspitzbahn (2033 m).

Tunnel am Beginn des Nordwandsteiges

Schöngänge

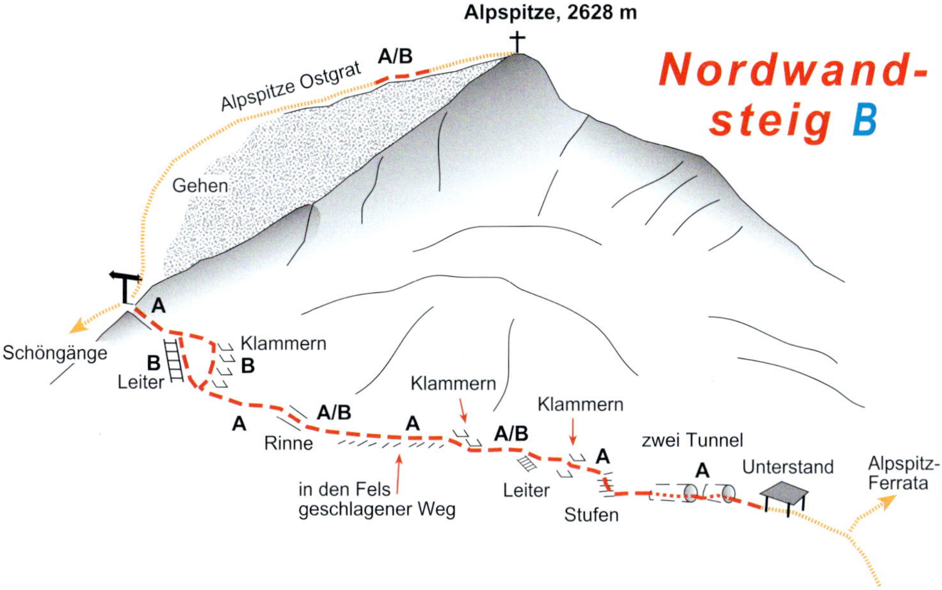

Nordwand-steig B

■ **Tipps:** Am schönsten und gängigsten ist die Kombination mit der *Alpspitz-Ferrata* (A-b-5).

■ **Klettersteige zu verbinden:** Alpspitz-Ferrata (A-b-5), Mauerläufersteig (A-b-8), Längenfeldsteig (A-b-9), Hupfleitenjochsteig (A-b-10)

b Wetterstein *Bernadeinkopf, 2143 m*

A-b-8 Mauerläufersteig *D/E*

extrem schwierig

Steig	Steig	Zustieg	Abstieg	Expos.	Fun	Sich.	Anford.
2-2,5 Std.	250 Hm	30 Min.	1-1,5 Std.	N	★★★★ super	☆☆☆ gut	hoch

Schwierigkeit: extrem schwierig; extrem schwerer und sehr kraftraubender Klettersteig!
Gesamtanforderung: hoch
Bes. Gefahren: kein Notausstieg
Beste Jahreszeit: Mitte Juni bis Anfang Oktober, je nach Schneelage

Zeiten / Höhenunterschiede:
Zustieg: 30 Min. / 150 Hm im Abstieg und 30 Hm im Aufstieg
Klettersteig: 2 - 2,5 Std. / 250 Hm
Abstieg: 1-1,5 Std. / 250 Hm
Höhenunterschied gesamt: im Aufstieg 280 Hm, im Abstieg 150 Hm - dann nochmal ca. 130 Hm Gegenanstieg zum Osterfelderkopf
Zeitaufwand gesamt: 4 - 4,5 Std.
Weglänge gesamt: 3,5 km

Exposition: Nord
Sicherungen: gut; Stahlseil, Seilbrücke, Drahtseilleiter
Funfaktor: super
Gestein: Kalk
Flucht- / Abbruchmögl.: keine
Orientierung / Markierung: gut; Wegweiser, Wegnummern
Anfänger-Eignung: nein

Ausrüstung: Klettersteigset, Helm, mittelfeste Bergschuhe od. Kletterschuhe, Klettersteighandschuhe aufgrund der extremen Routenführung; evtl. Expressschlinge für kurze Zwischensicherungen!
Errichtung / Betreuung: Bayerische Zugspitzbahn (www.zugspitze.de)
Karte: wie A-b-5 (Seite 132)

Anforderungsprofil

Kondition:	2
Armkraft:	5
Technik:	5
Mut, Psyche:	5
Bergerfahrung:	3

1 niedrig 2 mäßig 3 mittel 4 hoch 5 extrem

Charakteristik: Der *Mauerläufersteig* durch die Nordwand auf den Bernadeinkopf wurde im Sommer 2009 eröffnet und soll neben den leichten Klettersteigen an der Alpspitze nun auch die ambitionierten Klettersteigler in dieses Gebiet locken. Hier wurde eine sehr gelungene, aber auch sehr kraftraubende und extreme Führe angelegt, die zu den schwierigsten Klettersteigen Deutschlands zählt und sicherlich auch mit den ganz schweren Steigen im restlichen Alpenraum mithalten kann.
Dem Erbauer und Bergführer Sebastian Buchwieser ist es durch eine besonders geschickte Routenführung gelungen, dass der "Mauerläufer" trotz steilstem Fels praktisch durchgehend ohne Tritthilfen und Klammern auskommt (mit Ausnahme der Einstiegswand).
Diese ist auch gleich der "Eignungstest": wer hier bereits leichte Probleme hat, sollte unbedingt umkehren!
Daher an dieser Stelle die ausdrückliche Warnung, dass der *Mauerläufersteig* nur von sehr erfahrenen Klettersteiglern angegangen werden sollte.

Mauerläufersteig

D/E 250 Hm

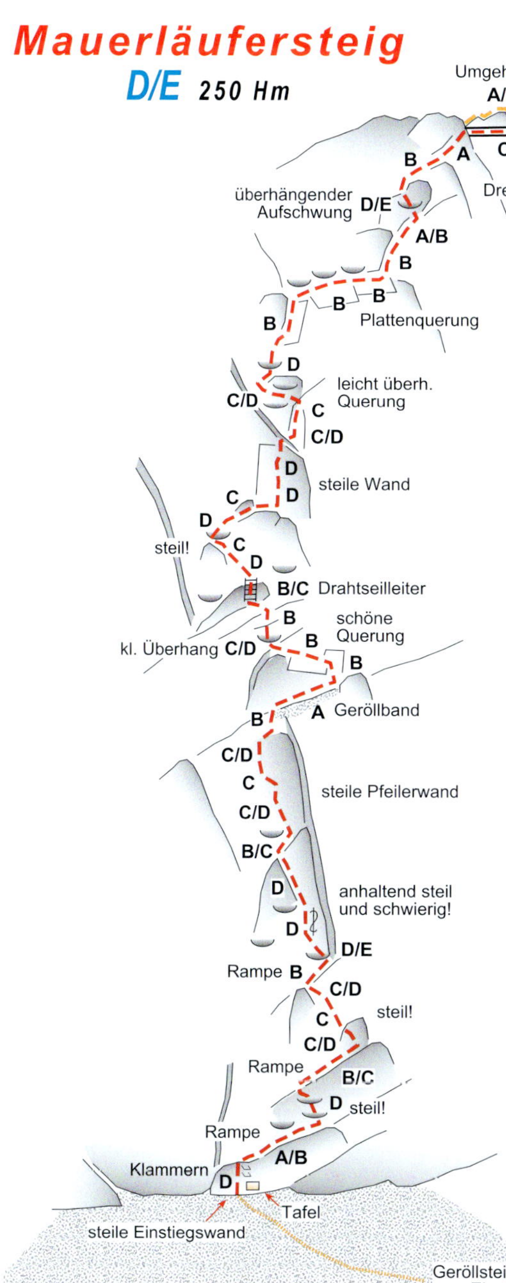

D-Stelle beim Einstieg

D/E-Stelle im obersten Teil

b **Wetterstein** *Bernadeinkopf, 2143 m*

Talort: Garmisch-Partenkirchen.

Ausgangspunkt: Bergstation Osterfelderkopf (2033 m) der Alpspitzbahn.
GPS Parkplatz: N47.471502, E11.062009

Stützpunkt: unterwegs keiner; Restaurant bei der Bergstation.

Anreise: Von Garmisch-Partenkirchen der Bundesstraße Richtung Fernpass folgen. Am westlichen Ortsende kurz hinter der US-Kaserne der Beschilderung zur Alpspitzbahn folgen.

Zustieg: 30 Min. Von der Bergstation die Schotterstraße in Kurven bergab, durch einen markanten Felseinschnitt hindurch und die Straße weiter abwärts in eine ebene Rasensenke (hier Einmündung des Wanderwegs von der Kreuzeckbahn). Nun rechts (Tafel) im Geröll kurz bergauf und dann den Steigspuren linkshaltend folgen. Leicht ansteigend unter den Wandfuß der Nordwand zum Einstieg (Tafel). *GPS Einstieg: N47.43161, E11.06140*

Steigverlauf: Schon der Einstieg (D; Details siehe Topo) prüft den Klettersteigaspiranten. 1. Schlüsselstelle ist sicherlich der Überhang (D/E) nach der 3. Rampe. Abwechslungsreich (max. D; meist nur unwesentlich leichter) gelangt man schließlich zur Drahtseilleiter (B/C) und ab hier wieder sehr schwer weiter (bis D, dann B, zuletzt nochmals D/E) zur Dreiseil-Brücke (C; kann umgangen werden, dann A/B). Kurz darauf ist aber auch schon der Gipfel erreicht (2143 m).

Abstieg: 1 - 1,5 Std. Vom Gipfel des Bernadeinkopfes in westlicher Richtung absteigen. In einem kleinen grasigen Sattel zweigen nach rechts die gesicherten *Schöngänge* (A-b-7) beim Wegweiser ab. Nun immer im Fels hinab, meist gesichert (max. B; einige Stifte), zum Bernadeinweg. Von dort wieder hinauf zum Ausgangspunkt Bergstation Osterfelderkopf (2033 m). Anschließende Talfahrt mit der Alpspitzbahn.
Alternativ kann man auch über den *Nordwandsteig* (A-b-7) die Alpspitze queren und zur Bergstation (Stellen A/B) absteigen.
Oder auch über den Wanderweg östlich bergab zum Wanderweg KE5 und über diesen querend und ansteigend nordwestlich zur Bergstation der Kreuzeckbahn (einfachster Abstieg, aber viel länger; ca. 2 Std.).

Nach der 2. Rampe (D/E und D)

Die Drahtseilleiter im Mittelteil

b Wetterstein Bernadeinkopf, 2143 m

■ **Tipps:** unbedingt Klettersteighandschuhe mitnehmen! Kurze Bandschlinge mit Schraubkarabiner zum Ausruhen.

■ **Klettersteige zu verbinden:** Alpspitz-Ferrata (A-b-5), Nordwandsteig (A-b-7), Längenfeldsteig (A-b-9), Hupfleitenjochsteig (A-b-10)

Oben: die überhängende Querung (C/D)
Unten: die Dreiseilbrücke zum Schluss

b Wetterstein

Osterfelderkopf, 2030 m

A-b-9 Längenfeldsteig A 10 Hm

Dieser alternative Zustieg zum Osterfelderkopf bietet eine kurze gesicherte Passage.

Beste Jahreszeit: Sommer.
Zeitaufwand / Weglänge gesamt: 1,5 - 2 Std. / 450 Hm / 4 km
Besondere Gefahren: Bei Nässe sind die Holzstufen rutschig.
Karten: Kompass 5 "Wettersteingebirge - Zugspitzgebiet" (1:50'), Kompass 07 "Werdenfelser Land mit Zugspitze" (1:25'), AV 4/2 „Wetterstein- und Mieminger Gebirge / Mitte“ (1:25'). Kartenausschnitt siehe Seite 132.
Talort / Ausgangspunkt: Garmisch-Partenkirchen / Bergstation Kreuzeckbahn (1630 m) / *GPS: N47.473033 E11.061767*
Stützpunkt: **Bergstation Kreuzeckbahn** (1651 m).
Anreise: Von Garmisch-Partenkirchen der Bundesstraße Richtung Fernpass folgen. Am westlichen Ortsende kurz hinter der US-Kaserne der Beschilderung zur Alpspitzbahn / Kreuzeckbahn folgen.
Gesamter Wegverlauf: **Zustieg:** 1 Std.; 270 Hm. Von der Bergstation Kreuzeckbahn (1651 m) zunächst den Weg Richtung Osterfelderkopf einschlagen. Nach 5 Min. zweigt beim Skilift ein Weg rechts ab zum Hupfleitenjoch, dem man folgt. Kurz danach wählt man links den Weg „Längenfelder / Osterfelderkopf“ (Weg KE3) und wandert unterhalb des Skiliftes über eine Wiese hinauf. Hier zweigt ein Weg nach links ab, der nach einer steileren Passage zum gesicherten Teil führt.
Steigverlauf: 5 Min.; 10 Hm. Über eine Wegstrecke von ca. 50 m leiten Drahtseilsicherungen (A) am Fels entlang auf einen Sattel unterhalb des Osterfelderkopfes. *GPS: N47.44145 E11.056133*
Abstieg: 45 Min.; 270 Hm. Weiterer Aufstieg zur Bergstation Osterfelderkopf (2033 m; 20 Min.) und dort dem markierten Abstieg links zur Hochalm und zurück zur Bergstation Kreuzeck folgen. Alternativen: **a)** gleicher Weg zurück; **b)** weiterer Aufstieg zum Osterfelderkopf (Bergstation) und Talfahrt via Seilbahn; **c)** rechts weiter Richtung Hupfleitenjoch, dann rechts hinunter zur Bergstation Kreuzeck, oder links weiter über den *Hupfleitenjochsteig* (A-b-10) zum Höllental.

Schwarzenkopf, 1819 m

A-b-10 Hupfleitenjoch A/B 230 Hm

Der *Hupfleitenjochsteig* stellt eine landschaftlich sehr reizvolle Verbindung vom Höllental zum Seilbahngebiet von Osterfelderkopf und Kreuzeck dar. Im Abschnitt Hupfleitenjoch - Knappenhäuser helfen dann vereinzelte Drahtseilsicherungen über exponierte Querungen gut abgesichert hinweg.

Beste Jahreszeit: Herbst.
Zeitaufwand / Weglänge gesamt: 6 Std. / 980 Hm / 7 km
Besondere Gefahren: keine.
Karten: wie A-b-9.
Talort / Ausgangspunkt: Garmisch-Partenkirchen / Hammersbach (780 m) / *GPS: N47.468193 E11.040702*
Stützpunkt: **Höllentalklamm-Eingangshütte** (1054 m); **Höllentalangerhütte** (1387 m; bewirtschaftet Ende Mai bis Mitte Oktober; Tel.: 08821-8811).
Anreise: Von Garmisch-Partenkirchen (Zentrum) der guten Beschilderung nach Hammersbach folgen (zuerst B23 in Richtung Westen, dann in die Schmölzstraße [später Zugspitzstraße] links abbiegen); großer, nicht zu übersehender Parkplatz (gebührenpflichtig!).
Gesamter Wegverlauf: **Zustieg:** 2,5 - 3 Std.; 750 Hm. Der Zustieg erfolgt durch das Höllental zur Höllentalangerhütte (s. A-b-1; 1387 m). Von dort Richtung Knappenhäuser (Weg H5 / 831 A; 1527 m; nicht bewirtschaftet). Zwischendurch kurz drahtseilgesichert (A). Ab hier beginnt der Steig zum Hupfleitenjoch.
Steigverlauf: 30 Min.; 230 Hm. Nach den "Knappenhäusern" geht es felsig weiter hinauf zum Hupfleitenjoch (1754 m), hier nun mehrmals kurz gesichert (A/B). Vom Joch aus kann man noch einen Abstecher auf den Schwarzenkopf (1819 m; 15 Min.) machen.
GPS: N47.441206 E11.040604
Abstieg: 0,5 - 2,5 Std. **a)** Abstieg Richtung Kreuzeck (Weg KK1; 1 Std.; 100 Hm).
b) Aufstieg zum Osterfelderkopf (Weg KE3; 0,5 - 1 Std.; 300 Hm Aufstieg); **c)** wie Aufstiegsweg (2,5 Std.; 980 Hm).
Hinweise, Tipps: Natürlich kann man die Tour auch in der anderen Richtung begehen (Kreuzeckbahn - Hammersbach 4 Std.). In den „Knappenhäusern“ wurde im 19. Jh. und vor allem während des 1. Weltkrieges nach Bleierzen geschürft.

b Wetterstein

Partenkirchner Dreitorspitze, *2633 m*

A-b-11 Hermann-von-Barth-Weg *B* *300 Hm*

Es handelt sich klettersteigtechnisch gesehen nicht gerade um ein „Schmankerl", was da auf den Westgipfel der Partenkirchner Dreitorspitze führt. Benannt wurde dieser Steig nach dem Erkunder der Nördlichen Kalkalpen Hermann von Barth. Alle anderen Gipfel hier sind Kletterern vorbehalten. Eine Besteigung findet üblicherweise im Rahmen einer Zweitagestour mit Übernachtung auf der Meilerhütte statt, eine Tagestour stellt sehr hohe konditionelle Anforderungen.
Die Beschreibung erfolgt von Süden (Österreich) aus, da die nördliche Variante noch länger wäre.

Beste Jahreszeit: Ende Mai bis Ende September.
Zeitaufwand / Weglänge gesamt: 9 Std. / 1650 Hm / 15 km.
Besondere Gefahren: Steinschlag.
Karten: Kompass 5 "Wettersteingebirge - Zugspitzgebiet" (1:50'), Kompass 07 "Werdenfelser Land mit Zugspitze" (1:25'), AV 4/3 „Wetterstein- und Mieminger Gebirge / Osten" (1:25').
Talort / Ausgangspunkt: Mittenwald / Leutaschtal, Ortsteil Reindlau, Gasthaus Hubertushof (1050 m) / *GPS: N47.400969, E11.180736.*
Stützpunkt: **Meilerhütte** (2374 m; Tel. 0171-5227897).
Anreise: Von Garmisch-Partenkirchen über die B2 nach Mittenwald. Vor Mittenwald rechts Richtung Ortsmitte abbiegen und durch Mittenwald hindurchfahren. Kurz vor dem Ortsende rechts Richtung Leutasch abbiegen und ins Tal bis zum Hubertushof (rechter Hand) fahren und dort parken.
Gesamter Wegverlauf: **Zustieg:** 4 - 4,5 Std.; 1200 Hm. Vom Hubertushof durch das Bergleintal (Weg 801) hinauf zur Meilerhütte (2374 m; 3 Std.). Von der Hütte quert man unterhalb des Bayerländerturms (einige Stahlseile; A/B) ins Leutascher Platt und steigt durch Geröll rechts hinauf zum markierten Einstieg mit dem berühmten „Klingelschalter" (2330 m; 1 Std.).
Steigverlauf: 1 Std.; 300 Hm. An nicht durchgängigen Drahtseilen entlang (max. B; große Steinschlaggefahr!) geht es auf den Gipfel (2633 m). *GPS: N47.24655, E11.07809.*

Abstieg: 3 - 3,5 Std.; 1650 Hm. Der Abstieg (Weg 818) erfolgt über das Leutascher Platt teils schwach markiert zum Söllerpass (2211 m) und durch die steile Söllerrinne hinab ins Puittal (1589 m). Nun wandert man über das Puitegg (Weg 9) und weiter nach Reindlau (Weg 35).
Zuletzt gelangt man wieder auf den bekannten Aufstiegsweg und zurück zum Hubertushof.

b Wetterstein

b Wetterstein

Obere Wettersteinspitze, 2297 m

A-b-12 Obere Wettersteinspitze A,1 1370 Hm

Wer im Wettersteingebirge abseits vom Trubel um Alpspitze und Zugspitze eine ruhige und raue Bergtour mit fantastischer Aussicht sucht, der ist mit der Oberen Wettersteinspitze bestens bedient. Es handelt sich hierbei um eine mittelschwierige Bergtour mit vielen Kletterstellen bis maximal FT 1 und nur wenigen Drahtseilsicherungen. Neben Trittsicherheit und Schwindelfreiheit ist eine gute Kondition erforderlich. Bei Nässe oder Vereisung ist die Tour nicht zu empfehlen.

Beste Jahreszeit: Juli - Oktober.
Zeitaufwand / Weglänge gesamt: 7 - 7,5 Std. / 1370 Hm / 11,5 km.
Besondere Gefahren: Steinschlaggefahr im oberen Bereich.
Karten: Kompass 5 "Wettersteingebirge - Zugspitzgebiet" (1:50'), Kompass 07 "Werdenfelser Land mit Zugspitze" (1:25'), AV 4/3 „Wetterstein- und Mieminger Gebirge / Osten“ (1:25').
Talort / Ausgangspunkt: Mittenwald / Burgberg (930 m).
GPS: N47.43545, E11.25579.
Stützpunkt: An den beiden Seen befinden sich diverse Einkehrmöglichkeiten am gegenüberliegenden Ufer.
Anreise: Von Garmisch-Partenkirchen über die B2 nach Mittenwald. Hier folgt man der Straße südwärts nach Leutasch und erreicht in der Kehre, kurz nach Mittenwald einen Parkplatz (weitere Parkmöglichkeiten an der linken Straßenseite).
Gesamter Wegverlauf: **Zustieg:** 1,5 Std.; 470 Hm. Über einen Fahrweg (Wege 871 / 872) schattig und mäßig steigend in Richtung Ferchensee. Kurz nach dem Lautersee (1020 m) erreicht man einen Abzweig (30 Min.; Wegweiser „Obere Wettersteinspitze“) und steigt über den „Franzosensteig“ unter den Ferchenseewänden entlang weiter aufwärts. Später, den zweiten linken Abzweig wählend (45 Min.), nun steiler empor. Bald erreicht man die erste gesicherte Kletterpassage (A; 15 Min.; 1400 m).
Steigverlauf: 2,5 Std.; 900 Hm. Nach der ersten Steilstufe führt der Weg in ein großes Kar, welches man mühsam rechts haltend hinauf steigt. Es folgt schrofiges Gelände mit kurzen Kletterpassagen (FT 1), bis man die Wiese des Gemsangers erreicht (1980 m; 1,5 Std.). Ab hier wechseln sich Schrofen und Felsen ab (kurz FT 1; 30 Min.), bis man über einen Rücken den Gipfel der Oberen Wettersteinspitze erreicht (zuletzt luftig; A). Am Gipfelkreuz mit Grenzstein (2297 m) hat man ein schönes Panorama ins Wetterstein- und Karwendelgebirge. *GPS: GPS: N47.43382, E11.19946.*
Abstieg: 3 - 3,5 Std.; 1370 Hm. Auf dem gleichen Weg zurück.
Hinweise, Tipps: Die Begehung der nahegelegenen *Geisterklamm* (A-d-9) beim Eingang ins Leutaschtal.

Zugspitze, 2964 m

A-b-99 Jubiläumsgrat D, 3-

Mit gutem Gewissen kann der Jubiläumsgrat wohl nie als Klettersteig tituliert werden, da es sich um eine zum Großteil ungesicherte hochalpine Kletterei im Schwierigkeitsgrad bis FT 3- handelt. Äußerst anspruchsvolle Unternehmung mit hohen konditionellen Anforderungen und vielen ungesicherten Kletterpassagen; eine Kletterpassage FT 3-, sonst etliche Kletterpassagen FT 2; keine durchgehenden Drahtseilpassagen; "klettersteig-technische" Schlüsselstelle an der Vollkarspitze (D); kontinuierliches Absturzgelände.

Beste Jahreszeit: Juli - August.

Zeitaufwand / Höhenmeter gesamt: 9 Std. / 1150 Hm (im Aufstieg), 1700 Hm (im Abstieg)

Karten: Kompass 5 "Wettersteingebirge - Zugspitzgebiet" (1:50'), Kompass 07 "Werdenfelser Land mit Zugspitze" (1:25'), AV 4/2 „Wetterstein- und Mieminger Gebirge / Mitte“ (1:25')

Talort / Ausgangspunkt: Garmisch-Partenkirchen / Münchener Haus (2962 m), Zugspitz-Gipfel (2964 m)

Anreise: Von Garmisch-Partenkirchen aus kommend westlich Richtung Fernpass und dann der Beschilderung zum Eibsee folgen. Am Eibsee kostenpflichtige Parkmöglichkeit direkt an der Eibseebahn.

Blick entlang des Jubiläumsgrates zur Zugspitze

b Wetterstein

Gesamter Wegverlauf: Vom goldenen Zugspitzkreuz (2964 m) präsentiert sich bereits der weitere Gratweg. Über diesen geht es zunächst vollkommen ohne Sicherungen leicht bergab Richtung Innere Höllentalspitze (2741 m). Als erste richtige Herausforderung warten eine steile Rinne und eine glatte Wand kurz vor der Scharte vor der ersten Höllentalspitze (ungesichert; Sicherung an Haken möglich, aber wenn man solche Passagen nicht frei geht, muss man eine Nächtigung im Biwak einplanen; bei Schwierigkeiten an diesen Stellen sollte man umkehren). Zuletzt teils gesichert zur Inneren Höllentalspitze (2741 m). Bis zur Mittleren Höllentalspitze (2743 m) gibt es wieder ungesicherte Kletterstellen und ausgesetzte Gratpassagen. In einer Scharte zweigt ein Notabstieg über den *Brunntalgrat* (A-b-4) hinunter zur Knorrhütte ab (2051 m). Weiter über den Jubiläumsgrat zur Biwakscharte (Höllentalgrathütte; 2684 m), über die Äußere Höllentalspitze (2720 m) und im kontinuierlichen Auf und Ab schließlich zur schmalen Scharte vor der Vollkarspitze (2618 m). Hier ist die helle Wandstelle noch deutlich erkennbar, wo vor einigen Jahren Tonnen an Fels zu Tal gedonnert sind. Der Aufschwung zur Vollkarspitze beinhaltet die schwerste Klettersteigpassage (D; steil und ausgesetzt; einige Klammern). Immer noch fordernd, aber leichter klettert man meist luftig abwärts zum Hochblassen (2703 m), umgeht diesen aber weiter zur Grieskarscharte (2463 m). Hier steigt man entweder über den teils versicherten Westgrat hinauf zur Alpspitze (2628 m) und dann über die *Alpspitz-Ferrata* (A-b-5) gen Osterfelderkopf oder über den *Mathaisenkarsteig* (A-b-6) sehr anstrengend und fordernd durch das Höllental ab.

Das Notbiwak

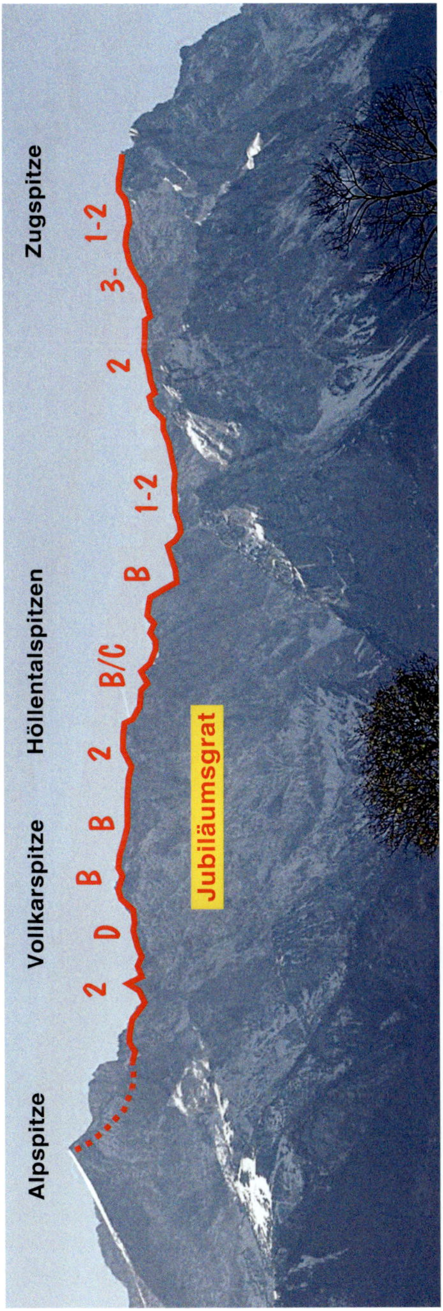

Ungesicherte Passage am Jubiläumsgrat

Im Bereich des Notbiwaks

Schlüsselstelle an der Vollkarspitze

c Ammergauer Alpen

Tegelberghaus, 1707 m

A-c-1 Gelbe Wand Steig A/B 360 Hm

Wer den Tegelberg nicht mit der Seilbahn erklimmen möchte, nimmt den Steig durch den gelben Wandschrofen. In knapp zwei Stunden kann man so dem Trubel um die Seilbahn etwas entgehen und ab und zu schöne Tiefblicke genießen. Der Steig an sich ist aber eher unspektakulär.

Beste Jahreszeit: Juni - September.
Zeitaufwand / Weglänge gesamt: 2 Std. / 870 Hm / 3,2 km
Besondere Gefahren: keine.
Karten: Kompass 4 "Füssen - Außerfern" (1:50')
Talort / Ausgangspunkt: Füssen / Parkplatz der Tegelbergbahn (820 m) / *GPS: N47.56902 E10.75652*
Stützpunkt: **Tegelberghaus** (1707 m; www.tegelberghaus.de; Tel. 08362-8980; tegelberghaus@yahoo.de).
Anreise: Von Füssen fährt man auf der B17 Richtung Schwangau. Am Ortsende von Schwangau zweigt der beschilderte Weg zur Tegelbergbahn nach rechts ab (Berg und Seilbahn nicht zu übersehen).
Gesamter Wegverlauf: **Zustieg:** 45 Min.; 510 Hm. Vom Parkplatz die Straße wieder zurück Richtung Landeplatz der Gleitschirmflieger. Am Abzweig geht es rechts entlang eines Spielplatzes und eines Kneippbeckens wieder die Straße bergauf. An einem weiteren Abzweig geht man rechts, dem Rautbach weiter folgend (20 Min.). Beim nächsten Abzweig hält man sich rechts und quert den Bach. Nun über einige Holzstufen weiter zum Einstieg (25 Min.).

Steigverlauf: 1 Std.; 360 Hm. Der Steig führt nun als schmaler Bergpfad in die Felswand. Einige unwegsamere Stellen sind dabei mit Sicherungen (A/B) versehen. Nach insgesamt 1 Std. erreicht man den Ausstieg und das Tegelberghaus (1707 m). *GPS: N47.56514 E10.77176*

Abstieg: 5 Min.; bis 870 Hm. Entweder über den selben Weg zurück oder mit der Seilbahn.

Hinweise, Tipps: Vom Tegelberg kann man auch mit dem Gleitschirm herunterfliegen. Die Infostelle befindet sich beim Parkplatz. Wer in dieser Gegend ist, sollte auf Schloss Neuschwanstein zumindest mal einen Blick werfen. Am Ausstieg kann man noch den *Branderschrofensteig* anhängen (A-c-2).

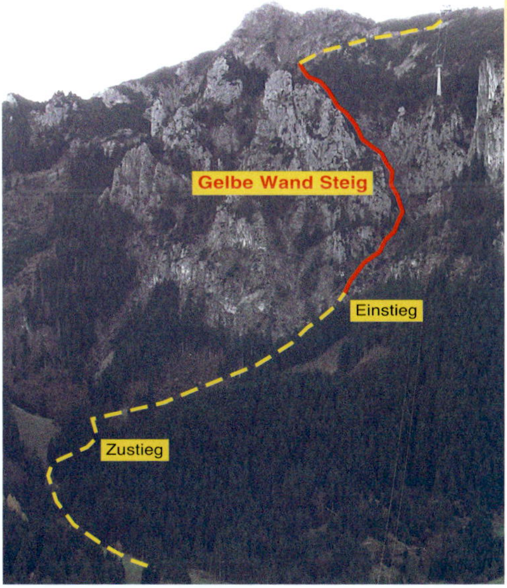

Branderschrofen, *1879 m*

A-c-2 **Branderschrofensteig** *A/B* *80 Hm*

Vom Tegelberghaus gelangt man in nur wenigen Minuten auf den Branderschrofen. Die insgesamt kurze und unschwere Tour lädt jeden Besucher des Tegelbergs zu diesem Ausflug ein, weshalb die Tour aber auch wiederum oft überlaufen ist.

Beste Jahreszeit: Juni - September.
Zeitaufwand / Weglänge gesamt: 1 Std. / 80 Hm / 1,2 km
Besondere Gefahren: keine.
Karten: Kompass 4 "Füssen - Außerfern" (1:50')
Talort / Ausgangspunkt: Füssen / Tegelberghaus bei der Gipfelstation der Tegelbergbahn (1707 m) / *GPS: N47.56902 E10.75652*

Stützpunkt: **Tegelberghaus** (1707 m; www.tegelberghaus.de; Tel. 08362-8980; tegelberghaus@yahoo.de).
Anreise: Von Füssen fährt man auf der B17 Richtung Schwangau. Am Ortsende von Schwangau zweigt der beschilderte Abzweig zur Tegelbergbahn nach rechts ab (Berg und Seilbahn nicht zu übersehen).

c Ammergauer Alpen

Gesamter Wegverlauf: Zustieg: 15 Min.; 120 Hm. Mit der Seilbahn zum Tegelberghaus (alternativ über den *Gelbe Wand Steig,* A-c-1). Vom Tegelberghaus dann erst auf den flachen Grat und dann am Hang entlang Richtung Gipfel (15 Min.).
Steigverlauf: 15 Min.; 80 Hm. Der Steig führt die letzten Meter auf den steinigen Gipfel hinauf. Die Sicherungen (erst A, dann A/B) enden direkt am Gipfel (1879 m).
GPS: N47.55926 E10.78610
Abstieg: 30 Min.; 200 Hm. Auf selbem Weg zurück.

Hinweise, Tipps: Im Ab- oder Aufstieg den *Gelbe Wand Klettersteig* (A-c-1) noch mitnehmen. An schönen Tagen sehr überlaufen.

Der Gipfel des Branderschrofen

A-c-3 Säulingsteig A/B

leicht

Steig	Steig	Zustieg	Abstieg	Expos.	Fun	Sich.	Anford.
45 Min.	330 Hm	1,5 Std.	1,5-2 Std.	NO	★★ mäßig	☆☆ mäßig	mäßig

Schwierigkeit: leicht; A bis A/B; meist unschwere gesicherte Stellen
Gesamtanforderung: mäßig
Bes. Gefahren: keine
Beste Jahreszeit: Juni - September

Zeiten / Höhenunterschiede:
Zustieg: 1,5 Std. / 870 Hm
Klettersteig: 45 Min. / 330 Hm
Abstieg: 1,5 - 2 Std. / 1200 Hm
Höhenunterschied gesamt: 1200 Hm
Zeitaufwand gesamt: 4 Std.
Weglänge gesamt: 13,5 km

Exposition: Nordost
Sicherungen: mäßig; Ketten, tw. locker
Funfaktor: mäßig
Gestein: Kalk
Flucht- / Abbruchmögl.: keine
Orientierung / Markierung: gut
Anfänger-Eignung: ja

Ausrüstung: Klettersteigset, Helm, mittelfeste Bergschuhe
Errichtung / Betreuung: Säulinghaus (www.saeulinghaus.at; Tel. +43-664-2524415; bis Ende Oktober)
Karte: Kompass 4 "Füssen - Außerfern" (1:50')

Anforderungsprofil

Kondition:	3
Armkraft:	1
Technik:	1
Mut, Psyche:	2
Bergerfahrung:	2

1 niedrig 2 mäßig 3 mittel 4 hoch 5 extrem

Charakteristik: Die Tour auf den Säuling macht sicher niemand des Klettersteigs wegen. Hier besticht vielmehr die grandiose Rundumsicht, die man nach ca. 2 Stunden erreichen kann. Einige werden mit dieser Tour vielleicht auch einen Besuch von Neuschwanstein verbinden.

Talort: Füssen.
Ausgangspunkt: Großparkplatz in Hohenschwangau (820 m).
GPS Parkplatz: N47.55673 E10.74061
Stützpunkt: Säulinghaus (1720 m; s. Betreuung).
Anreise: Von Füssen auf der B17 Richtung Schwangau. Nach dem Ort rechts abbiegen Richtung Hohen-

schwangau. Im Ort gebührenpflichtige Parkplätze für die Schlossbesucher.

Zustieg: 1,5 Std. Man folgt dem Wegweiser "Neuschwanstein" aufwärts. Später geht es nach rechts Richtung "Säuling". Wenn man wieder auf die Straße trifft, zweigt man rechts ab und folgt der Straße bergan am Gassenthomaskopf (1365 m) entlang bis zum Abzweig bei der Wildsulzhütte, die man nach ca. 1 Std. erreicht. Dort hält man sich links und wandert am Berghang entlang zum Einstieg (1420 m; 30 Min.). *GPS Einstieg: N47.53979 E10.75386*

Steigverlauf: Am Einstieg erklimmt man eine kurze Leiter (A/B) und steigt dann - teilweise gesichert (A bis A/B) - bis hinauf zur Gamswiese. Von dort zweigt ein Pfad zum schon sichtbaren Gipfel ab (30 Min.).

Abstieg: 1,5 - 2 Std. Vom Gipfel zurück auf die Gamswiese und dann links hinab über mehrere gesicherte Stellen (meist A) bis zum Säulinghaus (1720 m; 30 Min.). Nun weiter Richtung Westen unterhalb des Pilgerschrofens (1750 m) vorbei und dann weiter zur Wildsulzhütte. Von dort auf bekanntem Weg zurück zum Parkplatz (1 - 1,5 Std.).

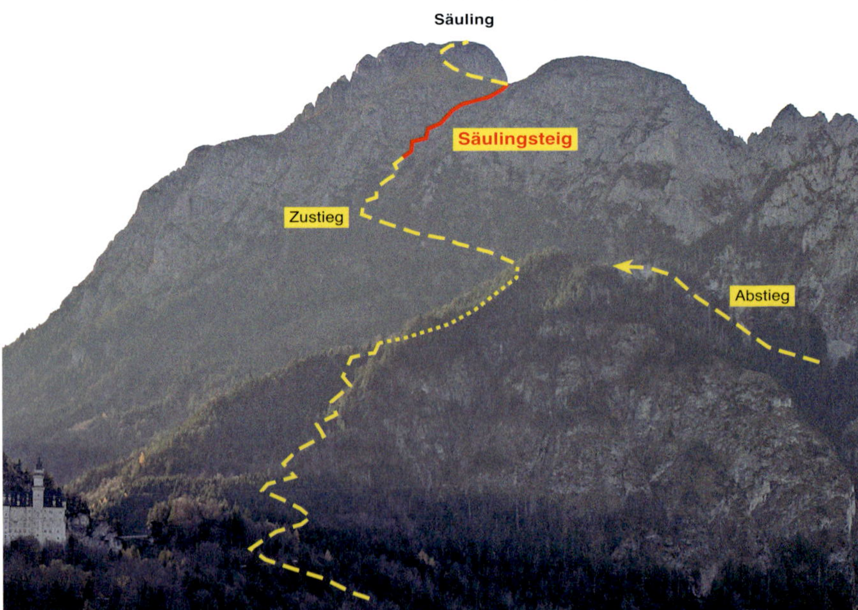

■ **Hinweise:** Das Säulinghaus ist bei gutem Wetter auch noch an den November-Wochenenden geöffnet.

A-c-4 Hochplattensteig B/C, 1-

mäßig schwierig

Steig	Steig	Zustieg	Abstieg	Expos.	Fun	Sich.	Anford.
1 Std.	80 Hm	2,5 Std.	2 Std.	S	★★ mäßig	☆☆ mäßig	mittel

Schwierigkeit: mäßig schwierig; Drahtseilpassagen bis B/C, ungesicherte Passagen bis FT 1-, ausgesetzte Gratwanderung
Gesamtanforderung: mittel
Bes. Gefahren: offene Seilenden
Beste Jahreszeit: Juni - Oktober

Zeiten / Höhenunterschiede:
Zustieg: 2,5 Std. / 900 Hm
Klettersteig: 1 Std. / 80 Hm
Abstieg: 2 Std. / 980 Hm
Höhenunterschied gesamt: 980 Hm
Zeitaufwand gesamt: 5,5 Std.
Weglänge gesamt: 10 km

Exposition: Süd
Sicherungen: mäßig; plastikummantelte Stahlseile, offene Seilenden
Funfaktor: mäßig
Gestein: Kalk
Flucht- / Abbruchmögl.: keine
Orientierung / Markierung: ausreichend Wegweiser, gute Wegspuren u. Markierungen, im Nebel Orientierung auf dem Karst schwierig.
Anfänger-Eignung: nein, viele Höhenmeter und ausgesetzter Grat

Ausrüstung: Klettersteigset, Helm, mittelfeste Bergschuhe
Errichtung / Betreuung: DAV (www.-alpenverein-ga-pa.de; Tel. 08821-2701)
Karte: Kompass 5 "Wettersteingebirge - Zugspitzgebiet" (1:50')

Kartenausschnitt siehe Seite 156

Anforderungsprofil

Kondition:	3
Armkraft:	1
Technik:	2
Mut, Psyche:	4
Bergerfahrung:	3

1 niedrig 2 mäßig 3 mittel 4 hoch 5 extrem

Charakteristik: Die Süd- und Nordansicht der Hochplatte lässt schon die Vorstellung eines plattenförmigen Berges aufkommen. Oben auf dem Gipfel stellt man jedoch fest, dass man auf einem ziemlich ausgesetzten Grat balanciert. Große Teile davon sind nicht gesichert, so dass die wenigen nicht allzu schweren Klettersteigpassagen eher eine Entspannung als eine Herausforderung bedeuten. Sehr originell ist das Fensterl, das im Abstieg zur Kenzenhütte durchstiegen wird.

Ausgesetzter Grat westlich des Gipfels

c Ammergauer Alpen Hochplatte, 2082 m

Talort: Oberammergau.

Ausgangspunkt: Ammerwaldalm (1102 m).

GPS Parkplatz: N47.53204 E10.85916

Stützpunkt: keiner.

Anreise: Ab Oberammergau fährt man auf der Bundesstraße 23 kurz in Richtung Garmisch-Partenkirchen, um dann kurz vor Ettal nach rechts abzubiegen (Wegweiser für Schloss Linderhof). Nun fährt man 20 Minuten (an Linderhof vorbei), bis man die Staatsgrenze nach Österreich überquert. Nach wenigen Minuten erscheint rechts die Ammerwaldalm, wo es rund 20 Parkplätze gibt. Weitere Parkplätze gibt es an Ausstellplätzen entlang der Straße.

Zustieg: **2,5 Std.** Man folgt dem Weg Nr. 222 ins Roggental. Nach 45 Minuten erreicht man eine Verzweigung, wo man dem Weg Nr. 222 weiter auf das Weitalpjoch folgt. Dort folgt man den gelben Wegweisern, die erst über einen latschenbewachsenen Hügel, dann über Karstfelder zum Fuß der Hochplatte führen. Nach einem ersten Anstieg (FT 1-) an der Hochplatte erreicht man die ersten Seilsicherungen.

GPS Einstieg: N47.55524 E10.84999

Steigverlauf: Ein felsiger Grat ist mit zwei Seilgeländern gesichert (A). Der folgende Aufstieg führt bereits zum Gipfelkreuz (2082 m), wo bei schönem Wetter großer Andrang herrscht. Gegen Westen steigt man nun auf den sehr ausgesetzten Gipfelgrat und übersteigt diesen leicht, aber dennoch hochkonzentriert. Nach einem leichten Abstieg folgt eine sehr schöne Klettersteigpassage, wo man erst auf einem Sims eine Platte quert (A/B), anschließend absteigt (B), einen Fels umrundet und auf der Gegenseite in einer Verschneidung wieder hochsteigt (B/C, Schlüsselstelle). Es folgt kurz darauf noch eine Seilsicherung (A/B), bevor man den Grat verlässt und auf dem sanften Bergrücken zum Fensterl absteigt. Wer hier zur Kenzenhütte absteigt, findet im Fensterl (1916 m) nochmals eine Seilsicherung (B).

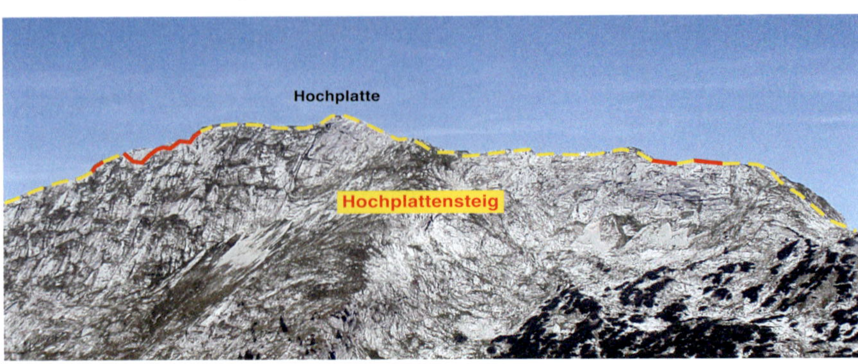

Abstieg: 2 Std. Vom Fensterl quert man den Hang gegen Osten und erreicht die Roggentalgabel. Der folgende Abstieg über Serpentinen führt zur Verzweigung, die man vom Aufstieg her schon kennt. Der Rest ist eine gemütliche Wanderung talauswärts zur Ammerwaldalm (1102 m).

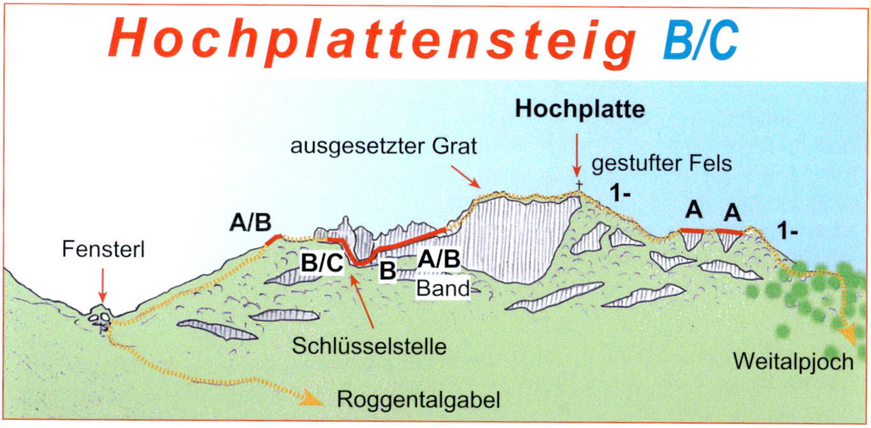

Westlich des Gipfels

Sicherungen östlich des Gipfels

■ **Tipps:** Als alternativer Anstieg bietet sich eine Überschreitung des Weitalpspitz an. 750 m östlich der Ammerwaldalm geht der Weg ab, der zur Weitalpe hochführt. Die Umgehung des Weitalpspitz ist schwer zu finden. Die Überschreitung zum Weitalpjoch zeichnet sich dagegen durch schottriges Gelände, sich verlaufende Wegspuren und Latschengestrüpp aus.

■ **Klettersteige zu verbinden:** Klammspitzsteig (A-c-6)

A-c-5 Schellschlichtsteig B, 1+

mäßig schwierig

Steig	Steig	Zustieg	Abstieg	Expos.	Fun	Sich.	Anford.
1 Std.	490 Hm	2 Std.	3,5 Std.	S	★★ mäßig	☆☆☆ gut	mäßig

Schwierigkeit: mäßig schwierig; Drahtseilpassagen bis B, ungesicherte Passagen bis FT 1+, ausgesetzte Gratwanderung
Gesamtanforderung: mäßig
Bes. Gefahren: Steinschlag
Beste Jahreszeit: Juni - Oktober

Zeiten / Höhenunterschiede:
Zustieg: 2 Std. / 840 Hm
Klettersteig: 1 Std. / 490 Hm
Abstieg: 3,5 Std. / 1270 Hm
Höhenunterschied gesamt: 1330 Hm
Zeitaufwand gesamt: 6,5 Std.
Weglänge gesamt: 12 km

Exposition: Süd
Sicherungen: gut; einwandfreie Stahlseile, einige Bügel
Funfaktor: mäßig
Gestein: Kalk
Flucht- / Abbruchmögl.: keine
Orientierung / Markierung: gut; Markierungen eher sparsam, im bewaldeten Aufstieg zwischen der Schlucht und der Schelleck besteht die Gefahr, falschen Wegspuren zu folgen
Anfänger-Eignung: nein, viele Höhenmeter und psychische Anforderungen

Ausrüstung: Klettersteigset, Helm, mittelfeste Bergschuhe
Errichtung / Betreuung: DAV (www.-alpenverein-ga-pa.de; Tel. 08821-2701)
Karte: Kompass 5 "Wettersteingebirge - Zugspitzgebiet" (1:50')

Anforderungsprofil

Kondition:	3
Armkraft:	1
Technik:	1
Mut, Psyche:	3
Bergerfahrung:	3

1 niedrig 2 mäßig 3 mittel 4 hoch 5 extrem

Charakteristik: Die Schellschlichtüberschreitung bedeutet gut 1300 Hm Auf- und Abstieg mit einer kleinen Klettersteigpassage. Viel eindrucksvoller als das wenige Eisen ist die Gratüberschreitung, die ein ordentliches Maß an Trittsicherheit und mentaler Stärke erfordert, und die wundervolle Aussicht auf das Wettersteinmassiv im Südosten. Manch einer wird auf dem Gipfel von den Klassikern auf Zugspitze und Alpspitze träumen.

Talort: Garmisch-Partenkirchen.
Ausgangspunkt: Griesen, Brücke über die Naidernach (822 m).
GPS Parkplatz: N47.48403 E10.93699 **Stützpunkt:** keiner.

Anreise: Ab Garmisch-Partenkirchen fährt man auf der B23 westwärts Richtung österreichische Grenze und Ehrwald/Lermoos. Kurz nach dem Örtchen Griesen (ca. 1,5 km vor der Grenze) überquert man die Naidernach. Rechts vor der Brücke befinden sich 5 Parkplätze. Links nach der Brücke gibt es 15 weitere Parkplätze.

Zustieg: 2 Std. Bei der Brücke folgt man entlang der Naidernach taleinwärts dem breiten Fahrweg. Nach einem Kilometer geht rechts der Wanderweg Nr. 252 ab. Man steigt rund eine halbe Stunde lang auf, bis man an eine Verzweigung gelangt. Es geht links ohne Höhengewinn in die Schlucht hinein, die man mittels eines Eisensteges überwindet (Weg Nr. 251). Auf der Gegenseite führt der Weg in vielen Kehren durch Nadelwälder hoch zur Schelleck (1479 m). Oberhalb dieser Alp führt der Weg mehrheitlich auf der Wasserscheide hoch zum Hohen Brand (1764 m). *GPS Einstieg: N47.49954 E10.91157*

Steigverlauf: Ein kleiner Sattel führt zur Klettersteigpassage, die aus einer leichten Stufe besteht. An Seilen wird man über Bügel auf einen kleinen Sims (B) und anschließend in einen Graben (A/B) geführt. Weiter geht´s ohne Seile zu einer kleinen Scharte (FT 1), über die man in einen weiteren Sattel absteigt. Eine Schotterrinne leitet wieder auf den Geländerücken, dem man zum Brandjoch folgt (1957 m). Dort beginnt die Gratwanderung. Mal rauf, mal runter gelangt man schließlich über leichte Kletterei (bis FT 1+) zum Gipfel des Schellschlichts (2053 m).

Abstieg: 3,5 Std. Der Abstieg gegen Osten Richtung Sunkenkopf (1766 m) ist sehr schottrig-rutschig, steil und gerade zu Beginn ziemlich ausgesetzt. Der Abstieg kann daher nur empfohlen werden, wenn man über hohe Trittsicherheit verfügt. Ab dem Sattel unter dem Sunkenkopf wird der Weg deutlich einfacher. Man steigt in Kehren abwärts in die Schlucht und quert danach gegen links über eine kleine seilgesicherte Passage (A) in bewaldetes Gebiet hinüber. Der lange Abstieg im Wald führt zur bekannten Verzweigung, ab der man den Abstieg vom Zustieg her kennt.

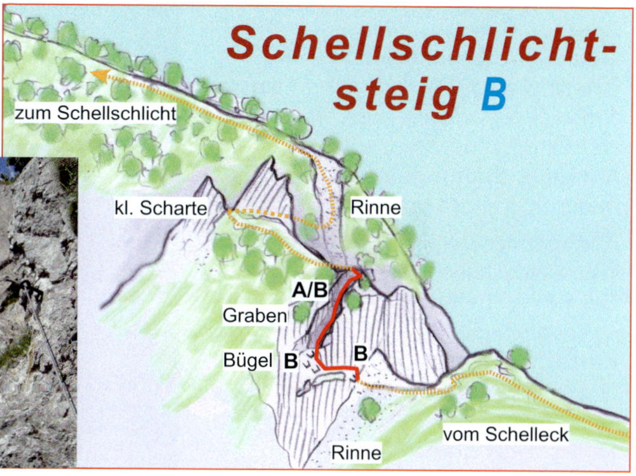

Hinweise: Wer nicht über allzu hohe Trittsicherheit verfügt, sollte wieder über den Zustieg absteigen. Der Abstieg gegen Osten ist wegen des geröllig-schottrigen Untergrunds mental fordernd.

A-c-6 Klammspitzgrat B/C, 1

mäßig schwierig

Steig	Steig	Zustieg	Abstieg	Expos.	Fun	Sich.	Anford.
5 Min.	10 Hm	3,5 Std.	4 Std.	S	★★ mäßig	☆☆☆ gut	mäßig

Schwierigkeit: mäßig schwierig; Seilpassage B/C, ungesicherte Passagen bis FT 1, teilweise ausgesetzte Gratwanderung
Gesamtanforderung: mäßig
Bes. Gefahren: keine
Beste Jahreszeit: Juni-Oktober

Zeiten / Höhenunterschiede:
Zustieg: 3,5 Std. / 980 Hm
Klettersteig: 5 Min. / 10 Hm
Abstieg: 4 Std. / 980 Hm
Höhenunterschied gesamt: 1050 Hm
Zeitaufwand gesamt: 7,5 Std.
Weglänge gesamt: 18 km

Exposition: Süd
Sicherungen: Ketten, guter Zustand
Funfaktor: mäßig
Gestein: Kalk
Flucht- / Abbruchmögl.: keine
Orientierung / Markierung: ausreichend Wegweiser, gute Wegspuren und Markierungen
Anfänger-Eignung: nein, viele Höhenmeter und ungesicherte Stellen

Ausrüstung: Klettersteigset, Helm, mittelfeste Bergschuhe
Errichtung / Betreuung: DAV GAP (www.alpenverein-ga-pa.de; Tel. 08821-2701)
Karte: Kompass 5 "Wettersteingebirge Zugspitzgebiet" (1:50')

Talort: Oberammergau.
Ausgangspunkt: Linderhof (943 m).
GPS Parkplatz: N47.56986 E10.95333
Stützpunkt: keiner.
Anreise: Ab Oberammergau fährt man

Anforderungsprofil

Kondition:	3
Armkraft:	1
Technik:	2
Mut, Psyche:	3
Bergerfahrung:	3

1 niedrig 2 mäßig 3 mittel 4 hoch 5 extrem

Charakteristik: Die große Klammspitze ist ein schöner Aussichtsberg am Alpennordrand. Mit ihrer moderaten Höhe ist sie leicht erreichbar. Die eine gesicherte Passage steht an diesem Berg sehr stark im Schatten unzähliger ungesicherter Kletterstellen, welche hohe Trittsicherheit erfordern.

Die gesicherte Felsstufe

c Ammergauer Alpen *Große Klammspitze, 1924 m*

auf der Bundesstraße 23 kurz in Richtung Garmisch-Partenkirchen, um dann kurz vor Ettal nach rechts abzubiegen (Wegweiser für Schloss Linderhof). Nun fährt man zehn Minuten zum Schloss Linderhof. Im Areal des Linderhofs hält man sich möglichst links, bis man einen Parkplatz für ca. 50 Autos erreicht.

Zustieg: 3,5 Std. Direkt vom Parkplatz weg steigt man auf dem breiten Weg Nr. 231 zu den Brunnenkopfhäusern (1602 m) auf. Nun auf schmalerem Pfad in einen Geländekessel unterhalb der Klammspitzen. Darin steigt man über Geröll auf den Südgrat der Klammspitzen auf und auf diesem Grat hoch zur Großen Klammspitze (FT 1). Dahinter folgt ein abwechslungsreicher Gratweg gegen Westen. Viele felsige Passagen und eine Felsstufe werden ungesichert (FT 1) überwunden. Schließlich gelangt man an eine weitere Felsstufe, in der sich eine Kettensicherung befindet. *GPS Einstieg: N47.57913 E10.89330*

Steigverlauf: Die Kette führt senkrecht (B/C) die Stufe hoch und weiter nach links auf eine Wiese (A). Nach 20 m Kette ist der Zauber schon vorbei.

Die Klammspitzen von Osten

Abstieg: 4 Std. Der Steig führt weiter zu einem Sattel, nach welchem der Feigenkopf erstiegen wird.
Schließlich steigt man über ausgedehnte Hochmoorwiesen zur Hirschwanghütte (unbewirtschaftet) ab. Nun durch feuchtes und dichtes Krautwerk zum Bäckenalmsattel, wo man nach links abbiegt. Der unübersichtliche Blätterdschungel geht allmählich in Wald über. Schließlich gelangt man im Sägertal auf eine Holzerstraße und marschiert ziemlich lange bis zur Linder. Vor diesem Bach biegt man links ab und gelangt so wieder nach Linderhof.

Hinweise: Man kann auch am Eingang des Sägertals parken. Dort befindet sich ein Parkplatz für ca. 100 Autos.

Klettersteige zu verbinden: Hochplattensteig (A-c-4)

A-c-7 Kofelsteig B

mäßig schwierig

Steig	Steig	Zustieg	Abstieg	Expos.	Fun	Sich.	Anford.
30 Min.	130 Hm	1-1,5 Std.	1,5-3 Std.	SO	mäßig	gut	mäßig

Schwierigkeit: mäßig schwierig; nur wenige gesicherte Stellen kurz vor dem Gipfel; zweimal B, meist leichter
Gesamtanforderung: mäßig
Bes. Gefahren: keine
Beste Jahreszeit: April - Oktober

Zeiten / Höhenunterschiede:
Zustieg: 1 - 1,5 Std. / 375 Hm
Klettersteig: 30 Min. / 130 Hm
Abstieg: 1,5 - 3 Std. / 505 Hm
Höhenunterschied gesamt: 505 Hm
Zeitaufwand gesamt: 3 - 5 Std.
Weglänge gesamt: 8,3 km

Exposition: Südost
Sicherungen: gut; Stahlseil, einige Tritthilfen
Funfaktor: mäßig
Gestein: Kalk
Flucht- / Abbruchmögl.: keine
Orientierung / Markierung: gut
Anfänger-Eignung: ja

Ausrüstung: Klettersteigset, Helm, mittelfeste Bergschuhe
Errichtung / Betreuung: DAV (www.-alpenverein-ga-pa.de; Tel. 08821-2701)
Karte: Kompass 5 "Wettersteingebirge - Zugspitzgebiet" (1:50')

Anforderungsprofil

Kondition:	2
Armkraft:	1
Technik:	1
Mut, Psyche:	3
Bergerfahrung:	2

1 niedrig 2 mäßig 3 mittel 4 hoch 5 extrem

Charakteristik: Der Kofel liegt als markanter Felssporn über Oberammergau und wird gerne auch als das "Matterhorn von Oberammergau" bezeichnet. Nicht ganz so schwer wie das Original in der Schweiz verfügt aber der letzte Teil vor dem Gipfel über einige Versicherungen, was ihn auch für den Klettersteiganfänger interessant machen könnte. Durch die niedrige Lage bietet sich diese Tour ebenfalls an, wenn an den hohen Bergen im benachbarten Wetterstein noch Schnee liegt - und nicht zu vergessen ist der schöne Blick vom Gipfel auf Oberammergau.

Talort: Oberammergau.
Ausgangspunkt: Döttenbühl Parkplatz (am Friedhof; 840 m).
GPS Parkplatz: N47.58936 E11.06397
Stützpunkt: **Kolbensattelhütte** (1276 m; www.kolbensattel-huette.de; Tel. 08822-1222; 15. Mai - 19. Oktober), **Kolbenalm** (1000 m; www.kolbenalm.de; Tel. 0160-93867380, 08822-6364).

Anreise: Am Ende der A95 (München-Garmisch) weiter über die B2 und kurz darauf in Oberau nach rechts (B23) in Richtung Ettal/Oberammergau abbiegen. Direkt in Oberammergau biegt man nach rechts in Richtung Zentrum (Ettaler Straße), um dann nach 1,2 km links in die König-Ludwig-Straße abzubiegen. Nach wenigen Metern überquert man die Ammer und biegt links in den Malensteinweg. Unter der B23 hindurch gelangt man zum Parkplatz "Döttenbühl" in der Nähe des Oberammergauer Friedhofs (15,6 km ab A95).

Zustieg: 1 - 1,5 Std. Vom Parkplatz erst in einer Linkskurve (östlich) um den Kofel. Dieser sticht von der Wiese "Kälberplatte" markant ins Auge und heißt nicht umsonst "das Matterhorn von Oberammergau". Nach der Wiese in vielen Kehren durch den Wald empor zum Kofelsattel (1215 m; Regenunterstand).

GPS Einstieg: N47.58518 E11.05843

Steigverlauf: Noch kurz ansteigend erreicht man an einer Felsnase die erste Sicherung (A). Eine Holztreppe führt zu einer hohen, fast senkrechten Stufe mit nur kleinen Trittmöglichkeiten (B). Gesicherte erdige und geröllige Serpentinen leiten auf den Westgrat (A/B). Nach rechts ungesichert weiter über schrofige Stellen zum nördlichen Gipfelaufbau des Kofel. Hier entweder südlich an einem im Fels angebrachten Unterstand vorbei zum Gipfel, oder man wählt die "Ferrata": Nach einer gesicherten, ausgesetzten Stelle (A) zu einer steilen Felsstufe (15 m; max. B). Jetzt noch wenige Sicherungen (A/B) und man hat den Gipfel erreicht (1342 m).

Abstieg: 1,5 - 3 Std. Zurück zum Kofelsattel (15 Min.). **a**) auf gleichem Weg zurück zum Parkplatz (45 Min.); **b)** nach Westen über den "Königssteig" in Richtung Kolbensattelhütte. An einer Kreuzigungsgruppe erreicht man den AV Weg 201. Hier wären es noch gut 15 Min. bis zur Kolbensattelhütte (1276 m). Oder man geht gleich rechts die Straße abwärts über die Kolbenalm (1000 m) nach Oberammergau. An der Talstation des Schiliftes zweigt rechts der Grottenbergweg (an der Mariengrotte vorbei) ab, der zurück zum Parkplatz führt (2-2,5 Std.; Km-Angabe bezieht sich auf diese Variante).

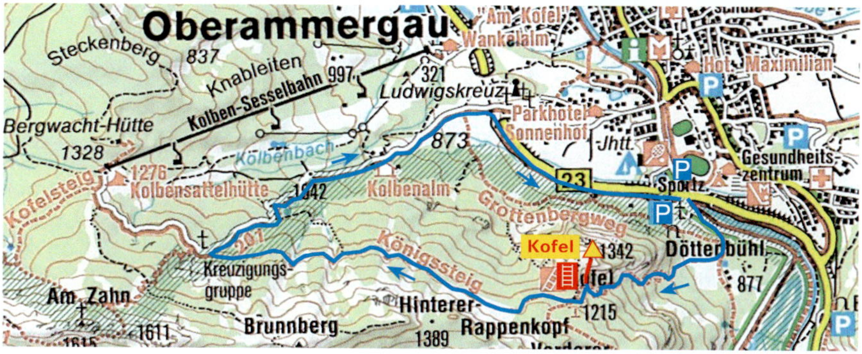

■ **Tipps:** An der Kreuzigungsgruppe besteht die Möglichkeit, von Osten auf den Sonnenberg zu gehen und die Tour A-c-8 anzuschließen. Ebenso kann man von der Kolbensattelhütte zum August-Schuster-Haus (Pürschlinghaus) gelangen.

■ **Hinweise:** Da der Gipfel recht niedrig ist, bietet sich diese Tour schon früh im Jahr oder auch für den Spätherbst an. Bei Nässe im Gipfelbereich sehr glatt (abgelaufen).

■ **Klettersteige zu verbinden:** Sonnenberggrat (A-c-8), Teufelstättkopf (A-c-9)

c Ammergauer Alpen

Sonnenberg, 1622 m

A-c-8 Sonnenberggrat-Steig A/B 130 Hm

Vom Sonnenberg hat man einen wunderbaren Blick auf die Ammergauer Berge und das Wettersteingebirge. Allerdings bleibt dieser Weg über die teils steilen und engen Berghänge eher dem trittsicheren Bergwanderer vorbehalten. Für diesen wurden an den gefährlichsten Stellen in den letzten Jahren einige Sicherungen angebracht. Dennoch sucht man hier vergebens nach einem "Klettersteig", wird aber mit einer schönen Aussicht belohnt.

Beste Jahreszeit: Mai - Oktober.
Zeitaufwand / Weglänge gesamt: 5,5 Std. / 765 Hm / 11,6 km
Besondere Gefahren: keine.
Karten: Kompass 5 "Wettersteingebirge - Zugspitzgebiet" (1:50')
Talort / Ausgangspunkt: Unterammergau / Parkplatz "Schleifmühle" (gebührenpflichtig; 870 m) / *GPS: N47.61024 E11.01950*
Stützpunkt: **August-Schuster-Haus** (Pürschlinghaus; 1564 m; Tel. 08822-3567).
Anreise: Am Ende der A95 (München-Garmisch) weiter über die B2 und kurz darauf nach rechts (B23) in Richtung Ettal/Oberammergau abbiegen. Durch Oberammergau hindurch sieht man kurz vor Unterammergau nach links die Hinweise zum Parkplatz "Schleifmühle" (23,1 km ab Autobahnende).
Gesamter Wegverlauf: **Zustieg:** 2 Std.; 635 Hm. Vom Parkplatz über den Wanderweg 234 (meist Straße) in Richtung August-Schuster-Haus. Am Sattel des Pürschlingberges, schon nahe der Hütte, geht es links weg zum Sonnenberg (1503 m).
Steigverlauf: 2 Std.; 130 Hm. Zuerst aufwärts, dann auf der Südseite des Grates mit wenig Höhenunterschied zu den ersten Seilsicherungen (A, max. A/B). Auf der Südseite ist der Steig meist schmal und oft ziemlich ausgesetzt, auch an einigen ungesicherten Stellen. Nach ca. einem Drittel der Strecke geht es über den Grat auf die Nordseite, hier kommen noch drei kurze gesicherte Stellen (A - A/B - A). Ansonsten ist es auf der Nordseite nicht mehr ganz so ausgesetzt, dafür der Weg etwas steiniger. Der Sonnenberg ist schon von weitem sichtbar. Man umgeht den Berg zuerst und hat aus Richtung Nordost zwei Möglichkeiten, vom Gratweg aus aufzusteigen, aber beide Wege führen wenige Meter oberhalb zusammen und in wenigen Minuten auf den Gipfel (1622 m; 1 Std.). Nun denselben Weg zurück bis unterhalb des Pürschlinghauses und die gut 50 Hm hoch zu diesem (1564 m; 1 Std.). *GPS: N47.58251 E10.99400*
Abstieg: 1,5 Std.; 635 Hm. **a)** den gleichen Weg zurück zum Pürschlingparkplatz (1,5 Std.); **b)** über den *Teufelstättkopf* (A-c-9) und über die Kühalm (1350 m) zurück zum Parkplatz (2,5 Std.). Bei beiden Varianten lohnt sich ein Abstecher ein Stück vor dem Parkplatz in die Schleifmühlenklamm, man kommt kurz vor dem Parkplatz wieder heraus.

c Ammergauer Alpen

Hinweise, Tipps: Den Sonnenberggrat kann man auch begehen, wenn man von Oberammergau mit der Kolbensesselbahn hochfährt und dann Richtung Zahn/Sonnenberg geht. Möglich wäre auch noch die Einbindung des *Kofelsteiges* (A-c-7) als Zustieg (lange Tagestour).

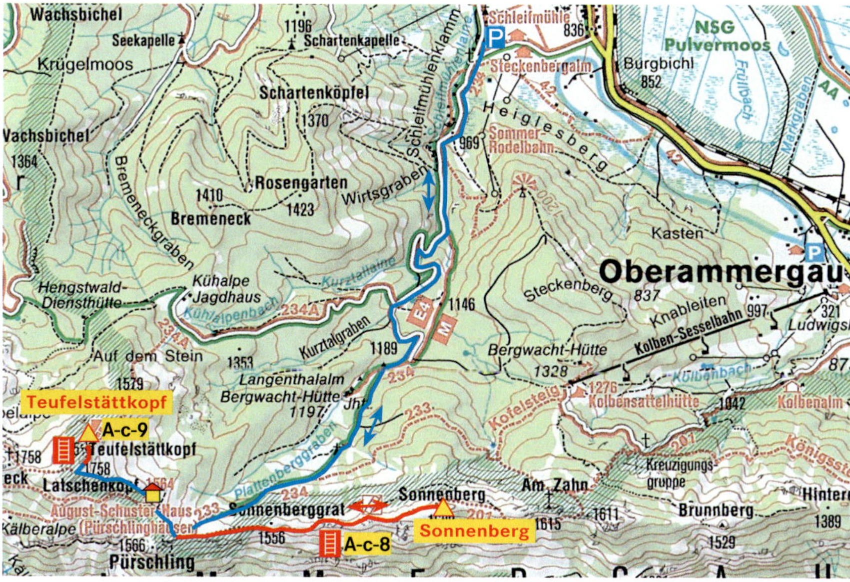

c Ammergauer Alpen

Teufelstättkopf, *1755 m*

A-c-9 **Teufelstättkopf-Steig** *A/B* *25 Hm*

Auch der Teufelstättkopf weist an seinem Gipfelaufbau einige Sicherungen auf, und diese helfen so auf den letzten Metern. Aber auch hier, wie am benachbarten Sonnenberggrat, steht eher das Panorama auf Zugspitze und Starnberger See und nicht der "Klettersteig" im Vordergrund.

Beste Jahreszeit: Mai - Oktober.
Zeitaufwand / Weglänge gesamt:
5 Std. / 885 Hm / 10,8 km
Besondere Gefahren: keine.
Karten: Kompass 5 "Wettersteingebirge - Zugspitzgebiet" (1:50')
Talort / Ausgangspunkt: Unterammergau / Parkplatz "Schleifmühle" (gebührenpflichtig; 870 m) / *GPS: N47.61024 E11.01950*
Stützpunkt: **August-Schuster-Haus** (Pürschlinghaus; 1564 m; Tel. 08822-3567).
Anreise: Am Ende der A95 (München-Garmisch) weiter über die B2 und kurz danach nach rechts (B23) in Richtung Ettal/Oberammergau abbiegen. Durch Oberammergau hindurch sieht man kurz vor Unterammergau nach links die Hinweise zum Parkplatz "Schleifmühle" (23,1 km ab Autobahnende).
Gesamter Wegverlauf: **Zustieg:** 2,5 - 3 Std.; 860 Hm. Vom Parkplatz über den Wanderweg 234 (meist Straße) in Richtung August-Schuster-Haus (1564 m; 2 Std.). Hier weiter zum ausgeschilderten Teufelstättkopf. Kurz vor dem Gipfelaufbau erreicht man die wenigen Sicherungen (1730 m; 45 Min.).
Steigverlauf: 5 Min.; 25 Hm. Ein dickes Stahlseil hilft über den gut gestuften Fels bis direkt unter das Gipfelkreuz (1755 m; anfangs A/B, dann A).
Abstieg: 1,5 - 2 Std.; 885 Hm. **a)** den gleichen Weg zurück zum Pürschlingparkplatz (2 Std.);
b) nordseitig abwärts über die Kühalm (1350 m) zurück zum Parkplatz (1,5 Std.). Bei beiden Varianten lohnt sich ein Abstecher ein Stück vor dem Parkplatz in die Schleifmühlenklamm (man kommt kurz vor dem Parkplatz wieder heraus).

Hinweise, Tipps: Ideal zu verbinden mit dem *Sonnenberggrat-Steig* (A-c-8).

A-c-10 Ettaler Manndlsteig *B*

mäßig schwierig

Steig	Steig	Zustieg	Abstieg	Expos.	Fun	Sich.	Anford.
15 Min.	60 Hm	45 Min.	1 Std.	S	★★★ schön	☆☆☆ gut	mäßig

Schwierigkeit: mäßig schwierig; kurzer und leichter Klettersteig mit einer B-Stelle
Gesamtanforderung: mäßig
Bes. Gefahren: keine
Beste Jahreszeit: Mai - Oktober

Zeiten / Höhenunterschiede:
Zustieg: 30 - 45 Min. / 50 Hm (zzgl. 160 Hm Abstieg)
Klettersteig: 15 - 30 Min. / 60 Hm
Abstieg: 1 Std. / 110 Hm (zzgl. 160 Hm Anstieg)
Höhenunterschied gesamt: 110 Hm
Zeitaufwand gesamt: 2 Std.
Weglänge gesamt: 3,6 km

Exposition: Süd
Sicherungen: gut; Ketten
Funfaktor: schön
Gestein: Kalk
Flucht- / Abbruchmögl.: keine
Orientierung / Markierung: gut
Anfänger-Eignung: ja

Ausrüstung: Klettersteigset, Helm, mittelfeste Bergschuhe
Errichtung / Betreuung: DAV (www.-alpenverein-ga-pa.de; Tel. 08821-2701)
Karte: Kompass 5 "Wettersteingebirge - Zugspitzgebiet" (1:50')

Talort: Oberammergau.
Ausgangspunkt: **a)** Bergstation Laberbahn (1680 m); **b)** Kloster Ettal (912 m).
GPS Parkplatz: ***a)*** *N47.59767 E11.08-529;* ***b)*** *N47.56926 E11.09194*
Stützpunkt: **Bergstation Laberbahn** (1680 m; www.laber-bergbahn.de; Tel. 08822-4280), **Soilealm** (1297 m).

Anforderungsprofil

Kondition:	1
Armkraft:	2
Technik:	1
Mut, Psyche:	2
Bergerfahrung:	2

1 niedrig 2 mäßig 3 mittel 4 hoch 5 extrem

Charakteristik: Das *Ettaler Manndl* ist wohl in dieser Gegend eines der beliebtesten Gipfelziele und dementsprechend gut besucht. Die gesicherten Stellen vor dem Gipfel bieten sich ideal für Kinder oder Anfänger an, die Lust am Klettersteiggehen bekommen möchten. Zwar kurz, aber nicht langweilig, und vom Gipfel bietet sich ein traumhaftes Panorama auf die Zugspitze... und vielleicht ja auf spätere Klettersteigziele.

c Ammergauer Alpen *Ettaler Manndl, 1633 m*

Anreise: Am Ende der A95 (München-Garmisch) weiter über die B2 und kurz darauf in Oberau nach rechts (B23) in Richtung Ettal/Oberammergau abbiegen. In Ettal direkt an der Klostermauer Parkmöglichkeit für den langen Zustieg (**Variante b**; 10,6 km ab A95). Oder nach Oberammergau und zur ausgeschriebenen Laberbergbahn weiterfahren (**Variante a**; 15,7 km).

Zustieg: 30 - 45 Min. a) Von der Bergstation erst einmal bis 1520 m absteigen. Hierbei nähert man sich dem Ettaler Manndl von Westen in einer großen Linkskurve. Meist durch Wald passiert man schließlich den von rechts kommenden Zustieg von Ettal (30 Min.) und erreicht an einem Baum den Einstieg zum Klettersteig (1570 m; 15 Min.). **b)** Von Ettal durch den Tiefentalgraben ebenfalls meist durch Wald bis auf den von links kommenden Weg von der Bergstation (1550 m; 1,5 - 2 Std.) und ebenfalls weiter zum Einstieg.

GPS Einstieg: N47.58347 E11.11522

Steigverlauf: Mittels einer Kette über gut gestuften Fels (etwas glatt poliert wie der ganze Weg; A und A/B) in einen kleinen Sattel. Nun nach links schön weiter (A/B), wobei eine kurze Stelle etwas Armkraft erfordert (B). Weiter in einer leichten Rechtskurve (A/B) auf einen Rücken steigend bis zu einer Felsnase. Hier noch einmal in Sichtweite vom Gipfelkreuz in einen kleinen Sattel und einen letzten Steilaufschwung (A/B) nach oben. Am Gipfel (1633 m) herrliche Aussicht auf den Soilesee sowie die nahe südliche Zugspitze.

Abstieg: 1 Std. a) Wie Zustieg a (45 - 60 Min.); **b)** Wie Zustieg b (1,5 Std.); **c)** am Ende des Klettersteigs nach links und zum Soilesee mit der Soilealm absteigen (1297 m). Ab hier auf der langen Schotterstraße gemütlich, aber lang über Bärenbadflecken zurück zur Talstation (2 - 2,5 Std.).

■ **Tipps:** Im Sommer durch die nahe Bergbahn sehr überlaufen, daher früh starten und vielleicht doch den langen Abstieg wählen. Eine schöne Ausweichtour dagegen im Frühjahr und Spätherbst.

■ **Hinweise:** Da die Felsen sehr blankpoliert sind, ist der Steig bei Nässe sehr gefährlich!

d Karwendel

***Lindenkopf**, 1802 m*

A-d-1 **Lindenkopf-Steig** *A/B* *265 Hm*

Der Steig führt von der Mittenwalder Hütte in südlicher Richtung auf den Lindenkopf (auch Lindlähnekopf oder Lindlainkopf genannt). Wegführung und Gipfel sind unspektakulär. Wer jedoch in den Mittenwaldern noch relative Ruhe und Abgeschiedenheit sucht, ist hier auf dem richtigen Weg. Der Steig führt auch zu den Kletterrouten am Gerberkreuz.

Beste Jahreszeit: Juli - September.
Zeitaufwand / Weglänge gesamt: 3,5 - 4 Std. / 580 Hm / 4,5 km
Karten: Kompass 6 "Walchensee - Wallgau - Krün" (1:50')
Talort / Ausgangspunkt: Mittenwald / Parkplatz Karwendelbahn (935 m) / *GPS: N47.43673 E11.26931*
Stützpunkt: **Mittenwalder Hütte** (1518 m), www.mittenwalder-huette.de
Anreise: In Mittenwald (an der B2 Richtung Innsbruck gelegen) fährt man zur gut ausgeschilderten Karwendelbahn.
Gesamter Wegverlauf: **Zustieg:** 1,5 Std.; 580 Hm. Direkt oberhalb des Parkplatzes der Karwendelbahn führt der Weg 281 zuerst unter der Bundesstraße hindurch (Treppe). Danach kurz eben durch niedriges Gehölz, bevor sich der Weg (nun 280) in stetiger Steigung und über viele Serpentinen durch Hochwald nach oben zieht. Im oberen Teil des Zustieges befinden sich immer wieder kurze Stahlseile, die jedoch nicht benötigt werden, da der Weg an allen Stellen breit genug ist. Zuletzt quert man noch einmal nach rechts unter der Seilbahn hindurch und steht kurz danach vor der gemütlichen Mittenwalder Hütte (1518 m), die sich als erster Rastplatz anbietet.
Steigverlauf: 1 Std.; 265 Hm. Ab dem Abzweig nach der Mittenwalder Hütte (Weg 283) zuerst ein kurzes Stück flach, bevor eine 8-stufige Stahlleiter (A/B) über eine Steilstufe führt. Danach mit mäßiger Steigung weiter, bis man am Stahlseil unschwierig einen Felsaufschwung traversiert (A/B).

Kurz danach gelangt man an eine Aussichtskanzel, von der aus der restliche Aufstieg gut einsehbar ist. Von dort steigt man etwa 20 - 30 Hm wieder nach unten. In diesem Abstieg und dem darauf folgenden Aufstieg befinden sich noch weitere Stahlseilsicherungen (A/B). Nun steigt man in gleichmäßigen Serpentinen, teilweise auf sehr erdigem Untergrund, ohne Sicherungen in Richtung Gipfel. Bald begradigt sich der Weg wieder, und man hält sich nach rechts, durch ein dichtes Latschenfeld und steigt ein paar Meter zum aussichtsreichen Gipfelkreuz ab (1802 m).

Abstieg: 1 - 1,5 Std.; 580 Hm. Von der Hütte den Aufstiegsweg wieder zurück.

Hinweise, Tipps: Kletterbegeisterte können noch den Klettergarten in der Nähe der Mittenwalder Hütte ausprobieren. Dieser befindet sich etwa 15 - 20 Min. nach der Hütte am Weg zum Lindenkopf.

Bei einem frühen Start empfiehlt es sich, den *Karwendelsteig* (A-d-2) anzuhängen und mit der Bahn hinunter zu fahren.

Bergstation der Karwendelbahn, 2244 m

A-d-2 Karwendelsteig A/B 735 Hm

Der Karwendelsteig führt von der Mittenwalder Hütte quer hinauf zur Bergstation der Karwendelbahn mit dem neuen "Fernrohr". Unterwegs genießt man herrliche Tiefblicke auf Mittenwald und hat eine schöne Aussicht auf die umliegenden Berge. Nur anspruchsvolle Sicherungen wird man hier vergebens suchen...

Man kann aber die Tour als Einstieg in diese Bergwelt betrachten und die Sicherungen auf dem Karwendelspitz-Klettersteig nachholen.

Beste Jahreszeit: Juli - September.

Zeitaufwand / Weglänge gesamt: 6,5 Std. / 1310 Hm / 9,5 km

Besondere Gefahren: keine.

Karten: Kompass 6 "Walchensee - Wallgau - Krün" (1:50')

Talort / Ausgangspunkt: Mittenwald / Parkplatz Karwendelbahn, Mittenwald (935 m) / *GPS: N47.43673 E11.26931*

Stützpunkt: **Bergrestaurant der Karwendelbahn** (2244 m, www.karwendelbahn.de; Tel. 08823-9376760); **Mittenwalder Hütte** (1518 m; www.mittenwalder-huette.de; Tel. 0172-8558877; info@mittenwalder-huette.de); **Dammkarhütte** (1650 m; www.dammkarhuette.de; Tel. 0173-3514659).

d Karwendel

Anreise: In Mittenwald (an der B2 Richtung Innsbruck gelegen) fährt man zur gut ausgeschilderten Karwendelbahn.

Gesamter Wegverlauf: **Zustieg:** 1,5 Std.; 580 Hm. Direkt oberhalb des Parkplatzes der Karwendelbahn führt der Weg 281 zuerst unter der Bundesstraße hindurch (Treppe). Danach kurz eben durch niedriges Gehölz, bevor sich der Weg (nun 280) in stetiger Steigung und über viele Serpentinen durch Hochwald nach oben zieht. Im oberen Teil des Zustieges befinden sich immer wieder kurze Stahlseile, die jedoch nicht benötigt werden, da der Weg an allen Stellen breit genug ist. Zuletzt quert man noch einmal nach rechts unter der Seilbahn hindurch und steht kurz danach vor der gemütlichen Mittenwalder Hütte (1518 m), die sich als erster Rastplatz anbietet.

Steigverlauf: 2 Std.; 735 Hm. Auf der Rückseite der Mittenwalder Hütte in einem Linksbogen am Abzweig zum Lindenkopf vorbei. Später hilft eine stabile Stahlleiter (A/B; 11 Stufen) über eine erdige Steilstufe. Dann wendet sich der Weg wieder nach rechts, und man kann den größten Teil des restlichen Steiges sehen. Die ersten mit Stahlseil gesicherten Stellen (A/B) folgen erst ab einer Höhe von ca. 1700 m. Danach wird der Weg etwas steiler, und es empfiehlt sich, den weiteren Wegverlauf konzentriert zu verfolgen, um ungewollte "Ausritte" zu vermeiden. Der Steig wendet sich nach rechts hinauf in Richtung der markanten Seilbahnstütze. Oberhalb der Seilbahnstütze wieder flacher nach Nordosten. In diesem Bereich enden die Sicherungen wieder (meist A, max. A/B), und man sieht nach oben blickend die Bergstation mit dem großen "Fernrohr" bereits zum Greifen nahe. Bald wendet sich der Weg wieder nach rechts, in ein steiles schattiges Kar, in dem sich im Frühjahr noch lange Schneereste befinden. Hier findet man stellenweise auch wieder Stahlseilsicherungen (A/B), die sich in einem erfreulich guten Zustand befinden. Danach steigt man steil nach rechts und gelangt auf einen kleinen Grat (2260 m). Hier betritt man den vielbegangenen Panoramarundweg der Bergstation und wandert in 5 Minuten hinab zum Bergrestaurant. *GPS: N47.43373 E11.28231*

Abstieg: 3 Std.; 1310 Hm. **a)** Seilbahn; **b)** gleicher Weg (2,5 - 3 Std.); **c)** Über das Dammkar: Von der Bergstation durch einen Tunnel (500 m; schwach beleuchtet), der die Skifahrer im Winter zur Dammkar-Skiabfahrt bringt, in das Dammkar. Nun folgt der Abstieg (Weg 270) zur Dammkarhütte (1650 m; 1 Std.) über teils gut gehbares Geröll, vorbei an der Merk-Kronwitter-Hütte (1780 m; eine unbewirtschaftete Bergwachthütte; Abzweig zum *Predigtstuhl*; A-d-7).

Kurz nach der Mittenwalder Hütte

In der unteren Hälfte des Karwendelsteiges

Früher war die Dammkarhütte berühmt als Austragungsort von Skiwettkämpfen sowie als Schauplatz von Filmaufnahmen. Nach der Hütte geht es durch einen weiten Latschenhang in Serpentinen bergab, bis man zu einem Flachstück gelangt (dem "Bankerl"; 1350 m). Entweder wandert man von hier auf dem breitem Weg 270 in einem weitem Bogen zur Talstation zurück (2 - 2,5 Std.), oder man wählt die anstrengendere Variante nach links, über den Ochsenbodensteig (Weg 271; 200 Hm Gegenanstieg; 3 Std.).

Hinweise, Tipps: Nicht auslassen sollte man einen Besuch in der "Bergwelt Karwendel", dem "Fernrohr" aus Beton und Holzschalung, direkt neben der Bergstation der Karwendelbahn. Neben Filmen und einer Dauerausstellung über Fauna, Flora und Geologie bietet die verglaste Front des "Fernrohres" einen atemberaubenden Tiefblick nach Mittenwald.

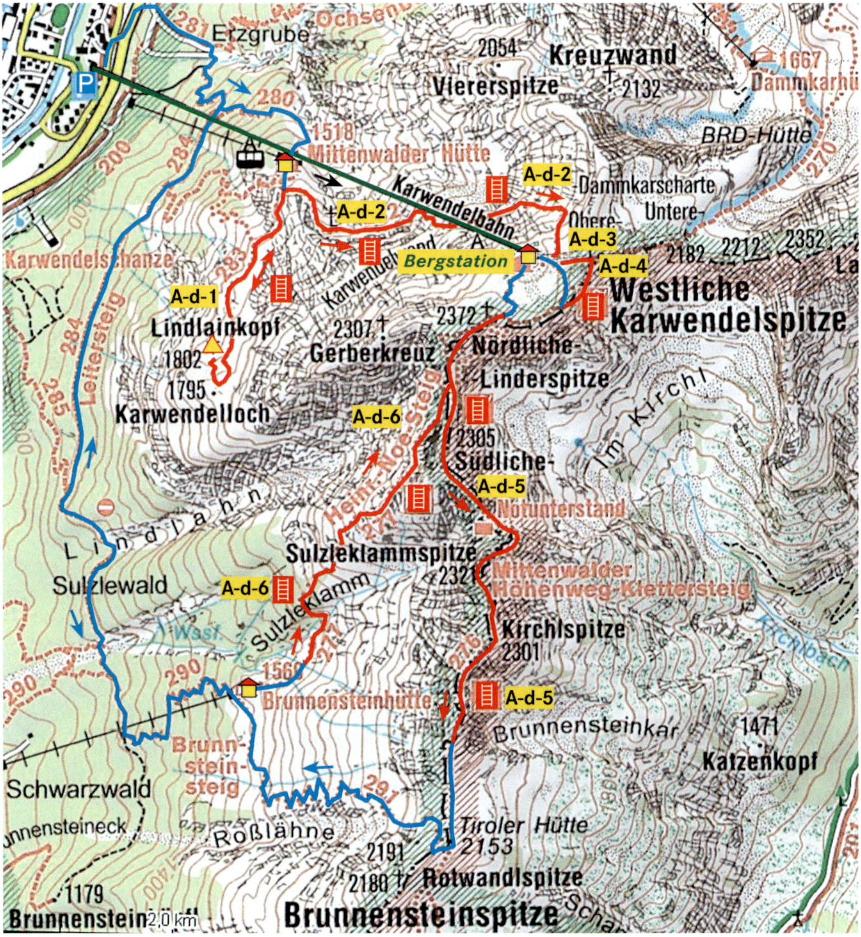

Westliche Karwendelspitze, 2385 m

A-d-3 Karwendelspitz-Normalweg A/B 65 Hm

Der Karwendelspitz-Normalweg wird wegen seiner Kürze von der Mehrheit der Bergbahn-Touristen begangen. Echte Schwierigkeiten treten hier nicht auf. Bis zum Gipfelaufbau werden die vorhandenen Stahlseilsicherungen meist verschmäht, und man kraxelt (FT 1) frei über Felsplatten nach oben. An schönen Tagen kann es am Gipfel dann schon einmal eng werden. Aber die Aussicht von der Westlichen Karwendelspitze (2385 m) ist dafür auch grandios.

Beste Jahreszeit: Juli - September.

Zeitaufwand / Weglänge gesamt: 45 Min. / 145 Hm / 1 km

Besondere Gefahren: keine.

Karten: Kompass 6 "Walchensee - Wallgau - Krün" (1:50')

Talort / Ausgangspunkt: Mittenwald / Parkplatz Karwendelbahn, Mittenwald (935 m), bzw. Bergstation Karwendelbahn (2244 m) / *GPS: N47.43673 E11.26931*

Stützpunkt: **Bergrestaurant der Karwendelbahn** (2244 m; www.karwendelbahn.de; Tel. 08823-9376760); **Mittenwalder Hütte** (1518 m, www.mittenwalder-huette.de; Tel. 0172-8558877; info@mittenwalder-huette.de; beim Aufstieg über den Karwendelsteig, ohne Seilbahnbenutzung).

Anreise: In Mittenwald (an der B2 Richtung Innsbruck gelegen) fährt man zur gut ausgeschilderten Karwendelbahn.

Gesamter Wegverlauf: **Zustieg:** 15 Min.; 80 Hm. **a)** Mit der Karwendelbahn bis zur Bergstation; **b)** Alternativ, ohne Seilbahnbenutzung, über den *Karwendelsteig* (A-d-2; 3 - 3,5 Std.). Ab der Bergstation auf der linken Seite in Serpentinen kurz aufwärts und in einigen weiten Kehren an den Wandfuß des Gipfelaufbaus zur Westlichen Karwendelspitze, wobei sich der Übergang vom Zustieg zum Steig fast fließend vollzieht (15 Min.). Oberhalb des Steiges befindet sich übrigens der Karwendelspitz-Klettersteig. Schon allein deshalb empfiehlt sich hier bereits das Tragen eines Helmes.

Steigverlauf: 15 Min.; 65 Hm. Zuerst führt der Weg über Felsplatten mäßig steil nach oben. Die zum Teil sehr alten Sicherungen (A) befinden sich oft an Stellen, an denen man sie nicht nutzen kann (zu hoch, abseits des logischen Weges). Man benötigt sie aber auf diesem Wegstück eigentlich nicht. Meist kraxelt man unschwierig über Felsplatten (Stellen FT 1) nach oben. Nach etwa 200 m erreicht man eine Einsattelung unterhalb des Gipfelaufbaus. Nach der Einsattelung, an dem sich das Ende des *Karwendelspitz-Klettersteiges* (A-d-4) befindet, geht es links, unschwierig, nun wieder mit neuerem Stahlseil (A/B; Geländer), auf speckigen Felsen bis zum Gipfelkreuz der Westlichen Karwendelspitze (2385 m). *GPS: N47.43034 E11.29726*

Abstieg: 15 Min.; 145 Hm. Auf dem gleichen Weg.

Hinweise, Tipps: Siehe Tour A-d-4.

A-d-4 Karwendelspitz-Klettersteig C,2

schwierig

Steig	Steig	Zustieg	Abstieg	Expos.	Fun	Sich.	Anford.
30 Min.	85 Hm	15 Min.	15 Min.	alle	★★ mäßig	gut	mäßig

Schwierigkeit: schwierig; am Einstieg A/B, dann Querung u. eine vertikale Schlüsselstelle C, später B, kurz FT 2
Gesamtanforderung: mäßig
Bes. Gefahren: kurz ungesichert
Beste Jahreszeit: Juli - September

Zeiten / Höhenunterschiede:
Zustieg: 15 Min. / 55 Hm
Klettersteig: 30 Min. / 85 Hm
Abstieg: 15 Min. / 145 Hm
Höhenunterschied gesamt: 145 Hm
Zeitaufwand gesamt: 1 Std.
Weglänge gesamt: 1 km

Exposition: Gratsteig
Sicherungen: gut; Stahlseile, es fehlen 3 m Stahlseil zu Beginn der Schlüsselstelle
Funfaktor: mäßig
Gestein: Kalk
Flucht- / Abbruchmögl.: keine
Orientierung / Markierung: gut; deutlich sichtbare Hinweistafel am Einstieg
Anfänger-Eignung: nein

Ausrüstung: Klettersteigset, Helm, mittelfeste Bergschuhe od. Kletterschuhe
Errichtung / Betreuung: DAV Mittenwald (www.dav-mittenwald.de; dav-mittenwald@t-online.de); Karwendelbahn (www.karwendelbahn.de; Tel. 08823-9376760; service@karwendelbahn.de)
Karte: Kompass 6 "Walchensee - Wallgau - Krün" (1:50')
Kartenausschnitt siehe Seite 173

Anforderungsprofil

Kondition:	1
Armkraft:	3
Technik:	2
Mut, Psyche:	3
Bergerfahrung:	2

1 niedrig 2 mäßig 3 mittel 4 hoch 5 extrem

Charakteristik: Der einzige richtige Klettersteig in den "Mittenwaldern" führt auf die Westliche Karwendelspitze. Als einzelner Gipfel ist sie leider zu kurz. So wird sie meist, mit Seilbahnunterstützung, in Ergänzung zum *Mittenwalder Höhenweg*, über den Aufstieg auf dem Karwendelsteig, oder mit dem Abstieg über das Dammkar bestiegen.

Die Platte nach der Scharte

d Karwendel *Westliche Karwendelspitze, 2385 m*

Talort: Mittenwald.

Ausgangspunkt: Parkplatz Karwendelbahn, Mittenwald (935 m), bzw. Bergstation Karwendelbahn (2244 m).

GPS Parkplatz: N47.43673 E11.26931

Stützpunkt: Bergrestaurant der Karwendelbahn (2244 m; www.karwendelbahn.de; Tel. 08823-9376760); **Mittenwalder Hütte** (1518 m, www.mittenwalder-huette.de; Tel. 0172-8558877; info@mittenwalder-huette.de; beim Aufstieg über den Karwendelsteig, ohne Seilbahnbenutzung).

Eine teilweise wunderschöne Grattour!

Anreise: In Mittenwald (an der B2 Richtung Innsbruck gelegen) fährt man zur gut ausgeschilderten Karwendelbahn.

Zustieg: 15 Min. a) Mit der Karwendelbahn bis zur Bergstation und von dort leicht aufwärts zum Einstieg (2300 m; Hinweistafel); **b)** Alternativ, ohne Seilbahnbenutzung, über den *Karwendelsteig* (A-d-2; 3 - 3,5 Std.).

GPS Einstieg: N47.42918 E11.29762

Steigverlauf: Der Steig führt über eine kurze Felsstufe, auf einen breiten flachen Rücken (A/B) und weiter zu einem markanten Felsturm mit einer erneuten Hinweistafel. Ab hier traversiert der Steig ohne künstliche Tritte bis unter den oberen Befestigungspunkt der Materialseilbahn. Nun wendet sich der Weg nach oben und man erreicht einen Standplatz unter der Schlüsselstelle (bis hierher C). An dieser Stelle endet das Stahlseil und man muss frei, etwa 3 m vertikal nach oben, klettern (FT 2), wobei an dieser Stelle das Gelände nach Norden sehr ausgesetzt ist. Hat man diese heikle Stelle überwunden, geht es am Stahlseil noch ein paar Meter fast senkrecht nach oben, bevor der Weg wieder flacher wird (C). Man befindet sich jetzt wieder im Gehgelände (A), bis man nach etwa 50 m über einen ca. 10 m hohen Buckel (A/B) zu einer Einschartung gelangt, auf deren gegenüberliegender Seite man sich noch einmal auf steilen glatten Platten am Stahlseil nach oben zieht (B). Danach klettert man über den schmalen Grat ca. 15 m hinunter zum Sattel vor dem Gipfelaufbau der Westlichen Karwendelspitze (B). Ein paar Meter vor dem Sattel endet das Stahlseil. Nach der Einsattelung, an der man auf den Normalweg trifft, geht es unschwierig, nun wieder mit Stahlseil (A/B), auf speckigen Felsen bis zum Gipfelkreuz der Westlichen Karwendelspitze.

Abstieg: 15 Min. Vom Gipfel der Westlichen Karwendelspitze wieder auf die Einsattelung hinunter und auf dem *Normalweg* (A-d-3) zur Bergstation der Karwendelbahn zurück. Zuerst führt der Weg über Felsrippen mäßig steil nach unten. Die zum Teil sehr alten Sicherungen (A) befinden sich oft an Stellen, an denen man sie nicht nutzen kann (zu hoch, abseits des logischen Weges). Man benötigt sie aber auf diesem Wegstück eigentlich nicht mehr. Auf etwa 2300 m gelangt man wieder auf die Pfade der Karwendelgrube, über die man nach ca. 5 Minuten zur Bergstation gelangt (siehe auch *Karwendelspitz-Normalweg*, A-d-3).

1 Karwendelspitz-Klettersteig C/D,2
2 Normalweg A

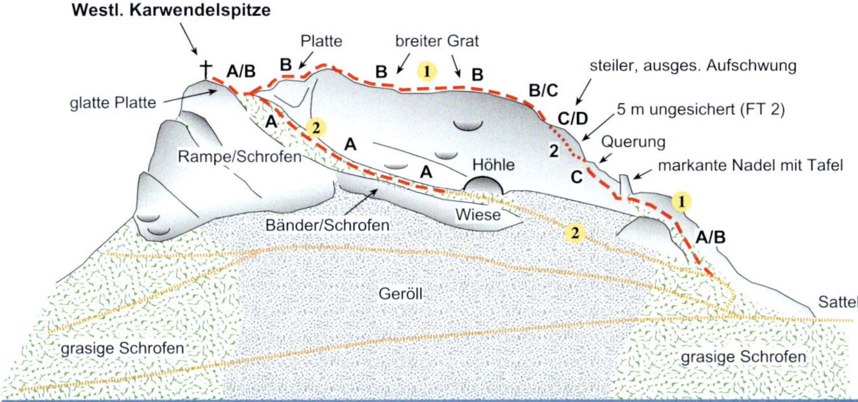

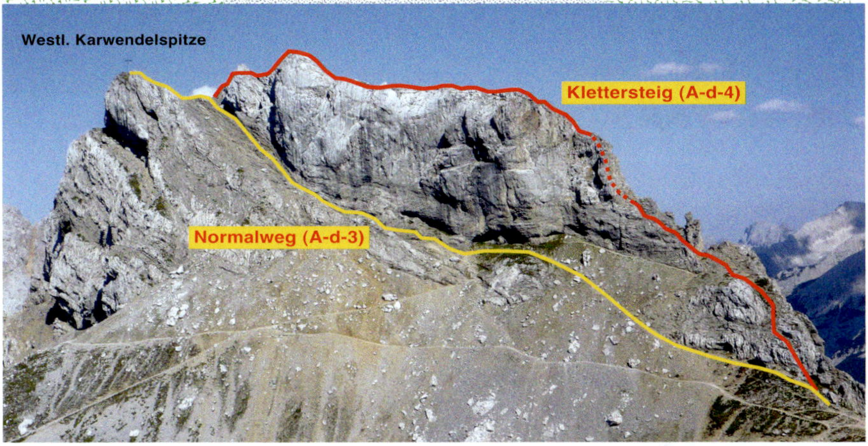

■ **Tipps:** Nicht auslassen sollte man einen Besuch in der "Bergwelt Karwendel", dem "Fernrohr" aus Beton und Holzschalung, direkt neben der Bergstation der Karwendelbahn. Neben Filmen und einer Dauerausstellung über Fauna, Flora und Geologie bietet die verglaste Front des "Fernrohres" einen atemberaubenden Tiefblick nach Mittenwald.

■ **Hinweise:** Es ist schon etwas exotisch, wenn man aus der Ausgesetztheit des Karwendelspitzklettersteiges zurückkommt in die Karwendelgrube mit den unzähligen Bergbahntouristen.

■ **Klettersteige zu verbinden:** Karwendelsteig (A-d-2), Karwendelspitz-Normalweg (A-d-3), Mittenwalder Höhenweg (A-d-5), Heinrich-Noe-Steig (A-d-6), Predigtstuhlsteig (A-d-7)

Bergstation der Karwendelbahn, 2244 m

A-d-5 Mittenwalder Höhenweg B 320 Hm

Der *Mittenwalder Höhenweg* bietet eine grandiose, lange Gratüberschreitung mit Superpanorama. Er führt vom oberen Rand der Karwendelgrube bis zum Sattel zwischen Kirchlspitze und Brunnsteinspitze. Als reiner Klettersteig ist der *Mittenwalder Höhenweg* keine große Herausforderung, aber die Wegführung ist abwechslungsreich und spannend. Gute Kondition sowie ein ausreichendes Maß an Trittsicherheit und Schwindelfreiheit sind auf jeden Fall Voraussetzung für den Mittenwalder Höhenweg.

Beste Jahreszeit: Juli - September.

Zeitaufwand / Weglänge gesamt: 9 Std. / 1715 Hm / 19 km

Besondere Gefahren: Steinschlag unterhalb der Sulzleklammspitze.

Karten: Kompass 6 "Walchensee - Wallgau - Krün" (1:50')

Talort / Ausgangspunkt: Mittenwald / Parkplatz Karwendelbahn, Mittenwald (935 m), bzw. Bergstation Karwendelbahn (2244 m) / *GPS: N47.-43673 E11.26931*

Blick zur Südlichen Linderspitze

Stützpunkt: **Bergrestaurant der Karwendelbahn** (2244 m; www.karwendelbahn.de; Tel. 08823-9376760); **Mittenwalder Hütte** (1518 m; www.mittenwalder-huette.de; Tel. 0172-8558877; info@mittenwalder-huette.de; beim Aufstieg über den Karwendelsteig, ohne Seilbahnbenutzung); **Brunnsteinhütte** (1560 m; Tel. 0172-8909613; brunnstein@t-online.de).

Anreise: In Mittenwald (an der B2 Richtung Innsbruck gelegen) fährt man zur gut ausgeschilderten Karwendelbahn.

Gesamter Wegverlauf: **Zustieg:** 0,5 - 3,5 Std.; 1395 Hm. **a)** Mit der Karwendelbahn bis zur Bergstation und von dort in wenigen Minuten südwärts zum Einstieg (Weg 276); **b)** Alternativ, ohne Seilbahnbenutzung, über den *Karwendelsteig* (A-d-2; 3 - 3,5 Std.).

Steigverlauf: 3 Std.; 320 Hm. Gleich luftig über einen neuen Holzsteg, eine steile Leiter sowie zuletzt über breite Stahlbügel (B) zum ersten Gipfel des Gratsteiges, der Nördlichen Linderspitze (2374 m; 15 Min.). Von hier ungesichert und teilweise etwas unangenehm auf Geröll hinab zum "Gatterl" (2266 m; 15 Min.), dem Sattel zwischen der Nördlichen und der Südlichen Linderspitze. Hier trifft man auf den kreuzenden *Heinrich-Noe-Steig* (A-d-6; evtl. Notausstieg). Jenseits des "Gatterl" folgt eine markante, lange, stabile Stahlleiter (B), dann eine anregende Traverse im steilen Fels, sowie ein Brettersteg (B). Wieder am Grat erreicht man den Gipfel der Südlichen Linderspitze (2305 m). Nun in einigem Auf und Ab (nur teils gesichert; A/B) in die Senke vor der Sulzleklammspitze (1,5 Std.). Der Weg führt dann überraschend auf schmalem unscheinbarem Steig in die Ostflanke an einer Notunterstandshütte (dem "Gamsanger") vorbei

(Steinschlag!). Weiter geht es über eine kurze Stahlleiter (B) und danach durch einen etwa 20 m langen, fast rechteckigen Felsspalt (Stifte; A/B). Danach erreicht man nach einem gesicherten Aufschwung (Bügel, Leiter; A/B) grasiges Gehgelände (30 Min.). Knapp unterhalb der Sulzleklammspitze (2321 m) wendet sich der Weg gesichert (A/B) nach Westen, um nach kurzer Zeit wieder auf die Ostseite in unangenehmes, schrofiges Gelände abwärts zu wechseln (A/B; 50 Hm). Man steigt in die Senke zwischen Sulzleklamm- und Kirchlspitze und von dort gesichert (B), aber recht luftig zum Gipfel der Kirchlspitze (2301 m; 30 Min.). Nach dem Gipfel folgen die letzten Meter der Stahlseilsicherungen (A/B) in Richtung der winzigen, selten bewirtschafteten Tiroler Hütte (2153 m).

GPS: N47.42843 E11.29411

Unter der Sulzleklammspitze

Abstieg: 2,5 Std.; 1185 Hm. Hinab (Weg 291) über Serpentinen zur Brunnsteinhütte (1560 m; 45 Min.). Nun auf dem Weg 290 erst steil hinab und am Sulzlewald nördlich halten.

Schließlich hält man sich bei einer Wegteilung (Weg 284) oben und wählt den "Leiternsteig". Auf diesem Weg unter der Seilbahn hindurch, die Bundesstraße unterqueren (Weg 281) und zurück zum Parkplatz. Alternativ kann man auch den unteren Weg an der Teilung wählen (Weg 285, Richtung Karwendelschanze) und geht entlang der Bundesstraße zum Parkplatz zurück.

Hinweise, Tipps: Empfehlenswert ist eine Rast auf der Brunnsteinhütte. Das Essen schmeckt gut, die Wirtsleute sind freundlich und hilfsbereit, und die Aussicht ist grandios. Die Brunnsteinhütte wurde übrigens als eine von wenigen DAV-Hütten mit dem Umweltsiegel ausgezeichnet. Auch bei Kindern ist die Brunnsteinhütte wegen des lustigen Streichelzoos beliebt. Siehe auch A-d-4.

Auf dem Weg zur Südl. Linderspitze

Blick auf die Linderspitzen

Bergstation der Karwendelbahn, 2244 m

A-d-6 Heinrich-Noe-Steig A/B 730 Hm

Etwas unterhalb des prominenteren *Mittenwalder Höhenweges* führt der *Heinrich-Noe-Steig* von der Brunnsteinhütte zur Bergstation der Karwendelbahn. Für die "Mittenwalder" vergleichsweise einsam, führt der Steig durch abwechslungsreiches Gelände. Im oberen Bereich wird der *Mittenwalder Höhenweg* an einer Stelle gekreuzt, was eine Kombination dieser Steige möglich macht.

Beste Jahreszeit: Juli - September.
Zeitaufwand / Weglänge gesamt: 7,5 Std. / 1355 Hm / 13,0 km
Besondere Gefahren: keine.
Karten: Kompass 6 "Walchensee - Wallgau - Krün" (1:50'). Siehe S. 173.
Talort / Ausgangspunkt: Mittenwald / Parkplatz Karwendelbahn, Mittenwald (935 m) / *GPS: N47.43673 E11.26931*
Stützpunkt: **Bergrestaurant der Karwendelbahn** (2244 m; www.karwendelbahn.de; Tel. 08823-9376760); **Mittenwalder Hütte** (1518 m; www.-mittenwalder-huette.de; Tel. 0172-8558877; info@mittenwalder-huette.de; beim Aufstieg über den Karwendelsteig, ohne Seilbahnbenutzung); **Brunnsteinhütte** (1560 m; Tel. 0172-8909613; brunnstein@t-online.de).

Erster ernsthaft gesicherter Abschnitt nach der Brunnsteinhütte

Anreise: In Mittenwald (an der B2 Richtung Innsbruck gelegen) fährt man zur gut ausgeschilderten Karwendelbahn.

Gesamter Wegverlauf: **Zustieg:** 1,5 Std.; 625 Hm. Direkt oberhalb des Parkplatzes zuerst unter der Bundesstraße hindurch (Treppe), danach auf dem Weg 281 Richtung Mittenwalder Hütte. Bei 1120 m (20 Min.) zweigt der "Leiternsteig" (Weg 284) nach rechts ab. Dieser traversiert auf 1,5 km über den Dächern Mittenwalds in Richtung Süden (2 mal kurz A). Danach wendet sich der Weg nach Osten und erreicht bald die Stelle, an der sich ursprünglich die Leitern befanden, die dem Steig den Namen gaben. Dieser Abschnitt ist jedoch gesperrt, weil die Leitern vor einigen Jahren ins Bachbett gespült wurden, wo sie heute noch liegen. Danach immerfort auf gutem Wanderweg, teilweise durch dichten Hochwald, bis man nach 1,5 Stunden die Brunnsteinhütte erreicht (1560 m).
Steigverlauf: 2,5 Std.; 730 Hm. Der Weg beginnt auf der Rückseite der Brunnsteinhütte. Nach einem kurzen Steilanstieg (10 Min.) wird es leichter, und man traversiert auf schmalem Weg in Richtung Sulzleklamm (2 glatte Felsstufen; A; teils künstliche Klettergriffe). Nach Überqueren des Bachbettes

der Sulzleklamm befindet sich noch eine letzte kurze Stahlseilsicherung (A), danach zieht der Weg wiederum steil in Serpentinen durch Hochwald nach oben (Achtung: nur spärlich markiert!). Man erreicht wieder freies Gelände (45 Min.) und steigt kurz unangenehm durch ein Kar über steile Schotterwege nach oben. Nun in einem Linksbogen durch einen flachen Latschenhang, bis man an den Ansatz etwas steileren Schrofengeländes gelangt. An dieser Stelle beginnt ein längerer, gesicherter Bereich (A/B; teils Bügel). Etwa 50 Hm weiter oben enden die Sicherungen kurz, der Weg wendet sich nach rechts, und über eine weitere kurze Stahlseilpassage (A/B) gelangt man auf eine breite, grasige Aussichtskanzel. Hier deutlich flacher, weiter über Bänder direkt unter der Südlichen Linderspitze, wo man bald an das "Gatterl" (1 Std.) gelangt, einen Sattel, der den Tiefpunkt zwischen Nördlicher und Südlicher Linderspitze markiert. Hier kreuzt der Heinrich-Noe-Weg den *Mittenwalder Höhenweg* (A-d-5). Danach windet sich der Weg flach und kurvenreich weiter, auf teilweise sehr schmalem Band unterhalb der Nördlichen Linderspitze (A). Am Ende noch einmal aufwärts bis zum Rand der Karwendelgrube (30 Min.). *GPS: N47.41273 E11.27446*

Nach der Brunntalerhütte

Abstieg: 3,5 Std.; 1355 Hm. Da sich für den Abstieg mehrere Varianten anbieten, hier nur eine Auswahl: **a)** Schnell: Mit der Karwendelbahn wieder ins Tal; **b)** Schön: Über den *Karwendelsteig* hinunter (A-d-2; 2,5 Std.); **c)** Eintönig: Gleicher Weg (3,5 Std.). **Hinweise, Tipps:** Siehe A-d-4 und A-d-5.

d Karwendel

Predigtstuhl, 1920 m

A-d-7 Predigtstuhlsteig B 300 Hm

Der Predigtstuhl ist eigentlich kein richtiger Gipfel, sondern vielmehr eine vorgelagerte Felskanzel in den Abstürzen der Tiefkarspitze (2430 m). Man überquert ihn, um von der Hochlandhütte kommend über die Dammkarhütte nach Mittenwald abzusteigen. Der Gipfel bietet sich auch als kleine Zugabe an, wenn man von der Bergstation der Karwendelbahn über das Dammkar hinuntersteigt. Allerdings lädt die Felskulisse der Dammkarhütte, die es 1951 sogar in einen Heimatfilm schaffte, dazu ein, diesen Steig auch als eigenständige Tour anzugehen.

Blick ins Dammkar

Beste Jahreszeit: Juni - September.
Zeitaufwand / Weglänge gesamt: 6 - 6,5 Std. / 980 Hm / 14,2 km
Besondere Gefahren: keine.
Karten: Kompass 6 "Walchensee - Wallgau - Krün" (1:50')
Talort / Ausgangspunkt: Mittenwald / Parkplatz an der B2, etwas nördlich der Talstation (940 m) / *GPS: N47.44184 E11.27378*
Stützpunkt: **Hochlandhütte** (1620 m; Tel. 0174-9897863); **Dammkarhütte** (1650 m; www.dammkarhuette.de; Tel. 0173-3514659).
Anreise: In Mittenwald (an der B2 Richtung Innsbruck gelegen) befindet sich der Parkplatz auf der östlichen Straßenseite, wenn man von der Talstation kurz nach Norden fährt.
Gesamter Wegverlauf: **Zustieg:** 2,5 Std.; 680 Hm. Über die Dammkarstraße (Weg 270) erst in Richtung Dammkarhütte. Kurz vor dem eigentlichen Anstieg zur Hütte zweigt der Weg 262 nach links ab und führt um den Predigtstuhl herum zur Hochlandhütte (1623 m; 2,5 Std.).
Steigverlauf: 1 Std.; 300 Hm. Von der Hochlandhütte wieder gut 10 Min. auf dem Aufstiegsweg zurück, bis man den Weg nach links in Richtung Predigtstuhl verlässt. Ab hier durch die Geröllwege des Mitterkars nach oben. Nach 20 Min. gelangt man in steileres Felsgelände, wo man auch schon mal Hand anlegen muss (FT 1). 30 Meter unter dem Gipfel erreicht man die Stahlseilsicherungen. Das Seil hilft zuerst über relativ flache, rutschige Felsplatten (A-B). Dann geht es weiter am Stahlseil, direkt an der steilen Felswand die letzen Meter (B) hoch zum kleinen Gipfel des Predigtstuhls (1920 m). *GPS: N47.44464 E11.32043*
Abstieg: 2,5 - 3 Std.; 980 Hm. Kurz unterhalb des Gipfels auf erdiger Leiste etwas ausgesetzt um den Gipfel herum und über Schrofengelände in einem Linksbogen in die Schuttreisen unter der Tiefkarspitze. Hier entweder nach rechts direkt zur Dammkarhütte "abfahren", oder etwas länger, über kaum sichtbaren Schuttpfad bis zur Bergwachthütte und dann nach rechts hinunter auf dem Normalweg zur Dammkarhütte (1667 m; 30-45 Min.). Nach der Hütte geht es

durch einen weiten Latschenhang in Serpentinen bergab, bis man zu einem Flachstück gelangt (dem "Bankerl"; 1350 m). Entweder wandert man von hier auf dem breiten Weg 270 in einem weitem Bogen zur Talstation zurück (2 Std.), oder man wählt die anstrengendere Variante nach links, über den Ochsenbodensteig (Weg 271; 200 Hm Gegenanstieg; 2,5 Std.).

Hinweise, Tipps: Damit sich die Sicherungen im Aufstieg befinden, empfiehlt es sich, die Tour von Norden her anzugehen. Siehe auch A-d-2.

Bäralpsattel, *1820 m*

A-d-8 **Gjaidsteig** *A/B* *40 Hm*

Bei einer großen Karwendeldurchquerung gibt es zwei Möglichkeiten: Die eine ist der unendliche Hatscher auf der Schotterstraße vom Karwendelhaus nach Scharnitz. Die zweite ist der viel abwechslungsreichere *Gjaidsteig*, der über den Bäralplsattel zur Hochlandhütte führt. Allerdings wird man auch bei diesem Steig die wenigen Sicherungen eher als nette Zugabe zu einer landschaftlich schönen Runde sehen und kein großes Klettersteigabenteuer planen. Beschrieben wird hier die Überschreitung von West nach Ost.

Beste Jahreszeit: Juni - September.
Zeitaufwand / Weglänge gesamt: 11,5 - 12 Std. / 880 Hm / 33,4 km
Besondere Gefahren: Steinschlag; da der Steig nordseitig ist, halten sich Schneefelder lange.
Karten: Kompass 6 "Walchensee - Wallgau - Krün" (1:50')
Talort / Ausgangspunkt: Mittenwald / Parkplatz an der B2, etwas nördlich der Talstation (940 m) / *GPS: N47.44184 E11.27378*
Stützpunkt: **Karwendelhaus** (1771 m; Tel. +43-5213-5623; karwendelhaus@-aon.at); **Hochlandhütte** (1620 m; Tel. 0174-9897863) .
Anreise: In Mittenwald (an der B2 Richtung Innsbruck gelegen) befindet sich der Parkplatz auf der östlichen Straßenseite, wenn man von der Talstation kurz nach Norden fährt.

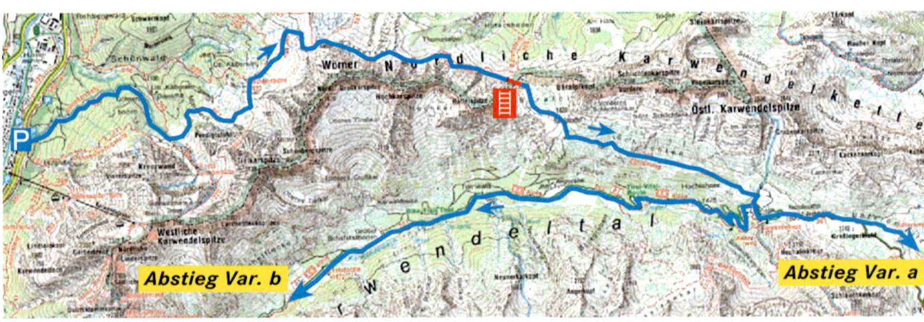

Gesamter Wegverlauf: **Zustieg:** 5 Std.; 1040 Hm (zzgl. 200 Hm Abstieg). Über die Dammkarstraße (Weg 270) erst in Richtung Dammkarhütte. Kurz vor dem eigentlichen Anstieg zur Hütte zweigt der Weg 262 nach links ab und führt um den Predigtstuhl herum zur Hochlandhütte (1623 m; 2,5 Std.). Nun mit weniger Höhengewinn über Wiesen und Latschen zum Wörnersattel (1983 m; 1 Std.). Ab hier quert man unschwer die Nordabstürze des Wörner (2474 m; Weg 269) bis zum Kampenleitenjoch (1933 m; 45 Min.; meist Geröll) am Fuße der Hochkarspitze (2482 m). Leicht absteigend nun unter der Raffelspitze (2323 m) entlang bis kurz vor den Bäralplsattel (1780 m; 45 Min.).
Steigverlauf: 15 Min.; 40 Hm. Hier steigt man über Bänder und direkt am Fels am Stahlseil unter den steilen Felsen der Raffelspitze entlang (A/B). Kurz darauf ist der Bäralplsattel erreicht (1820 m). *GPS: N47.44767 E11.37336*

Abstieg: 6,5 Std.; 860 Hm. Anfangs flach über Geröll, dann über Latschen und Wurzeln unschwer zum Karwendelhaus (1771 m; 2,5 Std.). **a)** nach Hinterriß: Über Teile des bekannten Adlerweges durch das Johannistal (Weg 231) zum Parkplatz an der Straße nach Hinterriß (960 m; 17 km; 4 Std.; mountainbikefähiger Weg); **b)** nach Scharnitz: Über den Weg 201 an der Larchetalm (1173 m) vorbei bis nach Scharnitz (964 m; 5 Std.). Egal wie man sich entscheidet: Man benötigt auf jeden Fall eine Rückfahrgelegenheit (2. Auto), um nach Mittenwald zurück zu kommen.

Hinweise, Tipps: Man benötigt eine Rückfahrgelegenheit oder dreht am Bäralplsattel um. Aufgrund der Tourlänge empfiehlt sich eine Nächtigung auf einer der beiden Hütten.
Meist wird die Tour im Rahmen einer Karwendeldurchquerung begangen und lohnt sich ansonsten als nur einzelbegangene Tour weniger.

Leutaschklamm, 1012 m

A-d-9 Leutaschklamm *A* *30 Hm*

Kein Klettersteig im eigentlichen Sinn, aber grenzüberschreitender Spaß für Jung und Alt mit vielen auflockernden Elementen, die keine Langeweile aufkommen lassen. Als Highlight gibt es obendrein einen Wasserfall. Hat etwas vom Flair der französischen Sportklettersteige: Beim Begehen möglichst keinen natürlichen Fels berühren.

Beste Jahreszeit: Mai - Oktober.
Zeitaufwand / Weglänge gesamt: 2 Std. / 120 Hm / 2,2 km
Besondere Gefahren: keine.
Karten: Kompass 5 "Wettersteingebirge - Zugspitzgebiet" (1:50')
Talort / Ausgangspunkt: Mittenwald / Klammeingang an der Innsbrucker Straße, etwa 50 m nach dem Abzweig der Straße nach Leutasch (920 m; Navi: Am Köberl); alternativ Parkplatz "Klammbrücke" am österreichischen Ausgang der Klamm (Straße Richtung Leutasch).
GPS: N47.43343 E11.25972
Stützpunkt: **Kiosk am Eingang** sowie **Gasthaus Gletscherschliff** am Klammende (Tel. 08823-1453).
Anreise: Im südlichen Ende von Mittenwald zweigt die "Leutascher Landstraße" Richtung Leutasch ab. Etwa 50 m südlich davon beginnt der Wanderweg zur Klamm.

Gesamter Wegverlauf: **Zustieg:** 30 Min.; 60 Hm. Beim Eingangsareal hält man sich rechts (blauer Weg) und wandert erst ein Stück durch den Wald bergan, bis man zum "Einstieg" und der Panoramabrücke gelangt.

Steigverlauf: 45 Min.; 30 Hm. Die Klamm führt am rechten Hang der Leutascher Ache weiter in die Schlucht hinein (nun roter Weg). Einen Abstecher auf die Panoramabrücke sollte man allerdings machen, da man hier nicht automatisch wieder vorbei kommt. Der Klammweg führt stets gut ausgebaut und vorbildlich gesichert an unterschiedlichen Fun-Elementen vorbei, die die Klamm für Kinder zusätzlich interessant machen sollen (in einer Felsspalte wartet sogar ein Geist mit glühenden Augen). Auf der Hälfte der Strecke gelangt man zur Höllbrücke. Dort hat man die Möglichkeit, nach oben zur Klammkapelle und zur Straße aufzusteigen. Ansonsten geht es weiter, jetzt auf der anderen Seite der Schlucht bis zum Ausstieg auf den Wanderweg, den man nach insgesamt ca. 45 Min. erreicht.

Abstieg: 45 Min.; 30 Hm Aufstieg; 120 Hm Abstieg. Am Wanderweg hält man sich links (rechts geht es zum Leutascher Parkplatz) und gelangt so in gemütlicher Wanderung durch den Wald zum Abzweig zur Panoramabrücke. Dort gerade weiter zum Gasthaus Gletscherschliff und weiter bis zum Eingang der Klamm.

Der Klammgeist

Hinweise, Tipps: Beim Eingang der Klamm kann man auch noch den Wasserfall besuchen. Dazu führt ein Steig vom Kiosk (Eintrittsgebühr) durch die Klamm bis zu einem großen Wasserfall. Die Klamm ist im Winter geschlossen.

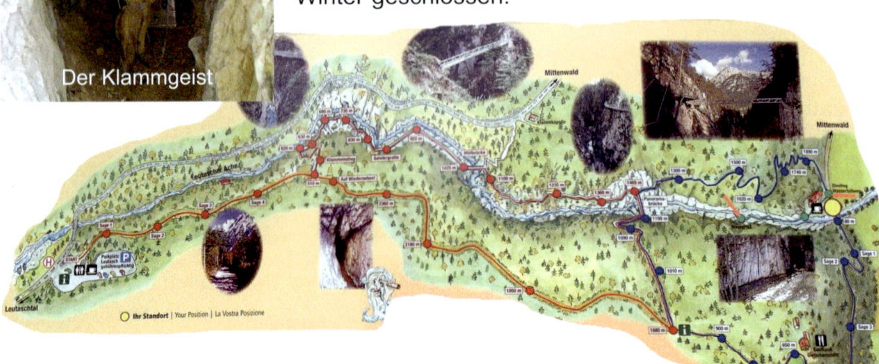

Soiernhaus, 1616 m

A-d-10 Lakaiensteig A/B 220 Hm

Die kurzen Sicherungen des "Lakaiensteiges" liegen im Ausstieg von der Fischbachalm zum Soiernhaus. Für die meisten Bergsteiger wird die Tour auch eher als Zustieg für höhere Ziele verwendet. Ab dem Soiernhaus können z. B. Soiernspitze und Schöttelkarspitze bestiegen werden, die mit einer wunderbaren Aussicht locken. Unterhalb des Soiernhauses befinden sich auch die beiden schönen Soiernseen. Die wenigen Sicherungen fallen bei so viel Landschaft kaum ins Gewicht.

Beste Jahreszeit: Juni - September.
Zeitaufwand / Weglänge gesamt: 5 - 6 Std. / 755 Hm / 19,5 km
Besondere Gefahren: keine.
Karten: Kompass 6 "Walchensee - Wallgau - Krün" (1:50')
Talort / Ausgangspunkt: Krün / Wandererparkplatz (875 m) / *GPS: N47.50398 E11.28150*
Stützpunkt: **Soiernhaus** (1616 m, www.soiernhaus.de; Tel. 0171-5465-858); **Fischbachalm** (1402 m; teilw. bew.).
Anreise: Krün liegt an der B11 südlich von Kochel (24,7 km) kurz vor Mittenwald. Dort befindet sich östlich im Ort ein Wandererparkplatz an der Isar.

d Karwendel

Gesamter Wegverlauf: **Zustieg:** 1,5 - 2 Std.; 535 Hm. Nach dem Wandererparkplatz überquert man die Isar und folgt der Forststraße nach links. Hier weiter eine Wegstrecke von 6 km, bis man linker Hand die bewirtschaftete Fischbachalm (1402 m) erreicht. Empfehlenswert ist die Benutzung eines Fahrrades zum Zustieg, was bei der Abfahrt sehr komfortabel ist.

Steigverlauf: 1,5 Std.; 220 Hm. Gleich nach der Fischbachalm zweigt rechts der Lakaiensteig ab. Zuerst führt der Weg einen knappen Kilometer durch lichten Hochwald. Danach windet sich der Steig halbkreisförmig in steilem Gelände, teilweise leicht ausgesetzt, in leichtem Auf und Ab bis zum Soiernhaus empor. Nach etwa 1,5 km beginnen die ersten Sicherungen (meist A, teils A/B), die immer wieder an leicht ausgesetzten Stellen angebracht sind. Es gibt aber auch mehrere kleine, ungesicherte Felsstufen. Die Sicherungen befinden sich auf einer Weglänge von ca. 1 km. *GPS: N47.51577 E11.34651*

Abstieg: 1 - 1,5 Std.; 755 Hm. Nach einer Einkehr im Soiernhaus wandert man entweder weiter zur Soiernspitze (2257 m; 2 Std.) oder zur Schöttelkarspitze (2050 m; 1 Std.), oder man geht den gleichen Weg wieder zur Fischbachalm zurück (1 Std.). Danach wieder auf der Forststraße auf demselben Weg zum Wandererparkplatz zurück. Hier zahlt sich die Mitnahme eines Fahrrades aus. Damit erreicht man den Wandererparkplatz in Krün in 10 - 15 Minuten.

Hinweise, Tipps: Besteigung der Soiernspitze oder der Schöttelkarspitze. Besonders empfehlenswert ist auch ein Besuch der beiden schönen Soiernseen.

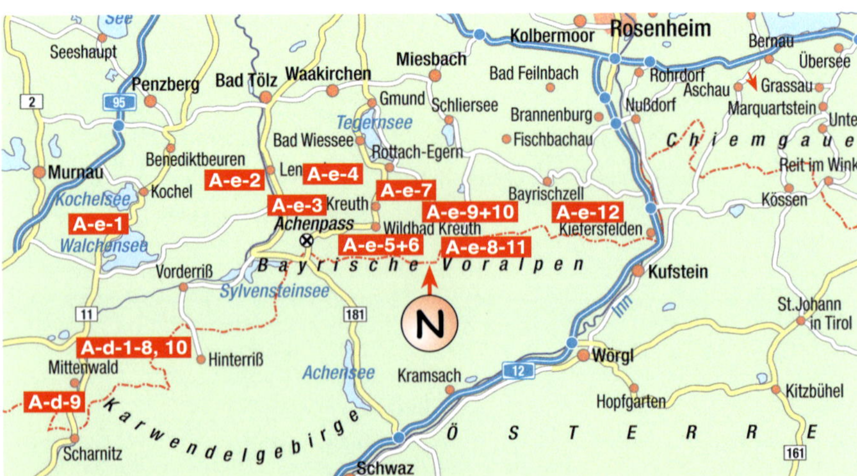

Übersicht A-d Karwendel, A-e Bayerische Voralpen

Heimgarten, 1790 m

A-e-1 Heimgarten-Überschreitung A/B 190 Hm

Die Wanderung über den Heimgarten ist eher eine lange und vereinzelt gesicherte Gratüberschreitung und weniger ein "Klettersteig". Allerdings lockt gerade die tolle Aussicht viele Bergsteiger auf diese Tour, und so sind die gesicherten Stellen mehr als "Zuckerl" zu verstehen.

Beste Jahreszeit: Juni - September.
Zeitaufwand / Weglänge gesamt: 5,5 - 6 Std. / 1110 Hm / 12,7 km
Besondere Gefahren: Keine.
Karten: Kompass 6 "Walchensee - Wallgau - Krün" (1:50')
Talort / Ausgangspunkt: Walchensee / Parkplatz der Herzogstandbahn am Walchensee (804 m) / *GPS: N47.59651 E11.31789*
Stützpunkt: **Herzogstandhaus** (1575 m; www.berggasthaus-herzogstand.de; Tel. 08851-234; s.zauner@berggasthaus-herzogstand.de); **Heimgartenhütte** (1785 m; Tel. 0171-9507787).
Anreise: Den Walchensee erreicht man über die B11 nach Süden ab Kochel am See (12,2, km). Die Talstation der Herzogstandbahn befindet sich am Westufer.

Gesamter Wegverlauf: **Zustieg:** 2,5 Std.; 920 Hm. Vom Parkplatz in Serpentinen (Weg 446) steil ansteigend um den Fahrenbergkopf. Danach lange ziemlich flach, später relativ steil in Serpentinen in Richtung Martinskopf und weiter zum Herzogstandhaus (1575 m; 1,5 Std.). Von dort über Serpentinen zum Herzogstandgipfel (1731 m; 20 - 30 Min.).
Steigverlauf: 1 - 1,5 Std.; 190 Hm (zzgl. 130 Hm Abstieg). Nach dem Herzogstandgipfel (Weg 441) geht es zuerst einige Höhenmeter mühsam an den ersten Drahtseilsicherungen abwärts (A/B) bis zum Grat zwischen Herzogstand und

Heimgarten. Danach immer in leichtem Auf und Ab bis zur höchsten Erhebung im Gratverlauf (mit Gipfelkreuz; 1597 m; 45 Min.). Der Weg ist bis dorthin nicht durchgängig, aber an allen wichtigen Stellen gesichert. Die Sicherungen (A/B) sind stabil und in relativ gutem Zustand. Oft sind die Seilsicherungen auch als Geländer (A) hergestellt. Nach dem namenlosen Gipfel geht es nach kurzem Höhenverlust zum Heimgartengipfel wieder aufwärts, es gibt hier nur noch eine Sicherung (A), und der Weg wird insgesamt etwas einfacher. Kurz vor dem Heimgartengipfel wird es nochmals steiler, und man erreicht den Heimgartengipfel (1788 m) auf breitem Weg und über einige ungesicherte, aber harmlose Felsstufen.

GPS: N47.61424 E11.30735

Abstieg: 1,5 - 2 Std.; 980 Hm. Kurz unterhalb des Gipfels befindet sich die Heimgartenhütte (1785 m). Nun südwärts (Weg 445) am Rotwandkopf (1519 m) und Holzkopf (1108 m) vorbei, über viele Serpentinen und durch teils dichten Mischwald zum Parkplatz.

Hinweise, Tipps: Wer mit der Bahn hochfährt, spart ca. 1,5 Std. Zustieg. An Wochenenden mit schönem Wetter leider stark überlaufen.

Benediktenwand, 1800 m

A-e-2 Benediktenwandsteig B 270 Hm

Die Benediktenwand bietet aufgrund ihrer exponierten Lage über dem Tölzer Land ein prächtiges Panorama und lädt besonders in der Vor- und Nachsaison zu einer Besteigung ein. Wählt man dabei die Route über die Achselköpfe, so findet man sogar einige Sicherungen, die dazu geführt haben, dass es die Tour in dieses Buch geschafft hat. Trotzdem sollte man diese Route nicht unterschätzen und genügend Trittsicherheit mitbringen. Dafür wird das Panorama bei schönem Wetter unvergessen bleiben.

Beste Jahreszeit: Mai - Oktober.

Zeitaufwand / Weglänge gesamt: 5,5 Std. / 530 Hm / 10,4 km

Besondere Gefahren: Keine.

Karten: Kompass 182 "Isarwinkel - Bad Tölz - Lenggries" (1:50')

Talort / Ausgangspunkt: Bad Tölz, Lenggries / Bergstation Brauneckbahn (1520 m) / *GPS: N47.67629 E11.55410*

Stützpunkt: **Brauneckhaus** (1540 m; www.brauneckgipfelhaus.de; Tel. 08042-8786; info@brauneckgipfelhaus.de); **Tölzer Hütte** (1470 m; www.toelzerhuette.de; Tel. 08042-8732; H.Walther@t-online.de); **Stiealm** (1460 m; www.stie-alm.de; Tel. 08042-2336; info@stie-alm.de).

Anreise: Von Bad Tölz über die B13 südlich nach Lenggries und dort zur ausgeschilderten Brauneckbahn (11,5 km).

Gesamter Wegverlauf: **Zustieg:** 1,5 Std.; 260 Hm. Von der Bergstation in einigem Auf und Ab über Brauneck (1555 m), Schrödelstein (1548 m) und Stangeneck (1646 m) zum Feichtecksattel (1626 m) nach dem Latschenkopf. Hier befinden sich ein Wegkreuz und Hinweisschilder zum Weg über die Achselköpfe zur Benediktenwand.

e Bayerische Voralpen

Steigverlauf: 1,5 Std.; 270 Hm. Zum 1. Achselkopf hilft eine kleine Leiter (A/B). Der 2. Kopf wird nördlich unterhalb des Gipfels umgangen (etwas steil, teils FT 1). Beim Abstieg erreicht man wieder ein kurzes Stahlseil (A/B; Halterung leicht beschädigt). Auf den 3. Kopf führt nun eine sehr steile Rinne (FT 1), danach ca. 15 m Stahlseil bis auf den Gipfel (B). Zum 4. Kopf meistert man im Aufstieg einige ausgesetzte, ungesicherte Stellen, im Abstieg zum Rotöhrsattel hilft wieder ein 10 m Seil (B und A/B). Der Abschnitt über die Achselköpfe ist regelrecht blank poliert, so dass die Felsen bei Nässe ein hohes Risiko darstellen. Vom Rotöhrsattel (1615 m; 45 Min.) steigt man auf den oberhalb liegenden Sattel (1650 m), an dem sich der Weg zur Benediktenwand und Tutzinger Hütte trennt. Dort beginnen bereits die nächsten 25 m Seilsicherungen zur letzten Etappe (B und A/B). Ab hier in gemütlicher Kletterei (FT 1) steil auf eine Kuppe und auf leichterem Weg weiter. Bei ca. 1740 m sind nochmals ca. 10 m gesichert (A/B, kurz B), dann mit kleinem Gegenanstieg steil auf den Vorgipfel und im Gegensatz zur bisherigen Tour durch eine Scharte recht flach zum Gipfel (1800 m; 45 Min).
GPS: N47.65582 E11.49539

Abstieg: 2,5 Std.; 405 Hm (zzgl. 150 Hm Gegenanstiege). Zuerst auf dem gleichen Weg zurück zur Rotöhrscharte. Hier nun leicht absteigend die Achselköpfe nordseitig umgehen, und nach einem kurzen Anstieg erreicht man wieder den Feichtecksattel. Entweder auf demselben Weg (über die diversen Gipfel) zurück, oder nach Süden zur Stiealm (1460 m) und Tölzer Hütte (1470 m) absteigen. Von hier erreicht man nach einem kurzen Gegenanstieg ebenfalls wieder die Bergstation.

Hinweise, Tipps: Da es sich um einen der schönsten Aussichtsgipfel der Bayerischen Voralpen handelt und die Bahn in Reichweite ist, kann es im Sommer schon mal voll werden. Bei Nässe ist der Weg gerade über die Achselköpfe sehr glatt! Die Benediktenwand bietet auch zahlreiche Kletterrouten.

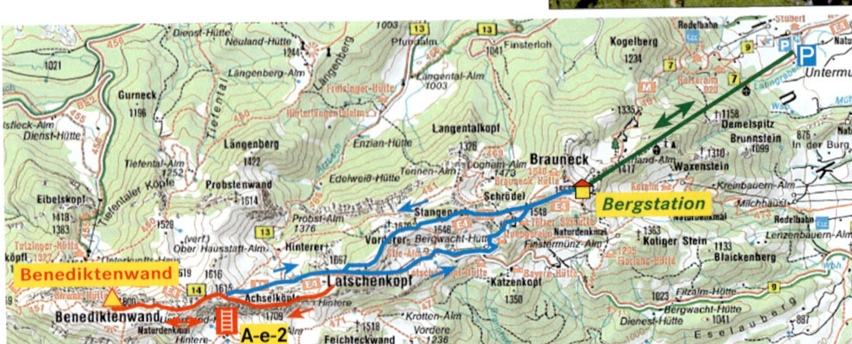

A-e-3 Roßstein - Gesicherter Westanstieg A/B

leicht

Steig	Steig	Zustieg	Abstieg	Expos.	Fun	Sich.	Anford.
30 Min.	110 Hm	1,5-2 Std.	1,5 Std.	SW	★★ mäßig	☆☆☆ gut	mäßig

Schwierigkeit: leicht; einige Drahtseile auf 50 Hm
Gesamtanforderung: mäßig
Bes. Gefahren: keine
Beste Jahreszeit: Frühjahr - Herbst

Zeiten / Höhenunterschiede:
Zustieg: 1,5 - 2 Std. / 720 Hm
Klettersteig: 30 Min. / 110 Hm
Abstieg: 1,5 Std. / 830 Hm
Höhenunterschied gesamt: 830 Hm
Zeitaufwand gesamt: 4 Std.
Weglänge gesamt: 6,8 km

Exposition: Südwest
Sicherungen: gut; ein paar Drahtseile
Funfaktor: mäßig
Gestein: Kalk
Flucht- / Abbruchmögl.: keine
Orientierung / Markierung: sehr gut
Anfänger-Eignung: ja

Ausrüstung: Klettersteigset, Helm, mittelfeste Bergschuhe
Errichtung / Betreuung: DAV Tegernsee (www.dav-tegernsee.de; Tel. 08022-4718; mail@dav-tegernsee.de)
Karte: Kompass 8 "Tegernsee - Schliersee" (1:50')

Talort: Rottach-Egern.
Ausgangspunkt: Parkplatz Bayerwald (869 m).
GPS Parkplatz: N47.61589 E11.67660
Stützpunkt: **Sonnberg-Alm Hochleger** (1485 m); **Tegernseer Hütte** (1638 m; Tel. 08029-997926).

Anforderungsprofil

Kondition:	3
Armkraft:	1
Technik:	1
Mut, Psyche:	1
Bergerfahrung:	2

1 niedrig 2 mäßig 3 mittel 4 hoch 5 extrem

Charakteristik: Der Roßstein ist sicherlich einer der schönsten Aussichtsgipfel im Tegernseer Gebiet. Markant ragt er spitz aus den umliegenden Bergen heraus und bietet ein prächtiges Panorama zum Wetterstein, nach Süden zum Karwendel und den Blaubergen, sowie nach Osten zum Wendelstein. Nicht schwer, aber doch anregend leitet eine kurze gesicherte Passage zum Schluss bis kurz unter den Gipfel. Und nach dem langen Anstieg lädt die gemütliche Tegernseer Hütte zu einer Pause ein.

Im gesicherten Teil

e Bayerische Voralpen *Roßstein, 1698 m*

Anreise: Von der A 8 (München-Salzburg) an der Ausfahrt "Holzkirchen" Richtung Tegernsee (B 317). Ab Tegernsee auf der B 307 in Richtung Rottach-Egern/Achensee. Nachdem man den Ort Kreuth passiert hat, kommt nach wenigen Kilometern der Parkplatz Bayerwald (Roßstein bzw. Tegernseer Hütte ausgeschrieben; 38,5 km ab A 8).

Zustieg: 1,5 - 2 Std. Anfangs über schöne Kehren (Weg RB2) durch den Wald zur Sonnberg-Alm/Niederleger (1144 m; 45 Min.). Hier wird der Wald etwas lichter, die Kehren etwas weiter, bis der Weg an Steigung verliert und man die Sonnberg-Alm/Hochleger erreicht (1485 m; 45 Min.). Hier öffnet sich der Blick nach Norden und man sieht die beiden markanten Gipfel Roßstein (1698 m) und Buchstein (1701 m), zwischen denen wie ein Adlerhorst die Tegernseer Hütte eingebettet ist (1638 m). Links haltend erreicht man einen Sattel (1553 m; 15 Min.) und kurz darauf den Abzweig, der nach rechts zum Einstieg leitet (1588 m; 5 Min.). *GPS Einstieg: N47.63182 E11.67587*

Steigverlauf: Seile helfen über eine kurze Wandstufe (3 m; A/B). Man geht leicht ansteigend bis an den glatten Wandfuß. Dort helfen weitere Seile (A - A/B) über eine kleine Rampe, die die Wand nach rechts ansteigend quert. Zwischendrin eine kleine Zick-Zackkehre, und nach einem letzten gesicherten Stück erreicht man eine kleine Schulter (1637 m; 15 Min.). Hier direkt nach links zum schon sichtbaren Gipfel (keine Sicherungen mehr nötig). Zuletzt umgeht man den Gipfel gegen

den Uhrzeigersinn und erreicht das Gipfelkreuz (1698 m; 10 Min.). Schöner Blick auf die Tegernseer Hütte und den Buchstein.

Abstieg: 1,5 Std. a) Gleicher Weg (1,5 Std.); **b)** über die Tegernseer Hütte den Roßstein auf dem leichten Nordweg umgehen, bis man im Abzweig wieder auf den Anstiegsweg gelangt (2 Std.); **c)** nach Norden über den Weg RB an der Buchsteinhütte (1260 m) vorbei ins Weißachtal (gemütlich). Hier über eine Forststraße nach Süden zur B 307. Es empfiehlt sich, die B 307 zu überqueren und am Südufer der Weißach zurück zum Parkplatz zu wandern (2,5 Std.).

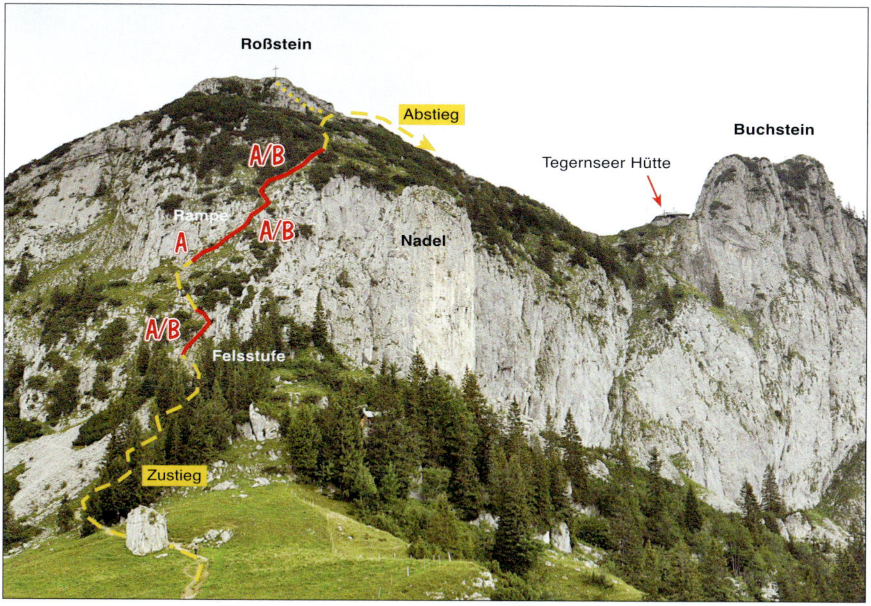

■ **Tipps:** Ein meist sehr stark frequentierter Aussichtsberg, daher lohnt sich ein früher Start.

■ **Hinweise:** Der Buchstein ist ein beliebter Kletterberg mit zahlreichen schönen Routen. Der leichteste Anstieg geht an der Westseite, direkt bei der Tegernseer Hütte, durch einen Kamin (FT 1-2; Achtung: Keine Sicherungen vorhanden! Nur bei ausreichender Erfahrung benutzen, da der Weg auch im Abstieg bewältigt werden muss!).

Hirschberghaus, 1480 m

A-e-4 **Hirschberghaus - Winterweg** *A* *160 Hm*

Im Winter sind die Seilsicherungen durchaus hilfreich, im Sommer benötigt man diese wohl nicht. Dennoch lohnt sich ein Aufstieg, denn hinter dem Hirschberghaus liegt der gleichnamige Gipfel und dieser bietet eine prachtvolle Aussicht.

Beste Jahreszeit: April - Oktober.
Zeitaufwand / Weglänge gesamt: 3,5 - 4 Std. / 780 Hm / 8,4 km
Besondere Gefahren: keine.
Karten: Kompass 8 "Tegernsee - Schliersee" (1:50')
Talort / Ausgangspunkt: Rottach-Egern / Kreuth-Scharling (770 m) / *GPS: N47.66622 E11.74637*
Stützpunkt: **Hirschberghaus** (1480 m; Tel. 08029-465).

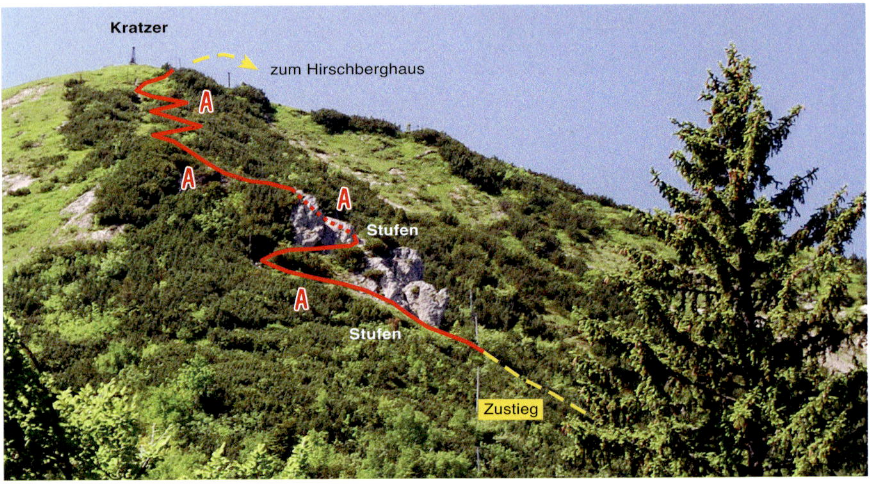

Anreise: Von der A 8 (München-Salzburg) an der Ausfahrt "Holzkirchen" Richtung Tegernsee (B 317). Ab Tegernsee auf der B 307 in Richtung Rottach-Egern/Achensee. Kurz nach Ortsende folgt man der Beschilderung nach rechts in Richtung "Hirschberghaus" und gelangt im Ortsteil Scharling zum Parkplatz (geringe Gebühr selbstständig in eine Box einwerfen; 28,5 km ab A 8).
Gesamter Wegverlauf: **Zustieg:** 1,5 Std.; 620 Hm. Bequem wandert man auf der Forststraße (im Winter eine Rodelbahn) und teils Wanderwegen bis zur Hirschlache am Fuße der Materialseilbahn des Hirschberghauses. Kurz darauf der Wegweiser in Richtung "Kratzer", dem man nach links folgt (1390 m).
Steigverlauf: 45 Min.; 160 Hm (zzgl. 65 Hm Abstieg). Ein Seilgeländer hilft über ein paar Holzstufen (A). Nach einigen Sicherungen in Geländerform trifft man unterhalb am Gipfel des Kratzers noch einmal auf einige Seilsicherungen (A). Vom Gipfel (1544 m) steigt man in wenigen Minuten zum Hirschberghaus (1480 m) ab. *GPS: N47.66765 E11.70559*
Abstieg: 1,5 Std.; 710 Hm. Über den Sommerweg (Weg H) zurück zum Abzweig

und auf bekanntem Weg zum Parkplatz.

Hinweise, Tipps: Auf jeden Fall sollte man noch zum aussichtsreichen Hirschberggipfel weitergehen (1670 m; 45 Min. Hin-Rück). Der Winterweg ist notwendig, da der Sommerweg im Winter lawinengefährdet ist. Je nach Verhältnissen kann dann auch der Winterweg trotz Sicherung nicht ganz leicht sein!

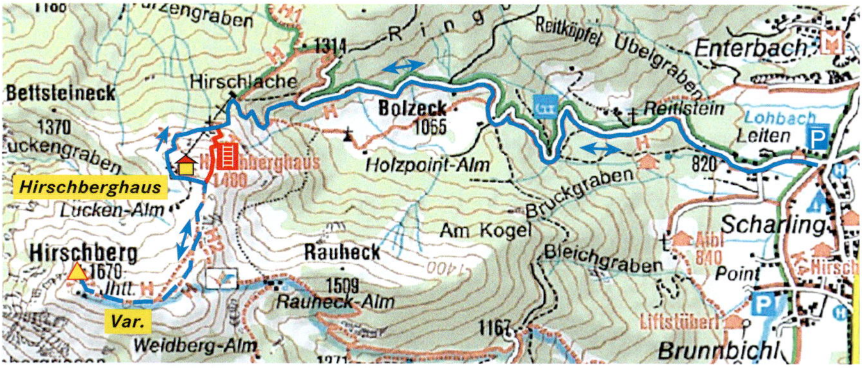

Wegweiser zum "Klettersteig"

Gesicherte Passage am Steig

A-e-5 Wolfsschluchtsteig B

mäßig schwierig

Steig	Steig	Zustieg	Abstieg	Expos.	Fun	Sich.	Anford.
1 Std.	350 Hm	1-1,5 Std.	2 Std.	NO	★★ mäßig	☆☆☆ gut	mäßig

Schwierigkeit: mäßig schwierig; großteils A/B, teilweise Gehgelände, eine kurze Rinne B
Gesamtanforderung: mäßig
Bes. Gefahren: alte Lawinenkegel in der Schlucht auf keinen Fall betreten, da diese durch den Bach unterspült sind!
Beste Jahreszeit: Juni - September

Zeiten / Höhenunterschiede:
Zustieg: 1 - 1,5 Std. / 195 Hm
Klettersteig: 0,5 - 1 Std. / 350 Hm
Abstieg: 2 Std. / 810 Hm
Höhenunterschied gesamt: 810 Hm
Zeitaufwand gesamt: 4,5 Std.
Weglänge gesamt: 13,0 km

Exposition: Nordost
Sicherungen: gut; neue Stahlseile, teilweise leicht durchhängend
Funfaktor: mäßig
Gestein: Kalk
Flucht- / Abbruchmögl.: keine
Orientierung / Markierung: im Zu- und Abstieg gute neue Wegweiser, ansonsten ausreichende Markierungen
Anfänger-Eignung: ja, die technischen Anforderungen sind niedrig

Ausrüstung: Klettersteigset, Helm, mittelfeste Bergschuhe
Errichtung / Betreuung: DAV Tegernsee (www.dav-tegernsee.de; Tel. 08022-4718; mail@dav-tegernsee.de)
Karte: Kompass 8 "Tegernsee - Schliersee" (1:50')

Anforderungsprofil

Kondition:	2
Armkraft:	1
Technik:	1
Mut, Psyche:	2
Bergerfahrung:	2

1 niedrig 2 mäßig 3 mittel 4 hoch 5 extrem

Charakteristik: Dieser landschaftlich schöne Aufstieg zum Schildenstein stellt klettertechnisch keine große Anforderungen. Ein gewisses Maß an Trittsicherheit und Schwindelfreiheit ist jedoch auch bei diesem Steig Voraussetzung. Bei genügender Kondition sollte man noch über die Blauberge weitergehen und so einen schönen bayerisch-tirolerischen Grenzbummel mit prachtvoller Aussicht unternehmen.

e Bayerische Voralpen *Schildenstein, 1613 m*

Gesicherte Passage in der Wolfsschlucht

Talort: Kreuth am Tegernsee.

Ausgangspunkt: Parkplatz Wildbad Kreuth (800 m).

GPS Parkplatz: N47.62570 E11.74693

Stützpunkt: **Siebenhütten** (836 m; Tel. 08029-1228; Dienstag Ruhetag; keine Übernachtungsmöglichkeit); **Blaubergalm** (1540 m; Tel. +43-664-2306719).

Anreise: Von der A 8 (München-Salzburg) an der Ausfahrt "Holzkirchen" Richtung Tegernsee (B 317). Ab Tegernsee auf der B 307 in Richtung Rottach-Egern/Achensee. Nachdem man den Ort Kreuth passiert hat, kommt man kurz darauf auf der linken Seite zum Parkplatz Wildbad Kreuth (32,8 km ab Autobahn).

Zustieg: **1 - 1,5 Std.** Vom Parkplatz an der Bundesstraße über die Weißach und den Hinweisschildern (Weg K8) entlang der Hofbauernweißach bis zur Jausenstation Siebenhütten gehen (837 m; 45 Min.). Hier noch kurz weiter gera-

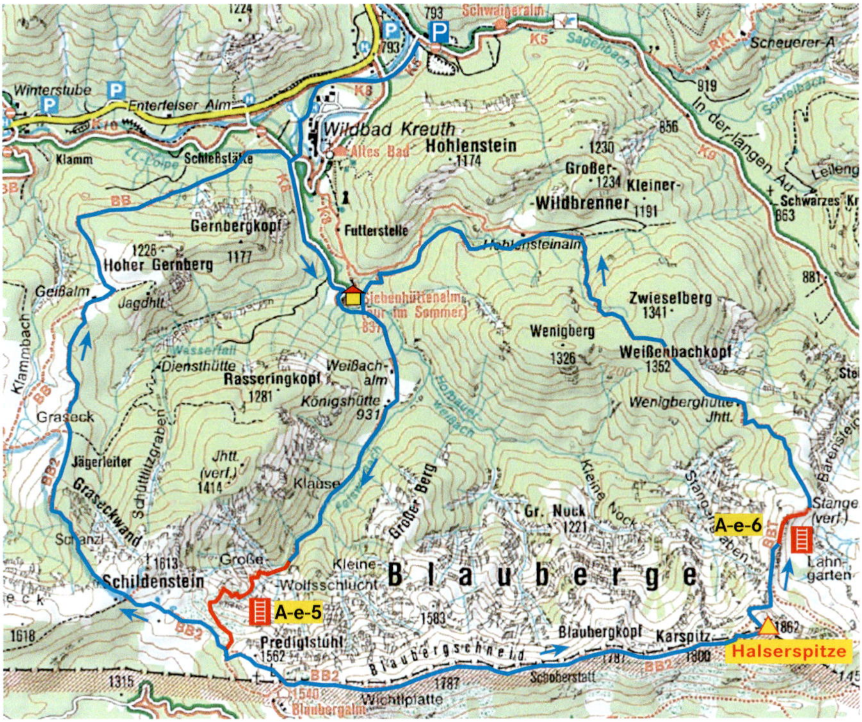

deaus und dann dem Wegweiser "Schildenstein" nach rechts folgen. Bald darauf wieder flacher durch Almgelände. Ab der Königshütte (931 m) lange auf erdigem Pfad rechts der Felsweißach, bis sich nach kurzem Abstieg die Überquerung des Baches anbietet. Kurz darauf beginnt der Steig an einem Wasserfall.

GPS Einstieg: N47.59662 E11.73841

Steigverlauf: Nach den ersten Sicherungen rechts des Wasserfalls (30 m; A/B) führt der Weg linkshaltend durch Wald weiter. Unterbrochen von einer weiteren Felsstufe (A/B) geht es im Zick-Zack nach rechts weiter. Nun folgt eine flache Querung am Stahlseil auf erdigem Weg, die bei Nässe unangenehm sein kann (A). Danach wieder ungesichert nach links über eine Felsstufe und wieder flacher nach rechts zur letzten gesicherten Felspassage. Eine steile Rinne (B) markiert das Ende der Sicherungen (45 Min.). Nach dieser Stelle flacher, auf gemütlichem Pfad durch lichten Hochwald. Hier sieht man bereits rechts den Schildenstein, den man nach einem Wegweiser rechtshaltend auch bald erreicht. Man genießt trotz der geringen Höhe eine grandiose Aussicht.

Abstieg: 2 Std. Den Gipfelaufbau wieder hinunter und über einfachen Pfad zuerst in leichtem Auf und Ab, später etwas steiler hinab (Weg BB2). Bald geht es links über einen Bacheinschnitt hinüber zur Königsalm (1115 m; 1 Std.). Ab hier über die nicht bewirtschaftete Gaisalm immer über breite Wanderwege wieder zurück zur Straße und zum Parkplatz.

■ **Klettersteige zu verbinden:** Blauberg-Steig (A-e-6)

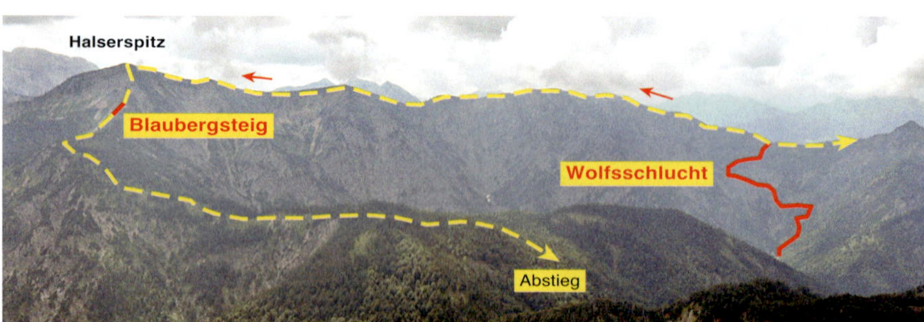

Halserspitze, *1862 m*

A-e-6 Blauberg-Steig *A/B* 325 Hm

Die Gratwanderung zur Halserspitze bietet fast durchgehend ein grandioses Panorama. Eigentlich eine lange Gratüberschreitung mit Wandercharakter, erst im Abstieg von der Halserspitze ist dann doch Trittsicherheit und Schwindelfreiheit Voraussetzung, sowie eine gesicherte Stelle zu überwinden. Da man im Zustieg meist die gesicherte Wolfsschlucht passiert, kann man zumindest zwei Fliegen mit einer Klappe schlagen.

Beste Jahreszeit: Juni - September.
Zeitaufwand / Weglänge gesamt: 6,5 Std. / 1220 Hm / 20,5 km
Besondere Gefahren: keine.
Karten: Kompass 8 "Tegernsee - Schliersee" (1:50'). Siehe Seite 199.
Talort / Ausgangspunkt: Kreuth am Tegernsee / Parkplatz Wildbad Kreuth (800 m) / *GPS: N47.62570 E11.74693*
Stützpunkt: **Siebenhütten** (836 m, Tel. 08029-1228; Dienstag Ruhetag; keine Übernachtungsmöglichkeit); **Blaubergalm** (1540 m).
Anreise: Von der A 8 (München-Salzburg) an der Ausfahrt "Holzkirchen" Richtung Tegernsee (B 317). Ab Tegernsee auf der B 307 in Richtung Rottach-Egern/Achensee. Nachdem man den Ort Kreuth passiert hat, kommt man kurz darauf auf der linken Seite zum Parkplatz Wildbad Kreuth (32,8 km ab Autobahn).
Gesamter Wegverlauf: **Zustieg:** 2,5 Std.; 970 Hm. Ab Parkplatz Wildbad Kreuth wie bei der Tour zur *Wolfsschlucht* (A-e-5) beschrieben. An der Kreuzung zum Schildenstein (2 - 2,5 Std.) jedoch geradeaus über den Wanderweg zur Blaubergalm (1540 m; 15 Min.).
Steigverlauf: 1,5 Std.; 325 Hm. Nach der Blaubergalm zieht der Weg gleich steil hinauf zur Wichtelplatte (1766 m). Nun folgt eine anregende Gratwanderung auf einfachem Gratsteig, in stetigem Auf und Ab, über die kreuzlosen Gipfel von Blaubergschneid (1786 m), Blaubergkopf (1787 m) und Karspitz (1801 m), bis man in einem letzten, etwas steileren Aufschwung das Gipfelkreuz der Halserspitze erreicht (1862 m). *GPS: N47.58840 E11.73722*
Abstieg: 2,5 Std.; 1065 Hm. Vom Gipfel wieder 250 m auf dem Anstiegsweg zurück und rechts am Wegweiser steil über eine Felsstufe hinunter. Weiter in teilweise ausgesetztem Gelände, mit immer wieder kurzen, steilen Felsstufen, bis man flacheres Gelände erreicht (30 Min.). Hier findet man auch die einzige Stahlseilsicherung in Form eines Geländers (A/B), das über eine schmale Wegstelle leitet, an der sich links eine markante Schlucht befindet. Der Weg wird wieder einfacher, und ab der Wenigberg-Jagdhütte führt der Weg immer öfter durch Hochwald. Nun noch ein kurzer Gegenanstieg (50 Hm) und dann immer stetig bergab durch den Wald in Richtung Siebenhütten, wo man wieder auf den Aufstiegsweg gelangt (1,5 Std.). Von hier zurück zum Parkplatz (30 Min.).

A-e-7 Risserkogel - Umrundung *A/B*

leicht

Steig	Steig	Zustieg	Abstieg	Expos.	Fun	Sich.	Anford.
1,5 Std.	180 Hm	2 Std.	3-3,5 Std.	alle	★★ mäßig	☆☆☆ gut	mäßig

Schwierigkeit: leicht; einige leichte Seilsicherungen
Gesamtanforderung: mäßig
Bes. Gefahren: keine
Beste Jahreszeit: April - Oktober

Zeiten / Höhenunterschiede:
Zustieg: 2 Std. / 360 Hm (zzgl. 150 Hm Abstieg)
Klettersteig: 1,5 Std. / 180 Hm (zzgl. 210 Hm Abstieg)
Abstieg: 3 - 3,5 Std. / 1080 Hm
Höhenunterschied gesamt: 640 Hm
Zeitaufwand gesamt: 6,5 - 7 Std.
Weglänge gesamt: 14,9 km

Exposition: wechselnd
Sicherungen: gut; wenige Stahlseile
Funfaktor: mäßig
Gestein: Kalk
Flucht- / Abbruchmögl.: verschiedene Kombinationen möglich
Orientierung / Markierung: sehr gut
Anfänger-Eignung: ja

Ausrüstung: Klettersteigset, Helm, mittelfeste Bergschuhe
Errichtung / Betreuung: DAV Tegernsee (www.dav-tegernsee.de; Tel. 08022-4718; mail@dav-tegernsee.de); Wallbergbahn (1620 m; www.wallbergbahn.de; Tel. 08022-705370; info@wallbergbahn.de)
Karte: Kompass 8 "Tegernsee - Schliersee" (1:50')
Kartenausschnitt siehe Seite 204

Anforderungsprofil

Kondition:	3
Armkraft:	1
Technik:	1
Mut, Psyche:	2
Bergerfahrung:	2

1 niedrig 2 mäßig 3 mittel 4 hoch 5 extrem

Charakteristik: Der Risserkogel ist ebenfalls ein ausgezeichneter Aussichtsberg, und durch den vorgelagerten felsigen Blankenstein macht sich hier schon fast ein alpines Gefühl breit. Dennoch zieht es die meisten Besucher der Wallbergbahn oft "nur" zum nördlichen Wallberg, und so trifft man auf dieser doch langen Runde auf nicht gar so viele Wanderer.

Kurze gesicherte Stelle

Talort: Rottach-Egern.

Ausgangspunkt: a) Bergstation Wallberg (1620 m); b) Wildbachhütte (990 m). *GPS Parkplatz: N47.67631 E11.77814*

Stützpunkt: **Bergstation Wallberg** (1620 m; www.wallbergbahn.de; Tel. 08022-705370; wallberg-restaurant@gmx.de); **Wildbachhütte** (990 m; Tel. 08022-670472).

Anreise: Von der A 8 (München-Salzburg) an der Ausfahrt "Holzkirchen" Richtung Tegernsee (B 317). Ab Tegernsee auf der B 307 in Richtung Rottach-Egern/Achensee. a) der Beschilderung Wallbergbahn folgen (28,6 km ab A 8); b) Richtung Sutten-Seilbahn, die man über eine Mautstraße erreicht (östl. des Wallbergs; Busverbindung möglich).

Zustieg: **2 Std. a)** Von der Bergstation (1620 m) erst einmal zum Wallberghaus (1512 m) absteigen. Nun ansteigend umgeht man den Setzberg (1706 m) östlich (Weg WB1) und erreicht in einem Sattel (1595 m; 45 - 60 Min.) den Beginn des langen Gratweges, der zum schon weit sichtbaren Risserkogel führt. In leichtem Auf und Ab, immer wieder durch Wald wandert man dahin. Zahlreiche Infotafeln geben auf diesem Alpenlehrpfad Auskunft über Natur und Geschichte. Schließlich erreicht man die erste Sicherung (1725 m; 1 Std.). **b)** Von der Wildbachhütte über den Weg RK in den Blankenstein-(Sutten-)sattel (1693 m; 2,5 Std.). *GPS Einstieg: N47.63737 E11.79749*

Steigverlauf: Da die Umrundung des Risserkogel an drei Stellen Sicherungen aufweist, werden diese wie folgt beschrieben: **1. Sicherung/Westgrat:** Ein kurzes Seilstück hilft über eine kurze Steilstufe (A/B). Nun teils durch dichte Latschen weiter, bis man den langgezogenen Gipfel erreicht (1826 m; 20 Min.). Dabei passiert man schon linker Hand den Aufstieg vom Suttensattel, den man später wieder emporkommt. **2. Sicherung/Ostabstieg:** Vom Gipfel anfangs eine steile Rinne in Richtung "Sutten" absteigen. Nach einer Scharte stößt man nordseitig auf eine kurze Seilsicherung (A/B). Dann über Serpentinen weiter abwärts (1615 m) und über den Weg RK (Aufstieg b) empor in den Suttensattel (1695 m; 45 Min.). **3. Sicherung/Nordanstieg:** Vom Sattel über eine etwas längere Seilsicherung über eine Stufe (A/B) und eine sanfte Rinne (A/B), bis man zuletzt durch Latschen den Westgrat wieder erreicht (1795 m; 20 Min.).

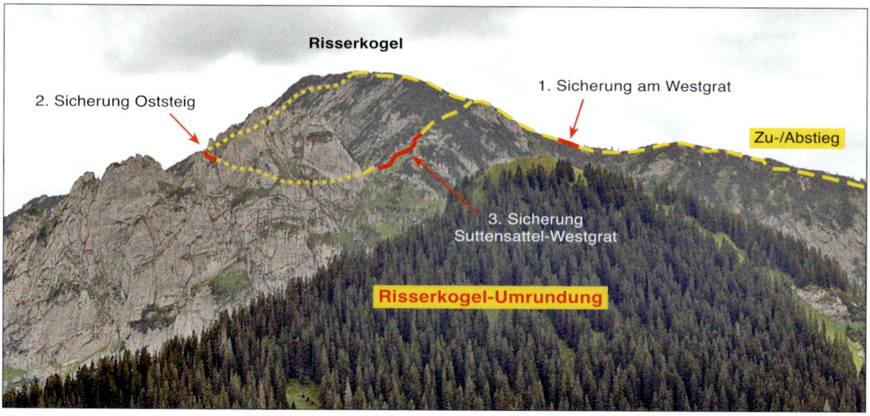

e **Bayerische Voralpen** *Risserkogel, 1826 m*

Abstieg: 3 - 3,5 Std. a) wie Aufstieg zur Bergstation (1,5 Std.); **b)** am Ende der 2. Sicherung zur Wildbachhütte (1,5 Std.); **c)** auf dem Westgrat nach dem Grubereck (1664 m) dem Weg WB1 nach links abwärts Richtung "Wallbergmoosalm" folgen. Anfangs steil durch den Wald, dann stößt man bei ca. 1230 m auf die Forststraße. Diese nach Norden (leichter Anstieg), bis man die Wallbergmoosalm erreicht (1113 m; 2 - 2,5 Std.). Ab hier über den Wanderweg WB zurück zum Parkplatz der Wallbergbahn (812 m; 45 Min.)

■ **Tipps:** Man kann auch die mautpflichtige Straße zur Wallbergmoosalm benutzen und in 1,5 Std. zum Wallberghaus aufsteigen.

■ **Hinweise:** Der Blankenstein ist ein beliebtes Klettergebiet. Eine Besteigung des Blankensteins über den "Normalweg" erfordert FT 2. Gerne wird der Risserkogel auch von Wallberg - Wildbachhütte überschritten (mit Bus zurück).

A-e-8 Schinderkarsteig *B/C*

mäßig schwierig

Steig	Steig	Zustieg	Abstieg	Expos.	Fun	Sich.	Anford.
1 Std.	280 Hm	1,5 Std.	1,5 Std.	N	★★ mäßig	☆☆ mäßig	mäßig

Schwierigkeit: mäßig schwierig; A/B, Schlüsselstelle am Einstieg B/C
Gesamtanforderung: mäßig
Bes. Gefahren: Steinschlag durch Geröll im Schinderkar
Beste Jahreszeit: Juni - September

Zeiten / Höhenunterschiede:
Zustieg: 1,5 Std. / 650 Hm
Klettersteig: 1 Std. / 280 Hm
Abstieg: 1,5 Std. / 930 Hm
Höhenunterschied gesamt: 930 Hm
Zeitaufwand gesamt: 5 Std.
Weglänge gesamt: 11,5 km

Exposition: Nord
Sicherungen: mäßig; lockeres, dünnes Stahlseil, teiweise rostig, an der Schlüsselstelle Stahlstifte
Funfaktor: mäßig
Gestein: Kalk
Flucht- / Abbruchmögl.: keine
Orientierung / Markierung: gut; im Zu- und Abstieg gute neue Wegweiser, ansonsten ausreichende Markierungen (bei Schneeresten im oberen Teil des Kars schlecht erkennbar)
Anfänger-Eignung: ja
Ausrüstung: Klettersteigset, Helm, mittelfeste Bergschuhe
Errichtung / Betreuung: DAV Tegernsee (www.dav-tegernsee.de; Tel. 08022-4718; mail@dav-tegernsee.de)
Karte: Kompass 8 "Tegernsee - Schliersee" (1:50')

Anforderungsprofil

Kondition:	3
Armkraft:	1
Technik:	1
Mut, Psyche:	2
Bergerfahrung:	2

1 niedrig 2 mäßig 3 mittel 4 hoch 5 extrem

Charakteristik: Der Steig führt mühsam über das Schinderkar auf den Bayerischen Schinder bzw. den österreichischen Trausnitzberg.
Eindrucksvoll ist der Einstieg in die gesicherte Passage über das "Schindertor", ein kreisrundes Loch im Fels.
Eine eher stille Runde entlang der deutsch-österreichischen Grenze, die allerdings ebenfalls schöne Ausblicke bietet.

Ausstieg aus dem Schindertor

e Bayerische Voralpen Bayerischer Schinder / Trausnitzberg, 1806 m

Talort: Rottach-Egern am Tegernsee.

Ausgangspunkt: Parkplatz, ca. 400 m vor dem Forsthaus Valepp (878 m).
GPS Parkplatz: N47.60366 E11.85561

Stützpunkt: **Fosthaus Valepp** (872 m; Tel. 08026-71281); **Trausnitzalm** (1475 m; teilweise bew.).

Anreise: Von Rottach-Egern auf teilweise schmaler asphaltierter Mautstraße (14 km; 4 Euro) nach Süden. Ca. 400 m vor dem Forsthaus Valepp befindet sich auf der rechten Seite ein kleiner Parkplatz für etwa 10 PKW.

Zustieg: **1,5 Std.** Vom Wandererparkplatz auf breitem Forstweg bergauf. Nach etwa 200 m mündet links der Steig auf die Forststraße, den man später auf dem Rückweg benutzt. Nach 3 km verlässt man den Hochwald, und der Weg (SB10) wird schmaler, steiler und aufgrund des zunehmenden Gerölls beschwerlicher. Hier hat man bereits einen schönen Einblick in das Schinderkar. Nach Verlassen der Latschenzone betritt man das Schinderkar, durch das sich der Weg in Serpentinen steil aufwärts windet. Kurz vor Erreichen des Schindertores wird über eine kurze Stelle eine Felsstufe ungesichert, aber unschwer traversiert. Alternativ kann man sich aber durch das rutschige Gelände des Schindergerölls nach oben quälen (1530 m). *GPS Einstieg: N47.62005 E11.89101*

Steigverlauf: Hier erreicht man das "Schindertor", ein höhlenartiger Durchbruch im steilen Fels, in dem eine gesicherte Steilstufe überwunden wird (3 m; Stifte; B/C). Danach wird der Steig flacher, aber weiter gesichert (max. B). Bei 1610 m erreicht man einen Sattel, über den man entweder nach rechts zum Bayerischen Schinder wandert (1796 m; 25 Min.) oder nach links weiter zum Trausnitzberg (Österreichischer Schinder) steigt. Zum Trausnitzberg traversiert man kurz auf einfachem Bergpfad. Danach führt der Weg nach links und über eine gesicherte Steilstufe (25 m; B). Nach dem Ende der Sicherungen wendet sich der Weg wieder nach rechts, und nach weiteren 10 Minuten auf dem breiten Grat erreicht man den Gipfel des Trausnitzberges (1808 m).

■ **Tipps:** Es bietet sich auch noch an, den Bayerischen Schinder (1796 m) zu besteigen. Hier ist es etwas ruhiger als auf dem österreichischen Nachbargipfel. Wer Schuttabfahrten liebt, kann den Steig auch in die andere Richtung begehen und sich die "Abfahrt" durch das Schinderkar gönnen.

■ **Hinweise:** Bis in die 60er-Jahre des letzten Jahrhunderts wurde am Schinderkar ein Skirennen als Wettkampf zwischen Bayern und Tirol durchgeführt. Kurz vor der Trausnitzalm könnte man südlich zur *Erzherzog-Johann-Klause* (A-e-11) absteigen.

■ **Klettersteige zu verbinden:** Erzherzog-Johann-Klause (A-e-11)

e Bayerische Voralpen *Bayerischer Schinder / Trausnitzberg, 1806 m*

Abstieg: 1,5 Std. Vom Trausnitzberg zuerst steil durch dichtes Latschengelände, dann auf felsigem Steig abwärts, bis man die Almwiesen der Trausnitzalm erreicht (1475 m; 45 Min.). Nun durch schönen Mischwald, bis man kurz vor dem Parkplatz wieder auf die Forststraße trifft. Beim Abstieg wird gegen Ende des Weges ein Bach an einem Stahlseil überquert (A/B), da die Felsplatten im Bachbett teilweise rutschig sind.

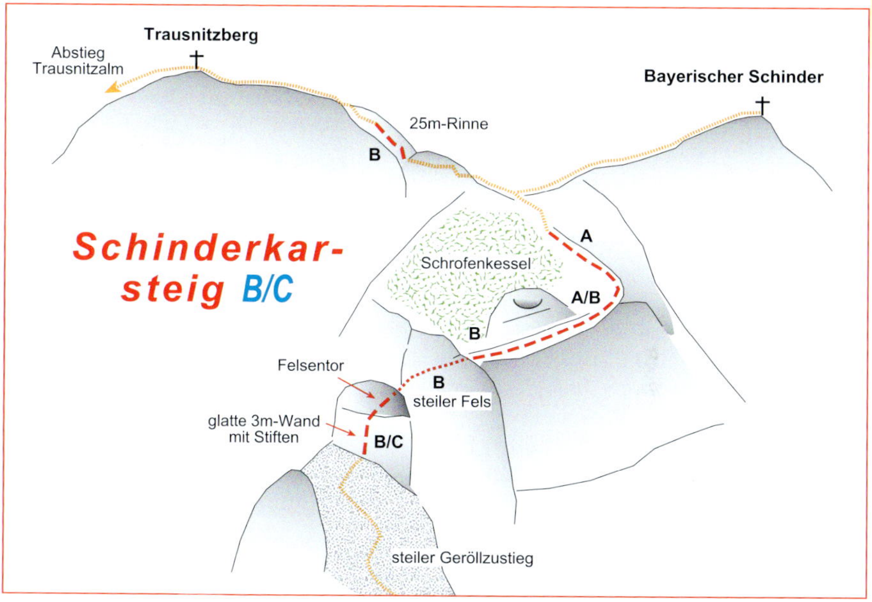

Blick vom Trausnitzberg zum Bayerischen Schinder

Weiter schinden nach dem Schindertor..

e Bayerische Voralpen

Brecherspitz, 1683 m

A-e-9 Brecherspitz Westgrat *A/B* *70 Hm*

Die markante Brecherspitz ist ein beliebter Aussichtsgipfel am Nordende des Spitzingsees. Leicht und schnell zu erreichen, zudem durch eine kurze gesicherte Passage gewürzt.

Beste Jahreszeit: April bis Oktober.
Zeitaufwand / Weglänge gesamt: 3 - 3,5 Std. / 580 Hm / 7,8 km
Besondere Gefahren: keine.
Karten: Kompass 8 "Tegernsee-Schliersee"
Talort / Ausgangspunkt: Schliersee / Spitzingsattel (1127 m) / *GPS: N47.67235 E11.88664*
Stützpunkt: **Obere First-Alm** (1375 m; www.firstalm.de; Tel. 08026-7302; info@firstalm.de).
Anreise: Von der A 8 (München-Salzburg / Ausfahrt Weyarn) über die B 307 nach Miesbach und weiter zum Schliersee (22 km). Hier weiter nach Süden über die Spitzingstraße zum Spitzingsattel (3,8 km), der sich am Nordende des Spitzingsees befindet. Dort findet man kostenpflichtige Parkplätze.

Kurze gesicherte Gratstelle

Gesamter Wegverlauf: **Zustieg:** 1,5 Std.; 510 Hm. Vom Spitzingsattel über den Trautweinweg (Fahrstraße; für Autos gesperrt) zur Oberen First-Alm (45 Min.). Kurz bevor man die Alm erreicht, biegt man auf dem Freudenreichsattel (1377 m)

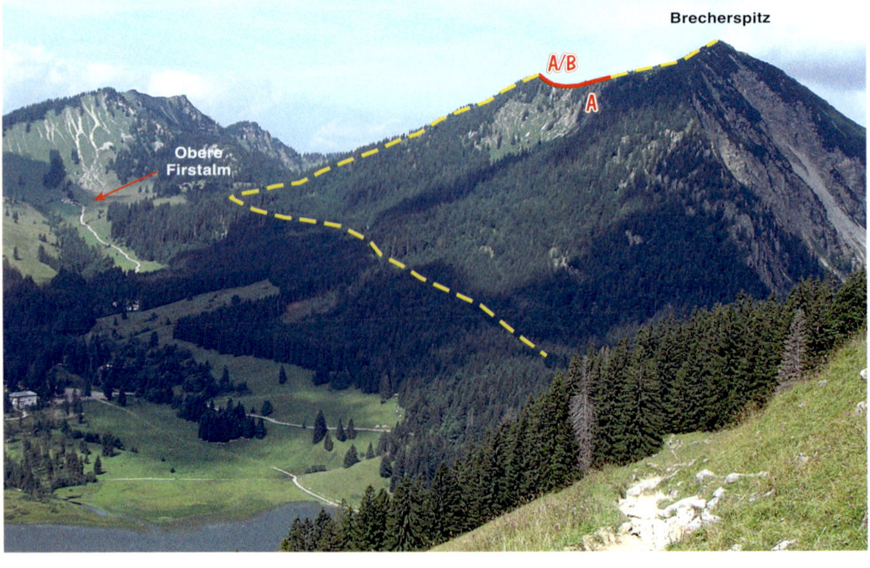

nach rechts ab. Nun in vielen Serpentinen zum Beginn des Gipfelgrates (1630 m; 45 Min.).

Steigverlauf: 30 Min.; 70 Hm. Zuerst helfen Seile ein paar Meter abwärts (A/B). Dann folgt man meist auf der Südseite dem schönen Gratweg. Unterwegs noch einmal 2 kurze gesicherte Stellen (A), bis man den schönen Gipfel erreicht (1683 m; 30 Min.). *GPS: N47.67501 E11.86628*

Abstieg: 1 - 1,5 Std.; 580 Hm. Wie Aufstieg.

Hinweise, Tipps: Bei entsprechender Kondition kann man nach der Tour noch die Aiplspitz anhängen. Lohnend ist auch ein kurzer Abstecher zu Beginn der Sicherungen nach Norden zur sichtbaren Freudenreichkapelle (15 Min.).
Alternativer Zustieg: Zu Beginn des Fahrstraße zweigt ein schmaler Pfad nach rechts in den Wald. Dieser führt teils recht steil (Trittsicherheit! FT 1-) und schwach markiert über den Ostgrat zum Gipfel (45 Min.). Von einem Abstieg über diesen Weg wird allerdings abgeraten!

Aiplspitz, 1759 m

A-e-10 Aiplspitz Westgrat A/B 80 Hm

Auch die Aiplspitz bietet ein paar leichte gesicherte Stellen auf ihrem Westgrat. Viel interessanter ist allerdings das herrliche Panorama, welches geboten wird und was über den fehlenden "Klettersteig" mehr als hinwegtröstet.

Beste Jahreszeit: April bis Oktober.

Zeitaufwand / Weglänge gesamt: 3,5 - 4 Std. / 660 Hm / 8,5 km

Besondere Gefahren: keine.

Karten: Kompass 8 "Tegernsee-Schliersee" (1:50')

Talort / Ausgangspunkt: Schliersee / Spitzingsattel (1127 m) / *GPS: N47.67235 E11.88664*

Stützpunkt: **Schönfeldhütte** (1410 m; www.schoenfeldhuette.de; Tel. 08026-7496).

Anreise: Von der A 8 (München-Salzburg / Ausfahrt Weyarn) über die B 307 nach Miesbach und weiter zum Schliersee (22 km). Hier weiter nach Süden über die Spitzingstraße zum Spitzingsattel (3,8 km), der sich am Nordende des Spitzingsees befindet. Dort findet man kostenpflichtige Parkplätze.

e Bayerische Voralpen

Gesamter Wegverlauf: Zustieg: 1,5 - 2 Std.; 580 Hm. Gleich vom Parplatz folgt man ostwärts dem gut beschilderten Weg W23 in Richtung Aiplspitz. Zuerst in steilen Serpentinen, dann durch Wald und zuletzt über Almwiesen mit mäßigem Anstieg gelangt man nach 1 Std. zur Schönleitenhütte (1410 m). Man umrundet den weiten Almengrund zur Oberen Schönfeldalm. Nun in einigen teils steilen Serpentinen zum Sattel (1614 m) mit Abzweig zum Jägerkamp (nach links; 1746 m). Man geht geradeaus weiter zur schon sichtbaren Aiplspitz und erreicht nach einem kurzen Ab- und Gegenanstieg das Tanzeck (1703 m). Dieses wird links umgangen, und man erreicht kurz darauf die ersten Sicherungen (1678 m; 45 - 60 Min.).

Steigverlauf: 20 - 30 Min.; 80 Hm. Die Drahtseile helfen über ein leicht ansteigendes, aber an sich harmloses Band (A/B), bis man in die Scharte zwischen Tanzeck und dem Westgrat der Aiplspitz gelangt. Hier hilft noch einmal ein kurzes Hanfseil über eine steile, kurze Felspassage (A/B). Es folgt eine leichte und anregende Gratüberschreitung, wo sich leichte Fels- (FT 1-) und Gehpassagen abwechseln. Schließlich erreicht man den aussichtsreichen Gipfel der Aiplspitz (1759 m; 20 - 30 Min.). *GPS: N47.67174 E11.92010*

Abstieg: 1,5 Std.; 660 Hm. Wie Aufstieg.

Hinweise, Tipps: Wenn man schon in der Gegend ist, kann man vom gleichen Parkplatz auch die Brecherspitz (A-e-9) noch "mitnehmen". Beliebt ist auch eine Überschreitung der Aiplspitz von Bayrischzell über den Nordgrat zum Spitzingsattel. Hierfür sollte man 5 Std. einplanen und die Rückfahrt mit 2. Auto oder Bus organisieren. Für den Nordgrat (keine Sicherung) sollte man einen Helm mitnehmen (Trittsicherheit in losem Geröll; FT1).

Erzherzog-Johann-Klause, 814 m

A-e-11 Erzherzog-Johann-Klause A/B 170 Hm

Ein an sich klettertechnisch anspruchsloser Klammsteig, der das Forsthaus Valepp mit der *Erzherzog-Johann-Klause* verbindet. Allerdings bietet der Weg schöne Eindrücke einer fast urtümlichen Schlucht und bietet sich hervorragend als Ausweichziel für zu heiße oder zu schlechte Tage an.

Beste Jahreszeit: Juni - September.

Zeitaufwand / Weglänge gesamt: 5 Std. / 170 Hm / 13,0 km

Besondere Gefahren: keine.

Karten: Kompass 8 "Tegernsee - Schliersee" (1:50')

Talort / Ausgangspunkt: Rottach-Egern am Tegernsee / Parkplatz, ca. 400 m vor dem Forsthaus Valepp (878 m) / *GPS: N47.60366 E11.85561*

Stützpunkt: **Forsthaus Valepp** (872 m; Tel. 08026-71281); **Erzherzog-Johann-Klause** (814 m; Tel. +43-664-2823636) .

Anreise: Von Rottach-Egern auf teilweise schmaler asphaltierter Mautstraße (14 km; 4 Euro) nach Süden. Ca. 400 m vor dem Forsthaus Valepp befindet sich auf der rechten Seite ein kleiner Parkplatz für etwa 10 PKW.

Gesamter Wegverlauf:

Zustieg: 0,5 - 1 Std.; 60 Hm.
Vom Forsthaus Valepp kurz auf asphaltierter Straße, dann rechts über eine Abkürzung hinauf zu einer Kapelle. Ab hier 1 km weiter auf breiter Almstraße, bis nach rechts unten ein schmalerer Weg führt. Auf diesem über den Grenzbach (meist ausgetrocknet) und auf der anderen Seite auf breitem Pfad leicht ansteigend nach oben (45 Min.).

Steigverlauf: 2 Std.; 170 Hm. Hier findet man das erste Stahlseil (A) an einem steilen Abbruch zum Bachbett.

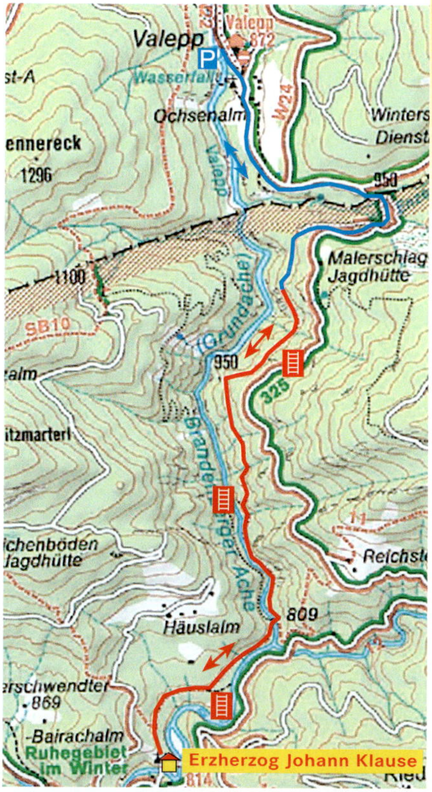

Danach leicht ansteigend weiter und über einen Holzsteg (A). Kurz darauf trifft man auf eine unangenehme, ungesicherte Stelle, die um einen Felsvorsprung herumführt. Im weiteren Verlauf immer wieder leicht ausgesetzt am Fels, an mit Stahlseil gesicherten Stellen sowie über Holzstege mit Geländer und Abschnitten mit Stahlseilgeländer (A), abwechselnd mit viel Gehgelände. Nach der halben Wegstrecke führt der Weg wieder langsam nach unten. Nach 1,5 Std. erreicht der Weg den Fluss, an dem man längere Zeit flach entlang wandert. An den Felsen direkt am Wasser geben erneut Stahlseile (A) Sicherheit. Nun überquert man den Fluss auf einer neuen Stahl-Holz-Brücke. Ab hier sind es nur noch 20 Min. zur Erzherzog-Johann-Klause, die man nach einem langen Holzsteg und einer Holzbrücke mit Stahlseilgeländer erreicht (814 m). *GPS: N47.60990 E11.89967*

Abstieg: 2 - 2,5 Std.; 170 Hm. Von der Erzherzog-Johann-Klause geht man am besten den selben Weg wieder zurück. Alternativ ist der Rückweg über die Forststraßen in Richtung Ackernalm zu erwähnen. Dieser ist jedoch weiter, weist mehr Höhendifferenz auf und ist schlichtweg ein erbärmlicher "Hatscher".

Hinweise, Tipps: Interessant ist auch eine Verbindung des Steiges im Abstieg vom *Schinder* (A-e-8). Der Weg ist zwar etwas weiter, aber noch ein bisschen abwechslungsreicher.

A-e-12 Dr. Julius-Mayr-Weg B

mäßig schwierig

Steig	Steig	Zustieg	Abstieg	Expos.	Fun	Sich.	Anford.
45 Min.	150 Hm	2-3 Std.	1-2,5 Std.	S	★★★ schön	☆☆☆☆ super	mäßig

Schwierigkeit: mäßig schwierig; schöner und abwechslungsreicher Steig mit Klammern und Leitern
Gesamtanforderung: mäßig
Bes. Gefahren: keine
Beste Jahreszeit: Ende April - Oktober

Zeiten / Höhenunterschiede:
Zustieg: 2 - 3 Std. / 510 - 840 Hm
Klettersteig: 30 - 45 Min. / 150 Hm
Abstieg: 1,5 - 2,5 Std. / 660 - 990 Hm
Höhenunterschied ges: 660 - 990 Hm
Zeitaufwand gesamt: 4 - 6,5 Std.
Weglänge gesamt: 7,7 - 13,4 km

Exposition: Süd
Sicherungen: sehr gut; einige Bügel und Leitern
Funfaktor: schön
Gestein: Kalk
Flucht- / Abbruchmögl.: keine
Orientierung / Markierung: sehr gut
Anfänger-Eignung: ja

Ausrüstung: Klettersteigset, Helm, mittelfeste Bergschuhe
Errichtung / Betreuung: DAV Rosenheim (www.dav-rosenheim.de)
Karte: Kompass 8 "Tegernsee-Schliersee" (1:50')

Talort: Oberaudorf.

Ausgangspunkt: **a)** Gasthof Buchau (700 m); **b)** Parkplatz Mühlau (630 m); **c)** Gasthof Rosengasse (1050 m).

*GPS Parkplatz: **a)** N47.65234 E12.-12346; **b)** N47.62972 E12.14509; **c)** N47.66202 E12.05621*

Stützpunkt: **Berggasthof Buchau** (700 m; www.berggasthof-buchau.de;

Anforderungsprofil

Kondition:	3
Armkraft:	2
Technik:	1
Mut, Psyche:	2
Bergerfahrung:	2

1 niedrig 2 mäßig 3 mittel 4 hoch 5 extrem

Charakteristik: Einer der bekanntesten Gipfel der Bayerischen Voralpen ist sicherlich der Brünnstein. Markant ist sein Gipfelgrat und enorm sein Panorama bei schönem Wetter. Auch der leichte, aber feine Klettersteig, der sich abwechslungsreich durch die Südwand windet, zieht seit nunmehr über 110 Jahren die Bergsteiger an. Und nach dem Gipfelerlebnis lädt das schmucke Brünnsteinhaus zur verdienten Pause ein.
Der Steig wurde am 15.8.1898 mit 170 m Drahtseil eröffnet. 5 Monate dauerte der Bau. Benannt ist er nach Dr. Julius Mayr (1855 - 1935), maßgeblicher Gründer des Brünnsteinhauses (1894) und langjähriger Vorstand des DAV Rosenheim.

Auf dem Gipfel

Tel. 08033-3089061; graf@berggasthof-buchau.de); **Gasthof Rosengasse** (1125 m); **Brünnsteinhaus** (1360 m; www.bruennsteinhaus.de; Tel. 08033-1431).

Anreise: Start jeweils von der A 93 (Rosenheim-Innsbruck, Ausfahrt Oberaudorf): **a)** Vom Autobahnzubringer nach der Bahnunterführung links und nach ca. 400 m rechts Richtung Mühlbach-Mühlau (Parkplatz; 4,8 km); **b)** nach der Bahnunterführung rechts und kurz darauf nach links über Stigloh zum Gasthof Buchau (6,0 km); **c)** nach der Bahnunterführung nach rechts und hinter der Brücke über den Auerbach nach links Richtung Tatzelwurm/Bayrischzell. Am Tatzelwurm (11,9 km) nach links und in der nächsten Kurve wieder nach links über die nun schmale Straße zum Gasthof Rosengasse. Kostenfreie Parkplätze kurz vor dem Gasthof (1,9 km).

Zustieg: 2 - 3 Std. a) Kürzester: Vom Gasthof Buchau über den Wanderweg 652 zum Brünnsteinhaus (2 Std.); **b**) Schlittenweg: Von Mühlau auf der Forststraße zum Brünnsteinhaus (2,5 Std.); **c)** Wenigste Hm: Von der Rosengasse über die Seeonalm und Himmelmoos-Alm (Gegenanstieg) zum Brünnsteinhaus (2,5 Std.). Vom Brünnsteinhaus in 15-20 Min. gut beschildert zur ersten Sicherung kurz vor dem Felsspalt (1470 m). *GPS Einstieg: N47.64589 E12.09984*

Steigverlauf: Klammern und eine Leiter führen in den engen Felsspalt (Details siehe Topo). Dann über weitere kurze Leitern, einige Seilpassagen (bis A/B) und Gehgelände zum breiten Felsband mit schöner Aussicht. Nach einer Kehre und weiteren Klammern (A/B) erreicht man den grasigen Felskessel vor der Gipfelschulter. Am Ende noch einmal ein kurzer Riss (B; Klammer), und man sieht die Kapelle des Brünnstein. Kurzes Gehen über die Schulter, eine letzte Stufe, und die Kapelle ist erreicht. Nach einem kurzen Abstieg in eine Scharte kann man noch zum Gipfelkreuz weitergehen (1619 m; 45 Min.). Tolle Aussicht auf den Wendelstein!

Abstieg:
1,5 - 2,5 Std.
Die ersten Meter ab der Scharte sind noch einmal gesichert (max. A/B). Bei 1585 m enden auch diese Sicherungen, und man wandert in einem Bogen zurück zum Brünnsteinhaus (30 Min.). Weiterer Abstieg wie Zustieg (**a** = 1 Std.; **b** = 1,5 Std.; **c** = 2 Std.).

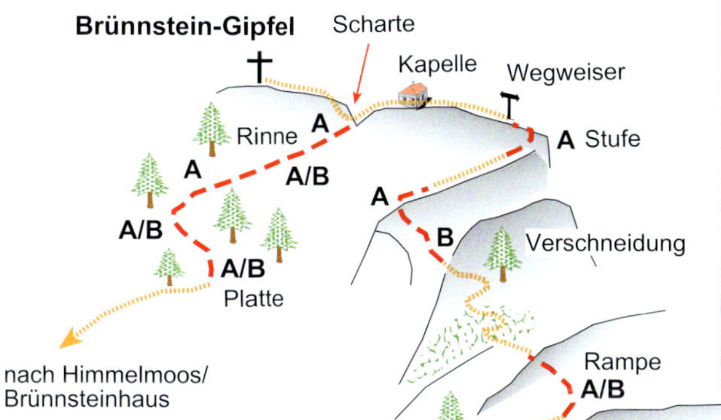

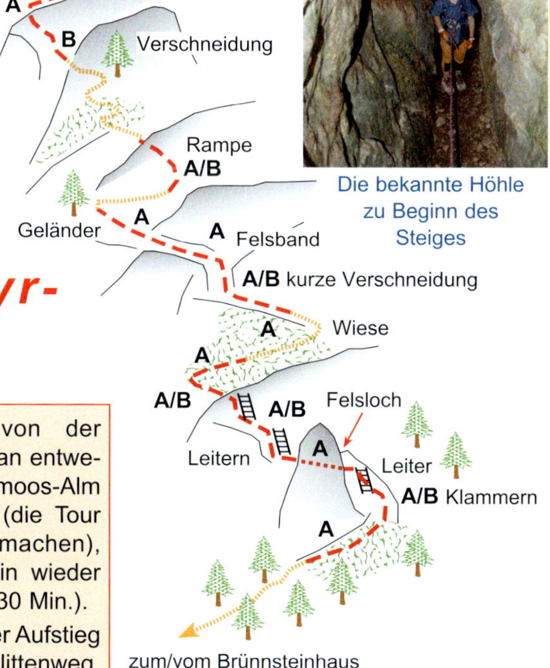

Die bekannte Höhle zu Beginn des Steiges

Dr.Julius-Mayr-Weg B

■ **Tipps:** Wenn man von der Rosengasse startet, kann man entweder gleich ab der Himmelmoos-Alm zum Brünnstein aufsteigen (die Tour sozusagen andersherum machen), oder im Abstieg gleich dahin wieder weiter gehen (Ersparnis ca. 30 Min.).

■ **Hinweise:** Im Winter ist der Aufstieg von Mühlau ein beliebter Schlittenweg.

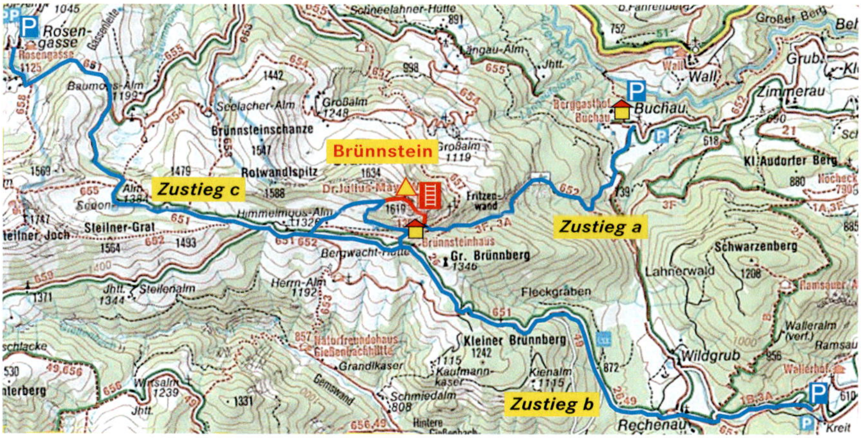

A-f-1 Wasserwand - Klettersteig B

Steig	Steig	Zustieg	Abstieg	Expos.	Fun	Sich.	Anford.
15 Min.	80 Hm	1,5 Std.	1-1,5 Std.	SO	★★ mäßig	☆☆☆ gut	mäßig

Schwierigkeit: mäßig schwierig; kurzer und leichter Steig, allerdings sehr speckig
Gesamtanforderung: mäßig
Bes. Gefahren: bei Nässe sehr glatt!
Beste Jahreszeit: April - Oktober

Zeiten / Höhenunterschiede:
Zustieg: 1,5 Std. / 510 Hm
Klettersteig: 15 Min. / 80 Hm
Abstieg: 1 - 1,5 Std. / 590 Hm
Höhenunterschied gesamt: 590 Hm
Zeitaufwand gesamt: 3 - 3,5 Std.
Weglänge gesamt: 3,3 km

Exposition: Südost
Sicherungen: gut; Stahlseil
Funfaktor: mäßig
Gestein: Kalk
Flucht- / Abbruchmögl.: keine
Orientierung / Markierung: gut
Anfänger-Eignung: ja

Ausrüstung: Klettersteigset, Helm, mittelfeste Bergschuhe
Errichtung / Betreuung: unbekannt
Karte: Kompass 10 "Chiemsee - Simsee" (1:50')

Anforderungsprofil

Kondition:	2
Armkraft:	2
Technik:	1
Mut, Psyche:	2
Bergerfahrung:	2

1 niedrig 2 mäßig 3 mittel 4 hoch 5 extrem

Charakteristik: Der leichte Heuberg mit seiner schönen Aussicht auf das Inntal, Chiemgau sowie bis nach Rosenheim gehört zu einem der beliebtesten Wanderziele im Chiemgau. Für den versierten Bergsteiger bietet es sich an, auf diesem Weg noch die Wasserwand "mitzunehmen". Ein paar gesicherte Stellen würzen hier den Gipfelanstieg. Dennoch sollte man die Tour aufgrund der äußerst speckigen Felsen nicht unterschätzen. Eine ideale Tour, wenn aufgrund des Wetters oder des Schnees die höhergelegenen Klettersteige in dieser Region nicht machbar sind. Kleine Historie: Bis zu einem Brand 1908 war das Duftbräu die höchstgelegene Brauerei Deutschlands.

Talort: Nußdorf a. Inn.

Ausgangspunkt: Parkplatz Gasthof Duftbräu. Gebührenpflichtig (wird bei Einkehr vergütet; 780 m). *GPS Parkplatz: N47.74066 E12.21379*

f Chiemgauer Alpen *Wasserwand, 1367 m*

Stützpunkt: **Gasthof Duftbräu** (780 m; www.duftbraeu.de; Tel. 08032-8226; info@duftbraeu.de); **Daffnerwaldalmen** (1050 m; Tel. 0171-42-15310).

Anreise: Von der A8 (München-Salzburg; Ausfahrt "Achenmühle") nach Achenmühle und im Ort südlich Richtung Törwang/Grainbach abbiegen. Nach wenigen Kilometern in Richtung Grainbach weiterfahren und dort im Ort der Beschilderung "Gasthof Duft" folgen. Die Parkplätze befinden sich kurz nach dem Gasthof (9,2 km ab A8).

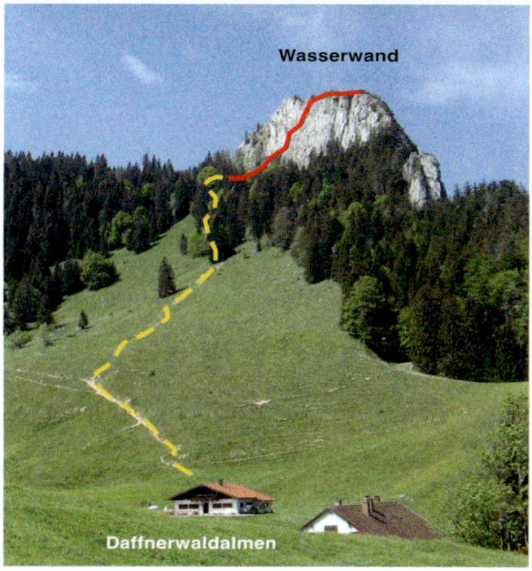

Zustieg: **1,5 Std.** Vom Parkplatz entweder über die Langersleiten oder entlang des Fluderbaches dem ausgewiesenen Weg zur Daffnerwaldalm und dem Heuberg folgen. Bei den Daffnerwaldalmen (1050 m; 1 Std.) sieht man schon die Wasserwand und den benachbarten Heuberg (1338 m). Über eine Wiese und durch lichten Wald zum Sattel vor der Wasserwand (1290 m; 30 Min.).

GPS Einstieg: N47.72664 E12.18526

Steigverlauf: Zuerst nach links (A/B), dann nach rechts (B) gut gesichert auf den Grat, der dann luftig zum Gipfel mit dem Kreuz führt (1367 m; 15 Min.). Teilweise sind die Felsen unangenehm speckig, und man sollte die Tour trotz der Kürze nicht ungeübt angehen. Ebenso können oft Steine durch Vorausgehende herabfallen.

Abstieg: **1 - 1,5 Std.** Wie Aufstieg.

■ **Tipps:** Es bietet sich an, kurz auf den benachbarten Heuberg zu gehen und einen Blick auf die Wasserwand zu werfen.

A-f-2 Kampenwand - Klettersteig B

Steig	Steig	Zustieg	Abstieg	Expos.	Fun	Sich.	Anford.
20 Min.	20 Hm	2-2,5 Std.	2 Std.	SO	★★ mäßig	☆☆☆ gut	mäßig

Schwierigkeit: mäßig schwierig; sehr kurzer und unschwerer Steig, der sich auch im Abstieg anbietet
Gesamtanforderung: mäßig
Bes. Gefahren: keine
Beste Jahreszeit: Mai - Oktober

Zeiten / Höhenunterschiede:
Zustieg: 2 - 2,5 Std. / 810 Hm
Klettersteig: 20 Min. / 20 Hm Abstieg
Abstieg: 2 Std. / 830 Hm
Höhenunterschied gesamt: 810 Hm
Zeitaufwand gesamt: 4,5 - 5 Std.
Weglänge gesamt: 11,6 km

Exposition: Südost
Sicherungen: ausreichend; Stahlseil
Funfaktor: mäßig
Gestein: Kalk
Flucht- / Abbruchmögl.: keine
Orientierung / Markierung: gut
Anfänger-Eignung: ja

Ausrüstung: Klettersteigset, Helm, mittelfeste Bergschuhe
Errichtung / Betreuung: Kampenwandbahn (www.kampenwand.de; Tel. 08052-4411)
Karte: Kompass 10 "Chiemsee - Simsee" (1:50')

Anforderungsprofil

Kondition:	3
Armkraft:	1
Technik:	1
Mut, Psyche:	2
Bergerfahrung:	2

1 niedrig 2 mäßig 3 mittel 4 hoch 5 extrem

Charakteristik: Fährt man über die Autobahn entlang des Chiemsees, so sticht der sägezahnartige Rücken der Kampenwand sofort ins Auge.
Unschwer erkennt man auch das bekannte Chiemgaukreuz, welches nicht den Hauptgipfel (1669 m), sondern den Ostgipfel (1664 m) ziert. Meist steigen die Massen über den Normalweg rauf und runter, und so bietet es sich vielleicht für den einen oder anderen Bergsteiger an, über den kleinen "Klettersteig" nach Süden abzusteigen und über einen kleinen Umweg wieder zur Steinlingalm zu gelangen. Gut, so fordernd ist der Steig auch wieder nicht, aber er ist ja auch nur die Zugabe. Denn unglaublich ist das Panorama hier oben an frischen Herbsttagen, wenn man wieder etwas Ruhe hat, die bunt verfärbten Wälder heraufleuchten und das Bayerische Meer, sprich der Chiemsee, blau schimmert ...
Weithin sichtbar ist das 12 m hohe Chiemgaukreuz auf dem Ostgipfel der Kampenwand. Komplett aus Eisen wurde es nach vielen Monaten Montage und Bauzeit 1951 eingeweiht. Gewidmet den Gefallenen der Gemeinden aus den beiden Weltkriegen, und so befinden sich auf der unteren Raute Gemeindetafeln mit den Opferzahlen. Absolut sehenswert sind die alljährlichen Andachten der Heimatvereine, wobei aber schon mal mehrere Tausend Leute bei der kleinen Kapelle an der Steinlingalm erwartet werden.

Talort: Aschau i. Chiemgau.

Ausgangspunkt: **a)** Hintergschwendt (837 m); **b)** Kampenwand Bergstation (Kampenwandhaus; 1460 m).

GPS Parkplatz: a) N47.77994 E12.36146; b) N47.76585 E12.32533

Stützpunkt: **Kampenwandhaus** (1467 m; Tel. 087052-4543); **Steinlingalm** (1473 m; Tel. 08052-2962).

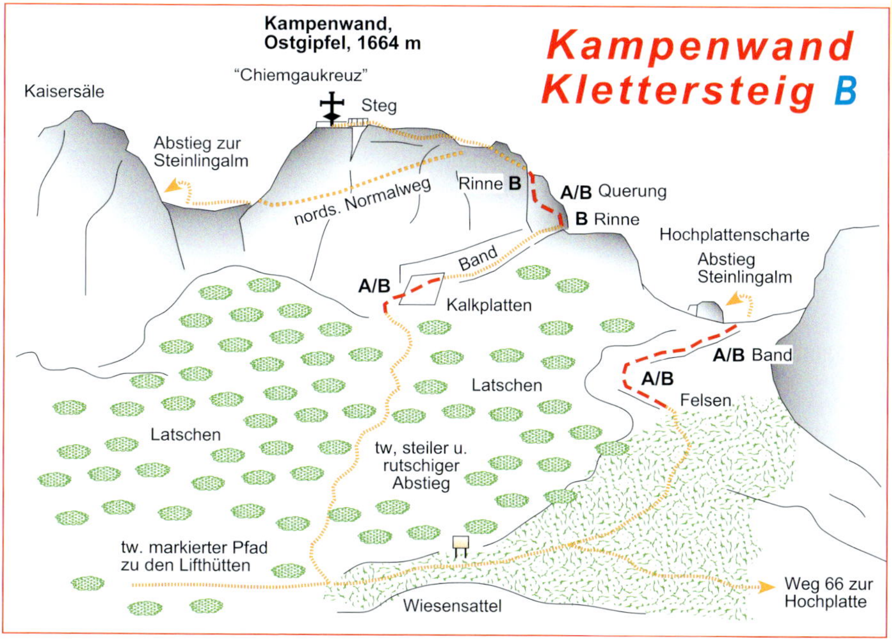

Anreise: **a)** Von der A8 (München-Salzburg; Ausfahrt "Frasdorf") nach Aschau und weiter nach Bernau. Auf halber Strecke zwischen den beiden Orten (nach 6,2 km ab A8) zweigt rechts die kleine Bergstraße zur Seiseralm ab. An dieser vorbei bis Vordergschwendt, dort vor den Gasthäusern links ab bis zum großen Parkplatz zu Beginn der Forststraße (3,5 km); **b)** In Aschau weiter nach Hohenaschau und den Beschilderungen zur Kampenwandbahn folgen (5,4 km). Dort gebührenpflichtiger Parkplatz.

f Chiemgauer Alpen *Kampenwand - Ostgipfel, 1664 m*

Zustieg: 2 - 2,5 Std. a) Vom Parkplatz anfangs über die Schotterstraße, später über den Wanderweg meist durch Wald empor bis zum Sattel zwischen Sulten und Gedererwand (1 Std.; 1270 m). Nun um den Sulten, bis bald der Blick auf die Kampenwand frei wird. Auf dem Sultensattel erreicht man wieder die Schotterstraße und bald darauf die Steinlingalm (30 - 45 Min.); **b)** von der Bergstation am markanten Staffelstein (1565 m; Kletterfelsen) vorbei auf breitem Weg zur Steinlingalm (1473 m; 30 - 45 Min.). Nun auf teils steilen Serpentinen empor bis an die Felswände der Kampenwand. Kurz vor den Kaisersälen (Gipfelgruppe westl. des Ostgipfels mit dem Kreuz) etwas leichte Kletterei (FT 1). Dann anregend durch die Kaisersäle, kurz absteigend und durch einen engen Spalt an den Fuß des Ostgipfels. Eine kurze Kette (A/B) führt nun nordwärts um den Gipfel, den man ansteigend, zuletzt über einen Grat, von Osten her erreicht (1664 m; 45 Min.). Kurz davor (1647 m) zweigt nach Osten der kleine Klettersteig abwärts weg.

GPS Einstieg: N47.75611 E12.36866

Steigverlauf: "Nur für Geübte" steht auf den Felsen am Einstieg gemalt. Ein angejahrtes, aber solides Seil führt einen steilen Riss hinunter (max. B). Allerdings ist das Ende des Seils nur an einem großen, losen Felsblock befestigt, der auf dem Boden liegt. Nun geht man nach Süden über ein kleines Band, und die nächsten Sicherungen helfen über ein paar Kalkplatten (A/B). Damit enden die Sicherungen (1629 m).

Abstieg: 2 Std. Teils recht steil und rutschig (erdig) durch dichte Latschen hinab nach Süden, bis man auf einen Wanderweg trifft (1519 m; nach rechts teils unmarkiert weiter entlang der Felswand). Hier nach links kurz ansteigen (Schild) und in einem kleinen Bogen zur sichtbaren Hochplattenscharte laufen (trennt den Ostgipfel und den Äußersten Ostgipfel). Im Zustieg zur Scharte (1559 m) sind ebenfalls noch einmal einige Meter Stahlseil (A/B; ab 1547 m). Nun unschwer zurück zur Steinlingalm (1 Std. ab KS Ende) und von hier **a)** zum Parkplatz (1 Std.), **b)** zur Bergstation (30 Min.).

■ **Tipps:** Da die Bergbahn nicht billig und meist sehr voll ist, empfiehlt sich der gemütlichere Zustieg von Hintergeschwendt (der auch hier favorisiert wird).

■ **Hinweise:** Trotz der scheinbaren Kürze von der Steinlingalm aus handelt es sich durchaus um eine Bergtour, die am Grat Trittsicherheit und im Zustieg bei den Kaisersälen Armeinsatz erfordert. Zahlreiche untrainierte Leute überschätzen gerade bei diesem Gipfel ihre Kondition, wovon die Bergwacht auf der Steinlingalm ein Lied singen kann.

A-g-1 Pidinger Klettersteig D

sehr schwierig

Steig	Steig	Zustieg	Abstieg	Expos.	Fun	Sich.	Anford.
3-3,5 Std.	730 Hm	1,5 Std.	2,5 Std.	NO	super	super	hoch

Schwierigkeit: sehr schwierig; sehr schwieriger Steig mit teilw. Sportklettersteig-Charakter, viele Stellen C und C/D, Tritthilfen teils vorhanden, Erfahrung und Ausdauer (Kraft) notwendig, da die Schlüsselstelle (D) fast zum Schluss kommt
Gesamtanforderung: hoch
Bes. Gefahren: im Einstieg erhöhter Steinschlag, lange Altschneereste
Beste Jahreszeit: Mai - Oktober

Zeiten / Höhenunterschiede:
Zustieg: 1,5 Std. / 570 Hm
Klettersteig: 3 - 3,5 Std. / 730 Hm (inkl. 40 Hm Gegensanstieg)
Abstieg: 2,5 Std. / 1260 Hm
Höhenunterschied gesamt: 1300 Hm
Zeitaufwand gesamt: 7 - 7,5 Std.
Weglänge gesamt: 14,8 km

Exposition: Nordost
Sicherungen: sehr gut; 1100 m Stahlseil (im unteren Bereich mit Falldämpfer), ca. 150 Tritt- und Griffhilfen
Funfaktor: super
Gestein: Kalk
Flucht- / Abbruchmögl.: 2 Notausstiege (siehe Topo)
Orientierung / Markierung: sehr gut
Anfänger-Eignung: nein

Ausrüstung: Klettersteigset, Helm, mittelfeste Bergschuhe, kurze Bandschlinge, evtl. Kletterschuhe für den Steig ab 1. Notausstieg
Errichtung / Betreuung: Der Steig wurde 2003 durch den Pidinger Sepp Reichenberger eingerichtet. Er folgt einer eher unbekannteren Route Willo Welzenbachs (gegangen 1921), der 1934 bei der Nanga Parbat Tragödie ums Leben kam.
Karte: Kompass 14 "Berchtesgadener Land - Chiemgauer Alpen" (1:50'), AV BY 19 "Chiemgauer Alpen Ost - Sonntagshorn" (1:25')

Kartenausschnitt siehe Seite 225

Anforderungsprofil

Kondition:	4
Armkraft:	4
Technik:	3
Mut, Psyche:	4
Bergerfahrung:	3

1 niedrig 2 mäßig 3 mittel 4 hoch 5 extrem

Charakteristik: Mit diesem Klettersteig ist dem Erbauer einer der schönsten Klettersteige Deutschlands gelungen. Sehr fordernd und abwechslungsreich zieht sich die Steiganlage durch die teils sehr steilen Nordabstürze des Hochstaufen. Geschickt wird eine natürliche Routenführung genutzt; an den entsprechenden Stellen findet man aber immer wieder Tritthilfen, und zwischendurch laden leichtere Stellen zum Verschnaufen ein. Oben wartet ein fantastisches Panorama auf den Klettersteigler, und das gemütliche Reichenhaller Haus lädt zum Verweilen ein. Einer der Top-Steige in diesem Buch! Jedoch nur für erfahrene und trainierte Bergsteiger ein Genuss.

Talort: Bad Reichenhall.

Ausgangspunkt: Parkplatz Urwies (511 m).

GPS Parkplatz: N47.76927 E12.88290

Stützpunkt: **Reichenhaller Haus** (1749 m; Tel. 08651-5566); **Steiner Alm** (1027 m; Tel. 08651-1201).

Anreise: Von der A8 (München - Salzburg, Ausfahrt Bad Reichenhall) gleich wieder über die St2103 nach Norden in Richtung Urwies. Nach dem kleinen Ort links (ausgeschildert) in den Wald, wo man nach wenigen 100 m den großen Parkplatz erreicht (2,3 km ab A8). Weitere Parkplätze wären noch etwas weiter entlang der Straße bis zum Fahrverbot.

Zustieg: 1,5 Std. Über die Schotterstraße durch den Wald, an der "Moaralm" vorbei (842 m; 45 Min., Abzweig zum *Steinernen Jäger* [A-g-2]) und nun mit geringerer Steigung bis zu einer Lichtung (924 m; 15 Min.; MTB-Parkplatz).
Scharf links (Wegweiser) und kurz darauf in tw. steilen Geröllserpentinen zum Einstieg (1080 m; 30 Min.).

GPS Einstieg: N47.75963 E12.85326

Pidinger Klettersteig D

Im Mittelteil des "Pidinger"

Im unteren Wandteil

g Berchtesgadener Alpen *Hochstaufen, 1771 m*

Steigverlauf: Details siehe Topo. Jedoch kann der Einstieg schon als Gradmesser (C/D) gewertet werden. Wer hier Probleme hat, sollte den ersten Notausstieg vor der steilen Wand nutzen. Im ersten Teil einige erdige Gehstellen (nach Regen sehr matschig). Nach der senkrechten Wand hätte man noch einmal die Möglichkeit des Notausstiegs. Die Schlüsselstelle (leichter Überhang, D) wartet oberhalb des beliebten Rastkessels (1571 m), wobei die Meter dahin auch kräftezehrend sind (C/D). Nach dem Wandbuch (1705 m) noch mal sehr ausgesetzt (C/D), aber der Ausstieg ist nicht mehr weit (1742 m). Hier in wenigen Minuten zum sichtbaren Gipfel des Hochstaufen (1771 m), oder kurz auf der Ostseite zum Reichenhaller Haus absteigen (1749 m).

Abstieg: **2,5 Std. a)** Vom Gipfel über den Normalweg nach Norden zur Steiner Alm absteigen (1027 m; 1,5 Std.). Teilweise recht steil und einige Seilsicherungen (A). Ab der Alm auf der Schotterstraße wieder zurück zum Parkplatz (1 Std.). **b)** Vom Reichenhaller Haus über den *Steinernen Jäger* (A-g-2) zur Moaralm (842 m; bis FT 1; Trittsicherheit in sehr steilem Gelände; 2 Std.) und zum Parkplatz (30 Min.).

Der schwierige Schlusspfeiler

■ **Tipps:** Man kann gut das Mountainbike im Zustieg verwenden. Bei Nächtigung auf dem Reichenhaller Haus würde sich für den nächsten Tag eine komplette Überschreitung des Staufen anbieten (Steige A-g-2/3/4).

■ **Hinweise:** Tour ist sehr überlaufen! Gerade an Wochenenden sollte man deutlich vor 8 Uhr am Einstieg sein. Oder man nutzt den Spätnachmittag. Nach Regen im ersten Teil sehr rutschig! Der Anfangsteil bis zum Latschenkamm verläuft in einer Rinne, so dass Steine direkt zum Einstieg fallen. Auf alle Fälle deutlich vor der Einstiegswand anziehen!

■ **Klettersteige zu verbinden:** Steinerner Jäger (A-g-2), Mittelstaufen (A-g-3), Zwieselsteig (A-g-4)

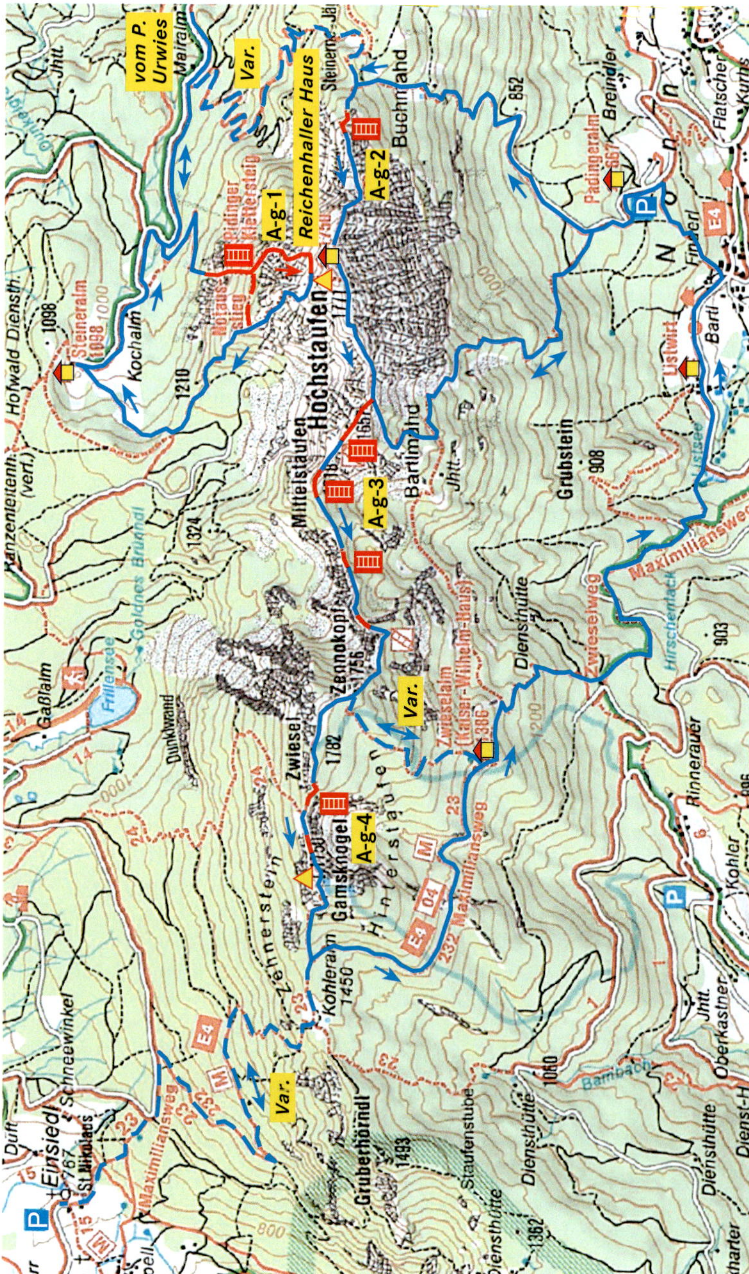
vom P. Urwies
Var.
Reichenhaller Haus
A-g-1
A-g-2
A-g-3
A-g-4
Hochstaufen
1771
Mittelstaufen
Zennokopf
1756
Zwiesel
1782
Gamsknogel
Kohleralm
1450
Kochalm
Steineralm
1098
Buchmahd
Bartlmahd
Grubstein
908
Zwieselalm (Kaiser-Wilhelm-Haus)
Maximiliansweg
Zwieselweg
Diensthütte
Frillensee
Dunkelwand
Padingeralm
Listwirt
Einsiedl
Schneewinkel
Gruberhörndl
1493
Staufenstube
Rinnerauer
Kohler
Oberkastner
Bambach
E4

Hochstaufen, *1771 m*

A-g-2 Steinerner Jäger A,1+ 380 Hm

Auf den Schildern und in anderer Literatur findet man immer wieder den Hinweis "Steinerner Jäger - Klettersteig". Außer einer kurzen Leiter wird man hier allerdings vergeblich nach Eisen suchen. Und so ist dieser Steig eher der Form halber in das Buch aufgenommen worden. Dennoch bietet er dem trittsicheren Bergsteiger eine schöne Anstiegsalternative und den Auftakt einer landschaftlich schönen, aber sehr anstrengenden Staufenüberschreitung.

Beste Jahreszeit: Mai - Oktober.
Zeitaufwand / Weglänge gesamt: 4,5 - 5 Std. / 1105 Hm / 8,2 km
Besondere Gefahren: keine.
Karten: Kompass 14 "Berchtesgadener Land - Chiemgauer Alpen" (1:50'); AV BY 20 "Lattengebirge - Reiteralm" (1:25'). Siehe Seite 225.
Talort / Ausgangspunkt: Bad Reichenhall / Parkplatz Padingeralm (667 m) / *GPS: N47.73884 E12.85584*
Stützpunkt: **Reichenhaller Haus** (1749 m; Tel. 08651-5566); **Padingeralm** (667 m).
Anreise: Von der A8 (München - Salzburg, Ausfahrt Bad Reichenhall) über die B20 nach Bad Reichenhall (6,9 km). Bei der Brücke über die Saalach nach rechts an der Kaserne vorbei in Richtung Nonn fahren. Im Folgenden der Beschilderung zur Padingeralm folgen (3 km).
Gesamter Wegverlauf: **Zustieg:** 1,5 - 2 Std.; 725 Hm. Nach wenigen Minuten zweigt der Zustieg zum Steinernen Jäger nach rechts vom Normalweg zum Hochstaufen ab (730 m). Nun meist durch Wald über teils steile Serpentinen in den Sattel des Steineren Jägers (1285 m; 1,5 Std.). Alternativ kann man hier auch in 2 Std. von Norden zusteigen (siehe Tour A-g-1). Nun nach links über den breiten, bewaldeten Felsrücken zur Leiter und dem Beginn des eigentlichen Steiges (1389 m; 20 Min.).
Steigverlauf: 1,5 Std.; 380 Hm. Die Leiter (3 m; A) ist harmlos. Der folgende Weg durch die Südflanke des Hochstaufens erfordert allerdings Trittsicherheit und Erfahrung (FT 1+). Teils recht steil über wasserzerfressenen Kalk mit schönen Tiefblicken auf Bad Reichenhall. Zuletzt erreicht man über geneigte Felsflanken das weithin sichtbare Reichenhaller Haus (1749 m).
GPS: N47.75382 E12.86008
Abstieg: 1,5 Std.; 1085 Hm. Über den Normalweg vom Haus nach Westen bis in die Scharte zum Mittelstaufen (1600 m; 30 Min.; mögliche Weiterführung der Staufenüberschreitung). Hier über Serpentinen abwärts über Bartlmahd und dann über den Wanderweg im Wald zurück zum Parkplatz.

Hinweise, Tipps: Der Steig wird auch gerne als Abstieg vom *Pidinger Klettersteig* (A-g-1) verwendet, allerdings sollte man dann noch über die notwendige Konzentration verfügen. Im Sommer gerade im oberen Teil sehr heiß!
Eine beliebte, aber anstrengende Tour ist die komplette Staufenüberschreitung Hochstaufen-Mittelstaufen-Zwiesel-Gamskogel von Bad Reichenhall (11 Std.; 1675 Hm; 17,6 km; Sicherungen max. B; viele Gegenanstiege; A-g-3/4).

A-g-3 Mittelstaufensteig B

mäßig schwierig

Steig	Steig	Zustieg	Abstieg	Expos.	Fun	Sich.	Anford.
2 Std.	440 Hm	2,5 Std.	3 Std.	alle	mäßig	gut	mittel

Schwierigkeit: mäßig schwierig; lange Bergtour mit viel Auf und Ab, kurze gesicherte Passagen meist A/B, einmal B
Gesamtanforderung: mittel
Bes. Gefahren: keine
Beste Jahreszeit: Mai - Oktober

Zeiten / Höhenunterschiede:
Zustieg: 2,5 Std. / 940 Hm
Klettersteig: 2 Std. / 440 Hm (inkl. 250 Hm Abstieg)
Abstieg: 3 Std. / 1120 Hm
Höhenunterschied gesamt: 1120 Hm
Zeitaufwand gesamt: 7,5 Std.
Weglänge gesamt: 11,8 km

Exposition: wechselnd (Grat), meist Süd
Sicherungen: gut; Seilsicherungen, ein paar Stifte
Funfaktor: mäßig
Gestein: Kalk
Flucht- / Abbruchmögl.: keine
Orientierung / Markierung: gut
Anfänger-Eignung: ja (aber lang)

Ausrüstung: Klettersteigset, Helm, mittelfeste Bergschuhe
Errichtung / Betreuung: DAV Bad Reichenhall (www.dav-badreichenhall.de; Tel. 08651-8180)
Karte: Kompass 14 "Berchtesgadener Land - Chiemgauer Alpen" (1:50'); AV BY 19 "Chiemgauer Alpen Ost - Sonntagshorn" (1:25')

Kartenausschnitt siehe Seite 225

Anforderungsprofil

Kondition:	4
Armkraft:	2
Technik:	1
Mut, Psyche:	3
Bergerfahrung:	3

1 niedrig 2 mäßig 3 mittel 4 hoch 5 extrem

Charakteristik: Der *Mittelstaufensteig* zieht sich vom Mittelstaufengipfel bis zum Zwiesel und weist einige gesicherte Passagen auf. Dennoch stehen nicht diese, sondern die Landschaft und das Panorama während dieses Gratweges im Vordergrund. Wagt man sogar die komplette Staufenüberschreitung an einem Tag, befindet man sich hier auf dem Herzstück dieser Tour, die einiges an Kondition abverlangt.

Talort: Bad Reichenhall.

Ausgangspunkt: Parkplatz Padingeralm (667 m).

GPS Parkplatz: N47.73884 E12.85584

Stützpunkt: **Zwieselalm** (1387 m; Tel. 08651-3107); **Padingeralm** (667 m).

Anreise: Von der A8 (München - Salzburg, Ausfahrt Bad Reichenhall) über die B20 nach Bad Reichenhall (6,9 km). Bei der Brücke über die Saalach nach rechts an der Kaserne vorbei in Richtung Nonn fahren. Im Folgenden der Beschilderung zur Padingeralm folgen (3 km).

Zustieg: **2,5 Std.** Vom Parkplatz über den Normalweg zum Hochstaufen. Bei Bartlmahd über schottrige Serpentinen in den Sattel zwischen Mittelstaufen und Hochstaufen (1600 m).

GPS Einstieg: N47.75291 E12.83945

g Berchtesgadener Alpen *Zwiesel, 1781 m*

Steigverlauf: Sicherungen (A/B) helfen kurz über plattigen Kalk, dann weiter über Schrofen auf den Mittelstaufen (1626 m; 20 Min.). Hier sieht man schon den gesamten Rücken zum Zwiesel sowie den drohenden Abstieg in den Geröllkessel am Fuße des Zwiesels. Vom Mittelstaufen durch Latschen im Auf und Ab über den Grat. Nordseitig noch einmal Sicherungen (B). Später erneut Seile, die den Grat hinunter helfen (A/B). Nun wandert man meist südseitig vom Grat (ein paar Sicherungen; A), verliert dabei ständig an Höhe und muss doch noch vor dem Kessel einen kurzen Gegenanstieg meistern (davor eine kurze Rinne abwärts). Im Schotterkessel (1500 m) sollte man noch einmal Luft holen. Sicherungen über Stufen und plattige Bänder (A/B) leiten schnell nach oben. Nach kurzem Gehen steht man in einer kleinen Scharte, wo ein Seilgriff und Bügel über ein glattes Wandl helfen. Nun in teils mühsamen Serpentinen zum Gipfel des Zenokopfes (1756 m; 1 - 1,5 Std.; Kreuz). Von hier gemütlich ansteigend zum sichtbaren Zwieselgipfel (1781 m).

Abstieg: 3 Std. In 45 Min. geht es südseitig runter zur Zwieselalm (1387 m). Hier auf vielen, vielen Kehren abwärts zur Forststraße (1058 m; 45 Min.). Dann in Richtung Listsee über Wanderwege und Schotterstraßen, und nach dem Listsee den Hinweisen zur Padingeralm folgen (1,5 Std.; 667 m).

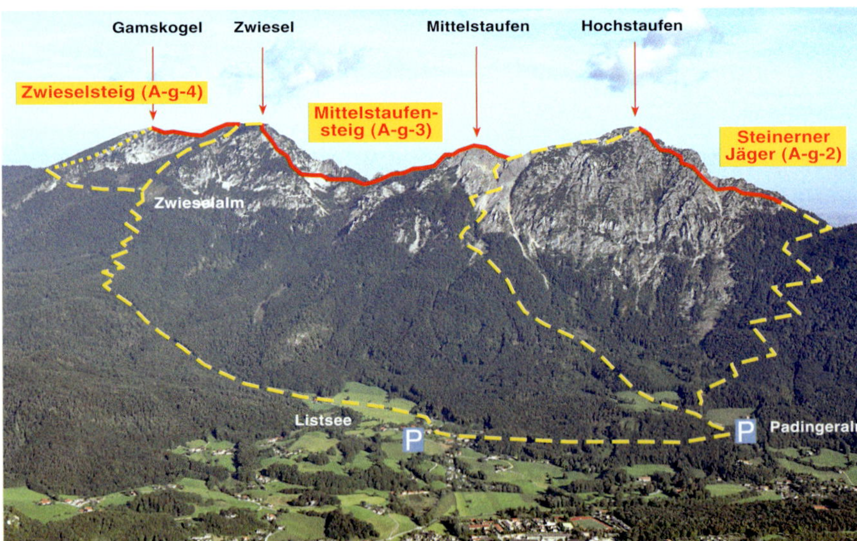

■ **Tipps:** Wenn man schon auf dem Zwiesel ist, sollte man auf alle Fälle noch den Gamskogel mitnehmen.

■ **Hinweise:** Eine beliebte, aber anstrengende Tour ist die komplette Staufenüberschreitung Hochstaufen-Mittelstaufen-Zwiesel-Gamskogel von Bad Reichenhall (11 Std.; 1675 Hm; 17,6 km; Sicherungen max. B; viele Gegenanstiege).

■ **Klettersteige zu verbinden:** Steinerner Jäger (A-g-2), Zwieselsteig (A-g-4)

Gamskogel, Zwiesel, 1750 m, 1781 m

A-g-4 Zwieselsteig A/B 70 Hm

Alleine ist der Gamskogel wohl für den Liebhaber versicherter Wege kein lohnendes Ziel. Trotz des Panoramas. Am besten lässt er sich daher an das Ende des Mittelstaufensteiges hängen. Dennoch bleibt es eine lange und anstrengende Tour.

Blick vom Zwiesel zum Gamskogel

Beste Jahreszeit: Mai - Oktober.
Zeitaufwand / Weglänge gesamt: 9 - 9,5 Std. / 1280 Hm / 12,5 km
Besondere Gefahren: keine.
Karten: Kompass 14 "Berchtesgadener Land - Chiemgauer Alpen" (1:50'); AV BY 19 "Chiemgauer Alpen Ost - Sonntagshorn" (1:25') s. S. 225.
Talort / Ausgangspunkt: Bad Reichenhall / Wirtshaus Listsee (570 m) / GPS: N47.73691 E12.83339
Stützpunkt: **Zwieselalm** (1387 m; Tel. 08651-3107); **Gasthof Listsee** (570 m).
Anreise: Von der A8 (München - Salzburg, Ausfahrt Bad Reichenhall) über die B20 nach Bad Reichenhall (6,9 km). Bei der Brücke über die Saalach nach rechts an der Kaserne vorbei in Richtung Nonn fahren. Im Folgenden der Beschilderung zum Listsee folgen (3,9 km).
Gesamter Wegverlauf: **Zustieg:** 4,5 Std.; 1210 Hm. Vom Listsee anfangs über Wanderwege und Forststraßen zum Beginn des "Muliweges" (1058; 2 Std.), der dann in vielen Serpentinen zur Zwieselalm führt (1387 m; 1 Std.). Hier weiter zum Gipfel des Zwiesels (1781 m; 1 - 1,5 Std.).
Steigverlauf: 1 Std.; 70 Hm (zzgl. 40 Hm Abstieg). Schon von hier sieht man den Gipfel des Gamskogels und den Gratweg. Zuerst durch Latschen etwas abwärts zur ersten Sicherung (A/B), die über eine Stufe hinab hilft. Nach wenigen Metern eine weitere Sicherung (A) an einer Felswand. Nun über den Grat, der teilweise luftig und mit Latschen bewachsen ist, weiter. Kurz vor dem Gamskogel steigt man wieder nach oben. Hier befindet sich die letzte Sicherung (A/B), die über eine Rinne leitet. Vom Gamskogel hat man eine herrliche Aussicht zum Chiemsee. GPS: N47.75522 E12.81724
Abstieg: 3,5 - 4 Std.; 1340 Hm (inkl. 60 Hm Gegenanstieg). Zuerst nach Westen dem Wegweiser "Kohleralm" in Serpentinen hinab folgen (30 Min.). Dann zweigt der Höhenweg nach links (E4, 1506 m) zur Zwieselalm ab. Diese erreicht man unschwer, aber nach einem deftigen Zwischenanstieg, nach 1 Std. (1387 m). Nun auf dem bekannten Weg zurück zum Parkplatz (2,5 Std.).

Hinweise, Tipps: Möglich wäre auch, den Gamskogel von Norden zu besteigen (Parkplatz Einsiedl bei Inzell - Kohleralm - Gamskogel; 980 Hm; 3 Std.).
Eine beliebte, aber anstrengende Tour ist die komplette Staufenüberschreitung Hochstaufen-Mittelstaufen-Zwiesel-Gamskogel von Bad Reichenhall (11 Std.; 1675 Hm; 17,6 km; Sicherungen max. B; viele Gegenanstiege; A-g-2/3). Vom Wirtshaus Listsee bis zur Padingeralm muss man ca. 30 - 45 Min. rechnen.

Weißbachschlucht, 580 m

A-g-5 Weißbachschlucht A 30 Hm

Versteckt unterhalb der Straße schlängelt sich der Weißbach durch das enge Tal zwischen Inzell und Schneizlreuth. Schon von früher als Holztransportweg genutzt, bietet der leichte Klammsteig heute eine schöne Wanderung mit einigen gesicherten Stellen durch eine wildromantische Landschaft.

Beste Jahreszeit: April - Oktober.
Zeitaufwand / Weglänge gesamt: 2 Std. / 80 Hm / 4,9 km
Besondere Gefahren: bei Nässe sehr rutschig.
Karten: Kompass 14 "Berchtesgadener Land - Chiemgauer Alpen" (1:50'); AV BY 20 "Lattengebirge - Reiteralm" (1:25').
Talort / Ausgangspunkt: Schneizlreuth / Parkplatz Gasthof Mauthäusl (632 m) / *GPS: N47.71163 E12.78452*
Stützpunkt: **Gasthof Mauthäusl** (632 m).
Anreise: Schneizlreuth erreicht man von der A8 (München-Salzburg, Ausfahrt Siegsdorf) über die B306 und Inzell (18,1 km). Ca. 4,3 km vor dem Ort liegt rechts der Gasthof Mauthäusl.

Gesamter Wegverlauf: **Zustieg:** 15 Min.; 50 Hm (Abstieg). Vom Parkplatz den Wegweisern nach unten an den Fluss folgen. Hier nach links und bald darauf die erste leichte Sicherung (580 m; 15 Min.).
Steigverlauf: 45 Min.; 30 Hm (Abstieg). Nach dem ersten Seilgeländer (A) erreicht man kurz darauf einen Holzsteg und Marterl. Hier kann man über steile Stiegen ebenfalls zum Mauthäusl gelangen (578 m). Der Weg schlängelt sich nun immer teils dicht über dem Wasser. Einige Stellen sind mit Holz- oder Betonbohlen ausgeglichen, über glitschige Stellen helfen Seilsicherungen (A). Nach einem Abstieg über ein paar Stufen und einer felsüberwölbten Stelle wird der Weg etwas schmäler. Auch hier helfen Stege und Seilsicherungen (A). Kurz darauf erreicht man den breiten Wanderweg (Holzbank, Tafel; 549 m), der das Ende des Klammweges bedeutet. *GPS: N47.71066 E12.78601*
Abstieg: 1 Std.; 80 Hm (Aufstieg). Wie Zustieg. Hierbei kann man auch abkürzen und beim erwähnten Holzsteg mit Marterl gleich steil zum Mauthäusl aufsteigen.

Hinweise, Tipps: Man kann die Tour auch bei der Kirche in Schneizlreuth starten (ca. 30 Min. Zustieg). In der Mitte der Klamm auf das Hinweisschild zum Adlerhorst achten. Bei Nässe sehr rutschig! Je nach Kondition kann man auch noch zu den benachbarten Touren *Reibwand* (A-g-6) und *Müllnerhorn* (A-g-7) fahren.

A-g-6 Reibwand Klettersteig B

mäßig schwierig

Steig	Steig	Zustieg	Abstieg	Expos.	Fun	Sich.	Anford.
1-1,5 Std.	260 Hm	15 Min.	1,5 Std.	alle	mäßig	gut	mäßig

Schwierigkeit: mäßig schwierig; nur kurze Klettersteigpassage, mit Seilen und ein paar Klammern gesichert
Gesamtanforderung: mäßig
Bes. Gefahren: keine
Beste Jahreszeit: Mai - Oktober

Zeiten / Höhenunterschiede:
Zustieg: 15 Min. / 60 Hm
Klettersteig: 1 - 1,5 Std. / 260 Hm
Abstieg: 1,5 Std. / 320 Hm
Höhenunterschied gesamt: 320 Hm
Zeitaufwand gesamt: 3 - 3,5 Std.
Weglänge gesamt: 5,6 km

Exposition: Nord-West-Süd
Sicherungen: gut; Seile, Klammern
Funfaktor: mäßig
Gestein: Kalk
Flucht- / Abbruchmögl.: keine
Orientierung / Markierung: gut
Anfänger-Eignung: ja

Ausrüstung: Klettersteigset, Helm, mittelfeste Bergschuhe
Errichtung / Betreuung: Paul-Gruber-Haus
Karte: Kompass 14 "Berchtesgadener Land - Chiemgauer Alpen" (1:50'); AV BY 20 "Lattengebirge - Reiteralm" (1:25')

Talort: Schneizlreuth.
Ausgangspunkt: Östliche Parkbucht an der Kreuzung B 305 / St 2101 (nördl. Schneizlreuth; 630 m)..
GPS Parkplatz: N47.70471 E12.80711
Stützpunkt: **Paul-Gruber-Haus** (950 m; www.paul-gruber-haus.de; Tel. 08651-69841).

Anforderungsprofil

Kondition:	2
Armkraft:	2
Technik:	1
Mut, Psyche:	2
Bergerfahrung:	2

1 niedrig 2 mäßig 3 mittel 4 hoch 5 extrem

Charakteristik: Der Zustieg zum Paul-Gruber-Haus führt über die Reibwände und ist schon lange mit ein paar Sicherungen versehen. Durch die meist schattige Wegführung auch eine angenehme Sommertour. Dafür ist aber die Aussicht etwas dürftig. Hier sollte man dann doch noch die Besteigung des *Müllnerhorns* (A-g-7) anschließen.

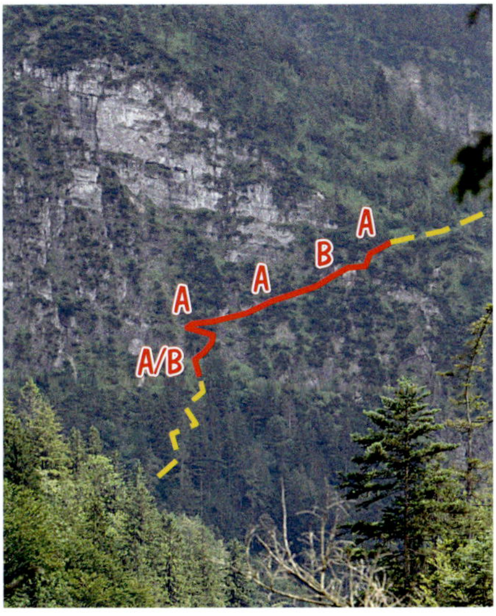

g Berchtesgadener Alpen *Paul-Gruber-Haus, 950 m*

Anreise: Schneizlreuth erreicht man von der A8 (München-Salzburg, Ausfahrt Siegsdorf) über die B306 und Inzell (18,1 km). Der Parkplatz liegt so ungünstig auf der östlichen Talseite, dass man ihn nicht erreicht, wenn man gleich nach Bad Reichenhall abbiegt. Daher von Inzell kommend erst nach Schneizlreuth weiterfahren und bei nächster Gelegenheit wenden. Nun an der Kreuzung in Richtung Bad Reichenhall und auf dem beschilderten Parkplatz unterhalb der Reibwände parken (ca. 4,4 km nördlich von Schneizlreuth).

Zustieg: 15 Min. Den Hinweisschildern über einen schmalen Pfad zum Einstieg folgen (690 m; 15 Min.).

GPS Einstieg: N47.70243 E12.80322

Steigverlauf: Über ein paar gesicherte Steilstufen und Bänder (anfangs eine Klammer, max. A/B) empor (eine Kehre). Kurz vor dem Ende der Reibwand erreicht man noch eine kurze, leicht ausgesetzte Querung. Hier sind durch einen Felssturz nur wenig Fußtritte vorhanden, so dass man froh über das Seil ist (B). Kurz darauf erreicht man das Ende der ersten Sicherungen (A) auf einem grasigen Berghang (730 m; 15 Min.). Nun quert man die bewaldeten Südhänge des Gebersbergs und hat auf dem Weg zum Paul-Gruber-Haus noch acht weitere kurze Sicherungen zu meistern (alle A; eine Stufe mit Klammern, B). Nach einem kleinen Sattel (920 m) wird der Weg breiter und man erreicht rasch die Hütte (1 Std., 950 m).

Abstieg: 1,5 Std. Wie Zustieg.

Gesicherte Passage in der Einstiegswand

■ **Tipps:** In Verbindung mit dem Müllnerhorn eine schöne Tagestour, alleine etwas dürftig.

■ **Hinweise:** Bei Nässe sind die grasigen Wiesenhänge vorsichtig zu gehen! Man kann auch vom Paul-Gruber-Haus direkt nach Schneizlreuth absteigen (1 - 1,5 Std.). 2009: Lt. Hinweis am Paul-Gruber-Haus gesperrt! Demnächst wieder begehbar.

■ **Klettersteige zu verbinden:** Müllnerhornsteig (A-g-7)

Gipfelkamm des Müllnerbergs, 1330 m

A-g-7 Müllnerhornsteig A/B 245 Hm

Man muss schon einen etwas längeren Weg auf sich nehmen, um auf dem Müllnerberg zu stehen. Und selbst dann ist die Aussicht oft durch Bäume getrübt. Daher gehört diese Tour auch eher zu den weniger besuchten Steigen in der Region. Aber vielleicht macht gerade das den Reiz aus.

Beste Jahreszeit: Mai - Oktober.

Zeitaufwand / Weglänge gesamt: 5,5 - 6 Std. / 700 Hm / 11,8 km

Besondere Gefahren: keine.

Karten: Kompass 14 "Berchtesgadener Land - Chiemgauer Alpen" (1:50'); AV BY 20 "Lattengebirge - Reiteralm" (1:25')

Talort / Ausgangspunkt: Schneizlreuth / Östliche Parkbucht an der Kreuzung B 305 / St 2101 (nördl. Schneizlreuth; 630 m). / *GPS: N47.70471 E12.80711*

Stützpunkt: **Paul-Gruber-Haus** (950 m; www.paul-gruber-haus.de; Tel. 08651-69841).

Anreise: Schneizlreuth erreicht man von der A8 (München-Salzburg, Ausfahrt Siegsdorf) über die B306 und Inzell (18,1 km). Der Parkplatz liegt so ungünstig auf der östlichen Talseite, dass man ihn nicht erreicht, wenn man gleich nach Bad Reichenhall abbiegt. Daher von Inzell kommend erst nach Schneizlreuth weiterfahren und bei nächster Gelegenheit wenden. Nun an der Kreuzung in Richtung Bad Reichenhall und auf dem beschilderten Parkplatz unterhalb der Reibwände parken (ca. 4,4 km nördlich von Schneizlreuth).

Gesamter Wegverlauf: **Zustieg:** 2 Std.; 455 Hm. Über den *Reibwandsteig* (A-g-6) zum Paul-Gruber-Haus (1,5 Std.). Hier den Wegweisern "Pflasterbach-hörndl/Müllnerberg" folgen. Der anfangs breite Weg wird schnell schmaler und führt durch die abfallenden Wände des Rabensteinhorns. Schließlich erreicht man die ersten Sicherungen (15 - 20 Min.; 1085 m).

Steigverlauf: 1 - 1,5 Std.; 245 Hm. Der Weg führt in leichtem Auf und Ab um die Südseite des Müllnerbergs. Immer wieder sind vereinzelte Stellen mit Seilen versichert (meist A, einmal A/B). Nach 30 Min. (1150 m) erreicht man den Abzweig zum Gipfel (nach Norden würde es nach Bad Reichenhall gehen) und steigt in den Sattel (etwas FT 1-) zwischen Pflasterbachhörndl (1270 m) und Rabenstein (1373 m) auf. Kurz darauf steht man nach links wendend vor dem Gipfelkreuz, welches sich eigentlich zwischen den beiden genannten Hauptgipfeln befindet. Das Müllnerhörndl (1253 m) würde noch weiter nördlich liegen. *GPS: N47.69432 E12.81851*

Abstieg: 2,5 Std.; 700 Hm. Wie Aufstieg.

Hinweise, Tipps: Man kann auch vom Paul-Gruber-Haus direkt nach Schneizlreuth absteigen (1 - 1,5 Std.).

Dötzenkopf, 1001 m

A-g-8 Dötzenkopf - gesicherter Steig A 85 Hm

Wer eine schöne und schnell erreichbare Aussicht auf Bad Reichenhall und den Staufen wünscht, der kann diese Tour zum Ein- oder Auslaufen unternehmen. Die Sicherungen sind jedoch nur spärlich, dafür findet man umso mehr Bänke unterwegs.

Beste Jahreszeit: April - Oktober.

Zeitaufwand / Weglänge gesamt: 2,5 - 3 Std. / 595 Hm / 7,9 km

Besondere Gefahren: keine.

Karten: Kompass 14 "Berchtesgadener Land - Chiemgauer Alpen" (1:50'); AV BY 20 "Lattengebirge - Reiteralm" (1:25')

Talort / Ausgangspunkt: Bad Reichenhall / Parkplatz Festwiese Bad Reichenhall (480 m).

GPS: N47.71723 E12.87462

Stützpunkt: keiner.

Anreise: Von der A8 (München - Salzburg, Ausfahrt Bad Reichenhall) über die B20 nach Bad Reichenhall (6,9 km). Bei der Brücke über die Saalach noch ca. 800 m in Richtung Lofer (B21). Der Parkplatz (Festspielwiese) befindet sich am Fuße des Predigtstuhls.

Gesamter Wegverlauf: Zustieg: 1 - 1,5 Std.; 510 Hm. Direkt am Waldrand beginnt der gemütliche Wanderweg (Schilder mit km-Angaben), der über die Stationen Bildstöckl (schöne Aussicht), Spechtenalm (aufgegebene Alm) und Thürmereck bis zur Wegteilung Spechtenköpfe - Dötzenkopf führt (987 m; 1 - 1,5 Std.). Man sieht den Dötzenkopf schon links auf gleicher Höhe.

Steigverlauf: 30 Min.; 85 Hm (zzgl. 70 Hm Abstieg). Der Weg wird schmaler und führt in einer kleinen Schlucht teils gesichert (A) und über Stege weiter, dann in Serpentinen bis auf 1043 m. Ab hier aussichtsreich über Bänder und dann über kleinschottrige Kehren (teils A) unter den Dötzenkopf, den man mit seinem Gipfelkreuz und den Bänken rasch erreicht hat (1001 m). *GPS: N47.70710 E12.88424*

Abstieg: 45 Min.; 520 Hm. Über anfangs steile Serpentinen hinab, bis sich der Weg nach Westen wendet und man bald auf den Zustiegsweg (Stadtkanzel) gelangt. Auf diesem zurück zum Parkplatz (45 Min.).

Hinweise, Tipps: Man kann auch vom Dötzenkopf kurz zurück gehen und über die Spechtenköpfe zum Predigtstuhl weitergehen (Trittsicherheit; 1,5 Std.).

***Predigtstuhl**, 1613 m*

A-g-9 **Waxriessteig** *A/B* *210 Hm Abstieg*

Von Bad Reichenhall fährt man mit der schon 1927/28 gebauten Seilbahn auf den aussichtsreichen Predigtstuhl. Wer später lieber absteigen möchte anstatt die Bahn zu nehmen und sich trittsicher genug fühlt, der kann einmal den *Waxriessteig* benutzen, der durch die steilen Nordwiesenhänge nach unten führt. Einige Passagen wurden hier mittels Seilsicherungen und zahlreichen Holztritten entschärft.

Beste Jahreszeit: Mai - Oktober.
Zeitaufwand / Weglänge gesamt: 2,5 - 3 Std. / 1105 Hm Abstieg / 7,2 km
Besondere Gefahren: bei Nässe sind die Holzstufen sehr schmierig.
Karten: Kompass 14 "Berchtesgadener Land - Chiemgauer Alpen" (1:50'); AV BY 20 "Lattengebirge - Reiteralm" (1:25')
Talort / Ausgangspunkt: Bad Reichenhall / Bergstation der Predigtstuhlbahn (1583 m) / *GPS: N47.69774 E12.87751*
Stützpunkt: **Bergstation der Predigtstuhlbahn** (1583 m).
Anreise: Von der A8 (München - Salzburg, Ausfahrt Bad Reichenhall) über die B20 nach Bad Reichenhall und dort zur ausgeschilderten Talstation der Predigtstuhlbahn(7,5 km; Parkplatz kostenpflichtig).
Gesamter Wegverlauf: **Zustieg:** 45 Min.; 310 Hm Abstieg. Von der Bergstation ganz kurz in Richtung "Haus Schlegelmulde" gehen, dann aber beim alten Sessellift den Beschilderungen "Waxries" folgen. Erst über den steilen Wiesenhang bergauf, dann durch Wald zur Oberen Schlegelalm (1427 m; 20 Min.). Nun weiter zur unteren Schlegelalm (1318 m; 10 Min.) und ein kurzes Stück auf der Forststraße. In der ersten Kehre (1278 m; 5 Min.) in den Wald, und kurz darauf steht man am ersten Holzsteg (1271 m).
Steigverlauf: 30 Min.; 210 Hm Abstieg. Nach dem ersten Steg (A) weiter in den Wald und über ein Grasband (A) zu einer kleinen Schulter. Ab hier schlängelt sich der Weg immer wieder durch den Wald, folgt den steilen Wiesenabhängen bergab, ist teils versichert (meist A, einmal A/B) und verfügt über viele Holzstufen. Nach einem letzten Grasstück (A; 1100 m) beginnt der steile und über unzählige kleine Serpentinen führende Abstieg. Meist durch lichten Wald. Auch hier immer wieder Holzstufen. Bei 1063 m befindet sich die letzte Sicherung (30 Min.). *GPS: N47.69717 E12.86685*
Abstieg: 1 - 1,5 Std.; 585 Hm. Ein Ende der Serpentinen ist erst bei 815 m erreicht. Nun nach Nordosten nicht mehr so steil hinab. An einem Drahtzaun nach links, bis man letztendlich die Straße erreicht (509 m; 45 Min.). Diese überquert man und wandert entlang der Saalach ca. 2 km zurück zur Talstation.

Hinweise, Tipps: Wenn man auf der Festspielwiese parkt (wo man auf dem Rückweg sowieso vorbeikommt), spart man sich die Parkgebühr. Man sollte sich auch einen kurzen Abstecher auf den Predigtstuhl (1613 m; 15 Min.) nicht entgehen lassen. Die unzähligen Serpentinen gehen enorm in die Knie. Auch im Aufstieg ein sehr mühseliger Weg. Man kann ab der Oberen Schlegelalm über den "Moosensteig" weitergehen. Auf dem Weg zur Moosenalm (2 Std.) noch ein paar Stege und leichte Sicherungen (A).

A-g-10 Thomas-Eder-Steig A/B leicht

Steig	Steig	Zustieg	Abstieg	Expos.	Fun	Sich.	Anford.
30 Min.	130 Hm	3,5 Std.	3-4,5 Std.	SO	★★ mäßig	☆☆☆ gut	mäßig

Schwierigkeit: leicht; leichte gesicherte Stellen, teils durch Tunnel, einige Holz- und Metallstiegen
Gesamtanforderung: mäßig
Bes. Gefahren: keine
Beste Jahreszeit: Mai - Oktober

Zeiten / Höhenunterschiede:
Zustieg: 3,5 Std. / 1045 Hm
Klettersteig: 30 Min. (+ 1 Std. Gipfelanstieg) / 130 Hm (+ 220 Hm Gipfelanstieg)
Abstieg: 3 - 4,5 Std. / 1395 Hm - 1660 Hm
Höhenunterschied gesamt: bis 1660 Hm
Zeitaufwand gesamt: 8 - 9,5 Std.
Weglänge gesamt: 16,2 - 18,7 km

Exposition: Südost
Sicherungen: gut; Seilsicherungen, Holz- und Metallstiegen
Funfaktor: mäßig
Gestein: Kalk
Flucht- / Abbruchmögl.: keine
Orientierung / Markierung: sehr gut
Anfänger-Eignung: ja (aber lang)

Ausrüstung: Klettersteigset, Helm, mittelfeste Bergschuhe
Errichtung / Betreuung: 1934/35 / Untersbergbahn (www.untersbergbahn.at; untersbergbahn@aon.at)
Karte: Kompass 14 "Berchtesgadener Land - Chiemgauer Alpen" (1:50'), AV BY 22 "Berchtesgaden - Untersberg" (1:25')
Kartenausschnitt siehe Seite 238

Anforderungsprofil

Kondition:	4
Armkraft:	1
Technik:	1
Mut, Psyche:	2
Bergerfahrung:	2

1 niedrig 2 mäßig 3 mittel 4 hoch 5 extrem

Charakteristik: Die Schellenberger Eishöhle ist die einzige und größte erschlossene Eisschauhöhle Deutschlands. Aber auch der Thomas-Eder-Steig in die Mittagsscharte vermittelt schöne Einblicke in die bergmännische Kunst. Und nicht zuletzt wartet der Salzburger Hochthron mit einem tollen Panorama. Alles Gründe, diese tagesfüllende Tour auf jeden Fall anzugehen. Und wer nach diesen ganzen Erlebnissen vor dem letzten Abstieg noch einmal verschnaufen möchte, kann in der gemütlichen Toni-Lenz-Hütte einkehren und die Aussicht ins Tal genießen. Der Steig wurde 1934/35 teils bergmännisch angelegt und führt durch mehrere kleine Tunnel und über ca. 450 teils in den Fels geschlagene Stufen.

Blick vom Salzburger zum Berchtesgadener Hochthron

g Berchtesg. Alpen *Salzburger Hochthron, 1852 m*

Die letzten Stiegen kurz vor der Mittagsscharte

Talort: Marktschellenberg.

Ausgangspunkt: Parkplatz am alten Paßthurm / Mauthaus (469 m).

GPS Parkplatz: N47.70492 E13.03880

Stützpunkt: **Toni-Lenz-Hütte** (1438 m; www.toni-lenz-huette.de; Tel. +43-681-10270291; info@toni-lenz-huette.de); **Geiereck Bergstation** (1804 m).

Anreise: Von der A10 (Salzburg - Hallein, Ausfahrt Salzburg Süd) über die B305 und B160 in Richtung Marktschellenberg. Nach 4 km ab Autobahn gelangt man beim alten Paßthurm zum links liegenden Parkplatz.

Zustieg: **3,5 Std.** Über den Wanderweg 463 anfangs über Forststraßen, später Wanderwege zur Mitterkaser-Diensthütte (1079 m). Hier nun etwas steiler zur bald sichtbaren Toni-Lenz-Hütte (1438 m; 3 Std.). Nun bestens ausgeschildert in Richtung Mittagsscharte, vorbei am Abzweig zur Schellenberger Eishöhle (1520 m) zur ersten Sicherung (1509 m; 30 Min.). Beeindruckt sieht man von hier schon die folgende Steig-Tunnel-Kombination.

GPS Einstieg: N47.71195 E13.00289

Steigverlauf: Leicht über in Fels geschlagene Stufen und Bänder (A) in den ersten Tunnel. Vorbei an einer Gedenktafel erreicht man die ersten Holzstiegen (A/B), die teils steil nach oben führen. Immer wieder wechseln Tunnel und Tageslicht ab. Zuletzt steigt man über eine Metallstiege mit Kehre (A) mit tollem

g Berchtesg. Alpen *Salzburger Hochthron, 1852 m*

Ausblick nach Osten in die Mittagsscharte, wo die Sicherungen enden (1637 m). Kurz darauf gabeln sich die Wege mehrfach (1677 m), und man wendet sich nach rechts dem Salzburger Hochthron zu (Weg 417). Den aussichtsreichen Gipfel erreicht man nach anfangs steilem, später gemächlich steigendem und durch Latschen führenden Weg (1853 m; 1 Std.).

Abstieg: 3 - 4,5 Std. a) auf dem gleichen Weg (3 Std.); **b)** als Umrundung über den oberen Teil des *Dopplersteiges* (A-g-11; 4,5 Std.); **c)** mit der Seilbahn nach Gartenau und zurück an der Straße zum Parkplatz (45 Min.).

■ **Tipps:** Wenn man schon mal hier oben ist, sollte man auf alle Fälle eine Führung in die berühmte Schellenberger Eishöhle mitmachen (Infos unter www.eishoehle.net).

■ **Hinweise:** Sollte man die gesamte Umrundung machen, beträgt die Gesamtleistung 9,5 Std., 1660 Hm und 18,7 km.

■ **Klettersteige zu verbinden:** Dopplersteig (A-g-11)

A-g-11 Dopplersteig - Übergang Schellenbergsattel *A/B*

leicht

Steig	Steig	Zustieg	Abstieg	Expos.	Fun	Sich.	Anford.
20 Min.	80 Hm	6 Std.	3 Std.	SO	★★ mäßig	☆☆ mäßig	mäßig

Schwierigkeit: leicht; meist steile Holzstiegen mit Seilsicherung
Gesamtanforderung: mäßig
Bes. Gefahren: bei Nässe sind die Holzstiegen und Felsstufen sehr rutschig!
Beste Jahreszeit: Mai - Oktober

Zeiten / Höhenunterschiede:
Zustieg: 6 Std. / 1395 Hm (zzgl. 450 Hm Abstieg)
Klettersteig: 20 Min. / 80 Hm (Abstieg)
Abstieg: 3 Std. / 1130 Hm (zzgl. 265 Hm Gegenanstieg)
Höhenunterschied gesamt: 1660 Hm
Zeitaufwand gesamt: 9,5 Std.
Weglänge gesamt: 18,7 km

Exposition: Südost
Sicherungen: ausreichend; steile Holzstiegen, Drahtseile
Funfaktor: mäßig
Gestein: Kalk
Flucht- / Abbruchmögl.: keine
Orientierung / Markierung: sehr gut
Anfänger-Eignung: ja (aber sehr lang)

Ausrüstung: Klettersteigset, Helm, mittelfeste Bergschuhe
Errichtung / Betreuung: 1876 / Untersbergbahn (www.untersbergbahn.at; untersbergbahn@aon.at)
Karte: Kompass 14 "Berchtesgadener Land - Chiemgauer Alpen" (1:50'); AV BY 22 "Berchtesgaden - Untersberg" (1:25')

Anforderungsprofil

Kondition:	4
Armkraft:	1
Technik:	1
Mut, Psyche:	3
Bergerfahrung:	2

1 niedrig 2 mäßig 3 mittel 4 hoch 5 extrem

Charakteristik: Eigentlich gehört der *Dopplersteig* nicht in einen deutschen Klettersteigführer, da sich dieser zur Gänze in Österreich befindet. Da er sich aber im oberen Teil ideal mit dem *Thomas-Eder-Steig* (A-g-10) zu einer Salzburger Hochthron-Umrundung eignet, wird hier nur dieser Teil des Steiges beschrieben. Auch thematisch und von der Anlage passen beide Steige bestens zusammen. Eine prima Kombination mit tollen Eindrücken!
Der Steig wurde schon 1876 eröffnet und führt über ca. 400 in den Fels geschlagene Stufen teils luftig nach unten. Ebenfalls sehr bergmännisch angelegt.

Blick vom Salzburger Hochthron zum Geiereck

g Berchtesgadener Alpen *Schellenbergsattel, 1437 m*

Talort: Marktschellenberg.

Ausgangspunkt: Parkplatz am alten Paßthurm / Mauthaus (469 m).

GPS Parkplatz: N47.70492 E13.03880

Stützpunkt: **Toni-Lenz-Hütte** (1438 m; www.toni-lenz-huette.de; Tel. +43-681-10270291; info@toni-lenz-huette.de); **Geiereck Bergstation** (1804 m), **Zeppezauer Haus** (1664 m; www.zeppezauerhaus.at; Tel. 0175-2020692; servus@zeppezauerhaus.at).

Anreise: Von der A10 (Salzburg - Hallein, Ausfahrt Salzburg Süd) über die B305 und B160 in Richtung Marktschellenberg. Nach 4 km ab Autobahn gelangt man beim alten Paßthurm zum links liegenden Parkplatz.

Zustieg: **6 Std. a)** Über den Thomas-Eder-Steig zum Salzburger Hochthron (5 Std.); **b)** mit dem Lift zur Bergstation Geiereck (später Rückmarsch an der Straße zur Talstation; 30 Min.). Vom Salzburger Hochthron nach Norden (Weg 417) an der Geiereck Bergstation (1805 m) und dem Zeppezauer Haus (1664 m) vorbei, bis zu einer Wegteilung (1410 m). Hier führt der "Reitweg" nach Norden ins Tal (Glanegg). Man wendet sich nach rechts (Weg 460) und erreicht nach wenigen Minuten den oberen Einstieg des Dopplersteiges (1400 m; 1 Std.).

GPS Einstieg: N47.72645 E13.01008

Steigverlauf: In steilen Kehren führen Holzstiegen mit Seilsicherung (A und A/B) nach unten. Dann wendet sich der Steig ganz den steilen Wänden des Geierecks zu und führt in ausgeschlagenen Stufen direkt an der Felswand (A/B) entlang weiter hinab. Teils ausgesetzt und luftig erreicht man rasch den Kessel des Rosittenbachs und das Ende der Sicherungen (1320 m; 20 Min.; Abzweig nach Norden ins Tal).

Abstieg: **3 Std.** In einigen Serpentinen nun wieder in den Schellenbergsattel ansteigend (1437 m; eine Stelle A). Hier anfangs recht steil, dann gemächlicher und teilweise durch Wald hinab, bis bei 1280 m der tiefste Punkt erreicht ist. Noch einmal muss man ziemlich steil zur Toni-Lenz-Hütte aufsteigen (1438 m; 1,5 Std.; zuletzt eine Stelle A). Auf bekanntem Weg (siehe A-g-10) zurück zum Parkplatz (1,5 Std.).

Im unteren Teil des Dopplersteiges

- **Tipps:** Siehe A-g-10
- **Hinweise:** Bei Nässe ist der Dopplersteig im Abstieg kein Vergnügen!
- **Klettersteige zu verbinden:** Thomas-Eder-Steig (A-g-10)

A-g-12 Hochthron Klettersteig D

sehr schwierig

Steig	Steig	Zustieg	Abstieg	Expos.	Fun	Sich.	Anford.
2 Std.	410 Hm	2,5-3 Std.	3 Std.	O	super	super	hoch

Schwierigkeit: sehr schwierig; meist B/C und C/D, einmal D; mit Zustieg eine doch anstrengende Sache; da wenig Gehpassagen vorhanden sind, bleibt die Anforderung konstant hoch
Gesamtanforderung: hoch
Bes. Gefahren: teils Altschnee im Zustieg und einer Rinne; Steinschlag ab Wandmitte
Beste Jahreszeit: Mai - Oktober

Zeiten / Höhenunterschiede:
Zustieg: 2,5 - 3 Std. / 755 Hm
Klettersteig: 2 Std. / 410 Hm
Abstieg: 3 Std. / 1165 Hm
Höhenunterschied gesamt: 1165 Hm
Zeitaufwand gesamt: 7,5 - 8 Std.
Weglänge gesamt: 12,8 km

Exposition: Ost
Sicherungen: sehr gut; Stahlseil, viele Bügel
Funfaktor: super
Gestein: Kalk
Flucht- / Abbruchmögl.: keine
Orientierung / Markierung: sehr gut
Anfänger-Eignung: nein

Ausrüstung: Klettersteigset, Helm, mittelfeste Bergschuhe od. Kletterschuhe
Errichtung / Betreuung: DAV Sektion Berchtesgaden und Bergwacht Marktschellenberg (www.dav-berchtesgaden.de) Juli 2007
Karte: Kompass 14 "Berchtesgadener Land - Chiemgauer Alpen" (1:50'); AV BY 22 "Berchtesgaden - Untersberg"
Kartenausschnitt siehe Seite 245

Anforderungsprofil

Kondition:	4
Armkraft:	4
Technik:	3
Mut, Psyche:	3
Bergerfahrung:	3

1 niedrig 2 mäßig 3 mittel 4 hoch 5 extrem

Charakteristik: Nach dem *Pidinger* ist den Erbauern hier ein weiterer wirklich schöner Klettersteig gelungen. Zwar nicht so lang und schwer wie der große Bruder im Westen, aber bestechend durch die schöne und homogene Routenführung. Zudem fester Kalk, tolle Sicherungen, wunderbare Ausblicke... Klettersteigherz, was willst Du mehr! Sicherlich eine der Genusstouren in diesem Führer. Allerdings sollte man schon eine gewisse Kondition und Erfahrung haben, um diesen Steig unbeschwert genießen zu können. Wer aber oben steht, wird mit einem fulminanten Panorama überrascht, das nicht zuletzt durch den König Watzmann dominiert wird.

Berchtesgadener Hochthron Klettersteig D

Die einzelnen Steigabschnitte sind mit Tafeln bezeichnet

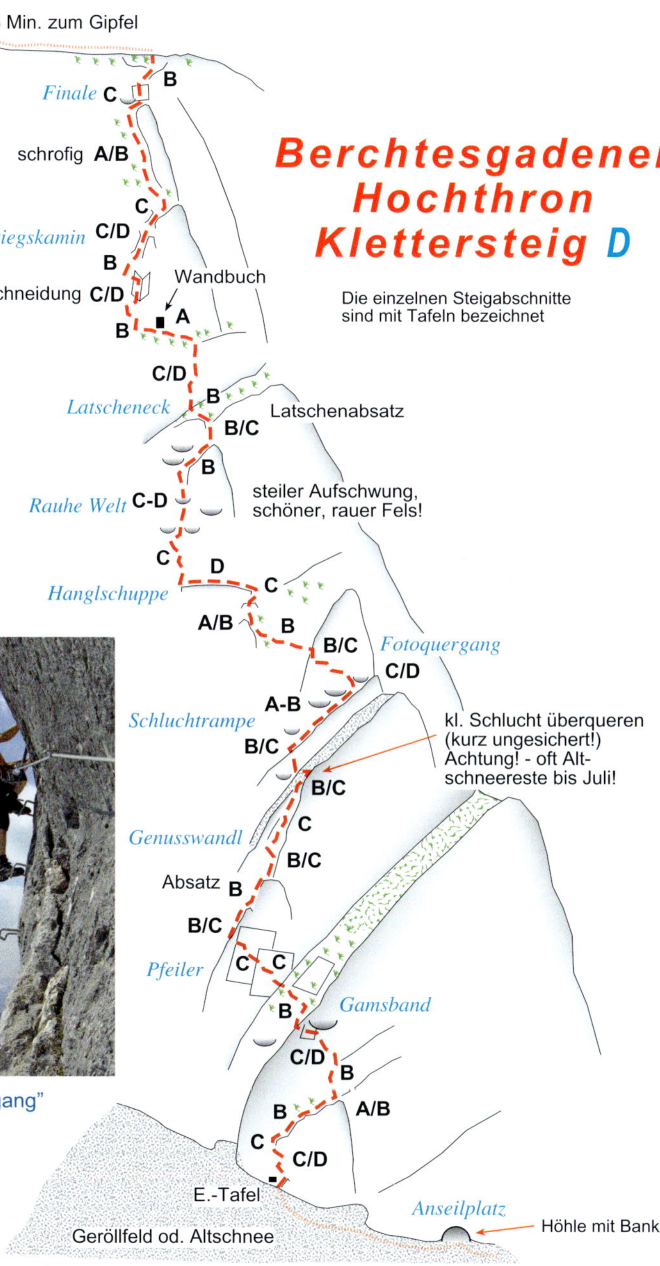

Der “Fotoquergang”

g Berchtesg. Alpen Berchtesgadener Hochthron, 1972 m

Talort: Marktschellenberg.

Ausgangspunkt: Parkplatz Ettenberg (813 m).

GPS Parkplatz: N47.68223 E13.01322

Stützpunkt: **Scheibenkaser** (1430 m; nicht immer bewirtschaftet); **Stöhrhaus** (1894 m; Tel. 08652-7233).

Anreise: Von der A10 (Ausfahrt "Salzburg-Süd") über die B305 nach Marktschellenberg (5,2 km). Dort den Hinweisen nach rechts über teils recht kleine Straßen in Richtung "Hinterettenberg" folgen. Nach 4,7 km erreicht man den gut ausgeschilderten Parkplatz (Infotafel Klettersteig).

Zustieg: **2,5 - 3 Std.** Anfangs über die Schotterstraße, dann durch den Wald (Weg 466) zur kleinen Hütte Scheibenkaser (1430 m; 1,5 Std.). Hier nach rechts erst querend und dann über Schotter zum Wandfuß mit der deutlich sichtbaren Höhle, wo man normalerweise die Ausrüstung anzieht (45 Min.). Der eigentliche Einstieg ist hier nicht mehr weit (5 Min.; 1565 m).

GPS Einstieg: N47.69386 E12.98982

Steigverlauf: Schön im Zick-Zack aufwärts (Details siehe Topo), wobei die einzelnen Wandteile mittels Tafeln angegeben sind. Highlights sind sicherlich der "Pfeiler" und vor allem der "Fotoquergang" (im Hintergrund der Watzmann). Vor dem Quergang befindet sich eine meist mit Altschnee gefüllte Rinne (Traversierung ohne Seil; bei Schnee heikel!). Anregend über festen Kalk und Bügel (teils ausgesetzt) weiter zur "Hangelschuppe" (Schlüsselstelle; D). Der Rest ist zwar nicht mehr so schwer, aber man spürt langsam die Gesamtlänge. Etwas nördlich des Gipfels erreicht man den Latschenausstieg und bummelt zum nahen Gipfelkreuz (1972 m). Herrliches Panorama!

Abstieg: **3 Std.** Vom Gipfel in wenigen Minuten hinab zum sichtbaren Stöhrhaus (1894 m; 10 Min.). Hier weiter nach Süden (Weg 417) zum Leiterl (Scharte; 1629 m). Kurz darauf biegt nach links der Abzweig zum Scheibenkaser ab (30 Min.). Meist abwärts, aber mit einigen Gegenanstiegen quert man lang zur kleinen Hütte (1 Std.) und ab hier auf dem bekannten Weg zurück zum Auto (1 Std.). Alternativ könnte man auch über den *Mittagslochsteig* zurück zum Scheibenkaser gelangen (A-g-13; gleiche Zeit).

Der Einstieg zum "Pfeiler"

- **Tipps:** Im Sommer sehr heiß! Früh starten, da auch stark frequentiert.
- **Hinweise:** Im Frühjahr oft Probleme durch Altschnee (Zustieg und Rinne vor dem "Fotoquergang"; zudem Gefahr durch abbrechende Wechten im Ausstiegsbereich). Nicht über den Steig absteigen und im Abstieg nur die markierten Wege benutzen (Schonung der Natur!).
- **Klettersteige zu verbinden:** Mittagslochsteig (A-g-13)

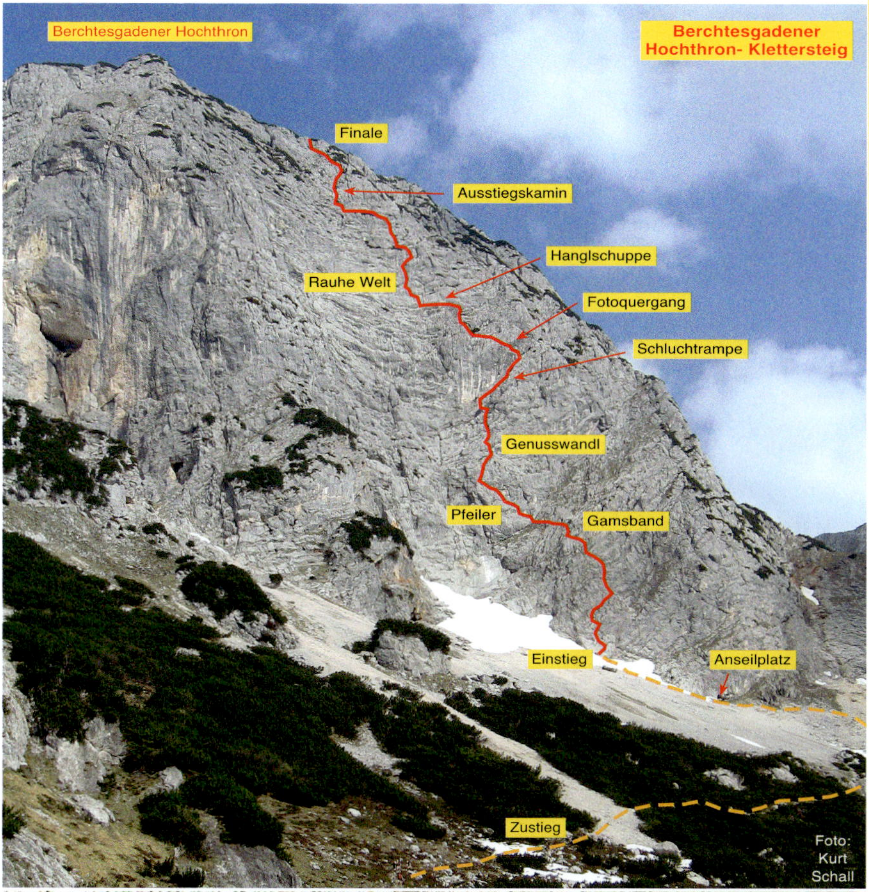
Berchtesgadener Hochthron
Berchtesgadener Hochthron- Klettersteig
Finale
Ausstiegskamin
Hanglschuppe
Rauhe Welt
Fotoquergang
Schluchtrampe
Genusswandl
Pfeiler
Gamsband
Einstieg
Anseilplatz
Zustieg
Foto: Kurt Schall

Berchtesgadener Hochthron
Berchtesgadener Hochthron-Klettersteig
Goldbrunnen
Stöhrhaus
1972
A-g-12
A-g-13
Zehnkaser
Feuerbichel
Leiterl
Scheibenkaser
Hochkampschneid
Silberkopf
Kargraben
Rothmann-mühle
Hinter-rossböden
Steinmaisbrunnen
Oberkaser (verf.)
Reisenkaser Diensthütte
Reisenkaser
Bannkopf
Auergrabenhütte
Scheberer
Lehengut
854
Neuhäusl
Ludlgraben
466
464
463

A-g-13 Mittagslochsteig B,1+

mäßig schwierig

Steig	Steig	Zustieg	Abstieg	Expos.	Fun	Sich.	Anford.
30 Min.	170 Hm	4-5 Std.	2 Std.	O	★★ mäßig	☆☆ mäßig	mittel

Schwierigkeit: mäßig schwierig; nicht zu schwer, aber nicht alles gesichert (max. B; teils FT 1+); kurze Leiter, einige Stahlseile durch eine kleine Höhle; teils steiles Schrofengelände
Gesamtanforderung: mittel
Bes. Gefahren: bei Nässe extrem gefährlich
Beste Jahreszeit: Mai - Oktober

Zeiten / Höhenunterschiede:
Zustieg: 4 - 5 Std. / 1080 Hm
Klettersteig: 30 Min. / 170 Hm Abstieg
Abstieg: 2 Std. / 910 Hm
Höhenunterschied gesamt: 1080 Hm
Zeitaufwand gesamt: 6,5 - 7 Std.
Weglänge gesamt: 10,2 km

Exposition: Ost
Sicherungen: mäßig; Leiter, Seile, ungesicherte Stellen (bis FT 1+)
Funfaktor: mäßig
Gestein: Kalk
Flucht- / Abbruchmögl.: keine
Orientierung / Markierung: geht so
Anfänger-Eignung: nein

Ausrüstung: Klettersteigset, Helm, mittelfeste Bergschuhe od. Kletterschuhe
Errichtung / Betreuung, Karte: wie A-g-12
Kartenausschnitt siehe Seite 245

Anforderungsprofil

Kondition:	4
Armkraft:	2
Technik:	2
Mut, Psyche:	3
Bergerfahrung:	3

1 niedrig 2 mäßig 3 mittel 4 hoch 5 extrem

Charakteristik: Der Steig durch das Mittagsloch wäre zwar durchaus ein eigener Zustieg zum Berchtesgadener Hochthron, allerdings wählen die meisten Bergsteiger entweder den Normalweg über das Leiterl oder den neuen Klettersteig, um zum Gipfel bzw. zum Stöhrhaus zu kommen. So wird der Steig meist gerne als Abstiegsvariante nach dem Klettersteig gewählt. Da allerdings nur einige Stellen gesichert sind und der Rest als heikel einzustufen ist, darf dieser Steig auf keinen Fall unterschätzt werden. Kein Klettersteig im klassischen Sinn, ist er nur etwas für erfahrene und trittsichere Bergsteiger. Die Beschreibung hier erfolgt daher auch im Abstieg.

Talort, Ausgangspunkt, Stützpunkt, Anreise: Wie A-g-12.

Zustieg: **4 - 5 Std.** Siehe *Hochthron Klettersteig* (A-g-12) bzw. ab dem Scheibenkaser nach links und über das Leiterl zum Stöhrhaus (etwas kürzer). Etwas unterhalb des Stöhrhauses liegt links (im Sinne des Aufstiegs) zwischen Latschen versteckt der Einstieg in das enge Mittagsloch (Leiter; 1875 m; Zustieg unmarkiert). *GPS Einstieg: N47.69289 E12.97985*

Steigverlauf: Durch die Leiter hinab in die enge Höhle (B; Taschenlampe aber nicht notwendig). Nun mal links, mal rechts an der Höhlenwand abwärts (max. A/B). Allerdings ist der Boden der Höhle teils extrem glatt und rutschig, zudem nicht alle Stellen gesichert (FT 1+)! Am Ende der Höhle leiten noch einmal einige Sicherungen rechts herunter (A/B), bis man das Ende der Seile am Wandfuß des Hochthrons erreicht (ca. 1700 m).

Abstieg: 2 Std. Teils recht steil und mühsam über Schrofen und Geröll zuerst meist querend, dann abwärts zum Scheibenkaser (1430 m; 1 Std.) und hier auf dem bekannten Weg zurück zum Auto (1 Std.).

Einstieg ins Mittagsloch

Die Sicherungen nach der Höhle

- **Tipps:** Der Normalweg über das Leiterl (Abstieg) dauert fast gleich lang und bietet die schönere Aussicht.
- **Hinweise:** Auf keinen Fall unterschätzen! Durch die ungesicherten Passagen in der Höhle und den Schrofenabstieg verlangt der Steig Konzentration, Trittsicherheit und Bergerfahrung. So sicher der andere Klettersteig auf den Gipfel ist, passieren hier doch immer wieder tödliche Unfälle! Bei Altschnee unmöglich, evtl. den Hüttenwirt nach dem Zustand fragen.
- **Klettersteige zu verbinden:** Hochthron Klettersteig (A-g-12)

A-g-14 Barmsteine B

mäßig schwierig

Steig	Steig	Zustieg	Abstieg	Expos.	Fun	Sich.	Anford.
30 Min.	130 Hm	10 Min.	20 Min.	W	★★ mäßig	☆☆☆ gut	mäßig

Schwierigkeit: mäßig schwierig; großteils A; B nur beim großen Barmstein
Gesamtanforderung: mäßig
Bes. Gefahren: keine
Beste Jahreszeit: Mai - Oktober

Zeiten / Höhenunterschiede:
Zustieg: 10 Min. / 30 Hm
Klettersteig: 30 Min. / 130 Hm
Abstieg: 20 Min. / 280 Hm
Höhenunterschied gesamt: 280 Hm
Zeitaufwand gesamt: 1-1,5 Std.
Weglänge gesamt: 2,3 km

Exposition: West
Sicherungen: gut; Holztreppen, Drahtseile, Eisenrohre
Funfaktor: mäßig
Gestein: Kalk
Flucht- / Abbruchmögl.: keine
Orientierung / Markierung: Wegweiser beim Zustieg; teils rote Markierungen am Steig (aber nicht notwendig).
Anfänger-Eignung: ja
Ausrüstung: Klettersteigset, Helm, mittelfeste Bergschuhe
Errichtung / Betreuung: 1885 von der DÖAV-Sektion Hallein (www.alpenverein.at/hallein; Tel. +43-664-9909324; hallein@sektion.alpenverein.at)
Karte: Kompass 14 "Berchtesgadener Land - Chiemgauer Alpen" (1:50')

Anforderungsprofil

Kondition:	2
Armkraft:	1
Technik:	1
Mut, Psyche:	2
Bergerfahrung:	2

1 niedrig 2 mäßig 3 mittel 4 hoch 5 extrem

Charakteristik: Von Hallein und der österreichischen A10 bewundern viele beim Vorbeifahren die Barmsteine. Kaum einer kommt auf die Idee, dass man sie relativ unschwer erklimmen kann. Der Steig auf den kleinen Barmstein ist eine ideale Nachmittagstour. Der Zustieg ist kurz, der Steig ebenfalls, und am Gipfel hat man eine tolle Aussicht Richtung Österreich. Wer will, kann ebenfalls den großen Barmstein besteigen. Die Sicherungen dort sind aber nur marginal.

Talort: Berchtesgaden.
Ausgangspunkt: Parkplatz "Barmsteinweg" beim Weiler Scheffau zwischen Hallein und Marktschellenberg (710 m). *GPS Parkplatz: N47.68642 E13.07501* **Stützpunkt:** keiner.

g Berchtesgadener Alpen *Barmsteine, 851 m*

Anreise: Von Berchtesgaden fährt man auf der B305 Richtung Marktschellenberg. Auf Höhe der Enzianbrennerei zweigt beim Gasthaus Bayerische Gämse die Reckensbergstraße Richtung Scheffau/Hallein ab. Dieser folgt man (später Scheffauer Staße). Nach dem Weiler "Malter" geht es links ab Richtung Neusiedeln. Man folgt dem Doffenleitenweg nach Scheffau, zweigt dort in den Götschen- und danach in den Mehlweg ab und gelangt daraufhin rechts in den Barmsteinweg, an dessen Ende sich ein großer Parkplatz bei einem Gehöft befindet (5,6 km ab Enzianbrennerei).

Zustieg: 10 Min. Vom Parkplatz einige Meter bis zum Wegweiser, dort Richtung Barmstein (durch Wald am Fuß des kleinen Barmsteins entlang), bis man nach weniger als 10 Min. den Einstieg zum kleinen Barmstein erreicht.

GPS Einstieg: N47.68925 E13.07579

Steigverlauf: Der Steig auf den kleinen Barmstein windet sich im Zickzack auf den Gipfel und ist an ausgesetzten bzw. schwierigen Stellen mit Holztreppen, Felsstufen, Drahtseilen und Eisenrohren (Handlauf) gesichert (meist A; einmal A/B; 100 Hm; 20 Min.). Auf selbem Weg steigt man wieder hinab zum Einstieg. Wer den großen Barmstein noch besteigen möchte, folgt dem entsprechenden Wegweiser. Man hält sich an der Westseite des Felsens und umquert diesen. Dann geht es abwärts bis zu einer Wegverzweigung, an der auch der Steig von Kaltenhausen herauf kommt. Hier rechts gehen und fast eben zum Einstieg, an dem sich auch die einzige gesicherte Stelle befindet: ein ca. 20 m langes Drahtseil (anfangs B, dann A) leitet direkt auf den Nordgrat. Dort ist absolute Trittsicherheit und Schwindelfreiheit erforderlich. Teilweise sehr steil führt der Weg weiter zum Gipfel (Aufstieg 120 Hm; 30 Min.).

Abstieg: 20 Min. Wie Aufstieg.

■ **Tipps:** Interessant ist auch das Keltendorf, ein Freilichtmuseum bei Bad Dürrnberg. Auch die Enzianbrennerei ist einen Besuch wert.

g Berchtesgadener Alpen

Almbachklamm, *660 m*

A-g-15 Almbachklamm A *140 Hm*

Die *Almbachklamm* und die am Eingang liegende Kugelmühle stehen auf dem Plan eines jeden Besuchers dieser Gegend. Während das rauschende Flüsschen früher zur Holzdrift verwendet wurde, wurden über eine spezielle Mühle Steine durch die Wasserkraft in eine Kugelform "gemahlen". Derartige Steine kann man heute am Kiosk noch kaufen.

Beste Jahreszeit: Mai - Oktober.
Zeitaufwand / Weglänge gesamt: 1,5 Std. / 170 Hm / 7 km
Besondere Gefahren: keine.
Karten: Kompass 14 "Berchtesgadener Land - Chiemgauer Alpen" (1:50')
Talort / Ausgangspunkt: Berchtesgaden / Parkplatz beim Gasthaus Kugelmühle (480 m) / *GPS: N47.67029 E13.03112*
Stützpunkt: **Gasthaus Kugelmühle** (www.gasthaus-kugelmuehle.de; Tel. 08650-461).
Anreise: Von Berchtesgaden fährt man auf der B305 Richtung Marktschellenberg. Nach der Enzianbrennerei und nach dem Gasthaus Almbachklamm geht es über die Brücke (beschildert) und dann nach links bis zum Parkplatz (2,6 km ab Enzianbrennerei).

Der 1,66 m hohe Tunnel

Die historische Kugelmühle am Klammeingang

Gesamter Wegverlauf: **Zustieg:** 10 Min.; 30 Hm. Vom Parkplatz entlang der Kugelmühle zum Kassenhäuschen. Dann dem Wanderweg folgen bis zum "Einstieg" (Brücke).
Steigverlauf: 30 Min.; 140 Hm. Die Klamm windet sich mal links, mal rechts am Felshang entlang durch die steile Schlucht. Dabei bieten sich immer wieder imposante Tiefblicke auf das teilweise reißende Wasser. Die "Schlüsselstelle" ist das Durchqueren eines zwar kurzen, aber unbeleuchteten und nur ca. 1,66 m hohen Tunnels. Danach führt die Klamm weiter bis zu einem Wasserfall. Ab hier ist die eigentliche Klamm zu Ende, und man könnte theoretisch den Rückweg antreten. *GPS: N47.66947 E13.02666*

g Berchtesgadener Alpen

Abstieg: 40 Min.; 170 Hm. Für den Abstieg bieten sich mehrere Optionen. Am einfachsten nimmt man den selben Weg zurück (40 Min.). Alternativ kann man kurz vor dem Wasserfall den Abzweig hinauf nach Ettenberg wählen. Von der Kapelle dort gelangt man über die Fortführung des Pfades wieder hinab zum Parkplatz (ca. 1,5 Std.). Wer noch etwas Zeit übrig hat, kann dem Klammweg auch noch weiter folgen. Die Schlucht wird nun offener und man gelangt nach einigen weiteren Brücken an die "Theresienklause", eine ehemalige Staumauer. Wer noch weiter geht, kann über Hintergern aufsteigen und von dort dann über einen bequemen Waldweg wieder zurück zum Parkplatz gelangen (ca. 2 Std.).

Hinweise, Tipps: Die Klamm ist über die Wintermonate geschlossen. Das über die Klamm gedriftete Holz diente vor allem der Befeuerung der Salinen in Berchtesgaden und Marktschellenberg.

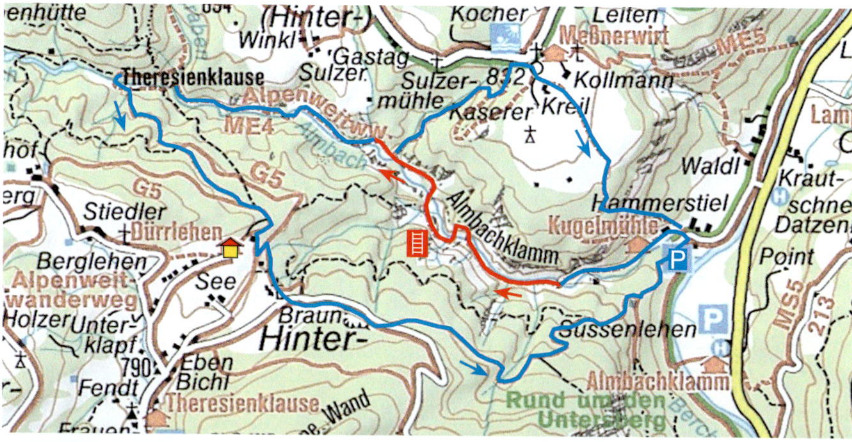

Links: in der Klamm
Rechts: am Beginn der Klamm

A-g-16 Mayrbergscharte Klettersteig C

schwierig

Steig	Steig	Zustieg	Abstieg	Expos.	Fun	Sich.	Anford.
30 Min.	135 Hm	3 Std.	3,5 Std.	O	★★★ schön	☆☆☆☆ super	mittel

Schwierigkeit: schwierig; in der unteren Hälfte abwechselnd B/C und A/B, in der oberen Hälfte durchgehend A/B; Schlüsselstelle nach einem Viertel des Steiges C
Gesamtanforderung: mittel
Bes. Gefahren: keine
Beste Jahreszeit: Juni - Oktober

Zeiten / Höhenunterschiede:
Zustieg: 3 Std. / 1045 Hm
Klettersteig: 30 Min. / 135 Hm
Abstieg: 3,5 Std. / 1295 Hm
Höhenunterschied gesamt: 1220 Hm
Zeitaufwand gesamt: 7 Std.
Weglänge gesamt: 11,5 km

Exposition: Ost
Sicherungen: sehr gut, Stahlseil, viele Bügel, im *Schaflsteig* eine Holzleiter
Funfaktor: schön
Gestein: Dolomit
Flucht- / Abbruchmögl.: keine
Orientierung / Markierung: sehr gut; rot-weiße Markierungen
Anfänger-Eignung: nein, zu viele Höhenmeter

Ausrüstung: Klettersteigset, Helm, mittelfeste Bergschuhe od. Kletterschuhe
Errichtung / Betreuung: ÖAV Lofer (www.alpenverein.at/lofer; Tel. +43-6589-4561)
Karte: Kompass 14 "Berchtesgadener Land - Chiemgauer Alpen" (1:50')
Kartenausschnitt siehe Seite 254

Anforderungsprofil

Kondition:	3
Armkraft:	3
Technik:	2
Mut, Psyche:	3
Bergerfahrung:	3

1 niedrig 2 mäßig 3 mittel 4 hoch 5 extrem

Charakteristik: Dolomit! Wem glänzen bei der Erwähnung dieses Gesteins nicht die Äuglein? Was viele nicht wissen: man muss dazu nicht nach Südtirol fahren. Auch Deutschland weist einige Dolomit-Gipfel auf. Und besonders beim Aufstieg über den *Schaflsteig* wähnt man sich tatsächlich mitten in den Dolomiten, so schroff sind die auftürmenden Wände des Mühlsturzhorns. Der Klettersteig auf die Mayrbergscharte folgt denn auch einer völlig logischen Route im Fels, nur an den schwierigsten Stellen durch Stahlbügel entschärft und mit einigen leichten ungesicherten Kletterpassagen. Ein „Dolomitenklettersteig" in Deutschland.

An der Schlüsselstelle

Talort: Berchtesgaden.

Ausgangspunkt: Nationalpark-Info Engert-Alm (956 m).

GPS Parkplatz: N47.59866 E12.84268

Stützpunkt: keiner.

Anreise: Ab Berchtesgaden fährt man erst auf der B305, später auf einer kleineren Straße zum Hintersee. Am Ende des Hintersees gelangt man zum Nationalpark-Infozentrum. Dort stellt man das Auto ab. Mit dem Bus fährt man nun 10 Minuten lang ins Klausbachtal. An der Haltestelle Engertalm steigt man aus (der Fahrer lässt die Wanderer meist direkt am Ausgangspunkt raus).

Zustieg: **3 Std.** Gleich zu Beginn geht es auf dem Schaflsteig (Nr. 473) äußerst steil und schweißtreibend den Berg hoch. Und das bleibt während der folgenden 90 Minuten auch so, bis man die schroffen Felswände des Mühlsturzhorns erreicht. Eine Passage wird dabei mittels einer Holzleiter überwunden. An den Felsen angekommen beginnt das Steigen über weitläufige Geröllfelder. Man quert ansteigend unter der gewaltigen Stadelmauer bis zur Hochgscheidscharte (1750 m). Über die Scharte mit ihren eindrücklichen Felsnadeln gelangt man in die Ostflanke des Stadelhorns und quert unter den Felsen teilweise absteigend bis zum Einstieg in den Mayrbergscharte Klettersteig (2000 m).

GPS Einstieg: N47.59596 E12.79121

Beim Einstieg zum Klettersteig

g Berchtesgadener Alpen *Mayrbergscharte, 2053 m*

Steigverlauf: Der Klettersteig beginnt mit anregender Kraxelei (B) und führt über eine kurze ungesicherte Passage in die Schlüsselstelle, welche mit Stahlbügeln entschärft wurde (C). Anschließend steigt man abwechselnd über Stufen und Geröll hoch (A, B/C) und steigt über einen ausgesetzten Sims (B) auf eine Geröllterrasse. Hier geht´s nun leicht frei kletternd (FT 1) auf der Direttissima in eine Schlucht. Diese beginnt mit einer Felsstufe, die bloß mit Bügeln gesichert ist. Der weitere Verlauf in der Schlucht wartet maximal mit Schwierigkeit B auf. Kurz darauf ist die Mayrbergscharte erreicht.

Abstieg: 3,5 Std. Westlich das Wagendrischelhorn (2252 m) umgehend erreicht man auf Karstfeldern den Oberen Plattelkopf (2098 m). Man kann das Wagendrischelhorn auch auf einem *Klettersteig* (A-g-17) überschreiten. Weiter Richtung Reiter Steinberge (2051 m) und von dort über den *Böslsteig* (A-g-18) zum Hintersee absteigen.

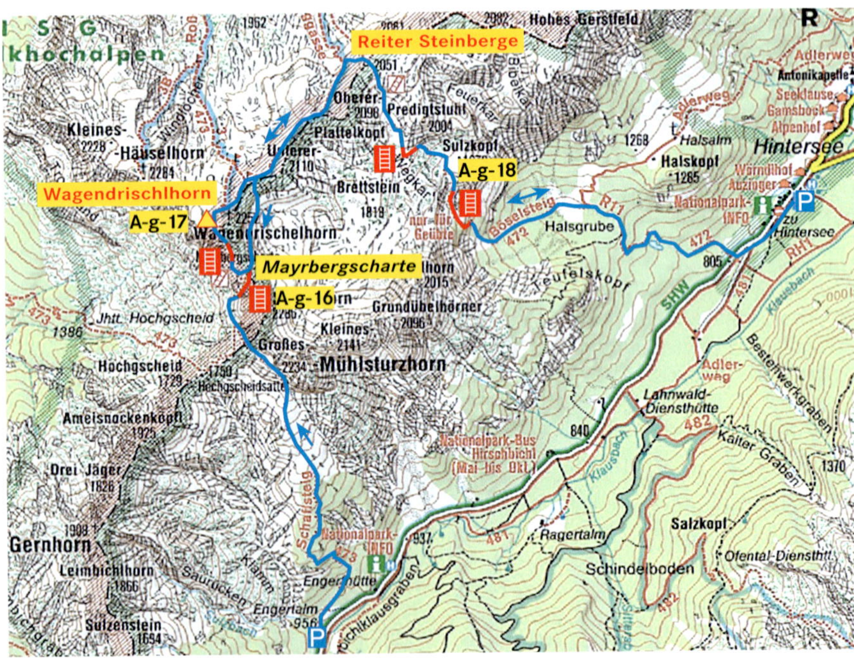

- **Hinweise:** Busfahrplan unter www.rvo-bus.de; mit der Kurkarte sind die Tickets für die Parkplätze wesentlich günstiger.
- **Klettersteige zu verbinden:** Wagendrischelhorn Klettersteig (A-g-17), Böslsteig (A-g-18)

A-g-17 Wagendrischelhorn Klettersteig C

schwierig

Steig	Steig	Zustieg	Abstieg	Expos.	Fun	Sich.	Anford.
30 Min.	110 Hm	3,5 Std.	3 Std.	S	★★★ schön	☆☆☆☆ super	mittel

Schwierigkeit: schwierig; Klettersteig durchgehend mit B bis C, Schlüsselstelle am Ausstieg, aber gut machbar
Gesamtanforderung: mittel
Bes. Gefahren: keine
Beste Jahreszeit: Juni - Oktober

Zeiten / Höhenunterschiede:
Zustieg: 3,5 Std. / 1345 Hm
Klettersteig: 30 Min. / 110 Hm
Abstieg: 3 Std. / 1065 Hm
Höhenunterschied gesamt: 1455 Hm
Zeitaufwand gesamt: 7 Std.
Weglänge gesamt: 15,5 km

Exposition: Süd
Sicherungen: sehr gut; Stahlseil
Funfaktor: schön
Gestein: Dolomit
Flucht- / Abbruchmögl.: keine
Orientierung / Markierung: gut ausgeschildert, rot-weiße Markierungen
Anfänger-Eignung: nein, zu viele Höhenmeter

Ausrüstung: Klettersteigset, Helm, mittelfeste Bergschuhe od. Kletterschuhe
Errichtung / Betreuung: DAV Berchtesgaden (www.dav-berchtesgaden.de; Tel. 08652-2207)
Karte: Kompass 14 "Berchtesgadener Land - Chiemgauer Alpen" (1:50')

Anforderungsprofil

Kondition:	4
Armkraft:	3
Technik:	2
Mut, Psyche:	3
Bergerfahrung:	3

1 niedrig 2 mäßig 3 mittel 4 hoch 5 extrem

Charakteristik: Der Klettersteig auf das Wagendrischelhorn ist ein wunderschönes Steiglein ohne Höchstschwierigkeiten in felsiger Umgebung. Leider ist der Zustieg doch ziemlich happig, weshalb der Steig nicht allzu stark begangen ist. Oder ist dies im Gegenteil nicht eher gerade die Stärke dieses Steigs? Während sich am Untersberg, am Hohen Göll und am Hochstaufen die Klettersteigler auf den Füßen rumstehen, genießt man hier wohltuende Ruhe in einer wilden Karstlandschaft. In Verbindung mit dem *Mayrbergscharte Klettersteig* und dem *Böslsteig* kommt man zudem auch in den Genuss eines ordentliches Maßes an gesicherten Passagen.

Der Einstiegsquergang

g Berchtesgadener Alpen *Wagendrischelhorn, 2251 m*

Talort: Berchtesgaden.

Ausgangspunkt: Nationalpark-Info Hintersee (794 m).

GPS Parkplatz: N47.59866 E12.84268

Stützpunkt: keiner.

Anreise: Ab Berchtesgaden fährt man erst auf der B305, später auf einer kleineren Straße zum Hintersee. Am Ende des Hintersees erreicht man das Nationalpark-Infozentrum mit einem Parkplatz für ca. 100 Autos.

Zustieg: 3,5 Std. Wahlweise über den *Böslsteig* (A-g-18) oder den *Mayrbergscharte Klettersteig* (A-g-16). Bei ersterem muss von der Reiter Steinberge (2051 m) her eine längere Höhenwanderung über den Plattelkopf (2098 m) erfolgen. Bei der Verzweigung biegt man links ab, um das Wagendrischelhorn westlich zu umgehen und die Mayrbergscharte (2053 m) zu erreichen. Von da steigt

- **Tipps:** Von der Mayrbergscharte aus kann auch das Stadelhorn (2286 m) erklommen werden. Dieser 1-stündige Abstecher ist jedoch eine alpine Bergfahrt für Fortgeschrittene mit guten Nerven. Kraxeln kann man da wie auf einem Klettersteig, aber Seilsicherungen wird man dort nicht finden.
- **Hinweise:** Am lohnendsten ist die Tour, wenn man sie mit den beiden Klettersteigen an der Mayrbergscharte und dem Böslsteig kombiniert. Mit der Kurkarte sind die Tickets für die Parkplätze wesentlich günstiger. Busfahrplan unter www.rvo-bus.de.
- **Klettersteige zu verbinden:** Mayrbergscharte Klettersteig (A-g-16), Böslsteig (A-g-18)

man gegen Norden über Karstfelsen gegen das Wagendrischelhorn an. Man strebt auf eine große Kalkplatte zu, wo dann auch die Sicherungen beginnen (2140 m). *GPS Einstieg: N47.59748 E12.79147*

Steigverlauf: Ein breiter Sims (A) führt mitten in die Kalkplatte hinein, wo dann der Steig schon etwas ernster wird. Hier bietet der Steig schöne Kletterei (B), wobei gegen Ende der Platte etwas knifflige Passagen auftauchen. Das Sicherungsseil befindet sich dort zu den Füßen des Steiglers statt auf Brusthöhe. Sehr gewöhnungsbedürftig (B/C). Über gestuften Fels erreicht man einen Spalt, den man noch einen Tick schwerer hochsteigt (C). Es folgt ein mehrfacher Wechsel zwischen Felsstufen (C) und Simsen (A), die auf einen Grashang führen (A/B). Anstelle eines Stahlseils findet sich hier ein Kletterseil, das in die letzte Stufe führt, die aber zugleich mit der Schlüsselstelle aufwartet (C). Ist diese überwunden, darf nach kurzem Marsch der Gipfelsieg genossen werden.

Abstieg: 3 Std. Der Abstieg erfolgt auf der Westseite des Wagendrischelhorns auf anfänglich sehr gerölligem und später sehr blockigem Material. Hier können auch im Hochsommer noch Schneereste vorkommen. Beim folgenden Wegweiser hat man die Wahl: Den Abstieg über den *Böslsteig* (A-g-18) oder über die *Mayrbergscharte* und den *Schaflsteig* (A-g-16).

Blick vom Gipfel zum Stadelhorn

A-g-18 Böslsteig B/C, 1+

mäßig schwierig

Steig	Steig	Zustieg	Abstieg	Expos.	Fun	Sich.	Anford.
2 Std.	700 Hm	1 Std.	2,5 Std.	W	★★ mäßig	☆☆☆☆ super	mäßig

Schwierigkeit: mäßig schwierig; zwei Wandstufen mit allen Schwierigkeiten zwischen A und B/C. Schlüsselstelle gleich zu Beginn
Gesamtanforderung: mäßig
Bes. Gefahren: Nässe
Beste Jahreszeit: Juni - Oktober

Zeiten / Höhenunterschiede:
Zustieg: 1 Std. / 365 Hm
Klettersteig: 2 Std. / 700 Hm
Abstieg: 2,5 Std. / 1065 Hm
Höhenunterschied gesamt: 1065 Hm
Zeitaufwand gesamt: 5,5 Std.
Weglänge gesamt: 11,5 km

Exposition: West
Sicherungen: sehr gut; Stahlseil, eine Holzleiter
Funfaktor: mäßig
Gestein: Dolomit
Flucht- / Abbruchmögl.: keine
Orientierung / Markierung: vorbildlich ausgeschildert, rot-weiße Markierungen
Anfänger-Eignung: nein, zu viele Höhenmeter

Ausrüstung: Klettersteigset, Helm, mittelfeste Bergschuhe
Errichtung / Betreuung: DAV Berchtesgaden (www.dav-berchtesgaden.de; Tel. 08652-2207)
Karte: Kompass 14 "Berchtesgadener Land - Chiemgauer Alpen" (1:50')
Kartenausschnitt siehe Seite 254

Anforderungsprofil

Kondition:	3
Armkraft:	2
Technik:	2
Mut, Psyche:	2
Bergerfahrung:	2

1 niedrig 2 mäßig 3 mittel 4 hoch 5 extrem

Charakteristik: Der *Böslsteig* (oder Böselsteig) ist die Eintrittskarte in die Karstwelt der Reiter Steinberge.
Jedoch ist hier eher der Weg das Ziel, da der *Böslsteig* zu wenig attraktiv ist. Erst durch dichte Wälder, dann durch Schotterrinnen hoch, schließlich über zwei grasig-schrofige Wandstufen mit allerlei Latschendickicht. Dies lässt den Wanderer nicht gerade frohlocken. Wenig Steigerlebnis in allgemein feuchter Umgebung lässt sich jedoch gut ertragen, wenn man die Tour mit dem *Wagendrischelhorn Klettersteig* (A-g-17) kombiniert oder als Abstieg den *Mayrbergscharte Klettersteig* (A-g-16) benutzt. Lichtblick der Tour sind die schroffen Karstfelder der Reiter Steinberge.

Die erste Steigpassage - die Holzleiter

Talort: Berchtesgaden.

Ausgangspunkt: Nationalpark-Info Hintersee (794 m).

GPS Parkplatz: N47.59866 E12.84268

Stützpunkt: keiner.

Anreise: Ab Berchtesgaden fährt man erst auf der B305, später auf einer kleineren Straße zum Hintersee. Am Ende des Hintersees erreicht man das Nationalpark-Infozentrum. Dort stellt man das Auto ab. Parkplatz für ca. 100 Autos.

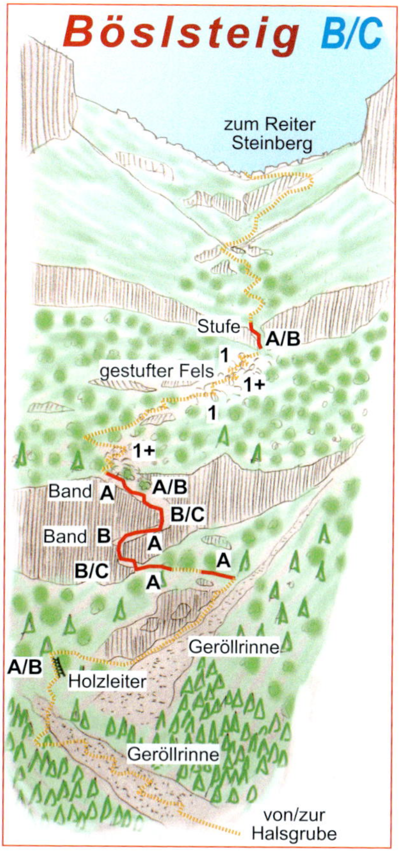

Zustieg: 1 Std. Nach rund 500 m auf der Asphaltstraße Richtung Hirschbichl geht rechts ein Sträßchen ab, dem man während gut einer halben Stunde folgt (gelber Wegweiser). Oben in der Halsgrube geht ein Weg links ab, dem man erst gemütlich durch Wälder folgt. Allmählich wird es steiler, und man steigt in Kehren eine Schotterrinne hoch. Über ein grasiges Teilstück mit einer Holzleiter erreicht man eine weitere Schotterrinne. Diese wird schon mühsamer bis zu den ersten Seilsicherungen erklommen (1160 m).

GPS Einstieg: N47.59944 E12.81414

Steigverlauf: Die erste Seilpassage ist sehr leicht. Sie führt gegen links über einen Grashang (A/B). Über eine ungesicherte Passage erreicht man ein weiteres Seil (A), das gleich in die Schlüsselstelle (B/C) übergeht und ziemlich direkt eine Felsstufe hochführt. Ein Band leitet gegen rechts (B), worauf eine etwas fordernde Passage (B/C) den Weg wieder nach links dreht. Grasig-felsige Passagen (A bis B/C) leiten in einen breiten Latschenhang. Diesen steigt man teilweise leicht freikletternd (FT 1) zu einer zweiten kleineren Stufe hoch, die ebenfalls seilgesichert überwunden wird (A/B). Nun werden die Latschen allmählich weniger. Durch einen Schutt- und Felskessel steigt man auf das weite Karstfeld der Reiter Steinberge, die mit ihren scharfkantigen Kalkfelsen und den tiefen Dolinen sehr imponieren. Der Steig endet an einem aufwändig gestalteten Wegweiser.

Abstieg: 2,5 Std. Auf dem gleichen Weg zurück.

■ **Hinweise:** Am lohnendsten ist die Tour, wenn man sie mit den beiden Klettersteigen an der Mayrbergscharte und dem Wagendrischelhorn kombiniert. Mit der Kurkarte sind die Tickets für die Parkplätze wesentlich günstiger.

■ **Klettersteige zu verbinden:** Mayrbergscharte Klettersteig (A-g-16), Wagendrischelhorn Klettersteig (A-g-17)

A-g-19 Schärtenspitze Überschreitung B,1+

mäßig schwierig

Steig	Steig	Zustieg	Abstieg	Expos.	Fun	Sich.	Anford.
1 Std.	315 Hm	3 Std.	3,5 Std.	alle	schön	gut	mittel

Schwierigkeit: mäßig schwierig; meist A/B, einige Stellen B
Gesamtanforderung: mittel
Bes. Gefahren: Schneefelder im Frühjahr, Steinschlag
Beste Jahreszeit: Juli - September

Zeiten / Höhenunterschiede:
Zustieg: 3 Std. / 1170 Hm
Klettersteig: 1 Std. / 315 Hm
Abstieg: 3,5 Std. / 1485 Hm
Höhenunterschied gesamt: 1485 Hm
Zeitaufwand gesamt: 7,5 Std.
Weglänge gesamt: 15 km

Exposition: West und Ost
Sicherungen: gute Stahlseile, eine Stahlleiter, Stahlbügel
Funfaktor: schön
Gestein: Kalk
Flucht- / Abbruchmögl.: keine
Orientierung / Markierung: hervorragende Markierung und Wegweisung
Anfänger-Eignung: nein, zu viele Höhenmeter

Ausrüstung: Klettersteigset, Helm, mittelfeste Bergschuhe
Errichtung / Betreuung: DAV Berchtesgaden (www.dav-berchtesgaden.de; Tel. 08652-2207)
Karte: Kompass 14 "Berchtesgadener Land - Chiemgauer Alpen" (1:50')
Kartenausschnitt siehe Seite 263

Anforderungsprofil

Kondition:	4
Armkraft:	2
Technik:	1
Mut, Psyche:	4
Bergerfahrung:	3

1 niedrig 2 mäßig 3 mittel 4 hoch 5 extrem

Charakteristik: *Die Schärtenspitz-Überschreitung* steht etwas im Schatten der großen Berchtesgadener Klettersteige, was wohl an der geringen Schwierigkeit und am enorm langen Zustieg liegt. Der Steig selbst nötigt dem Kletterer keine großen Fähigkeiten ab, dennoch dürfte die Überschreitung des Grates mental sehr fordernd sein. Unbestritten sind jedoch die wunderschönen Ausblicke auf das umliegende Berchtesgadener Land, wobei die Westansicht des Watzmanns sicher das Highlight darstellt, sofern man nicht wie unser Autor bei Regen und Nebel unterwegs ist.

Auf dem Grat oberhalb der Eisbodenscharte

Talort: Berchtesgaden.

Ausgangspunkt: Parkplatz westlich von Ramsau (670 m).

GPS Parkplatz: N47.60705 E12.88711

Stützpunkt: **Blaueishütte** (1680 m; www.blaueishuette.de; Tel. 08657-271; info@blaueishuette.de).

Anreise: Ab Berchtesgaden fährt man auf der B 305 in Richtung Ramsau und biegt kurz nach Wimbach links in den Dorfkern von Ramsau ab. Man durchquert

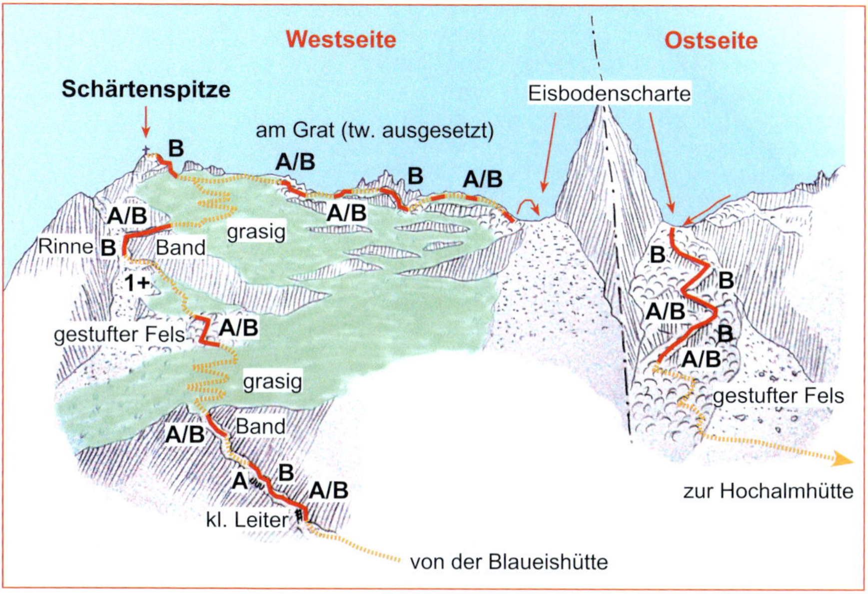

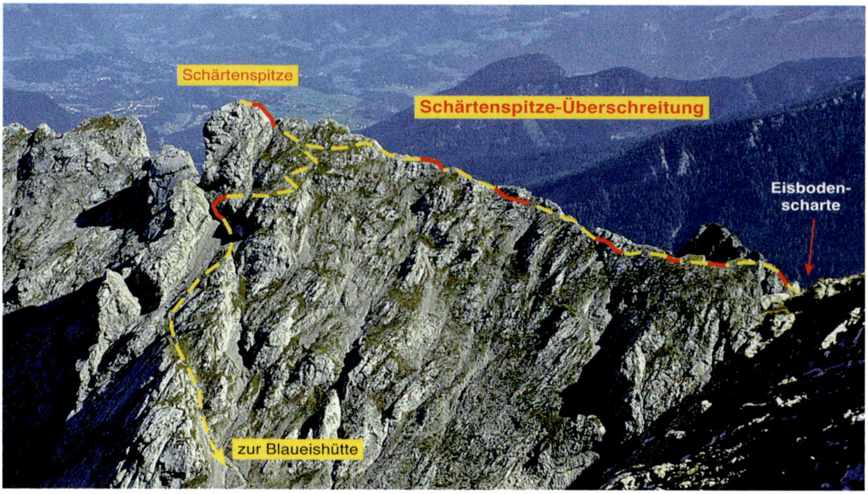

das Dorf und biegt am Dorfende nach links ab, fährt über eine Brücke und trifft hinter Bäumen versteckt auf einen Parkplatz für ca. 50 Autos.

Zustieg: 3 Std. Erst folgt man einem breiten Forstweg (Nr. 486), bis nach ca. einem Kilometer der Weg Nr. 485 rechts weggeht. Diesem folgt man bis zur Schärtenalm (1362 m), wo er in den Weg Nr. 482 übergeht. Hier ist der Weg wieder eine Forststraße und führt zur Talstation der Materialseilbahn zur Blaueishütte. Von dort steigt man auf gutem Weg zur Blaueishütte (1651 m) hoch, passiert diese links und steigt weiter im Vorfeld des Blaueisgletschers bergauf. Ein Wegweiser zeigt den Weg zur Schärtenspitze, und nach kurzer Zeit gelangt man an die Eisenleiter, welche den Einstieg zum Klettersteig markiert (1840 m). *GPS Einstieg: N47.58025 E12.86987*

Steigverlauf: Die erste Felsstufe wird über einen breiten Sims (A/B) gewonnen, der erst mit einer Eisenleiter und später auch mit Stahlbügeln (B) gesichert ist. Danach ist man eine Weile ungesichert auf schottrigem Gelände unterwegs und erreicht kurz nach einem Steinmann eine felsige Flanke, die wieder seilgesichert überwunden wird (A/B). Etwas weiter ansteigend nähert man sich einer Rinne, in welche ungesichert (FT 1+) eingestiegen wird. Weiter oben beginnt ein Stahlseil (B), das gegen rechts aus der Rinne herausführt (A/B). Über eine Wiese erreicht man den Gipfelvorbau, wo sich der Weg teilt. Nach links erreicht man den Gipfel über einige schöne Kletterstellen (B; 2153 m), und nach rechts setzt sich die Überschreitung des Grates fort. Auf dem ausgesetzten Grat wird der Wanderer von sechs seilgesicherten Passagen unterstützt. Am Ende des Grates erreicht man die Eisbodenscharte, die gegen Osten über schöne Seilsicherungen abgeklettert wird (B). Hier besteht eine gewisse Steinschlaggefahr.

Abstieg: 3,5 Std. Nach Ende der Sicherungen rutscht man etwas mühsam auf Schotterfeldern ab und gelangt erst in Blockwurfgelände, später in felsiges Karstgelände. Erst nach einer halben Stunde wandelt sich der Pfad in einen schönen Weg, auf dem man die Hochalmhütte erreicht (1500 m). Nach rechts gehend könnte man die Hochalmscharte überqueren und über den *Hochalmsteig* (A-g-20) zum Wimbachschloss absteigen. Wir steigen jedoch geradeaus ab zur Mitterkaser Diensthütte und zur Eckaualm. Ab hier folgen wir der breiten Forststraße auf dem Weg Nr. 486, der direkt zum Parkplatz führt.

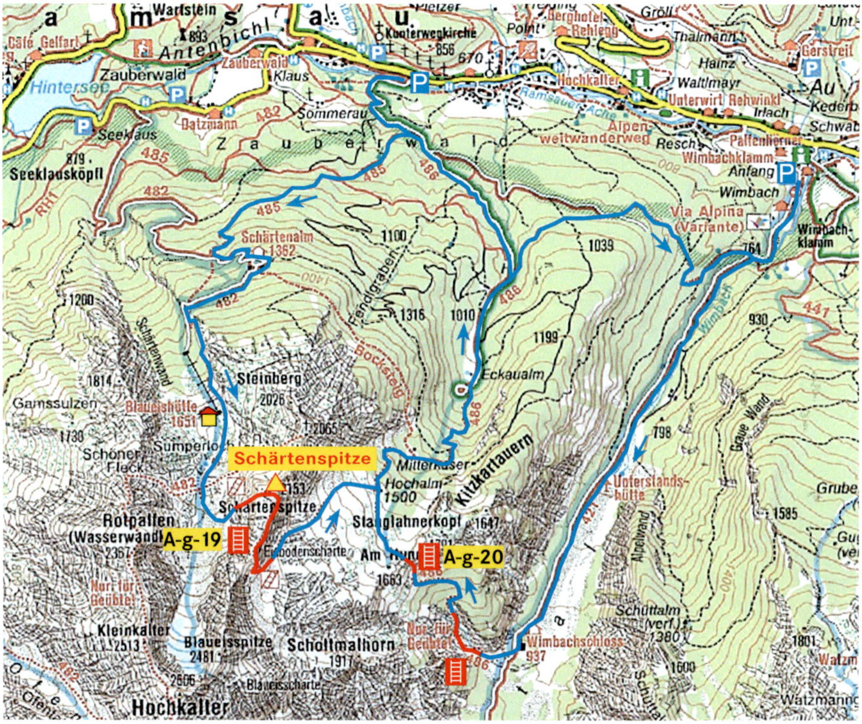

Hochalmscharte, 1599 m

A-g-20 Hochalmsteig A/B 560 Hm

Der Aufstieg vom Wimbachtal auf die Hochalmscharte beeindruckt vor allem durch die Ansicht auf die Watzmann-Westwand. Die wenigen seilgesicherten Passagen weisen sehr geringe Schwierigkeit auf und können bei guter Trittsicherheit gut auch ungesichert überwunden werden. Die knapp 1000 Höhenmeter ohne klettertechnische Herausforderung und ohne weitläufiges Panorama können leicht dazu verleiten, die Schärtenspitze-Überschreitung anzuhängen. Dieser Herausforderung sollte man sich aber nur bei entsprechend großer Kondition stellen.

Beste Jahreszeit: Juni - Oktober.
Zeitaufwand / Weglänge gesamt: 5,5 Std. / 980 Hm / 12 km
Besondere Gefahren: Nässe.
Karten: Kompass 14 "Berchtesgadener Land - Chiemgauer Alpen" (1:50')
Talort / Ausgangspunkt: Berchtesgaden / Wimbach, Nationalpark Informationsstelle (620 m) / *GPS: N47.60230 E12.92393*
Stützpunkt: **Wimbachschloss** (931 m; www.wimbachschloss.de; Tel. 08657-343).

g Berchtesgadener Alpen

Anreise: Ab Berchtesgaden fährt man Richtung Bad Reichenhall auf der B 305. Nach rund fünf Minuten erreicht man den gebührenpflichtigen Parkplatz zur Wimbachklamm (50 Fahrzeuge), wo man das Auto abstellen kann.
Gesamter Wegverlauf: Zustieg: 1,5 Std.; 420 Hm. Erst ganz einfach auf breiter Straße (Nr. 421) das Wimbachtal einwärts wandern. Nach einer Stunde erreicht man das Wimbachschloss (937 m). Gleich dahinter geht rechts der Weg zur Hochalmscharte weg (Nr. 486). Über ein Geröllfeld steigt man zu den ersten Sicherungen auf.
Steigverlauf: 1,5 Std.; 560 Hm. Über gestufte Felsen und einen mit Holzbalken gesicherten Weg erreicht man eine Holzleiter. Anschließend steigt man über Stahlstifte wieder auf ungesichertes Gelände (A/B). Nun geht es durch erdig-grasiges Gelände in einem engen Tal hangaufwärts. Über ein Eck liegen verborgen im Gras einige Stahlseile (A), und eine Holzleiter führt über eine kleine Stufe. Der folgende weitläufige Anstieg durch den Wald dauert lange und kann ziemlich feucht und schmierig sein. Kommt man aus dem Wald, führt eine Geröllflanke hoch zur Hochalmscharte, die noch über eine kurze seilgesicherte Passage mit einer Holzleiter erreicht wird (A/B). *GPS: N47.57245 E12.89093*
Abstieg: 2,5 Std.; 980 Hm. Nach der Scharte steigt man in 20 Minuten gemütlich zur Hochalmhütte ab (1500 m). Nun weiter auf dem Weg Nr. 486 talwärts bis zur Forststraße (großer Wendekreis). Nun eine Viertelstunde auf dieser Straße weitergehen, bis rechts ein Weg abgeht, der zum Ausgangspunkt (Wimbach) zurükkführt.

Die gesicherte Schlüsselstelle

A-g-21 Watzmann-Überschreitung B,1+

mäßig schwierig

Steig	Steig	Zustieg	Abstieg	Expos.	Fun	Sich.	Anford.
2-2,5 Std.	180 Hm	5-5,5 Std.	4,5-5 Std.	alle	★★★★ super	☆☆☆ gut	hoch

Schwierigkeit: mäßig schwierig; sehr, sehr lange Bergtour mit langer Gratüberschreitung; wenige anspruchsvolle Klettersteigpassagen, aber einige Stellen bis FT 1+; sehr gute Kondition, Trittsicherheit und Bergerfahrung notwendig
Gesamtanforderung: hoch
Bes. Gefahren: Steinschlag, Wetter
Beste Jahreszeit: Juni - Oktober

Zeiten / Höhenunterschiede:
Zustieg: 5 - 5,5 Std. / 2020 Hm
Klettersteig: 2 - 2,5 Std. / 180 Hm
Abstieg: 4,5 - 5 Std. / 2080 Hm
Höhenunterschied gesamt: 2200 Hm
Zeitaufwand gesamt: 11,5 - 13 Std.
Weglänge gesamt: 23,1 km

Exposition: wechselnd (Grat)
Sicherungen: gut; teils etwas alt, aber solide; Stahlseile, einige Tritthilfen
Funfaktor: super
Gestein: Dachsteinkalk
Flucht- / Abbruchmögl.: keine
Orientierung / Markierung: sehr gut
Anfänger-Eignung: nein

Ausrüstung: Klettersteigset, Helm, mittelfeste Bergschuhe; evtl. Biwakausrüstung und Stirnlampe
Errichtung / Betreuung: unbekannt
Karte: Kompass 14 "Berchtesgadener Land - Chiemgauer Alpen" (1:50')

Kartenausschnitt siehe Seite 268

Anforderungsprofil

Kondition:	5
Armkraft:	2
Technik:	2
Mut, Psyche:	3
Bergerfahrung:	5

1 niedrig 2 mäßig 3 mittel 4 hoch 5 extrem

Charakteristik: "Hollaröhdulliöh - wie schallt's aus der Höh ..." Wer kennt es nicht, dieses einmalige Musical "Der Berg ruft", welches sich witzig mit dem Watzmann auseinander setzt. Im Gegensatz zur Hauptperson sollte man aber eine Überschreitung des dritthöchsten Gipfels Deutschlands nicht zu leicht nehmen. Ein enorm langer Anstieg, ein noch längerer Abstieg und eine sehr lange Gratüberschreitung warten auf den Begeher.
Dennoch ist diese Überschreitung zu Recht eine der schönsten Gratüberschreitungen der gesamten Ostalpen! Das Panorama an schönen Tagen über Großglockner, Hochkalter und Chiemsee ist atemberaubend und entschädigt für die Mühen sowie die Menschenmassen. Allerdings muss jedem klar sein, dass bei diesen ganzen Anforderungen die wenigen Klettersteigstellen in den Hintergrund rücken. Sollte man bei sehr guter Kondition die Überschreitung wirklich an einem Tag packen, dann kann man voll Befriedigung am Parkplatz den Gipfel noch einmal im Abendlicht bewundern.

g Berchtesgadener Alpen *Watzmann, 2713 m*

Die Watzmann-Ostwand wurde erstmals 1881 durch Johann Grill und Otto Schück durchstiegen. Die Glocke an der Südspitze darf nur von Ostwand-Durchsteigern geläutet werden. Eine Überschreitung der 3 Watzmanngipfel glückte erstmals 1868 dem Ramsauer Bergführer Johann Grill (der "Kederbacher") und Johann Punz. Die Watzmann-Ostwand ist mit ihren 1800 m Höhe eine der 3 höchsten Wände der Ostalpen. Der Watzmann ist der höchste Gipfel Deutschlands, der nicht mit Österreich geteilt wird.

Mittelgipfel, höchster Watzmanngipfel

Talort: Berchtesgaden.

Ausgangspunkt: Parkplatz Wimbachbrücke (630 m). *GPS Parkplatz: N47.60160 E12.92463*

Stützpunkt: **Watzmannhaus** (1928 m; www.watzmannhaus.de; Tel. 08652-964222); **Wimbachgrieshütte** (1327 m; Tel. 08657-344).

Anreise: **a)** Von der A8 (München-Salzburg; Ausfahrt "Siegsdorf") über die B306/B305 über Inzell nach Berchtesgaden. Kurz vor Berchtesgaden liegt der Ort Ramsau, wo nach rechts Hinweisschilder zum Parkplatz am Wimbach weisen (gebührenpflichtig; 37,1 km ab A8); **b)** vom Kreisel in Berchtesgaden (Zusammenschluss B20-Schönau) ebenfalls in Richtung Ramsau (7,2 km).

Zustieg: **5 - 5,5 Std.** Über den schönen Weg 441 (immer wieder Schilder mit Wegzeiten) über die Mitterkaser-Alm (1644 m; 2 - 2,5 Std.) zum schon sichtbaren Watzmannhaus (1928 m; 1 Std.). Hier beginnt anfangs sehr mühselig der Anstieg zum Hocheck, der wie ein Schiffsbug aufragt. Bei 2271 - 2320 m erreicht man einige Sicherungen (A/B). Dann wesentlich angenehmer bis zum Hocheck

Der anfangs nicht leichte Abstieg von der Mittelspitze

Die Südspitze mit dem oberen Teil der imposanten Watzmann Ostwand

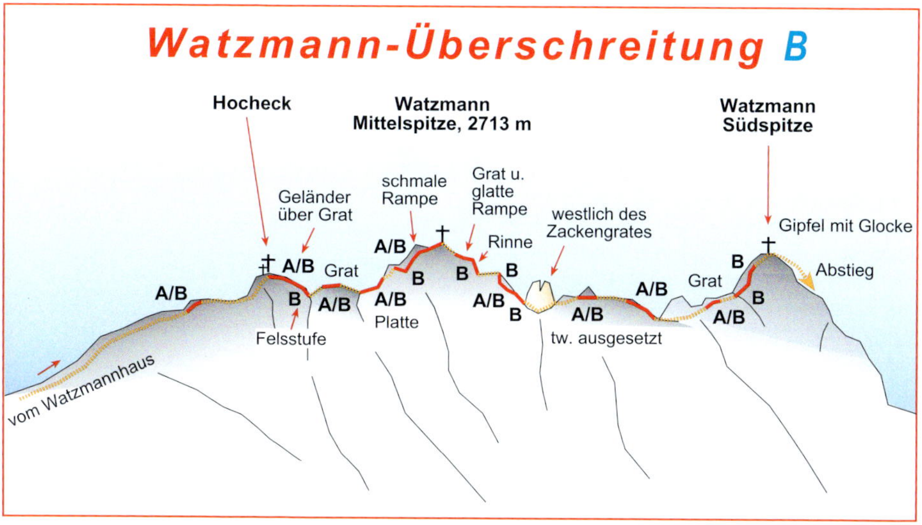

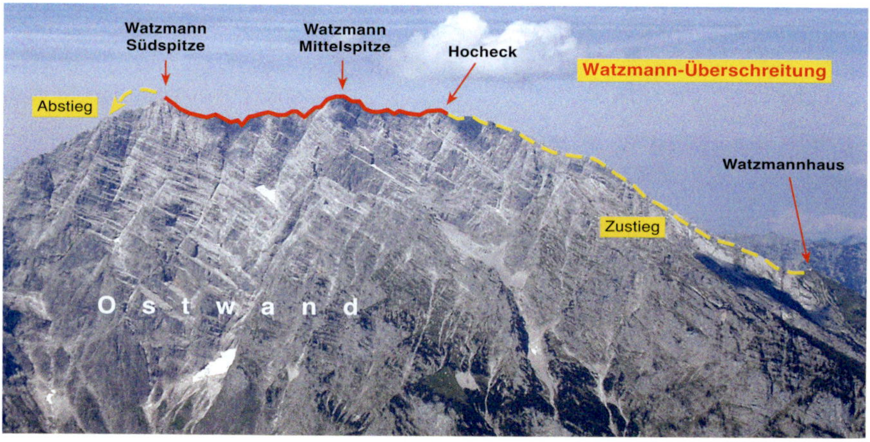

mit Gipfelkreuz und Notunterkunft weiter (1,5 - 2 Std.; 2651 m).

GPS Einstieg: N47.55842 E12.92387

Steigverlauf: 1. Teil Hocheck-Mittelspitze (Details siehe Topo; 1 Std. / 80 Hm): Anfangs etwas ausgesetzt (Seilgeländer) über den Grat, dann anregend und leichter, immer im Wechsel zwischen gesicherten (max. B) und ungesicherten Stellen (max. FT 1-) bis zum Mittelgipfel (2713 m). **2. Teil Mittel-Südspitze** (1,5 Std. / 100 Hm): Etwas schwerer als der erste Teil. Teils recht ausgesetzt und mit imposanten Tiefblicken in die Ostwand und das orange Notbiwak wechselt der Weg zwischen Gratstücken sowie ost- und westseitig des Grates. Trittsicherheit (FT 1+) erforderlich! Die gesicherten Stellen gehen nicht über B. Hierbei steigt man insgesamt ca. 100 m ab und erreicht nach einem letzten markanten Gipfelblock die Südspitze (2712 m) mit der Ostwand-Glocke.

Abstieg: 4,5 - 5 Std. Der Abstieg bis zum Wimbachgries (1400 Hm) ist gerade im oberen Teil sehr steinschlaggefährdet (durch folgende Gruppen). Bänder, Felsen und Geröllabfahrten wechseln ab, erfordern aber stets absolute Konzentration und Trittsicherheit. Einige Male findet man noch Sicherungen (A/B). Schließlich erreicht man mit reichlich "Schwammerl" in den Knien das Wimbachgries und kurz darauf die gleichnamige Hütte (1327 m; 2 Std.). Nun beginnt der lange Hatscher über die schier endlose Geröllwüste des Wimbachgries. Passieren kann hier nichts mehr, aber es geht enorm an die letzten Reserven, bevor man am Wimbachschloss (937 m) vorbei endlich wieder den Parkplatz erreicht (2 - 2,5 Std.).

Seilgeländer am Hocheck

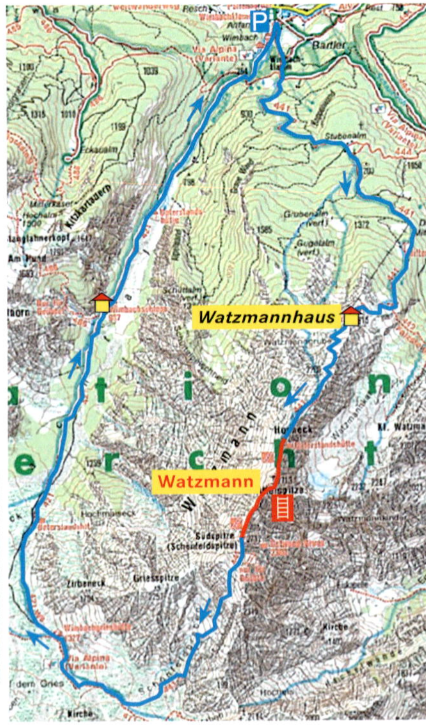

■ **Tipps:** Es bietet sich eine Nächtigung auf dem Watzmannhaus an (Achtung: In der Hochsaison ist diese Tour enorm überlaufen! Früh buchen!). Der Unterstand auf dem Hocheck sollte NICHT in eine normale Planung einbezogen werden, sondern wirklich für Notfälle freigehalten werden! Da sich die Zeitangaben OHNE Pausen verstehen, ist die Komplett-Überschreitung an einem Tag (2200 Hm) eine sehr ernste Sache, die keine Fehler verzeiht.

■ **Hinweise:** Da es sich um eine sehr lange Gratüberschreitung handelt (keine Fluchtmöglichkeiten!), nur bei sicherem Wetter einsteigen (in der Hütte auch im Hochsommer nach den Schneeverhältnissen fragen!). Diese Tour sollte nur von konditionsstarken Bergsteigern unternommen werden (evtl. am Mittelgipfel umkehren), gerade der Abstieg kostet die meisten Opfer und verlangt vollkommene Konzentration und Trittsicherheit in abschüssigem Gelände. Im Sommer teils hoffnungslos überlaufen, daher mehr Zeit fürs Warten am Grat einplanen (empfohlener Start am Watzmannhaus: vor 6 Uhr).

A-g-22 Grünstein-Klettersteig C/D bzw. D/E

schwierig

extrem schwierig

Steig	Steig	Zustieg	Abstieg	Expos.	Fun	Sich.	Anford.
2-2,5 Std.	405 Hm	50 Min.	1,5 Std.	S	★★ mäßig	☆☆☆☆ super	mittel

Schwierigkeit: schwierig bis extrem schwierig; teils recht schwerer Sportklettersteig mit einer leichten und einer schweren Einstiegsvariante; viele Klammern mit teils hohem Abstand; eine Hängebrücke; schwere Variante meist C-D (einmal kurz D/E und 2 D-Stellen), im oberen Bereich steter Wechsel zwischen teils sehr erdigen und gesicherten Passagen (max. C/D)

Gesamtanforderung: mittel

Bes. Gefahren: bei Nässe äußerst rutschig! In der schweren Variante kann in der Klammernreihe Steinschlag drohen!

Beste Jahreszeit: Mai - Oktober

Zeiten / Höhenunterschiede:

Zustieg: 50 Min. / 300 Hm

Klettersteig: 2 - 2,5 Std. / 405 Hm

Abstieg: 1,5 Std. / 705 Hm

Höhenunterschied gesamt: 705 Hm

Zeitaufwand gesamt: 3,5 - 5 Std.

Weglänge gesamt: 8 km

Exposition: Süd

Sicherungen: sehr gut; viele Klammern, Stahlseil, eine Holzsteg-Hängebrücke

Funfaktor: mäßig

Gestein: Kalk

Flucht- / Abbruchmögl.: unterwegs keine (2 Einstiegsvarianten)

Orientierung / Markierung: gut

Anfänger-Eignung: bedingt

Ausrüstung: Klettersteigset, Helm, mittelfeste Bergschuhe od. Kletterschuhe

Errichtung / Betreuung: SC Grünstein 2009. In der "Anderl"-Nische befindet sich eine Spendenbüchse zum Erhalt des Steiges. Familie Grassl (Tel. 08652-978708)

Karte: Kompass 14 "Berchtesgadener Land - Chiemgauer Alpen" (1:50')

Kartenausschnitt siehe Seite 272

Anforderungsprofil

Kondition:	3
Armkraft:	4
Technik:	3
Mut, Psyche:	3
Bergerfahrung:	2

1 niedrig 2 mäßig 3 mittel 4 hoch 5 extrem

Die senkrechte Bügelreihe

g Berchtesgadener Alpen *Grünstein, 1304 m*

Charakteristik: Bei dem neuen Sportklettersteig am Königssee werden sich wohl die Geister scheiden. Zum einen der tolle Blick auf den Königssee, der relativ kurze Zustieg, der "Gag" mit der Hängebrücke, zwei Varianten und die super Sicherung durch die vielen Klammern. Auf der anderen Seite der sehr hohe Besucherandrang, die unverhältnismäßig vielen erdigen Stellen und die teils für kleinere Personen ungünstig angelegte Routenführung - und eben auch wieder die vielen Klammern. Nach den beiden letzten Steigen in dieser Region (Pidinger und Hochthron) ist man vielleicht etwas zu verwöhnt, aber man hätte aus dem Klettersteig mehr machen können. Dennoch lohnt sich sicherlich ein Besuch des neuen Steiges ... immerhin gibt es ja noch die schöne Aussicht!

Einstieg der schweren Var.

Talort: Berchtesgaden.

Ausgangspunkt: Parkplatz Schönau am Königssee (600 m).

GPS Parkplatz: N47.59139 E12.98854

Stützpunkt: **Grünsteinhütte** (1200 m; Tel. 08652-5631).

Anreise: Von Berchtesgaden weiter nach Schönau am Königssee (5 km). Dort befindet sich ein sehr großer Parkplatz (gebührenpflichtig).

Zustieg: **50 Min.** Vom Parkplatz nach Norden und über die alte Holzbrücke zur Bobbahn. An dieser entlang aufwärts, bis in Höhe des Damenstartplatzes rechts ein steiler Weg bergauf abzweigt (Tafel "Grünsteinhütte"). Über den Weg gelangt man entlang der Steinschlaggitter in Kürze auf eine Schotterstraße, über welche man weiter aufsteigt. Bei der 2. Kehre (große Klettersteig-Infotafel) rechts dem steilen Waldsteiglein steil bergauf bis unter die Wände folgen. Links (unterhalb des Einstiegs zur "Isidor-Variante") befindet sich eine Sitzbank mit Steinschlag-

Grünstein-Klettersteig

C/D bzw. D/E

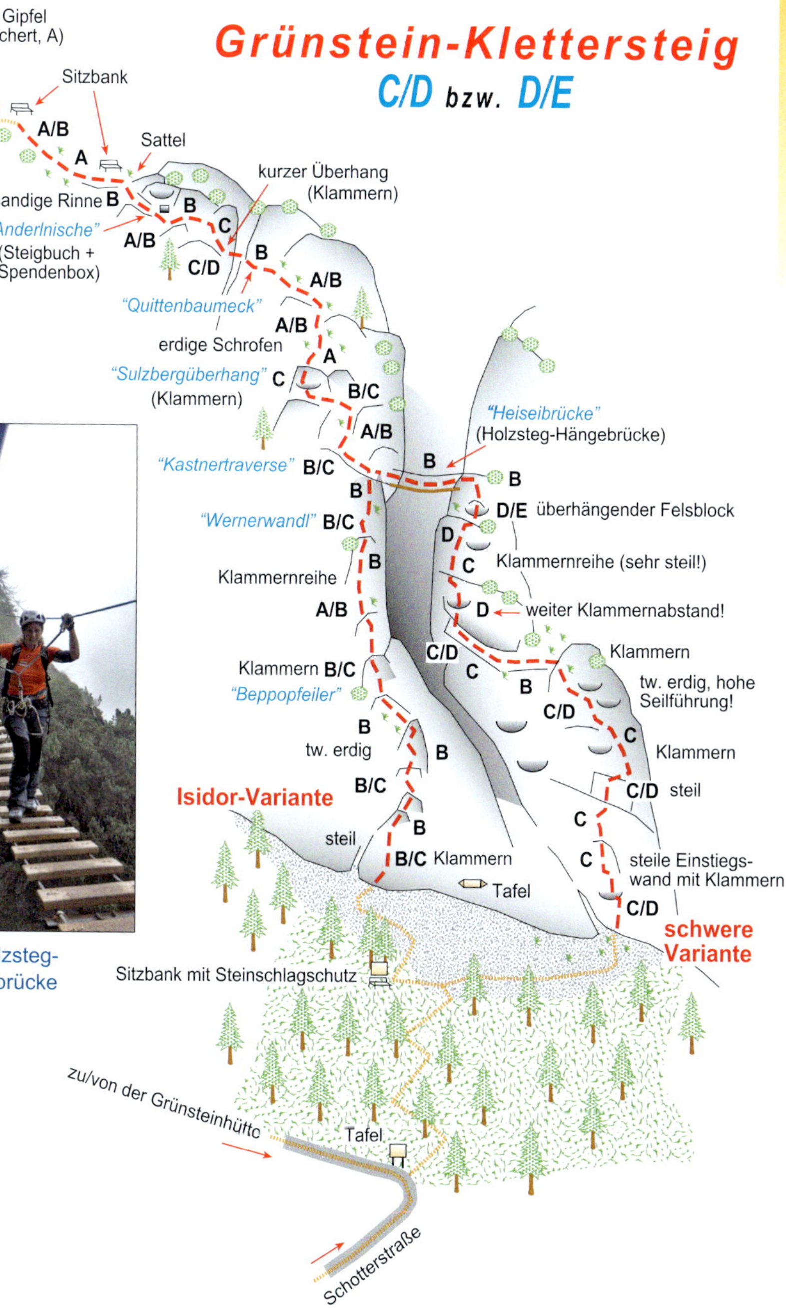

Die Holzsteg-Hängebrücke

schutz. Hier am besten das Klettersteigset anlegen und Helm aufsetzen! (Einstiegshöhe 900 m). *GPS Einstieg: N47.59161 E12.97132*

Steigverlauf: a) Schwere Variante: Entlang der sehr steilen Klammernreihe (meist C/D; Details siehe Topo), leichtere Felspassagen und die glatte Rampe zur markanten senkrechten Klammernreihe (C/D, oben kurz D). Bis hierher immer wieder kurze erdige Passagen, die die Schuhe verschmutzen, zudem sind einige Klammern für kleinere Personen extrem schwer zu erreichen. Nach einer weiteren Klammernreihe kommt der überhängende Felsklotz (D/E, 2 m; Bügel) und die stark schwankende Hängebrücke ("Heiseibrücke", 15 m, B; ebenfalls für kleinere Leute problematisch).

b) "Isidor"-Variante: Deutlich leichter (max. B/C) mittels Klammern, leichtere Passagen (erdig!), den "Beppo-Pfeiler" und das "Werner-Wandl" ebenfalls an das Ende der Hängebrücke (983 m). Hier führen beide Varianten zusammen. Nach einer grasigen Querung folgen die "Kastner-Traverse" und ein schöner Spreizschritt (B/C), bis man den "Sulzberg-Überhang" erreicht (C). Über erdige Serpentinen an den nächsten Wandfuß, dann nach links zum "Quittenbaumeck" (C/D, kurze abdrängende Querung). Nach einem kleinen Abstieg erreicht man die "Anderl-Nische" (Steigbuch) und kurz darauf den Ausstieg des eigentlichen Klettersteiges (1141 m; 1,5 Std.; Rastbank). Nun teils gesichert (A bis A/B) und über viele erdige Gehstellen an einer 2. Bank vorbei zum Gipfel (1304 m; kurz davor GPS-Station). Hier findet man das Gipfelkreuz und weitere Bänke. Schöner Blick auf den Königssee.

Abstieg: 1,5 Std. Kurz hinab zur Grünsteinhütte (1200 m) und auf dem Wanderweg 445 zurück zum Königssee.

■ **Tipps:** Früh starten, da der Steig bei schönem Wetter durch die Talnähe stark überlaufen ist. Man findet auf der Tour zahlreiche Bohrhaken, die eine zusätzliche Sicherung (für Anfänger) ermöglichen.

■ **Hinweise:** Die Schüssel vor dem Gipfel ist eine GATE-Sendestation des Europäischen GPS-Projektes "Galileo". Auf keinen Fall die Tour bei Regen gehen, da die zahlreichen erdigen Passagen extrem rutschig werden! Der Steig darf nicht im Abstieg begangen werden.

A-g-23 Rinnkenndlsteig A/B

leicht

Steig	Steig	Zustieg	Abstieg	Expos.	Fun	Sich.	Anford.
2,5 Std.	580 Hm	15 Min.	2-2,5 Std.	O	★★★ schön	☆☆☆ gut	mittel

Schwierigkeit: leicht; meist A/B; Stahlseile, Holztreppen, einige Bügel
Gesamtanforderung: mittel
Bes. Gefahren: keine
Beste Jahreszeit: Juni - September

Zeiten / Höhenunterschiede:
Zustieg: 15 Min. / 100 Hm
Klettersteig: 2,5 Std. / 580 Hm
Abstieg: 2 - 2,5 Std. / 100 Hm Anstieg; 800 Hm Abstieg
Höhenunterschied gesamt: 780 Hm
Zeitaufwand gesamt: 5 Std.
Weglänge gesamt: 10 km

Exposition: Ost
Sicherungen: gut; jüngst erneuert
Funfaktor: schön
Gestein: Kalk
Flucht- / Abbruchmögl.: keine
Orientierung / Markierung: gut
Anfänger-Eignung: ja

Ausrüstung: Klettersteigset, Helm, mittelfeste Bergschuhe
Errichtung / Betreuung: DAV Berchtesgaden (www.dav-berchtesgaden.de; Tel. 08652-2207)
Karte: Kompass 14 "Berchtesgadener Land - Chiemgauer Alpen" (1:50')
Kartenausschnitt siehe Seite 272

Talort: Schönau am Königssee.
Ausgangspunkt: Großparkplatz Königssee (620 m).
GPS Parkplatz: N47.59186 E12.98804
Stützpunkt: **Kührointhütte** (www.-kuehroint.com; Tel. 0171-3533369).

Anforderungsprofil

Kondition:	3
Armkraft:	2
Technik:	2
Mut, Psyche:	3
Bergerfahrung:	3

1 niedrig 2 mäßig 3 mittel 4 hoch 5 extrem

Charakteristik: Wer einen Tagesausflug zum Königssee macht, kann sich mit dem Elektroboot über den See fahren lassen und bekommt dabei einiges zur Geschichte des Sees erzählt. Auf dem Rückweg bietet sich die Alternative über den *Rinnkenndlsteig* an. Ein nicht zu schwerer Steig mit herrlichen Ausblicken auf den Königssee.

g Berchtesgadener Alpen *Archenkanzel, 1346 m*

Anreise: Von Berchtesgaden fährt man über den neu gebauten Kreisverkehr Richtung "Königssee" bis zum Ende der Straße und dem Großparkplatz (ca. 5 km; gebührenpflichtig).

Zustieg: 15 Min. Mit dem Boot fährt man bis zur Haltestelle St. Bartholomä. Dort zu Fuß am Ufer entlang Richtung Felswand. Am Einstieg in den Wald Warntafel des Steigs.

GPS Einstieg: N47.55350 E12.96082

Steigverlauf: Der jüngst modernisierte Rinnkenndlsteig führt entlang des Hanges des Mooslahner Kopfes (1815 m) mäßig steil nach oben. An schwierigen oder ausgesetzten Stellen wird man mit Seilsicherungen (A/B) sowie kleinen Holzbrückchen und Holztreppen unterstützt. Man hat immer wieder freie Lichtungen, in denen man einen herrlichen Blick auf den Königssee sowie das umliegende Gebirge bekommt. Am Ende des Klettersteigs empfiehlt sich als "Belohnung" ein Abzweig zur Archenkanzel (Wegweiser; 1346 m), von der aus man einen hervorragenden Blick auf den Königssee, St. Bartholomä und das dahinter liegende Steinerne Meer hat (2,5 Std.).

Abstieg: 2 - 2,5 Std. Vom Aussichtspunkt geht es auf später breitem Weg zur Kührointhütte (1420 m). Von dieser über den Weg Nr. 443 nun zäh und stetig abwärts über die Herrenroint Hütte und die Klingeralm nach unten. Später gelangt man auf den Zustieg zum Grünstein. Man hält sich rechts abwärts und gelangt entlang der dortigen Bobbahn zurück zum Königssee und Parkplatz.

■ **Klettersteige zu verbinden:** Watzmann-Überschreitung (A-g-21), Grünstein-Klettersteig (A-g-22)

A-g-24 Schustersteig und Rauchfang B/C, 1+

mäßig schwierig

Steig	Steig	Zustieg	Abstieg	Expos.	Fun	Sich.	Anford.
2 Std.	620 Hm	2 Std.	3,5 Std.	NO	★★ mäßig	☆☆☆☆ super	mittel

Schwierigkeit: mäßig schwierig; durchgehend B und B/C mit einigen Kletterstellen FT 1 und zwei Stellen FT 1+
Gesamtanforderung: mittel
Bes. Gefahren: Altschnee im Frühjahr und für den *Rauchfang* erhebliche Steinschlaggefahr
Beste Jahreszeit: Juli - September

Zeiten / Höhenunterschiede:
Zustieg: 2 Std. / 740 Hm
Klettersteig: 2 Std. / 620 Hm
Abstieg: 3,5 Std. / 1360 Hm
Höhenunterschied gesamt: 1380 Hm
Zeitaufwand gesamt: 7,5 Std.
Weglänge gesamt: 15 km

Exposition: Nordost
Sicherungen: sehr gut; Stahlseile, im *Rauchfang* Stahlstifte
Funfaktor: mäßig
Gestein: Kalk
Flucht- / Abbruchmögl.: keine
Orientierung / Markierung: gute Wegweiser, Markierung gut
Anfänger-Eignung: nein, lang und viele Freikletterstellen

Ausrüstung: Klettersteigset, Helm, mittelfeste Bergschuhe od. Kletterschuhe
Errichtung / Betreuung: DAV Berchtesgaden (www.dav-berchtesgaden.dc; Tel. 08652-2207)
Karte: Kompass 14 "Berchtesgadener Land - Chiemgauer Alpen" (1:50')
Kartenausschnitt siehe Seite 278

Anforderungsprofil

Kondition:	4
Armkraft:	3
Technik:	2
Mut, Psyche:	3
Bergerfahrung:	3

1 niedrig 2 mäßig 3 mittel 4 hoch 5 extrem

Charakteristik: Der *Schustersteig* ist das perfekte Gegenstück zum *Mannlgrat*. Klettert man bei letzterem über einen Grat, geht es beim Schustersteig ganz klassisch darum, den Hohen Göll in einer Direttissima zu erklimmen. Dabei folgt man meist der Staatsgrenze zwischen Bayern und Österreich. Ganz oben in der Wand geht der Klettersteig so richtig los, wobei man auch die Wahl hat, etwas weiter links über den *Rauchfang* oder Kamin aufzusteigen. Ist der *Schustersteig* noch klassisch schön, präsentiert sich der *Rauchfang* (Kamin) wild und abweisend. Die schottrigen Platten und die polternden Steine erinnern stark an die wilden Julischen Alpen.

Kurz vor dem Gipfel

g Berchtesgadener Alpen *Hoher Göll, 2522 m*

Talort: Berchtesgaden.

Ausgangspunkt: Parkplatz Ofnerboden (1160 m).

GPS Parkplatz: N47.62057 E12.06326

Stützpunkt: **Kehlsteinhaus** (www.kehlsteinhaus.de; Tel. 08652-2969; info@kehlsteinhaus.de); **Purtschellerhaus** (www.purtschellerhaus.eu; Tel. 08652-2420).

Anreise: In Berchtesgaden nimmt man die Straße, die hoch zur Dokumentation Obersalzberg führt. Einige hundert Meter dahinter beginnt die mautpflichtige Rossfeldstraße, welche man rund 2,5 km weit befährt. Gegenüber eines Unterhaltsgebäudes befindet sich dann linkerhand ein Parkplatz für 30 Autos.

Zustieg: **2 Std.** Man folgt der Rossfeldstraße rund 750 m bis zur Enzianhütte. Dort nimmt man rechts die Schotterstraße, die hoch zum Eckersattel führt (1413 m). Nun führen zwei Wege hoch zum Purtschellerhaus. Der eine steil und direkt, der andere über Österreich und etwas weniger steil. Oberhalb des Purtschellerhauses (1692 m) beginnt eine Gratwanderung, die immer näher an den Fuß des Hohen Gölls heranführt. Eine Stufe wird über leichte Freikletterstellen (FT 1) erreicht. Nun auf einem Band gegen rechts abwärts, dann wieder kletternd aufwärts (FT 1+). Der Weg geht in Serpentinen hoch und führt schließlich zur ersten Seilsicherung (1900 m).

GPS Einstieg: N47.60435 E13.06581

Steigverlauf: Die erste leichte Stufe (B) ist schnell überwunden. Nun steigt man länger über grasig-schottriges Gelände zu einem weiteren Grat auf. Diesen erreicht man von Westen her, übersteigt ihn (FT 1+) und steht vor einem Abgrund. Dann jedoch gegen rechts auf einem Band zur nächsten Seilsicherung (B). Nun wird das Gelände deutlich felsiger. An vielen Stellen nimmt man gerne die Hände zu Hilfe (FT 1). Unter der Schlusswand teilt sich der Weg: **a)** gegen rechts der

Schustersteig: Erst eine seilgesicherte Platte hoch (B), dann über eine kurze schottrige Querung zu den Hauptsicherungen. Erst leicht (A) queren, dann in wunderschöner, angeregter Kletterei (B und B/C) die Felswand hochsteigen, bis man oben den nördlichen Ausläufer des Hohen Gölls erreicht, wo auch der *Mannlsteig* (A-g-25) einmündet; **b)** gegen links zum Rauchfang (2253 m). Erst absteigen und dann über mühsame, schottrig-rutschige Platten aufsteigen (FT 1+).

Der ausgesetzte Nordgrat

Über weitere leichte Kraxelei erreicht man die Seilsicherungen. Der Kamin ist eine enge senkrechte Rinne, die zusätzlich mit Stahlstiften gesichert ist (C). Hier besteht erhebliche Steinschlaggefahr. Oben erreicht man den Nordgrat des Hohen Gölls und den Weg, der darüber zum Gipfel hochführt. Nun noch rund eine Stunde bis zum Gipfel, wobei eine Stelle noch seilgesichert ist.

Abstieg: 3,5 Std. Über den Schustersteig retour. Wahlweise kann auch über den *Mannlgrat* wieder abgestiegen werden (weiter und länger).

Tipps: Die Geschichte des Kehlsteinhauses lädt natürlich dazu ein, sich ausgiebig über die Geschichte des Zweiten Weltkrieges zu informieren. Möglich ist dies unter anderem im Kehlsteinhaus (Ausstellung über dessen Geschichte) oder in der Dokumentation Obersalzberg (Museum zur Geschichte des Obersalzbergs zur Zeit des NS-Regimes).

Klettersteige zu verbinden: Mannlsteig (A-g-25)

A-g-25 Mannlsteig C/D, 1+

schwierig

Steig	Steig	Zustieg	Abstieg	Expos.	Fun	Sich.	Anford.
3 Std.	685 Hm	2 Std.	3,5 Std.	S+N	super	gut	mittel

Schwierigkeit: schwierig; anfänglich B und einige Freikletterstellen FT 1, dann meist B/C und C sowie eine unangenehme Platte FT 1+, Schlüsselstelle C/D

Gesamtanforderung: mittel

Bes. Gefahren: keine

Beste Jahreszeit: Juli - September

Zeiten / Höhenunterschiede:

Zustieg: 2 Std. / 680 Hm

Klettersteig: 3 Std. / 685 Hm

Abstieg: 3,5 Std. / 1360 Hm

Höhenunterschied gesamt: 1550 Hm

Zeitaufwand gesamt: 8,5 Std.

Weglänge gesamt: 15 km

Exposition: Nord und Süd

Sicherungen: gut;, Stahlseile, etwas betagte Stahlbügel und -stifte, Stahlseile an wenigen Stellen angerostet und aufgespleißt

Funfaktor: super

Gestein: Kalk

Flucht- / Abbruchmögl.: keine

Orientierung / Markierung: gute Wegweiser, Markierung gut

Anfänger-Eignung: nein, zu schwer und viele Freikletterstellen

Ausrüstung: Klettersteigset, Helm, mittelfeste Bergschuhe od. Kletterschuhe

Errichtung / Betreuung: DAV Berchtesgaden (www.dav-berchtesgaden.de; Tel. 08652-2207)

Karte: Kompass 14 "Berchtesgadener Land - Chiemgauer Alpen" (1:50')

Kartenausschnitt siehe Seite 278

Anforderungsprofil

Kondition:	4
Armkraft:	3
Technik:	3
Mut, Psyche:	3
Bergerfahrung:	3

1 niedrig 2 mäßig 3 mittel 4 hoch 5 extrem

Charakteristik: Die Kombination *Schuster/Mannl* gehört zu den klingenden Namen in Berchtesgaden. Nicht weiter verwunderlich, da der Hohe Göll eine grandiose Aussicht bietet und die beiden Steige in Kombination ein sattes Klettersteigpensum garantieren. Der *Mannlsteig* beginnt zudem auch sehr geschichtsträchtig, befindet sich doch an seinem Beginn das Kehlsteinhaus, das Adolf Hitler zu seinem 50. Geburtstag geschenkt wurde. An den Drahtseilen hängend konzentriert man sich jedoch weniger auf diese Gegebenheit, sondern auf sich und die wunderbare Bergtour.

Im ersten Felsloch

g Berchtesgadener Alpen *Hoher Göll, 2522 m*

Talort: Berchtesgaden.

Ausgangspunkt: Parkplatz Rossfeldstraße (1160 m).

GPS Parkplatz: N47.62057 E12.06326

Stützpunkt: **Kehlsteinhaus** (www.kehlsteinhaus.de; Tel. 08652-2969; info@kehlsteinhaus.de); **Purtschellerhaus** (www.purtschellerhaus.eu; Tel. 08652-2420).

Anreise: In Berchtesgaden nimmt man die Straße, die hoch zur Dokumentation Obersalzberg führt. Einige hundert Meter dahinter beginnt die mautpflichtige Rossfeldstraße, welche man rund 2,5 km weit befährt. Gegenüber eines Unterhaltsgebäudes befindet sich dann linkerhand ein Parkplatz für 30 Autos.

Zustieg: **2 Std.** Man überquert die Straße und folgt dem Pfad, der am Unterhaltsgebäude vorbeiführt. Dahinter kommt man auf eine Asphaltstraße. Ab hier folgt man dieser Straße und den Wegweisern zum Kehlsteinhaus (alternativ kann man ab der Dokumentation Obersalzberg auch einen Bus zum Kehlsteinhaus nehmen). Nach 1,5 Stunden erreicht man das Kehlsteinhaus (1820 m), passiert dieses und begeht den Rundweg, wo schon einige Treppen und Stahlgeländer anzutreffen sind. Man erreicht einen kleinen Platz, wo ein Wegweiser zum Mannlsteig führt. Dort übersteigt man ein Mäuerchen und folgt dem Weg zu den ersten Sicherungen (Weg 452; 1838 m).

GPS Einstieg: N47.60666 E13.05217

Die Felsspitzen des Mannlgrates

An der Schlüsselstelle

Steigverlauf: Drei leichte seilgesicherte Passagen (B, mit Bügel) und einige ungesicherte Kraxelpassagen (FT 1) führen tiefer in den gezackten Felsgrat hinein. Durch eine Rinne erreicht man ein Felsloch, das zu einem abwechslungsreichen Auf und Ab von gesicherten Stellen führt (B/C, C). Nach einem weiteren Felsloch steigt man zu einer Scharte ab (C) und nimmt nachfolgend einen weiteren Felskopf in Angriff (C). Dahinter führt der Steig über vier gesicherte Passagen abwärts, wovon die letzte die Schlüsselstelle darstellt (C/D). Diese Stelle kann nass sein. Es folgt nun eine unangenehme ungesicherte Platte (FT 1+, nur Stifte). Anfänglich seilgesichert (B/C) steigt man einen grasigen Hang hoch, quert ausgesetzt gegen rechts und steigt wieder ab (B/C). Es folgt der ungesicherte Schlussanstieg, der durch eine eindrückliche Felsstufe unterbrochen wird (C, Bügelreihen). Nun steigt man über felsig-grasiges Gelände zum nördlichen Ausläufer des Hohen Gölls hoch, wo man direkt über den *Schustersteig* (A-g-24) absteigen kann. Wer noch Puste, Lust und Zeit hat, nimmt den rund einstündigen Anstieg auf den Gipfel des Hohen Gölls (2522 m) unter die Füße.

Abstieg: 3,5 Std Über den *Schustersteig* (A-g-24). Wahlweise kann auch wieder über den Mannlgrat abgestiegen werden (weiter und länger).

Die ersten Sicherungen

■ **Tipps:** Die Geschichte des Kehlsteinhauses lädt natürlich dazu ein, sich ausgiebig über die Geschichte des Zweiten Weltkrieges zu informieren. Möglich ist dies unter anderem im Kehlsteinhaus (Ausstellung über dessen Geschichte) oder in der Dokumentation Obersalzberg (Museum zur Geschichte des Obersalzbergs zur Zeit des NS-Regimes).

■ **Klettersteige zu verbinden:** Schustersteig (A-g-24)

A-g-26 Brettsteig B

mäßig schwierig

Steig	Steig	Zustieg	Abstieg	Expos.	Fun	Sich.	Anford.
30 Min.	120 Hm	2,5 Std.	2,5 Std.	S	★★★ schön	☆☆☆ gut	mittel

Schwierigkeit: mäßig schwierig; meist A, eine Rinne B
Gesamtanforderung: mittel
Bes. Gefahren: keine
Beste Jahreszeit: Juli - September

Zeiten / Höhenunterschiede:
Zustieg: 2,5 Std. / 480 Hm
Klettersteig: 30 Min. / 120 Hm
Abstieg: 2,5 Std. / 1130 Hm
Höhenunterschied gesamt: 600 Hm
Zeitaufwand gesamt: 5,5 Std.
Weglänge gesamt: 7,8 km

Exposition: Süd
Sicherungen: gut; Stahlseile
Funfaktor: schön
Gestein: Kalk
Flucht- / Abbruchmögl.: keine
Orientierung / Markierung: gut; rot-weiße Markierungen, Wegweiser
Anfänger-Eignung: ja

Ausrüstung: Klettersteigset, Helm, mittelfeste Bergschuhe
Errichtung / Betreuung: DAV Berchtesgaden (www.dav-berchtesgaden.de; Tel. 08652-2207); Jennerbahn (www.-jennerbahn.de; Tel. 08652-95810; info@jennerbahn.de)
Karte: Kompass 14 "Berchtesgadener Land - Chiemgauer Alpen" (1:50')

Anforderungsprofil

Kondition:	4
Armkraft:	2
Technik:	2
Mut, Psyche:	3
Bergerfahrung:	3

1 niedrig 2 mäßig 3 mittel 4 hoch 5 extrem

Charakteristik: Sicher kein reinrassiger Klettersteig, überzeugt die Tour doch eher durch die imposante Bergkulisse, die schöne Almlandschaft und die herrlichen Ausblicke vom Gipfel. Alles in allem eine schöne Tagestour.

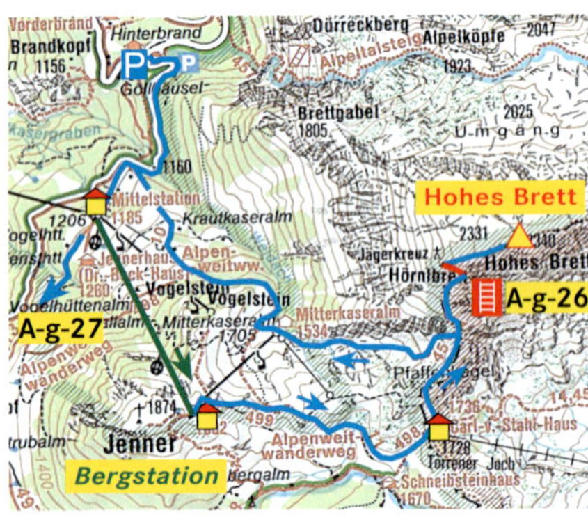

Talort: Schönau am Königssee.
Ausgangspunkt: Parkplatz Hinterbrand bei der Mittelstation der Jennerbahn (1120 m).
GPS Parkplatz: N47.59433 E13.02025
Stützpunkt: **Carl-von-Stahl-Haus** (www.carl-von-stahl-haus.com; Tel. 08652-2752).
Anreise: Von Berchtesgaden über die B319 Richtung Obersalzberg, dort weiter über die Dürreckstraße bis zu deren Ende in Hinterbrand. Dort großer Parkplatz.
Zustieg: **2,5 Std.** Vom Parkplatz gelangt man in wenigen Minuten zur Mittel-

station der Jennerbahn. Nun fährt man mit der Bahn zur Bergstation (1802 m). Von dort folgt man den Wegweisern zum Carl-v.-Stahl-Haus: Zuerst bergab in eine Senke und dann wieder hinauf zum Haus (1736 m). Hinter der Hütte führt der schmale Steig den Bergrücken hinauf. Hier ist bereits Trittsicherheit erforderlich. Man quert ein ca. 5 m langes, schmales, ausgesetztes und ungesichertes Felsband. An dessen Ende führt später der Abstieg zur Mitterkaseralm hinunter. Der Steig führt weiter hinauf, teilweise steil und über Geröll (teils mehrfache Markierungen; 2,5 Std.). *GPS Einstieg: N47.58302 E13.04456*

Steigverlauf: Der erste gesicherte Teil des Steigs führt über eine leichte Steigung (A) in eine schmale, gestufte Rinne (Schlüsselstelle; B). Nach ein paar Metern gelangt man zur zweiten und letzten Sicherung: Zuerst steigend, dann abwärts geht es gesichert (A/B) in eine letzte Steigung, die zum Jägerkreuz hinauf führt. Von hier nun weiter auf den breiten Rücken des Hohen Bretts (2340 m; 30 Min.).

Abstieg: **2,5 Std.** Vom Gipfel geht man über den Anstiegsweg zurück bis zum Abzweig zur Mitterkaseralm, die von dort bereits sichtbar ist (Weg 451; 1543 m). Nun folgt man dem Fahrweg weiter hinab und zweigt später rechts Richtung Krautkaseralm ab und gelangt dann wieder auf die Fahrstraße zum Parkplatz.

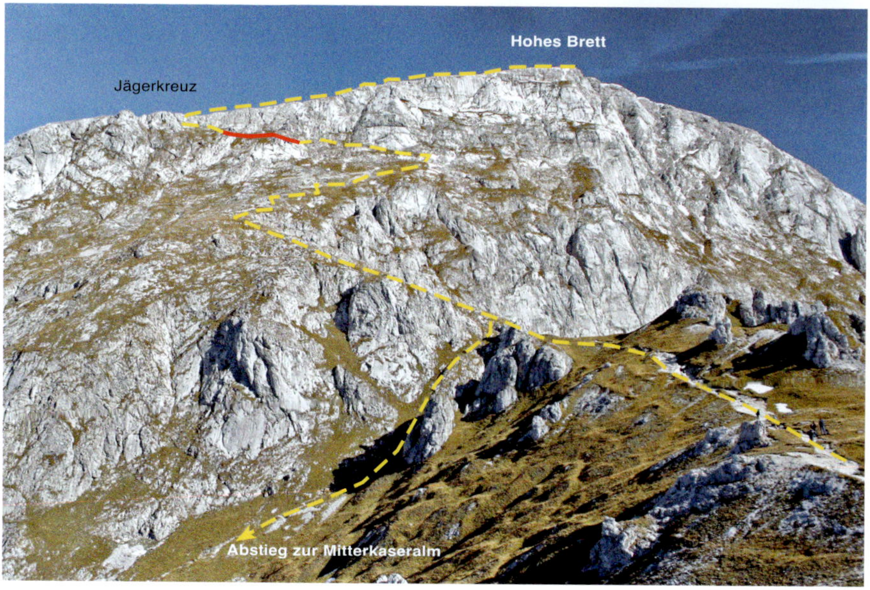

A-g-27 Mauslochsteig B

mäßig schwierig

Steig	Steig	Zustieg	Abstieg	Expos.	Fun	Sich.	Anford.
30 Min.	350 Hm	3,5 Std.	3,5 Std.	W	schön	gut	mittel

Schwierigkeit: mäßig schwierig; ausgewogen verteilt zwischen A und B. Eine Stelle ziemlich ausgesetzt.
Gesamtanforderung: mittel
Bes. Gefahren: im Frühsommer Schneefelder
Beste Jahreszeit: Juli - September

Zeiten / Höhenunterschiede:
Zustieg: 3,5 Std. / 870 Hm
Klettersteig: 30 Min. / 350 Hm
Abstieg: 3,5 Std. / 1220 Hm
Höhenunterschied gesamt: 1220 Hm
Zeitaufwand gesamt: 7,5 Std.
Weglänge gesamt: 20,5 km

Exposition: West
Sicherungen: gute Stahlseile, einige Stahlstifte
Funfaktor: schön
Gestein: Kalk
Flucht- / Abbruchmögl.: keine
Orientierung / Markierung: gute Wegweiser, ausreichende Markierungen
Anfänger-Eignung: nein, zu lange Tour
Ausrüstung: Klettersteigset, Helm, mittelfeste Bergschuhe
Errichtung / Betreuung: wie A-g-26
Karte: wie A-g-26
Kartenausschnitt siehe Seite 286

Talort: Berchtesgaden.
Ausgangspunkt: Parkplatz Hinterbrand (1120 m).
GPS Parkplatz: N47.59475 E13.02039
Stützpunkt: **Mittelstation Jennerbahn** (1185 m); **Jennerhaus** (Dr.

Anforderungsprofil

Kondition:	4
Armkraft:	2
Technik:	1
Mut, Psyche:	3
Bergerfahrung:	3

1 niedrig 2 mäßig 3 mittel 4 hoch 5 extrem

Charakteristik: Irgendwo ganz hinten in den Berchtesgadener Alpen, versteckt hinter dem Hohen Göll, dem Hohen Brett und dem Schneibstein, befindet sich ein feiner Berg, der ganz ungewohnt für Berchtesgaden wenig begangen wird. Dabei befinden sich am Kahlersberg doch einige Seilsicherungen, die dem Wanderer ein einfaches und schönes Klettersteigvergnügen bereiten.
Etwas heikel sind da jedoch die ungesicherten Zwischenpassagen, wo man wegen des rutschigen Gerölls auch mal auf dem Hintern landen kann.
Ansonsten: eine lange Tour mit einem anständigen Hatscher vorher und nachher, dafür mit einzigartiger Aussicht auf den Watzmann und über das Steinerne Meer.

Hugo-Beck-Haus, 1260 m; www.dr-hugo-beck-haus.de; ganzjährig außer November; Tel. 08652-2727); **Branntweinbrennhütte** (1315 m); **Gotzenalm** (1685 m; www.gotzenalm.de; Juni-Oktober; Tel. 08652-690900).

Anreise: Ab Berchtesgaden nimmt man die B319 Richtung Rossfeldstraße. Beim großen Kreisel kurz nach der Dokumentation Obersalzberg biegt man rechts ab und folgt der Dürreckstraße rund 10 Minuten, bis man in Hinterbrand ankommt. Dort befindet sich ein gebührenpflichtiger Parkplatz für rund 150 Autos.

Zustieg: **3,5 Std.** Erst folgt man den Wegweisern mit der Aufschrift "Priesbergalm". Diese führen an der Mittelstation der Jennerbahn vorbei (1185 m) und weiter zur Branntweinbrennhütte (Weg 497). Bis dahin ist auf dieser langen Wanderung nur eine kurze Steigung zu bewältigen. Danach steigt die Straße stetig an und führt - sich allmählich zu einem Pfad verengend - in den Stiergraben, der zum

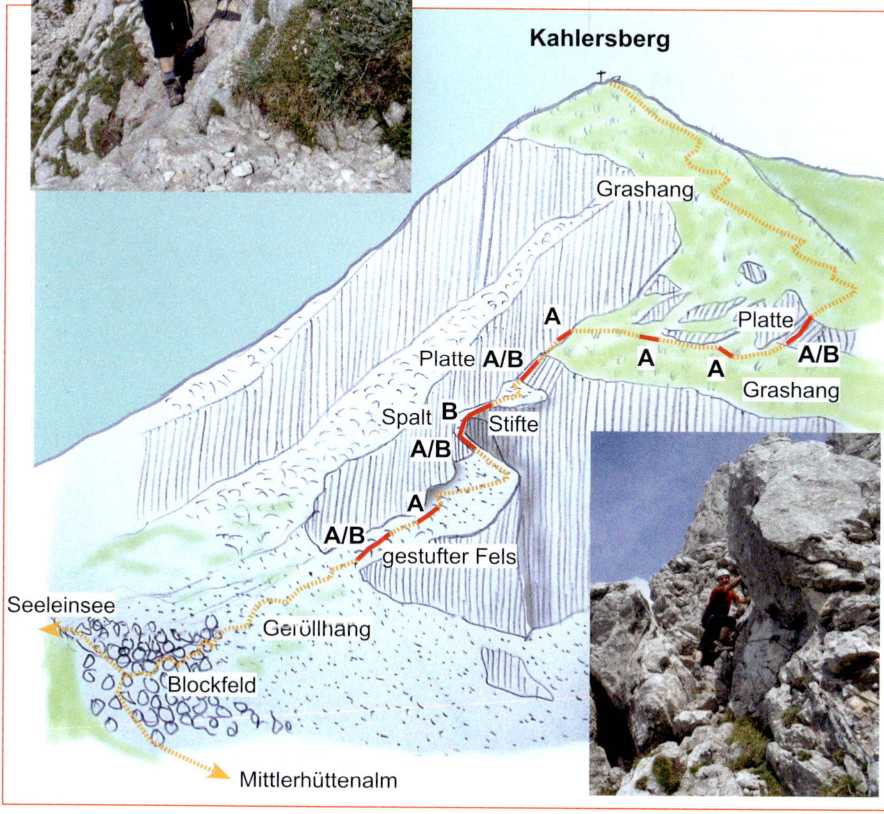

Seeleinsee hinaufführt (Weg 497). Wer will, kann dort den DAV unterstützen und ein Stück Brennholz buckeln, um es oben am Seeleinsee abzuladen (1890 m). Oben am Seeleinsee verzweigt sich der Weg. Nach rechts gelangt man über felsiges Gelände auf das Hochgschirr (1949 m). Dort führt ein Wegweiser nach links durch Blockgelände in einen Geröllhang. Oben an diesem Hang gelangt man an die ersten Sicherungen (2002 m).

GPS Einstieg: N47.53231 E13.02664

Steigverlauf: Die ersten Sicherungen führen leicht über gerölliges Gelände (A/B). Unter einem Felsdach steigt man auf eine Kanzel, die in einen gesicherten Spalt hineinführt (B). Anschließend ausgesetzt und über Stahlstifte zur nächsten gerölligen Passage (A/B). Es folgt eine Felsplatte (A/B), die auf einen Grashang führt. Diesen Hang quert man erst gegen rechts (teilweise gesichert A/B) und steigt ihn dann nach einer Linkskehre hoch. Oben an diesem Hang trifft man auf das Gipfelkreuz (2350 m).

Abstieg: 3,5 Std. Auf dem gleichen Weg zurück. Alternativ kann unterhalb der Sicherungen eine Geröllabfahrt eingelegt werden, wobei man unten jedoch unmarkiert über Blockwurf zum Weg hinüberwechseln muss. Man kann zu den Mitterhütten absteigen und dort unterhalb der Laafeldwand und später auf dem Reitweg zur Gotzenalm wandern (1685 m). Der folgende Abstieg auf Kiesstraßen geht jedoch ziemlich in die Knie, und später muss man zur Königsbachalm sogar wieder kurz aufsteigen (1240 m). Auf der Forststraße oder dem bekannten Weg gelangt man dann wieder nach Hinterbrand.

■ **Klettersteige zu verbinden:** Brettsteig (A-g-26), Röthsteig (A-g-28)

g Berchtesgadener Alpen

Wasseralm, 1416 m

A-g-28 **Röthsteig** *B 615 Hm*

Der Röthsteig befindet sich ganz zuhinterst im Berchtesgadener Land. Diesen Aufstieg zur Wasseralm erreicht man über den Königssee und entlang des Obersees. Klettersteigtechnisch kaum anspruchsvoll punktet dieser Steig mit wunderbaren Ein- und Ausblicken zum Obersee und zum Watzmann, sowie mit der fast urwaldartigen Landschaft. Ein besonderer Höhepunkt auf der Tour ist der Röthbach-Wasserfall, der mit 470 m Höhe als höchster Wasserfall Deutschlands gilt.

Beste Jahreszeit: Juni - Oktober.
Zeitaufwand / Weglänge gesamt: 7 Std. / 810 Hm / 14 km
Besondere Gefahren: Nässe.
Karten: Kompass 14 "Berchtesgadener Land - Chiemgauer Alpen" (1:50')
Talort / Ausgangspunkt: Berchtesgaden / Schiffsstation Saletalm (604 m) / *GPS: N47.59181 E12.98781*

Blick zur Fischunkelalm

Stützpunkt: Saletalm (604 m; www.saletalm.de; Tel. 08652-63007); **Wasseralm** (1416 m; DAV BGL; Tel. 08652-2207).

Anreise: Von Berchtesgaden aus Richtung Königssee fahren (großen Hinweisschildern folgen), auf dem großen gebührenpflichtigen Parkplatz parken. Man durchquert den

Ort Königssee und besteigt das Schiff. Damit fährt man zur Haltestelle Saletalm.
Gesamter Wegverlauf: **Zustieg:** 1,5 Std.; 195 Hm. Ab der Haltestelle Saletalm wandert man zum Obersee (613 m; Weg 424) und geht diesen auf der Südseite entlang zur Fischunkelalm (620 m) und schließlich zum Talschluss, wo der Steig beginnt.

Steigverlauf: 2,5 Std.; 615 Hm. Gleich zu Beginn wird ein kleiner Bach überquert, der über Felsen hinabfließt. Dann geht es steil bergan, wobei sich Seilsicherungen (A/B) und ungesicherte Passagen abwechseln. Ab einer gewissen Höhe beginnt der Steig sich gegen rechts zu wenden und führt schließlich an eine ca. 5 m hohe Felststufe, die gesichert und über Stahlbügel überwunden wird (B). Danach wird der Weg deutlich flacher und führt ohne Sicherungen, aber über Holzstege durch einen Urwald zur Wasseralm (1416 m).

GPS: N47.50619 E13.01202

Abstieg: 3 Std.; 810 Hm. Auf dem Anstiegsweg zurück (Fahrzeit des letzten Schiffes zurück nach Königssee beachten!)

Hinweise, Tipps: Abstieg über den Sageckersteig (zwischen Wasseralm und Sageckersteig liegt das Halsköpfl, 1719 m, ein einzigartiger Aussichtspunkt auf Königssee und Obersee) oder den Kaunersteig. Weiter können die süd-östlichen Teufelshörner (2362 m) bestiegen werden.

Eine Übernachtung auf der wildromantischen Wasseralm im Frühherbst ist empfehlenswert für alle, die sich an röhrenden Hirschen, einem Waschtrog im Freien und einem Klohäusl (mit Herzl) nicht stören.

Die ersten Sicherungen

Bild unten: die Wasseralm

A-h-1 Oberlandsteig blau C,2

schwierig

Steig	Steig	Zustieg	Abstieg	Expos.	Fun	Sich.	Anford.
45 Min.	40 Hm	45 Min.	20 Min.	S	★★★ schön	☆☆☆☆ super	mittel

Schwierigkeit: schwierig; wechselnd B bis B/C; viele Wandquerungen auf Stiften; eine Stelle C
Gesamtanforderung: mittel
Bes. Gefahren: keine
Beste Jahreszeit: April - Oktober

Zeiten / Höhenunterschiede:
Zustieg: 45 Min. / 80 Hm
Klettersteig: 45 Min. / 40 Hm
Abstieg: 20 Min. / 70 Hm
Höhenunterschied gesamt: 120 Hm
Zeitaufwand gesamt: 2 Std.
Weglänge gesamt: 2,3 km

Exposition: Süd
Sicherungen: sehr gut; Stahlseile und Stifte
Funfaktor: schön
Gestein: Kalk
Flucht- / Abbruchmögl.: keine
Orientierung / Markierung: sehr wenige Markierungen im Zustieg; auch Verlauf zwischen den Steigen irreführend
Anfänger-Eignung: ja

Ausrüstung: Klettersteigset, Helm, mittelfeste Bergschuhe od. Kletterschuhe
Errichtung / Betreuung: DAV Ingolstadt (www.dav-ingolstadt.de; info@dav-ingolstadt.de)
Karte: Kompass 177 "Mittleres Altmühltal" (1:50')

Anforderungsprofil

Kondition:	2
Armkraft:	3
Technik:	3
Mut, Psyche:	2
Bergerfahrung:	3

1 niedrig 2 mäßig 3 mittel 4 hoch 5 extrem

Charakteristik: Wer mag in dieser Gegend einen ausgewachsenen Klettersteig vermuten? Doch der *Oberlandsteig* fasziniert mit echten Herausforderungen, wenngleich auch die Schwierigkeiten, den Steig erst einmal zu finden, zu leichten Abzügen führten.

Querung im unteren Teil

h Altmühltal Dohlenfelsen, 495 m

Talort: Eichstätt.

Ausgangspunkt: Kletterparkplatz bei Konstein (400 m).

GPS Parkplatz: N48.82866 E11.08326

Stützpunkt: keiner.

Anreise: Von Eichstätt entlang der Altmühl nach Dollnstein. Dort südlich nach Konstein. Auf der Straße bleiben und am Ortsende kurz vor einer Rechtskurve in eine kleine Straße nach links Richtung Ort abbiegen. Im Ort an der Kreuzung rechts zu den Parkplätzen etwas außerhalb bei den Kletterfelsen (20 km ab Eichstätt).

Zustieg: **45 Min.** Zu Fuß die Zufahrtsstraße in den Ort zurück zur letzten Kreuzung. Dort oberhalb beginnt der Wanderweg (Hinweistafel). Nun den Saumpfad bergauf; teilweise müssen steile Stufen überwunden werden. An einer Wegkreuzung teilt sich der Weg. Blau führt nach links, rot bleibt gerade. Man wählt blau und gelangt kurz darauf an eine Steilstelle, die ungesichert überwunden werden muss (FT 2). Dann weiter durch felsigen Wald, immer auf der Suche nach der spärlichen Markierung bis man dann endlich eine Tafel an einer Felswand entdeckt (80 Hm). *GPS Einstieg: N48.83081 E11.08459*

Steigverlauf: Der Steig besteht aus zwei Teilen. Beide Teile queren südseitige Felswände, teils offen, teils im Wald von der Sonne geschützt. Nach der Einstiegstafel geht es auf Stiften nach oben (B), dann quert man ein luftiges Eck (B/C) und geht weiter entlang einer senkrechten Felswand (B, später B/C). An einer Stelle ist das Seil sehr hoch gespannt, so dass kleine Leute Probleme kriegen könnten. Über einen Absatz und ein kleines Felsband gelangt man zu einem zu querenden Überhang (C), der etwas von der Wand abdrängt. Danach endet der erste Teil in einer kleinen Felsscharte. Der Weg führt nun weiter nach Aicha und hat dort noch eine kleine gesicherte Stelle (B). Um den zweiten Teil des Klettersteigs zu erreichen, steigt man vom Ausstieg etwas weglos bergab zu einem querenden Wanderweg (Oberlandsteig rot). Diesem folgt man etwa 60 m nach links (West), um dann oberhalb des Wegs (Augen auf!) den Einstieg des zweiten Teils zu sehen. Dieser quert ebenfalls eine Felswand über Stifte (B), dann über ein kleines Band (B/C) und eine offene Wand (Stifte; B/C; hier durchgehend Sonne) einen Aufschwung hinauf (B/C) und nochmals über Stifte oberhalb eines Kletterfelsens querend (auf unten stehende Personen achten) zum Ausstieg auf eine kleine Felsspitze (B) (45 Min.; 40 Hm).

Abstieg: 20 Min. Von der Felsspitze hinab auf den Zustiegsweg und dann links halten. Etwas später sieht man den unten parallel verlaufenden anderen Wanderweg (rot). Dort führt ein Pfad weiter hinab aus dem Wald heraus zum Dohlenfelsen und Parkplatz zurück. Alternativ geht man den Zustiegsweg einfach zurück, wie man gekommen ist (20 Min.; 70 Hm).

Oberlandsteig blau C

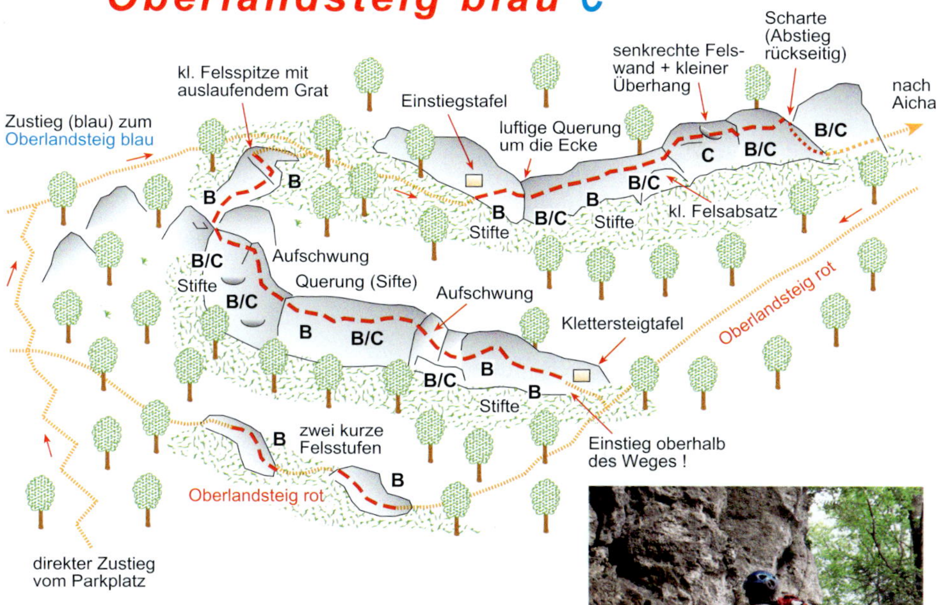

■ Klettersteige zu verbinden:
Oberlandsteig rot (A-h-2)

Ungesicherter Aufschwung beim Zustieg

Dohlenfelsen, 495 m

A-h-2 Oberlandsteig rot A/B 10 Hm

Der "Felsenweg rot" ist ein Wanderweg nach Aicha, der auf Höhe des Kletterareals einige gesicherte Stellen aufweist. Wem der blaue Weg zu schwer ist, nimmt diesen und trifft dann später wieder auf den blauen Weg.

Beste Jahreszeit: Mai - Oktober.
Zeitaufwand / Weglänge gesamt: 1 Std. / 50 Hm / 1,5 km
Besondere Gefahren: keine.
Karten: Kompass 177 "Mittleres Altmühltal" (1:50').
Talort / Ausgangspunkt: Eichstätt / Kletterparkplatz bei Konstein (400 m) / *GPS: N48.82866 E11.08326*
Stützpunkt: keiner.
Anreise: siehe A-h-1.
Gesamter Wegverlauf: **Zustieg:** 30 Min.; 60 Hm. Zu Fuß die Zufahrtsstraße in den Ort zurück zur letzten Kreuzung. Dort oberhalb beginnt der Wanderweg (Hinweistafel). Nun den Saumpfad bergauf; teilweise müssen steile Stufen überwunden werden. An einer Wegkreuzung teilt sich der Weg. Blau führt nach links, rot bleibt gerade. Man wählt rot und folgt dem Weg durch den Wald. Unterhalb der Kletterfelsen gelangt man zum "Einstieg" (60 Hm; 30 Min.)
Steigverlauf: 10 Min.; 10 Hm Abstieg. Man quert zwei aufeinanderfolgende steile Abschwünge (B) und ist dann schon am Ende der Sicherungen angelangt (10 Min.). *GPS: N48.83023 E11.08429*
Abstieg: 15 Min.; 40 Hm. Der Weg führt nun weiter nach Aicha. Wer nicht dorthin will, kann auch sofort quer nach unten absteigen. Durch zahlreiche Pfade gelangt man wieder auf die Straße und zum Parkplatz (10 Min.)

h Altmühltal

Ried, 400 m

A-h-3 Jägersteig A 10 Hm

Der Jägersteig ist eine gemütliche Wanderung, die an einigen Stellen gesichert ist. Es handelt sich dabei aber nicht um einen Klettersteig, und man kann ihn vor oder nach den beiden Oberlandsteigen noch mitnehmen - mehr aber nicht.

Beste Jahreszeit: April - Oktober.
Zeitaufwand / Weglänge gesamt: 2 Std. / 20 Hm / 5,6 km
Besondere Gefahren: Wurzelwerk etc. bei Nässe sehr rutschig.
Karten: Kompass 177 "Mittleres Altmühltal" (1:50').
Talort / Ausgangspunkt: Eichstätt / Wandererparkplatz südlich von Dollnstein (400 m) / *GPS: N48.85491 E11.07857*
Stützpunkt: keiner.
Anreise: Von Eichstätt fährt man entlang der Altmühl nach Dollnstein, dort südwärts Richtung Wellheim / Konstein. Etwa 1 km nach dem Ortsende befindet sich links ein Wandererparkplatz bei einem Weiher.
Gesamter Wegverlauf: **Zustieg:** 10 Min.; 10 Hm. Vom Parkplatz über die Straße. Dort zweigt man auf einen breiten Forstweg nach links in den Wald ab. Nach ca. 300 m zweigt der Jägersteig nach rechts ab.
Steigverlauf: 50 Min.; 10 Hm. Der Jägersteig führt mit wenig Höhenunterschieden am Hang entlang Richtung Ried. An einigen steileren oder rutschigeren Stellen sind Seile (A) zur Unterstützung angebracht. Der Weg endet etwas hinter Ried in der Nähe einer archäologischen Ausgrabungsstätte.
GPS: N48.85174 E11.07441
Abstieg: 1 Std.; 20 Hm. Auf selbem Weg zurück oder die Abkürzung (beschildert) unterhalb des Waldrandes nehmen.

A-i-1 Norissteig *B/C,2*

mäßig schwierig

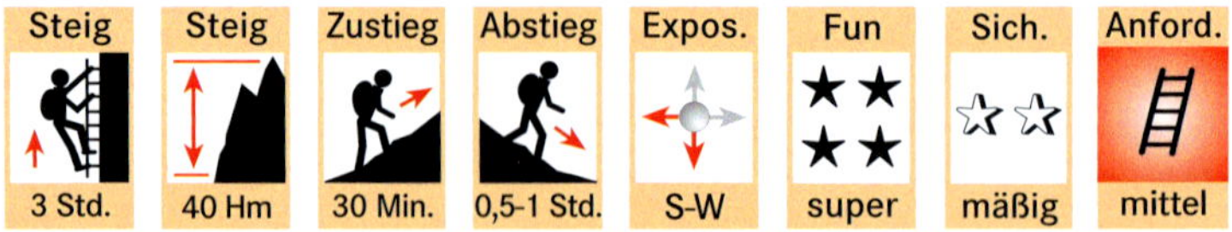

Schwierigkeit: mäßig schwierig; gesicherte Passagen meist B, ungesicherte Stellen FT 1-2, Noristörle bis FT 3-, ungesicherter Einstieg in die Mittelbergwand für kleinwüchsige Personen oft problematisch
Gesamtanforderung: mittel
Bes. Gefahren: Vorsicht bei Nässe!
Beste Jahreszeit: fast ganzjährig

Zeiten / Höhenunterschiede:
Zustieg: 30 Min. / 100 Hm
Klettersteig: 3 Std. / meist Querungen, Mittelbergwand 40 Hm
Abstieg: 0,5 - 1 Std. / 100 Hm
Höhenunterschied gesamt: 100 Hm
Zeitaufwand gesamt: 4 - 4,5 Std.
Weglänge gesamt: 5,5 km

Exposition: Süd bis West
Sicherungen: wenige Drahtseile, Trittstifte, Klammern
Funfaktor: super
Gestein: Kalk
Flucht- / Abbruchmögl.: an mehreren Stellen kann der Steig verlassen werden und am Wanderweg unterhalb der Felsen weitergegangen werden
Orientierung / Markierung: gut, roter Punkt, seit 2010 grüne Schildchen
Anfänger-Eignung: ja (außer Noristörl, Frankenkamin und evtl. Einstieg Mittelbergwand)

Ausrüstung: Klettersteigset, Helm, mittelfeste Bergschuhe od. Kletterschuhe, evtl. 30m Seil zur Absicherung des Frankekamins von oben
Errichtung / Betreuung: DAV Sektion Noris 1928 (www.dav-noris.de)

Karte: Kompass 172 "Hersbrucker Land in der Frankenalb" (1:50')
Kartenausschnitt siehe Seite 296

Anforderungsprofil

Kondition:	2
Armkraft:	2
Technik:	3
Mut, Psyche:	4
Bergerfahrung:	2

1 niedrig 2 mäßig 3 mittel 4 hoch 5 extrem

Charakteristik: Dieser von der DAV Sektion Noris im Jahre 1928 erbaute Wander- und Klettersteig zählt zu den beliebtesten Nürnberger Ausflugszielen. Er beginnt in Fischbrunn und führt durch die zahlreichen Felsgruppen quer durch den Wald bis zur finalen Mittelbergwand bei Hirschbach. Die Drahtseilsicherungen sind an den Felsen spärlich, so dass es meist ein ungesichertes Gekraxel an den vermoosten Felsen ist. Die vielen Griffe und Tritte bieten die notwendige Sicherheit, auch wenn die ein oder andere Passage den versierten Kletterern vorbehalten sein sollte (Überschreitung des Noristörls sowie das Abklettern des Frankekamins).

i Hersbrucker Alb *Mittelbergwand, 600 m*

Talort: Hersbruck.

Ausgangspunkt: Fischbrunn, Parkplatz rechts in der Linkskurve.

GPS Parkplatz: N49.5425741, E11.-5083289

Stützpunkt: keiner, Einkehrmöglichkeiten in Hirschbach.

Einstieg bei der Amtsknechthöhle

Anreise: Von Hersbruck über die Umgehungsstraße (B14) Richtung Sulzbach-Rosenberg. Ausfahrt Neuhaus a.d.Pegnitz / Hohenstadt. Im Kreisverkehr die zweite Ausfahrt Richtung Hohenstadt nehmen und in Hohenstadt rechts der Beschilderung nach Neuhaus a.d.Pegnitz folgen. Nach ca. 2 km rechts ins Hirschbachtal abbiegen (Wegweiser Hirschbach) und bis Fischbrunn fahren.

Norissteig B/C, 2

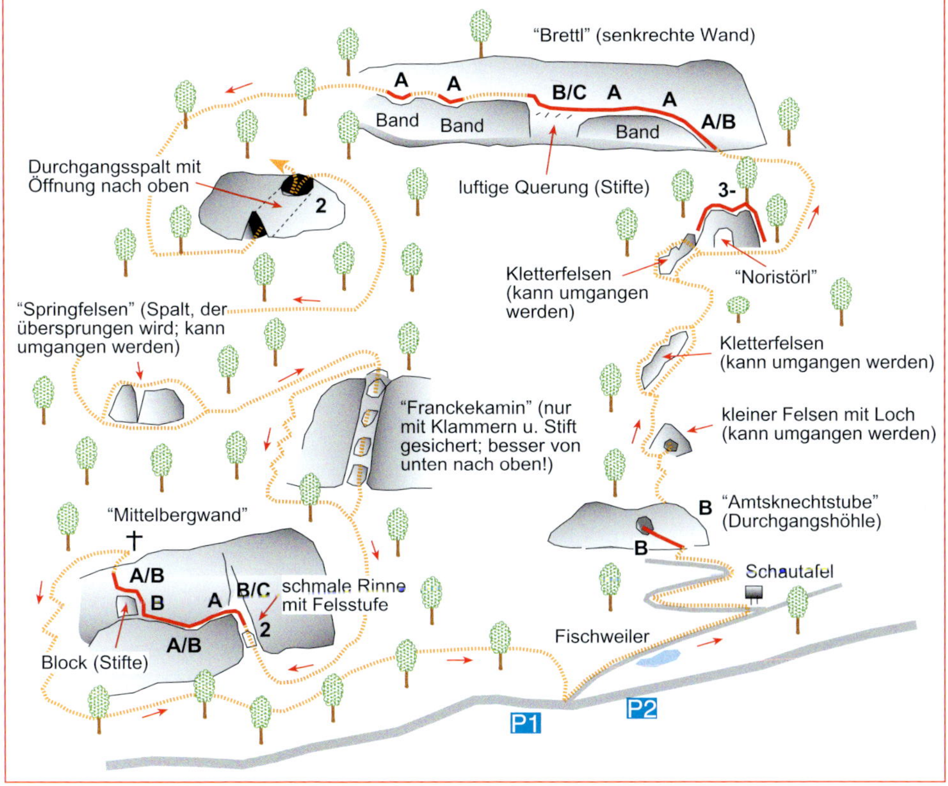

i **Hersbrucker Alb** *Mittelbergwand, 600 m*

Zustieg: 30 Min. Vom Parkplatz aus in östlicher Richtung durch die schmale Gasse (Wanderwegmarkierungen) steil ansteigend an Häusern vorbei in den Wald folgen. Hier den guten Markierungen und der Tafel Norissteig folgend bis zum Einstieg bei der Amtsknechthöhle. *GPS Einstieg: N49.547530, E11.515320*

Steigverlauf: Gut gesichert links querend (B; Stifte) empor zu einem engen Felsloch, durch das man kriechend in eine kleine Höhle gelangt. Nach dieser steigt man links über Felsblöcke nochmals die Wand (B) zum höchsten Punkt des Felsens hinauf. Nach kurzem Gehstück durchklettert man nun ungesichert (FT 1-) das nächste Felsenloch, bevor es über einen kleinen Kamm (FT 2) zu einer anregenden Kletterei geht, die den Felsen, der dem Noristörl seitlich vorgelagert ist, hinabführt (FT 2; 1 Std.; Überkletterung des Noristörl FT 3-). Vom Noristörl nördlich abwärts und weiter zum „Brettl“. Benannt nach dem berühmten „Brett“ beim Höllentalsteig (A-b-3) quert man hier die Wand (B; luftig; Stifte). In gleicher Höhe weiter zu den nächsten beiden Sicherungen (A/B), welche um zwei Felsvorsprünge (luftig!) herumführen. Am Ende des Drahtseiles erreicht man einen Felsspalt, durch den man sich auf den Fels hinaufschiebt (Sprungstein). Den Markierungen folgend wandert man nun zum Einstieg des Frankekamins (1 Std.), den man abklettert (FT 2; wenige Klammern). Nun leicht abwärts zur Mittelbergwand. Der Einstieg durch einen engen Felsspalt ist zunächst ungesichert (FT 2), bis man das hoch oben befestigte Drahtseil mit den Händen erreicht und sich sichern kann (B/C). Bald steht man auf einem schmalen Felsband, auf dem man die Mittelbergwand in halber Höhe quert (A). Kurz darauf biegt man um die vorspringende Wand und geht schräg aufwärts (B) bis zum letzten Felsen (B; Stifte). Danach hat man das Plateau der Mittelbergwand erreicht und klettert die wenigen Meter rechts zum kleinen Gipfelkreuz hinauf (30 Min.).

Abstieg: 0,5 - 1 Std. Für den Abstieg rechts an der großen Felswand vorbei und schräg auf dem steilen Waldhang einen Pfad entlang absteigen. Bald steht man am Fuße des Berges und wandert nordwärts hinab ins Hirschbachtal. Hier empfiehlt sich eine Einkehr. Nun entweder an der Straße entlang oder durch den Wald auf markiertem Weg zurück.

Querung

Noristörl

■ **Tipps:** Am besten mit dem Höhenglücksteig (A-i-2) und der Via Ferrata Bambini (A-i-3) verbinden. Von der Mittelbergwand den Markierungen und Wegweisern in südöstlicher Richtung folgen.

■ **Klettersteige zu verbinden:** Höhenglücksteig (A-i-2), Via Ferrata Bambini (A-i-3)

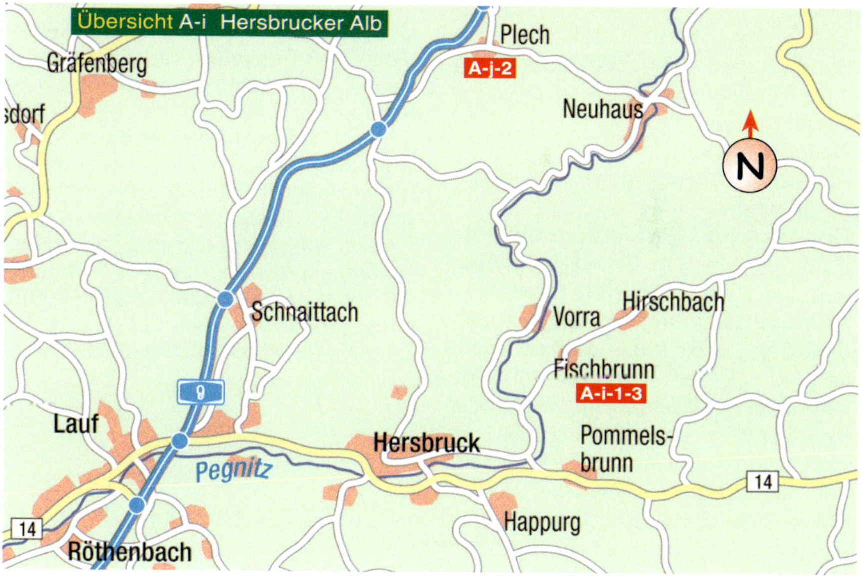

A-i-2 Höhenglücksteig *D/E,2* sehr schwierig

Steig	Steig	Zustieg	Abstieg	Expos.	Fun	Sich.	Anford.
2 Std.	5 Hm	20 Min.	20 Min.	S-W	★★★★ super	☆☆☆☆ super	mittel

Schwierigkeit: sehr schwierig; Einstiegskamin ungesichert (FT 2), sonst mäßig schwierig (B) bis schwierig (C); eine Stelle D/E; dritter Abschnitt sehr schwierig (D); insgesamt über 300 m Felsquerung am Stahlseil durch steile, z.T. senkrechte trittlose Wände, stellenweise sparsamst gesetzte Stifte
Gesamtanforderung: mittel
Bes. Gefahren: keine
Beste Jahreszeit: ganzjährig

Zeiten / Höhenunterschiede:
Zustieg: 20 Min. / 30 Hm
Klettersteig: 2 Std. / 5 Hm
Abstieg: 20 Min. / 30 Hm
Höhenunterschied gesamt: 50 Hm
Zeitaufwand gesamt: 2,5 - 3 Std.
Weglänge gesamt: 4 km

Exposition: Süd bis West
Sicherungen: sehr gute dicke Drahtseile, Trittstifte, Holzbrücke
Funfaktor: super
Gestein: Kalk
Flucht- / Abbruchmögl.: an mehreren Stellen
Orientierung / Markierung: gut, roter Punkt auf weißem Grund, Markierungen zum Höhenglücksteig folgen
Anfänger-Eignung: bedingt zumindest der 1. Teil (ohne Wittmannschikane) und 2. Teil
Ausrüstung: Klettersteigset, Helm, mittelfeste Bergschuhe od. Kletterschuhe
Errichtung / Betreuung: 1932 - 1937 von der Alpinen Gesellschaft Höhenglück. Eine Erneuerung des Klettersteiges erfolgte im Jahre 1949 und 1950. Anlässlich des 50. Jubiläums des Steiges fand am 30.04.1972 die zweite Gesamterneuerung von Freunden und Gönnern des Höhenglücksteigs statt. DAV Noris (www.dav-noris.de; Tel. 2004751)
Karte: Kompass 172 "Hersbrucker Land in der Frankenalb" (1:50')
Kartenausschnitt siehe Seite 296

Anforderungsprofil

Kondition:	2
Armkraft:	5
Technik:	3
Mut, Psyche:	4
Bergerfahrung:	2

1 niedrig 2 mäßig 3 mittel 4 hoch 5 extrem

Charakteristik: Der *Höhenglücksteig* bietet in 3 Sektionen viel Klettersteig-Spaß. Zwar quert man oft am straff gespannten Drahtseil die nicht allzu hohen Wandpassagen, aber dennoch wartet der Steig mit der ein oder anderen kniffligen (Wittmannschikane) und originellen Passage (Mauseloch) auf. Alles in allem ein durchaus forderndes Halbtagespensum, das in Verbindung mit der *Via Ferrata Bambini* (A-i-3) und dem *Norissteig* (A-i-1) ein tolles Erlebnis fernab der Alpen bietet.

i Hersbrucker Alb *Lug ins Land , 600 m*

Talort: Hersbruck.

Ausgangspunkt: Wandererparkplatz zwischen Hegendorf und Neutras.
GPS Parkplatz: N49.53817, E11.53339

Stützpunkt: keine, Einkehrmöglichkeiten in Neutras oder in Hirschbach.

Anreise: Von Hersbruck über die Umgehungsstraße (B14) Richtung Sulzbach-Rosenberg. Ausfahrt Neuhaus a.d.Pegnitz / Hohenstadt. Im Kreisverkehr die zweite Ausfahrt Richtung Hohenstadt nehmen und direkt danach rechts nach Hegendorf (5 km) abbiegen. In Hegendorf mitten im Ort die erste Straße rechts nach Neutras (zugewachsenes Schild) nehmen und gut 500 m auf Schotterpiste zum großen Parkplatz auf freiem Feld.

Zustieg: 20 Min. Vom Parkplatz aus dem land- und forstwirtschaftlichen Weg in nordöstlicher Richtung (Wegweiser Höhenglücksteig im Gebüsch) links haltend bis zum Waldrand folgen. Am Waldrand dann dem rot-weißen Punkt steil im Wald über Wurzeln bergauf und den Markierungen bis zu den Tafeln vom Höhenglücksteig und der *Via Ferrata Bambini* (A-i-3) folgen.
GPS Einstieg: N49.54516, E11.542226

Im ersten Teil des Höhenglücksteiges

Steigverlauf: 1. Teil (30 - 45 Min.): Es beginnt mit dem Einstiegskamin (5 m; FT 2; zwei Stifte; Umgehung möglich; Details siehe Topo), dann kommen folgende Teilstücke mit Sicherung: ein kurzes Band (A), Neutras-Brettl (B/C), Heuchlinger Blick (B), Echowand (C), Pfeffer-Brettl (B), Scharfes Eck (B/C), Hollederer Brückl (A), im Winkl (C) mit dem einbetonierten "Glückspfennig". Nach einem kurzen Zwischenabstieg folgt das sehr schwierige Teilstück „Wittmannschikane“ (D/E; abdrängend und glatt!). Ein Quergang (C; Stifte in ungünstiger Höhe) leitet zur letzten Wand, dem "Hüpfer" (B/C). Als optimaler Brotzeitplatz bietet sich nun das Lug ins Land an (Felszinne; FT 1). **2. Teil (15 - 30 Min.):** Nach kurzer Wegstrecke durch den Wald erreicht man die Nordseite des Petrusbrettl (C; luftige Querung; Stifte) und quert weiter über die Hirschbacher-Kanzel (C) auf einem Band in den Wald hinüber. Nach einer kurzen Gehpassage klettert man einen moosigen Kamin hinauf (2 m, FT 1) und auf der anderen Seite hinunter in die Frankenkammer (FT 1). Nun muss man durch den schmalen Durchschlupf „Mauseloch“ ziemlich dunkel abklettern (4 m; FT 2; Klammer). Der weitere Wanderweg führt rechter Hand ansteigend zum **3. Teil (30 - 45 Min.):** Äußerst exponiert gestaltet sich der Einstiegsbauch (D/E), wobei die sehr stark abgespeckte Wand kaum

Trittmöglichkeiten bietet. Es folgt ein größeres Plateau - Zwischenaussteig (B), bevor es über das Steigbuch (C), Hartes Brett (D), Ausstiegswand (D) sehr exponiert gut 15 Meter über dem Boden am Annaturm (C) vorbei zum Ausstiegsspalt (FT 2) geht.

Abstieg: **20 Min.** Unterhalb der Felsen auf dem Wanderweg zurück zu den Einstiegstafeln und von dort auf bekanntem Weg zurück zum Wanderparkplatz.

Oben links: im 1. Teil; oben rechts: Quergang; unten: im “Winkl”

■ **Tipps:** Am besten mit der Via Ferrata Bambini (A-i-3), die sich direkt rechts vom Einstiegskamin befindet, verbinden

■ **Klettersteige zu verbinden:** Via Ferrata Bambini (A-i-3), Norissteig (A-i-1)

Höhenglücksteig D/E,2

1. Teil

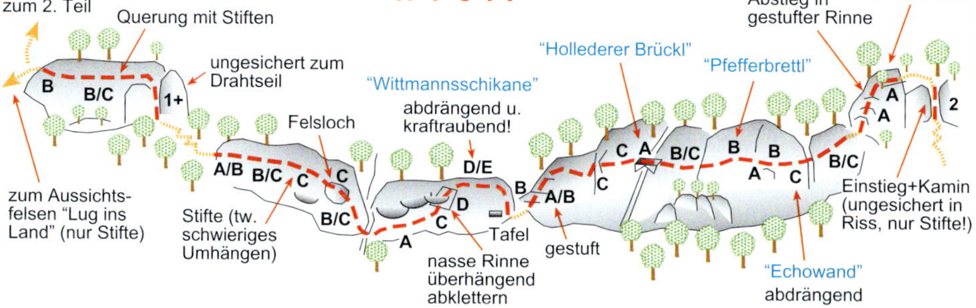

2. Teil

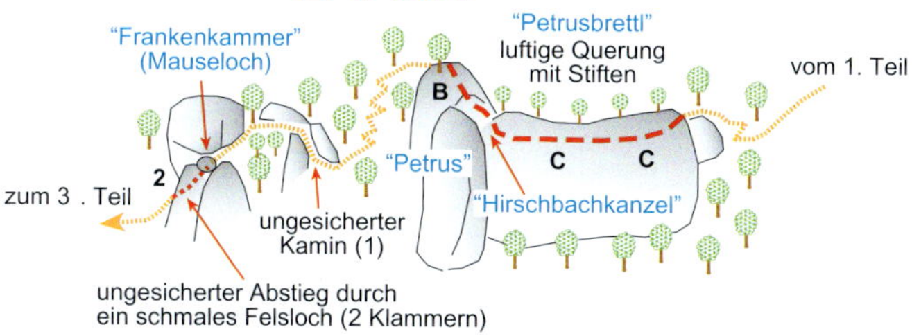

3. Teil

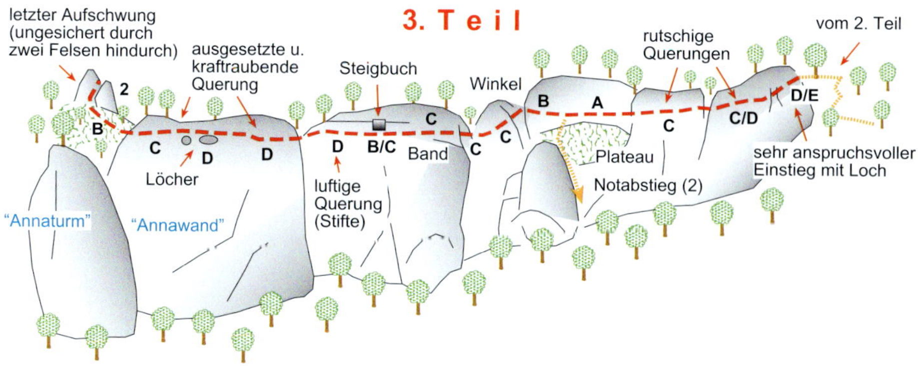

A-i-3 Via Ferrata Bambini B/C

mäßig schwierig

Steig	Steig	Zustieg	Abstieg	Expos.	Fun	Sich.	Anford.
10 Min.	5 Hm	20 Min.	20 Min.	W	★★★ schön	☆☆☆☆ super	mäßig

Schwierigkeit: mäßig schwierig; kurze Querungen mit sehr guten Sicherungen. Meist A - B; einige steile und ausgesetzte Passagen im Mittelteil in der Nähe der senkrechten Aluminiumleiter
Gesamtanforderung: mäßig
Bes. Gefahren: keine
Beste Jahreszeit: ganzjährig

Zeiten / Höhenunterschiede:
Zustieg: 20 Min. / 30 Hm
Klettersteig: 10 Min. / 5 Hm
Abstieg: 20 Min. / 30 Hm
Höhenunterschied gesamt: 40 Hm
Zeitaufwand gesamt: 0,5 - 1 Std.
Weglänge gesamt: 1,5 km

Exposition: West
Sicherungen: sehr gute dicke Drahtseile, Trittstifte, Dreiseilbrücke, Leiter
Funfaktor: schön
Gestein: Kalk
Flucht- / Abbruchmögl.: an mehreren Stellen nach oben od. unten im steilen Waldgelände über Felsen. Notabstieg auch über die Leiter möglich
Orientierung / Markierung: gut; roter Punkt auf weißem Grund, Markierungen zum Höhenglücksteig folgen
Anfänger-Eignung: ja (nur für größere Kinder)
Ausrüstung: Klettersteigset, Helm, mittelfeste Bergschuhe od. Kletterschuhe
Errichtung / Betreuung: Berg- und Skiteam jura alpin GmbH (www.berg-skiteam.de); DAV Noris
Karte: wie A-i-2

Anforderungsprofil

Kondition:	1
Armkraft:	2
Technik:	2
Mut, Psyche:	2
Bergerfahrung:	1

1 niedrig 2 mäßig 3 mittel 4 hoch 5 extrem

Charakteristik: Die *Via Ferrata Bambini* wurde erst vor einigen Jahren in unmittelbarer Nähe des Einstiegs vom *Höhenglücksteig* (A-i-2) erbaut. Die *Via Ferrata Bambini* besteht offiziell aus 3 Sektionen, wobei man Sektion 1 und 2 schon genauer suchen muss. Hierbei handelt es sich um auf Brusthöhe angebrachte kurze (ca. 1 - 2 m) Drahtseilsicherungen, an denen die Sicherungstechnik für das Begehen eines Klettersteiges gefahrlos erlernt werden kann. Sektion 3 ist dann der eigentliche Klettersteig, und dieser "Kinderklettersteig" ist aber keinesfalls kinderleicht. So muss man an einigen Stellen doch ordentlich zupacken, und auch das Gelände ist z.T. senkrecht im Bereich der Leiter.

Letzter Aufschwung vor dem Ausstieg

Talort, Ausgangspunkt, Stützpunkt, Anreise: Wie A-i-2.

Zustieg: 20 Min. Vom Parkplatz aus dem land- und forstwirtschaftlichen Weg in nordöstlicher Richtung (Wegweiser Höhenglücksteig im Gebüsch) links haltend bis zum Waldrand folgen. Am Waldrand dann dem rot-weißen Punkt steil im Wald über Wurzeln bergauf und den Markierungen bis zu den Tafeln vom *Höhenglücksteig* (A-i-2) und der *Via Ferrata Bambini* folgen.

GPS Einstieg: N49.54518, E11.54274

Steigverlauf: Der Steig wird in der Regel von ganz rechts (markanter großer Baum und Felsklotz) aus begangen. Über leichte Querungen (A/B und B) z.T. über Wurzeln und Felsblöcke gelangt man zur Dreiseilbrücke (B). Nach der Dreiseilbrücke folgt der schwierigste Teil der Via Ferrata Bambini. Am z.T. glatten und steilen Fels quert man hinüber zum oberen Teil der Aluminiumleiter (B/C). Hier kann man bei Bedarf absteigen. Weiter geht es über ein künstliches "Brett" aus Aluminium, bis man eine kleine letzte Steilstufe leicht zum Ausstieg (B) emporkraxelt (Tafel). **Abstieg: 20 Min.** Wie Zustieg.

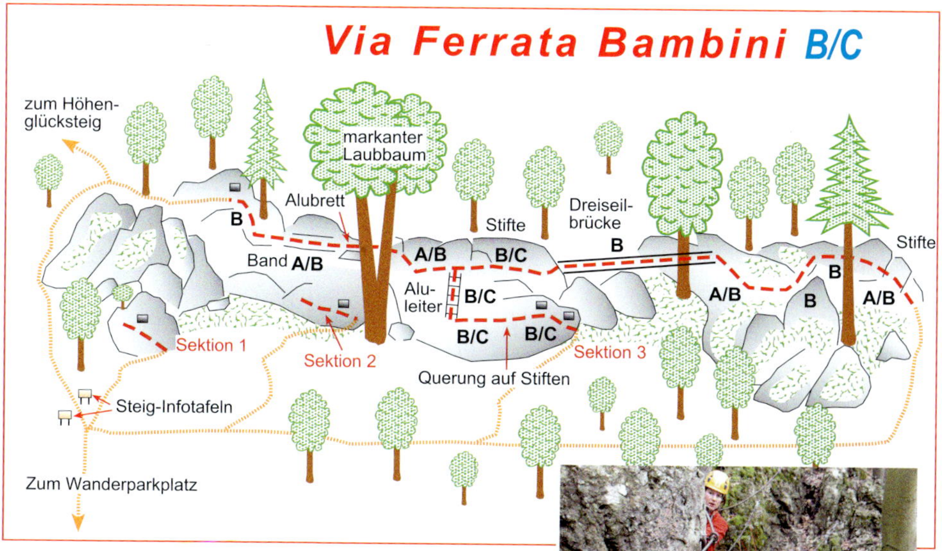

- **Tipps:** Am besten mit dem Höhenglücksteig (A-i-2) verbinden
- **Klettersteige zu verbinden:** Höhenglücksteig (A-i-2), Norissteig (A-i-1)

Ausstieg von der Aluleiter an den Fels

A-j-1 Kemitzensteinsteig *B/C*

mäßig schwierig

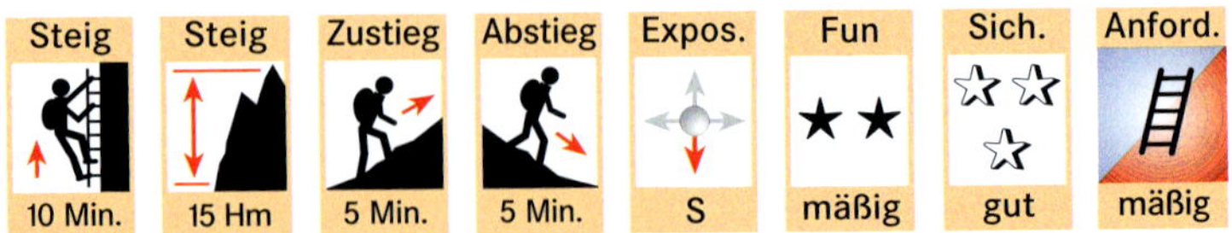

Schwierigkeit: mäßig schwierig; meist B; Ausstieg B/C
Gesamtanforderung: mäßig
Bes. Gefahren: keine
Beste Jahreszeit: Mai - Oktober

Zeiten / Höhenunterschiede:
Zustieg: 5 Min. / 15 Hm
Klettersteig: 10 Min. / 15 Hm
Abstieg: 5 Min. / 10 Hm
Höhenunterschied gesamt: 30 Hm
Zeitaufwand gesamt: 20 Min.
Weglänge gesamt: 200 m

Exposition: Süd
Sicherungen: gut; Stahlseile, eine Holzbrett-Brücke
Funfaktor: mäßig
Gestein: Kalk
Flucht- / Abbruchmögl.: Ausstiegsmöglichkeit nach der Holzbrücke
Orientierung / Markierung: keine notwendig
Anfänger-Eignung: ja

Ausrüstung: Klettersteigset, Helm, mittelfeste Bergschuhe od. Kletterschuhe
Errichtung / Betreuung: Naturfreunde Bad Staffelstein (www.naturfreunde-badstaffelstein.de)
Karte: Kompass 165 "Nördliche Fränkische Schweiz" (1:50')

Anforderungsprofil

Kondition:	1
Armkraft:	3
Technik:	3
Mut, Psyche:	2
Bergerfahrung:	1

1 niedrig 2 mäßig 3 mittel 4 hoch 5 extrem

Charakteristik: Der kleine Klettersteig auf den Kemitzenstein ist eher ein Nebeneffekt der Kletterfelsen dort. Er ist sehr kurz und deshalb auch nur begrenzt begeisterungsfähig. Aber man kann ihn sehr gut zum Üben benützen.

Talort: Bad Staffelstein.
Ausgangspunkt: Parkplatz am Kemitzenstein (560 m).
GPS Parkplatz: N50.05033 E11.10911
Stützpunkt: keiner.

Anreise: Von Staffelstein fährt man auf der St2204 südöstlich über Loffeld, Frauendorf und Kaider nach Kümmersreuth. Kurz nach dem Ortseingang links abbiegen (Am Kulmerts) und gleich wieder links hoch in den Kemitzenweg. Diesem folgt man (Straße eng und einspurig) bis zu einem Wald. Dort leicht rechts im Wald parken (10 km ab Staffelstein).

j Fränkische Schweiz *Kemitzenstein, 590 m*

Zustieg: 5 Min. Durch den Wald gelangt man zum bereits sichtbaren Kletterfelsen. Der Klettersteig befindet sich an der linken Seite (15 Hm).
GPS Einstieg: N50.05092 E11.10933

Steigverlauf: Der Steig schwingt sich an der Felswand entlang hinauf (B, dann A/B, schmale Tritte, einmal Reibungskletterei) und umrundet einen Felsblock (B). Danach gelangt man gesichert über eine Holzbrücke (schmales Holzbrett) über eine kleine Schlucht. Dort wäre eine Notausstiegsmöglichkeit. Weiter hinauf geht es am Felsgrat entlang (B) bis zum technisch leicht schwierigen Ausstieg (B/C) (15 Hm; 10 Min.).

Abstieg: 5 Min. Unterhalb des Ausstiegs führt eine kleine Schlucht hinunter, und nach Überwinden einer Steilstufe ist man schon fast wieder am Ausgangspunkt (10 Hm).

Tipps: Obwohl meist viele Kletterer unterwegs sind, ist der Steig selbst sehr wenig besucht. Gut zum Üben.

Plecher Wand, *485 m*

A-j-2 Plecher Klettersteig B/C 5 Hm

Mini-Ferrata an bekannter Autobahnausfahrt. Wer schon mal auf der A9 von Nürnberg in Richtung Berlin (oder auch in entgegengesetzter Richtung) gefahren ist, dem ist sicherlich die Ausfahrt Plech ein Begriff. Doch wer würde vermuten, dass sich direkt bei Plech ein kleiner Klettersteig verbirgt? Als eigenständiges Tourenziel lohnt dieser - vom Alpenverein für Übungszwecke errichtete - Steig mit Sicherheit nicht, doch für einen kurzen Halt auf der Durchfahrt lohnt sich dieses äußerst kurze Klettersteigabenteuer vor allem in Verbindung mit den schönen Kletterrouten an der Plecher Wand oder dem Eibgrat dann doch.

Beste Jahreszeit: ganzjährig.
Zeitaufwand / Weglänge gesamt:
25 Min. / 35 Hm / 700 m
Karten: Kompass 171 "Fränkische Schweiz"
Talort / Ausgangspunkt: Plech / Wandererparkplatz Plech (455 m).
GPS N49.64898 E11.46535
Anreise: Auf der A9 die Autobahnausfahrt Plech nehmen und von dort Richtung Plech weiterfahren. In Plech der Ausschilderung nach Hormersdorf (rechts abbiegen) folgen und nach ca. 500 m den Wanderparkplatz linker Hand nehmen (gegenüber eines Bauhofs) und vor dem gesperrten Feldweg auf dem großzügig angelegten Parkplatz parken.
Gesamter Wegverlauf: **Zustieg:** 10 Min. Vom Parkplatz wandert man auf einem breiten Feldweg am Waldrand entlang zur bereits sichtbaren Plecher Wand.
Steigverlauf: Aufschwung über großen Tritt zur Leiter (B/C). Über die Leiter (ca. 5 m) (B) die Wand empor und dann mit Trittstiften rechtsseitig querend (B). Abstieg in der Mitte der Querung via Drahtseilsicherung nach unten (B) möglich.
Abstieg: 10 Min. Wie Zustieg.

Plecher Klettersteig B/C

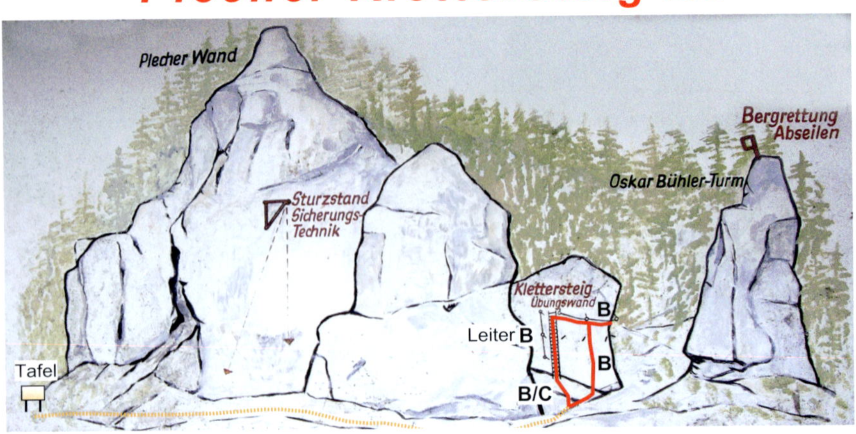

A-k-1 Klettersteig Augsburger Felsen B/C, 2

mäßig schwierig

Steig	Steig	Zustieg	Abstieg	Expos.	Fun	Sich.	Anford.
30 Min.	30 Hm	20 Min.	20 Min.	O	mäßig	gut	mäßig

Schwierigkeit: mäßig schwierig; am Einstieg FT 2, dann meist B, einmal Überhang B/C
Gesamtanforderung: mäßig
Bes. Gefahren: keine
Beste Jahreszeit: Mai - Oktober

Zeiten / Höhenunterschiede:
Zustieg: 20 Min. / 100 Hm
Klettersteig: 30 Min. / 30 Hm
Abstieg: 20 Min. / 100 Hm
Höhenunterschied gesamt: 130 Hm
Zeitaufwand gesamt: 1 - 1,5 Std.
Weglänge gesamt: 4 km

Exposition: Ost
Sicherungen: guter Zustand; Seil teils zu weit entfernt verspannt (Seil läuft oft nur durch Ösen)
Funfaktor: mäßig
Gestein: Granit
Flucht- / Abbruchmögl.: keine
Orientierung / Markierung: Weg zum Hackelstein gut markiert; Abzweig zum Klettersteig unmarkiert
Anfänger-Eignung: ja

Ausrüstung: Klettersteigset, Helm, mittelfeste Bergschuhe od. Kletterschuhe
Errichtung / Betreuung: Naturpark Steinwald e.V. (www.naturpark-steinwald.de; info@naturpark-steinwald.de)
Karte: Kompass 192 "Nördlicher Oberpfälzer Wald" (1:50')

Anforderungsprofil

Kondition:	1
Armkraft:	2
Technik:	2
Mut, Psyche:	2
Bergerfahrung:	2

1 niedrig 2 mäßig 3 mittel 4 hoch 5 extrem

Charakteristik: Tief im Wald findet der Tourist den Hackelstein. Ein stahlbewehrter Aussichtsfels ohne Aussicht. Ein paar Meter weiter findet der Klettersteigler den Augsburger Felsen, und auf ihn führt ein sehr kurzer, aber deftiger Klettersteig, dessen größte Schwierigkeit darin liegt, den Klettersteig erstmal zu erreichen.

Im unteren Teil

Klettersteig Augsburger Felsen B/C

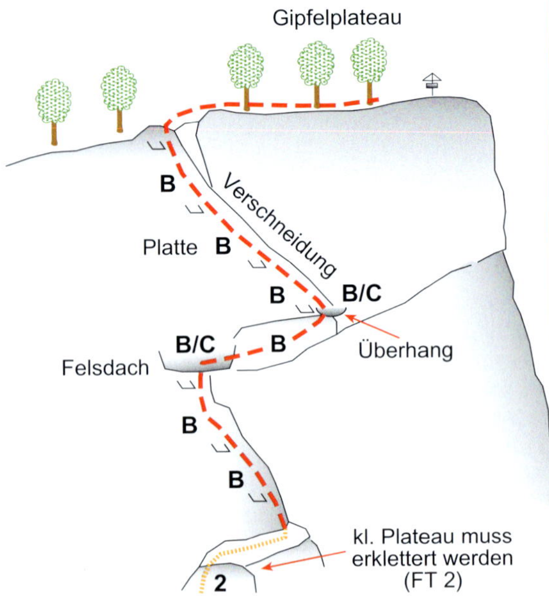

Talort: Marktredwitz.

Ausgangspunkt: Wandererparkplatz beim Forstamt Fuchsmühl (595 m). *GPS Parkplatz: N49.92006 E12.13334*

Stützpunkt: keiner.

Anreise: Von der A93 die Ausfahrt Wiesau nehmen. Dann Richtung Wiesau, Mühlhof, Tirschnitz bis nach Fuchsmühl. Vor Ortsbeginn links in die Friedenfelser Str. abbiegen, dann rechts abbiegen in die Gütterner Str. Nun immer links am Ortsrand halten auf den Wald zu, bis man am Forstamt vorbei zum kleinen Waldparkplatz gelangt (13 km ab Autobahn).

Zustieg: 20 Min. Zunächst dem Waldweg folgen (Wegweiser Hackelstein). Nach ca. 200 m biegt der Weg nach links ab. Nach weiteren 250 m hält man sich rechts, immer der guten Beschilderung folgend. Nun etwas steiler bergan bis zum Hackelstein, dessen Stahltreppen man schon von weitem sieht. Nach einem Abstecher auf das Plateau geht es rechts um den Fels etwas hinab. Nach ca. 30 Metern verlässt man den Weg und hält rechts auf den Felsen zu. Wer gute Augen hat, kann vom Weg aus schon ein Stück Stahlseil sehen. *GPS Einstieg: N49.92028 E12.12088*

■ **Tipps:** Man kann die relativ kurze Wanderung etwas verlängern, indem man das nahegelegene Wassertretbecken oder das Waldschlachtdenkmal besucht. Das Tretbecken liegt an der Quelle der Wiesau (1 km vom Parkplatz; Wegweiser).

■ **Hinweise:** Entgegen anderer Angaben ist der Weg sehr gut beschildert. Lediglich der Abzweig zum Einstieg des Klettersteigs fehlt, kann aber problemlos gefunden werden.

Steigverlauf: Bevor man das Seil erreicht, muss man ein Felsplateau erklimmen (FT 2). Mit Hilfe einiger Klammern geht es nun am Seil steil aufwärts (B) unter ein kleines Felsdach, welches man nach rechts quert, um dort auf einen kleinen Absatz zu gelangen. Nun ist man an der Schlüsselstelle angelangt. Ein kleiner bodennaher Überhang (B/C) muss überwunden werden. Um die erste Tritthilfe zu erreichen, sollte man nicht unter 1,60 m sein, sonst könnte es etwas schwierig werden. Nun geht es auf einer Platte entlang einer Verschneidung mit Hilfe von natürlichen und künstlichen Tritten weiter nach oben (B). Am oberen Felsende angekommen, quert man über einen Spalt nach rechts und gelangt so auf das Gipfelplateau des Augsburger Felsens. **Abstieg: 20 Min.** Wie Aufstieg.

Kurz nach dem Überhang

A-I-1 **Lenzsteig** B

mäßig schwierig

Steig	Steig	Zustieg	Abstieg	Expos.	Fun	Sich.	Anford.
20 Min.	75 Hm	10 Min.	30 Min.	W	★★ mäßig	☆☆☆ gut	mäßig

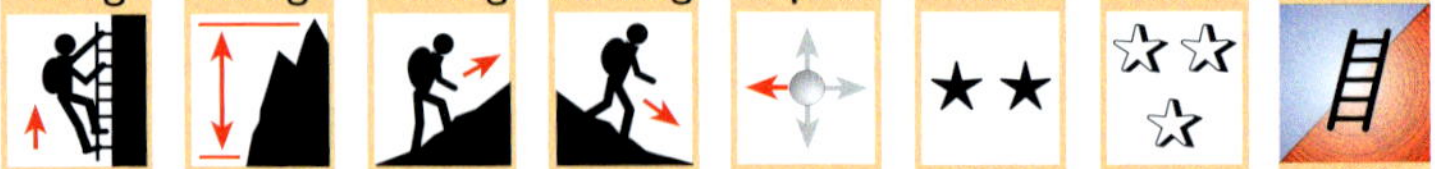

Schwierigkeit: mäßig schwierig; leicht bröseliger Steig mit geringen technischen Anforderungen, ein paar Klammern, in den Schotterrinnen sehr weite Hakenabstände
Gesamtanforderung: mäßig
Bes. Gefahren: Steinschlag
Beste Jahreszeit: April - Oktober

Zeiten / Höhenunterschiede:
Zustieg: 10 Min. / 55 Hm
Klettersteig: 20 Min. / 75 Hm
Abstieg: 20 - 30 Min. / 130 Hm
Höhenunterschied gesamt: 130 Hm
Zeitaufwand gesamt: 1 Std.
Weglänge gesamt: 1,0 km

Exposition: West
Sicherungen: gut; teils lange Ankerabstände, Klammern, 2 Ketten, Seil
Funfaktor: mäßig
Gestein: Muschelkalk
Flucht- / Abbruchmögl.: keine
Orientierung / Markierung: gut
Anfänger-Eignung: ja

Ausrüstung: Klettersteigset, Helm, mittelfeste Bergschuhe
Errichtung / Betreuung: DAV Würzburg (www.dav-wuerzburg.de)
Karte: Kompass 763 "Spessart" (1:50')
Kartenausschnitt siehe Seite 312

Anforderungsprofil

Kondition:	1
Armkraft:	2
Technik:	1
Mut, Psyche:	2
Bergerfahrung:	2

1 niedrig 2 mäßig 3 mittel 4 hoch 5 extrem

Charakteristik: Fährt man um Karlstadt den Main entlang, fällt einem sofort die geologische Besonderheit des Muschelkalks auf, der den oberen Hängen ihr charakteristisches Aussehen verleiht. Fährt man Karlstadt dagegen von Westen her an, sticht zudem noch das überdimensionierte Edelweiß ins Auge, das den Bergrücken des Kalbenstein in Höhe der Falteshütte ziert. Und genau dorthin gelangt man, wenn man den kleinen, aber feinen Lenzsteig nimmt. Allerdings sollte man gerade bei diesem Steig besondere Rücksicht auf die Natur nehmen und den Steig nicht verlassen!
Da sich der Steig mitten im Naturschutzgebiet sowie in der sehr sensiblen Gesteinsschicht des Muschelkalks befindet, wird ausdrücklich darauf hingewiesen, dass man sich unbedingt an die Anweisungen der Beschilderungen halten muss! Auf keinen Fall vom Weg abweichen, was eine unwiderrufliche Zerstörung der Natur zur Folge hat! Der hier zu sehende Abbruch wurde 1784 durch eine Felssturz in Folge von Hochwasser freigelegt. Infotafeln vor Ort erläutern das Geschehen.

Talort: Karlstadt.

Ausgangspunkt: Parkplatz Falteshütte (166 m).

GPS Parkplatz: N49.98991 E9.76050

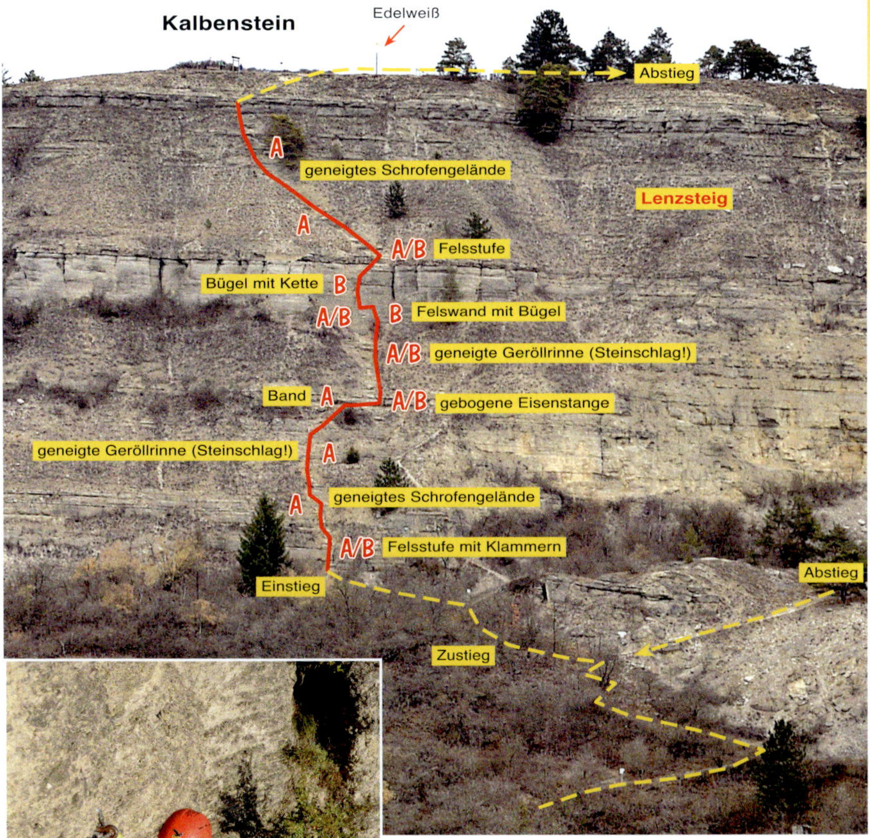

Stützpunkt: Falteshütte (175 m; Tel. 09364-3655).

Anreise: Karlstadt liegt ca. 27 km (B27) nördlich von Würzburg (östliches Mainufer). Hier auf der B26 weiter nach Gemünden/Gambach. Nach ca. 3 km ab Ortsende befindet sich rechts die Zufahrt zur Falteshütte. Parkplatz direkt neben der Straße (Achtung: Nur für AV-Mitglieder und Hüttenbesucher!).

Zustieg: 10 Min. Vom Parkplatz (166 m) an der Falteshütte (175 m) vorbei zum Wanderweg (Schild "Lenzsteig"). In wenigen Kehren an einem weiteren Abzweig geradeaus vorbei zur Wegteilung (207 m), wo man sich links dem Lenzsteig zuwendet. Nach einem weiteren Schild steht man kurz darauf vor dem Einstieg (219 m). *GPS Einstieg: N49.99109 E9.76088*

Steigverlauf: Nach dem Einstiegsriss (A/B; Details siehe Topo) kommt die erste steinschlaggefährdete Rinne (A; lange Hakenabstände). Dann kurz querend zur nächsten Felsstufe, eine weitere Schotterrinne, und man steht vor der senkrechten Wand, die man mittels Klammern meistert (B; 254 m). Kurze Querung nach links, noch einmal Bügel (B; Kette), Querung nach rechts, und nach der letzten Felsstufe (A/B) geht man ohne weitere Probleme nach oben (letzte Sicherung 291 m), wo man das markante Edelweiß erreicht (295 m).

Abstieg: 20 - 30 Min. Man folgt der Beschilderung "Edelweißsteig" nach Süden über den Höhenrücken (schöne Ausblicke auf den Main). Nach wenigen Minuten leitet ein Schild hinab zur Falteshütte, die man unschwer erreicht.

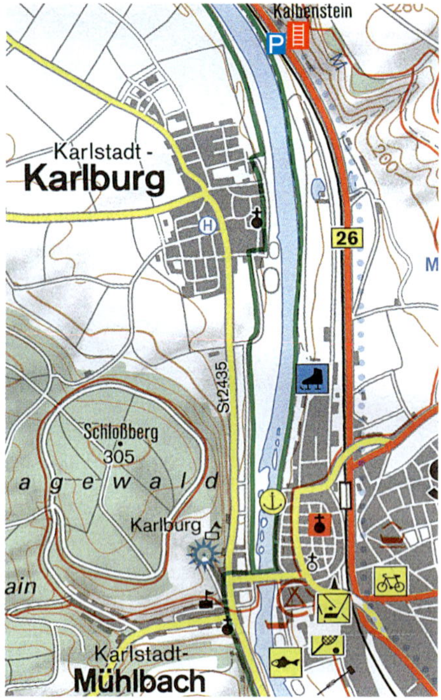

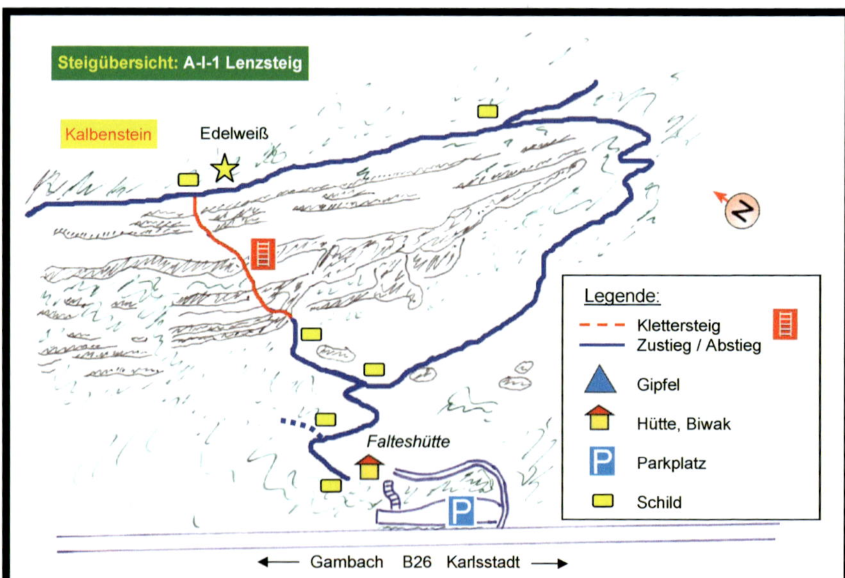

Der Einstiegsriss

Beim Ausstieg, im Hintergrund der Main

■ **Tipps:** Das Hinterland des Kalbensteins lädt zum Wandern ein.

■ **Hinweise:** Die Steinschlaggefahr durch Vorausgehende ist in diesem bröseligen Muschelkalk enorm.

A-I-2 Churfrankensteig C

schwierig

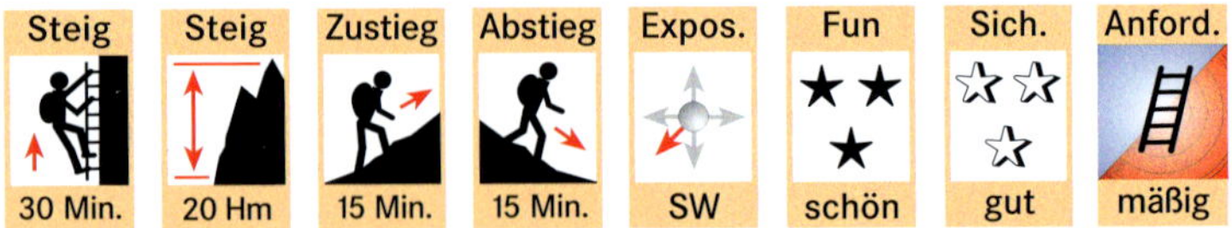

Schwierigkeit: schwierig; Steinbruch C; Kletterfelsen B/C bis C
Gesamtanforderung: mäßig
Bes. Gefahren: keine
Beste Jahreszeit: April - November

Zeiten / Höhenunterschiede:
Zustieg: 15 Min. / 30 Hm
Klettersteig: 30 Min. / 20 Hm
Abstieg: 15 Min. / 30 Hm
Höhenunterschied gesamt: 50 Hm
Zeitaufwand gesamt: 1 Std.
Weglänge gesamt: 3,3 km

Exposition: Südwest
Sicherungen: gut; dünne Stahlseile
Funfaktor: schön
Gestein: Sandstein
Flucht- / Abbruchmögl.: abgesehen von der Leiter am Einstieg kann jede gesicherte Stelle umgangen werden
Orientierung / Markierung: sehr gut; ausreichend beschildert
Anfänger-Eignung: ja

Ausrüstung: Klettersteigset, Helm, mittelfeste Bergschuhe od. Kletterschuhe
Errichtung / Betreuung: Weinbauverein Klingenberg (www.weinbauverein-klingenberg.de)
Karte: Kompass 763 "Spessart" (1:50')

Talort: Erlenbach am Main.
Ausgangspunkt: Parkplatz beim Waldschwimmbad (140 m).
GPS Parkplatz: N49.80102 E9.16744
Stützpunkt: keiner.
Anreise: Erlenbach liegt etwa 20 km südlich von Aschaffenburg. Man er-

Anforderungsprofil

Kondition:	1
Armkraft:	3
Technik:	3
Mut, Psyche:	2
Bergerfahrung:	1

1 niedrig 2 mäßig 3 mittel 4 hoch 5 extrem

Charakteristik: Der *Churfrankensteig* wurde 2008 nach dem Vorbild des Calmont-Klettersteigs durch die lokale Weinbauvereinigung geschaffen. Er erschließt den Weg über die steilen Weinberge zwischen Erlenbach und Klingenberg und erreicht Schwierigkeiten, die man in dieser Gegend nicht erwarten würde. Leider ist der Steig trotzdem sehr kurz, so dass dem eingefleischten Klettersteigler nur ein begrenztes Vergnügen bereitet wird. Wer aber in der Gegend Urlaub macht, dem sei diese kleine Klettersteig-Wanderung empfohlen.

reicht es z.B. über die A3 (Ausfahrt Aschaffenburg; von Süden kommend Ausfahrt Wertheim). Man fährt bei Aschaffenburg von der Autobahn, fährt dann Richtung Großostheim und biegt vor dem Ort links auf die B469 Richtung Obernburg. Dort fährt man über die Mainbrücke auf die andere Flußseite und hält sich dann rechts nach Erlenbach. Durch den Ort durch und dann kurz vor dem Ortsende links zum Schwimmbad abbiegen (ausgeschildert). Vor dem Bad kann man auf einer Wiese parken.

Zustieg: 15 Min. Am Schwimmbad links entlang etwas den Berg hinauf. Dort zweigt gleich der Weinwanderweg nach rechts oben in den Wald ab. Diesem breiten Weg folgt man bis zum Ende des Fahrwegs. Dort weisen schon Fahnen und eine Hinweistafel auf den Beginn des Steigs hin (30 Hm). *GPS Einstieg: N49.79369 E9.17134*

Steigverlauf: Hinter dem Gatter steigt man über eine Leiter (A/B) den steilen Hang hinunter und quert dann eine kleine Felsrinne über eine etwas übertrieben massive Eisenbrücke. Der Weg führt schmal weiter hinab entlang der Weinberge und gelangt zu einem alten Steinbruch, dessen Wände die Form eines rechten Winkels haben. Hier führt der erste Teil des Steigs entlang dieser Wände. Man quert etwas oberhalb eines kleinen Felsbandes den Steinbruch (meist C). Das Problem liegt darin, dass das verwendete Seil sehr dünn ist und das Felsband auf einer nur für Kinder geeigneten Höhe liegt. Man muss also Kraft und Mühe aufwenden, den Steinbruch zu queren. Hat man es geschafft, bietet sich dieser Platz auch für eine Rast an. Nun wandert man weiter bis zur zweiten und letzten Sicherung des Wegs. Oberhalb und unterhalb des Weges sind Felsvorsätze versichert worden. Als Sicherung dient ebenfalls wieder das dünne Stahlseil. Am unteren Fels steigt man erst steil hinauf (B/C), quert dann nach rechts (C; Reibung) und entsteigt dann nach oben (B/C) wieder auf den Wanderweg. Der obere Fels führt einige Meter steil hinauf (B/C; dann C), um dann oben wieder auf den Normalweg zu treffen. Wer den Fels nicht erklettern will, nimmt den Normalweg nach oben. Dieser ist sandig und an steilen Stellen noch gesichert (A). Danach gelangt man wieder auf den oben parallel verlaufenden Wanderweg nach Klingenberg (20 Hm; 30 Min.).

Abstieg: 15 Min. Vom Ausstieg kann man entweder rechts weiter nach Klingenberg wandern (ca. 15 Min.), oder man geht links zurück und gelangt nach ein paar Minuten wieder zum Einstieg. Von dort weiter zum Parkplatz (30 Hm).

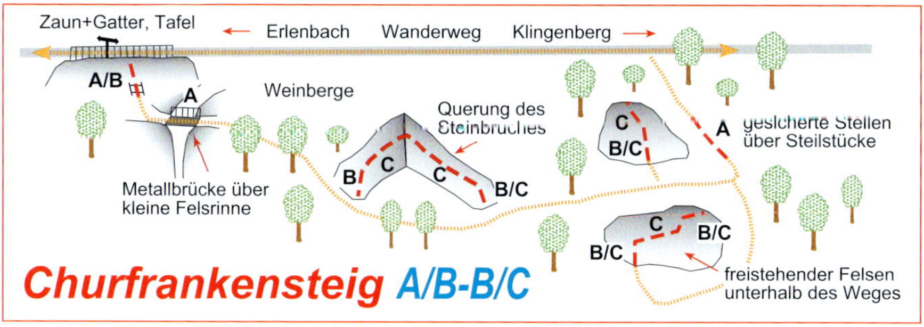

A-m-1 Sport Schuster Indoor-Klettersteig B/C

mäßig schwierig

Steig	Steig	Zustieg	Abstieg	Fun	Sich.	Anford.
10 Min.	25 Hm	1 Min.	1 Min.	★★★ schön	☆☆☆☆ super	niedrig

Schwierigkeit: mäßig schwierig; Fun-Klettersteig, der zu 80% aus Bügeln (B) und 20% Querungen (A) besteht; eine kurze Stelle B/C
Gesamtanforderung: niedrig
Bes. Gefahren: keine
Beste Jahreszeit: ganzjährig

Zeiten / Höhenunterschiede:
Zustieg: 1 Min. / -4 Hm (Abstieg)
Klettersteig: 10 Min. / 25 Hm
Abstieg: 1 Min. / 20 Hm
Höhenunterschied gesamt: 25 Hm
Zeitaufwand gesamt: 15 Min.
Weglänge gesamt: 100 m

Exposition: Indoor
Sicherungen: sehr gut; überwiegend sehr dicke Bügel
Funfaktor: schön
Gestein: Kunststein
Flucht- / Abbruchmögl.: 1 Brücke zum 3. OG
Orientierung / Markierung: sehr gut
Anfänger-Eignung: ja

Ausrüstung: Klettersteigset, Helm, mittelfeste Bergschuhe od. Kletterschuhe
Errichtung / Betreuung: Der Steig wurde 2006 beim Neubau eingerichtet
Karte: keine

Anforderungsprofil

Kondition:	1
Armkraft:	2
Technik:	1
Mut, Psyche:	2
Bergerfahrung:	1

1 niedrig 2 mäßig 3 mittel 4 hoch 5 extrem

Charakteristik: Im Herzen Münchens befindet sich seit 2006 der einzige frei zugängliche Indoorsteig Deutschlands. Beim Sport Schuster kann man mal erste Klettersteigluft schnuppern oder die Ausrüstung testen. Natürlich hat man hier nicht die gleiche Aussicht wie in den Bergen, aber an den richtigen Tagen wird man wohl auch nie wieder so viele Zuschauer haben ...
Die Begehung steht zwar jedem frei, es muss aber beim Empfang ein Formular für die Benutzungsordnung (und Haftungsausschluss) unterzeichnet werden. Ausrüstung zwingend vorgeschrieben! Bitte Rücksicht auf die Besucher des Geschäftes nehmen!

Talort: München.
Ausgangspunkt: Kellergeschoss im Sport Schuster, Rosenstraße 1-5 (514 m).
GPS Parkplatz: N48.13695 E11.57438

Anreise: Vom zentralen Marienplatz in München wenige Meter nach Südwest in die Rosenstraße gehen. Dort befindet sich der Sport Schuster auf der linken Seite.

Zustieg: 1 Min. Vom Eingang kurz zum Empfang auf der rechten Seite und die notwendigen Freigabeformulare (Permit) unterschreiben. Dann steigt man bequem in den Keller und begibt sich an den rechten Fuß der Kletterwand.
GPS Einstieg: N48.13695 E11.57438

Steigverlauf: Man folgt (Details siehe Topo) immer den sehr dicken Bügeln durch die Wand (meist B, eine Stelle nach der 1. Querung B/C). Bei der 2. Querung auf die "Schusterplatte" kann man über eine solide Brücke zum 3. OG aussteigen. Die 3. Querung nach links führt leicht abwärts und fühlt sich sehr luftig an. Am Ausstieg befindet sich noch ein Steigbuch, bevor man über eine weitere solide Brücke zum 5. OG aussteigt. Von der Brücke schöne Tiefblicke sowie prächtige Aussicht auf die Fußgängerzone.

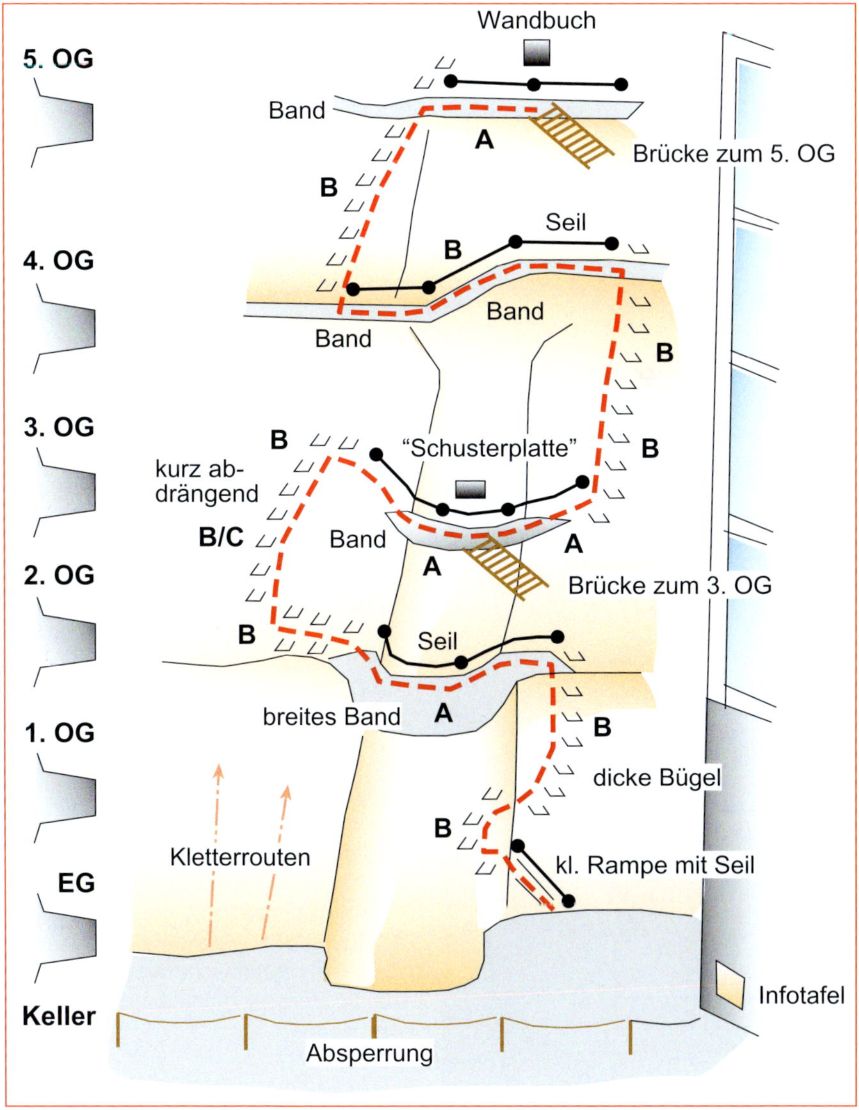

m München 5.OG Sport Schuster, 545 m

Abstieg: 1 Min. a) Länger: Mit dem Aufzug hinunter zum Ausgangspunkt (länger, weil man auf den Lift warten muss); b) über das freiliegende Treppenhaus mit schönen Blicken auf den Steig ebenfalls hinunter.

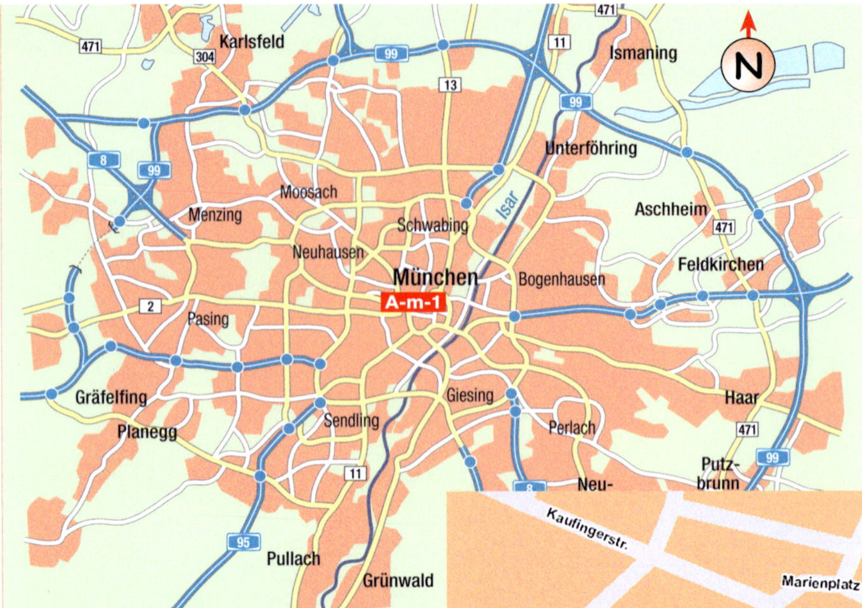

- **Tipps:** Nicht am Wochenende gehen, da teilweise Übungen im Steig veranstaltet werden.
- **Hinweise:** Ideal für das Testen eines Sets (praktischerweise ist im 5. OG die Bergsportabteilung).

Im unteren Teil des Indoor-Klettersteiges

Baden-Württemberg

Land Baden-Württemberg

- **Hauptstadt**: Stuttgart
- **Fläche:** 35.751 km^2
- **Einwohner:** 10.744.383
- **Steige:** 4
- **Bevölkerungsdichte:** 301 E/km^2
- **Steigdichte:** 0,11 Steige/1000 km^2

Nur 4 Steige findet man in Baden-Württemberg.

Das Land liegt in Südwestdeutschland und grenzt an die Bundesländer Rheinland-Pfalz, Hessen und Bayern, sowie an die Staaten Frankreich und Schweiz. Der höchste Berg in Baden-Württemberg ist der Feldberg im Schwarzwald (1493 m). Neben diesem Gebiet sind weitere Klettersteige an der Nahtstelle zum Odenwald mit seinen charakteristischen Gneis-, Granit- und Buntsandsteinvorkommen.

Klettersteige:

In folgenden Gebieten findet man Klettersteige:
a) Rheintal/Neckartal
b) Schwarzwald

Die Steige sind meist kurz und weisen einen durchwegs sportlichen Charakter auf. Hier findet man auch den schwersten Steig Deutschlands. Meist dienen alte Steinbrüche als Bauort für den Klettersteig.

Baden-Württemberg - Talorte

B-a Rheintal / Neckartal

Schriesheim: www.verkehrsverein-schriesheim.de; Tel. 06203-661111; info-@verkehrsverein-schriesheim.de

Weinheim: www.weinheim-marketing.de; Tel. 06201-874450; info@weinheim-marketing.de

B-b Schwarzwald

Todtnau: www.todtnauer-ferienland.de; Tel. 07671-969695; info@todtnauer-ferienland.de

B-a-1 Jakobswand - Klettersteig C/D

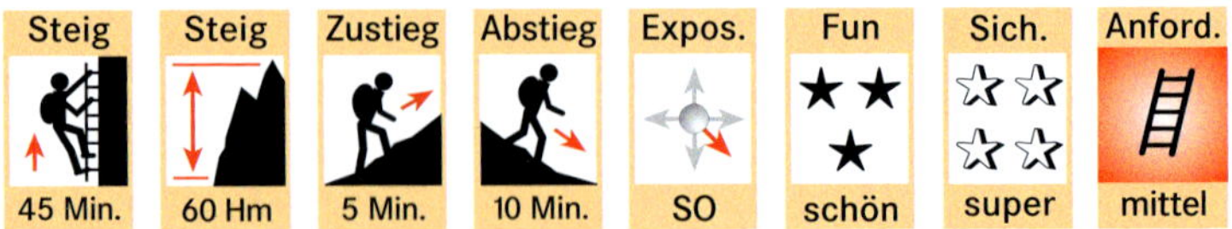

Schwierigkeit: schwieriger und teils sehr ausgesetzter Sportklettersteig; gerade im unteren Teil des Normalweges sehr fordernd (bis C/D) und ausgesetzt; oben leichter und diverse Varianten möglich
Gesamtanforderung: mittel
Bes. Gefahren: keine
Beste Jahreszeit: März - Oktober

Zeiten / Höhenunterschiede:
Zustieg: 5 Min. / 10 Hm
Klettersteig: 30 - 45 Min. / 60 Hm
Abstieg: 10 Min. / 60 Hm
Höhenunterschied gesamt: 60 Hm
Zeitaufwand gesamt: 1 Std.
Weglänge gesamt: 400 m

Exposition: Südost
Sicherungen: sehr gut; viele Bügel und Stifte, eine Leiter, Stahlseil
Funfaktor: schön
Gestein: Porphyr
Flucht- / Abbruchmögl.: 2 Varianten im oberen Teil (siehe Topo)
Orientierung / Markierung: gut
Anfänger-Eignung: bedingt (schwer und ausgesetzt)

Ausrüstung: Klettersteigset, Helm, mittelfeste Bergschuhe od. Kletterschuhe; evtl. kurze Bandschlinge; Helmpflicht!
Errichtung / Betreuung: 1985 u. 1999 DAV Weinheim (www.dav-weinheim.-de; Tel. 06201-8463351)
Karte: Kompass 764 "Geo Naturpark Bergstraße - Odenwald" (1:75')

Kartenausschnitt siehe Seite 322

Anforderungsprofil

Kondition:	1
Armkraft:	3
Technik:	2
Mut, Psyche:	4
Bergerfahrung:	2

1 niedrig 2 mäßig 3 mittel 4 hoch 5 extrem

Charakteristik: Teilweise sieht man dem Klettersteig schon seine 24 Jahre an. Dennoch dominiert er immer noch imposant und solide die Jakobswand. Schon der Porphyrstein verleiht dem Ganzen ein besonderes Ambiente und unterscheidet sich von den anderen Steigen in diesem Buch. Trotz der geringen Wandhöhe besticht der Steig durch sehr große Ausgesetztheit und die dynamische Routenführung, die einige Armkraft erfordert. Alles in allem ein kleiner, aber ungemein interessanter Steig, der nicht nur zum Saisonauftakt zu empfehlen ist.
Eines darf man aber nie vergessen, die Helmpflicht! Sonst schallt einem sofort ein beherztes "Deggel uff!" aus der Wand entgegen.
Der Steig wurde am 25.4.1985 eingeweiht, als die gesamte Jakobswand von der Sektion freigegeben wurde. 1999 wurden die Varianten fertiggestellt. Verantwortlich für den Bau war damals Hans "Hennes" Walter. Der Name "Jakobswand" geht auf den Vornamen des Gründers und Bauunternehmers Hördt zurück.

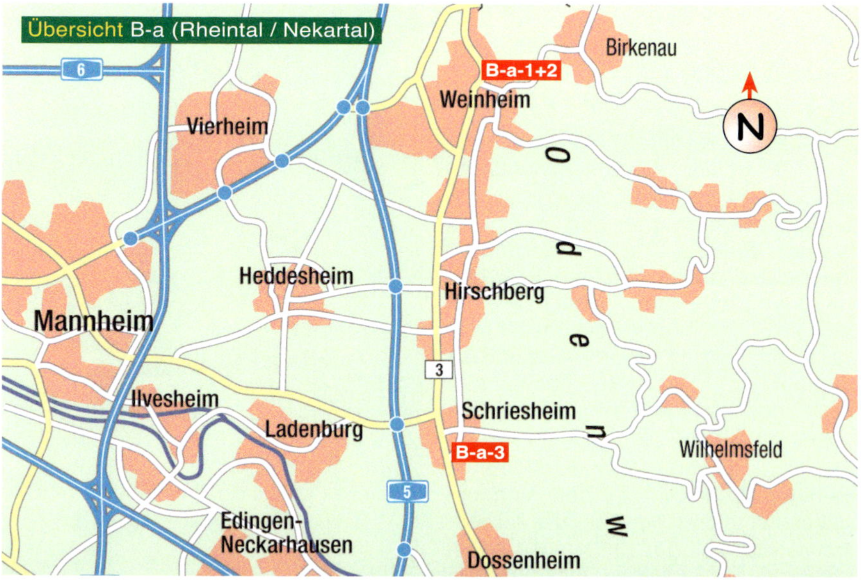
Übersicht B-a (Rheintal / Nekartal)
6
Birkenau
B-a-1+2
Weinheim
N
Vierheim
Heddesheim
Hirschberg
Mannheim
3
Ilvesheim
Schriesheim
Ladenburg
B-a-3
Wilhelmsfeld
5
Edingen-Neckarhausen
Dossenheim
Odenwald

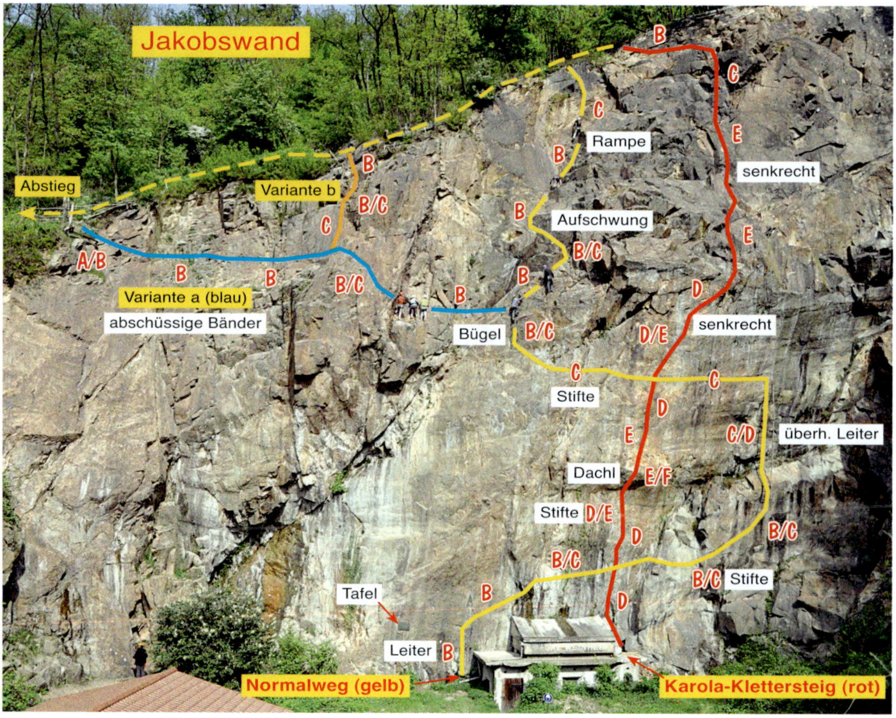
Jakobswand
Abstieg
Variante b
Rampe
senkrecht
Aufschwung
Variante a (blau)
abschüssige Bänder
Bügel
senkrecht
Stifte
überh. Leiter
Dachl
Stifte
Stifte
Tafel
Leiter
Normalweg (gelb)
Karola-Klettersteig (rot)
A/B B B B/C B C B/C B B/C B B B/C C B C E E D D/E C D E C/D E/F D/E D B/C B/C D B/C B D B

a Rheintal / Neckartal *Jakobswand, 230 m*

Talort: Weinheim.

Ausgangspunkt: Parkplatz auf dem Sektionsgelände (165 m).

GPS Parkplatz: N49.55566 E8.68300

Stützpunkt: keiner.

Anreise: Von der Ausfahrt "Weinheim" (A5, Darmstadt - Heidelberg) in Richtung Weinheim und dort den Hinweisen "Birkenau" in der Birkenauer Talstraße nach Osten folgen. Kurz hinter dem Ortsausgangsschild befindet sich links schon das Sektionsgelände vor dem alten Prophyr-Steinbruch (Parkplätze). Alternativ findet man auch noch einige Parkplätze etwas weiter an der rechten Straßenseite.

Die leichte Rampe im oberen Teil

Zustieg: **5 Min.** Vom Parkplatz in wenigen Schritten zu den Vereinsgebäuden und an den Fuß der Jakobswand. Hier fällt der Klettersteig sofort ins Auge. *GPS Einstieg: N49.55582 E8.68296*

■ **Tipps:** Um den Normalweg und alle Varianten zu gehen, empfiehlt sich folgender Ablauf: Normalweg - Abstieg zum Ausstieg Variante A - Variante A bis Kreuzung Normalweg - kurz zurück und über Variante B nach oben.

■ **Hinweise:** Das Gelände ist nur zu den ausgeschriebenen Öffnungszeiten zugänglich (Infos im Internet!). Nichtsektionsmitglieder müssen eine Benutzungsgebühr entrichten. Im Steinbruch findet man zahlreiche bestens gesicherte und sehr schöne Kletterrouten. Für Übungszwecke steht auch ein Kletterturm zur Verfügung. ■ **Klettersteige zu verbinden:** Karola-Klettersteig (B-a-2)

Steigverlauf: Bis zur Einmündung der Variante A (Details siehe Topo) läuft man die ganze Zeit auf Bügeln (max. C) und meistert eine mehr als senkrechte Leiter (C/D). Hier ist gerade die zweite Bügelpassage sehr ausgesetzt. In der Wandmitte erreicht man dann einen schönen Absatz und die Möglichkeit, nach links auszusteigen (Variante A: kurz B/C, dann leicht über teils abschüssige kleine Bänder, B, zum Ausstieg). Auf dem Normalweg folgen ein kurzer Aufschwung (B/C), die lange Rampe (B) und zuletzt noch einmal ein kurzer Armzug (C; Bügel und zusätzliche Kette). In der Variante A kann man auch noch einmal auf halber Länge über einen schwereren Aufschwung (C) nach oben ausweichen.

Abstieg: **10 Min.** Über einen leichten Wanderweg nach links durch den Wald an den anderen Ein- und Ausstiegen vorbei nach unten, bis man wieder die Straße und Parkplätze erreicht.

Oben: Einstiegsleiter; unten: Variante a

Die extrem ausgesetzte Bügelpassage

B-a-2 Karola-Klettersteig E/F

extrem schwierig

Steig	Steig	Zustieg	Abstieg	Expos.	Fun	Sich.	Anford.
45 Min.	60 Hm	5 Min.	10 Min.	SO	★★★ schön	☆☆☆☆ super	hoch

Schwierigkeit: extrem schwierig; extrem schwerer Sportklettersteig, mit wenigen Tritthilfen in meist senkrechtem und teils überhängendem Gelände; Klettertechnik unabdingbar; der schwerste Steig in diesem Führer!
Gesamtanforderung: hoch
Bes. Gefahren: keine
Beste Jahreszeit: März - Oktober

Zeiten / Höhenunterschiede:
Zustieg: 5 Min. / 10 Hm
Klettersteig: 30 - 45 Min. / 60 Hm
Abstieg: 10 Min. / 60 Hm
Höhenunterschied gesamt: 60 Hm
Zeitaufwand gesamt: 1 Std.
Weglänge gesamt: 400 m

Exposition: Südost
Sicherungen: sehr gut; wenige Stifte, solides Drahtseil
Funfaktor: schön
Gestein: Porphyr
Flucht- / Abbruchmögl.: nach einem Drittel kreuzt er den Normalweg (s. Topo)
Orientierung / Markierung: gut
Anfänger-Eignung: nein, zu schwer

Ausrüstung: Klettersteigset, Helm, mittelfeste Bergschuhe od. Kletterschuhe, kurze Bandschlinge; Helmpflicht!; empfohlene Zusatzsicherung von oben
Errichtung / Betreuung: 2005 / DAV Weinheim (www.dav-weinheim.de; Tel. 06201-8463351)
Karte: Kompass 764 "Geo Naturpark Bergstraße - Odenwald" (1:75')
Kartenausschnitt siehe Seite 322

Anforderungsprofil

Kondition:	1
Armkraft:	5
Technik:	5
Mut, Psyche:	5
Bergerfahrung:	2

1 niedrig 2 mäßig 3 mittel 4 hoch 5 extrem

Charakteristik: "... weil mir die anderen Klettersteige zu leicht waren", antwortet Wolfgang trocken und mit einem verschmitzten Lächeln auf unsere Frage, wie man auf die Idee kommen kann, in der Jakobswand eine Direttissima einzurichten.
Ehrfurchtsvoll steht man unten, blickt die leicht überhängende Wand nach oben und bleibt schon kurz über dem Einstieg am kleinen Wandbauch hängen (was den weiteren Blick nach oben sowieso verhindert). Wer hätte gedacht, dass man an dieser Wand die wohl schwerste Klettersteigstelle Deutschlands finden würde? Schon der Rest erreicht E, aber dann noch dieser kleine "Bauch" dazu ... "Kein Problem, Jungs. Ich zeig's euch noch einmal", meint Wolfgang und klettert den kompletten Steig auch wieder runter... Respektvolle Blicke begleiten ihn! Der Steig wurde durch Wolfgang Pluschke geplant und mit zeitweiser Unterstützung von Frauke von Grebe in 13 Arbeitstagen eingerichtet (Jan-Mai 2005) und hat 28 Anker und 8 kleine Trittstifte. Die Erstbegehung war am 5.5.2005. Benannt wurde der Steig nach seiner Frau Karola.

Talort, Ausgangspunkt, Stützpunkt, Anreise, Zustieg: Wie B-a-1.

Steigverlauf: Die ultimative Herausforderung ist das kleine Dachl im unteren Wandteil (Details siehe Topo; E/F). Zwar wurde die senkrechte Wand mit einigen Stiften entschärft, aber ein Meistern der Schlüsselstelle erfordert eine gute Klettertechnik und enorme Armkraft. Am Kreuzungspunkt zum *Normalweg* bietet sich eine kurze Rast an. Man könnte hier aussteigen oder den Steig auch erst hier beginnen. Aber auch hier warten weiter oben noch einmal einige E-Stellen (viel Reibung; Seil straff, aber teils lange Ankerabstände und etwas von der Wand entfernt). Eine komplette (genussvolle) Durchsteigung dürfte wohl auf Anhieb nicht jedem gelingen.

Voller Krafteinsatz am Karola-Klettersteig!

Abstieg: 10 Min. Über einen leichten Wanderweg nach links durch den Wald an den anderen Ein- und Ausstiegen vorbei nach unten, bis man wieder die Straße und Parkplätze erreicht.

Rechts: der extrem schwere Überhang
Bild unten: der Erbauer des Karola-Klettersteiges: Wolfgang Pluschke

- **Tipps:** Für den "normalen" Klettersteigler nur bei absoluter Top-Fitness zu empfehlen! Am besten Toprope angehen. Zahlreiche Anwärter überschätzen sich.
- **Hinweise:** Der obere Teil ist nur geringfügig leichter, daher auch hier nur einsteigen, wenn noch Reserven vorhanden sind. Bei Problemen und Fragen findet man immer hilfreiche Sektionsmitglieder. Am besten die Tour vorher vom anderen Klettersteig aus (B-a-1) einsehen.
- **Klettersteige zu verbinden:** Jakobswand - Klettersteig (B-a-1)

B-a-3 Schriesheimer Klettersteig *B/C*

Steig	Steig	Zustieg	Abstieg	Expos.	Fun	Sich.	Anford.
30 Min.	65 Hm	30 Min.	30 Min.	W	★★★ schön	☆☆☆ gut	niedrig

Schwierigkeit: mäßig schwierig; in 3 Teile gegliederter Klettersteig; jeweils kurze, teils recht leichte Passagen
Gesamtanforderung: niedrig
Bes. Gefahren: keine
Beste Jahreszeit: März - Oktober

Zeiten / Höhenunterschiede:
Zustieg: 30 Min. / 140 Hm
Klettersteig: 30 Min. / 65 Hm
Abstieg: 30 Min. / 205 Hm
Höhenunterschied gesamt: 205 Hm
Zeitaufwand gesamt: 1,5 Std.
Weglänge gesamt: 3,3 km

Exposition: West
Sicherungen: gut; einige Bügel, 2 Leitern
Funfaktor: schön
Gestein: Porphyr
Flucht- / Abbruchmögl.: die 3. Wandstufe kann ausgelassen werden
Orientierung / Markierung: keine Hinweise zum Steinbruch; Klettersteige liegen versteckt zwischen den zahlreichen Kletterrouten
Anfänger-Eignung: ja

Ausrüstung: Klettersteigset, Helm, mittelfeste Bergschuhe od. Kletterschuhe
Errichtung / Betreuung: Seit Ende der 70er wird in diesem Steinbruch geklettert. U.a. war hier auch Reinhard Karl einer der Pioniere. Seit dem Ende der 90er verhindert ein Biotopschutzgesetz die weitere Erschließung (die aber auch schon abgeschlossen war).
Karte: Kompass 764 "Geo Naturpark Bergstraße - Odenwald" (1:75')

Anforderungsprofil

Kondition:	1
Armkraft:	2
Technik:	1
Mut, Psyche:	2
Bergerfahrung:	1

1 niedrig 2 mäßig 3 mittel 4 hoch 5 extrem

Charakteristik: Fährt man von der Autobahn in Richtung Schriesheim, fällt sofort der große Steinbruch über der Strahlenburg ins Auge. Hier wurden, um den Kletterern das Wechseln zwischen den 4 Wandstufen zu erleichtern, kurze Klettersteige eingerichtet. Vorzüglich gesichert und ideal für Einsteiger. Leider nur recht kurz, aber durchaus einen Abstecher wert. Zumal der Blick auf den Neckar von dort oder von der Strahlenburg gerade im Herbst sehenswert ist.

Die Bügel an der 2. Wandstufe

a Rheintal / Neckartal *Schriesheimer Steinbruch, 403 m*

Talort: Schriesheim.

Ausgangspunkt: Parkplatz Burg Strahlenburg (Achtung: Beschränkte Anzahl für Restaurantbesucher; 201 m); alternativ in der Zufahrtstraße (beschränkt), oder im Ort und zu Fuß zur Strahlenburg aufsteigen (15 Min.).

GPS Parkplatz: N49.47459 E8.67065

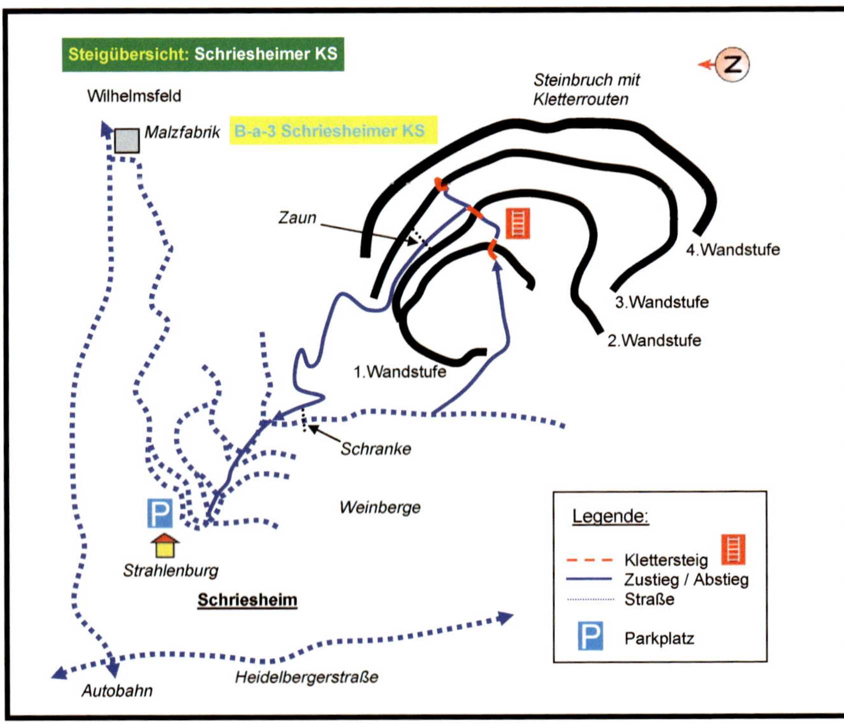

Schriesheimer Klettersteig B/C

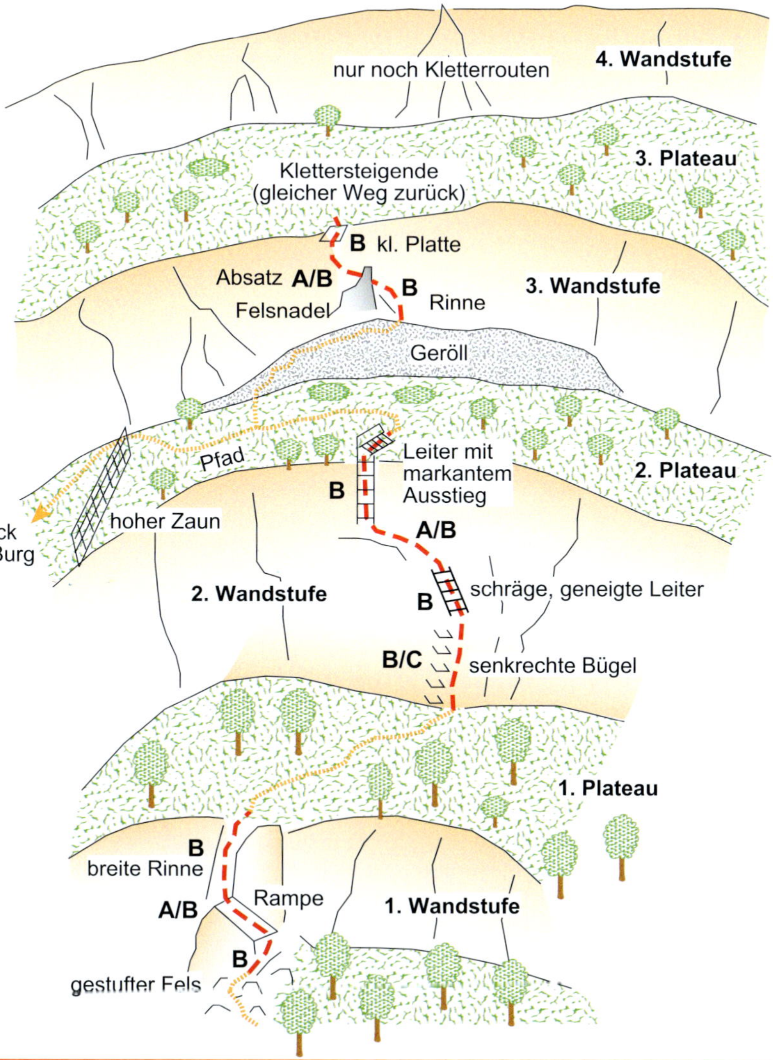

■ **Tipps:** Auf jeden Fall kurz in der Strahlenburg einkehren und von der Terrasse den tollen Blick auf das Neckartal genießen.

■ **Hinweise:** Aufgrund der Biotopgesetze darf man sich nur auf den ausgewiesenen Wegen aufhalten. Die Wände außerhalb der Kletterrouten sind tabu!

a Rheintal / Neckartal Schriesheimer Steinbruch, 403 m

Stützpunkt: keiner.

Anreise: Von der Ausfahrt "Ladenburg" (A5, Darmstadt-Heidelberg) in Richtung Schriesheim. Hier der Beschilderung "Strahlenburg" durch den Ort nach Osten in die Talstraße folgen. Bei der alten Malzfabrik (3,7 km ab Autobahn) nach rechts über die kleinere Straße zur Strahlenburg (1,2 km; Ruine mit Restaurant).

Zustieg: 30 Min. Von der Strahlenburg über die Schotterstraßen und Wanderpfade nach oben. Teils entlang der südlichen Weinberge. Man darf nur nicht zu früh auf eine der nach Süden abzweigenden Forststraßen abbiegen. Bei ca. 285 m geht der 3. Querweg (Tafel; Schranke) ab, dem man fast eben eine Zeit nach Süden folgt. An der ersten Drahtsperre zweigt nach links ein kurzer Anstieg zum Steinbruch ab. Dort folgt man an der 1. Wandstufe dem Wandfuß nach links, bis man die ersten Sicherungen sieht (340 m).

GPS Einstieg: N49.46913 E8.67819

Steigverlauf: 1. Wandstufe (340 m): (Details siehe Topo) Leichter Beginn mit kleiner Stufe (Bügel), Rampe und breiter Rinne (max. B). Dann kurzes Gehen, etwas rechts haltend, bis man die markante obere Leiter des 2. Teils sieht. 2. Wandstufe (371 m): "Schwerster" Teil mit Bügelserie und 2 komfortablen Leitern (max. B/C). Man steigt nun auf dem sehr breiten 2. Plateau aus (kein Wald mehr). Hier hält man sich leicht links auf den großen Geröllhaufen zu, an dessen Ende sich der 3. Teil befindet (deutliche Wegspuren). 3. Wandstufe (386 m): Eine kurze Rinne, zwischen einem Felszacken durch und über eine letzte Platte zum Ausstieg auf der 3. Plateauebene (403 m).

Abstieg: 30 Min. Die 3. Wandstufe wieder runter und dem Pfad nach rechts (Norden) bis zu einem großen Zaun folgen. An diesem kann man zwischen Zaun und Felswand durchschlüpfen. Nun auf bequemem Wanderweg wieder hinab zum Abzweig (285 m) und auf bekanntem Weg zum Ausgangspunkt. Ein Ausstieg über die 4. Wandstufe (nur Kletterrouten) ist generell nicht möglich!

B-b-1 Todtnauer Klettersteig D

sehr schwierig

Steig	Steig	Zustieg	Abstieg	Expos.	Fun	Sich.	Anford.
30 Min.	40 Hm	10 Min.	15 Min.	S	★★ mäßig	☆☆☆ gut	mittel

Schwierigkeit: sehr schwierig; kurzer Klettersteig mit zwei Varianten, schwere Variante zweimal D, sonst maximal B/C, meist leichter; gute straffe 2-Seil-Brücke

Gesamtanforderung: mittel

Bes. Gefahren: keine

Beste Jahreszeit: März - Oktober

Zeiten / Höhenunterschiede:

Zustieg: 10 Min. / 60 Hm

Klettersteig: 30 Min. / 40 Hm

Abstieg: 15 Min. / 100 Hm

Höhenunterschied gesamt: 100 Hm

Zeitaufwand gesamt: 1 Std.

Weglänge gesamt: 1,2 km

Exposition: Süd

Sicherungen: solide, aber bis zur Brücke unangenehm lockere Stahlseile, später besser

Funfaktor: mäßig

Gestein: Gneis

Flucht- / Abbruchmögl.: mehrere (siehe Topo)

Orientierung / Markierung: keine Markierungen im Zustieg

Anfänger-Eignung: ja (aber meist sehr lockere Seile)

Ausrüstung: Klettersteigset, Helm, mittelfeste Bergschuhe od. Kletterschuhe

Errichtung / Betreuung: Gasthof Waldeck (www.waldeck-todtnau.de, Tel. 07671-999930)

Karte: Kompass 891 "Feldberg-Todtnau" (1:50')

Kartenausschnitt siehe Seite 332

Anforderungsprofil

Kondition:	1
Armkraft:	4
Technik:	3
Mut, Psyche:	2
Bergerfahrung:	2

1 niedrig **2** mäßig **3** mittel **4** hoch **5** extrem

Charakteristik: Bei diesem Steig, tief im Schwarzwald, handelt es sich eher um einen kleinen Vertreter seiner Zunft. Kurz, aber durchaus pfiffig führt der Klettersteig durch die Felswand, die von der Straße schön einzusehen ist. Und als Schmankerl wartet sogar eine 2-Seil-Brücke auf den Begeher, der sogar auf dem Weg dahin zwischen 2 Varianten wählen kann.
Dennoch lässt die sehr lockere Seilführung gerade im ersten Teil keine rechte Freude aufkommen, und so wird der Steig wohl auch weiterhin ein kleiner und versteckter Vertreter seiner Zunft bleiben.

Die markante Querung

b Schwarzwald *Kletterfelsen, 800 m*

Talort: Todtnau.

Ausgangspunkt: Gasthof Waldeck (700 m).
GPS Parkplatz: N47.83221 E7.96107

Stützpunkt: **Gasthof Waldeck** (700 m).

Anreise: Todtnau liegt an der B317, die von Weil am Rhein nach Titisee-Neustadt (im Schwarzwald) führt. Am östlichen Ortsende befindet sich links der Gasthof Waldeck mit den angrenzenden Kletterfelsen, durch die auch der Klettersteig führt (22,7 km von Titisee-Neustadt). Am Fuße der Felsen befindet sich ebenfalls das Freibad. Bei der Parkplatzsuche darauf achten, dass der Hauptparkplatz zum Gasthof gehört.

Die Seilbrücke

Zustieg: **10 Min.** Vom Gasthof wenige Schritte nach Osten weiter und bei der markanten Tanne nach links auf den Wanderweg. Diesen verlässt man gleich wieder, um über deutliche Trittspuren über Serpentinen nach oben zu steigen. An einigen Kletterfelsen vorbei sieht man bald die ersten Sicherungen. Sobald man wieder in den Wald gelangt, zeigt ein roter Pfeil rechts am Felsen zum Einstieg (10 Min.; 760 m). *GPS Einstieg: N47.83317 E7.96144*

Steigverlauf: Anfangs leicht (Details siehe Topo) zur ersten Rampe (B), die man nach einer Eckquerung (sehr weites Seil! B/C) verlässt und zu einem Baum weitergeht (1. Notausstieg nach links). Man quert ausgesetzt (B) zur nächsten Wegteilung. a) Links/leichter: Über eine Stufe (B/C) und dann gut kletterbar und leichter (zuletzt A) bis zur Seilbrücke. b) Geradeaus/schwerer: Um eine Ecke (C) auf einen kleinen Absatz. Das nächste Wandl (D) leitet zum nächsten Absatz und weiter zum Schlussaufschwung (abdrängend, kleintrittig; D). Hier gelangt man nach wenigen Schritten ebenfalls zur Seilbrücke. Waren die Seile bis hier unangenehm locker, so ist die Brücke (15 m; B) absolut solide. Ebenso der folgende kurze Abstieg (B) auf einen Sims. Kurz ansteigend auf den kleinen Gipfel über der Brücke (30 Min.; 800 m).

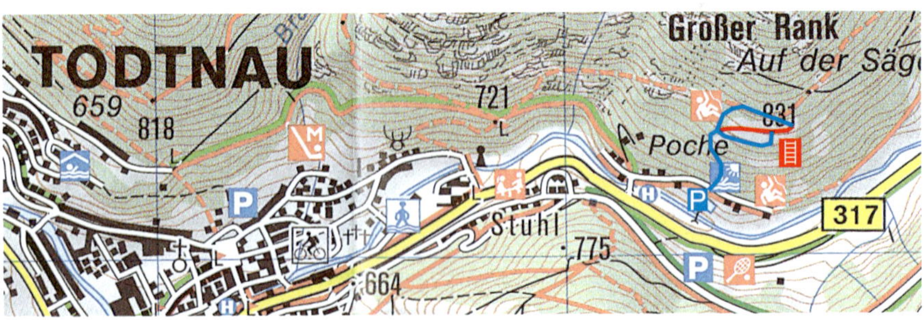

■ **Tipps:** In den Wänden befinden sich zahlreiche schöne und gut gesicherte Kletterrouten.

■ **Hinweise:** Das Seil ist bis zur Brücke sehr locker und erschwert so manche Stelle. Keinerlei Hinweise an der Straße oder am Gasthof zum Steig.

Abstieg: **15 Min. a)** Unter der Brücke durch und gesichert (max. B; 2 Bügel; sehr dünnes Seil) auf ein breites Felsband. Nun unterhalb des Klettersteigs teils gesichert (max. A/B) zurück zum Einstieg; **b)** Über die Bergkuppe nach Westen ebenfalls unschwer zum Einstieg, und von dort führen alle Wege zum Parkplatz.

Rheinland-Pfalz

Land Rheinland-Pfalz

- **Hauptstadt**: Mainz
- **Fläche:** 19.853 km²
- **Einwohner:** 4.020.917
- **Steige:** 8
- **Bevölkerungsdichte:** 203 E/km²
- **Steigdichte:** 0,40 Steige/1000 km²

Immerhin 8 Steige befinden sich in diesem Bundesland.

Rheinland-Pfalz liegt im Mittelwesten Deutschlands und grenzt an die Bundesländer Saarland, Nordrhein-Westfalen, Hessen und Baden-Württemberg. Außerdem hat es eine geschichtsträchtige Grenze zu Frankreich sowie zu den Staaten Belgien und Luxemburg. Der höchste Berg ist der Erbeskopf (816 m). Da das Land von einigen der bedeutendsten deutschen Flüssen durchzogen wird, ist es nicht verwunderlich, dass einige Steige dort zu finden sind.

Klettersteige:

In folgenden Gebieten findet man Klettersteige:
a) Moseltal
b) Mittelrheintal
c) Westerwald

Die Steige sind meistens recht leicht und kurz, einige befinden sich inmitten von Weinbergen. Ein paar dieser Steige gehören zu den meistbesuchten Touren in diesem Buch.

Rheinland-Pfalz - Talorte

C-a Moseltal

Alken: www.alken.de; Tel. 02605-790; touristik@alken.de
Bremm: www.calmont-region.de; www.bremm-mosel.de
Erden: www.erden.de; Tel. 06532-2549; info@erden.de
Schweich: www.schweich.de; Tel. 06502-9338-0
Zell: www.zellmosel.de; www.zellerland.de; Tel. 06542-9622-0; info@zeller-land.de

C-b Mittelrheintal

Boppard: www.boppard.de; Tel. 06742-3888; tourist@boppard.de
Oberwesel: Tourist-Info Oberwesel: www.oberwesel.de; Tel. 06744-710624; info@oberwesel.de; Tourist-Info St. Goar: www.st-goar.de; Tel. 06741-383; touristinfo@st-goar.de

C-c Westerwald

Neustadt (Wied): Westerwald Touristik-Service: www.westerwaldsteig.de; Tel. 02602-30010; Gemeinde Puderbach: www.puderbacher-land.de; Tel. 02684-8580

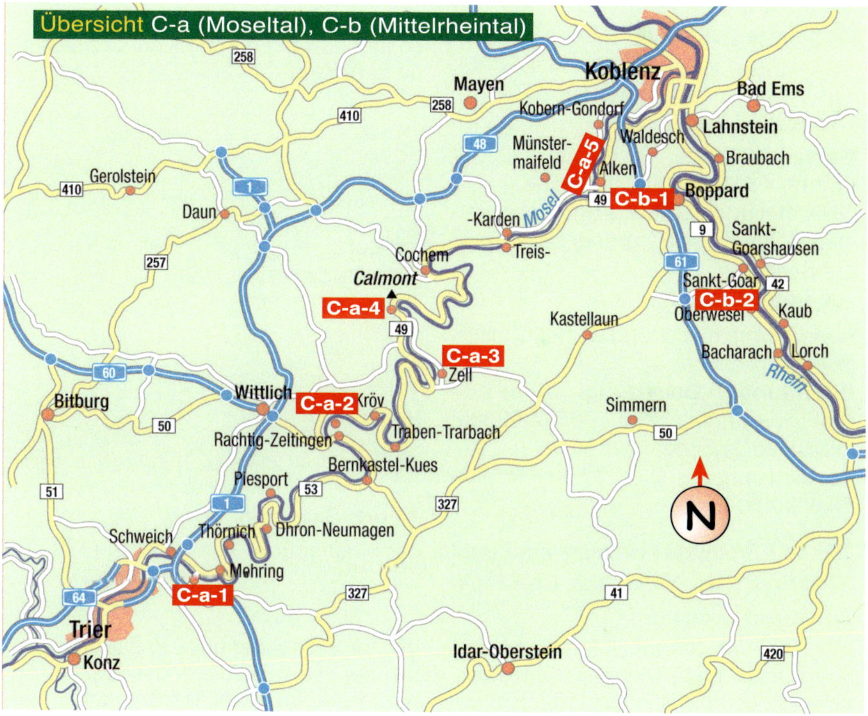

C-a-1 Mehring-Rioler Klettersteig *A*

Steig	Steig	Zustieg	Abstieg	Expos.	Fun	Sich.	Anford.
30 Min.	150 Hm	30 Min.	45 Min.	W	★★ mäßig	☆☆☆ gut	niedrig

Schwierigkeit: leicht; A; nur wenige Sicherungen
Gesamtanforderung: niedrig
Bes. Gefahren: im Herbst bzw. bei Nässe teilweise rutschig
Beste Jahreszeit: April - Oktober

Zeiten / Höhenunterschiede:
Zustieg: 30 Min. / 40 Hm
Klettersteig: 30 Min. / 150 Hm
Abstieg: 45 Min. / 190 Hm
Höhenunterschied gesamt: 190 Hm
Zeitaufwand gesamt: 1,5 - 2 Std.
Weglänge gesamt: 4,9 km

Exposition: West
Sicherungen: gut; Stahlseile
Funfaktor: mäßig
Gestein: Schiefer
Flucht- / Abbruchmögl.: keine
Orientierung / Markierung: ausreichend beschildert; grüner Wanderer auf Schildern
Anfänger-Eignung: ja

Ausrüstung: Klettersteigset, Helm, mittelfeste Bergschuhe
Errichtung / Betreuung: Gemeinde Riol (www.riol.de; Tel. 06502-93380; touristinfo@riol.de)
Karte: Kompass 834 "Mosel Region Trier" (1:50')

Anforderungsprofil

Kondition:	2
Armkraft:	1
Technik:	1
Mut, Psyche:	1
Bergerfahrung:	1

1 niedrig 2 mäßig 3 mittel 4 hoch 5 extrem

Charakteristik: Der *Mehring-Rioler Klettersteig* ist Bestandteil eines Weinlehrpfades, den die Gemeinde Riol errichtet hat. Man ersteigt unschwer den Aussichtspunkt "Kumer Knüppchen" und kann den Blick auf das Moseltal genießen.

Talort: Schweich.

Ausgangspunkt: Parkplatz am Südufer der Moselbrücke von Mehring (130 m).
GPS Parkplatz: N49.79602 E6.83164
Stützpunkt: keiner.
Anreise: Von Schweich fährt man am nördlichen Moselufer entlang über Longen und Lörsch nach Mehring. Dort fährt man über die (einzige) Moselbrücke. An deren Ende sind kurz nach der Kurve ein paar Parkplätze am Straßenrand (7 km ab Schweich).

a Moseltal *Kumer Knüppchen Aussichtspunkt, 322 m*

Zustieg: 30 Min. Vom Parkplatz hinunter auf den Moselwanderweg und dort links Richtung Riol. Nach etwa 1 km gelangt man an eine Infotafel (Wegweiser "Rundweg Klettersteig"). Dort zweigt ein Weg links (!) des Baches in den Wald. Diesen nimmt man und folgt ihm weitere 900 m bis zu einer Abzweigung. Hier zeigt der Wegweiser nun steil den Berg hinauf (40 Hm; 30 Min.)

GPS Einstieg: N49.78743 E6.81005

Steigverlauf: Der Steig führt nun zuerst ungesichert steil durch den Wald empor. Nach Querung eines Fuhrweges gelangt man zu den ersten Sicherungen (A), die über eine Steigung hinweg helfen. Man erreicht wieder einen Fuhrweg, folgt diesem etwas nach rechts, bis es wieder links den Berg hinauf geht. Nach kurzer Steigung gelangt man an eine gesicherte Rinne (A). Danach hat man auch schon den Ausstieg und den Aussichtspunkt erreicht (150 Hm; 30 Min.).

Abstieg: 45 Min. Auf selbem Weg zurück (190 Hm; 45 Min.).

Zustieg durch den Wald

Blick vom Mosel-Wanderweg auf Mehring

Erdener Weinberg, *220 m*

C-a-2 Kletterweg Erdener Treppchen A/B 100 Hm

Der Kletterweg durch den Erdener Weinberg ist ein typischer Weinberg-Klettersteig, wie man es auch vom berühmten Vorgänger *Calmont* her kennt. Die steilen Weinberghänge wurden gangbar gemacht, und die Felsstufen werden mittels Leitern überwunden. Alles in allem eine schöne, gemütliche Tour mit Blick auf die Mosel.

Beste Jahreszeit: Frühjahr, Herbst.
Zeitaufwand / Weglänge gesamt: 45 Min. / 110 Hm / 1,4 km
Besondere Gefahren: keine.
Karten: Kompass 834 "Mosel Region Trier" (1:50') oder Kompass 837 "Vulkaneifel" (1:50')
Talort / Ausgangspunkt: Erden / Parkplatz bei einer römischen Kelteranlage der B53 gegenüber von Erden (100 m). / *GPS: N49.98146 E7.02778*
Stützpunkt: keiner.
Anreise: Von Erden zuerst östlich Richtung Lösnich. Dort über die Mosel und in einer Schleife wieder nordwestlich Richtung Ürzig. Der Parkplatz kommt nach ca. 800 m auf der rechten Seite.

Gesamter Wegverlauf: **Zustieg:** 5 Min.; 10 Hm. Vom Parkplatz durch den Kräutergarten und dann auf den schmalen Weinpfaden bergauf bis zum Einstieg.
Steigverlauf: 15 Min.; 100 Hm. Der Steig führt nun quer durch die Weinberge. Die zahlreichen Steilstufen quert man über 1 bis 3 Meter hohe Leitern (A/B). Auf halber Strecke gelangt man zu einem Rastplatz mit mehreren Bänken, die zum Verweilen und Blick auf das Moseltal einladen. Im späteren Verlauf sind einige ausgesetzte Stellen zusätzlich mit einem Hanfseil gesichert (A). Nach insgesamt ca. 15 Min. und 100 Hm erreicht man eine Weggabelung. Hier trennen sich die verschiedenen Rundwege. *GPS: N49.98166 E7.02691*
Abstieg: 20 Min.; 110 Hm. Man hat nun die Wahl. Entweder auf dem selben Weg zurück, wenn man nur des Klettersteigs wegen gekommen ist. Alternativ kann man links herum den rot/grünen Weg weitergehen, quert dabei den Weinberg noch ein Stück und steigt dann hinauf bis zum Burgberg. Von dort geht es dann über den roten Weg zurück (insg. dann 2,5 Std.).

Hinweise, Tipps: Im Sommer unangenehm warm. Ein Teil des Steigs kann bis zum Juni wegen Vogelbrut gesperrt sein. Bitte vorher bei der Gemeinde erkundigen.

C-a-3 Collis Steilpfad B

mäßig schwierig

Steig	Steig	Zustieg	Abstieg	Expos.	Fun	Sich.	Anford.
20 Min.	90 Hm	20 Min.	30 Min.	S	★★★ schön	☆☆☆☆ super	mäßig

Schwierigkeit: mäßig schwierig; meist B; hauptsächlich Bügel und Stifte; ein Teilstück ohne Sicherungsseil
Gesamtanforderung: mäßig
Bes. Gefahren: keine
Beste Jahreszeit: April - Oktober

Zeiten / Höhenunterschiede:
Zustieg: 20 Min. / 90 Hm
Klettersteig: 20 Min. / 90 Hm
Abstieg: 30 Min. / 180 Hm
Höhenunterschied gesamt: 180 Hm
Zeitaufwand gesamt: 1 - 1,5 Std.
Weglänge gesamt: 3 km

Exposition: Süd
Sicherungen: sehr gut; Stahlseil, viele Bügel, Klammern und Stifte.
Funfaktor: schön
Gestein: Schiefer
Flucht- / Abbruchmögl.: jedes Kletterstück kann über den Normalweg umgangen werden
Orientierung / Markierung: Wegweiser an den Abzweigungen
Anfänger-Eignung: ja

Ausrüstung: Klettersteigset, Helm, mittelfeste Bergschuhe
Errichtung / Betreuung: Gemeinde Zell (www.zellmosel.de; Tel. 06542-9622-0)
Karte: Kompass 837 "Vulkaneifel" (1.50')
Kartenausschnitt siehe Seite 340

Anforderungsprofil

Kondition:	1
Armkraft:	2
Technik:	2
Mut, Psyche:	3
Bergerfahrung:	1

1 niedrig 2 mäßig 3 mittel 4 hoch 5 extrem

Charakteristik: Der Wanderweg zum Collis-Aussichtsturm oberhalb von Zell wurde jüngst mit einigen Klettersteig-Einlagen versehen, um den Weg noch interessanter zu machen. Oben wartet eine hervorragende Aussicht auf die Moselschleife sowie ein kleiner Kiosk (natürlich mit örtlichem Wein).

Einstieg zum oberen Teil

a Moseltal Collis-Turm, 286 m

Talort: Zell (Mosel).

Ausgangspunkt: Parkplätze entlang der Mosel in Zell (100 m).

GPS Parkplatz: N50.02233 E7.18223

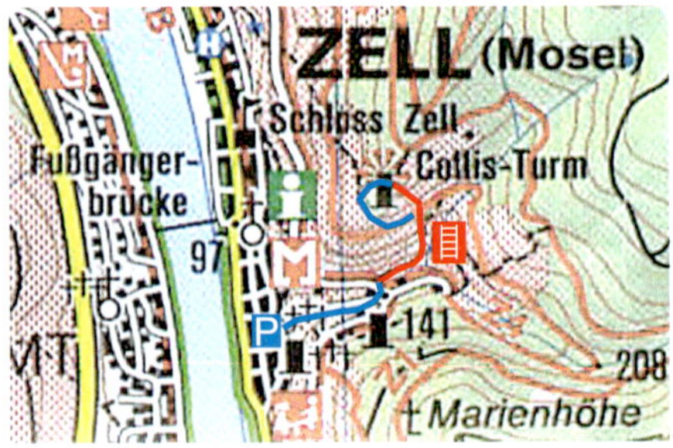

Stützpunkt: Kiosk beim Turm sowie **Weinschänke** im Abstieg.

Anreise: Zell liegt etwa 14 km südlich von Cochem. Man erreicht es über die Moselstraße. Im Ort befinden sich zahlreiche kostenpflichtige Parkplätze entlang der Mosel.

Zustieg: 20 Min. Man wandert in den Ortskern. Beim "Schwarze Katz"-Brunnen zweigt eine breite Straße durch den Ort nach oben ab. Dieser folgt man hinauf, vorbei an einem 4-Eck-Turm, und etwas dahinter geht es nach links über eine Brücke. Gleich danach zweigt der Pfad rechts in den Weinberg ab (90 Hm; 20 Min.).

GPS Einstieg: N50.02681 E7.18644

Im unteren Teil

Steigverlauf: Nach einiger Steigung teilt sich der Weg. Rechts herum führt der normale Aufstiegsweg (eine Stelle gesichert; A). Links herum kann man über eine steile Felswand hinauf klettern. Über Bügel (B) steigt man erst hinauf, dann quert man nach rechts (A/B - B) und gelangt wieder über Stifte und Bügel (B) hinauf zur Ausstiegsleiter (B) dieses Teils. Der Weg führt weiter hinauf zu einem Feldweg, den man nach rechts weiter geht und nach ein paar Minuten zum zweiten gesicherten Teil gelangt, der über eine steile Felswand empor führt. Im unteren Teil befindet sich kein Sicherungsseil, sondern nur Klammern (B). Weiter oben ist dann zusätzlich zu den Stiften und Klammern ein Hanfseil angebracht (A/B). Nun dem Pfad weiter hinauf folgen (einmal A) bis zum Gipfel und dem Collis-Turm. Von hier herrliche Aussicht auf die Moselschleife (90 Hm; 20 Min.).

Abstieg: 30 Min. Hinter dem Turm im Wald führt nach links ein steiler Pfad hinab. Diesem folgt man hinunter und gelangt über eine Weinschänke wieder auf den Feldweg des Aufstiegs. Nun über den zuvor hochgekommenen Pfad weiter hinab, das untere Kletterstück umgeht man je nach Wunsch über den links davon laufenden Normalweg (A). Danach weiter zurück nach Zell und zum Parkplatz (90 Hm; 30 Min.).

■ **Tipps:** Die Webcam der Gemeinde Zell zeigt direkt auf den Collis-Turm und den Steilpfad.

C-a-4 Calmont Klettersteig A/B leicht

Steig	Steig	Zustieg	Abstieg	Expos.	Fun	Sich.	Anford.
					★★★	☆☆☆	
1 Std.	50 Hm	30 Min.	30 Min.	S	schön	gut	niedrig

Schwierigkeit: leicht; A/B; diverse Leitern und wenige gesicherte Kletterstellen
Gesamtanforderung: niedrig
Bes. Gefahren: keine
Beste Jahreszeit: April - Oktober

Zeiten / Höhenunterschiede:
Zustieg: 30 Min. / 110 Hm
Klettersteig: 1 Std. / 50 Hm
Abstieg: 30 Min. / 50 Hm
Höhenunterschied gesamt: 160 Hm
Zeitaufwand gesamt: 2 Std.
Weglänge gesamt: 5,6 km

Exposition: Süd
Sicherungen: gut; Leitern und Seile
Funfaktor: schön
Gestein: Schiefer
Flucht- / Abbruchmögl.: keine
Orientierung / Markierung: Zustieg ausreichend markiert
Anfänger-Eignung: ja

Ausrüstung: Klettersteigset, Helm, mittelfeste Bergschuhe
Errichtung / Betreuung: Eröffnet am 4. Mai 2002; Betreuung durch Förderverein Calmont Region e.V. (www.calmont-region.de)
Karte: Kompass 837 "Vulkaneifel" (1:50')

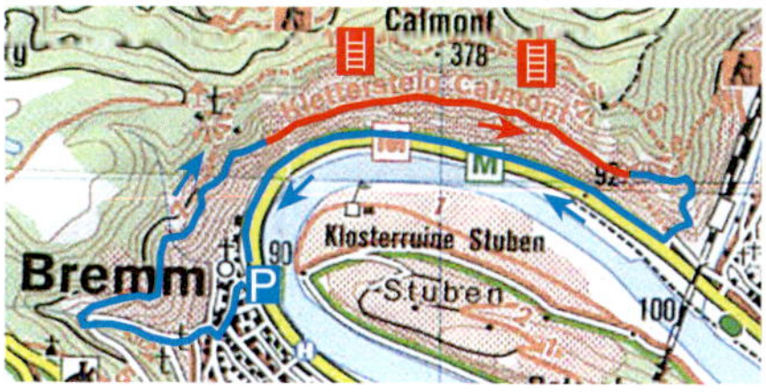

Anforderungsprofil

Kondition:	1
Armkraft:	1
Technik:	1
Mut, Psyche:	2
Bergerfahrung:	1

1 niedrig 2 mäßig 3 mittel 4 hoch 5 extrem

Charakteristik: Der *Calmont* ist wohl einer der berühmtesten Mosel-Klettersteige und daher auch bei Alt und Jung sehr beliebt. Er führt von Bremm nach Eller und bietet viele herrliche Blicke auf die Mosel und die auf der anderen Seite liegende Klosterruine.

Blick auf die Moselschleife

a Moseltal Calmont Hang, 237 m

Talort: Bremm (Mosel).

Ausgangspunkt: Bremm (110 m).
GPS Parkplatz: N50.10254 E7.11691

Stützpunkt: **Kiosk** am Steig; **Straußenwirtschaften** in Bremm.

Anreise: Bremm liegt 6 km südwestlich von Cochem an der Mosel. Man erreicht es über die Moselstraße. Am nördlichen Ortsende finden sich einige Parkplätze speziell für Klettersteig-Geher.

Zustieg: **30 Min.** Vom Parkplatz geht man in den Ort und folgt ab dort der Beschilderung zum Calmont-Klettersteig. Es geht erst bergan und dann in den Weinberg hinein. Nach einer Weile erreicht man ein Gatter und gelangt danach zum Einstieg (110 Hm; 30 Min.). *GPS Einstieg: N50.10718 E7.12391*

Steigverlauf: Der Steig verläuft relativ ebenerdig am Calmont-Hang entlang, alle Kletterstellen haben die Schwierigkeit A/B. Zuerst quert man eine Felswand, danach geht es mit Hilfe von Bügeln eine plattige Stelle hinauf. Nun folgt die erste Leiter, mit deren Hilfe man eine Steilstufe erklimmt. Der Weiterweg führt über eine Felstreppe und weitere Leitern hinauf, bis man zu einem kleinen Kiosk gelangt. Nun im Weiterweg über Leitern, eine gesicherte Felswand bergab und eine weitere Leiter etwas hinunter und ein letztes Mal über eine Art Geländer und Klammern/Stifte über eine Felsplatte hinauf zum Ende des Steigs (50 Hm; 1 Std.). Insgesamt sind 6 Leitern und etwa 100 m Seil verbaut.

Abstieg: **30 Min.** Vom Ende geht es nun über einen Pfad steil hinab zum Bahnhof von Eller. Dort hält man sich zwischen Bahngelände und Felswand Richtung Straße und quert diese. Über den Moselwanderweg kann man dann entlang der Mosel zum Auto zurück kehren (50 Hm; 30 Min.).

- **Tipps:** Der tapfere Begeher des Steigs kann sich auf der Internet-Seite von Bremm auch eine Klettersteig-Urkunde ausdrucken.
- **Hinweise:** Im Sommer sehr heiß (Calmont ist aus dem Lateinischen hergeleitet und bedeutet so viel wie "warmer Berg"). Aufgrund der Beliebtheit teilweise auch sehr überlaufen (Stau im Steig vor allem auch durch Gegenverkehr und wenig Ausweichmöglichkeiten). Am Steig trifft man zusätzlich immer wieder Personen, die selbst mit diesen zwar breiten und einfachen Steigen psychologische Probleme haben. Dies sorgt noch mehr für Staus, und deshalb gilt auch bei vermeintlichen "Touristenwegen": Nie selbst überschätzen!

Bleidenberg, 250 m

C-a-5 Sieben Fußfälle "Klettersteig" A 50 Hm

Dass die Entwicklungsverantwortlichen der Moselregion nun auch das Wort "Klettersteig" entdeckt haben (vermutlich aufgrund des Erfolgs des *Calmont*- oder *Boppard-Klettersteigs*), merkt man nirgendwo so deutlich wie am "Sieben Fußfälle Klettersteig". Man nehme einen breiten, mäßig steilen Pfad, versehe ihn mit einem Seilgeländer, und schon hat man einen Klettersteig und die Gegend eine "Attraktion" mehr...

Beste Jahreszeit: April - Oktober.
Zeitaufwand / Weglänge gesamt: 1 Std. / 180 Hm / 2,3 km
Besondere Gefahren: keine.
Karten: Kompass 838 "Hohe Eifel - Osteifel" (1:50')
Talort / Ausgangspunkt: Alken (Mosel) / Parkplatz Bachstraße in Alken (bei der Kirche) (80 m) / *GPS: N50.25066 E7.44793*
Stützpunkt: keiner.
Anreise: Alken liegt etwa 16 km südwestlich von Koblenz. Man erreicht es über die B49 entlang der Mosel. Am nördlichen Ortseingang geht es links in die etwas enge Bachstraße. Bei der Kirche finden sich einige Parkplätze.
Gesamter Wegverlauf: Zustieg: 15 Min.; 130 Hm. Vom Parkplatz geht es über ein paar Stufen in den Weinberg hinein. Nun stetig bergan bis zu einem Fuhrweg, den man quert. Weiter aufwärts gelangt man dann nach insg. 15 Min. zur Weggabelung mit dem Einstieg.
Steigverlauf: 5 Min. Steig, + 15 Min. zum Gipfel; 30 Hm Steig + 20 Hm zum Gipfel. Der "Klettersteig" zweigt links ab, während der Normalweg rechts herum etwas ausladender zum Gipfel führt. Der Steig erreicht eine mittlere Steigung und ist an etwas abschüssigen Stellen mit einem Seilgeländer gesichert. Wenige Minuten später hat man schon alles hinter sich und gelangt auf einen Fuhrweg und zu einer Wallfahrtskirche (daher auch der Name des Steiges; 30 Hm; 5 Min.). Von dort aus nun in wenigen Minuten weiter zum Gipfel.
GPS: N50.25095 E7.45565
Abstieg: 30 Min.; 180 Hm. Auf selbem Weg zurück.

Hier wartet ein "echter" Klettersteig ??

Das ist der "Klettersteig"!

b Mittelrheintal *Seilbahn-Bergstation Hirschkopf, 302 m*

C-b-1 Mittelrhein-Klettersteig Boppard B/C

mäßig schwierig

Steig	Steig	Zustieg	Abstieg	Expos.	Fun	Sich.	Anford.
1 Std.	220 Hm	10 Min.	1 Std.	O	super	super	mäßig

Schwierigkeit: mäßig schwierig; meist A/B; viele Leitern; Schlüsselstelle B/C
Gesamtanforderung: mäßig
Bes. Gefahren: keine
Beste Jahreszeit: April - Oktober

Zeiten / Höhenunterschiede:
Zustieg: 10 Min. / 50 Hm
Klettersteig: 1 Std. / 220 Hm
Abstieg: 1 Std. / 215 Hm Anstieg, 120 Hm Abstieg
Höhenunterschied gesamt: 485 Hm
Zeitaufwand gesamt: 3 Std.
Weglänge gesamt: 4,7 km

Exposition: Ost
Sicherungen: sehr gut; Stahlseile, Leitern, Bügel
Funfaktor: super
Gestein: Schiefer
Flucht- / Abbruchmögl.: vor dem steilen Schlußteil Abstiegsmöglichkeit zur Straße
Orientierung / Markierung: Zustieg und Steig gut, nach dem Ausstieg durch den Wald eher spärlich
Anfänger-Eignung: ja

Ausrüstung: Klettersteigset, Helm, mittelfeste Bergschuhe
Errichtung / Betreuung: Stadt Boppard (www.boppard.de; Tel. 06742-3888; tourist@boppard.de); Sessellift
Karte: Kompass 839 "Westlicher Taunus" (1:50')

Anforderungsprofil

Kondition:	2
Armkraft:	3
Technik:	2
Mut, Psyche:	2
Bergerfahrung:	1

1 niedrig 2 mäßig 3 mittel 4 hoch 5 extrem

Charakteristik: Der *Boppard* ist DER Vorzeigeklettersteig schlechthin in dieser Region. Er bietet ein langes und anspruchsvolles Klettervergnügen und überschreitet dabei nie den mittleren Schwierigkeitsgrad. Bei der etwas längeren Rundtour kann man eine tolle Aussicht in einem der beiden Restaurants am Gipfel genießen.

Felsplatte zw. Punkt 2 und 3

b Mittelrheintal *Seilbahn-Bergstation Hirschkopf, 302 m*

Talort: Boppard.

Ausgangspunkt: Großer Parkplatz "St. Remigius Platz" bei der Seilbahn.

GPS Parkplatz: N50.23598 E7.57721

Stützpunkt: Restaurant Vierseenblick (Tel. 06742-3540; April - Oktober); **Restaurant Gedeonseck** (Tel. 06742-2675; April - Oktober).

Anreise: Von Koblenz fährt man am Rhein entlang südwärts Richtung Boppard. Kurz nach dem Ortseingang geht es rechts auf den Parkplatz (ca. 20 km ab Koblenz).

Zustieg: 10 Min. Vom Parkplatz geht man durch eine Unterführung und dann rechts an den Häusern entlang. Nach einigen Metern zweigt der Zustieg zum Steig nach rechts ab. Nun geht es an einem Grat entlang stetig bergan, unter der Seilbahn hindurch bis zu einem Abzweig. Der Normalweg führt weiter nach oben zur Bergstation, während der Steig nach rechts abzweigt (50 Hm; 10 Min.).

GPS Einstieg: N50.23652 E7.57553

Blick auf die Rheinschleife

Steigverlauf: Der Klettersteig ist in zwei Teile geteilt. Im ersten Teil klettert man über Leitern auf und ab. An der Schlüsselstelle muss man eine senkrecht abfallende Wand über Metallstifte queren (Details siehe Topo). Nach einem weiteren Leiternabstieg gelangt man in einen Wald (40 Min. ab Einstieg). Hier bietet sich die Möglichkeit, den Steig zu verlassen und über einen Pfad durch den Wald nach unten auf die Bundesstraße abzusteigen. Dort kann man dann zum Auto zurück laufen (ca. 30 Min.). Der Weiterweg führt über eine insgesamt ca. 60 m hohe mit Bügeln versehene Folswand. Im unteren Teil klettert man ohne Seil. Danach gelangt man zum Ausstieg und kann auf einer Bank rasten (10 Min.).

Im Bereich Punkt 7-8

Abstieg: 1 Std. Obwohl das nächste Ziel, das Restaurant Vierseenblick, nur ca. 300 m Luftlinie entfernt ist, muss man aufgrund der Geländestruktur doch die achtfache Strecke zurücklegen, bis man dort ankommt. Unterwegs gelangt man

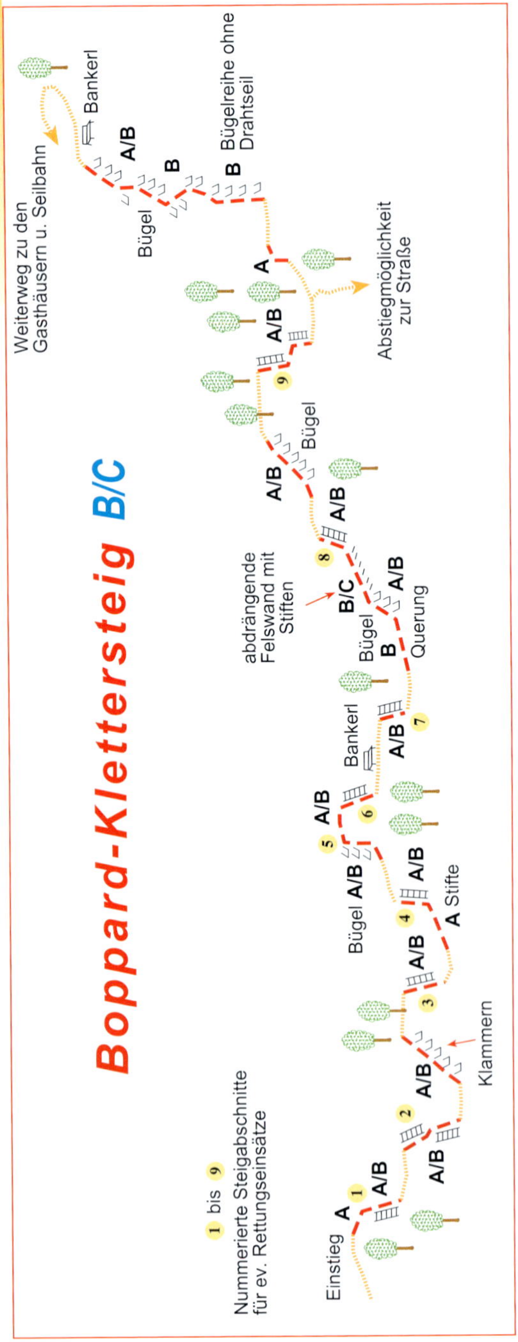

auf den von Nordosten herführenden Rhein-Burgen-Wanderweg (Engelseiche; hier offizieller Beginn / Ende des Klettersteigs). Dem Fuhrweg folgt man nach links und gelangt dann später zu einem Mountainbike-Parcours und danach endlich zum Vierseenblick.
Nach 4 Min. erreicht man auch das Restaurant Gedeonseck und nach weiteren 4 Min. ist man schon bei der Bergstation der Seilbahn angelangt. Von hier entweder mit der Seilbahn hinab oder den etwas beschwerlichen Weg über den Grat hinunter, der unten wieder auf den Zustiegsweg mündet.

■ **Hinweise:** Bei dem 2006 eröffneten Steig wurden insgesamt 10 Leitern, 130 Trittbügel und etwa 180 m Seil verbaut. Im Sommer kann der Steig unangenehm heiß werden. Die Kläranlage unterhalb des Zwischenabstieges steuert auch nicht gerade zum Wohlbefinden der Nase bei. Im ersten Teil des Steigs sind jüngst an jeder Leiter Nummerierungen als Rettungspunkte angebracht worden. Da aber keine Notrufnummer dabei steht, wird man im Falle eines Falles wohl die allgemeine 112 wählen müssen. An der Aral-Tankstelle (Fuß des KS) kann in begrenzter Menge Ausrüstung ausgeliehen werden (Tel. 06724-2447).

Oelsberg, 270 m

C-b-2 Oelsberg Klettersteig A/B 125 Hm

Beim Oelsberg-Projekt geht es in der Hauptsache um die Rekultivierung einer ehemaligen Weinbergslage. Der Steig selbst reiht sich in die Riege der typischen "Weinberg-Klettersteige" ein. Leitern helfen über die Terrassen hinweg, ansonsten aber unspektakulär.

Beste Jahreszeit: April - Oktober.

Zeitaufwand / Weglänge gesamt: 1,5 Std. / 175 Hm / 4,6 km

Besondere Gefahren: keine.

Karten: Kompass 839 "Westlicher Taunus" (1:50')

Talort / Ausgangspunkt: Oberwesel / Parkplatz am nördlichen Bahnübergang in Oberwesel (80 m) / *GPS: N50.11228 E7.72127*

Stützpunkt: keiner.

Anreise: Oberwesel liegt etwa 30 km südlich von Koblenz. Man fährt auf der B9 über Boppard und St. Goar entlang des Rheins bis nach Oberwesel. Dort am Ortseingang beim Bahnübergang Parkplätze.

Gesamter Wegverlauf: Zustieg: 10 Min.; 50 Hm. Vom Parkplatz folgt man einem unbefestigten Weg stetig bergan in den Oelsberg hinein, bis man nach ca. 10 Min. den Einstieg erreicht.

Steigverlauf: 30 Min.; 125 Hm. Auf dem Steig gelangt man zuerst zu einer Leiter (A/B), die man umgehen kann. Dann durch ein Drehkreuz weiter zu nächsten Leiter (A/B), die ebenfalls umgangen werden kann. Es folgt eine leichte mit Klammern gesicherte Stelle (A), ehe eine weitere, etwas steilere Passage nach oben führt (A/B). Nun gesichert (A) etwas bergab und weiter hinunter über Klammern (A/B). Nach zwei weiteren kurzen Stellen (A) führt der Weg steil nach oben zum Ausstieg (125 Hm; 30 Min.). *GPS: N50.12111 E7.72278*

Abstieg: 45 Min.; 175 Hm. Entweder auf dem gleichen Weg zurück (30 Min.) oder am Ausstieg links halten zum Rhein-Burgen-Wanderweg. Hier wieder links zurück nach Oberwesel und zum Parkplatz (Mehraufwand ca. 15 Min.).

C-c-1 Hölderstein Klettersteig A/B

Steig	Steig	Zustieg	Abstieg	Expos.	Fun	Sich.	Anford.
15 Min.	50 Hm	30 Min.	30 Min.	S	★★ mäßig	☆☆☆☆ super	niedrig

Schwierigkeit: leicht; großteils A/B
Gesamtanforderung: niedrig
Bes. Gefahren: keine
Beste Jahreszeit: April - Oktober

Zeiten / Höhenunterschiede:
Zustieg: 30 Min. / 20 Hm
Klettersteig: 15 Min. / 50 Hm
Abstieg: 30 Min. / 70 Hm
Höhenunterschied gesamt: 70 Hm
Zeitaufwand gesamt: 1 - 1,5 Std.
Weglänge gesamt: 3,8 km

Exposition: Süd
Sicherungen: sehr gut; Stahlseil, Bügel, Stifte, Leitern, eine Eisenbrücke
Funfaktor: mäßig
Gestein: Schiefer
Flucht- / Abbruchmögl.: keine
Orientierung / Markierung: gelbe Westerwaldsteig-Markierung
Anfänger-Eignung: ja

Ausrüstung: Klettersteigset, Helm, mittelfeste Bergschuhe
Errichtung / Betreuung: 2009 / Gemeinde Puderbach (www.puderbacher-land.de; Tel. 02684-858-200; michael.fuehrer@puderbach.de)
Karte: regionale Landkarten bei der Gemeinde Puderbach bestellbar

Anforderungsprofil

Kondition:	1
Armkraft:	2
Technik:	1
Mut, Psyche:	2
Bergerfahrung:	1

1 niedrig 2 mäßig 3 mittel 4 hoch 5 extrem

Charakteristik: Seit Oktober 2009 hat der Westerwald auch einen Klettersteig. Ein Teilstück des bekannten 235 km langen *Westerwaldsteigs* kann nun über einen Klettersteig zurück gelegt werden. Dieser führt über Leitern und Bügel etwa 80 m den Fels hinauf.

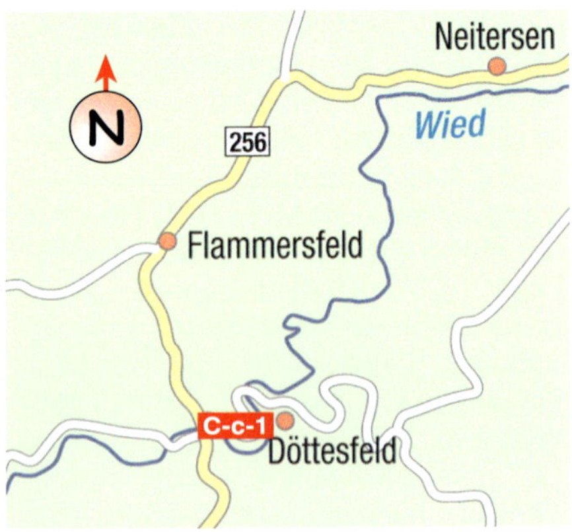

Talort: Neustadt (Wied), Puderbach.

Ausgangspunkt: Parkplatz an der Verbindungsstraße zwischen Oberlahr und Döttesfeld direkt bei der Flussbrücke in einer Linkskurve (180 m).

GPS Parkplatz: N50.62308 E7.54392 **Stützpunkt:** keiner.

Anreise: Oberlahr liegt 6 km östlich von Neustadt (Wied). Vom Ort fährt man östlich und biegt dann nach links auf die B256. Nach der Flussüberquerung biegt man gleich rechts ab Richtung Döttesfeld. Nach ca. 800 m befinden sich vor einer Brücke diverse Parkplätze am Straßenrand.

Zustieg: 30 Min. Vom Parkplatz über die Brücke und dort rechts in den Fuhrweg abbiegen. Der Fuhrweg ist nicht für Kfz gesperrt, es gibt aber später keine Parkmöglichkeiten. Man folgt dem Weg und orientiert sich dabei an der grünen Westerwaldsteig-Markierung (geschwungenes "W"). Man bleibt dabei immer auf der linken Seite des Grenzbaches, nach dem auch dieses Tal benannt ist. An einer geradeaus steil nach oben führenden Abzweigung hält man sich rechts (unten bleiben). Gleich danach wieder geradeaus (rechts geht es zu einem großen Haus hinab). Nach weiteren 800 m (insgesamt 1,7 km) erreicht man den Einstieg direkt am Weg (30 Min.).

GPS Einstieg: N50.60920 E7.54367

Steigverlauf: Man steigt zuerst quer hinauf über Bügel (A/B). Nun geht es über eine Abfolge von Leitern (A/B) und Querungen (A) weiter hinauf, ehe man über eine kleine Metallbrücke zum Ausstieg gelangt (50 Hm; 15 Min.).

Abstieg: 30 Min. Vom Ausstieg führt der "Normalweg" steil hinab zum Einstieg. Von dort auf bekanntem Weg zurück zum Parkplatz (70 Hm; 30 Min.).

Die mittlere Leiter, dahinter die letzte Leiter

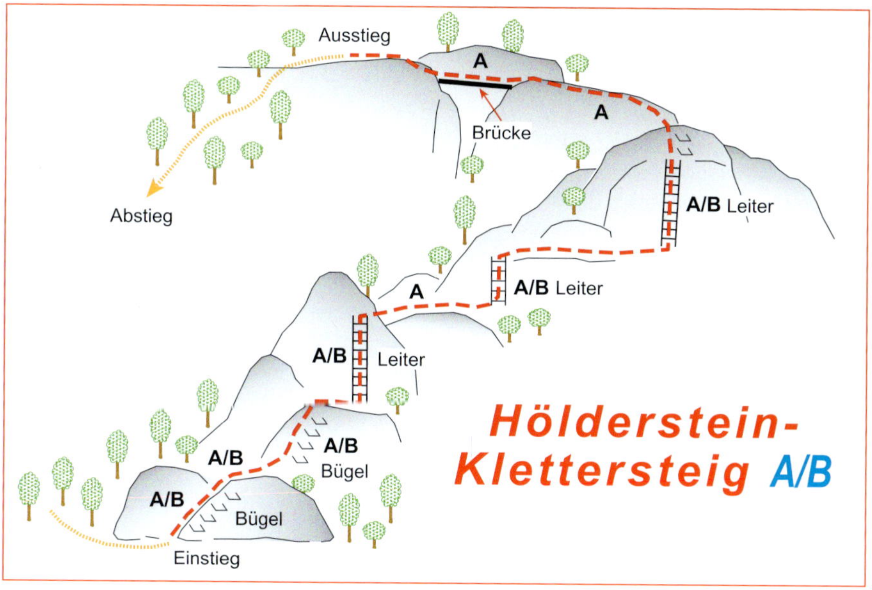

Hessen

Land Hessen

- **Hauptstadt**: Wiesbaden
- **Fläche:** 21.114 km^2
- **Einwohner:** 6.040.841
- **Steige:** 2
- **Bevölkerungsdichte:** 287 E/km^2
- **Steigdichte:** 0,09 Steige/1000 km^2

In Hessen befinden sich nur 2 Klettersteige.

Es befindet sich mitten in Deutschland und grenzt an die Bundesländer Nordrhein-Westfalen, Niedersachsen, Thüringen, Bayern, Baden-Württemberg und Rheinland-Pfalz. Der höchste Berg Hessens ist mit 950 m die Wasserkuppe.

Klettersteige:

In folgendem Gebiet findet man Klettersteige:

a) Odenwald

Beide Steige befinden sich in ehemaligen Steinbrüchen und sind kurz, aber knackig.

Hessen - Talorte

D-a Odenwald

Hainstadt (Odenwald): Odenwald Tourismus: www.-odenwald.de; Tel. 06062-8099-89; tourismus@odenwald.de

Heubach: www.heubach.de; Tel. 07173-1810 (Stadtverwaltung); info@heubach.de

a Odenwald *Steinbruch Hainstadt, 277 m*

D-a-1 Starkenburger Steig C

schwierig

Steig	Steig	Zustieg	Abstieg	Expos.	Fun	Sich.	Anford.
15 Min.	45 Hm	5 Min.	10 Min.	SO	★★★ schön	☆☆☆ gut	mäßig

Schwierigkeit: schwierig; kurzer mittelschwerer Sportklettersteig; viel Reibung, im oberen Teil leichter
Gesamtanforderung: mäßig
Bes. Gefahren: keine
Beste Jahreszeit: März - Oktober

Zeiten / Höhenunterschiede:
Zustieg: 5 Min. / 5 Hm
Klettersteig: 15 - 30 Min. / 45 Hm
Abstieg: 10 Min. / 50 Hm
Höhenunterschied gesamt: 50 Hm
Zeitaufwand gesamt: 45 Min.
Weglänge gesamt: 500 m

Exposition: Südost
Sicherungen: gut; Stahlseil
Funfaktor: schön
Gestein: Sandstein
Flucht- / Abbruchmögl.: keine
Orientierung / Markierung: leicht zu finden
Anfänger-Eignung: ja

Ausrüstung: Klettersteigset, Helm, mittelfeste Bergschuhe od. Kletterschuhe (glatter Stein)
Errichtung / Betreuung: 1984 von der AV Sektion Starkenburg ("Odenwalder Bergfreunde") zum 100-jährigen Jubiläum (wwww.alpenverein-darmstadt.de)
Karte: Kompass 763 "Spessart" (1:50')

Kartenausschnitt siehe Seite 352

Anforderungsprofil

Kondition:	1
Armkraft:	2
Technik:	2
Mut, Psyche:	2
Bergerfahrung:	2

1 niedrig 2 mäßig 3 mittel 4 hoch 5 extrem

Charakteristik: Der *Starkenburger Steig* ist ein kleiner, aber feiner Klettersteig, der leider viel zu kurz durch einen Steinbruch führt. Bestens gesichert kann man hier mal das Klettersteiggehen üben. Würde man ganz auf das Stahlseil verzichten und die Haken nur als Sicherungspunkte benutzen, dann wäre die Führe im IV. - V. Grad anzusiedeln. Die ideale Tour im heißen Sommer oder Herbst.

Die glatte Einstiegs-Querung

a Odenwald Steinbruch Hainstadt, 277 m

Talort: Hainstadt.

Ausgangspunkt: Parkplatz etwas oberhalb von Hainstadt (277 m).

GPS Parkplatz: N49.83880 E9.04058

Stützpunkt: keiner.

Anreise: Von der A3 (Würzburg-Frankfurt; Ausfahrt "Stockstadt") über die B469 nach Süden in Richtung Obernburg a. Main (20,4 km). Dort weiter in Richtung Mömlingen und Hainstadt (9,6 km). In Hainstadt die erste größere Straße nach rechts hoch in Richtung "Wald-Amorbach". Nach der 2. Kehre biegt rechts eine kleine Straße zum Parkplatz des Steinbruchs ab (1,4 km).

Der schwere Steilaufschwung

Zustieg: **5 Min.** In wenigen Minuten vom Parkplatz rechter Hand an einer Tafel vorbei zum nahen Steinbruch. Der Steig beginnt in der inneren Ecke der großen rechtwinkligen Verschneidung (Tafel). *GPS Einstieg: N49.83932 E9.04036*

Steigverlauf: Zuerst querend (Details siehe Topo) nach links in eine schöne Verschneidung, die nach einem recht steilen Schlussaufschwung (C; Seil etwas locker gespannt) auf das breite Band leitet (Halbzeit). Kurz nach links gehen, bis eine zweite steile Verschneidung (2 m; B/C) zu einer schö-

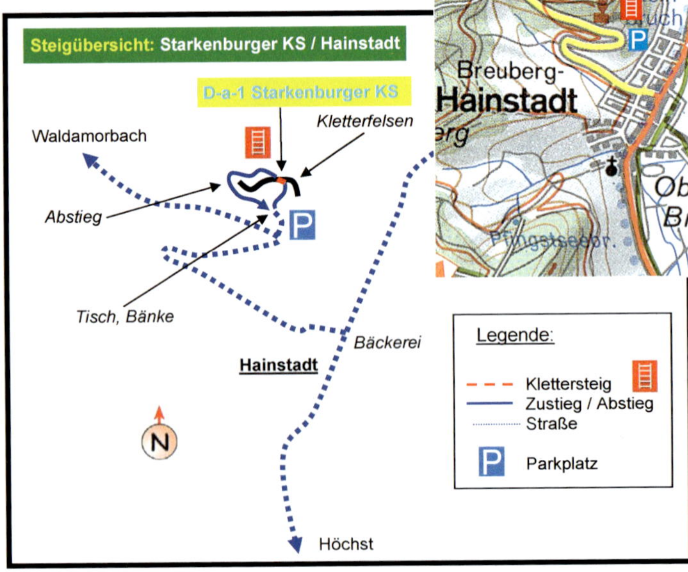

nen Kombination von Leisten und Aufschwüngen leitet, die dann nach einem letzten breiten Band zum Ausstieg führen (schöne Tiefblicke! 277 m).

Abstieg: 10 Min. Nach dem Ausstieg in schönen Waldwegen in einer weiten Linkskurve zurück zum Parkplatz.

■ **Tipps:** Am Wochenende kann es schon mal eng werden, wenn diverse Gruppen am Steig üben.

■ **Hinweise:** Auf alle Fälle die Sperrungen für den oberen Wandteil beachten, wenn die Vogelbrut angesagt ist!

Im oberen Teil des Klettersteiges

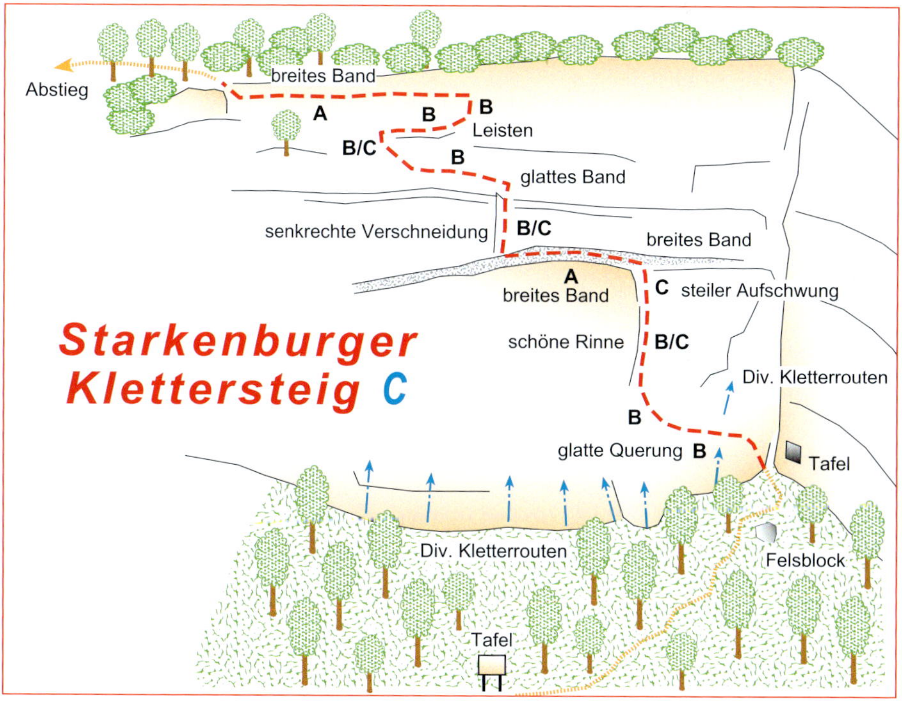

D-a-2 Heubach Klettersteig C schwierig

Steig	Steig	Zustieg	Abstieg	Expos.	Fun	Sich.	Anford.
20 Min.	45 Hm	5 Min.	10 Min.	SW	★★★ schön	☆☆☆☆ super	mäßig

Schwierigkeit: schwierig; kurzer, mittelschwerer, sportlicher Klettersteig inmitten von Kletterrouten; stets gute Rastmöglichkeiten; steile Passagen mit Bügeln entschärft
Gesamtanforderung: mäßig
Bes. Gefahren: keine
Beste Jahreszeit: März - Oktober

Zeiten / Höhenunterschiede:
Zustieg: 5 Min. / 5 Hm
Klettersteig: 15 - 20 Min. / 45 Hm
Abstieg: 10 Min. / 50 Hm
Höhenunterschied gesamt: 45 Hm
Zeitaufwand gesamt: 30 - 45 Min.
Weglänge gesamt: 640 m

Exposition: Südwest
Sicherungen: sehr gut; Stahlseile, einige Bügel
Funfaktor: schön
Gestein: Sandstein
Flucht- / Abbruchmögl.: keine
Orientierung / Markierung: nicht zu verfehlen
Anfänger-Eignung: ja

Ausrüstung: Klettersteigset, Helm, mittelfeste Bergschuhe, evtl. Kletterschuhe für Reibung
Errichtung / Betreuung: DAV Starkenburg (wwww.alpenverein-darmstadt.de; Tel. 06151-660133; heubach@alpenverein-darmstadt.de)
Karte: Kompass 764 "Geo-Naturpark Bergstraße-Odenwald" (1:75')
Kartenausschnitt siehe Seite 356

Anforderungsprofil

Kondition:	1
Armkraft:	2
Technik:	2
Mut, Psyche:	2
Bergerfahrung:	2

1 niedrig 2 mäßig 3 mittel 4 hoch 5 extrem

Charakteristik: Wenn man schon den *Starkenburger Steig* absolviert, lohnt sich auf jeden Fall auch ein Abstecher zum interessanten *Heubach Klettersteig*. Dieser liegt ebenfalls in einem Steinbruch, besticht aber durch das Umfeld. So laden die schönen Kletterrouten, die angenehme Lichtung zum Verweilen, Sonnen oder Spielen mit den Kindern ein. Und bei der Kürze der Tour kann man den Steig auch durchaus häufiger gehen.

Auf der geneigten Platte

a Odenwald *Steinbruch Heubach, 322 m*

Talort: Heubach.

Ausgangspunkt: Ausgewiesene Parkplätze am Steinbruch oder in Heubach (nicht entlang der Straße parken; 270 m). *GPS Parkplatz: N49.83611 E8.98685*

Stützpunkt: keiner.

Anreise: Von Höchst im Odenwald über die B45 nach Norden in Richtung Groß-Umstadt, bis rechts (nach 7,7 km) die Straße nach Heubach abzweigt (2,1 km). Durch den Ort hindurch immer weiter ins Tal, bis nach dem Ortskern linker Hand DAV-Hinweise auf eine steile Straße nach oben weisen. Das Eisentor öffnet sich beim Einscannen des AV-Ausweises. Kurz die steile Straße nach oben, bis man die große Lichtung des Steinbruchs und die wenigen dortigen Parkplätze erreicht.

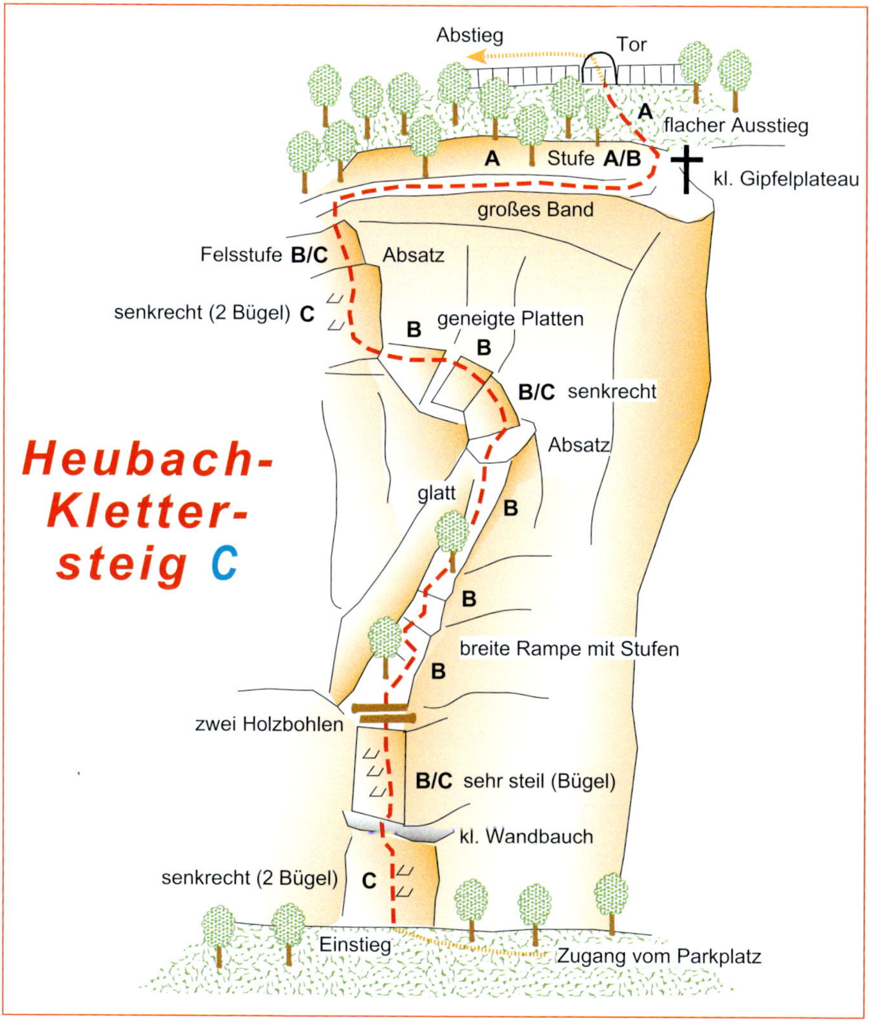

a Odenwald *Steinbruch Heubach, 322 m*

Zustieg: 5 Min. Vom Parkplatz kurz links am Wandfuß entlang, bis man auf den Klettersteig stößt. *GPS Einstieg: N49.83638 E8.98567*

Steigverlauf: Senkrecht (Details siehe Topo) an Bügeln empor und über eine kleine Ausbauchung (C) weiter, bis man einen schönen Rastplatz zu Beginn der breiten Rampe erreicht. Diese über hohe Stufen und griffigen Sandstein unschwer (B) empor. Ein kurzer Armzug hilft über eine kurze Stufe zu den schönen geneigten Platten (B/C). Zwei Bügel entschärfen den nächsten senkrechten Aufstieg (C), bis man kurz darauf das breite Ausstiegsband nach rechts erreicht. An dessen Ende liegt das kleine "Gipfelkreuz". Eine letzte kurze Stufe, und man erreicht durch ein Gartentor den Abstieg.

Abstieg: 10 Min. In einer Linkskurve oberhalb des Steinbruchs angenehm durch Wald zurück zur großen Lichtung.

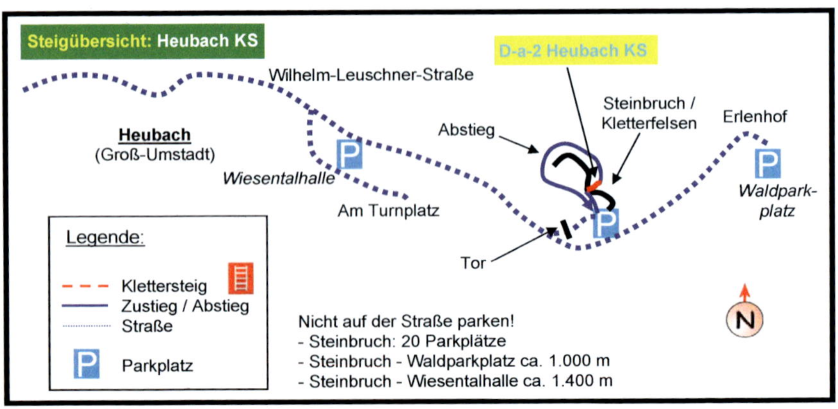

Oben links: nach dem Einstiegsaufschwung; oben rechts: schöne, griffige Platten! Unten: der steile Einstieg

■ **Tipps:** Ideal für Familien und Kinder (für diese steht u.a. eine tolle Holzspielburg zu Verfügung). Die große Lichtung bietet viel Platz zum Spielen und Sonnen.

■ **Hinweise:** Für die Benutzung der Kletterwände und des Klettersteigs ist eine Gebühr zu entrichten. Infos hierzu findet man im Internet und auf dem Platz. Den Anweisungen auf den Tafeln ist unbedingt Folge zu leisten! Sollte der Parkplatz voll sein, bestehen weitere Parkplätze am Ende der Talstraße oder im Ort bei der Wiesentalhalle.

Nordrhein-Westfalen

Land Nordrhein-Westfalen

- **Hauptstadt**: Düsseldorf
- **Fläche:** 34.088 km²
- **Einwohner:** 17.933.086
- **Steige:** 2
- **Bevölkerungsdichte:** 526 E/km²
- **Steigdichte:** 0,06 Steige/1000 km²

NRW ist zwar das dichtest besiedelte Land Deutschlands, kann aber mit nur 2 Steigen hier nicht in der Spitzengruppe landen.

Nicht umsonst betont der Sänger Herbert G., dass dieses Land "tief im Westen" liegt. Es grenzt an die anderen Bundesländer Niedersachsen, Hessen und Rheinland-Pfalz. Zudem hat es eine gemeinsame Grenze mit Belgien und den Niederlande. Als höchster Berg gilt der Langenberg an der Grenze zu Hessen (843 m).

Klettersteige:

In folgendem Gebiet findet man Klettersteige:

a) Ruhrgebiet

Schon anhand des Gebietsnamens lässt sich ablesen, dass die Steige hier eher einen künstlichen Charakter aufweisen.

Nordrhein-Westfalen - Talorte

E-a Ruhrgebiet

Dortmund: www.dortmund.de; info@dortmund-tourismus.de

Duisburg: www.duisburg.de; Landschaftspark: www.landschaftspark.de; Tel. 0203-4291919

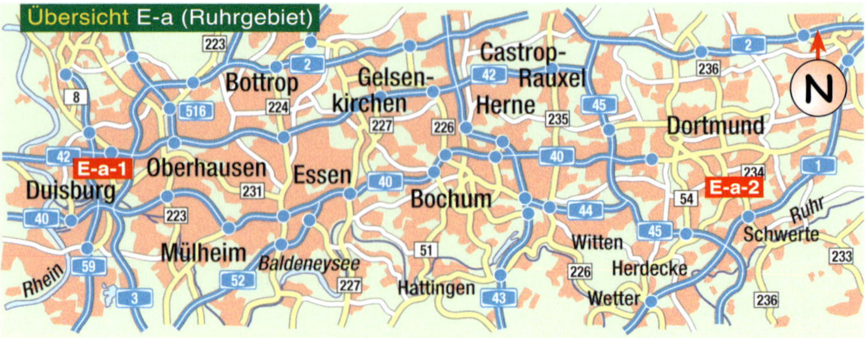

E-a-1 Klettermax B

mäßig schwierig

Steig	Steig	Zustieg	Abstieg	Expos.	Fun	Sich.	Anford.
20 Min.	5 Hm	5 Min.	5 Min.	alle	schön	gut	mäßig

Schwierigkeit: mäßig schwierig; Seilbrücken B; Leiter B
Gesamtanforderung: mäßig
Bes. Gefahren: keine
Beste Jahreszeit: ganzjährig

Zeiten / Höhenunterschiede:
Zustieg: 5 Min. / 10 Hm
Klettersteig: 20 Min. / 5 Hm
Abstieg: 5 Min. / 15 Hm
Höhenunterschied gesamt: 15 Hm
Zeitaufwand gesamt: 30 Min.
Weglänge gesamt: 100 m

Exposition: alle Richtungen
Sicherungen: gut; Stahlseil, 4-Seilbrücken
Funfaktor: schön
Gestein: Beton
Flucht- / Abbruchmögl.: keine
Orientierung / Markierung: gut
Anfänger-Eignung: ja

Ausrüstung: Klettersteigset, Helm, mittelfeste Bergschuhe od. Kletterschuhe
Errichtung / Betreuung: Klettermax Kletterzentrum (www.kletter-max.de; Tel. 0231-4270257)

Anforderungsprofil

Kondition:	1
Armkraft:	2
Technik:	2
Mut, Psyche:	4
Bergerfahrung:	1

1 niedrig 2 mäßig 3 mittel 4 hoch 5 extrem

Charakteristik: Das *Klettermax* Erlebnis- und Kletterzentrum Dortmund hat zwischen seinen Gebäuden eine Art Hochseilparcours eingerichtet. Dort kann man auf Seilbrücken zwischen den Gebäuden hin und her klettern und an Gebäudewänden queren.

Talort: Dortmund.
Ausgangspunkt: Hermannstr. 75, 44263 Dortmund (50 m).

GPS Parkplatz: N51.48929 E7.50501
Stützpunkt: **Bistro** im Gebäude.

Anreise: siehe Ausgangspunkt.
Zustieg: **5 Min.** Vom Parkplatz gelangt man in den Hof des Klettermax-Areals.
GPS Einstieg: N51.48965 E7.50396

■ **Hinweise:** Aufgrund des nahenden Umzugs sollte die Verfügbarkeit der Anlage vor einem Besuch telefonisch erfragt werden.

Steigverlauf: Der Steig beginnt mit einer Seilbrücke zum gegenüberliegenden Gebäude. Eine weitere Brücke führt ansteigend (!) zum Aufzugsturm. Danach geht es über die letzte Seilbrücke auf das Dach des Kletterturms.

Abstieg: **5 Min.** Vom Turm seilt man sich entweder ab, oder man steigt über eine Metallleiter zurück in die Kletterhalle.

E-a-2 Klettersteig Landschaftspark Monte Thysso D-E

extrem schwierig

Steig	Steig	Zustieg	Abstieg	Expos.	Fun	Sich.	Anford.
45 Min.	10 Hm	10 Min.	10 Min.	NW	★★★★ super	☆☆☆☆ super	hoch

Schwierigkeit: extrem schwierig; großteils Querung steiler Wände mit kleinen bis gar keinen Tritten; im ersten Teil bis D, im zweiten Teil bis E
Gesamtanforderung: hoch
Bes. Gefahren: keine
Beste Jahreszeit: ganzjährig

Zeiten / Höhenunterschiede:
Zustieg: 10 Min. / 1 Hm
Klettersteig: 45 Min. / 10 Hm
Abstieg: 10 Min. / 1 Hm
Höhenunterschied gesamt: 10 Hm
Zeitaufwand gesamt: 1 Std.
Weglänge gesamt: 1 km

Exposition: Nordwest
Sicherungen: sehr gut; Stahlseile, Stifte, Brücken, Bügel
Funfaktor: super
Gestein: Betonkonglomerat
Flucht- / Abbruchmögl.: am Ende jeder Wand kann über die Brücken zum Einstieg zurückgekehrt werden. Zusätzlich 3 Abseilstellen.
Orientierung / Markierung: keine
Anfänger-Eignung: nein, zu schwer

Ausrüstung: Klettersteigset, Helm, mittelfeste Bergschuhe od. Kletterschuhe
Errichtung / Betreuung: DAV Duisburg (www.dav-duisburg.de; Tel. 0203-428120)
Karte: keine

Anforderungsprofil

Kondition:	1
Armkraft:	5
Technik:	5
Mut, Psyche:	5
Bergerfahrung:	2

1 niedrig 2 mäßig 3 mittel 4 hoch 5 extrem

Charakteristik: Im Möllerbunker, einem ehemaligen Erzbunker des Hüttenwerks Meiderich, wurde durch den DAV Duisburg ein vor allem im 2. Teil extrem schwerer Klettersteig installiert. Der Klettersteig schlängelt sich entlang der hoch aufragenden Wände des Bunkers und bedarf zu seiner Meisterung (2. Teil) extremer Kräfte.

Querung im 1. Teil

a Ruhrgebiet *Landschaftspark Duisburg-Nord, 35 m*

Talort: Duisburg.

Ausgangspunkt: Parkplatz des Landschaftsparks Duisburg-Nord (25 m).

GPS Parkplatz: N51.48155 E6.78379

Stützpunkt: **Vereinsheim des DAV**, aber nur Selbstversorger und nach Absprache.

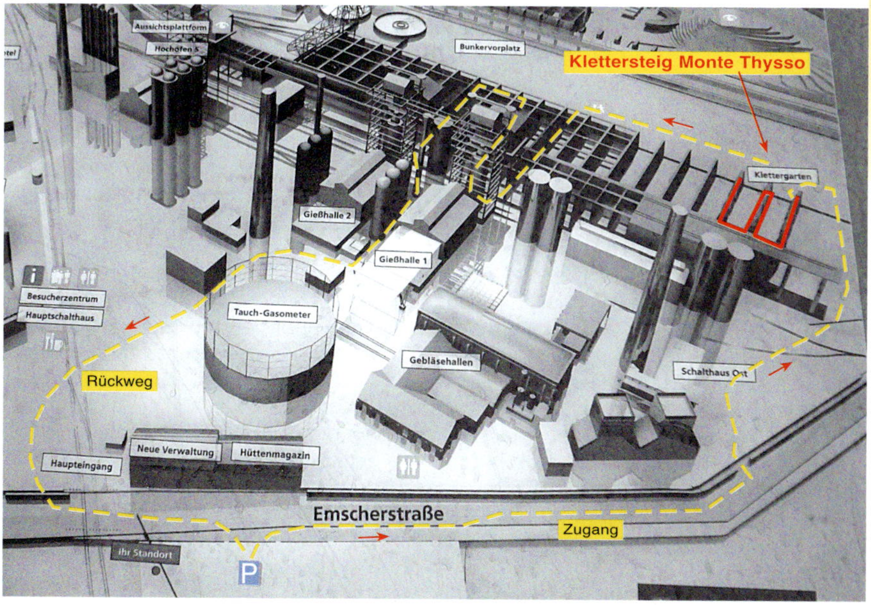

Klettersteig Monte Thysso D-E

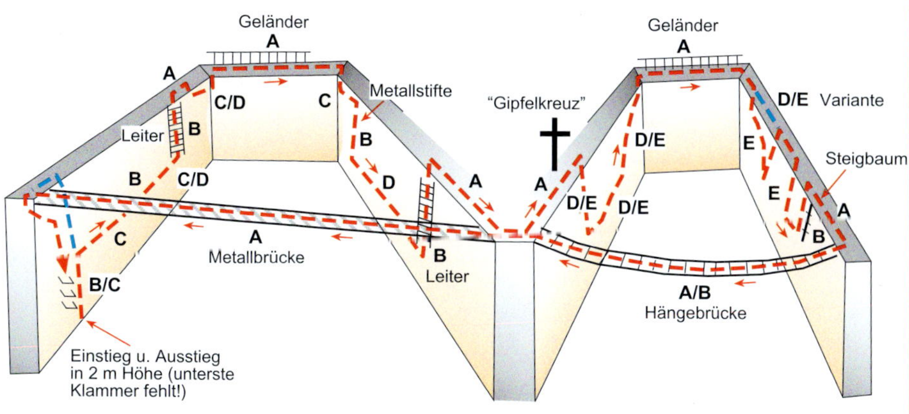

a Ruhrgebiet *Landschaftspark Duisburg-Nord, 35 m*

Anreise: Der Landschaftspark liegt direkt am Autobahnkreuz Duisburg-Nord. Von der A42 Abfahrt Neumühl rechts auf die Neumühler Straße. Nach der Straßenbahn-Haltestelle "Am Zuschlag" rechts in die Emscherstraße. Kurz nach dem 30er-Schild sind rechts Parkplätze des Landschaftsparks.

Zustieg: 10 Min. Vom Parkplatz geht man etwa 160 m nordwärts entlang der Mauer auf der Emscher Straße bis zu einer Einfahrt mit Schranke. Dort hinein und nach weiteren 50 m erreicht man das DAV Vereinsheim. An diesem rechts vorbei gelangt man zum Klettergarten und dem Klettersteig (10 Min.).

GPS Einstieg: N51.48297 E6.78096

Steigverlauf: Der Steig führt entlang der im unteren Teil schräg abfallenden Wände des ehemaligen Kohlenbunkers. Schon der Einstieg ist knifflig: Die erste Klammer kommt erst nach über 2 m Höhe. Hat man das quer gespannte Seil erreicht, geht es nach rechts querend über meist sehr kleine Trittmöglichkeiten (C; B; C/D) bis zu einer Leiter. Diese hinauf (B) und dann wieder an der Wand querend (C/D) bis zur hinteren Querwand des Bunkers. Nun geht es an der gegenüberliegenden Wand wieder hinab über Metallstifte (C) und dann quer (D) zu einer Leiter (B). Diese hinauf und weiter zur Wand des rechts davon liegenden Bunkers und zum Gipfelkreuz (hier ggfs. Rückkehrmöglichkeit über die Brücke und einen 3 m langen, schmalen Grat). Der folgende 2. Teil ist erheblich schwerer! Zuerst steil hinab (D/E), dann queren und diagonal nach oben (D/E) zur Querwand. Auf der anderen Seite gibt es zwei Möglichkeiten. Entweder quert man am oberen Wandbereich (D/E) oder man nimmt die Variante: Zuerst quer hinab, dann steil abwärts (E) und über Bügel (C) wieder hinauf. Im Weiterweg steil hinab (E) und wieder über einen Steigbaum hinauf (B). Nun hat man es geschafft und kann über die beiden Querbrücken wieder zum Einstieg gelangen und absteigen (45 Min.).

Abstieg: 10 Min. Auf dem Zustiegsweg zurück. Alternativ eine Rundwanderung durch den Landschaftspark.

a Ruhrgebiet *Landschaftspark Duisburg-Nord, 35 m*

Die Metallbrücke

■ **Tipps:** Nicht nur der Klettersteig rentiert sich in diesem 200 Hektar großen Areal. Das gut erhaltene Hüttenwerk ermöglicht unter anderem die Besteigung der riesigen faszinierenden Hochöfen (www.landschaftspark.-de).

■ **Hinweise:** Der Name "Monte Thysso" leitet sich von der Thyssen-Krupp AG ab. Für die Begehung ist normalerweise eine Gebühr zu entrichten. Interessante Kletterouten auf dem ganzen Gelände.

Thüringen

Freistaat Thüringen

- **Hauptstadt**: Erfurt
- **Fläche:** 16.172 km²
- **Einwohner:** 2.261.236
- **Steige:** 1
- **Bevölkerungsdichte:** 140 E/km²
- **Steigdichte:** 0,06 Steige/1000 km²

Nur ein Steig befindet sich in diesem Land und siedelt sich dadurch leider am Schluss der Gesamtliste an.

Dieses Binnenland liegt in der Mitte Deutschlands und so befindet sich auch der geographische Mittelpunkt der Bundesrepublik im Nordwesten Thüringens. Die angrenzenden Bundesländer sind Bayern, Hessen, Niedersachsen, Sachsen-Anhalt und Sachsen. Die höchste Erhebung, der Große Beerberg im Thüringer Wald, kommt mit 983 m sogar knapp an die 1.000 m Marke.

Klettersteige:

In folgendem Gebiet findet man Klettersteige:
a) Thüringer Wald

Ein recht beschaulicher Steig, der einsam auf Begeher wartet.

Thüringen - Talorte

F-a Thüringer Wald

Sonneberg: www.sonneberg.de; Tel. 03675-702711; tourismus@stadt-son.de

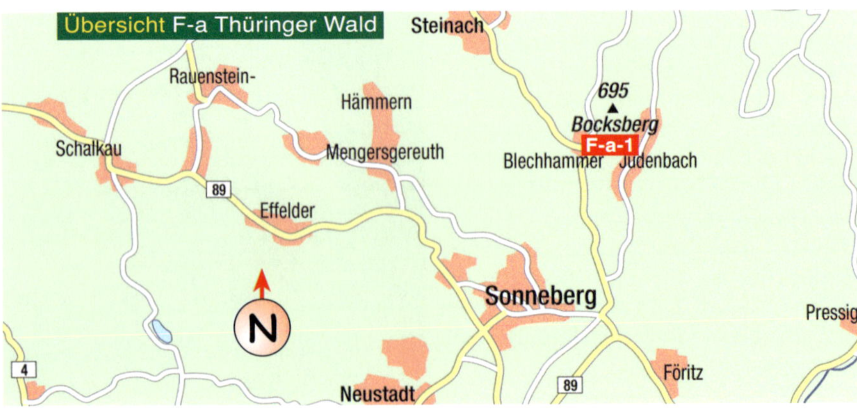

F-a-1 Ernst-Hartwig-Klettersteig C/D

schwierig

Steig	Steig	Zustieg	Abstieg	Expos.	Fun	Sich.	Anford.
30 Min.	20 Hm	5 Min.	5 Min.	SO	★★★ schön	☆☆☆☆ super	mittel

Schwierigkeit: schwierig; großteils C bis C/D; hoher Kraftaufwand, teils Reibungskletterei
Gesamtanforderung: mittel
Bes. Gefahren: keine
Beste Jahreszeit: Mai - Oktober

Zeiten / Höhenunterschiede:
Zustieg: 5 Min. / 5 Hm
Klettersteig: 30 Min. / 20 Hm
Abstieg: 5 Min. / 5 Hm
Höhenunterschied gesamt: 25 Hm
Zeitaufwand gesamt: 40 Min.
Weglänge gesamt: 150 m

Exposition: Südost
Sicherungen: sehr gut; Stahlseile; einige Bügel und Stifte
Funfaktor: schön
Gestein: Urgestein
Flucht- / Abbruchmögl.: keine
Orientierung / Markierung: nicht notwendig
Anfänger-Eignung: bedingt wegen Schwierigkeit

Ausrüstung: Klettersteigset, Helm, mittelfeste Bergschuhe od. Kletterschuhe
Errichtung / Betreuung: DAV Sonneberg (www.alpenverein-sonneberg.de)
Karte: Kompass 813 "Östlicher Thüringer Wald" (1:50')

Talort: Sonneberg.
Ausgangspunkt: Parkplätze in Blechhammer, Nähe Judenbacher Straße (460 m).
GPS Parkplatz: N50.39933 E11.20275

Anforderungsprofil

Kondition:	1
Armkraft:	4
Technik:	3
Mut, Psyche:	3
Bergerfahrung:	2

1 niedrig 2 mäßig 3 mittel 4 hoch 5 extrem

Charakteristik: Thüringen hat seinen ersten Klettersteig! In einem kleinen Steinbruch bei Sonneberg wurde von der dortigen Sektion des DAV ein Klettersteig angelegt, der gar nicht mal so einfach ist. Es gibt verschiedene Routen, die im Auf- und Abstieg kombiniert werden können. Unten sammelt sich die Familie am Rastplatz und schaut zu.

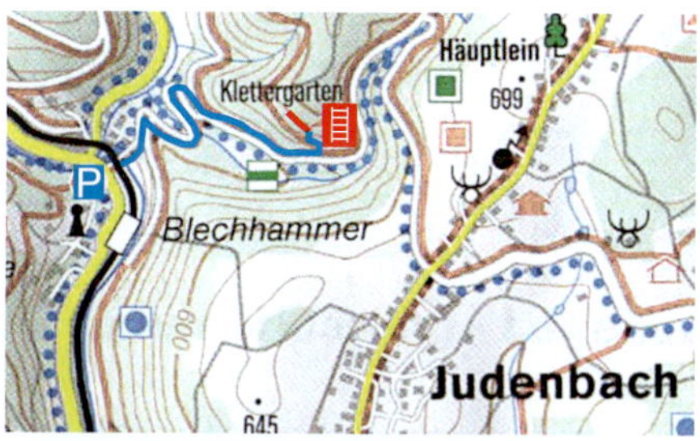

a Thüringer Wald *Steinbruch am Bocksberg, 540 m*

Stützpunkt: keiner.

Anreise: Blechhammer liegt 5 km nordöstlich von Sonneberg. Von Sonneberg aus fährt man über Hüttensteinach und Hüttengrund bis nach Blechhammer. Im Ort biegt man rechts über den Bahnübergang in die Judenbacher Straße ab. Hier Parkplatz suchen. Alternativ kann man die Straße auch weiterfahren. Sie führt in einen Fuhrweg, der bis zum Kletterareal führt. Dort aber nur sehr begrenzte Parkplätze.

Zustieg: 5 Min. Vom Ort über die Judenbacher Straße weiter auf den Fuhrweg, der durch den Wald hinauf führt. Man folgt der Beschilderung zum Klettergarten und gelangt so in etwa 30 Minuten zum Steinbruch.

GPS Einstieg: N50.39970 E11.21524

Steigverlauf: Der Steig verfügt über 3 Zu- oder Abstiege, die sich alle beim "Gipfelkreuz" treffen. Idealerweise nimmt man den linken oder rechten zum Aufstieg und den mittleren, leichteren als Abstieg. Am linken Einstieg steigt man in eine senkrechte Felswand ein, die zwar über einen Stift entschärft ist, aber trotzdem einen minimalen Überhang bietet (C/D). Danach quert man nach rechts (B/C bis C) und steigt dann nochmals steil über 2 Stifte empor. Über ein kleines Band (B) quert man nochmals nach rechts. Nun etwas hinauf (C) und über eine diagonale Platte (C) nach links oben. Weiter hinauf und dann nach rechts queren (B/C) zur Seilbrücke (B). Von dieser muss man sich noch einmal hinauf ziehen (C), bis man beim Gipfelkreuz angelangt ist. Wählt man den rechten Aufstieg, muss man erst über einige Bügel (ohne Sicherungsseil) empor klettern. Danach geht es stetig aufwärts (B/C bis C) bis ans obere Ende der Felswand. Nun quert man nach links, teilweise über Bügel entschärft (B/C). Dann steigt man auf ein kleines Podest ab. Dieses abzuklettern erfordert einigen Aufwand (C/D). Darunter befinden sich Bügel in relativ weitem Abstand (C). Nun noch nach links queren (B) zum Gipfelkreuz. Der Abstieg schlängelt sich entlang einer Felsstufe nach unten (max. B/C).

Abstieg: 5 Min. Auf selbem Weg zurück.

Lange Querung im rechten Teil

Ernst Hartwig Klettersteig C/D

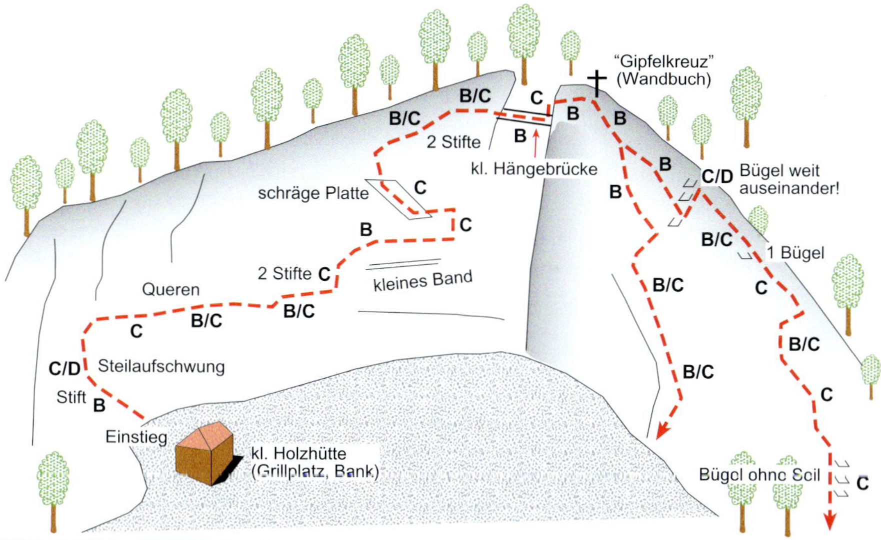

Sachsen

Freistaat Sachsen

- **Hauptstadt**: Dresden
- **Fläche:** 18.415 km²
- **Einwohner:** 4.183.404
- **Steige:** 35
- **Bevölkerungsdichte:** 227 E/km²
- **Steigdichte:** 1,90 Steige/1000 km²

Mit 35 Steigen findet man in Sachsen nach Bayern die meisten Klettersteige in Deutschland.

Sachsen liegt im östlichen Teil Mitteldeutschlands und grenzt an die Bundesländer Brandenburg, Sachsen-Anhalt, Thüringen und Bayern, zudem an die beiden Staaten Polen und Tschechien im Osten. Als höchste Erhebung gilt der Fichtelberg (1215 m). Die Landschaft geht von Norden nach Süden vom Flachland ins Mittelgebirge (Erzgebirge) über.

Klettersteige:

In folgenden Gebieten findet man Klettersteige:
a) Erzgebirge
b) Elbsandsteingebirge
c) Zittauer Gebirge
d) Dresden

Gerade die Steige im Elbsandsteingebirge – dort zumeist "Stiegen" genannt – sind nicht mit den sonstigen Klettersteigen vergleichbar und weisen andere Charakteristika auf, weshalb auch nicht jeder diese Touren als Klettersteige empfinden mag. Meist recht kurz, aber lohnend!

Sachsen - Talorte

G-a Erzgebirge

Wolkenstein (Sachsen): www.stadt-wolkenstein.de; Tel. 037369-87123; info@-stadt-wolkenstein.de

G-b Elbsandsteingebirge

Bad Schandau: www.bad-schandau.de; Tel. 035022-90030; info@bad-schandau.de
Königstein (Sächs.Schweiz): www.koenigstein-sachsen.de; Tel. 035021-68261; touristinfo@koenigstein-sachsen.de
Pirna: www.pirna.de; Tel. 03501-556447
Schmilka: www.schmilka.de (inoffizielle Webseite); Tel. 035022-40900; info@-schmilka.de; siehe auch Bad Schandau.

G-c Zittauer Gebirge

Kurort Jonsdorf: www.jonsdorf.de; Tel. 035844-70616; tourist@jonsdorf.de
Kurort Oybin: www.oybin.com

G-d Dresden

Dresden: www.dresden.de; Tel. 0351-50160160; info@dresden.travel
Freital bei Dresden: www.freital.de; Tel. 351-64760; tourist@freital.de

G-a-1 DAV-Klettersteig "Artist" C

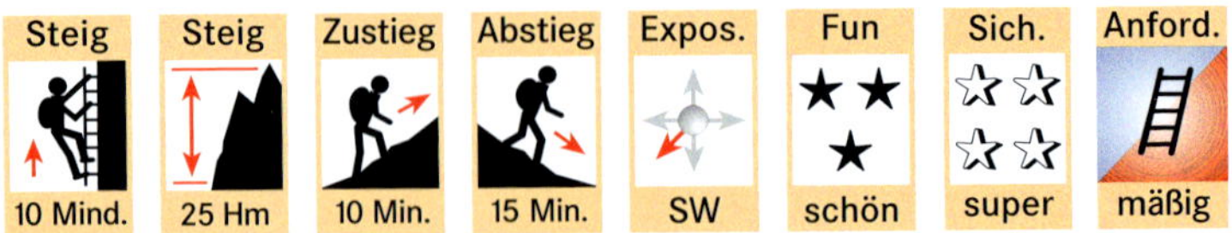

Schwierigkeit: schwierig; kurzer, schwerer Klettersteig auf rauem Gneis; eine Verschneidung C, sonst leichter
Gesamtanforderung: mäßig
Bes. Gefahren: keine
Beste Jahreszeit: Febr. - November

Zeiten / Höhenunterschiede:
Zustieg: 10 Min. / 25 Hm
Klettersteig: 10 Min. / 25 Hm
Abstieg: 15 Min. / 50 Hm
Höhenunterschied gesamt: 50 Hm
Zeitaufwand gesamt: 30 - 45 Min.
Weglänge gesamt: 500 m

Exposition: Südwest
Sicherungen: sehr gut; Stahlseil, eine Tritthilfe
Funfaktor: schön
Gestein: Gneis
Flucht- / Abbruchmögl.: keine
Orientierung / Markierung: ausreichend
Anfänger-Eignung: ja

Ausrüstung: Klettersteigset, Helm, mittelfeste Bergschuhe od. Kletterschuhe für Reibungsklettern
Errichtung / Betreuung: 2005 durch den DAV Chemnitz (www.dav-chemnitz.de; Tel. 0371-6762623)
Karte: Kompass 807 "Mittleres Erzgebirge" (1:50')
Kartenausschnitt siehe Seite 373

Anforderungsprofil

Kondition:	1
Armkraft:	3
Technik:	2
Mut, Psyche:	2
Bergerfahrung:	1

1 niedrig 2 mäßig 3 mittel 4 hoch 5 extrem

Charakteristik: Nördlich von Wolkenstein befindet sich in dem teils engen Tal der Zschopau ein kleines, aber feines Klettergelände. Dort wurden 2005 fünf kurze Klettersteige verschiedener Schwierigkeiten eingerichtet. Der *Artist* ist von ihnen der längste Weg und bietet trotz der Kürze einige interessante Anforderungen.

Talort: Wolkenstein.

Ausgangspunkt: Parkplatz an der Zschopau beim alten Floßplatz etwas nördlich von Wolkenstein (375 m). *GPS Parkplatz: N50.66476 E13.06143*

Stützpunkt: keiner.

Anreise: Wolkenstein erreicht man u.a. von der A72 (Hof - Chemnitz; Ausfahrt "Stollberg-West") über Annaberg/Buchholz in ca. 13 km. Hier auf der B101 1,9 km nach Norden (Richtung Gehringswalde), bis von links die St 230 aus Drebach einmündet. Direkt gegenüber biegt rechts eine kleine Straße ab, der man ca.

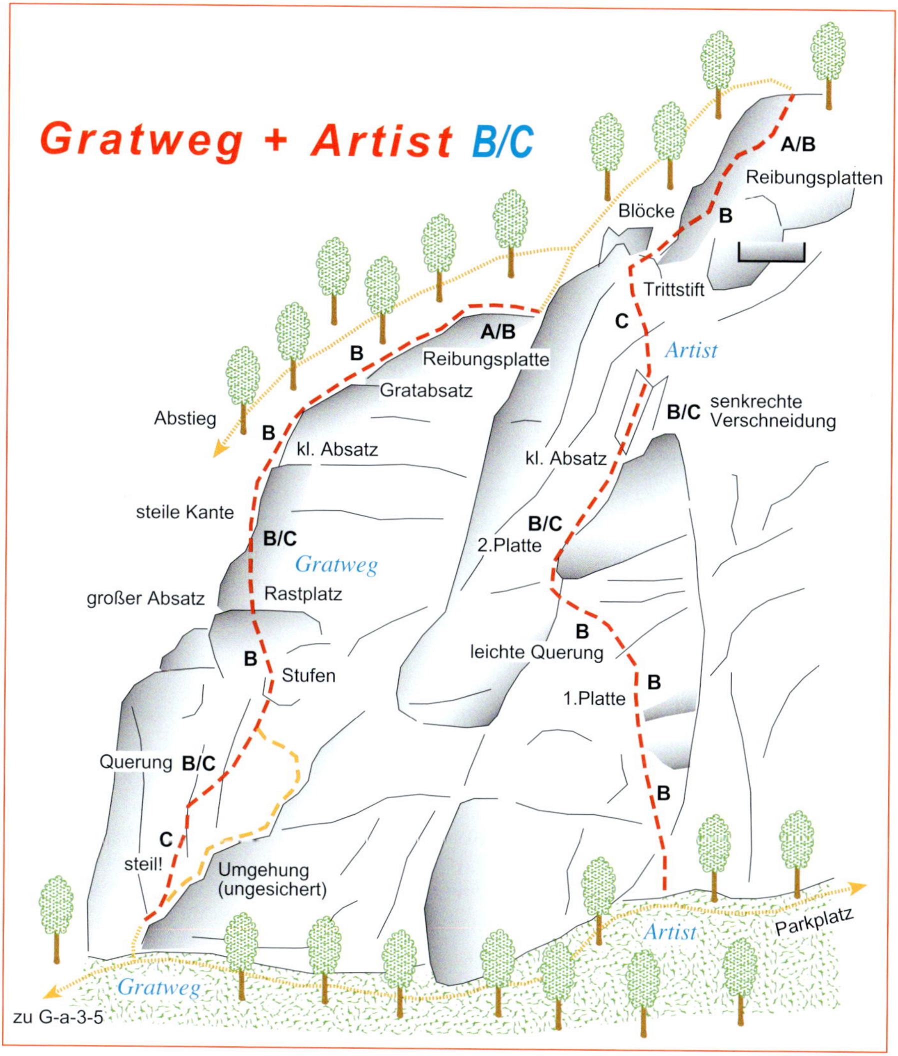

a Erzgebirge *Klettergebiet "Dachwand", 425 m*

600 m entlang der Bahn folgt. Nach der Brücke über die Zschopau kurz links und am Wehr bei den ersten Kletterfelsen parken.

Zustieg: 10 Min. Am ersten Kletterfelsen "Brückenfelsen" links nach oben (kurze Seilstelle) und in einer Linkskurve über Stufen in das Klettergebiet "DAV-Wand". Links weiter um eine Ecke gelangt man zur "Dachwand", wo man etwas absteigend den ersten Klettersteig "Artist" (Name auf dem Felsen angeschrieben) erreicht. *GPS Einstieg: N50.66534 E13.06080*

Steigverlauf: Über schönen Gneis (Details siehe Topo) über die längste Route der hier vorhandenen Klettersteige nach oben. Schlüsselstelle ist die steile Verschneidung in der Mitte (C), die einigen Armeinsatz erfordert. Danach wieder leichter und zuletzt über die "Sonnenplatten" zum Ausstieg.

Abstieg: 15 Min. a) Nach links über einen Waldweg hinter den Kletterfelsen an den Wandfuß und am Einstieg des Gratweges vorbei zurück zum Parkplatz; b) nach links wenige Meter zum etwas tiefer gelegenen *Gratweg* (G-a-2) und über diesen absteigen.

Der Einstieg

Blick vom *Gratweg* auf den *Artist*

■ **Tipps:** Man kann problemlos alle fünf Steige in 1 - 1,5 Stunden kombinieren. In den Felsen befinden sich zahlreiche vorzügliche Kletterrouten. Es empfiehlt sich am DAV-Weg nach rechts zu gehen und die Aussicht über das Tal vom "Brückenfelsen" zu genießen.

■ **Hinweise:** Die Klettersteige sind an der Straße nicht ausgeschildert! Man kann auch erst einmal auf der Straße 100 m weitergehen und sich alle Routen (besonders den Yeti-Weg) von unten ansehen. Meist sind die Touren ganzjährig begehbar. Man spricht von diesem Gebiet auch von der "Wolkensteiner Schweiz".

■ **Klettersteige zu verbinden:** Gratweg (G-a-2), Gipfelweg (G-a-3), Bergweg (G-a-4), Yeti's Weg (G-a-5)

a Erzgebirge *Klettergebiet "Dachwand", 425 m*

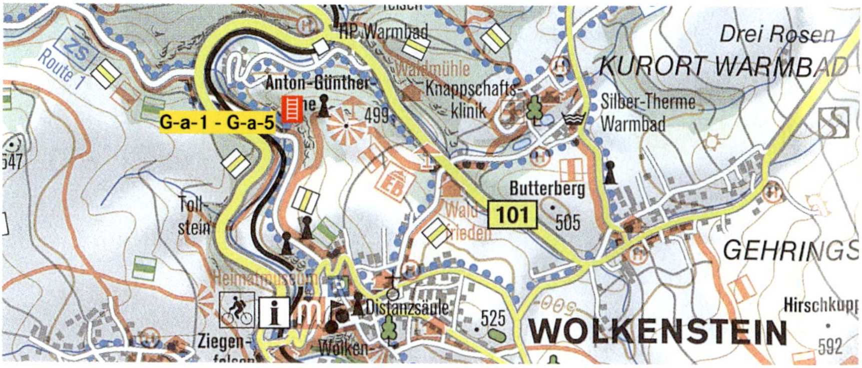

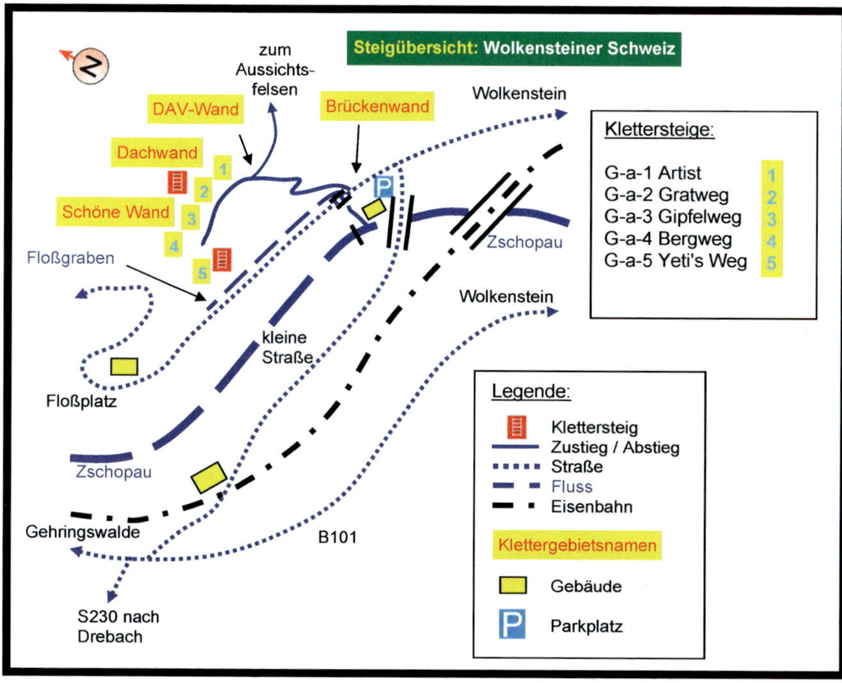

G-a-2 DAV-Klettersteig "Gratweg" C

Steig	Steig	Zustieg	Abstieg	Expos.	Fun	Sich.	Anford.
10 Min.	20 Hm	10 Min.	15 Min.	SW	★★★ schön	☆☆☆☆ super	mäßig

Schwierigkeit: schwierig; kurzer, schwerer Klettersteig auf rauem Gneis; kurz nach dem Einstieg C (kann umgangen werden)
Gesamtanforderung: mäßig
Bes. Gefahren: keine
Beste Jahreszeit: Febr. - November

Zeiten / Höhenunterschiede:
Zustieg: 10 Min. / 25 Hm
Klettersteig: 10 Min. / 20 Hm
Abstieg: 15 Min. / 45 Hm
Höhenunterschied gesamt: 45 Hm
Zeitaufwand gesamt: 30 - 45 Min.
Weglänge gesamt: 550 m

Exposition: Südwest
Sicherungen: sehr gut; Stahlseil
Funfaktor: schön
Gestein: Gneis
Flucht- / Abbruchmögl.: keine
Orientierung / Markierung: ausreichend
Anfänger-Eignung: ja

Ausrüstung: Klettersteigset, Helm, mittelfeste Bergschuhe od. Kletterschuhe
Errichtung / Betreuung, Karte: siehe *Artist* (G-a-1)

Anforderungsprofil

Kondition:	1
Armkraft:	3
Technik:	2
Mut, Psyche:	2
Bergerfahrung:	1

1 niedrig 2 mäßig 3 mittel 4 hoch 5 extrem

Charakteristik: Der *Gratweg* ist der zweitlängste Klettersteig in dieser Runde. Er bietet sich auch als gute Abstiegsvariante nach dem *Artist* an. Schöner fester Gneis und viele Platten und Leisten!

Talort, Ausgangspunkt, Anreise: wie G-a-1.

Zustieg: **10 Min.** Siehe *Artist* (G-a-1). An diesem vorbei wenige Meter weiter hinab zum Einstieg des Gratwegs.
GPS Einstieg: N50.66534 E13.06080

Steigverlauf: Kurz nach dem Einstieg (siehe Topo) kommt eine glatte, etwas abdrängende Querung (C). Dann leichter zum großen Absatz. Die weiteren Meter sind zwar luftig, aber sehr schön zu klettern. Zuletzt leicht zum Ausstieg.

Abstieg: **15 Min.** Nach links über einen Waldweg hinter den Kletterfelsen an den Wandfuß und am Einstieg des Gratweges vorbei zurück zum Parkplatz.

■ **Klettersteige zu verbinden:** Artist (G-a-1), Gipfelweg (G-a-3), Bergweg (G-a-4), Yeti's Weg (G-a-5)

G-a-3 DAV-Kletterst. "Gipfelweg" *C/D*

Steig	Steig	Zustieg	Abstieg	Expos.	Fun	Sich.	Anford.
10 Min.	10 Hm	10 Min.	15 Min.	SW	★★ mäßig	☆☆☆☆ super	mäßig

Schwierigkeit: schwierig; sehr kurzer Klettersteig, Einstieg C/D, dann leichter; ein paar Meter im Abstieg leicht überhängend runter (C)
Gesamtanforderung: mäßig
Bes. Gefahren: keine
Beste Jahreszeit: Febr. - November

Zeiten / Höhenunterschiede:
Zustieg: 10 Min. / 25 Hm
Klettersteig: 10 Min. / 10 Hm
Abstieg: 15 Min. / 35 Hm
Höhenunterschied gesamt: 35 Hm
Zeitaufwand gesamt: 30 - 45 Min.
Weglänge gesamt: 600 m

Exposition: Südwest
Sicherungen: sehr gut; Stahlseil
Funfaktor: mäßig
Gestein: Gneis
Flucht- / Abbruchmögl.: keine
Orientierung / Markierung: ausreichend
Anfänger-Eignung: ja

Ausrüstung: Klettersteigset, Helm, mittelfeste Bergschuhe od. Kletterschuhe für Reibungsklettern
Errichtung / Betreuung, Karte: siehe *Artist* (G-a-1)
Kartenausschnitt siehe Seite 373

Talort: Wolkenstein.
Ausgangspunkt: Parkplatz an der Zschopau beim alten Floßplatz etwas nördlich von Wolkenstein (375 m).
GPS Parkplatz: N50.66476 E13.06143
Stützpunkt: keiner.
Anreise: Siehe *Artist* (G-a-1).

Anforderungsprofil

Kondition:	1
Armkraft:	3
Technik:	3
Mut, Psyche:	2
Bergerfahrung:	1

1 niedrig 2 mäßig 3 mittel 4 hoch 5 extrem

Charakteristik: Nach dem *Bergweg* ist der *Gipfelweg* der zweitkürzeste Klettersteig in den Wolkensteinern. Dennoch verlangt er einige Technik, und auch der kurze Abstieg ist nicht gerade ohne.

Der kurze aber knackige Abstieg auf der anderen Felsseite

a Erzgebirge *Klettergebiet "Schöne Wand", 400 m*

Zustieg: 10 Min. Siehe *Artist* (G-a-1). Auch am *Gratweg* (G-a-2) vorbei zum nächsten Klettergebiet "Schöne Wände". Hier liegt der Gipfelweg rechts an einem großen Block bei einem Baum. Links sieht man schon den *Bergweg* (G-a-4), unterhalb erkennt man den Ein- und Ausstieg des *Yeti* (G-a-5).

GPS Einstieg: N50.66534 E13.06080

Steigverlauf: Zu Beginn eine fast senkrechte Stelle (C/D), dann über Reibung und Leisten schnell zum höchsten Punkt. Auf der anderen Seite kurz überhängend (C) wieder nach unten (Achtung: Langer Hakenabstand!).

Abstieg: 15 Min. In wenigen Schritten wieder zum Zustiegsweg.

Am "Gipfelweg"

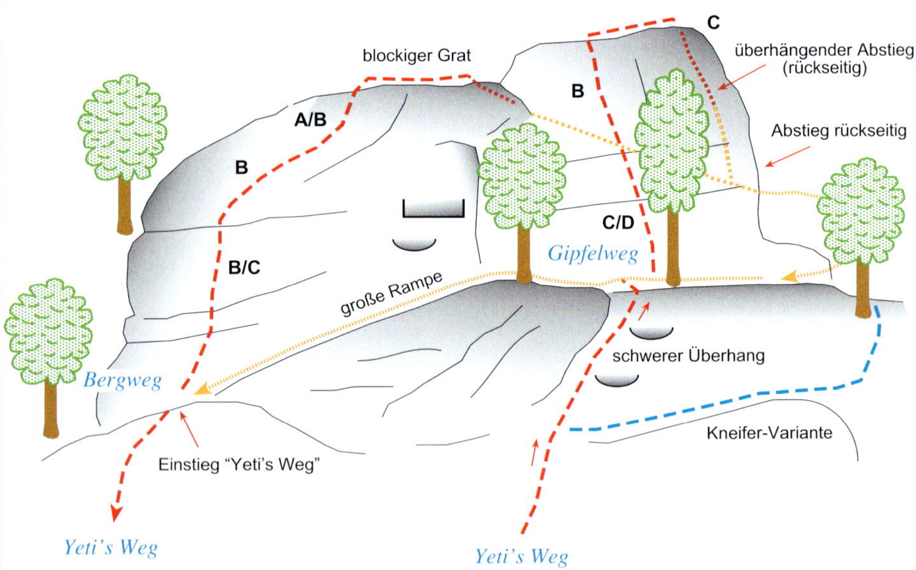

- **Tipps:** Siehe Artist (G-a-1)
- **Hinweise:** Siehe Artist (G-a-1)
- **Klettersteige zu verbinden:** Artist (G-a-1), Gratweg (G-a-2), Bergweg (G-a-4), Yeti's Weg (G-a-5)

G-a-4 DAV-Kletterst. "Bergweg" B/C

Steig	Steig	Zustieg	Abstieg	Expos.	Fun	Sich.	Anford.
5 Mind.	10 Hm	10 Min.	15 Min.	SW	★★ mäßig	☆☆☆☆ super	mäßig

Schwierigkeit: mäßig schwierig; sehr kurzer, nicht allzu schwerer Klettersteig; eine kurze Stelle B/C
Gesamtanforderung: mäßig
Bes. Gefahren: keine
Beste Jahreszeit: Febr. - November

Zeiten / Höhenunterschiede:
Zustieg: 10 Min. / 25 Hm
Klettersteig: 5 Min. / 10 Hm
Abstieg: 15 Min. / 30 Hm
Höhenunterschied gesamt: 30 Hm
Zeitaufwand gesamt: 30 - 45 Min.
Weglänge gesamt: 600 m

Exposition: Südwest
Sicherungen: sehr gut; Stahlseil
Funfaktor: mäßig
Gestein: Gneis
Flucht- / Abbruchmögl.: keine
Orientierung / Markierung: ausreichend
Anfänger-Eignung: ja

Ausrüstung: Klettersteigset, Helm, mittelfeste Bergschuhe od. Kletterschuhe
Errichtung / Betreuung, Karte: siehe *Artist* (G-a-1)

Kartenausschnitt siehe Seite 373

Talort, Ausgangspunkt, Anreise: wie G-a-1.

Zustieg: **10 Min.** Siehe *Artist* (G-a-1) und *Gipfelweg* (G-a-3).

Steigverlauf: Über eine schöne mit Leisten versehene kleine Wand nach oben (siehe Topo).

Abstieg: **15 Min.** Vom Ausstieg in wenigen Schritten am Ausstieg des *Gipfelweges* (G-a-3) vorbei zum Zustiegsweg.

Anforderungsprofil

Kondition:	1
Armkraft:	2
Technik:	2
Mut, Psyche:	2
Bergerfahrung:	1

1 niedrig 2 mäßig 3 mittel 4 hoch 5 extrem

Charakteristik: Beim *Bergweg* handelt es sich um den kürzesten und leichtesten der Wolkensteiner Klettersteige. Ideal, um die ersten Versuche am Stahlseil zu unternehmen.

Am Ausstieg des "Bergweges"

- **Tipps:** Siehe Artist (G-a-1)
- **Hinweise:** Siehe Artist (G-a-1)
- **Klettersteige zu verbinden:** Artist (G-a-1), Gratweg (G-a-2), Gipfelweg (G-a-3), Yeti's Weg (G-a-5)

G-a-5 DAV-Klettersteig "Yeti`s Weg" D/E

sehr schwierig

Steig	Steig	Zustieg	Abstieg	Expos.	Fun	Sich.	Anford.
15 Min.	20 Hm	15 Min.	10 Min.	SW	★★★ schön	☆☆☆☆ super	mittel

Schwierigkeit: sehr schwierig; kurzer, aber sehr schwerer Klettersteig, der sowohl aus einem schweren Abstieg und noch schwereren Aufstieg besteht; letzter Überhang (D/E) kann umgangen werden
Gesamtanforderung: mittel
Bes. Gefahren: keine
Beste Jahreszeit: Febr. - November

Zeiten / Höhenunterschiede:
Zustieg: 15 Min. / 25 Hm
Klettersteig: 15 Min. / 20 Hm
Abstieg: 10 Min. / 25 Hm
Höhenunterschied gesamt: 45 Hm
Zeitaufwand gesamt: 45 - 60 Min.
Weglänge gesamt: 600 m

Exposition: Südwest
Sicherungen: sehr gut; Stahlseil, Bügel
Funfaktor: schön
Gestein: Gneis
Flucht- / Abbruchmögl.: keine
Orientierung / Markierung: ausreichend
Anfänger-Eignung: nein

Ausrüstung: Klettersteigset, Helm, mittelfeste Bergschuhe od. Kletterschuhe für Reibungsklettern, kurze Bandschlinge
Errichtung / Betreuung. Karte: siehe *Artist* (G-a-1)

Kartenausschnitt siehe Seite 373

Anforderungsprofil

Kondition:	1
Armkraft:	5
Technik:	4
Mut, Psyche:	4
Bergerfahrung:	2

1 niedrig 2 mäßig 3 mittel 4 hoch 5 extrem

Charakteristik: Beim *Yeti's Weg* ist den Erbauern eine der schwersten Schlüsselstellen in Deutschland gelungen. Schon von der Fahrstraße imponieren die überhängende Abstiegsstelle, der erste kleine Überhang über dem Wasser und vor allem der große Überhang zum Schluss und fordern ihren Respekt. Witzig mutet ebenfalls die nur knapp über dem Wasserspiegel befindliche Wegführung an, die jeden Fehltritt unweigerlich mit nassen Füßen bestraft. Alles in allem ein kurzer, aber knackiger Prüfstein für jeden Klettersteigler.

Talort: Wolkenstein.
Ausgangspunkt: Parkplatz an der Zschopau beim alten Floßplatz etwas nördlich von Wolkenstein (375 m).
GPS Parkplatz: N50.66476 E13.06143
Stützpunkt: keiner.
Anreise: Siehe *Artist* (G-a-1).

Zustieg: **15 Min.** Siehe *Artist* (G-a-1) und *Gipfelweg* (G-a-3). Am Ende der breiten Rampe befindet sich der obere Zustieg zum *Yeti*. Man kann aber vom Zustieg schon einen Blick auf den heftigen Schlussüberhang werfen.
GPS Einstieg: N50.66534 E13.06080

Steigverlauf: Senkrecht, bis leicht überhängend hinab (Details siehe Topo), bis man knapp über dem Wasser einen Absatz erreicht (max. D). Nun dicht über dem Wasser querend (eine Ecke C/D) und über Trittbügel unter den ersten Überhang (D). Nach diesem leichter zu einem großen Absatz. Wer genug hat, kann nach rechts über ein Band unmarkiert (ungesichert, aber unschwer) durch die Büsche aufgeben. Ansonsten über den extrem ausladenden Überhang (Bügel; D/E) zum Ausstieg. Das Problem hier ist, dass man direkt an der letzten Kante umhängen muss (Armkraft!).

Abstieg: **10 Min.** Auf dem Zustieg zurück zum Parkplatz.

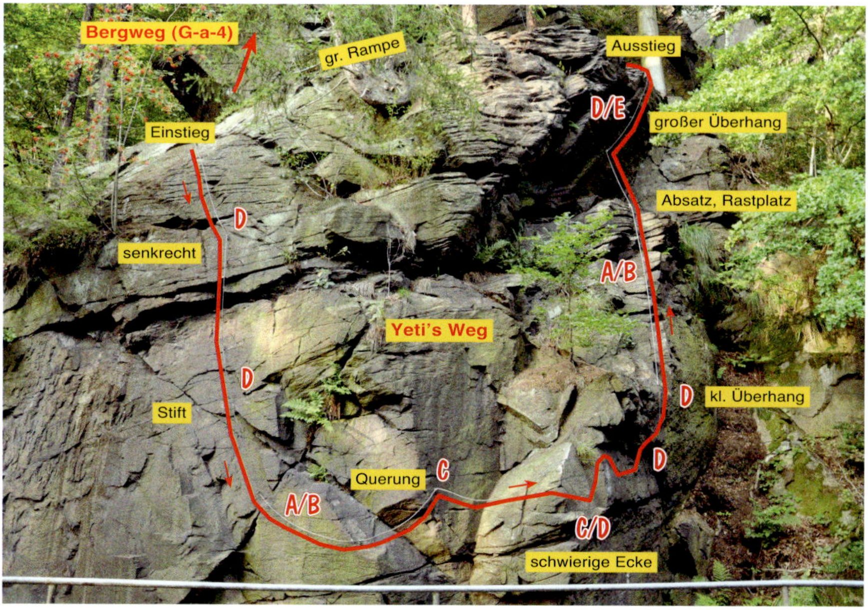

- **Tipps:** Siehe Artist (G-a-1).
- **Hinweise:** Einer der schwersten Steige in diesem Buch. Wenn die Stelle länger wäre, dann wäre eine Bewertung mit E durchaus möglich gewesen. Eine kurze Bandschlinge verhilft zur nötigen Rast unter den Überhängen. Nur für kräftige Klettersteigler ein Genuss.
- **Klettersteige zu verbinden:** Artist (G-a-1), Gratweg (G-a-2), Gipfelweg (G-a-3), Bergweg (G-a-4)

b Elbsandsteingebirge

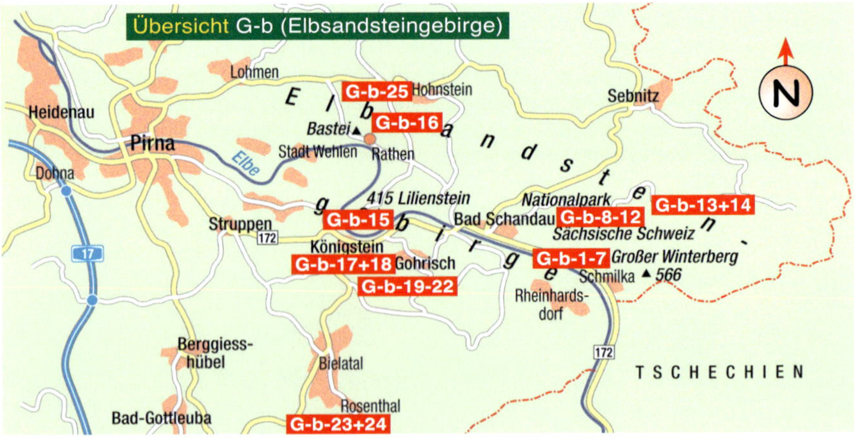

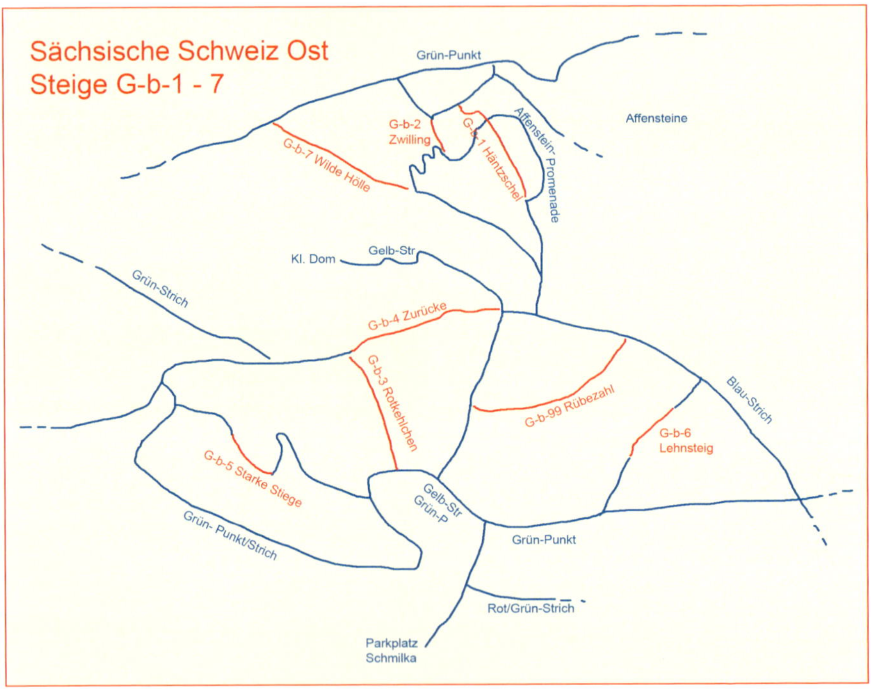

b Elbsandsteingebirge *Affensteine, 419 m*

G-b-1 Häntzschelstiege C

schwierig

Steig	Steig	Zustieg	Abstieg	Expos.	Fun	Sich.	Anford.
30 Min.	110 Hm	2 Std.	1,5 Std.	N	★★★★ super	☆☆☆ gut	mäßig

Schwierigkeit: schwierig; meist B - B/C; Einstiege schwer erreichbar, im 2. Teil sehr enger Spalt (sehr dunkel)
Gesamtanforderung: mäßig
Bes. Gefahren: keine
Beste Jahreszeit: Mai - Oktober

Zeiten / Höhenunterschiede:
Zustieg: 2 Std. / 310 Hm
Klettersteig: 30 Min. / 110 Hm
Abstieg: 1,5 Std. / 310 Hm
Höhenunterschied gesamt: 420 Hm
Zeitaufwand gesamt: 4 Std.
Weglänge gesamt: differiert, ab 6 km

Exposition: Nord
Sicherungen: vorbildliche Sicherungsseile; leider meist zu weit auseinander, so dass man sich nur ungesichert umhängen kann.
Funfaktor: super
Gestein: Sandstein
Flucht- / Abbruchmögl.: nach dem ersten Teil (*Affensteinpromenade)*
Orientierung / Markierung: Zustieg unmarkiert
Anfänger-Eignung: bedingt; schwierige Stellen aber kurz

Ausrüstung: Klettersteigset, Helm, mittelfeste Bergschuhe od. Kletterschuhe, ggfs. Lampe für 2. Teil
Errichtung / Betreuung: 1970 durch Rudolf Häntzschel, 2002 saniert / Nationalparkverwaltung Sächsische Schweiz (Tel. 035022-900600)
Karte: Kompass 810 "Sächsische Schweiz" (1:50')

Anforderungsprofil

Kondition:	2
Armkraft:	3
Technik:	2
Mut, Psyche:	3
Bergerfahrung:	1

1 niedrig 2 mäßig 3 mittel 4 hoch 5 extrem

Charakteristik: Der einzige wirkliche Klettersteig in diesem Gebiet: Mit Seilsicherung durchwegs KS-Set-tauglich, zeigt sich die *Häntzschelstiege* völlig anders als ihre Kollegen in der Sächsischen Schweiz. Leider ebenfalls nicht sehr lang, vermittelt der Steig trotzdem ein sehr schönes Klettersteig-Feeling mit luftigen Elementen.

Luftige Querung im unteren Teil

b Elbsandsteingebirge Affensteine, 419 m

Talort: Schmilka.

Ausgangspunkt: Parkplatz "Ortsmitte" in Schmilka (130 m).

GPS Parkplatz: N50.89241 E14.22948

Stützpunkt: keiner.

Anreise: Von Dresden (A17) über Pirna, Bad Schandau und Postelwitz bis nach Schmilka (direkt an der Elbe vor der tschechischen Grenze, 27 km ab Pirna). Dort im Ort gebührenpflichtige Parkplätze in der Ortsmitte.

Zustieg: 2 Std. Vom Parkplatz in Schmilka die einzige Straße im Ort ca. 130 Hm bergauf. Die geteerte Straße hört in einem Wendekreis auf, und ein Wanderweg führt weiter nach oben bis zur Abzweigung bei der Zwieselhütte (Gelb-Strich; insg. 40 Min.). Von dort Aufstieg z.B. über die Heilige Stiege, dann hinab über die Zwillingsstiege. Von deren Ende gelangt man über einen Pfad nach rechts in ca. 3 Minuten zum beschilderten Einstieg der Häntzschelstiege (ca. 1,5 Std. ab Zwieselhütte). *GPS Einstieg: N50.91889 E14.23493*

Steigverlauf: Über Holztreppen gelangt man in einen Felsspalt, an dessen einer Wand sich der Einstieg des unteren, ersten Teils befindet. Der gesamte Teil führt einen Felsturm hinauf. Um Unbedarfte vom Steig fernzuhalten, wurden die Sicherungen im Einstieg erst in ca. 2 Metern verlegt. Bis dahin muss man über eine quer verlaufende Felsrampe hinauf klettern. Zuerst klettert man über sieben Klammern (B/C) auf ein kleines Band (A). Dann geht es über drei weitere Klammern (B/C) hinauf auf ein zweites, höher liegendes Band (A). Dieses führt nach links zur luftigen Felsquerung, die über Klammern (C) überwunden wird. Der Ausstieg des unteren Teils wird über eine Holztreppe und eine Felsrampe erreicht, über die man auf Klammern (A/B) wie auf einer Treppe emporsteigt (60 Hm, 20 Min.). Im Ausstieg kreuzt die Affensteinpromenade. Man steigt über eine Leiter (B) nach oben und geht den Weg weiter bis zu einem Felsspalt. Durch diesen muss man sich hindurchzwängen, um zum Einstieg des zweiten, oberen Teils zu gelangen. Der Rucksack muss dafür ggfs. abgenommen werden. Auch hier ist eine kleine "Einstiegs-Schikane" (C) zu meistern: Um die unterste Klammer des Kaminauf-

Die Einstiegswand

Querung des Felsspaltes im 2. Teil

stiegs zu erreichen, muss man sich mittels Armkraft und Reibung (auf Sandstein...) emporziehen. Danach geht es in einem engen Kamin hinauf über zahlreiche Klammern (B/C), bis man in der Mitte auf eine Stahlleiter (B) wechselt. Über diese gelangt man aus dem Kamin heraus. Der Steig führt nun weiter an der rechten Felswand eines breiten Spalts entlang. Man quert die Wand über Metallklammern und steigt dann auf die andere Seite des Spalts um. Dort klettert man - ebenfalls über Metallklammern - aus der Wand heraus und gelangt auf das Felsplateau. Der Weg vom Plateau zurück in den Wald ist noch mit einigen gesicherten (bis B) Stellen sowie auch ungesicherten Spaltquerungen gespickt, bis man wieder auf den "Normalweg" gelangt (35 Hm, 15 Min. für den oberen Teil). Die etwas spärlichen Sicherungen im Ausstieg sollen Begeher davon abhalten, den Steig in umgekehrter Richtung zu begehen.

Abstieg: 1,5 Std. Dem Waldweg folgend gelangt man in ca. 15 Min. auf den Reitsteig (Blau-Strich). Dort rechts haltend kann man über die *Heilige Stiege* wieder zum Parkplatz absteigen.

Häntzschelstiege C

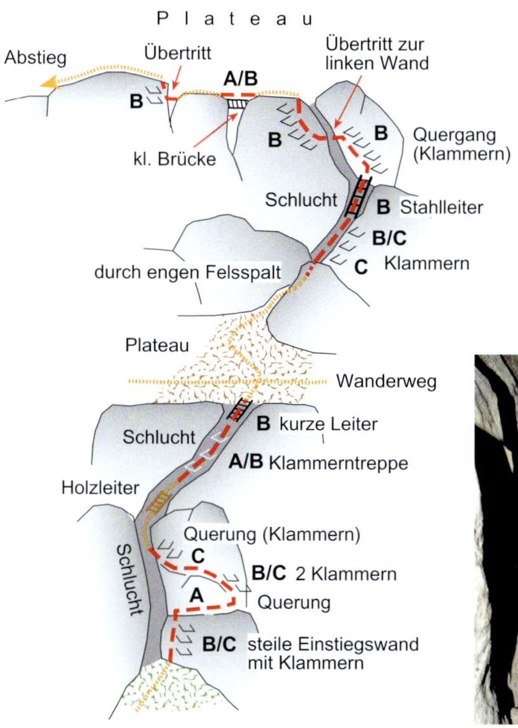

■ **Hinweise:** Viele Begeher nutzen hier aufgrund von Bequemlichkeit oder Unwissenheit keine Klettersteig-Ausrüstung. Wir raten dringend davon ab, den Steig ohne Sicherung zu begehen! Gerade Kinder müssen unbedingt gesichert werden. Die ausgesetzten Stellen sind gefährlich und tief.

■ **Klettersteige zu verbinden:** Die Stiegen G-b-1 bis G-b-7 können alle frei miteinander kombiniert werden (selber Ausgangspunkt). Die Stiegen G-b-8 bis G-b-12 können ebenfalls angehängt werden.

G-b-2 Zwillingsstiege C

schwierig

Steig	Steig	Zustieg	Abstieg	Expos.	Fun	Sich.	Anford.
15 Min.	60 Hm	1,5-2 Std.	2 Std.	N	schön	mäßig	mittel

Schwierigkeit: schwierig; C aufgrund des fehlenden Sicherungsseiles; sonst B/C; Spalt im Mittelteil nur etwa 50 cm breit
Gesamtanforderung: mittel
Bes. Gefahren: keine
Beste Jahreszeit: Mai - Oktober

Zeiten / Höhenunterschiede:
Zustieg: 1,5 - 2 Std. / 310 Hm
Klettersteig: 15 Min. / 60 Hm Abstieg
Abstieg: 2 Std. / 310 Hm
Höhenunterschied gesamt: 310 Hm
Zeitaufwand gesamt: 4 Std.
Weglänge gesamt: differiert, ab 6 km

Exposition: Nord
Sicherungen: nur Metallklammern, kein Sicherungsseil
Funfaktor: schön
Gestein: Sandstein
Flucht- / Abbruchmögl.: keine
Orientierung / Markierung: schwierige Steige in diesem Gebiet mäßig bis gar nicht markiert
Anfänger-Eignung: nein, kein Sicherungsseil

Ausrüstung: Klettersteigset, Helm, mittelfeste Bergschuhe od. Kletterschuhe, ggfs. Seil zur Partnersicherung
Errichtung / Betreuung, Karte: wie G-b-1
Übersicht siehe Seite 380

Talort, Ausgangspunkt, Stützpunkt, Anreise: Wie G-b-1.

Anforderungsprofil

Kondition:	2
Armkraft:	2
Technik:	2
Mut, Psyche:	3
Bergerfahrung:	3

1 niedrig 2 mäßig 3 mittel 4 hoch 5 extrem

Charakteristik: Die *Zwillingsstiege* ist neben der *Häntzschelstiege* der schwierigste Steig in diesem Gebiet. Schwierig vor allem, weil keine Seilsicherungen vorhanden sind. Wer ein KS-Set dabei hat, kann sich lediglich an den zahlreichen Metallklammern sichern. Da sich eine Verbindung mit der Häntzschelstiege empfiehlt, wird dieser Steig im Abstieg zur *Häntzschelstiege* beschrieben.

Über Wurzeln und Bügel geht es nach unten

Zustieg: **1,5 - 2 Std.** Vom Parkplatz in Schmilka die einzige Straße im Ort ca. 130 Hm bergauf. Die geteerte Straße hört in einem Wendekreis auf, und ein Wanderweg führt weiter nach oben bis zur Abzweigung bei der Zwieselhütte (Gelb-Strich; insg. 40 Min.). Hier weiter z.B. über die *Heilige Stiege* nach oben (180 Hm, 35 Min.). Oben dann rechts halten. Nach ein paar Min. Abzweig zur *Wilden Hölle* (G-b-7) nach links. Die Wege sind dort meist unmarkiert. Nach ca. 200 m hält man sich wieder links. Nach einigen weiteren Metern führt nach links ein Abzweig zum Aussichtspunkt Carolafelsen. Weiter geradeaus und nach ca. 300 m an einer Wegkreuzung rechts abbiegen auf die Affensteinpromenade (geradeaus in die Wilde Hölle). Nach ca. 500 m zweigt der Weg nach links zur *Zwillingsstiege* hinab (geradeaus gelangt man in den Zwischenteil der *Häntzschelstiege*) (G-b-1; 15 Min.). *GPS Einstieg: N50.91668 E14.23556*

Steigverlauf: Der Steig, der hier im Abstieg beschrieben wird, beginnt mit eher harmlosen, mit Haltegriffen gesi-

cherten Stellen (A/B), die aber, wie der gesamte Steig aufgrund der Nordlage, oft feucht sind. Danach folgt eine ungesicherte, ca. 2 m hohe Felsstufe, die über steilen, rutschigen Fels-Sandboden "hinabgerutscht" werden muss. Es findet sich zwar ein Haltegriff an einem Fels, dessen Zweckdienlichkeit aber nicht schlüssig ist (man würde in einem engen Felsspalt stecken). Eine trittreiche 3 m hohe Felsrampe klettert man mit Hilfe von Wurzeln und einem Haltegriff hinab (B).
Über eine Holzleiter (A/B) geht es in einen sehr schmalen, ca. 2 m langen und etwa 50 cm breiten Felsspalt und danach wieder hinunter (evtl. bereits vor dem Felsspalt umdrehen, damit man beim Verlassen rückwärts runterklettern kann; im Spalt ist keine Drehung möglich). Im letzten Teil des Steigs geht es über drei Ebenen an einer Felswand hinunter. Im oberen Teil steigt man mit Hilfe von Handläufen (A/B) ca. 3 m hinab zum mittleren Teil. Dieser besteht aus einer Felsrampe entlang einer senkrechten Wand. Es sind Metallklammern an der Felswand angebracht, mit deren Hilfe man entlang der Rampe hinabsteigt (ca. 6 Hm + 2 Hm; C). Nun gelangt man auf ein kleines Podest. Den letzten Teil steigt man ebenfalls senkrecht mit Hilfe von Klammern wie auf einer Leiter ca. 3 m hinab (C) bis zum Ausstieg (insg. 15 Min.).
Danach geht es einen nahezu senkrechten Wandteil hinunter, der aber überall mit Haltegriffen und in den Felsen gehauenen Tritten entschärft ist. Schlußpunkt ist die ca. 5 m hohe, senkrechte Einstiegswand, die nur mit fußbreiten Eisenklammern gesichert ist und offenbar Unerfahrene abhalten soll. Doch auch hier wird mittlere Schwierigkeit nicht übertroffen (15 Min.).

Abstieg: 2 Std. Von hier empfiehlt sich der Rückweg über die *Häntzschelstiege* (G-b-1). Von dort kann man dann über die *Heilige Stiege* oder den *Lehnsteig* (G-b-6) wieder zum Parkplatz zurückkehren (insg. ca. 2 Std.).

Beim Einstieg in den schmalen Spalt

Die Abstiegswand

Hinweise: Es sind natürlich auch jede Menge Alternativen möglich, z.B. Wilde Hölle hinunter, Zwillingsstiege wieder hinauf.

Klettersteige zu verbinden: Die Stiegen G-b-1 bis G-b-7 können alle frei miteinander kombiniert werden (selber Ausgangspunkt). Die Stiegen G-b-8 bis G-b-12 können ebenfalls angehängt werden.

Affensteine, 419 m

G-b-3 Rotkehlchenstiege A/B 130 Hm

Die *Rotkehlchenstiege* war ein beliebter Aufstiegsweg von Schmilka, wird aber derzeit nicht gewartet. Sie verfügt lediglich über einige Handläufe, die unspektakulär über schwerere Stellen hinweghelfen sollen.

Beste Jahreszeit: Mai - Oktober.
Zeitaufwand / Weglänge gesamt: 3 Std. / 280 Hm / differiert, ab 6 km
Besondere Gefahren: keine.
Karten: Kompass 810 "Sächsische Schweiz" (1:50')
Talort / Ausgangspunkt: Schmilka / Parkplatz "Ortsmitte" in Schmilka (130 m). *GPS: N50.89241 E14.22948*
Stützpunkt: keiner.
Anreise: siehe G-b-1.
Gesamter Wegverlauf: **Zustieg:** 50 Min.; 150 Hm. Vom Parkplatz in Schmilka die einzige Straße im Ort ca. 130 Hm bergauf. Die geteerte Straße hört in einem Wendekreis auf, und ein Wanderweg führt weiter nach oben bis zur Abzweigung bei der Zwieselhütte (Gelb-Strich; insg. 40 Min.). Weiter links haltend gelangt man nach ca. 5 Min. zum Abzweig der Heiligen Stiege. Nach weiteren 2 Min. zweigt die Rotkehlchenstiege nach rechts ab.
Steigverlauf: 30 Min.; 130 Hm. Der Weg führt zunächst über Holzplanken und Steinstufen bergauf. Über eine Steilstufe helfen erste Sicherungen (A). Über Holztreppen weiter aufwärts zu einer Wendung nach rechts zu einem letzten Aufschwung (metallene Handläufe; A) und weiter zum Ausstieg (30 Min.). *GPS: N50.90204 E14.23557*
Abstieg: 1,5 Std.; 310 Hm. Der Abstieg kann über eine der zahlreichen anderen Stiegen erfolgen, z.B. *Heilige Stiege* oder *Lehnsteig* (G-b-6).

Hinweise, Tipps: Die Stiegen G-b-1 bis G-b-12 können alle miteinander kombiniert werden. Die Stiege wird derzeit nicht gewartet. Es empfiehlt sich ein Aufstieg statt dessen über die *Starke Stiege* (G-b-5) oder *Heilige Stiege*.

b Elbsandsteingebirge

***Affensteine**, 419 m*

G-b-4 **Zurückestiege** *A 40 Hm*

Die *Zurückestiege* dient als Verbindungsweg und hat deshalb keine großen Schwierigkeiten zu bieten. Ein paar wenige Handläufe und einige Stahltreppen helfen über die wenigen Höhenmeter hinweg.

Beste Jahreszeit: Mai - Oktober.
Zeitaufwand / Weglänge gesamt: 3 - 3,5 Std. / 330 Hm / differiert, ab 6 km
Besondere Gefahren: keine.
Karten: Kompass 810 "Sächsische Schweiz" (1:50')
Talort / Ausgangspunkt: Schmilka / Parkplatz "Ortsmitte" in Schmilka (130 m). *GPS: N50.89241 E14.22948*
Stützpunkt: keiner.
Anreise: siehe G-b-1.
Gesamter Wegverlauf: **Zustieg:** 1,5 Std.; 260 Hm. Vom Parkplatz in Schmilka die einzige Straße im Ort ca. 130 Hm bergauf. Die geteerte Straße hört in einem Wendekreis auf, und ein Wanderweg führt weiter nach oben bis zur Abzweigung bei der Zwieselhütte (Gelb-Strich; insg. 40 Min.). Dort links halten und einen der beiden nach wenigen Minuten folgenden Aufstiege *Rotkehlchenstiege* (G-b-3) oder *Heilige Stiege* verwenden (40 Min., 130 Hm).
Steigverlauf: 30 Min.; 40 Hm. Die Zurückestiege ist die Fortsetzung des *Schrammsteingratweges* (G-b-10). Sie fängt beim Ausstieg der *Rotkehlchenstiege* (G-b-3) an und führt nach Osten Richtung Carolafelsen. Zuerst einige Metalltreppen aufwärts. Hier kommt dann ein Hauch von "Grand Canyon"-Feeling auf, da der Sandstein bizzare Formen bildet. Weiter auf dem "Blau-Strich-Weg", über die Kreuzung mit "Gelb-Strich" (Ausstieg *Heilige Stiege*) hinweg bis zu einer Wegverzweigung (40 Hm; 30 Min.). *GPS: N50.90708 E14.23280*
Abstieg: 1 - 1,5 Std.; 330 Hm. Als Abstieg kann man etwas zurück gehen und die *Heilige Stiege* wählen (1 - 1,5 Std.). Alternativ setzt man den Weg (Blau-Strich) fort und steigt über den *Lehnsteig* (G-b-6; 1,5 Std.) ab zurück zum Parkplatz.

Hinweise, Tipps: Die Stiegen G-b-1 bis G-b-12 können alle miteinander kombiniert werden. Wie bei allen hier für die Sächsische Schweiz beschriebenen Steigen sind Markierungen (offensichtlich absichtlich, um Unerfahrene abzuhalten) nicht oder nur sehr begrenzt vorhanden.

Wenige, leichte Sicherungen am Steig

G-b-5 **Starke Stiege** B

mäßig schwierig

Steig	Steig	Zustieg	Abstieg	Expos.	Fun	Sich.	Anford.
15 Min.	40 Hm	1,5 Std.	1,5 Std.	S	★★ mäßig	☆☆ mäßig	niedrig

Schwierigkeit: mäßig schwierig; A/B, Felsspalt B; keine Seilsicherungen
Gesamtanforderung: niedrig
Bes. Gefahren: keine
Beste Jahreszeit: Mai - Oktober

Zeiten / Höhenunterschiede:
Zustieg: 1,5 Std. / 250 Hm
Klettersteig: 15 Min. / 40 Hm
Abstieg: 1,5 Std. / 270 Hm
Höhenunterschied gesamt: 290 Hm
Zeitaufwand gesamt: 2 - 2,5 Std.
Weglänge gesamt: differiert, ab 6 km

Exposition: Süd
Sicherungen: einige Metallgriffe als Kletterunterstützung
Funfaktor: mäßig
Gestein: Sandstein
Flucht- / Abbruchmögl.: keine
Orientierung / Markierung: keine
Anfänger-Eignung: nein, keine Sicherungsmöglichkeiten im Steilstück

Ausrüstung: Klettersteigset, Helm, mittelfeste Bergschuhe od. Kletterschuhe
Errichtung / Betreuung, Karte: wie G-b-1
Übersicht siehe Seite 380

Talort, Ausgangspunkt, Stützpunkt, Anreise: Wie G-b-1.

Zustieg: 1,5 Std. Vom Parkplatz in Schmilka die einzige Straße im Ort ca. 130 Hm bergauf. Die geteerte Straße hört in einem Wendekreis auf, und ein Wanderweg führt weiter nach oben bis zur Abzweigung bei der Zwieselhütte (Gelb-Strich; insg. 40 Min.). Nun links weiter bergan. Es folgen zuerst die Abzweigungen zur Heiligen Stiege, da-

Anforderungsprofil

Kondition:	2
Armkraft:	2
Technik:	1
Mut, Psyche:	1
Bergerfahrung:	1

1 niedrig 2 mäßig 3 mittel 4 hoch 5 extrem

Charakteristik: Die *Starke Stiege* ist eine im Verhältnis zu den anderen Aufstiegen dieser Gegend relativ lange und schwierige Stiege. Sie weist ein kurzes Steilstück auf, welches mittels Haltegriffen entschärft ist (sonst FT 2). Man gelangt durch sie auf den *Schrammsteingratweg* (G-b-10).

Durch diesen schmalen Felsspalt muss man sich hinaufziehen

nach zur *Rotkehlchenstiege* (G-b-3). Kurz nach der *Rotkehlchenstiege* führt ein unbeschilderter Waldweg leicht bergan. Diesen geht man 30 Min (100 Hm) bergan, bis man zum Einstieg der *Starken Stiege* (G-b-5) gelangt.

GPS Einstieg: N50.90676 E14.22706

Steigverlauf: Der Kletterteil der *Starken Stiege* besteht aus einer diagonal verlaufenden Felsrampe. Zur Unterstützung sind Metallgriffe im Fels angebracht. Nach den ersten 2 Metern (A/B) muss man sich durch einen kleinen Felsspalt zwängen (B). Der Rest verläuft dann in diagonaler Kletterei an der Rampe entlang nach oben bis zum Ausstieg (A/B, insg. 40 Hm, 15 Min.). Nach weiteren 15 Min. gelangt man auf den *Schrammsteingratweg* (G-b-10).

Abstieg: 1,5 Std. Als Abstieg kann man eine der zahlreichen anderen Stiegen wählen: *Rotkehlchenstiege* (G-b-3), *Heilige Stiege* oder *Lehnsteig* (G-b-6). Dauer ca. 1,5 Std. bis zum Parkplatz.

Der Felsspalt

- **Hinweise:** Die Starke Stiege ist der schwierigste Zustieg in diesem Bereich. Sie ist deshalb auch nicht ausgeschildert.
- **Klettersteige zu verbinden:** Die Stiegen G-b-1 bis G-b-7 können alle frei miteinander kombiniert werden (selber Ausgangspunkt). Die Stiegen G-b-8 bis G-b-12 können ebenfalls angehängt werden.

b Elbsandsteingebirge

Affensteine, *419 m*

G-b-6 **Lehnsteig** *A* *180 Hm*

Der Lehnsteig ist einer der leichteren, mit Steighilfen ausgestatteten Steige in diesem Gebiet. Er bietet sich nach dem Besuch der Affensteine als alternativer Abstieg Richtung Schmilka an.

Beste Jahreszeit: Mai - Oktober.
Zeitaufwand / Weglänge gesamt: 2,5 - 3 Std. / 335 Hm / differiert, ab 6 km
Besondere Gefahren: keine.
Karten: Kompass 810 "Sächsische Schweiz" (1:50')
Talort / Ausgangspunkt: Schmilka / Parkplatz "Ortsmitte" in Schmilka (130 m) / *GPS: N50.89241 E14.22948*
Stützpunkt: keiner. **Anreise:** siehe G-b-1.
Gesamter Wegverlauf: **Zustieg:** 1,5 - 2 Std.; 335 Hm. Da der Steig im Abstieg begangen werden soll, wählt man als Aufstieg z.B. die *Heilige Stiege*, *Rotkehlchenstiege* (G-b-3) oder *Starke Stiege* (G-b-5). Den Ausstiegen dieser Aufstiege folgt man jeweils nach rechts (Osten; Blau-Strich) bis zum Abzweig zum Lehnsteig (Wegweiser).
Steigverlauf: 25 Min.; 180 Hm. Der Lehnsteig wird hier im Abstieg beschrieben. Der Steig führt erst unschwer über einen Pfad durch den Wald bergab (10 Min.). Eine Felsstufe steigt man über in den Stein gehauene Treppen mit metallenen Handläufen ab (A). Danach noch eine Holzstiege (ohne Geländer) hinunter (Kletterteil ca. 120 Hm; 10 Min.). Der restliche Weg führt durch den Wald bis zum Wurzelweg (50 Hm; 15 Min.). *GPS: N50.90416 E14.24683*
Abstieg: 40 Min.; 150 Hm. Am Wurzelweg rechts halten bis zur Kreuzung des Aufstiegswegs (Zwieselhütte; 5 Min.). Nun bergab nach Schmilka zum Parkplatz (35 Min.; insg. 150 Hm).

Hinweise, Tipps: Die Stiegen G-b-1 bis G-b-12 können alle miteinander kombiniert werden.

Die Handlaufsicherungen am Steig

b Elbsandsteingebirge

Affensteine, *419 m*

G-b-7 Wilde Hölle B *150 Hm Abstieg*

Die *Wilde Hölle* ist ein einfacher alternativer Abstieg zur unteren Affensteinpromenade, wenn man nicht die *Zwillingsstiege* wählen möchte. Die gesicherten Stellen sind nicht schwer und sehr kurz und werden den Erwartungen an ihren Namen nicht unbedingt gerecht :-)

Beste Jahreszeit: Mai - Oktober.
Zeitaufwand / Weglänge gesamt: 4,5 Std. / 340 Hm / differiert, ab 6 km
Besondere Gefahren: keine.
Karten: Kompass 810 "Sächsische Schweiz" (1:50').
Talort / Ausgangspunkt: Schmilka / Parkplatz "Ortsmitte" in Schmilka (130 m) / *GPS: N50.89241 E14.22948*
Stützpunkt: keiner. **Anreise:** siehe G-b-1.
Gesamter Wegverlauf: **Zustieg:** 1,5 Std.; 310 Hm. Vom Parkplatz in Schmilka die einzige Straße im Ort ca. 130 Hm bergauf. Die geteerte Straße hört in einem Wendekreis auf, und ein Wanderweg führt weiter nach oben bis zur Abzweigung bei der Zwieselhütte (Gelb-Strich; insg. 40 Min.). Hier weiter z.B. über die *Heilige Stiege* nach oben (180 Hm, 35 Min.). Oben dann rechts halten. Nach ein paar Min. Abzweig zur "Wilden Hölle" nach links. Die Wege sind dort oft unmarkiert. Nach ca. 200 m hält man sich wieder links. Nach einigen weiteren Metern führt nach links ein Abzweig zum Aussichtspunkt Carolafelsen. Weiter geradeaus und nach ca. 300 m an einer Wegkreuzung mit der Affensteinpromenade geradeaus hinab in die Wilde Hölle (15 Min.).

Eine schräge Querung wird mittels Bügel gemeistert

Steigverlauf: 30 Min.; 150 Hm Abstieg. Der Weg durch die Wilde Hölle (eine Art Schlucht) ist relativ unspektakulär. Man quert eine schräge Felswand mittels Klammern und Haltegriffen (B) und steigt dann über eine kurze Leiter (B) und Felsstufen (B) hinab. Der Rest ist Gehgelände bis zur Wegkreuzung der unteren Affensteinpromenade. *GPS: N50.91415 E14.23441*

Abstieg: 2,5 Std.; 340 Hm. Als Rückweg empfiehlt sich die etwas östlich liegende *Zwillingsstiege* (G-b-2) bzw. *Häntzschelstiege* (G-b-1; 30 Min.). Von deren Endpunkt über die *Heilige Stiege* zurück zum Parkplatz (2 Std.).

Hinweise, Tipps: Die Stiegen G-b-1 bis G-b-12 können alle miteinander kombiniert werden.

Schrammsteine, 438 m

G-b-8 Jägersteig B 50 Hm Abstieg

Man kann den *Jägersteig* als Abstieg von der Schrammsteinaussicht verwenden, wenn man über den *Wildschützensteig* aufgestiegen ist. So kann man beide Steige begehen.

Beste Jahreszeit: Mai - Oktober.
Zeitaufwand / Weglänge gesamt: 2 - 2,5 Std. / 210 Hm / differiert, ab 6 km
Besondere Gefahren: keine.
Karten: Kompass 810 "Sächsische Schweiz" (1:50')
Talort / Ausgangspunkt: Bad Schandau / Parkplatz Schießgrund (206 m) / *GPS: N 50.91884 E14.19003*
Stützpunkt: **Schrammsteinbaude** (www.schrammsteinbaude.com; Tel. 035022-42305; ganzjährig ab 11 Uhr).
Anreise: Von Dresden (A17) über Pirna und Bad Schandau nach Postelwitz (direkt an der Elbe). Nun den Berg hoch Richtung Ostrau fahren und etwas oberhalb des Restaurants Schrammsteinbaude parken. Dort befindet sich auch direkt der Zustiegsweg ("Schießgrund"; 22 km ab Pirna). Alternativer östlicher Zustieg über Schmilka: Von Postelwitz weiter Richtung Schmilka (5 km). Dort im Ort gebührenpflichtige Parkplätze.
Gesamter Wegverlauf: **Zustieg:** 1,5 Std.; 210 Hm. Man kann den Jägersteig natürlich über verschiedene Wege erreichen. Wenn man eine kleine Runde gehen möchte, geht man vom Parkplatz über den *Wildschützensteig* (G-b-9) nach oben (ca. 1 Std.), hält sich dann rechts, vorbei am Abzweig des Mittelwinkels und über einen Teil des Gratsteigs hinab bis zum Aus- bzw. Einstieg des Jägersteigs (25 Min.)
Steigverlauf: 10 Min.; 50 Hm Abstieg. Durch einen Felsspalt führt eine Kombination aus Stahltreppe und Leiter (ca. 20 m; A/B) hinab. Der Steig endet in einer fast senkrechten Stahlleiter (3 m; mit Handlauf; B).
GPS: N50.91102 E14.20886
Abstieg: 40 Min.; 120 Hm. Über den Zustiegsweg in 40 Min. zurück zum Parkplatz.

Hinweise, Tipps: Die Stiegen G-b-1 bis G-b-12 können alle miteinander kombiniert werden.

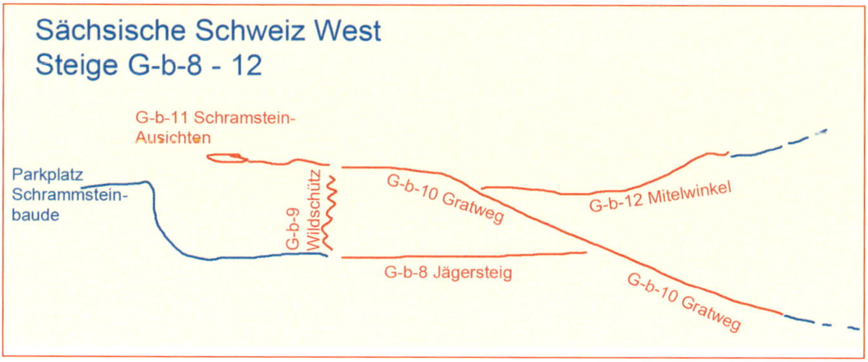

b Elbsandsteingebirge

***Schrammsteine**, 438 m*

G-b-9 **Wildschützensteig** *A/B 90 Hm*

Der *Wildschützensteig* ist einer der interessanteren Steige auf das Plateau der Schrammsteine. Wer Leitern und Stahltreppen sucht, wird hier fündig.

Beste Jahreszeit: Mai - Oktober.

Zeitaufwand / Weglänge gesamt: 2 Std. / 210 Hm / differiert, ab 6 km

Besondere Gefahren: keine.

Karten: Kompass 810 "Sächsische Schweiz" (1:50')

Talort / Ausgangspunkt: Bad Schandau / Parkplatz Schießgrund (206m) / *GPS: N50.91884 E14.19003*

Stützpunkt: **Schrammsteinbaude** (www.schrammsteinbaude.com; Tel. 035022-42305; ganzjährig ab 11 Uhr).

Anreise: siehe G-b-8.

Gesamter Wegverlauf: **Zustieg:** 40 Min.; 120 Hm. Vom Parkplatz über den Schießgrund bergan dem Grün-Punkt folgen. An der Abzweigung über eine kleine Treppe rechts dem Gelb-Strich folgen bis zu einer Art Felsscharte (Schrammtorwächter/-Viererturm). Nun weiter über Blau-Strich bis zur Abzweigung zum *Wildschützensteig* (Wegweiser; ca. 40 Min. ab Parkplatz).

Eine der Leitern am Steig

Steigverlauf: 15 Min.; 90 Hm. Zuerst über Treppen hinauf bis zum Einstieg. Dort quert man nun ein kleines, etwas ausgesetztes Felsband (A) nach oben. Nach einem kleinen Gehstück gelangt man zu weiteren Treppen. Nun folgt eine Reihe von Stahlleitern (A/B), teils mit, teils ohne Handlauf. Der Weg führt durch eine Felsgasse, bis man über weitere Eisenleitern und -stufen (A) den Ausstieg und Abzweig zum "Gratweg" erreicht. Von hier aus nun z.B. Weiterweg zur *Schrammsteinaussicht* oder *Gratweg* (G-b-10/11), *Mittelwinkel* (G-b-12), *Jägersteig* (G-b-8). *GPS: N50.91095 E14.20734*

Abstieg: 1 Std.; 210 Hm. Zurück über den nahe liegenden *Jägersteig*, da der *Wildschützensteig* nur in Aufstiegsrichtung begangen werden darf.

Hinweise, Tipps: Erbaut 1890 durch die Sektion Postelwitz; Betreuung durch Nationalparkverwaltung Sächsische Schweiz (Tel. 035022-900600; poststelle.-sbs-nationalparkverwaltung@smul.sachsen.de). Die Stiegen G-b-1 bis G-b-12 können alle miteinander kombiniert werden.

Schrammsteine, 438 m

G-b-10 Schrammsteingratweg A/B 20 Hm Abstieg

Der *Schrammsteingratweg* ist ein Verbindungsweg der östlichen und westlichen Schrammstein-Stiegen. In seinem westlichen Teil finden sich einige Leitern und Treppen. Er führt ansonsten meist sehr bequem und eben von den Schrammsteinaussichten zum großen Winterberg. Hier ist nur der gesicherte Teil zwischen *Mittelwinkel* und *Jägersteig* beschrieben.

Beste Jahreszeit: Mai - Oktober.

Zeitaufwand / Weglänge gesamt: 2 Std. / 230 Hm / differiert, ab 6 km

Besondere Gefahren: keine.

Karten: Kompass 810 "Sächsische Schweiz" (1:50')

Talort / Ausgangspunkt:
Bad Schandau / Parkplatz Schießgrund (206m) / *GPS: N50.91884 E14.19003*

Stützpunkt: **Schrammsteinbaude** (www.schrammsteinbaude.com; Tel. 035022-42305; ganzjährig ab 11 Uhr).

Anreise: siehe G-b-8.

Gesamter Wegverlauf: **Zustieg:** 1 Std.; 210 Hm. Vom Parkplatz (Schießgrund) über den *Wildschützensteig* (G-b-9) hinauf und dann rechts halten (links zur *Schrammsteinaussicht* (G-b-11); ca. 1 Std.. Der Weg ist anfangs mit Grün-Punkt markiert und teilt sich bei der Abzweigung zum *Mittelwinkel* (G-b-12). Hier beginnt der gesicherte Teil des Gratweges.

Auf einer der Leitern des Steiges

Steigverlauf: 10 Min.; 20 Hm Abstieg. Dort rechts halten (Blau-Strich). Nun geht es über eine Metalltreppe (A) bergab in eine Art Scharte (Wegkreuzung; 5 Min.). Hier zweigt der Jägersteig nach unten ab. Der Gratweg führt nun über in den Fels gehauene Stufen (mit Handlauf; A) und eine zweiteilige Metallleiter (mit Handlauf; A/B) weiter. Nach diesen Sicherungen wird der Weg eben und bequem und führt zu den östlichen Stiegen.
GPS: N50.91150 E14.20818

Abstieg: 50 Min.; 160 Hm. Wer nicht weiter zu den östlichen Stiegen möchte, kann über den *Jägersteig* (G-b-8) absteigen und von dort zum Parkplatz gelangen (ca. 1 Std.).

Hinweise, Tipps: Die Stiegen G-b-1 bis G-b-12 können alle miteinander kombiniert werden.

b Elbsandsteingebirge

Schrammsteine, *438 m*

G-b-11 Schrammstein-Aussicht *A/B* 30 Hm

Die *Schrammsteinaussicht* führt auf ein Aussichtsplateau, von dem aus man einen guten Rundumblick über die Schrammsteine, die Elbe und das westlich umliegende Land hat.

Über die Leiter und dann die Querung

Beste Jahreszeit: Mai - Oktober.
Zeitaufwand / Weglänge gesamt: 2 Std. / 230 Hm / differiert, ab 6 km
Besondere Gefahren: keine.
Karten: Kompass 810 "Sächsische Schweiz" (1:50')
Talort / Ausgangspunkt:
Bad Schandau / Parkplatz Schießgrund (206m) / *GPS: N50.91884 E14.19003*
Stützpunkt: **Schrammsteinbaude** (www.schrammsteinbaude.com; Tel. 035022-42305; ganzjährig ab 11 Uhr).
Anreise: siehe G-b-8.
Gesamter Wegverlauf: **Zustieg:** 1 Std.; 210 Hm. Vom Schießgrund über den *Wildschützensteig* (G-b-9) bis zum Einstieg (ca. 1 Std.).
Steigverlauf: 5 Min.; 30 Hm. Zuerst über eine zweiteilige Stahlleiter (erster Teil mit Handlauf; A/B), dann nach rechts mit Hilfe von Handläufen queren (A), über eine kleine Holzbrücke zum letzten Teil des Aufstiegs. Eine Stahltreppe (A) führt auf das Gipfelplateau. *GPS: N50.91254 E14.20488*
Abstieg: 55 Min.; 230 Hm. Hinab bis zum Abzweig "Wildschützensteig". Dort geradeaus weiter über den *Gratweg* (G-b-10). An einer Abzweigung rechts haltend weiter bis zum Abzweig *Jägersteig* (G-b-8). Diesen hinab und dann zurück zum Parkplatz.

Hinweise, Tipps: Die Stiegen G-b-1 bis G-b-12 können alle miteinander kombiniert werden. In "guten Zeiten" tummeln sich auf dem Aussichtsplateau sehr viele Besucher, was im Auf- und Abstieg zu Staus führen kann.

Vom Gipfel herrlicher Blick auf die Schrammsteine

b Elbsandsteingebirge

Schrammsteine, 438 m

G-b-12 Mittelwinkel A/B 35 Hm Abstieg

Der *Mittelwinkel* ist ein Verbindungsweg von der *Schrammsteinaussicht* zu den nordöstlich gelegenen Affensteinen.

Beste Jahreszeit: Mai - Oktober.
Zeitaufwand / Weglänge gesamt: 2 - 2,5 Std. / 210 Hm / differiert, ab 6 km
Besondere Gefahren: keine.
Karten: Kompass 810 "Sächsische Schweiz" (1:50')
Talort / Ausgangspunkt: Bad Schandau / Parkplatz Schießgrund (206m) / *GPS: N50.91884 E14.19003*

Stützpunkt: **Schrammsteinbaude** (www.schrammsteinbaude.com; Tel. 035022-42305; ganzjährig ab 11 Uhr).

Anreise: siehe G-b-8.

Gesamter Wegverlauf: **Zustieg:** 1 - 1,5 Std.; 210 Hm. Vom Parkplatz über den *Wildschützensteig* (G-b-9) und dann rechts dem Grün-Punkt folgen bis zum Beginn des Mittelwinkels.

Steigverlauf: 5 Min.; 35 Hm Abstieg. Der "Abstieg" führt über verwinkelte Stahlleitern mit Handlauf (A/B) durch eine Felsengasse mit Metalltreppe (A). *GPS: N50.91165 E14.20847*

Abstieg: 1 Std.; 135 Hm. Wer nicht zu den Affensteinen weiter möchte, kann sich links halten und über den Zeughausweg und Wenzelweg oberhalb des Parkplatzes zur Straße zurück gelangen (1 Std.)

Hinweise, Tipps: Die Stiegen G-b-1 bis G-b-12 können alle miteinander kombiniert werden.

G-b-13 Hinteres Raubschloss B/C

Steig	Steig	Zustieg	Abstieg	Expos.	Fun	Sich.	Anford.
20 Min.	90 Hm	40 Min.	1 Std.	S	schön	gut	mäßig

Schwierigkeit: mäßig schwierig; freihängende Eisenleiter B/C; sonst max. A/B
Gesamtanforderung: mäßig
Bes. Gefahren: keine
Beste Jahreszeit: Mai - Oktober

Zeiten / Höhenunterschiede:
Zustieg: 40 Min. / 70 Hm
Klettersteig: 20 Min. / 90 Hm
Abstieg: 1 Std. / 160 Hm
Höhenunterschied gesamt: 160 Hm
Zeitaufwand gesamt: 2 Std.
Weglänge gesamt: 5,2 km

Exposition: Süd
Sicherungen: Highlight ist die ca. 10 m hohe freihängende Stahlleiter
Funfaktor: schön
Gestein: Sandstein
Flucht- / Abbruchmögl.: keine
Orientierung / Markierung: erst Gelb-Strich, dann Rot-Strich. Abzweig beschildert.
Anfänger-Eignung: ja, wer keine Angst vor Leitern hat

Ausrüstung: Klettersteigset, Helm, mittelfeste Bergschuhe od. Kletterschuhe
Errichtung / Betreuung: Nationalparkverwaltung Sächsische Schweiz (Tel. 035022-900600; poststelle.sbs-nationalparkverwaltung@smul.sachsen.de)
Karte: Kompass 810 "Sächsische Schweiz" (1:50')

Talort: Bad Schandau.
Ausgangspunkt: Parkplatz Neumannmühle im Kirnitzschtal (230 m).
GPS Parkplatz: N50.92326 E14.28534

Anforderungsprofil

Kondition:	1
Armkraft:	2
Technik:	2
Mut, Psyche:	2
Bergerfahrung:	1

1 niedrig 2 mäßig 3 mittel 4 hoch 5 extrem

Charakteristik: Das *Hintere Raubschloss* wurde erstmals im 14. Jahrhundert urkundlich erwähnt. Danach einige Zeit in Vergessenheit geraten, wurde die Begehung dieses Felsens im 19. Jh. wieder ermöglicht.
Die Schwierigkeiten waren damals die selben wie heute: eine hohe Leiter, die frei hängend aus einer Höhle heraus führte.

Schmale Stufen führen durch den Spalt

b Elbsandsteingebirge *Winterstein, 395 m*

Stützpunkt: keiner.

Anreise: Von Dresden (A17) über Pirna nach Bad Schandau (direkt an der Elbe; ca. 20 km ab Pirna). Im Ort den Berg hoch Richtung Kirnitzschtal/Ottendorf bis zum Parkplatz Neumannmühle (gebührenpflichtig, 13 km).

Zustieg: 40 Min. Vom Parkplatz führt der Weg südlich auf der Zeughausstraße in den Wald (Gelb-Strich). Nach ca. 1,5 km geht es rechts ab (Rot-Strich). Nach einem weiteren Kilometer gelangt man zum Abzweig auf die Felsbastion.

GPS Einstieg: N50.91054 E14.27997

Einfache Leiter beim Zustieg

Steigverlauf: Über Holztreppen bis zum Felsfuß. Dann über einige Stahltreppen bis zu einem Felsdurchlass. Über weitere Stahlstufen (A) in eine Art Höhle. Von dort führt eine luftige, freihängende Eisenleiter (ca. 10 m; B/C) nach oben auf ein kleines Plateau. Dann über eine schmale Stahltreppe durch eine Felsschlucht hinauf und nochmals eine kleine Leiter (A/B) bis zum Ausstieg am Gipfel (20 Min.).

Abstieg: 1 Std. Wie Zustieg.

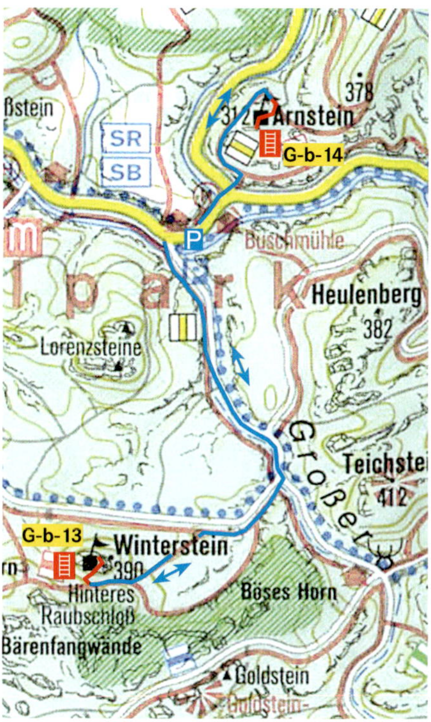

Die frei hängende Leiter zum Gipfel

■ **Klettersteige zu verbinden:** Ottendorfer Raubschloss (G-b-14)

G-b-14 Ottendorfer Raubschloss *A/B*

Steig	Steig	Zustieg	Abstieg	Expos.	Fun	Sich.	Anford.
30 Min.	70 Hm	15 Min.	45 Min.	N	★★ mäßig	☆☆☆ gut	niedrig

Schwierigkeit: leicht; eine Leiter A/B, sonst A
Gesamtanforderung: niedrig
Bes. Gefahren: keine
Beste Jahreszeit: Mai - Oktober

Zeiten / Höhenunterschiede:
Zustieg: 15 Min. / 30 Hm
Klettersteig: 30 Min. / 70 Hm
Abstieg: 45 Min. / 100 Hm
Höhenunterschied gesamt: 100 Hm
Zeitaufwand gesamt: 1,5 Std.
Weglänge gesamt: 2,6 km

Exposition: Nord
Sicherungen: Holz- und Metalltreppen, eine Stahlleiter
Funfaktor: mäßig
Gestein: Sandstein
Flucht- / Abbruchmögl.: keine
Orientierung / Markierung: gelbe Wegweiser
Anfänger-Eignung: ja
Ausrüstung: Klettersteigset, Helm, mittelfeste Bergschuhe
Errichtung / Betreuung, Karte: wie G-b-13
Kartenausschnitt siehe Seite 399

Anforderungsprofil

Kondition:	1
Armkraft:	1
Technik:	1
Mut, Psyche:	1
Bergerfahrung:	1

1 niedrig 2 mäßig 3 mittel 4 hoch 5 extrem

Charakteristik: Auf dem Arnstein stand im 15. Jahrhundert eine Signalveste mit Ober- und Unterburg. Diese wurde aber relativ bald schon wieder zerstört. Die Mauerreste kann man aber heute noch sehen. Auf den Arnstein führt ein kleiner gemütlicher Steig. Da der Weg relativ kurz ist, eignet er sich ideal als Zeitüberbrückung.

Talort, Ausgangspunkt, Stützpunkt, Anreise: Wie G-b-13.

Zustieg: **15 Min.** Vom Parkplatz dem Wanderweg Gelb-Strich an der Straße entlang Richtung Osten folgen. Nach ca. 200 m zweigt dieser von der Straße ab Richtung Arnstein (Wegweiser). Nun noch knapp 700 m weiter den gelben Markierungen folgen bis zum Arnstein.

GPS Einstieg: N50.92987 E14.29098

Steigverlauf: Der Anstieg zum ehemaligen Raubschloss ist relativ leicht. Zuerst über Holz- und Steinstufen, danach überwindet man einen kleinen Absatz (A). Über weitere Reihen von Stein- und Holzstufen (teilweise gesichert; A) hinauf auf ein kleines Plateau. Von hier über eine Stahlleiter (A/B) weiter hinauf zum Gipfel mit den Resten des Raubschlosses.

Abstieg: **45 Min.** Auf dem selben Weg zurück.

■ **Klettersteige zu verbinden:** Hinteres Raubschloss (G-b-13)

Lilienstein, 415 m

G-b-15 Lilienstein Überschreitung A 125 Hm

Die Steige auf den *Lilienstein* sind aufgrund ihrer Einfachheit sehr unspektakulär, aber die Aussicht vom Gipfelplateau ist dafür um so besser. Angenehme Wanderung mit kurzem Zustieg.

Beste Jahreszeit: April - Oktober.
Zeitaufwand / Weglänge gesamt: 1,5 Std. / 165 Hm / 3,1 km
Besondere Gefahren: keine.
Karten: Kompass 810 "Sächsische Schweiz" (1:50')
Talort / Ausgangspunkt: Pirna / Parkplatz Lilienstein bei Waltersdorf (250 m) / *GPS: N50.93399 E14.08263*
Stützpunkt: Rasthütte am Gipfel (April - Oktober).
Anreise: Von Dresden (A17) Richtung Pirna. Dann ostwärts der Elbe weiter über Löhmen und Rathewalde bis nach Waltersdorf. Hier weiter über die Liliensteinstraße bis zum Parkplatz Lilienstein (ab Waltersdorf ausgeschildert; 22 km ab Pirna).

Gesamter Wegverlauf: **Zustieg:** 20 Min.; 40 Hm. Die Überschreitung kann von beiden Seiten begangen werden und wird hier von West nach Ost beschrieben (= Süd nach Nord). Vom Parkplatz folgt man dem Weg "" und wandert so in ca. 20 Min. am Westhang des Liliensteins bis zum Einstieg.
Steigverlauf: 40 Min.; 125 Hm. Am Südende führt der Weg in akzeptablen Steigungen über Felstreppchen und letztendlich Eisentreppen den Fels hoch (20 Min; A). Am Gipfelplateau kann man zwischen den verschiedenen Stellen über Treppen und eine Eisenleiter hin und her gehen. Der Weg führt weiter als Abstieg über den sog. Nordsteig (der eigentlich nach Ost läuft). Nach einigen Steinstufen führt der Weg über ein Steilstück nach unten, welches über eine Eisenleiter überwunden wird (A). Danach noch über weitere Stufen hinab zum Felsfuß (20 Min.). *GPS: N50.92979 E14.08039*
Abstieg: 20 Min.; 40 Hm. Vom Felsfuß über Blau-Strich wieder zurück zum Parkplatz.

Hinweise, Tipps: Vom exponierten Felsplateau des Lilienstein hat man eine sehr schöne Aussicht auf die Elbe, Königstein und die Niederungen.

b Elbsandsteingebirge

Gamrig, 253 m

G-b-16 **Gamrigsteig** *A* *40 Hm*

Die Stiege auf den Gamrig gehört zu den jüngeren dieser Gegend, wurde sie doch "erst" 1878 errichtet. Vom Gipfel hat man einen tollen Ausblick auf die Festung Königstein und den nahe liegenden Lilienstein.

Beste Jahreszeit: Mai - Oktober.
Zeitaufwand / Weglänge gesamt: 45 Min. / 60 Hm / 500 m
Besondere Gefahren: keine.
Karten: Kompass 810 "Sächsische Schweiz" (1:50')

Talort / Ausgangspunkt: Pirna / Parkplatz an der Straße oder in den Orten Rathen oder Waltersdorf (215 m). *GPS: N50.95757 E14.09662*
Stützpunkt: keiner.
Anreise: Von Pirna am besten nordwärts über die Elbe über Copitz und Lohmen und dann auf der Basteistraße ostwärts Richtung Waltersdorf/Bad Schandau. In Waltersdorf nördlich abzweigen Richtung Rathen. Der Gamrig liegt genau zwischen Rathen und Waltersdorf (etwa 19 km ab Pirna).
Gesamter Wegverlauf: Zustieg: 15 Min.; 20 Hm. Über Rathen oder Waltersdorf gelangt man entlang der Straße (Rot-Punkt) zum Fuße des Gamrig. Dort nordwärts auf unmarkiertem Weg von der Straße abzweigen und nach wenigen Metern nochmals rechts zum Beginn des Steiges.
Steigverlauf: 15 Min.; 40 Hm. Der Weg führt über eine Holztreppe (A) über eine Felsstufe. Danach folgt noch eine weitere Steilstufe, die man mittels einer gewinkelten Holzleiter (Handlauf; A) überwindet, bis man schließlich auf das Plateau des Gipfels gelangt. *GPS: N50.95830 E14.09662*
Abstieg: 15 Min.; 60 Hm. Auf selbem Weg zurück.

G-b-17 Nadelöhr B

mäßig schwierig

Steig	Steig	Zustieg	Abstieg	Expos.	Fun	Sich.	Anford.
15 Min.	110 Hm	10 Min.	20 Min.	N	★★ mäßig	☆☆☆ gut	niedrig

Schwierigkeit: mäßig schwierig; Leiter B, sonst A
Gesamtanforderung: niedrig
Bes. Gefahren: keine
Beste Jahreszeit: Mai - Oktober

Zeiten / Höhenunterschiede:
Zustieg: 10 Min. / 50 Hm
Klettersteig: 15 Min. / 110 Hm
Abstieg: 20 Min. / 160 Hm
Höhenunterschied gesamt: 160 Hm
Zeitaufwand gesamt: 45 Min.
Weglänge gesamt: 2,8 km

Exposition: Nord
Sicherungen: Metalltreppen und eine Stahlleiter
Funfaktor: mäßig
Gestein: Sandstein
Flucht- / Abbruchmögl.: keine
Orientierung / Markierung: Grün-Punkt; ausgeschildert
Anfänger-Eignung: ja

Ausrüstung: Klettersteigset, Helm, mittelfeste Bergschuhe
Errichtung / Betreuung: Beschädigungen bitte im Gasthaus am Gipfel melden.
Karte: Kompass 810 "Sächsische Schweiz" (1:50')
Kartenausschnitt siehe Seite 404

Talort: Königstein (Sachs. Schweiz).
Ausgangspunkt: Gasthaus "Zum Pfaffenstein" in Pfaffendorf (Parkplatz gebührenpflichtig; 253 m).
GPS Parkplatz: N50.90610 E14.08168

Anforderungsprofil

Kondition:	1
Armkraft:	1
Technik:	1
Mut, Psyche:	1
Bergerfahrung:	1

1 niedrig 2 mäßig 3 mittel 4 hoch 5 extrem

Charakteristik: Das *Nadelöhr* ist der interessanteste Zustieg zum Pfaffenstein. In der Schlüsselstelle durchsteigt man ein schmales Felsloch (das Nadelöhr) über eine Leiter.

b Elbsandsteingebirge *Pfaffenstein, 435 m*

Stützpunkt: 2 **Gasthäuser** am Parkplatz; **Gasthaus am Pfaffenstein-Gipfel** (www.pfaffenstein.com; Tel. 035021-59410).

Anreise: Nach Königstein in der Sächs. Schweiz, von dort weiter nach Pfaffendorf. Dort Parkplatz beim Gasthaus "Pfaffenstein" (2,3 km).

Zustieg: 10 Min. Vom Parkplatz bergan auf einer Straße zum Waldrand (Grün-Punkt). Der Weg durch das Nadelöhr führt nun linker Hand den Berg hinauf, während die beiden anderen Aufstiege rechts weiter führen.

GPS Einstieg: N50.90308 E14.07972

Steigverlauf: Der Weg führt zuerst über viele Steintreppen (mit Geländer, teilweise steil; A) bergauf in eine Felsschlucht. Durch diese über Metalltreppen (A) und ein kleines Podest weiter hinauf bis zum Nadelöhr, einem Felsloch, welches man über eine steile Metallleiter (B) nach oben zum Ausstieg auf dem waldigen Plateau durchsteigt (110 Hm; 15 Min.). Nach wenigen Metern erreicht man das Gasthaus.

Abstieg: 20 Min. Über den *Klammweg* (G-b-18) zurück.

■ **Hinweise:** Bei diesem Zustieg kann es aufgrund seiner Beliebtheit und der tollen rückwärtigen Aussicht an den Engstellen schnell mal zu Staus kommen.

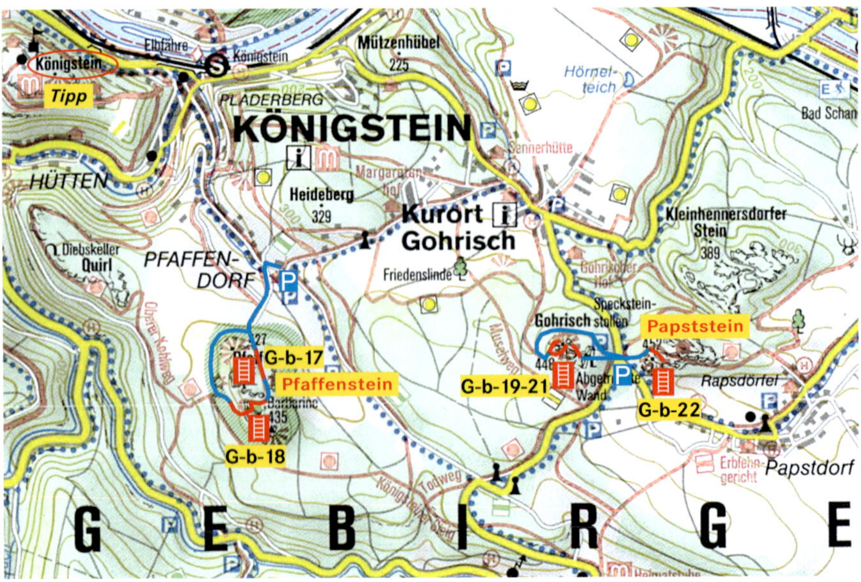

***Pfaffenstein**, 435 m*

G-b-18 **Klammweg** *A* *40 Hm*

Der *Klammweg* ist nicht der einfachste, aber ein sehr idyllischer Aufstieg auf den Pfaffenstein. Die meisten Leute wählen zum Aufstieg das näher liegende *Nadelöhr* (G-b-17) bzw. auch den einfachen Normalweg, weshalb dieser Weg deutlich weniger frequentiert werden dürfte, trotzdem aber genauso lohnend ist.

Beste Jahreszeit: Mai - Oktober.
Zeitaufwand / Weglänge gesamt: 50 Min. / 160 Hm / 2,8 km
Besondere Gefahren: keine.
Karten: Kompass 810 "Sächsische Schweiz" (1:50')
Talort / Ausgangspunkt: Königstein (Sächs. Schweiz) / Gasthaus "Zum Pfaffenstein" in Pfaffendorf (Parkplatz gebührenpflichtig; 253 m) / *GPS: N50.-90610 E14.08168*
Stützpunkt: 2 **Gasthäuser** am Parkplatz; **Gasthaus am Pfaffenstein-Gipfel** (www.pfaffenstein.com; Tel. 035021-59410).
Anreise: Nach Königstein in der Sächs. Schweiz, von dort weiter nach Pfaffendorf. Dort Parkplatz beim Gasthaus "Pfaffenstein" (2,3 km).

Gesamter Wegverlauf: **Zustieg:** 20 Min.; 120 Hm. Vom Parkplatz bergan auf einer Straße zum Waldrand (Grün-Punkt). Der Weg durch das Nadelöhr führt nun linker Hand den Berg hinauf, während die beiden anderen Aufstiege rechts weiter führen. Deshalb rechts am Waldrand entlang halten. Nach ca. 600 m (ca. 10 Min.) gelangt man an einen Abzweig, dort hält man sich links und erreicht über einen gepflasterten Weg in weiteren 10 Min. den Klammweg-Aufstieg.
Steigverlauf: 10 Min.; 40 Hm. Der Zustieg mündet in einen kleinen Kessel. In den Fels ist eine Steinbank gehauen. Rechts herum führt nun der "Normalweg" auf den Pfaffenstein. Links führt der Klammweg hinauf.
Zuerst über Steinstufen (A) durch eine Felsgasse, dann über Stege durch die schmale, hoch aufragende Felsklamm (A; Handlauf). Über Treppen führt der Weg weiter hinauf bis zum Ausstieg beim Gasthaus. *GPS: N50.89897 E14.07930*
Abstieg: 20 Min.; 160 Hm. Über den selben Weg oder den Normalweg zurück.

b Elbsandsteingebirge

Gohrisch, *448 m*

G-b-19 Falkenschlucht B 30 Hm

Der Gohrisch verfügt über zwei westliche und einen östlichen Zustieg. Von den westlichen ist die *Falkenschlucht* der interessantere und schwierigere Zustieg und sicher auch nichts für Leute mit Klaustrophobie, muss man sich doch durch einen engen, dunklen, schrägen Spalt zwängen und im Fastdunkel eine Holzleiter hinaufklettern. Zusätzlich bietet der Steig luftige Holzsprossen, bei denen man sich keinen Fehltritt erlauben sollte.

Im dunklen Felsspalt

Beste Jahreszeit: Mai - Oktober.
Zeitaufwand / Weglänge gesamt: 45 Min. / 90 Hm / 1,9 km
Besondere Gefahren: keine.
Karten: Kompass 810 "Sächsische Schweiz" (1:50'). Siehe Seite 404.
Talort / Ausgangspunkt:
Königstein (Sächs. Schweiz) / Parkplatz "Galgen" auf der Straße von Gohrisch nach Papstdorf am Fuß des Berges (360 m).
GPS: N50.90171 E14.11661
Stützpunkt: keiner.
Anreise: Von Königstein entlang der Elbe auf der Schandauer Straße. Rechts abbiegen auf die Gohrischer Straße (Richtung Ort Gohrisch). Im Ort südlich halten auf die Papstdorfer Str. bis zum Parkplatz am Fuße des Berges Gohrisch (5 km).
Gesamter Wegverlauf: **Zustieg:** 20 Min.; 60 Hm. Vom Parkplatz über Rot-Punkt in 20 Min. in nördlicher Richtung den Gohrisch über den Malerweg umrunden bis zu einem markierten Abzweig "Aufstieg". Dort zweigt der Weg Richtung Fels ab und führt bis zu einer Wegverzweigung unterhalb des Felsfußes. Nach links geht es zur Falkenschlucht, nach rechts zur "alten Steiganlage".
Steigverlauf: 10 Min.; 30 Hm. Der Weg führt über Holz- und Stahltreppen (A) durch einen niedrigen Durchschlupf vorbei an einem Kletterfels. Eine schmale Steintreppe führt in einen schrägen, dunklen Felsspalt hinein, in dem man über Holztreppen weiter aufsteigt bis zu einer Holzleiter (2 m; B). Dann wieder über Holzstufen und eine weitere Holzleiter (ebenfalls 2 m; B) aus dem Spalt heraus. Nun auf ein kleines Plateau, dann über Holzsprossen (A; Vorsicht, kein Boden; Trittsicherheit!) in einem etwas breiteren Felsspalt hinauf bis zum Ausstieg. *GPS: N50.90110 E14.11115*
Abstieg: 15 Min.; 90 Hm. Nun rechts halten zu den weiteren Steigen. Entweder über den Oststeig (beim Pavillon) direkt zum Parkplatz (10 Min.) oder über die gleich folgende *Alte Steiganlage* (G-b-20) zurück zum Abzweig der Falkenschlucht.

Hinweise, Tipps: Die Holzsprossen sind deshalb mit Vorsicht zu genießen, da sie - anders als bei einer Treppe - über einen weiten Zwischenraum verfügen, in den man "ins Leere" treten könnte.

Gohrisch, 448 m

G-b-20 Alte Steiganlage A/B 30 Hm

Der Gohrisch verfügt über zwei westliche und einen östlichen Zustieg. Von den westlichen ist die "Alte Steiganlage" der deutlich einfachere Zustieg. Aber auch dieser Steig bietet luftige Holzsprossen, bei denen man sich keinen Fehltritt erlauben sollte.

Beste Jahreszeit: Mai - Oktober.
Zeitaufwand / Weglänge gesamt: 45 Min. / 90 Hm / 1,9 km
Besondere Gefahren: keine.
Karten: Kompass 810 "Sächsische Schweiz" (1:50'). Siehe Seite 404.
Talort / Ausgangspunkt: Königstein (Sächs. Schweiz) / Parkplatz "Galgen" auf der Straße von Gohrisch nach Papstdorf am Fuß des Berges (360 m) / *GPS: N50.90171 E14.11661*
Stützpunkt: keiner.
Anreise: siehe G-b-19.
Gesamter Wegverlauf:

Zustieg: 20 Min.; 60 Hm. Vom Parkplatz über Rot-Punkt in 20 Min. in nördlicher Richtung den Gohrisch über den Malerweg umrunden bis zu einem markierten Abzweig "Aufstieg". Dort zweigt der Weg Richtung Fels ab und führt bis zu einer Wegverzweigung unterhalb des Felsfußes. Nach links geht es zur Falkenschlucht, nach rechts zur "alten Steiganlage".
Steigverlauf: 10 Min.; 30 Hm. Über eine kleine Holzleiter (2 m; mit Handlauf; A/B) geht es in die Steiganlage, gefolgt von einigen Steinstufen (A; mit Geländer). Danach muss noch eine Metallleiter (1 m; A/B) mit etwas kniffligem Ausstieg überklettert werden, bis man über letzte Holzsprossen zum Ausstieg gelangt.
GPS: N50.90087 E14.11092
Abstieg: 15 Min.; 90 Hm. Nun nach rechts halten und über den Oststeig (beim Pavillon) direkt zum Parkplatz.

b Elbsandsteingebirge

Gohrisch, 448 m

G-b-21 Gohrisch Oststeig A/B 30 Hm

Der Oststeig ist der einfachste Steig auf den Gohrisch und empfiehlt sich deshalb als Abstieg. Er führt am "Specksteinstollen" vorbei, einem sog. Mundloch eines Suchstollens aus dem Bergbau.

Beste Jahreszeit: Mai - Oktober.
Zeitaufwand / Weglänge gesamt: 45 Min. / 90 Hm / 1,9 km
Besondere Gefahren: keine.
Karten: Kompass 810 "Sächsische Schweiz" (1:50'). Siehe Seite 404.
Talort / Ausgangspunkt: Königstein (Sächs. Schweiz) / Parkplatz "Galgen" auf der Straße von Gohrisch nach Papstdorf am Fuß des Berges (360 m).
GPS: N50.90171 E14.11661
Stützpunkt: keiner.
Anreise: siehe G-b-19.
Gesamter Wegverlauf: **Zustieg:** 30 Min.; 90 Hm. Als Zustieg wählt man am besten die *Falkenschlucht* (G-b-19) oder die *Alte Steiganlage* (G-b-20), um diesen Steig im Abstieg begehen zu können (A/B).
Steigverlauf: 5 Min.; 30 Hm. Vom 1998 neu errichteten Pavillon mit seiner schönen Aussicht führt der Einstieg über Steintreppen (teilweise mit Handlauf; A) in eine Felsgasse hinab auf ein Holzpodest. Weiter hinab über eine Holzleiter (A/B) in eine querende Felsspalte und dann über Holztreppen zum Ausstieg im Wald.
GPS: N50.90075 E14.11247
Abstieg: 10 Min.; 60 Hm. Der Weg führt vorbei am "Specksteinstollen" (Bergbau) zurück zum Parkplatz.

b Elbsandsteingebirge

Papststein, *452 m*

G-b-22 Papststein *A* *30 Hm*

Südwestlich von Bad Schandau befinden sich die sog. Tafelsteine. Eine Sammlung von kleinen Bergen in der Königsteiner Gegend. Der *Papststein* ist der höchste von ihnen und besitzt trotzdem den kürzesten und sogar einen beleuchteten Zustieg.

Beste Jahreszeit: Mai - August.
Zeitaufwand / Weglänge gesamt: 30 Min. / 90 Hm / 1,2 km
Besondere Gefahren: keine.
Karten: Kompass 810 "Sächsische Schweiz" (1:50'). Siehe Seite 404.
Talort / Ausgangspunkt: Königstein (Sächs. Schweiz) / Parkplatz "Galgen" auf der Straße von Gohrisch nach Papstdorf am Fuß des Berges (360 m).
GPS: N50.90171 E14.11661
Stützpunkt: Berggaststätte Papststein (www.papststein.de; Tel. 035021-60956).
Anreise: Von Königstein entlang der Elbe auf der Schandauer Straße. Rechts abbiegen auf die Gohrischer Straße (Richtung Ort Gohrisch). Im Ort südlich halten auf die Papstdorfer Str. bis zum Parkplatz am Fuße des Berges Gohrisch (5 km).
Gesamter Wegverlauf: Zustieg: 10 Min.; 60 Hm. Der Weg führt vom Parkplatz über breite Stufen den Berghang sanft hinauf zum eigentlichen Felsfuß.
Steigverlauf: 7 Min.; 30 Hm. Über eine lange gewinkelte Stahltreppe (A) führt der Weg in etwa 7 Minuten durch eine schmale Felsspalte hinauf bis zum Ausstieg beim Gasthaus. Der Zustieg ist am Abend beleuchtet. Von hier über eine weitere Stahltreppe (A) auf das Aussichtsplateau und den Feuerwachturm. Hier gute Sicht auf Lilienstein und Königstein. *GPS: N50.90155 E14.11924*
Abstieg: 15 Min.; 90 Hm. Zurück auf dem selben Weg (15 Min.). Alternativ kann man auch über den sog. Sattelsteig absteigen. Dieser führt vom Wirtshaus ausgehend auf der östlichen Bergseite hinab (Rot-Punkt) nach Papstdorf (30-40 Min.).

Interessante Felsformationen zieren den Weg

G-b-23 Sachsenstein B/C

mäßig schwierig

Steig	Steig	Zustieg	Abstieg	Expos.	Fun	Sich.	Anford.
10 Min.	25 Hm	10 Min.	15 Min.	S	★★ mäßig	☆☆☆ gut	mäßig

Schwierigkeit: mäßig schwierig; enge Leiternfolgen, im Spalt kurz B/C
Gesamtanforderung: mäßig
Bes. Gefahren: keine
Beste Jahreszeit: Mai - Oktober

Zeiten / Höhenunterschiede:
Zustieg: 10 Min. / 30 Hm
Klettersteig: 10 Min. / 25 Hm
Abstieg: 15 Min. / 55 Hm
Höhenunterschied gesamt: 55 Hm
Zeitaufwand gesamt: 35 Min.
Weglänge gesamt: 1,2 km

Exposition: Süd
Sicherungen: nur Metallleitern
Funfaktor: mäßig
Gestein: Sandstein
Flucht- / Abbruchmögl.: keine
Orientierung / Markierung: Aufstieg von dieser Richtung unmarkiert, über Johanniswacht ausgeschildert
Anfänger-Eignung: ja

Ausrüstung: Klettersteigset, Helm, mittelfeste Bergschuhe
Errichtung / Betreuung: Fremdenverkehrsverein Bielatal (www.rosental-bielatal.de; Tel. 035033-70516)
Karte: Kompass 810 "Sächsische Schweiz" (1:50')

Anforderungsprofil

Kondition:	1
Armkraft:	1
Technik:	3
Mut, Psyche:	2
Bergerfahrung:	1

1 niedrig 2 mäßig 3 mittel 4 hoch 5 extrem

Charakteristik: Der *Sachsenstein* im Bielatal besticht durch seinen imposanten Leiternaufstieg. Zahlreiche verwinkelte Leitern sind durch engste Spalten geführt - unter Platzangst sollte man hier auf keinen Fall leiden!

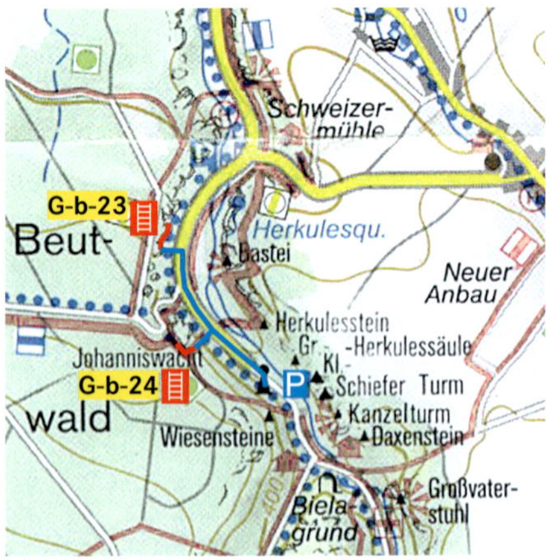

Talort: Königstein (Sächs.Schweiz).
Ausgangspunkt: Parkplatz Ottomühle im Bielatal (gebührenpflichtig; 370 m).
GPS Parkplatz: N50.83992 E14.04363
Stützpunkt: keiner.
Anreise: Von Königstein an der Elbe südwärts Richtung Bielatal. Durch den Ort durch, weiter im Tal bis zum Parkplatz Ottomühle (12 km).
Zustieg: **10 Min.** Vom Parkplatz wieder etwas zurück laufen (nördlich). Der

direkte Weg zum Sachsenstein ist gut versteckt. Man gelangt erst am Abzweig zur Johanniswacht vorbei (Gelb-Punkt), geht aber noch ca. 150 m weiter an der Straße entlang, bis links ein Weg mit Schranke abzweigt (Blau-Strich). Diesen geht man nicht, ebensowenig wie einen nach rechts abzweigenden Pfad, sondern man geht geradeaus den Wald hinauf und erreicht in ca. 5 Min. (30 Hm) den Sachsenstein-Fels im Wald.

GPS Einstieg: *N50.84271 E14.03862*

Steigverlauf: Auf das Felsplateau gelangt man über eine Reihe von steilen, verwundenen, gelb bemalten Eisenleitern (unterer Teil A/B). Im Mittelteil des Steigs besteht die besondere Schwierigkeit darin, dass die Leitern durch einen schmalen Spalt führen (nur ca. 60 x 60 cm; B/C) und man als "normaler" Mensch schon mit dem Rucksack stecken bleibt. In diesem Spalt muss man zusätzlich auch noch auf die nächste Leiter umsteigen. Im oberen Teil wird der Spalt offener und die Kletterei auf der Leiter (B) wieder einfacher.

Abstieg: **15 Min.** Auf dem selben Weg zurück.

Der Einstieg in den Felskamin

- **Hinweise:** Den Rucksack sollte man (ohne Wertsachen natürlich) besser am Einstieg zurück lassen.
- **Klettersteige zu verbinden:** Johanniswacht (G-b-24)

b Elbsandsteingebirge

Johanniswacht, 432 m

G-b-24 Johanniswacht A 20 Hm

Die *Johanniswacht* ist ein kleiner, dem Sachsenstein vorgelagerter Aussichtspunkt. Man erreicht sie über eine kleine, feine Steiganlage. An sich aber nur in Verbindung mit dem Sachsenstein lohnenswert.

Beste Jahreszeit: Mai - Oktober.
Zeitaufwand / Weglänge gesamt: 40 Min. / 70 Hm / 800 m
Besondere Gefahren: keine.
Karten: Kompass 810 "Sächsische Schweiz" (1:50'). Siehe Seite 410.
Talort / Ausgangspunkt: Königstein (Sächs. Schweiz) / Parkplatz Ottomühle im Bielatal (gebührenpflichtig; 370 m) / *GPS: N50.83992 E14.04363*
Stützpunkt: keiner.
Anreise: siehe G-b-23
Gesamter Wegverlauf: **Zustieg:** 15 Min.; 50 Hm. Vom Parkplatz wieder etwas zurück gehen (nördlich). In ca. 5 Min. gelangt man zum Abzweig zur Johanniswacht (Gelb-Punkt; Wegweiser) nach links den Berg hinauf. Der Weg führt an einigen Kletterfelsen vorbei bis zum Einstieg in die kleine Schlucht.
Steigverlauf: 10 Min.; 20 Hm. Man geht durch eine kleine Felsschlucht über Steintreppen hinauf bis durch einen Höhlengang. Nach diesem über vier Metallgittertreppen (A) bis hinauf zum Felsplateau. *GPS: N50.84044 E14.04064*
Abstieg: 15 Min.; 70 Hm. Entweder über den selben Weg zurück (15 Min.) oder über den Sachsenstein: Die oberen zwei Metalltreppen wieder hinab und dann rechts durch den Wald halten. Über einen Pfad gelangt man zur Kreuzung mit dem Gelb-Punkt Weg. Diesen nimmt man nordwärts (rechts), und nach ca. 500 m (5 Min.) erreicht man den beschilderten Abstieg zum Sachsenstein.

Hinweise, Tipps: Nur in Verbindung mit dem *Sachsenstein* (G-b-22) interessant.

b Elbsandsteingebirge

Hockstein, *286 m*

G-b-25 **Hockstein** *A* *90 Hm Abstieg*

Auch auf dem *Hockstein* befand sich eine ehemalige Burganlage (ca. 12. Jh.). Mit seiner engen Felskluft und den beiden Felsentoren an deren Enden vermittelt der Steig das Flair des damaligen Burgzugangs, der in dieser Art seit damals existiert.

Beste Jahreszeit: Mai - Oktober.
Zeitaufwand / Weglänge gesamt: 1,5 Std. / 190 Hm / 3,4 km
Besondere Gefahren: keine.
Karten: Kompass 810 "Sächsische Schweiz" (1:50').
Talort / Ausgangspunkt: Pirna / Parkplatz P2 in Hohnstein (305 m) / *GPS: N50.98077 E14.11052*
Stützpunkt: keiner.
Anreise: Von Pirna nordwärts über die Elbe über Copitz und Lohmen weiter nach Hohnstein. Im Ortsanfang Parkplatz P2 an der Dresdner Straße (18 km ab Pirna).
Gesamter Wegverlauf: **Zustieg:** 30 Min.; 100 Hm Abstieg. Vom Parkplatz zuerst der Gelb-Strich Markierung nach Süden folgen. Nach 150 m zweigt der Weg als Blau-Strich nach rechts ab und führt entlang des Flusses in das Polenztal hinunter (ca. 100 Hm Abstieg). An der Wegeinmündung des roten Wanderwegs nun nach rechts und ca. 300 m später wieder nach links abzweigen (weiter blau markiert) zum Beginn der Stiege.
Steigverlauf: 15 Min.; 90 Hm Abstieg. Der Weg führt zuerst über einige Holz- und Steinstufen hinauf. Durch ein Felsloch steigt man nun in die Wolfsschlucht ein, einem hohen schmalen Felsspalt, durch den eine enge Stahltreppe (A) hinaufführt. Am Ende gelangt man durch ein weiteres Felsloch hinaus zum Ausstieg und zum Gipfelplateau. *GPS: N50.98027 E14.10170*
Abstieg: 45 Min; 190 Hm. Wie Aufstieg.

Hinweise, Tipps: Interessant sind die zweierlei Felsbeschaffenheiten des Hocksteins: Granit im Norden und Sandstein im Süden.

Andere Gefahren, Kategorie-C Steige:

Affensteine, *419 m*

G-b-99 **Rübezahl-Stiege** *C/D*

Die *Rübezahlstiege* wird nicht mehr gewartet, und die Steighilfen sind zum Teil schon abmontiert.

Beste Jahreszeit: Mai - Oktober.
Zeitaufwand / Höhenmeter gesamt: 2,5 - 3 Std. / 335 Hm
Karten: Kompass 810 "Sächsische Schweiz" (1:50')
Talort / Ausgangspunkt: Schmilka / Parkplatz "Ortsmitte" in Schmilka (130 m)
Anreise: Von Dresden (A17) über Pirna, Bad Schandau und Postelwitz bis nach Schmilka (direkt an der Elbe vor der tschechischen Grenze, 27 km ab Pirna). Dort im Ort gebührenpflichtige Parkplätze in der Ortsmitte.

Gesamter Wegverlauf: Vom Parkplatz in Schmilka die einzige Straße im Ort ca. 130 Hm bergauf. Die geteerte Straße hört in einem Wendekreis auf, und ein Wanderweg führt weiter nach oben bis zur Abzweigung bei der Zwieselhütte (Gelb-Strich; insg. 40 Min.). Nun 5 Min. links weiter aufwärts bis zum Abzweig "Heilige Stiege". Diesen nehmen und nach ca. 460 m führt rechts ein Pfad ab: Die Rübezahlstiege (N50.90556 E14.23990, Markierung durch schwarzes Kletterdreieck). Die ersten 4 Meter des Einstiegs müssen ohne künstliche Steighilfen erklettert werden (FT 2). Die früheren Klammern wurden entfernt. Im weiteren Verlauf klettert man mit Hilfe verwitterter Steighilfen (ca. aus dem Jahr 1935!) berg aufwärts bis in eine Höhle. Diese kann man nur über eine Öffnung im oberen Teil verlassen. Die Öffnung ist klein und die Wände dort sehr glatt, weshalb ein gewisser klettertechnischer Aufwand erforderlich ist, dieses Hindernis zu meistern. Danach mit weiteren, wenigen Steighilfen in Blockkletterei aufwärts bis zum Ausstieg am Reitsteig. Dem Reitsteig nach rechts folgend gelangt man nach ca. 5 Min. zum Abzweig "Lehnsteig" (Wegweiser). Diesem folgen und über den Lehnsteig bergab. Unten rechts halten (Grün-Punkt). Nach 5 Min. gelangt man zum Abzweig bei der Zwieselhütte. Dort talwärts zum Parkplatz.

Verfallen, Abgebaut:

*Sachsen: **Affensteine**, 419 m*

Heilige Stiege

Die Heilige Stiege ist ein normaler Wanderweg mit einigen Felsstufen ohne Klettereinlagen.

*Sachsen: **Pfaffenstein**, 435 m*

Wirtsstiege am Pfaffenstein

Die Wirtsstiege ist gesperrt. Im unteren Bereich sind fast keine Eisenklammern mehr vorhanden.

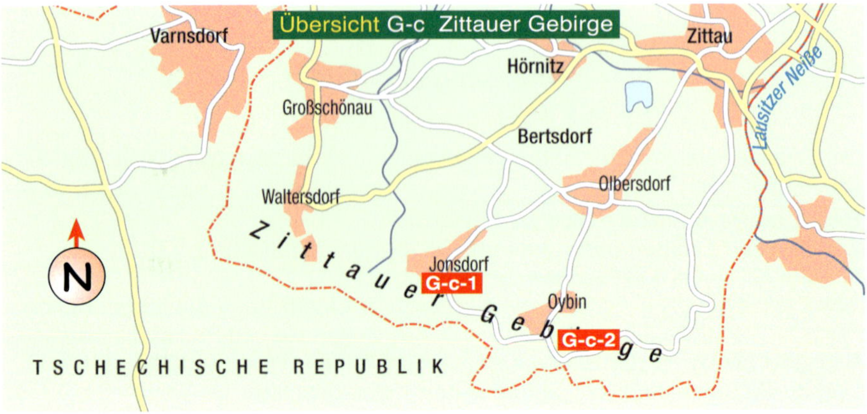

G-c-1 Nonnensteig C/D

schwierig

Steig	Steig	Zustieg	Abstieg	Expos.	Fun	Sich.	Anford.
1 Std.	95 Hm	20 Min.	30 Min.	SW	★★★★ super	☆☆☆ gut	mäßig

Schwierigkeit: schwierig; großteils B/C; Schlüsselstelle Übergang C/D
Gesamtanforderung: mäßig
Bes. Gefahren: keine
Beste Jahreszeit: Mai - Oktober

Zeiten / Höhenunterschiede:
Zustieg: 20 Min. / 60 Hm
Klettersteig: 1 Std. / 95 Hm
Abstieg: 30 Min. / 155 Hm
Höhenunterschied gesamt: 155 Hm
Zeitaufwand gesamt: 2 Std.
Weglänge gesamt: 2,2 km

Exposition: Südwest
Sicherungen: 7 m Hängebrücke; Stahlseil, Metallstifte und Klammern; Seilenden teilweise zu weit auseinander, um sich durchgehend zu sichern
Funfaktor: super
Gestein: Sandstein
Flucht- / Abbruchmögl.: keine
Orientierung / Markierung: Wegweiser an Kreuzungen; Grün-Punkt
Anfänger-Eignung: nein, Überhang und Steilwände

Ausrüstung: Klettersteigset, Helm, mittelfeste Bergschuhe od. Kletterschuhe
Errichtung / Betreuung: DAV Zittau (www.dav-zittau.de; Tel. 03583-795880)
Karte: Kompass 811 "Oberlausitz - Zittauer Gebirge" (1:50')
Kartenausschnitt siehe Seite 416

Talort: Zittau, Kurort Jonsdorf.

Ausgangspunkt: Gebührenpflichtiger Parkplatz beim Hotel "Gondelfahrt" in Jonsdorf (400 m)..

Anforderungsprofil

Kondition:	2
Armkraft:	3
Technik:	3
Mut, Psyche:	2
Bergerfahrung:	1

1 niedrig 2 mäßig 3 mittel 4 hoch 5 extrem

Charakteristik: Der *Nonnensteig* ist wohl der anspruchvollste Steig im Zittauer Gebirge. Es fehlt nicht an ausgesetzten Stellen und einem Überhang im Gipfelbereich. Die Hängebrücke ist bislang einmalig in Sachsen und somit ein besonderes Erlebnis. Am Gipfel wartet ein Gasthaus und eine tolle Aussicht auf den Kletterer.

Der Überhang

c Zittauer Gebirge *Nonnenfels, 537 m*

GPS Parkplatz: N50.85071 E14.69176

Stützpunkt: Hotel Gondelfahrt (www.hotel-gondelfahrt.de; Tel. 035844-7360); **Berggasthaus Nonnenfelsen** (Tel. 035844-76300, April bis Oktober).

Anreise: Das Zittauer Gebirge liegt im äußersten Südosten Sachsens. Der Nonnenfelsen befindet sich im Kurort Jonsdorf. Mit dem Auto fährt man am besten bis Bautzen (Autobahn A4) und dann über die B6 bis Löbau und die B178 bis Zittau. In Zittau folgt man der Beschilderung Zittauer Gebirge und danach Jonsdorf. Von Zittau kommend erfolgt in Jonsdorf die Weiterfahrt immer der Hauptstraße entlang Richtung Waltersdorf bis zum Parkplatz am Hotel Gondelfahrt (10 km ab Zittau).

Zustieg: 20 Min. Vom Parkplatz an der Straße entlang zum Hotel und dort vorbei am kleinen Weiher waldeinwärts (Klettersteig ausgeschildert). An einer Kreuzung biegt man rechts ab (Grün-Punkt) und gelangt nach wenigen Metern bereits zum Einstieg. *GPS Einstieg: N50.84885 E14.68311*

Steigverlauf: Der Weg führt über die Einstiegsleiter (B) durch eine Rinne (B/C). Weiter geht es steil und oftmals mit Kraftaufwand bergauf (B bis B/C), bis der erste Felsturm erklommen ist. Nach einem kleinen Gehstück erreicht man das Highlight des Steigs: Die Hängebrücke (B). Danach geht es gleich weiter am Fels aufwärts über vier Felsabsätze (B/C, später B) bis zu einem weiteren Gehstück durch ein kleines Felslabyrinth. Nun einen quer überhängenden Fels hinauf (2 m; C), dann über eine Holzleiter und ein Gehstück weiter zum nächsten Teil. Durch eine Verschneidung führt der Steig erst empor (B/C), um dann nach rechts leicht abdrängend um den Fels herum zu queren (B/C). Es folgt ein weiteres Gehstück zum letzten Teil des Steigs. Man quert in eine Felsverschneidung (B/C), um dann durch ein Felsloch durchzuschlüpfen. Danach gelangt man zur Schlüsselstelle, einem etwa 4 m hohen Überhang (C/D). Durch Klammern im oberen Teil etwas entschärft, benötigt man doch beherzten Armkrafteinsatz, vor allem beim Umhängen der Sicherungen. Oben angekommen führt das Seil erst links herum (B/C) auf einen Felsklotz mit Gipfelbuch und von dort "rechts" herum wieder hinab (schwie-

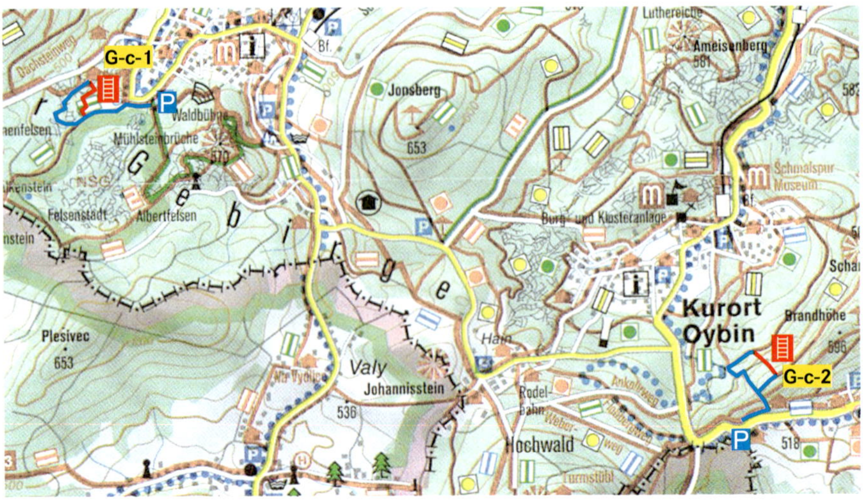

riges Stück, da Tritte von oben nicht einsehbar). Der Steig zeigt noch eine letzte Schwierigkeit bei der Überquerung eines Grats und anschließendem Abklettern einer ca. 3 m hohen Steilwand (B/C, ausreichend Tritte). Hier endet der Steig und führt auf den normalen Wanderweg Richtung Gasthaus Nonnenfelsen. Beim Gasthaus noch kleine Steigeinlage (A) bis zum Gipfel mit schöner Aussicht.

Abstieg: 30 Min. Durch die Felsschlucht geht es auf dem Normalweg hinab (Grün-Punkt). Am Abzweig hält man sich links und gelangt in wenigen Minuten wieder zum Einstieg und zum Parkplatz zurück (30 Min.).

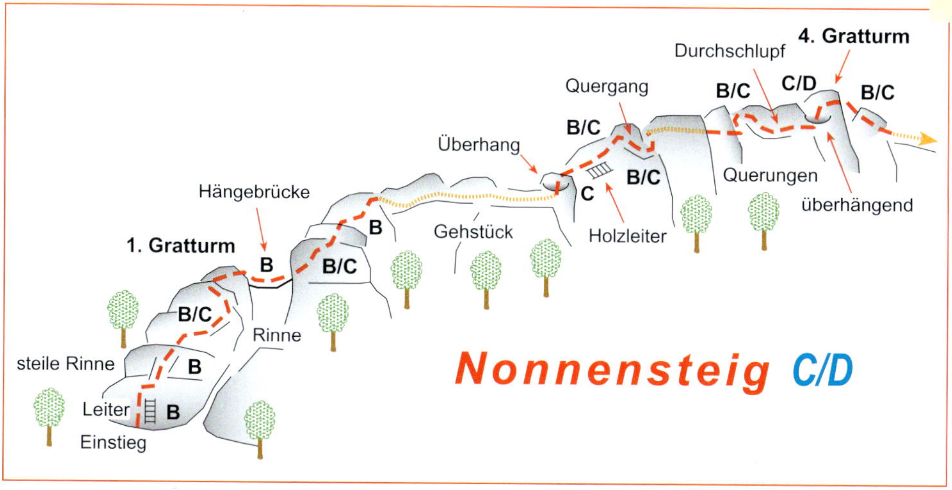

Die Einstiegsleiter

Auf der Hängebrücke

c Zittauer Gebirge *Große Felsengasse, 572 m*

G-c-2 Alpiner Grat C/D

schwierig

Steig	Steig	Zustieg	Abstieg	Expos.	Fun	Sich.	Anford.
30 Min.	65 Hm	30 Min.	45 Min.	NW	super	gut	mittel

Schwierigkeit: schwierig; im unteren Bereich bis C/D, oben leichter B/C
Gesamtanforderung: mittel
Bes. Gefahren: keine
Beste Jahreszeit: Mai - Oktober

Zeiten / Höhenunterschiede:
Zustieg: 30 Min. / 40 Hm
Klettersteig: 30 Min. / 65 Hm
Abstieg: 45 Min. / 45 Hm
Höhenunterschied gesamt: 105 Hm
Zeitaufwand gesamt: 1,5 - 2 Std.
Weglänge gesamt: 2 km

Exposition: Nordwest
Sicherungen: Stahlseil, Metallstifte und Klammern; teilweise zu weit auseinander für kleine Leute.
Funfaktor: super
Gestein: Sandstein
Flucht- / Abbruchmögl.: in der Mitte des Steigs Auf- und Abstiegsoptionen
Orientierung / Markierung: Wegweiser am Einstieg, sonst nicht ausgeschildert.
Anfänger-Eignung: bedingt

Ausrüstung: Klettersteigset, Helm, mittelfeste Bergschuhe od. Kletterschuhe
Errichtung / Betreuung: DAV Zittau (www.dav-zittau.de; Tel. 03583-795880)
Karte: Kompass 811 "Oberlausitz - Zittauer Gebirge" (1:50')
Kartenausschnitt siehe Seite 416

Anforderungsprofil

Kondition:	2
Armkraft:	3
Technik:	3
Mut, Psyche:	2
Bergerfahrung:	2

1 niedrig 2 mäßig 3 mittel 4 hoch 5 extrem

Charakteristik: Auch der Kurort Oybin lockt mit einem Klettersteig und ein paar Aussichtsfelsen. Der *Alpine Grat* ist ein anspruchsvoller Mittelgebirgssteig, der zwar schwierig aussieht, aber nichts unmögliches fordert. Zudem sind die schweren Stellen nur kurz, so dass der Kraftaufwand im Rahmen bleibt. Schöne anspruchsvolle Tour!

Talort: Zittau, Kurort Oybin.
Ausgangspunkt: Parkplatz "Kammstraße" am westl. Ortsrand von Lückendorf (südl. Oybin; 528 m).
GPS Parkplatz: N50.83060 E14.74871

Anreise: Von Zittau südwärts über die Südstraße aus dem Ort heraus und weiter über die St 132 durch Eichgraben bis nach Lückendorf. Durch den Ort hindurch. Hinter dem Ortsschild befinden sich linker Hand Parkmöglichkeiten (Parkscheibe; 12 km ab Zittau).

c Zittauer Gebirge *Große Felsengasse, 572 m*

Zustieg: 30 Min. Vom Parkplatz einige Meter ortseinwärts. Dort führt links ein Pfad sanft den Berg hinauf. In ca. 15 Min. (20 Hm) erreicht man einen Abzweig. Rechts führt eine Treppe hinein in die sog. "Große Felsengasse" (Gelb-Punkt). Man geht den Weg aber geradeaus weiter, nun bergab bis zu einer Wegkreuzung (Wiesenweg/Korseltweg). An dieser nun nach rechts bis zum Abzweig des Klettersteigs (Wegweiser an einer Holztreppe rechter Hand; 15 Min.). Nun noch etwas bergan an den Felsfuß zum Einstieg.

GPS Einstieg: N50.83451 E14.75131

Steigverlauf: Um zur ersten Seilsicherung zu gelangen, muss man eine ca. 3 m hohe Felsrampe erklimmen. Die unterstützenden Eisenklammern sind sehr weit auseinander (Reibungskletterei; C). Für kleine Leute schwierig (wie noch öfter im Steigverlauf). Am Ende der Rampe quert der Steig nach rechts entlang einer abfallenden Wand. Mit Hilfe einiger Stifte (B/C) gelangt man auf einen Gratabsatz, den es weiter diagonal nach oben geht (C bis C/D; teilweise mit Stiften und Klammern; zwei Stellen mit Reibungskletterei; C; 15 Min.). Hier folgt nun ein kleines Podest. Links führen hier Pfadspuren nach unten, rechts nach oben (mögliche Notausstiege). Der Steig führt weiter hinauf über eine fast steile Wand (C; ca. 6 Hm). Oben angekommen, quert man unschwer entlang des Grats auf einem schmalen Band und Trittstiften auf den breiten Grat hinauf (B, oben Gipfelbuch). Der restliche Steig führt auf dem breiten Grat über eine Spalte (B/C) bis zum Fuß der Aussichtskanzel (B; 15 Min.). Man folgt dem Pfad rechts durch die Felsenwand hindurch und gelangt auf den Wanderweg der großen Felsengasse.

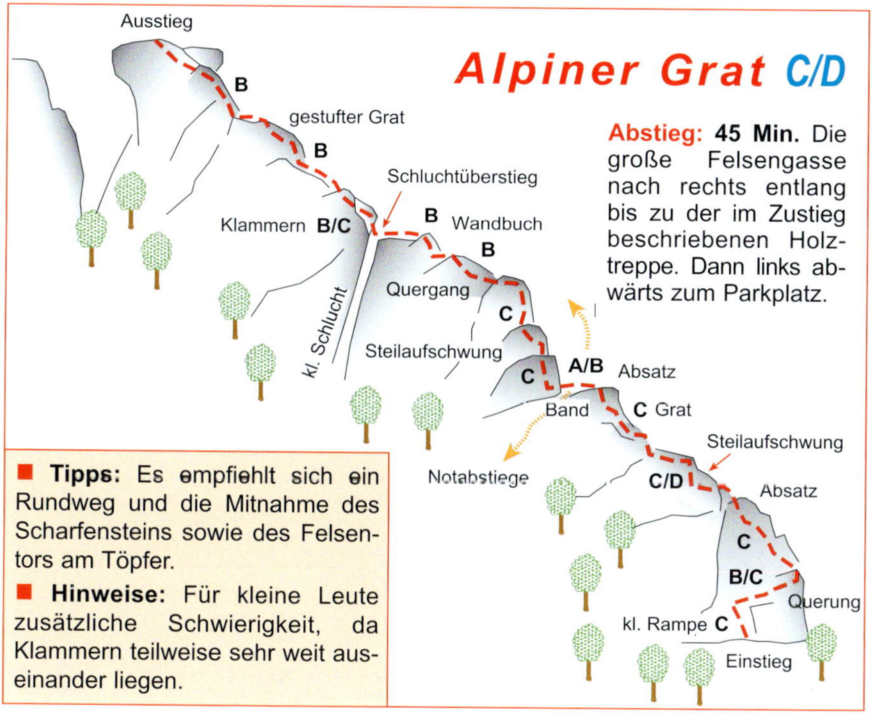

Abstieg: 45 Min. Die große Felsengasse nach rechts entlang bis zu der im Zustieg beschriebenen Holztreppe. Dann links abwärts zum Parkplatz.

- **Tipps:** Es empfiehlt sich ein Rundweg und die Mitnahme des Scharfensteins sowie des Felsentors am Töpfer.
- **Hinweise:** Für kleine Leute zusätzliche Schwierigkeit, da Klammern teilweise sehr weit auseinander liegen.

Verfallen, Abgebaut:

Sachsen: Scharfenstein, 564 m

Scharfenstein

Der *Scharfenstein* ist eine Aussichtsplattform, die in regionaler Klettersteig-Literatur gern als Kletterstiege mit aufgeführt wird. Es handelt sich dabei aber nur um einen etwa 25 m hohen Anstieg über eine Metalltreppe.

Sachsen: Töpfer, 575 m

Felsentor auf dem Töpfer

Der Töpfer ist eine Felskonstruktion mit einer Aussichtsplattform, auf die eine Wendeltreppe hinauf führt. In der regionalen Klettersteig-Literatur wird diese gern als „Stiege" mit aufgeführt.

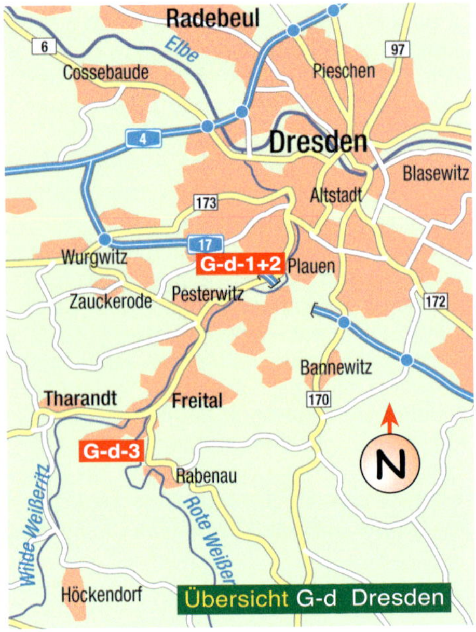

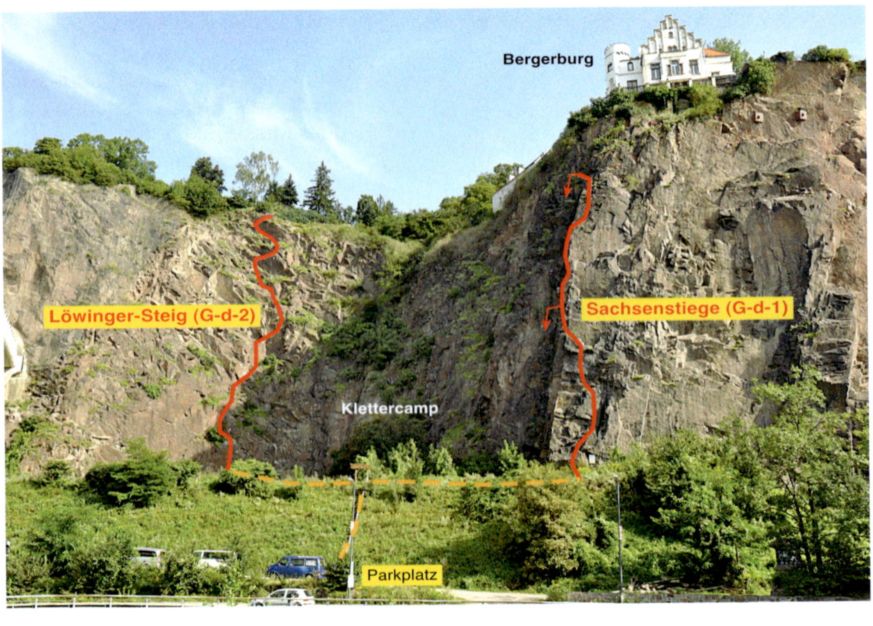

G-d-1 Sachsenstiege E

extrem schwierig

Steig	Steig	Zustieg	Abstieg	Expos.	Fun	Sich.	Anford.
30 Min.	45 Hm	5 Min.	10 Min.	SO	super	super	hoch

Schwierigkeit: extrem schwierig; extrem schwerer Sportklettersteig; meist trittarme steile Passagen und Dächer; es muss abgeseilt werden (1x20 m, 1x25 m); nicht unter D, meist D/E, erst gegen Ende leichter
Gesamtanforderung: hoch
Bes. Gefahren: keine
Beste Jahreszeit: April - Oktober

Zeiten / Höhenunterschiede:
Zustieg: 5 Min. / 20 Hm
Klettersteig: 30 Min. / 45 Hm
Abstieg: 10 Min. (Abseilen!) / 65 Hm
Höhenunterschied gesamt: 65 Hm
Zeitaufwand gesamt: 45 - 60 Min.
Weglänge gesamt: 250 m

Exposition: Südost
Sicherungen: sehr gut; keine Tritthilfen, 2 Abseilösen, straffes Stahlseil
Funfaktor: super
Gestein: Monzonit
Flucht- / Abbruchmögl.: Ausstieg "Kneifervariante" zur 1. Abseilöse
Orientierung / Markierung: sehr gut
Anfänger-Eignung: nein

Ausrüstung: Klettersteigset, Helm, mittelfeste Bergschuhe od. Kletterschuhe, kurze Bandschlinge, Seil zum Abseilen (Abseillänge max. 25 m)
Errichtung / Betreuung: 2004 durch Thomas Löwinger und Helfer / Alpin Service Löwinger (Tel. 0351-2640439)
Karte: Kompass 809 "Dresden - Meißen" (1:50')

Kartenausschnitt siehe Seite 422

Anforderungsprofil

Kondition:	1
Armkraft:	5
Technik:	5
Mut, Psyche:	4
Bergerfahrung:	3

1 niedrig 2 mäßig 3 mittel 4 hoch 5 extrem

Charakteristik: Spätestens wenn man inmitten des kleinen, aber feinen Klettergartens steht und die beiden Klettersteige sieht, nimmt man die nahe Autobahn und die vorbeiführende Straße nicht mehr wahr. Dem Erbauer, Thomas Löwinger, sind hier zwei der Top-Klettersteige in Deutschland gelungen. Fast in kompletter Eigenregie, mit Hilfe zahlreicher Freunde, wurde hier einer der schwersten Klettersteige Deutschlands errichtet. Schon seit 2004 können sich Klettersteigaspiranten an diesem Steig versuchen und Erfolg oder Misserfolg feiern.
Der Name "Sachsenstiege" soll an die Kletterleistungen der Familienmitglieder Georg und Kurt Löwinger sowie Willy Beck erinnern. Diese unternahmen Mitte der 30er zahlreiche bedeutende Felsfahrten in den Schweizer Alpen. Nicht zuletzt wagten sie am 17. Juli 1934 die erste ernsthafte Begehung der Eiger Nordwand. Zwar mussten sie infolge eines Sturzes in 2900 m Höhe abbrechen, waren aber die ersten, die aus dieser Höhe auch lebend wieder zurückkamen.

d Dresden *Felswand im Plauenschen Grund, 237 m*

Talort: Dresden.

Ausgangspunkt: Parkplatz am "Kletter-Camp" im Plauenschen Grund (172 m).

GPS Parkplatz: N51.02296 E13.68828

Stützpunkt: keiner.

Anreise: **a)** Von Dresden-Zentrum in Richtung Freital über die Tharandter Straße. Das Kletter-Camp mit Parkplatz (nördliche Straßenseite) befindet sich direkt vor der Autobahnbrücke (z.B. 6,2 km ab Semperoper); **b)** von der Autobahn A17 (Dresden-Prag, Ausfahrt Dresden-Gorbitz) über die B173 und die Ortschaften Kesseldorf-Wugwitz-Freital ebenfalls nach Dresden (8,8 km ab Ausfahrt).

Zustieg: **5 Min.** Vom Parkplatz in wenigen Schritten die Holztreppe rauf zum Kletter-Camp und dann nach rechts an die markante Ecke unter der Bergerburg zum Einstieg.

GPS Einstieg: N51.02320 E13.68852

beim 2. Dach

Steigverlauf: Die leicht überhängende Einstiegswand (E; Griffschlaufe; Details siehe Topo) prüft gleich jeden Anwärter. Weiter über den trittarmen, aber sehr festen Monzonit über die beiden Dächer (max. D/E) zum ersten Notausstieg (Kneifervariante; 30 m). Hier wäre ein guter Absatz (etwas abklettern), Abseilöse und Wandbuch. Das folgende 3. Dach (E) ist noch einmal extrem schwer. Dann wird es deutlich leichter (max. C), und man erreicht die 2. Abseilöse (20 m).

Abstieg: **10 Min.** Zweimal Abseilen (20 und 25 m). Ein Abklettern wäre nur möglich, wenn sonst niemand anderes im Steig unterwegs ist!

■ **Tipps:** Sehr kleintrittig und meist auf Reibung, daher Kletterschuhe anziehen! Auf alle Fälle noch den linksseitigen Löwinger-Steig mitnehmen. Im Sommer kann es sehr heiß werden.

■ **Hinweise:** Bei diesem Steig handelt es sich um einen der schwersten Steige Deutschlands! Kraft und Klettertechnik sind unbedingte Voraussetzung für eine erfolgreiche und genussvolle Begehung. Die Absicherungen sind vorzüglich! Abseilkenntnisse sind unabdingbar! Die Schlüsselstelle ist das 3. Dach oberhalb der 1. Abseilstelle. Die Kletterlänge beträgt ca. 50 m.

■ **Klettersteige zu verbinden:** Kurt und Georg Löwinger-Steig (G-d-2)

Der Einstiegsüberhang

Der untere, sehr exponierte Wandteil

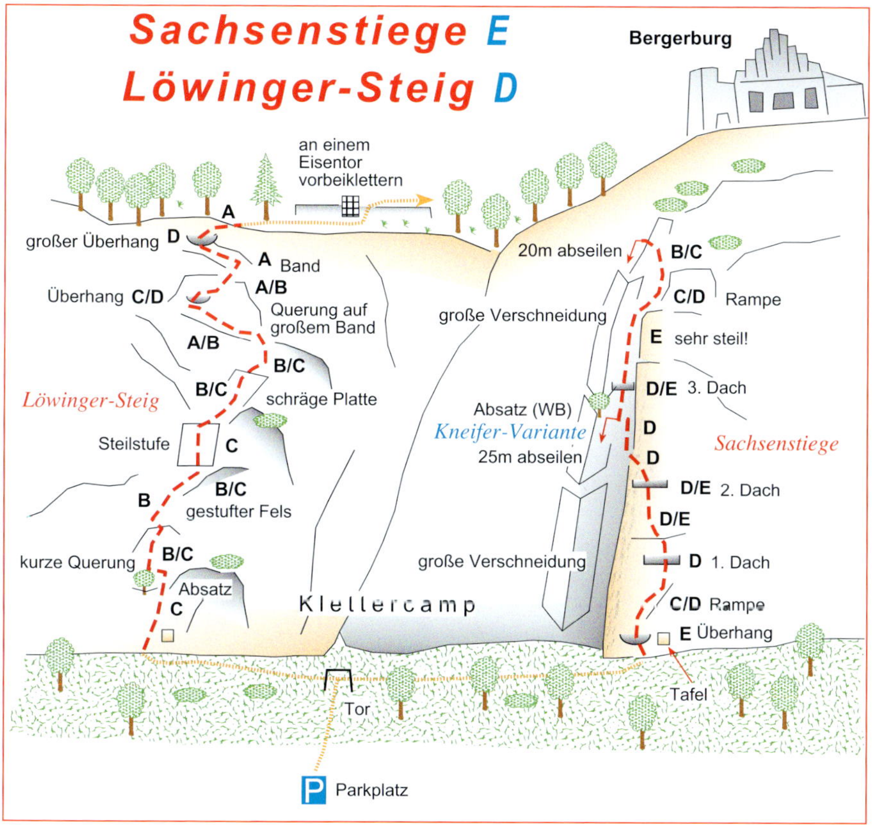

d Dresden *Bergerburg, 268 m*

G-d-2 Kurt und Georg Löwinger-Steig D

sehr schwierig

Steig	Steig	Zustieg	Abstieg	Expos.	Fun	Sich.	Anford.
30 Min.	70 Hm	5 Min.	10 Min.	SO	★★★★ super	☆☆☆☆ super	mittel

Schwierigkeit: sehr schwierig; schwerer Sportklettersteig; fordernde Stellen wechseln mit leichteren Passagen ideal ab; 1 Abseilöse vorhanden; 2 kleine Überhänge (max. D)
Gesamtanforderung: mittel
Bes. Gefahren: keine
Beste Jahreszeit: April - Oktober

Zeiten / Höhenunterschiede:
Zustieg: 5 Min. / 20 Hm
Klettersteig: 30 Min. / 70 Hm
Abstieg: 10 Min. / 90 Hm
Höhenunterschied gesamt: 90 Hm
Zeitaufwand gesamt: 45 - 60 Min.
Weglänge gesamt: 1 km

Exposition: Südost
Sicherungen: sehr gut; Stahlseile, 1 Abseilöse
Funfaktor: super
Gestein: Monzonit
Flucht- / Abbruchmögl.: ja (Abseilöse für 60 m Seil vorhanden)
Orientierung / Markierung: gut
Anfänger-Eignung: bedingt (schwer, aber gut gesichert)

Ausrüstung: Klettersteigset, Helm, mittelfeste Bergschuhe od. Kletterschuhe, kurze Bandschlinge
Errichtung / Betreuung: 2008 durch Thomas Löwinger u. Helfer (siehe G-d-1).
Karte: wie G-d-1
Kartenausschnitt siehe Seite 422

Anforderungsprofil

Kondition:	1
Armkraft:	3
Technik:	3
Mut, Psyche:	3
Bergerfahrung:	2

1 niedrig 2 mäßig 3 mittel 4 hoch 5 extrem

Charakteristik: Nach der schon ziemlich bekannten *Sachsenstiege* ist 2008 Thomas Löwinger der zweite Coup gelungen: Der *Kurt und Georg Löwinger-Steig*! Etwas einfacher, aber sehr abwechslungsreich und bestens gesichert führt dieser Klettersteig durch den alten Steinbruch. Wer die beiden kleinen Überhänge gemeistert hat, kann oben in Sichtweite der Bergerburg den Blick über den Plauenschen Grund schweifen lassen. Man darf gespannt sein, ob aus dieser kleinen Klettersteigbau-Schmiede noch weitere Highlights zu erwarten sind.

Blick auf die Bergeburg

d Dresden *Bergerburg, 268 m*

Talort, Ausgangspunkt, Stützpunkt, Anreise: Wie G-d-1.

Zustieg: **5 Min.** Vom Parkplatz in wenigen Schritten die Holztreppe rauf zum Kletter-Camp und dann nach links zum schon sichtbaren Klettersteig.

GPS Einstieg: N51.02349 E13.68796

Steigverlauf: Auch hier, wie bei der *Sachsenstiege* (G-d-1), zeigt gleich die Einstiegswand, welche Anforderungen gestellt werden (D; Details siehe Topo). Nun anregend empor zur großen Platte mit der Abseilöse (60 m Seil notwendig). Gerade im folgenden oberen Teil versucht der Steig geschickt bei der Routenführung das natürliche Wandgelände zu nutzen. Nach dem großen Band steht man vor dem kleineren Überhang (3 m; C/D) und nach einem weiteren Band vor dem größeren Überhang (3 m; D) kurz vor dem Ausstieg. Am Ende der Sicherungen (262 m) erreicht man das Wandbuch.

Abstieg: **10 Min.** Kurz durch Gras weiter (nach links möglicher Abzweig zur privaten Kletterhütte) bis zu einem Eisentor (da meist verschlossen, rechts über die Mauer klettern). Nun auf einem bequemen Wanderweg hinter der Bergerburg (früher Weinschänke, nun aber Wohnhaus) wieder hinab zur Tharandter Straße und zum Parkplatz.

Die glatte Einstiegswand

Am großen Überhang

■ **Tipps:** Im Sommer ziemlich heiß, früh starten (oder spät). Für einheimische Klettersteigler sei das alljährliche Advent-Klettern dort erwähnt.

■ **Hinweise:** Durch die vorhandenen Schrebergärten oberhalb des alten Steinbruchs wurde früher viel "Unkraut" nach unten befördert. So findet man heute auf zahlreichen Felsvorsprüngen schöne Blumen.

■ **Klettersteige zu verbinden:** Sachsenstiege (G-d-1)

d Dresden

Somsdorfer Klamm, 260 m

G-d-3 Somsdorfer Klamm B 40 Hm

Die *Somsdorfer Klamm* ist ein romantischer Pfad durch ein Bachbett und schattigen Wald. An schwierigen Stellen bzw. Holzbrücken sind Sicherungen angebracht. Ebenso wie die lange Steintreppe zeigen sich die Gefahren hier eher durch Nässe als durch klettersteigtechnische Schwierigkeiten. Lediglich am Gipfel zur Teufelskanzel wartet ein kleines kniffliges Stück auf den Kletterer. Der Weg entlang der roten Weisseritz wird von Familien gern als Ausflugs- und Picknick-Ziel genutzt. Ein Abstecher in die Klamm ist interessant, eine Anreise extra deswegen lohnt sich hingegen nicht.

Beste Jahreszeit: April - Oktober.
Zeitaufwand / Weglänge gesamt: 30 Min. / 40 Hm / 450 m
Besondere Gefahren: keine.
Karten: Kompass 809 "Dresden - Meißen" (1:50')
Talort / Ausgangspunkt: Freital bei Dresden / Parkplatz am Ende der Kleinbahn-Straße (217 m) / *GPS: N50.97167 E13.61995*
Stützpunkt: keiner.
Anreise: Autobahn A4, Ausfahrt 77a Wilsdruff. Durch die Orte Wilsdruff, Grumbach und Tharandt Richtung Freital. Am Ortsanfang rechts in die Somsdorfer Staße, geradeaus weiter in die Hainsberger Straße und dann weiter zum Einkaufszentrum "An der Kleinbahn". Dort am Straßenende kurz vor der Brücke parken (ca. 15 km ab Autobahn).

Der schlecht zu findende Einstieg in die Klamm

Gesamter Wegverlauf: Zustieg: 5 Min.; 1 Hm. Vom Parkplatz über die Brücke, dann links am Fluss entlang. Nach ca. 100 m zweigt ein Pfad rechts ab (Warnschild). Diesem folgt man entlang eines kleinen Bachs taleinwärts.

Steigverlauf: 10 Min.; 40 Hm. Der Weg führt entlang von Felswänden, teils über hölzerne Stege - immer kettenversichert (A). In einem kleinen Kessel geht es rechts über gesicherte Steinstufen weiter aufwärts (A). Am Ende der durchgehenden Ketten muss man sich rechts halten, um auf die Teufelskanzel zu gelangen. Hier noch eine letzte Schwierigkeit: Mit etwas Kraftaufwand überwindet man eine Steilstufe mit Hilfe der Ketten (B). Danach ist man oben auf der Kanzel. Die frühere Aussicht existiert aufgrund des Verwuchses kaum noch. *GPS: N50.96977 E13.61889*

Abstieg: 15 Min.; 40 Hm. Auf selbem Weg zurück. Alternativ kann man den Weg am Ausstieg weitergehen (Anfangs noch eine Kettensicherung). Über einen Pfad nach rechts kommt man dann oberhalb des Einkaufsmarktes auf die Straße zurück.

Verfallen, Abgebaut:

Sachsen: Aussichtspunkt im Rabenauer Grund, 280 m

Himmelsleiter

Der Weg zur Himmelsleiter ist verfallen und den Umbaumaßnahmen zum Opfer gefallen. Die Leiter an sich ist noch vorhanden. Die Tour ist auf www.klettersteig.de beschrieben.

G

H

I

J

Seiten-Index

Seiten-Index